Vergleichende Kolonialtoponomastik

Koloniale und Postkoloniale Linguistik
Colonial and Postcolonial Linguistics

Herausgegeben von Stefan Engelberg,
Peter Mühlhäusler, Doris Stolberg, Thomas Stolz
und Ingo H. Warnke

Band 12

Vergleichende Kolonialtoponomastik

Strukturen und Funktionen
kolonialer Ortsbenennung

Herausgegeben von
Thomas Stolz und Ingo H. Warnke

DE GRUYTER

ISBN 978-3-11-070979-7
e-ISBN (PDF) 978-3-11-060861-8
e-ISBN (EPUB) 978-3-11-060607-2

Library of Congress Control Number: 2018944241

Bibliografische Information der Deutschen Nationalbibliothek
Die Deutsche Nationalbibliothek verzeichnet diese Publikation in der Deutschen
Nationalbibliografie; detaillierte bibliografische Daten sind im Internet über
http://dnb.dnb.de abrufbar.

© 2020 Walter de Gruyter GmbH, Berlin/Boston
Dieser Band ist text- und seitenidentisch mit der 2018 erschienenen
gebundenen Ausgabe.
Druck und Bindung: CPI books GmbH, Leck

www.degruyter.com

Inhalt

Thomas Stolz, Ingo H. Warnke
System- und diskurslinguistische Einblicke in die vergleichende Kolonialtoponomastik: Eine gemeinsame Einführung —— 1

Jascha Döschner
Wie viel ‚Gattung' haben Geo-Objekte? Gattungseigennamen aus kolonialtoponomastischer Perspektive —— 77

Verena Ebert
Kolonialtoponomastik im Raum der deutschen Metropole —— 95

Matthias Schulz, Maria Aleff
Mikrotoponyme in der Kolonialtoponomastik: Deutsch-Samoa und Deutsch-Neuguinea —— 125

Susanne Schuster
Europäische Ortsnamen als Zeugen kolonialer Raumaneignung: Grönlands Nordosten —— 161

Nataliya Levkovych
Russische koloniale Toponyme in Alaska: eine Pilotstudie —— 189

Sandra Herling
Französische und spanische Kolonialtoponyme – ein kontrastiver Vergleich zur Karibikinsel Hispaniola —— 279

Marivic Lesho, Eeva Sippola
Toponyms in Manila and Cavite, Philippines —— 317

Hitomi Otsuka
Toponomastik im Kontext des japanischen Kolonialismus —— 333

Autorenregister —— 509

Sprachenregister —— 513

Sachregister nebst geografischen Bezeichnungen —— 514

Thomas Stolz, Ingo H. Warnke
System- und diskurslinguistische Einblicke in die vergleichende Kolonialtoponomastik
Eine gemeinsame Einführung

Zusammenfassung: In diesem Beitrag wird der Versuch unternommen, das Projekt der vergleichenden Kolonialtoponomastik aus der Doppelperspektive der System- und der Diskurslinguistik kooperativ zu entwickeln. Es wird gezeigt, dass das gemeinsame Forschungsinteresse für beide Disziplinen sinnvoll gebündelt werden kann. Zu diesem Ende werden die Grundfragen des Forschungsprogramms an empirischen Daten sowohl qualitativ als auch quantitativ diskutiert. Terminologische, methodologische und theoretische Gesichtspunkte werden ausführlich dargelegt – ebenso die zentralen Konzepte und Axiome des Ansatzes, um dem Sammelband einen festen Referenzrahmen zu geben.

Schlagwörter: Systemlinguistik, Diskurslinguistik, vergleichende Kolonialtoponomastik

1 Einleitung

In diesem Band befassen sich die Autoren und Autorinnen mit Kolonialtoponymen, worunter nach Schmidt-Brücken et al. (2017: 67)

> ein ortsidentifizierendes einfaches oder komplexes Element des Onomastikons [verstanden wird], das im zeitlichen Rahmen faktischer Machtausübung auf ein Geo-Objekt in einem kolonialen Gebiet referiert.

Kolonialtoponyme sind daher zunächst in unserem Verständnis nichts anderes als Ortsnamen, deren Gebrauch im Rahmen kolonialer Machtausübung üblich war. Das bedeutet aber nicht, dass die Geltung von Kolonialtoponymen auf Phasen des faktischen Kolonialismus beschränkt ist. Zum einen gehen in koloniale

---

Thomas Stolz, Universität Bremen, FB 10: Linguistik, Universitäts-Boulevard 13, 28359 Bremen. E-Mail: stolz@uni-bremen.de
Ingo H. Warnke, Universität Bremen, FB 10: Sprach- und Literaturwissenschaften, Universitäts-Boulevard 13, 28359 Bremen. E-Mail: iwarnke@uni-bremen.de

https://doi.org/10.1515/9783110608618-001

Raumbenennungen bereits vorgängige Ortsnamen ein – sofern vorkolonial besiedeltes Gebiet betroffen ist –, sodass vorkoloniale Toponyme im Kolonialtoponomastikon verstetigt werden, zum anderen werden koloniale Prägungen bis weit über die faktischen Phasen kolonialer Machtausübung hinaus verwendet, wie am Beispiel Namibias als ehemaliger Kolonie Deutsch-Südwestafrika noch heute mit einem Kolonialtoponym wie *Swakopmund* gezeigt werden kann.

Unser Einleitungsartikel ist dazu gedacht, den Hintergrund von Kolonialtoponymen auszuleuchten und dabei deutlich zu machen, in welchem Kontext die in diesem Band versammelten Beiträge entstanden sind. Zu diesem Zweck ist es nötig, die grundlegenden Begrifflichkeiten unseres gemeinsamen Ansatzes zu erläutern und sie in einen weiteren linguistischen Zusammenhang einzuordnen. Um diese Aufgabe adäquat bewältigen zu können, stellen wir – überwiegend anhand von konkretem empirischen Material – dar, welche Gesichtspunkte das Studium der vergleichenden Kolonialtoponomastik für die Linguistik im Allgemeinen und die Onomastik im Besonderen interessant machen. Es versteht sich von selbst, dass die engen Grenzen eines Aufsatzes es uns nicht erlauben, über Hinweise auf einige interessante Facetten der Thematik hinauszugehen. Die nötige Vertiefung kann nur in Form einer monographischen Abhandlung erfolgen, zu deren Vorbereitung dieser Band dienen mag.

Die in diesem Sammelband erscheinenden Arbeiten legen die Grenzen ihrer jeweiligen Interessensphäre durchaus unterschiedlich fest. Für unseren den Band einleitenden Beitrag folgen wir den nachstehenden Festlegungen. Unser Blick auf die Kolonialtoponomastik ist primär deskriptiv-analytisch[1] und linguistisch, ohne grundsätzlich jede Form von Interdisziplinarität zu unterbinden; die Berücksichtigung von geschichtswissenschaftlichen Erkenntnissen ist bei dem von uns gewählten Forschungsobjekt selbstverständlich.[2] In toponomasti-

---

[1] Wir verfolgen primär keinen kritischen Ansatz, wie etwa den von Vuolteenaho & Berg (2009) propagierten. Das bedeutet aber nicht, dass wir für unsere unmittelbaren Zwecke wertvolle Einsichten der *Critical Toponymies* bewusst ignorieren wollen. Darüber hinaus können die Resultate der von uns betriebenen vergleichenden Kolonialtoponomastik durchaus für einen vom Geist der postkolonialen Theorie (vgl. Dunker 2016: 74–75) durchwehten Ansatz wenigstens empirisch von Nutzen sein.

[2] Der Wert der (kolonial)geschichtlichen Forschungen für die vergleichende Kolonialtoponomastik liegt dabei vor allem in der ausführlichen Darlegung historischer Hintergründe, vor denen es zur Vergabe von Kolonialtoponymen gekommen ist. Als primäre Datenquelle für die Erhebung von Kolonialtoponymen erweisen sich die gängigen Überblickswerke oder Gesamtdarstellungen der von uns berücksichtigten Kolonialismen als im Wesentlichen unergiebig. Es ist schon eine große Ausnahme, wenn im ersten Band der *Nova História da Expansão Portuguesa* Marques (1998: 208–212) der Kolonialtoponomastik in der frühen Phase der portugiesischen Kolonialgeschichte ein mehrere Seiten langes Unterkapitel gewidmet wird.

scher Hinsicht halten wir uns an die gräzisierende Terminologie von Nübling et al. (2015: 206–265) und die dort gebotenen analytischen Kategorien.[3] Wo nötig erfolgen zusätzlich (eklektische) Anleihen bei Anderson (2007) und Van Langendonck (2007). Hinsichtlich der diskurslinguistischen Aspekte unserer Einleitung berufen wir uns auf Spitzmüller & Warnke (2011) sowie Warnke (2014). Unser Korpus im Sinne von Schulz (2016: 56–59) besteht aus kolonialzeitlichem Kartenmaterial[4], offiziellen und offiziösen Ortsnamenverzeichnissen (speziell Gazetteers) und – in geringerem Umfang – aus der Reise- und Erinnerungsliteratur und weiteren Genres kolonial geprägter Diskurse.[5] Aspekten der Erweiterung dieses Korpus widmen wir uns im Abschnitt 3.3. Karten betrachten wir als „a specific text and semiotic genre" (Stolz & Warnke 2016: 32). Mit den toponomastischen Inventaren verfahren wir analog.[6]

Die nummerierten Unterabschnitte in der Einleitung sind den generellen Aspekten der vergleichenden Kolonialtoponomastik gewidmet.[7] Abschnitt 2 fokussiert die im weitesten Sinne systemlinguistische Seite des Unterfangens,

---

[3] Die ontologische Klasse, zu der ein Geo-Objekt gehört, wird deutsch bezeichnet, sodass wir z. B. zwischen *Oikonym* für den Namen und *Siedlung* für die Klasse eines Geo-Objekts unterscheiden.

[4] Engelberg (2012: 246) führt beispielsweise Landkarten unter den Dokumentarten auf, die als Quellen für koloniallinguistische Arbeiten gelten.

[5] Auch für das mikrotoponomastisch ausgerichtete Projekt von Schulz & Ebert (2016: 379) besteht „[d]as Korpus aus Stadtplänen, -karten, Straßenverzeichnissen und Adressbüchern", d. h. dass hier auf einer vergleichbaren Basis kolonialtoponomastisch geforscht wird.

[6] Hier könnte sich die Frage anschließen, inwiefern unsere Quellengenres einer „language ideology" Ausdruck verleihen, die „is understood as a set of beliefs, values, and classifications of language use, values, and norms that have social meanings and are connected to moral and political interests", wie es Sippola (2016: 55) unter Bezugnahme auf die einschlägige Fachliteratur formuliert. Um das sich hier andeutende Thema behandeln zu können, bedarf es allerdings der vorherigen Sichtung und Auswertung der entsprechenden Quellengenres.

[7] Viele der in Abschnitt 1 dargestellten Gedanken schließen unmittelbar an die Grundsatzdiskussion zum Projekt *Comparative Colonial Toponomastics (CoCoTop)* in Stolz et al. (2016: 280–288) an. CoCoTop unterliegt jedoch erkennbar stärkeren Beschränkungen, die im Wesentlichen einer Machbarkeitsanalyse geschuldet sind, die sich auf eine zwei- bis maximal dreijährige Laufzeit einer potentiellen Sachmittelbeihilfe durch die *Deutsche Forschungsgemeinschaft* (DFG) bezieht. CoCoTop ist Teil des Forschungsprogramms der vergleichenden Kolonialtoponomastik, erschöpft dieses jedoch keineswegs vollständig. Vielmehr handelt es sich bei der vergleichenden Kolonialtoponomastik um ein langfristig angelegtes Vorhaben, das von den Fesseln einer befristeten Förderung befreit ist, sodass das Konzept, das wir in diesem Beitrag vorstellen, deutlich über den Rahmen hinausgeht, der von CoCoTop abgesteckt wird. Wo besonders eklatante Divergenzen zwischen CoCoTop und der weiter gefassten vergleichenden Kolonialtoponomastik auftreten, geben wir in den Fußnoten entsprechende Hinweise.

während Abschnitt 3 den Gegenstand diskurslinguistisch umreißt. Die Zusammenführung der Einsichten aus den Abschnitten 2–3 erfolgt in Abschnitt 4. Abschließend geben wir in Abschnitt 5 einen kurzen Überblick über die einzelnen Beiträge zu diesem Sammelband.

1.1 Aus der koloniallinguistischen Programmatik

Trotz ihrer relativ rezenten Etablierung in der akademischen Landschaft kann die Koloniallinguistik bereits auf eine Reihe von programmatischen Schriften verweisen (Warnke 2009, Stolz et al. 2011, Dewein et al. 2012, Warnke & Stolz 2013, Warnke et al. 2016), in denen ihr Forschungsprogramm hinsichtlich der theoretischen, methodologischen und empirischen Grundlagen und bezüglich allgemeiner und spezifischer Zielstellungen skizziert wird. Einer der koloniallinguistischen Forschungsstränge, der dabei mehrfach Erwähnung findet, ist auf das Engste mit toponomastischen Gegenständen verbunden. Warnke (2009: 49) führt diesbezüglich aus, dass für das bessere Verständnis des Zusammenspiels von Sprache und Kolonialismus

> auch die Korrelationen von textlichen und räumlichen Positionen des Kolonialismus [aufschlussreich sind]. Offensichtlich ist dies in den Toponymen, also den Ortsbezeichnungen sowohl in den Kolonien als auch in Deutschland selbst. [...] Wenn die Benennung des Raums eindrückliche Hinweise auf koloniale Machtverhältnisse gibt, so manifestiert die Gestaltung kolonialer Räume diese unmittelbar.

Kolonialzeitliche Toponyme und die mit ihnen verknüpften Phänomene sind mithin als eines der Forschungsobjekte der Koloniallinguistik definiert, was mittlerweile auch in der allgemeinen Onomastik – wenn auch eher nur am Rande – anerkannt wird (Nübling et al. 2015: 220, Fn. 218). Die Bedeutung von Toponymen für die Erforschung des vielschichtigen Zusammenspiels von Sprache und Kolonialismus ergibt sich aus der Zentralität von Raumkonzepten im kolonialen Projekt. Neuzeitlicher Kolonialismus ist eine globale raumgreifende Praxis der vor allem europäischen Expansion. Die ökonomischen und ideologischen Motive dieses Machtstrebens gehen Hand in Hand mit einer nachhaltig wirksamen Praktik der Benennung von Raum, wobei die Benennung selbst bereits eine Form der sprachlichen Besetzung ist. Wir können hier von einer linguistischen, genauer toponomastischen Kartierung weiter Flächen der kolonisierten Welt sprechen. Umso erstaunlicher ist es, dass die Bedeutung dieses globalen Benennungsprojektes bis heute nicht annähernd zur Kenntnis genommen wird, weder in der interdisziplinären Diskussion zu Kolonialismus und Postkolonialismus noch in der linguistischen Diskussion der Toponomastik selbst. Im rezenten *Oxford handbook of names and naming* wird auf 660 Seiten argumentativem Text der Begriff *colonialism* genau viermal erwähnt. An zweien dieser Textstellen geht es um postkoloniale Umbenennungspraktiken (Gammeltoft 2016: 133; Neethling 2016: 249), die für unsere Themenstellung nicht zentral sind. Dies kann durchaus als symptomatisch für die bisher noch gar nicht begonnene Untersuchung und Diskussion kolonialer Ortsbenennung gelten. So befasst man sich derzeit auch in Deutschland in mehreren Projekten mit Fragen der toponomastischen Dekolonisierung, die systematische Erhebung und Analyse der kolonialen Namengebungspraktiken, -zwecke und -effekte ist aber bisher nach unserer Einschätzung erst teilweise begonnen worden. Im *Oxford handbook of names and naming* heißt es jedoch im Kapitel über Oronyme auch, dass „[s]everal of the world's best-known high peaks carry associative European personal names, reflecting the history of European colonialism" (Drummond 2016: 122).

Im selben Handbuch stellt Gammeltoft (2016: 130–132) in seiner Studie über Inselnamen fest, dass die europäische Übersee-Expansion und der damit verbundene Kolonialismus bei der Namengebung für insulare Geo-Objekte speziell im indopazifischen Raum deutliche Spuren hinterlassen hat. Eine Hauptfunktion der Benennungen identifiziert Gammeltoft (2016: 130), wenn er sagt, dass

> [i]n the seventeenth century, however, with the increase of Dutch activities in the Indian Ocean, the name *Nova Hollandia* [kursiv im Original] was bestowed on the sparsely chartered continent by the famous Dutch seafarer Abel Tasman [...]. His choice of name can hardly have been coincidental, as it is an effective and simple way of stating the Netherland's alleged right to this new, vast continent by naming it after one of the provinces of the Netherlands.

Die Inbesitznahme von kolonialen Territorien mittels Benennung durch Kolonisatoren hat bereits Lauer (2009: 218–220) thematisiert.

Diese und andere sporadischen textlichen Fundstücke können jedoch kaum für sich in Anspruch nehmen, der Kolonialtoponomastik als Ganzes auch nur annähernd gerecht zu werden. Da also eine koloniale Kategorie in der toponomastischen Taxonomie bislang nicht ausgewiesen ist, gilt es hier zum allgemeinen Nutzen aus koloniallinguistischer Perspektive eine Forschungslücke zu füllen.

Warnke & Stolz (2013: 491) knüpfen unmittelbar an die oben zitierte Beobachtung von Warnke (2009) an, wenn sie die in diesem Forschungszusammenhang relevante Frage stellen,

> ob das koloniale Dispositiv tatsächlich eine koloniale Sprache hervorbringt, welche Kennzeichen eventuell kolonial geprägte Wortschätze haben, ob es spezifische grammatische Funktionen kolonialer Sprache gibt, welche morphologischen Besonderheiten zu beschreiben wären und anderes. Nicht zuletzt im Bereich der Namen, vor allem auch der To-

ponyme, wird außerdem die ortsbildende Funktion von kolonialzeitlicher Sprache zu untersuchen sein.

Im Anschluss an Debus (2001: 1838–1839), der Appellativa und Propria als oberste Untergliederungskategorien des Lexikons annimmt, kann man koloniale Toponyme gewissermaßen als wichtigen Teil eines kolonial geprägten Wortschatzes und damit als Paradebeispiel für koloniale Sprache verstehen. Das koloniale Toponomastikon muss daher in seinem Bestand und seiner inneren Struktur erfasst und auf vergleichender Basis in die Theorie des Lexikons eingespeist werden.

Die Bedeutung des Themenfelds der Namen für die Koloniallinguistik wird auch von Warnke et al. (2016: 23–24) hervorgehoben, da

> [d]er **Onomastik** [Fettdruck im Original] [...] in den *Postcolonial Language Studies* [kursiv im Original] eine wichtige Funktion zu[kommt], hier werden in besonderer Weise Erkenntnisse über sprachgebundene kolonisatorische Machtausübung diskutiert, da Namen (zu nennen sind vor allem Ortsnamen, aber auch Personennamen, Personengruppennamen, Ereignisnamen) Rückschlüsse auf Benennungspraktiken und -motive zulassen [...] Besondere Aufmerksamkeit erfahren koloniale Ortsnamen in jüngster Forschung.

Die Aussage im Schlusssatz dieses Zitats bestätigen die zahlreichen im Rahmen des koloniallinguistischen Forschungsprogramms inzwischen entstandenen Arbeiten u.a. von Weber (2012), Mückler (2015), Stolz & Warnke (2015a–b, 2016, 2017, 2018, angenommen a–b), Stolz et al. (2016), Engelberg (2016), Schmidt-Brücken (2016), Schmidt-Brücken et al. (2017), Schulz & Ebert (2016, 2017), Miccoli (2017), Schuster (angenommen), Warnke et al. (in Vorbereitung). In diesen Studien werden ganz verschiedene Facetten des Themas beleuchtet. Die Bandbreite reicht von longitudinalen korpuslinguistischen Untersuchungen zum Gebrauch von Kolonialtoponymen (Engelberg 2016) über die Identifikation von deutsch-kolonialen Toponymen in Kamerun (Weber 2012) und kolonial motivierten Dromo- und Hodonymen im Deutschen Reich (Schulz & Ebert 2016, 2017) hin zur listenförmigen Erfassung von postkolonialen Umbenennungen im pazifischen Raum (Mückler 2015). Da auch außerhalb unseres koloniallinguistischen Zirkels wertvolle Arbeiten zur Kolonialtoponomastik einzelner Kolonien veröffentlicht wurden (z. B. Möller 1986 zu Deutsch-Südwestafrika, Higman & Hudson 2009 zu Jamaika u.a.m.), ist der Boden also dafür bereitet, die individuellen kolonial-toponomastischen Aktivitäten zu bündeln und in ein gemeinsames Unterfangen zu überführen.

1.2 Basiskoordinaten

Der zeit-räumlichen Dimension des Kolonialismus ist es geschuldet, dass das anvisierte Projekt vergleichend ausgerichtet sein muss, um Generalisierungen über die Grenzen eines einzelnen historischen Kolonialismus hinaus zu ermöglichen. Kolonialismus ist dabei mit Warnke & Schmidt-Brücken (2017) „kein Ereignis und kein Thema, sondern eine Machtformation", deren globale Dimensionen eine einzelsprachliche Beschäftigung als nicht sinnvoll erscheinen lassen. Es gehört gerade zu den Zielen einer vergleichenden Kolonialtoponomastik, sprachübergreifende Muster der Benennung von Raum im Projekt einer kolonialen Landnahme in den Blick zu nehmen und dabei das koloniale Dispositiv erkennbar zu machen. Zu diesem Zweck ist es unabdingbar, einen festen Referenzrahmen zu schaffen, damit die Vergleichbarkeit gesichert bleibt. Wir wollen daher die folgenden Festlegungen auf verschiedenen Dimensionen treffen – und zwar

- **Zeitspanne:** Als *terminus ante quem non* setzen wir das Jahr 1415, ab dem die portugiesischen Entdeckungs- und Eroberungsfahrten im Atlantik zur Regel wurden (Marques 1998: 50). Damit negieren wir nicht die Möglichkeit einer auch kolonialtoponomastisch musterbildenden mediterranen Tradition, die über die Expansionsgeschichte der Seerepubliken Genua und Venedig sowie über die Kreuzzüge eine Verbindungslinie zum Hochmittelalter und eventuell noch weit darüber hinaus in die Antike besitzen mag. Da die Dekolonisierung auch gegenwärtig nicht überall auf der Weltkarte abgeschlossen ist, reicht der Beobachtungszeitraum im Prinzip bis ins 21. Jahrhundert.[8]
- **Geographie:** Der Schwerpunkt liegt aus historischen Gründen eindeutig auf den außereuropäischen Gebieten. Europa wird allerdings nicht völlig ausgeblendet, sondern ist durch die britischen Kronkolonien Gibraltar, Malta und Zypern, den italienisch verwalteten Dodekanes, die dänischen Reichsteile Island und Färöer sowie die norwegischen Inselbesitzungen Jan Mayen und Spitzbergen (Svaldbard) durchaus sichtbar vertreten. Hinsichtlich der Antarktis werden die Sektoren Australiens, Frankreichs, Großbritanniens und Norwegens berücksichtigt; die sich zum Teil mit dem britischen antarktischen Territorium überschneidenden und miteinander konkurrierenden Ansprüche Argentiniens und Chiles werden hingegen ausgeblendet. An dieser Stelle ist es angebracht zu präzisieren, dass die vergleichende Kolonialtoponomastik nicht nur die Verhältnisse in den Kolonien selber untersucht;

---

[8] CoCoTop fasst den Untersuchungszeitraum etwas enger, nämlich von 1450 bis 1975 mit der Möglichkeit, diesen bis zur Rückgabe Macaos an China im Jahre 1999 auszuweiten (Stolz et al. 2016: 283, Fn. 6).

vielmehr gehört zu ihrer Domäne auch die Erforschung der kolonialen Manifestationen im Toponomastikon der als Kolonisatoren tätigen Staaten.[9]
- **Status:** Um uns nicht in staatsrechtlichen Detaildebatten zu verlieren, subsumieren wir unter dem Sammelbegriff Kolonie alle Formen von abhängigen Territorien eines kolonial expandierenden Staates, mögen sie auch als Kronkolonie, Mandatsgebiet, Pachtgebiet, Protektorat, Schutzgebiet, *Trust Territory*, Überseedepartement, Überseeprovinz, *dependency* o. ä. firmieren. Sobald Kolonien die staatliche Unabhängigkeit erlangen – einschließlich des Dominion-Status im britischen *Commonwealth* –, fällt ihre weitere interne toponomastische Entwicklung nicht mehr in den Gegenstandsbereich der vergleichenden Kolonialtoponomastik (Stolz et al. 2016: 283, Fn. 7). Eine scheinbare Ausnahme macht der Kongo-Freistaat[10], der von 1885 bis 1908 persönliches Eigentum des belgischen Königs Léopold II war, um dann vom belgischen Staat als Kolonie Belgisch-Kongo übernommen zu werden. Die sog. Subkolonialismen von britischen Dominions wie Australien, Neuseeland und Südafrika, in deren Verlauf die Dominions gewissermaßen in britischem Auftrag Kolonien außerhalb ihres eigenen Staatsgebiets unter ihre Herrschaft nahmen, sind hingegen wieder von Interesse für die vergleichende Kolonialtoponomastik.[11]

Gegen die Berücksichtigung des zuletzt angesprochenen Falls der Übernahme eines C-Mandats des Völkerbunds über das ehemalige Deutsch-Südwestafrika durch die Südafrikanische Union könnte eingewandt werden, dass es sich hierbei lediglich um die Erweiterung des südafrikanischen Staatsgebietes durch faktische Eingliederung eines räumlich direkt benachbarten Territoriums handelt, das auf dem Landweg erreicht und kontrolliert werden kann. In allen übrigen uns bekannten kolonialen Szenarien schließt die Etablierung der Herrschaft des Kolonisators über die Kolonie die Benutzung des Seewegs ein. Wir wollen

---

9 CoCoTop betrachtet die Verhältnisse im „mutterländischen" Toponomastikon des Kolonisators bewusst nicht. Die genannten innereuropäischen Kolonien Gibraltar, Malta, Zypern und Dodekanes liegen auch im Skopus von CoCoTop, wohingegen die dänischen und norwegischen Besitzungen in Europa (aus Gründen ihres unklaren kolonialen Status) unberücksichtigt bleiben. CoCoTop befasst sich ausschließlich mit Kolonialismen, die mit der Inbesitznahme von bereits besiedelten Gebieten einhergehen. Daher spielen die Nord- und Südpolarterritorien beispielsweise für CoCoTop keine Rolle (Stolz et al. 2016: 282–284).
10 Da Kolonien aus administrativen oder anderen Gründen im Laufe ihrer Geschichte durchaus mehrfach ihren Namen ändern können, verwenden wir in diesem Beitrag durchweg unveränderliche deutsche Bezeichnungen auch für den kolonialen Besitz nicht-deutscher Kolonisatoren.
11 Die Berücksichtigung des kolonialtoponomastischen Niederschlags dieser Sub-Kolonialismen ist gegenüber CoCoTop eine deutliche Erweiterung.

daher die südafrikanische Periode im späteren Namibia als einen Sonderfall betrachten, ohne dadurch jede beliebige Form territorialer Annexion zum Gegenstand der vergleichenden Kolonialtoponomastik zu deklarieren.

Tabelle 1 zeigt auf der Grundlage der obigen Stipulationen, von welchen Kolonisatoren (= Staaten, die Kolonien besaßen) in welchen Regionen (= geographische Makroareale, in denen Kolonien bestanden) in welchem Zeitraum (= Jahrhunderte, in denen ein Kolonisator de jure Kolonien besaß) auszugehen ist. Gleichzeitig wird angegeben, welche Sprache der Kolonisator bei der Prägung kolonialer Toponyme ins Spiel brachte und wie umfänglich der Anteil von mit Elementen aus dieser Sprache gebildeten Toponymen am gesamten Kolonialtoponomastikon (= Gesamtbestand von Kolonialtoponymen) eines Kolonisators ist. Dabei gilt:
– klein = n < 100 Belege
– mittel = n < 1.000 Belege
– groß = n ≥ 1.000 Belege

Durch Grauschattierung werden diejenigen Kolonisatoren identifiziert, die sich nolens volens vor der *Berliner Afrika-Konferenz von 1884–1885* aus dem Konkurrenzkampf bereits zurückgezogen hatten.

Tabelle 1: Die toponomastisch zu untersuchenden historischen Kolonialismen.

Kolonisator	Sprache	Region	Jhd.	Volumen
Australien	Englisch	Ozeanien, Antarktis	20.–21.	mittel
Belgien	Französisch[12]	Kongo	19.–20.	mittel
Brandenburg	Deutsch	Karibik, Westafrika	17.–18.	klein
Dänemark	Dänisch	weltweit	17.–20.	groß
Deutschland	Deutsch	Afrika, Ozeanien, China	19.–20.	groß
Frankreich	Französisch	weltweit	17.–21.	groß
Großbritannien	Englisch	weltweit	17.–21,	groß
Italien	Italienisch	Dodekanes, Nord- und Ostafrika	19.–20.	mittel
Japan	Japanisch	Mikronesien, Ostasien	19.–20.	groß
Kurland	Deutsch[13]	Karibik, Westafrika	17.	klein

---

[12] Flämisch spielt offiziell im belgischen Kolonialismus keine Rolle, kommt aber bei bestimmten Bildeweisen von Kolonialtoponymen durch die dabei verwendeten flämischen Anthroponyme gelegentlich doch zur Geltung (Stolz et al. 2016: 299).
[13] Die angebliche kolonialtoponomastische Verwendung des Lettischen im Rahmen des kurländischen Kolonialismus scheint weitgehend fiktiv zu sein (Stolz et al. 2016: 302–303).

Tabelle 1: (fortgesetzt)

Neuseeland	Englisch	Ozeanien	20.	klein
Niederlande	Niederländisch	Amerika, Westafrika, Asien	17.–21.	groß
Norwegen	Norwegisch[14]	Nordmeer, Antarktis	20.–21.	mittel
Österreich	Deutsch	Ostafrika, Nikobaren	18.	klein
Portugal	Portugiesisch	weltweit	15.–20.	groß
Russland	Russisch	Alaska	18.–19.	mittel
Schweden	Schwedisch	Westafrika, Karibik	17.–19.	klein
Spanien	Spanisch	weltweit	15.–20.	groß
Südafrika	Afrikaans[15]	Südwestafrika	20.	klein
USA	Englisch	Südostasien, Ozeanien, Karibik	19.–21.	mittel

Von den zwanzig Kolonisatoren[16] in Tabelle 1 repräsentiert die große Mehrheit – nämlich fünfzehn Kolonisatoren – das, was wir unter dem Sammelbegriff Eurokolonialismus zusammenfassen. Der Eurokolonialismus kann als ein Konglomerat von kulturell und sozio-historisch ähnlichen kolonialen Projekten, die in zeitlich und räumlich enger Nachbarschaft zueinander stehen, angesehen werden. Nur die britischen Dominions Australien, Neuseeland und Südafrika sowie Japan und die USA passen nicht in dieses Schema, wobei der japanische Fall insofern noch zusätzlich isoliert ist, als mit ihm die einzige nicht-indoeuropäische Sprache eines Kolonisators verbunden ist, nämlich das (genetisch isolierte) Japanisch. Die neunzehn anderen Kolonisatoren bringen zwölf verschiedene indoeuropäische Sprachen ins Spiel, die dem germanischen, romanischen oder slawischen Zweig dieser Sprachfamilie angehören.[17] Es kann daher weder von einer völligen Gleichförmigkeit noch von einer übermäßig großen Heterogenität hinsichtlich der sprachlichen und sozio-historischen Voraussetzungen gesprochen werden. Erst eine gründliche Erhebung aller einschlägigen Daten und ihre anschließende vergleichende Evaluation ermöglicht es zu bestimmen,

---

14 Soweit wir die Sachlage bezüglich der norwegischen Kolonien im Augenblick beurteilen können, scheint die Toponomastik hauptsächlich auf dem Bokmål zu beruhen. In welchem Ausmaß Nynorsk ebenfalls an der Bildung von Kolonialtoponymen beteiligt ist, muss die weitere Forschung ergeben.
15 Englisch scheint trotz einer de jure Gleichberechtigung mit dem Afrikaans kolonialtoponomastisch im Mandatsgebiet keine besondere Rolle gespielt zu haben.
16 CoCoTop untersucht vornehmlich vierzehn Eurokolonialismen (ohne den norwegischen Fall), wobei die Kolonialismen Japans und der USA zu Kontrastzwecken mit einbezogen werden (Stolz et al. 2016: 282, Fn. 4).
17 Zu dieser Liste ist noch Latein hinzuzufügen, da in mehreren Eurokolonialismen Kolonialtoponyme (unsystematisch) nach lateinischen Mustern gebildet wurden (Stolz et al. 2016: 337–338).

ob und inwiefern die geteilten eurokolonialen Voraussetzungen sich in einer weitgehenden Homogenität der Kolonialtoponomastika niederschlagen. Die geforderte Bestandsaufnahme zu leisten, die Belege sinnvoll zu klassifizieren und systematisch auszuwerten, bildet eine zentrale Aufgabe der vergleichenden Kolonialtoponomastik, ohne dabei ihre Domäne voll und ganz abzudecken.

Den obigen Sprachen der Kolonisatoren steht eine noch nicht berechnete (aber sicher beachtliche) Zahl von indigenen Sprachen in den Kolonien gegenüber. Allein für die deutschen Kolonien im Südpazifik (Gouvernements Deutsch-Neuguinea und Samoa) kalkuliert Engelberg (2012: 236) rund 700 indigene Sprachen. Welche indigenen Sprachen für die Ausgestaltung des jeweiligen Kolonialtoponomastikons wichtig sind, muss noch eruiert werden. Wir dürfen davon ausgehen, dass Mitglieder der Sprachfamilien Afroasiatisch, Andinisch, Arawakisch, Athapaskisch, Austroasiatisch, Austronesisch, Bantu, Dravidisch, Eskimo-Aleutisch, Indo-Arisch, Irokesisch, Khoisan, Kwa, Mande, Mon-Khmer, (Non-)Pama-Nyungan, Sinitisch, Tschadisch, Tupi-Guaraní, West-Atlantisch u.a.m. Einfluss auf die Kolonialtoponomastik ausgeübt haben. Diesen Einfluss in jedem Einzelfall genau zu bestimmen, ist eine Sisyphos-Arbeit, die nur kooperativ mit den einschlägigen Philologien geleistet werden kann und daher ein Zukunftsprojekt darstellt, dessen Konturen in diesem Beitrag nur in Teilen erkennbar werden.

In diesem Einleitungsbeitrag kommen nur ein kleiner Teil der Sprachen der Kolonisatoren und ein noch viel kleinerer Teil der Sprachen der Kolonisierten zu Wort, wenn es um die Analyse von empirischen Belegen geht.

1.3 Beispielsweise

Über was wir eigentlich reden, konkretisieren wir anhand einer kurzen Textpassage in (1), die aus Fleurys (2008: 296) populärwissenschaftlicher Schilderung der französischen Eroberung Algeriens in den Jahren 1830–1848 stammt. Durch Fettdruck heben wir das im Weiteren diskutierte Kolonialtoponym hervor.

(1) Algerien – Dialog
– *Monsieur le maréchal, comment comptez-vous baptiser la ville que nous allons bâtir pour le roi? Et Valée lui répond sans aucune hésitation: –* **Philippeville**, *bien entendu.*[18]

---

[18] Unsere Übersetzung: „Herr Marschall, wie beabsichtigen Sie die Stadt zu nennen, die wir für den König errichten werden? Und Valée antwortet ihm ohne jedes Zögern: **Philippeville**, selbstverständlich."

Es handelt sich um eine Szene aus dem Jahr 1838. Marschall Sylvain Valée verabschiedet sich von Oberst Vaillant, der als Generalinspekteur der französischen Festungsanlagen in Algerien den Auftrag erhielt, eine französische Stadt „für den König" auf dem neu eroberten Gebiet zu errichten. Er fragt den Marschall danach, wie die neue Stadt heißen soll. Für den Marschall kommt „selbstverständlich" nur *Philippeville*[19] als passendes Toponym in Frage, weil es den anthroponymischen Bestandteil *Philippe* beinhaltet, der auf *Louis-Philippe I* (1773–1850), den von 1830–1848 regierenden König Frankreichs und Unterstützer der kolonialen Expansion, referiert (Stolz et al. 2016: 306).

Die in (1) auszugsweise wiedergegebene Episode lädt zur Betrachtung aus mehreren Perspektiven ein. Zuallererst ist der kurze Dialog symptomatisch in dem Sinne, dass er deutlich zeigt, dass wir es bei der Kolonialtoponomastik im Wesentlichen mit einem Projekt der Kolonisatoren zu tun haben. Noch bevor der Bau der Stadt begonnen wurde, wird ihr Name aus einer Art Gewissheit (die selbstverständliche Verwendung des Königsnamens; vgl. auch Warnke & Schmidt-Brücken 2011) heraus durch einen Repräsentanten des Kolonisators geprägt. Die vergleichende Kolonialtoponomastik erforscht eigentlich ausnahmslos das kolonialtoponomastische Projekt der Kolonisatoren. Sie kann gar nicht umhin, sich auf diese Seite der Kolonialtoponomastik zu beschränken, weil die kolonialzeitliche Quellenlage die Sicht der Kolonisierten gar nicht bzw. nur inadäquat abbildet, zumal diese Quellen fast ausnahmslos von Repräsentanten der Kolonisatoren erstellt bzw. in Auftrag gegeben wurden. Es ist keine primäre Aufgabe der vergleichenden Kolonialtoponomastik, vorkoloniale Zustände zu rekonstruieren, das „eigentlich richtige" Toponym zu identifizieren und/oder den tatsächlichen Gebrauch von Toponymen jenseits des in den Quellen dokumentierten Vorkommens zu bestimmen (Stolz et al. 2016: 286–287).

Darüber hinaus kann unser Beispiel (1) sowohl systemlinguistisch als auch diskurslinguistisch unter die Lupe genommen werden. Die systemlinguistische Betrachtungsweise konzentriert sich dabei auf das Kolonialtoponym *Philippeville* und seine strukturellen Eigenschaften, während der diskurslinguistische Ansatz die epistemische Semantik und die genealogischen Traditionen von Ortsbenennungen im transtextuellen Aussagezusammenhang berücksichtigt. Bevor diese beiden Blickwinkel in den Abschnitten 2 und 3 vertieft werden,

---

19 Bezüglich der Form der Beispiele richten wir uns nach der von unseren Quellen gegebenen graphischen Repräsentation bzw. orientieren uns im Falle von russischen und japanischen Kolonialtoponymen an den philologisch üblichen Transliterationssystemen. Postkoloniale Umbenennungen werden von uns nicht berücksichtigt. Ebenso wenig werden Übersetzungen vorgenommen.

wollen wir hier die sowohl für die systemlinguistische wie auch für die diskurslinguistische Sicht elementaren Festlegungen (überwiegend) terminologischer Art treffen.

1.4 Fachvokabular und erste Zahlen

Philippeville ist ein Kolonialtoponym im Sinne der eingangs gegebenen Definition, weil dieses Toponym zur Zeit der französischen Kolonialherrschaft in Algerien auf ein Geo-Objekt in dieser nordafrikanischen Kolonie Frankreichs referiert. Dieses Kolonialtoponym ist für eine Siedlungskolonie geprägt worden, die bereits in vorkolonialer Zeit besiedelt war. Es gehört zur Klasse der Eponyme[20], weil für seine Bildung auf eine andere Namenklasse (hier: Anthroponyme) zurückgegriffen wird (Brink 2016: 160–163). Allein dies verweist schon auf die diskurslinguistisch wichtige Beobachtung, dass im kolonialen Namenprojekt Personalität lokalisiert wird. Dieses Muster begegnet uns immer wieder. Die machtvollen Repräsentanten der kolonialen Ordnung verräumlichen sich strukturell, weil Anthroponyme als Konstituenten von Toponymen regelmäßig gebraucht werden. Die auf diese Weise geleistete Referenz auf den zum Zeitpunkt der Prägung des Kolonialtoponyms regierenden König Frankreichs charakterisiert *Philippeville* zudem als kommemorativ (Hough 2016: 92–93) und den Machtanspruch Frankreichs affirmierend. Es handelt sich um ein Makrotoponym – also um „einen weithin bekannten Namen [eines] geographische[n] Großobjekt[s]" (Nübling et al. 2015: 206). Zu den Makrotoponymen zählen (mit gewissen Unschärfen und schlecht klassifizierbaren Fällen):
– Choronyme (Staaten, Länder, Landschaften)
– Oikonyme (Siedlungen)
– Hydronyme (Gewässer) – mit Einschränkungen
– Oronyme (Berge, Gebirge) – mit Einschränkungen

In diesem einleitenden Beitrag befassen wir uns mit eben diesen Klassen von Makrotoponymen.

Das Beispiel aus der französischen Kolonie Algerien ist zudem repräsentativ für die Klasse der Exonyme, die in (2) definiert werden.

---

[20] Der Begriff ist in der einschlägigen toponomastischen Literatur durchaus nicht einheitlich definiert. In den weiteren Beiträgen zu diesem Sammelband können daher auch abweichende Gebrauchsweisen des Begriffs auftreten.

(2) Definition: Exonym
Ein exonymisches Kolonialtoponym besteht ausschließlich aus Bestandteilen, die keiner der Sprachen der in einem gegebenen Gebiet Kolonisierten, sondern der Sprache eines Kolonisators entnommen sind.

Im Fall von *Philippeville* ist es unstrittig, dass sowohl das Erstglied d. h. das Anthroponym *Philippe* als auch das Zweitglied *ville* 'Stadt' französischer Herkunft sind. Kein weiteres Element ist bei der Bildung dieses Typs von Kolonialtoponym beteiligt. Wir haben es mit einer binären Struktur zu tun, die dem Format eines Nominalkompositums entspricht, das Nübling et al. (2015: 44–45) unter der Rubrik der Gattungseigennamen führen. Unabhängig von der Komplexität des jeweiligen Kolonialtoponyms betrachten wir alle Belege im Sinne von Leroy (2015: 263) als Konstruktionen.

Da die Kolonialgeschichte den Wechsel von Kolonisatoren bzw. die gewissermaßen vorkoloniale Prägung von Toponymen durch Entdecker – Drummond (2016: 130) benutzt in diesem Zusammenhang die Bezeichnung „exploration name[s]" – kennt, kann es in einer Kolonie zur Bildung mehrerer exonymischer Schichten kommen. Man kann dann von Alloexonymie sprechen.[21] Außerdem sind Fälle belegt, bei denen ein komplexes Kolonialtoponym Bestandteile aus Sprachen verschiedener Kolonisatoren umfasst. Miccoli (2017: 191–193) führt entsprechende Beispiele kombiniert italienisch-englischer Exonyme für den Archipel der Hanisch- und Muhabbaka-Inseln (Italienisch-Eritrea) wie in (3) auf.

(3) Italienisch-Ostafrika

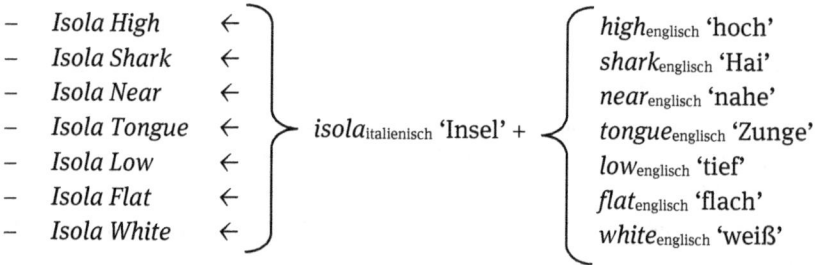

In diesen zweigliedrigen Konstruktionen verbindet sich als konstantes Element das italienische *isola* 'Insel' mit einem aus dem Englischen stammenden Zweitglied (überwiegend sind dies Adjektive). Wir nennen solche Bildungen gemisch-

---

21 Eines von vielen Beispielen ist die Beibehaltung von etablierten Kolonialtoponymen nach dem Verkauf der Jungferninseln 1917 von Dänemark an die USA; ähnliches gilt für Alaska.

te Exonyme. Sie illustrieren augenfällig den Sprachkontakt[22] zwischen zwei exogenen Sprachen im kolonialen Kontext.

Exonyme bilden nicht die einzige Form, in der uns Kolonialtoponyme entgegentreten. Das Hydronym *Air Loeas* (wörtl. 'breites Gewässer') in (4) aus Sumatra (Niederländisch-Ostindien) ist wie *Philippeville* zweigliedrig, besteht aber nur aus malaiischen Bestandteilen (Zakaria 2000).

(4) Niederländisch-Ostindien (ATN Blatt 14 D-4)
    Air$_{\text{malaiisch}}$ *Loeoas*$_{\text{malaiisch}}$ ← *air* 'Wasser' + *loeas* 'weit, breit'

Es tritt kein niederländisches Element hinzu; der Kolonisator ist also mit seiner Sprache segmental an der Bildung dieses Kolonialtoponyms nicht beteiligt. Daher haben wir es mit einem Endonym zu, das in (5) definiert wird.

(5) Definition: Endonym
    Ein endonymisches Kolonialtoponym besteht ausschließlich aus Bestandteilen, die nicht der Sprache eines Kolonisators entnommen sind, sondern aus einer der Sprachen der Kolonisierten stammen.

Inwiefern es sich bei Endonymen um genuine autochthone/vorkoloniale Bildungen oder doch eher um von der Kolonialverwaltung oktroyierte Pseudo-Endonyme oder Indigenoide handelt, ist eine Frage, die erst nach eingehendem Studium der Belege beantwortet werden kann. Exonymische Eigenschaften können nämlich gewissermaßen auch kovert sein. Diese verdeckten Exonyme zu entschleiern ist eine der wichtigsten und aufwändigsten Aufgaben von Folgeprojekten, die sich an unsere explorative Studie anschließen mögen.

Mit Bezug auf die Situation in Afrika beklagt Alexandre (1984: 51–54) die Unmöglichkeit, Exonyme und Endonyme in jedem Fall eindeutig voneinander abzugrenzen. Unter den Kategorien der europäisierten afrikanischen Namen und afrikanisierten europäischen Namen führt der Autor hauptsächlich solche Fälle an, bei denen es auf Grund von Transkriptionsproblemen zur „falschen" Repräsentation der phonologischen Fakten kommt. Ein gutes Beispiel von außerhalb Afrikas ist die Bezeichnung der Stadt *Hagåtña* auf Guam, der größten Insel der Marianen (Ozeanien). Dieses Toponym ist endogen in dem Sinne, dass es sich nur aus Chamorro-Morphemen zusammensetzt. Dies sind *håga'* 'Blut' und das Possessorsuffix der 3. Person Singular *-ña* (Onedera 1989: 30–31).[23]

---

[22] Die Idee, Kolonialtoponyme als Manifestationen des Sprachkontaktes zu deuten, geht auf Möller (1986, 1990) zurück.
[23] Der auslautende Glottalverschluss [ʔ] bei *håga'* 'Blut' [hagɐʔ] geht vermutlich auf den silbenschließenden stimmlosen dentalen Plosiv [t] in *Hagåtña* [hɐˈgʊtɲɐ] zurück, da im gesprochen

In (6) zeigen wir die Chronologie der orthographischen Repräsentation und ihrer lautlichen Realisierungsformen (Stolz & Warnke angenommen b).

(6) Marianen
    a. Spanische Periode: *Agaña* = [aˈgaɲa]
    b. US-amerikanische Periode: *Agana* = [aˈgænə]
    c. de- und vorkolonial: *Hagåtña* = [hɐˈgʊtɲɐ]

Unter spanischer Herrschaft 1665–1898 war der Ort als *Agaña* bekannt. Die US-amerikanische Administration schaffte 1899 die Tilden-Schreibung für den palatalen Nasal ab.[24] Die beiden Kolonisatoren haben nicht nur den Auftakt und die Coda der Initialsilbe unter den Tisch fallen gelassen, sondern auch die unterschiedliche Qualität der Vokale nicht ausgewiesen. Das Toponym war damit in der Kolonialzeit etymologisch ein Endonym, aber phonetisch ein Exonym – und damit bereits eine Art Hybrid (s. u.).[25] Wie bei den gemischten Exonymen in (3) kann man im Falle von (6a–b) von „toponymisiertem" Sprachkontakt sprechen, da es um die Hispanisierung bzw. Anglisierung eines Chamorro-Toponyms geht.

Exonymische und endonymische Elemente können also in einem Kolonialtoponym in Kombination auftreten, sodass ein hybrides Kolonialtoponym entsteht, dessen Definition in (7) folgt.

(7) Definition: Hybrid
    Ein hybrides Kolonialtoponym besteht aus mindestens zwei Komponenten, von denen eine auf die Sprache eines Kolonisators zurückgeht und eine andere aus einer der Sprachen der Kolonisierten stammt.

Chamorro stimmlose plosivische Konsonanten in der Koda häufig als Glottalverschluss realisiert werden (Seidin 1960). Bei der von Onedera (1989: 30) angesetzten Etymologie des Chamorro-Toponyms fällt auf, dass für die der Hauptstadt von Guam benachbarte Siedlung *Hågat* neben der auf *håga'* 'Blut' beruhenden Herleitung auch *åga* 'Krähe' als Ursprung erwogen wird (Onedera 1989: 26–27). Diese zweite Hypothese birgt das Problem der unetymologischen wortinitialen und -finalen Konsonanten [h] und [t]. Es spricht strukturell nichts dagegen, *Hagåtña* als possedierte Form von *Hågat* zu interpretieren, womit allerdings die Bedeutung des von beiden Toponymen geteilten Stamms nicht geklärt ist (die Rückführung auf *håga'* 'Blut' ist keineswegs zwingend). Es ist nicht auszuschließen, dass wir es bei den zitierten Erklärungsversuchen mit Volksetymologien zu tun haben.

24 Orthographische Normen als koloniales Herrschaftsinstrument werden aus postkolonialer Sicht in Sippola (2016) indirekt angesprochen.

25 In Kolonien, in denen entlaufene Sklaven (sog. maroons) eigene Siedlungen besaßen, kann sich ein kreolisches Toponomastikon entwickeln, dessen Mitglieder dann gegenüber den vorkolonialen genuinen Endonymen den Status von Alloendonymen besitzen. Ein Beispiel ist das Sranan-Toponym *Granman-kondre* (< Portugiesisch *grão* 'groß' + Englisch *man* 'Mann' + Englisch *country* 'Land') in Suriname (Stolz & Warnke angenommen a).

Dabei kann sich die Hybridität in mindestens viererlei Form zeigen. Wie im Chamorro-Fall in (6) wird die Segmentkette aus einer der beteiligten Sprachen genommen, ihr aber eine lautliche Realisierung gegeben, die zu einer anderen Sprache passt. Dies können wir als phonologische Hybridisierung bezeichnen.[26] Die Änderung etwa der Reihenfolge von Konstituenten einer Konstruktion (ähnlich dem von (3) umschriebenen Prozess von Englisch [ADJ N]$_{TOP}$ zu Italienisch [N ADJ]$_{TOP}$) würde morphosyntaktische Hybridisierung darstellen. In (8) sehen wir zwei andere Arten von Hybriden. Die Beispiele aus der deutschen Kolonie Kamerun und die Erklärungen dazu entnehmen wir Weber (2012: 115–116), die auch für die wörtlichen Zitate verantwortlich zeichnet; inwiefern hier auch volksetymologisches Räsonnement ins Spiel kommt, können wir auf dem gegenwärtigen Kenntnisstand nicht mit Sicherheit bestimmen.

(8) Kamerun
    a. *Lobedorf* = *Lobe*$_{duala}$ (< *lóbà* 'Gott') + *Dorf*$_{deutsch}$
    b. *Lobet(h)al* =
        i. *Lobe*$_{duala}$ (< *lóba* 'Gott') + *T(h)al*$_{deutsch}$
        ii. "The name was given at the request of a German couple [...]."
        iii. "The name goes back to the Lutheran Bible where *Lobetal* is the name of a place where Joshafat and his army thank God for their victory."

Bei (8a) handelt es sich um ein zweigliedriges Oikonym, dessen Erstglied aus dem Hydronym *Lobe* besteht, das den Fluss bezeichnet, an dem die Siedlung liegt. Es scheint relativ klar zu sein, dass das Hydronym aus dem Duala stammt. Es geht mit dem deutschen Zweitglied *Dorf* eine Verbindung ein. Damit liegt ein morphologischer Hybrid vor. Bei (8b) ist die Sachlage komplizierter. Entweder kann das Erklärungsmuster von (8a) einfach übertragen werden, sodass ein zweites Mal von einem morphologischen Hybrid zu sprechen ist, oder es liegt eine rein deutsche Bildung – also ein Exonym vor, das eventuell durch den persönlichen Wunsch von deutschen Wohltätern oder durch direkte Übernahme aus dem Bibeltext auf die Karte von Kamerun gelangte. Eine weitere Möglichkeit besteht noch darin, dass es zu einer (gewollten) Kontamination von Duala *lóba* 'Gott' und Deutsch *Lob* mit seinen biblisch-religiösen Konnotationen kam, was für eine Station der Baseler Mission recht naheliegend ist. In diesem Fall hätten wir einen semantischen Fall von Hybridität gefunden, weil mit den Bedeutun-

---

[26] Das Thema der „Verballhornung" von etymologisch endogenen Toponymen im postkolonialen Kontext behandeln beispielsweise Kearns & Berg (2009) ausführlich für den Fall Neuseeland aus der Perspektive der *Critical Toponymies*.

gen der lautlich ähnlichen Ausdrücke aus dem Duala und dem Deutschen gewissermaßen gespielt wird. In allen diesen Fällen bedeutet Hybridisierung auch immer eine Manifestation des kolonialen Sprachkontakts.

Obwohl wir noch nicht für alle Kolonialismen über gesicherte Zahlenwerte verfügen, lässt sich schon zum jetzigen Zeitpunkt pauschal sagen, dass die in den obigen Definitionen vorgestellten Spielarten von Kolonialtoponymen deutlich unterschiedliche Anteile an den jeweiligen Kolonialtoponomastika reklamieren dürfen. Diagramm 1 zeigt dies für fünf Kolonialismen. Dabei ist anzumerken, dass wir der leichteren Zugänglichkeit wegen bei der Kategorie der Hybride ausschließlich den morphologischen Typ berücksichtigen. Die Häufigkeitswerte resultieren aus der Zählung von Toponymen und machen daher keine Angabe darüber, wie viele Geo-Objekte betroffen sind.[27] Die Angaben zum spanischen Kolonialismus beziehen sich nur auf die afrikanischen Kolonien Spaniens im 20. Jahrhundert (Spanisch-Sahara und Spanisch-Guinea), die japanischen Werte fußen auf der Auszählung von Kolonialtoponymen im mikronesischen Mandatsgebiet (Otsuka in diesem Band). Die übrigen Daten basieren auf den Registerauszählungen der Kolonialatlanten AGHCB, ATN, GDKA sowie der Gazetteers GSG und GSS.[28] Die absoluten Werte sind dem Säulendiagramm separat beigegeben.

---

27 Im Laufe der Kolonialgeschichte ist es immer wieder zur Umbenennung von Geo-Objekten gekommen. Dies geschah nicht nur bei einem Wechsel des Kolonisators, sondern konnte auch z. B. durch politische Umbrüche im kolonisatorisch tätigen Staat motiviert sein. So berichtet der [ACI 170] über den wiederholten Namenswechsel der französisch kolonisierten Insel La Réunion: „Pendant la révolution, **[île] Bourbon** prit le nom d'**île de la Réunion** (10 mars 1793) [...]. En 1801, le général Decaen arriva à l'Île de France comme capitaine général; il délégua Magallon, un de ses lieutenants, au gouvernement de **la Réunion**, qui s'appela **île Bonaparte** à partir de 1803." [Unsere Übersetzung: „Während der Revolution nahm die Île Bourbon den Namen Île de la Réunion an (am 10. März 1793). [...] 1801 traf General Decaen auf der Île de France als Generalkapitän ein; er delegierte Magallon, einen seiner Stellvertreter, zur Verwaltung von La Réunion, das sich ab 1803 Île Bonaparte nannte."]. Die von uns durch Fettdruck hervorgehobenen Kolonialtoponyme bezeichnen sämtlich dasselbe insulare Geo-Objekt im Indischen Ozean. Sie reflektieren die politischen Wechselfälle in der französischen Geschichte des späten 18. und frühen 19. Jahrhunderts – von der Bourbonenherrschaft über die Republik hin zu Napoleons Alleinherrschaft. Nach Napoleons Sturz und der Wiedereinsetzung eines bourbonischen Königs kehrte man für wenige Jahrzehnte zur Bezeichnung Île *Bourbon* zurück, die ihrerseits der „revolutionären" Bezeichnung Île *de la Réunion* weichen musste. Jedes dieser Kolonialtoponyme muss bei statistischen Erhebungen gleichberechtigt mitgezählt werden.
28 Sofern nicht anders angegeben beziehen sich alle weiteren Zahlenwerte zu diesen fünf Kolonialismen in diesem Beitrag auf dieselben Quellen, die daher nicht jedes Mal explizit ausgewiesen werden. Bei Spanisch-Guinea ist in unserer Studie der insulare Landesteil Annobón aus der Erhebung ausgeschlossen, weil das Toponomastikon dieser Insel überwiegend portugiesisch geprägt

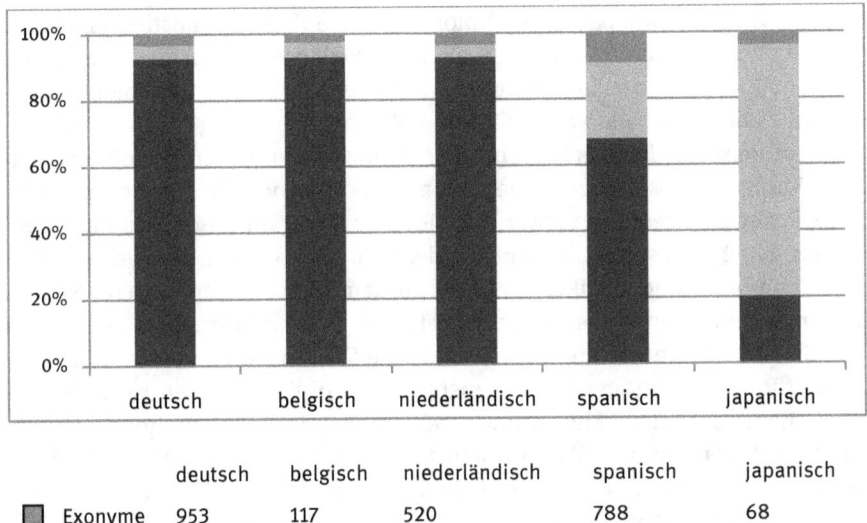

Diagramm 1: Anteile von Exonymen, Hybriden und Endonymen in fünf kolonialen Toponomastika.

In den vier eurokolonialen Toponomastika bilden die Endonyme mit jeweils über 68 % der Belege die überwiegende Mehrzahl der verzeichneten Fälle. Exonyme und Hybride erreichen jeweils Anteile, die auch zusammengerechnet kein Drittel ausmachen. Die Hybriden sind dabei tendenziell stärker vertreten als die Exonyme.[29] Die Häufigkeitsverteilung ist für den deutschen, belgischen und niederländischen Kolonialismus frappierend ähnlich. Aus dem Rahmen fällt der japanische Kolonialismus, weil 75 % aller erfassten Kolonialtoponyme vom hybriden Typ sind. Es stellt sich daher die Frage, ob sich zwischen den Euroko-

---

ist und die entsprechenden Kolonialtoponyme als Alloexonyme im spanischen Herrschaftsbereich gelten. Sie werden in späteren Arbeiten gesondert berücksichtigt.

29 Unter der Voraussetzung, dass Appellativa und Propria zusammen das Gesamtlexikon einer Sprache bilden (s. o.), ist es verlockend, die Anteile von Exonymen, Hybriden und Endonymen mit denen von Fremd- und Lehnwörtern, etymologischen Mischbildungen und Erbwörtern im appellativischen Teil des Lexikons zu vergleichen. Stolberg (2015: 337) führt beispielsweise „place names of German origin" als eine der Quellen deutscher Lehnwörter in Sprachen des Pazifiks auf. Den Konnex zwischen Kolonialtoponomastikon und appellativischem Lexikon herzustellen ist jedoch eine Aufgabe, die den Rahmen unseres Einleitungstexts sprengen würde, weshalb wir sie auf einen späteren Zeitpunkt vertagen.

lonialismen und dem japanischen Kolonialismus auf toponomastischen Gebiet grundsätzlich unterschiedliches Verhalten feststellen lässt. Um dies überprüfen zu können, bedarf es der detaillierten quantitativen Erfassung der Kolonialtoponomastika aller in Tabelle 1 aufgeführten Kolonialismen.

Unser Beispiel *Philippeville* führt uns noch zu einer weiteren wichtigen Unterscheidung. Dieses französische Kolonialtoponym wurde zur Bezeichnung einer städtischen Siedlung verwendet, die in einem arabisch-berberischen Umfeld von den Kolonisatoren erbaut wurde, d. h. dass bereits ein vorkoloniales autochthones Toponomastikon bestand, zu dem sich die französische Neubildung in einem Spannungsverhältnis befinden musste (Yermèche 2015: 357). Diese Situation ergibt sich überall dort, wo die Kolonisatoren bereits besiedelte Gebiete für sich toponomastisch beanspruchen. In diesen Fällen ist nicht auszuschließen, dass lokale Muster und Traditionen auf die Kolonialtoponomastik Einfluss nehmen können. Wenn Kolonisatoren jedoch zuvor unbesiedelte Gebiete in Besitz nehmen, fehlt das örtliche Korrektiv, das die kolonialtoponomastische Kreativität eventuell in Grenzen halten könnte. Dieses Szenario bezeichnet Nash (2013: 6–8) als „pristine place-naming" und widmet ihm eine monographische Abhandlung. Als weiterer Faktor kommt ins Spiel, ob die Kolonie zur Besiedlung durch Kolonisten vorgesehen ist. Aus der Kombination dieser Kriterien ergibt sich die Matrix in Tabelle 2, deren Zellen wir für den französischen Kolonialismus ausfüllen.

Tabelle 2: Besiedelt/unbesiedelt.[30]

		vorkolonial	
		besiedelt	unbesiedelt
kolonial	Stützpunktkolonie	Pondicherry	Îles Kerguelen
	Siedlungskolonie	Nouvelle Calédonie	La Réunion

---

30 Pondicherry ist eine urbane französische Gründung auf indischem Boden, die am Ende des 17. Jahrhunderts in bereits besiedeltem Gebiet zur Schaffung einer militärisch abgesicherten Faktorei errichtet wurde (ACI 181). Neukaledonien besaß bei der Inbesitznahme durch Frankreich Mitte des 19. Jahrhunderts eine große hauptsächlich melanesische Bevölkerung; die Insel war zunächst als Sträflingskolonie gedacht, bevor die Einwanderung von Franzosen generell freigegeben wurde (ACI 261–268). Die erst 1890 nach ihrem Entdecker Yves de Kerguelen-Tremarec (12. Februar 1772) benannten Îles Kerguelen im südlichen Indischen Ozean waren bei ihrer Entdeckung unbewohnt und sind es auf Grund der dortigen klimatischen Verhältnisse auch geblieben (Montagnon 1988: 372–373). La Réunion war zu Beginn der französischen Herrschaft unbewohnt, hat dann aber massive Einwanderung aus Frankreich erlebt (ACI 169).

Im Zusammenhang mit den grau schattierten Zellen in Tabelle 2 müssen wir eine eigentlich triviale Feststellung machen. In zuvor unbesiedelten Gebieten kann es nach Inbesitznahme durch Kolonisatoren nicht zur Bildung von Endonymen und Hybriden kommen, weil es kein vorkoloniales Toponomastikon gibt und keine autochthone Bevölkerung, die ein solches anbieten könnte. In dieser Situation können nur Exonyme entstehen. D. h. dass die Anteile der Exonyme am gesamten Kolonialtoponomastikon unter Umständen noch niedriger als in Diagramm 1 ausfallen, wenn man sich nur auf die Kolonisierung von bereits besiedelten Gebieten konzentriert. Es bleibt systematisch zu überprüfen, ob sich qualitative Unterschiede hinsichtlich der Kolonialtoponyme in vorkolonial besiedelten und unbesiedelten Gebieten ergeben (Stolz & Warnke 2017) – vielleicht in Analogie zu den von Stolz & Warnke (2018) beobachteten kolonialtoponomastischen Unterschieden zwischen Stützpunkt- und Siedlungskolonien.

An diesem Punkt haben wir die Diskussion der Elementaria abgeschlossen, sodass die Kolonialtoponyme etwas genauer auf einige ihrer system- und diskurslinguistischen Eigenschaften durchleuchtet werden können. Die strukturellen und funktionalen Aspekte stehen dabei im Mittelpunkt des folgenden Abschnitts 2.

2 Strukturelle und funktionale Eigenschaften von Kolonialtoponymen

Sechsunddreißig Jahre nach Metzeltins (1977) weitgehend wirkungslos gebliebenem Pionierversuch zur strukturellen Kolonialtoponomastik beklagt Nash (2013: 3) mit vollem Recht, dass „there is still a need to develop the scope of [...] toponymy beyond mere placename listings and expanding related folk etymologies".

Damit spielt er darauf an, dass viele rezente toponomastische Beiträge „bear [...] little relevance to studying toponym grammar [because they] give limited application to considering toponyms as serious linguistic data that can be analysed" (Nash 2013: 4).

Wir pflichten dem zitierten Autor in seiner Kritik bei. Wir versuchen daher in diesem Abschnitt zu zeigen, dass Kolonialtoponyme einer formalen und funktionalen Analyse zugänglich sind – und dass diese Analyse einen Erkenntnisgewinn verspricht, der weit über das untersuchte Einzeldatum hinausreicht.

2.1 Katalog der Konstruktionen

Um dies zu leisten, greifen wir wieder auf unser Beispiel (1) zurück, indem wir das Kolonialtoponym *Philippeville* auf seine innere Struktur hin untersuchen. In (9) stellen wir die binäre Struktur dar, die als das Konstruktionsmuster gelten darf, auf dessen Grundlage *Philippeville* gebildet wurde.

(9) Analyse: Zweigliedrigkeit[31]
 [{*Philippe*$_{ANTH}$}$_{MOD}$-{*ville*$_{APP}$}$_{KLASS}$]$_{TOP}$

Die Konstruktion umfasst zwei Leerstellen, die in einem hierarchischen Verhältnis zueinander stehen. Die Rolle des Kopfes kommt dem Klassifikator (als Index = KLASS) (Anderson 2007: 186, Van Langendonck 2007: 206) zu, der in unserem konkreten Fallbeispiel von dem französischen Appellativum (= APP) *ville* 'Stadt' vertreten wird. Die zweite Leerstelle wird von einem Modifikator (= MOD) besetzt; diese Funktion übt das Anthroponym (= ANTH) *Philippe* aus. Klassifikator und Modifikator zusammen bilden das Kolonialtoponym (= TOP) *Philippeville*.

Da es sich bei *Philippeville* um ein Exonym handelt, müssen beide Konstituenten der Konstruktion – ihr Erstglied und ihr Zweitglied – aus der Sprache des Kolonisators stammen. D. h. dass sowohl der Modifikator als auch der Klassifikator französischer Herkunft ist. Die binäre Struktur und die Koppelung ihrer Glieder an die Sprache des Kolonisators konstituieren einen bestimmten Typ von Kolonialtoponym, den wir in (10) in zwei Linearisierungen schematisch darstellen. Die Optionen für die Anordnung der Konstituenten werden einzelsprachlich festgelegt, wobei Modifikator und Klassifikator in der Regel (aber nicht zwingend) Mitglieder der Klasse der Nomina sind.

(10) Zweigliedriges Exonym – generell
 a. Rechtsköpfig
  [{MODIFIKATOR}$_{EXOGEN}$-{KLASSIFIKATOR}$_{EXOGEN}$]$_{TOP}$
 b. Linksköpfig
  [{KLASSIFIKATOR}$_{EXOGEN}$-{ MODIFIKATOR}$_{EXOGEN}$]$_{TOP}$

---

[31] Für die Formeldarstellung gilt: eckige Klammern umschließen die toponymische Gesamtkonstruktion, deren Konstituenten in geschweifte Klammern gesetzt werden. Im Falle von morphologisch komplexen Konstituenten wird die Morphem-Trennung innerhalb der geschweiften Klammern vorgenommen. Jede schließende Klammer wird mit einem Index versehen.

System- und diskurslinguistische Einblicke in die Kolonialtoponomastik — 23

Es muss betont werden, dass (10a) und (10b) keine distinkten Typen darstellen, sondern nur zwei verschiedene Realisierungsmuster des Typs des zweigliedrigen Exonyms sind. Das Beispiel *Philippeville* vertritt dabei das Muster (10a).

Ein Blick auf Tabelle 3 zeigt uns, dass der von *Philippeville* vertretene Typ der zweigliedrigen Exonyme keineswegs eine Monopolstellung in der Typologie der Kolonialtoponyme besitzt. In Tabelle 3 führen wir Kolonialtoponyme aus verschiedenen Kolonialismen an, die ihrerseits repräsentativ für das sind, was sich für gewöhnlich in den von uns konsultierten kolonialzeitlichen Quellen belegt findet. Die Grauschattierung hebt die Typen C–F hervor, die allesamt Zweigliedrigkeit aufweisen, während die Typen A, B, G und H durch Eingliedrigkeit gekennzeichnet sind.

Tabelle 3: Belege für acht Typen von Kolonialtoponymen.

Typ	Kolonisator	Kolonie	Toponym (+ Quelle)	Toponymklasse
A	Belgien	Kongo	*Dôme* (AGHCB: Blatt 14)	Oikonym
B	Italien	Libyen	*Garibaldi* (GBL: 411)	Oikonym
C	Frankreich	Neukaledonien	*Île Patrice* (NCWF: 67)	Choronym
D	Großbritannien	Kenia	*Wergudud Hills* (BEA: 167)	Oronym
E	Dänemark	Indien	*Frederiksnagore* (Struwe 1966: 170)	Oikonym
F	Niederlande	Sumatra	*Poelau Sembilan* (ATN: Blatt 12a)	Choronym
G	Spanien	West-Sahara	*Muhammed Uld Brahim* (GSS: 35)	Oikonym
H	Deutschland	Südwestafrika	*Aub* (Möller 1986: 283)	Oikonym

Zwar erschöpfen die acht Typen A–H nicht die gesamte kolonialtoponomastische Phänomenologie (s. u.), sie geben aber bereits einen ersten Eindruck davon, wie facettenreich der Gegenstandsbereich ist. Wie sich die von uns aufgestellten Typen qualitativ voneinander unterscheiden, geht aus Tabelle 4 und der sich daran anschließenden Diskussion hervor.

Wir unterscheiden schematisch zwischen Erst- und Zweitgliedern. Die grauschattierten Zeilen enthalten eingliedrige Konstruktionen. Diese eingliedrigen Konstruktionen werden so behandelt, als bestünden sie aus Erstgliedern. Fettdruck zeichnet (potentielle) Klassifikatoren aus. Die Sprache, aus der die Bestandteile der Konstruktion genommen sind, wird an der jeweiligen Konstituente indiziert.

Tabelle 4: Unterschiede unter den acht Typen.

Typ	Klasse	Beispiele aus Tabelle 3	
		Erstglied	Zweitglied
A	Exonym	**Dôme**französisch	
B	Exonym	**Garibaldi**italienisch	
C	Exonym	**Île**französisch	*Patrice*französisch
D	Hybrid	**Wergudud**somalisch	*Hills*englisch
E	Hybrid	**Frederiks-**dänisch	*nagore*bengalisch
F	Endonym	**Poelau**malaiisch	*Sembilan*malaiisch
G	Endonym	**Muhammed Uld Brahim**hassaniya	
H	Endonym	**Aub**nama	

Wir differenzieren die Typen nach den Kriterien der Komplexität der Konstruktion (ein- gegenüber zweigliedrig) und der Herkunft ihrer Bestandteile (Sprache des Kolonisators oder der Kolonisierten) sowie in Bezug auf die Möglichkeit, ob ein Element in einer potentiell mehrgliedrigen Konstruktion auch als Klassifikator oder Modifikator fungieren könnte. Die Funktion von Klassifikatoren können folgende Elemente ausüben, die auch als reine Appellativa unabhängig im Satz verwendet werden können:
– Französisch *dôme* 'Kuppel'
– Französisch *île* 'Insel'
– Englisch *hill(s)* 'Hügel'
– Bengalisch *nagore* (= *nagara*) 'Stadt'
– Malaiisch *poelau* 'Insel'
– Nama *aub* 'Quelle'

Wenn wir dementsprechend die Unterscheidung von Erst- und Zweitglied aus Tabelle 4 durch das Klassifikator-Modifikator-Paar ersetzen und dabei zusätzlich exogene (= aus der Sprache des Kolonisators stammende) von endogenen (= aus einer Sprache der Kolonisierten stammenden) Bestandteilen unterscheiden, ergibt sich das von Tabelle 5 reflektierte Bild. Leere Zellen sind zusätzlich grauschattiert.

Die Reihenfolge, in der die Beispiele in Tabelle 3–5 aufgeführt sind, ist nicht zufällig, sondern bildet ein Kontinuum ab. An den Rändern des Kontinuums geht Eingliedrigkeit mit Endogenität bzw. Exogenität einher, während im mittleren Abschnitt Mehrgliedrigkeit bis hin zur Kombination von exogenen und endogenen Komponenten gegeben ist.

Tabelle 5: Innere Gliederung der acht Typen.

Typ	Klasse	Konstituenten	
		Klassifikator	Modifikator
A	Exonym	exogen	
B	Exonym		exogen
C	Exonym	exogen	exogen
D	Hybrid	exogen	endogen
E	Hybrid	endogen	exogen
F	Endonym	endogen	endogen
G	Endonym		endogen
H	Endonym	endogen	

In den Typen D–E manifestiert sich der Kontakt zwischen den im kolonialen Kontext involvierten Sprachen durch gemeinsame Teilhabe an der Bildung von Kolonialtoponymen.

Typ A markiert den exogenen Pol des Kontinuums, den entgegengesetzten endogenen Pol vertritt Typ H. An beiden Polen besteht die toponymische Konstruktion aus nur einer realisierten Konstituente, die funktionell als Klassifikator angesehen werden kann, weil sie Klassen von Geo-Objekten bezeichnen können und nicht per se individualisieren. Das ist anders im Falle der Typen B und G, die zwar ebenfalls jeweils eingliedrige Konstruktionen ergeben, aber das Exonym *Garibaldi* (Anthroponym, das auf den italienischen Nationalhelden Giuseppe Garibaldi verweist) ist als Klassenbegriff ungeeignet; stattdessen individualisiert es das Geo-Objekt in starkem Maße. Typ G besteht aus dem mehrgliedrigen endonymischen Hassaniya-Anthroponym *Mohammed Uld Brahim* (wörtl. 'Mohammed, Kind Brahims'), das individualisierend einen muslimischen Wallfahrtsort bezeichnet.[32] Bei den Typen B und G wird morphologisch nicht expliziert, zu welcher ontologischen Klasse das jeweils bezeichnete Geo-Objekt gehört. Bei den Typen C–F ist dies anders. Alle Konstruktionen sind unter diesen Typen zweigliedrig und umfassen stets eine Konstituente, die als Klassifikator fungiert. Bei dem rein exonymischen Typ C ist dies französisch *île* 'Insel', das mit dem ebenfalls französischen Anthroponym *Patrice* kombiniert

---

[32] Laut Carnero Ruiz (1955: 66–68) handelt es sich bei *Ulad Brahim* 'Kinder Brahims' um eine der *fracciones del Sáhara* 'Bezirke der Sahara', die auf Clanstrukturen aufgebaut sind, ohne dabei größere Ansiedlungen zu bilden. *Mohammed Uld Brahim* könnte also auf eine Person aus dem Großfamilienverband der Ulad Brahim verweisen.

wird. Typ F hingegen besteht nur aus endogenen Elementen. Hier geht der malaiische Klassifikator *poelau* 'Insel' mit dem ebenfalls malaiischen Numerale *sembilan* 'neun' eine Verbindung ein – und zwar unter Nachstellung des Numerales, die in der malaiischen Syntax obligatorisch ist, wenn die Konstruktion ordinalisch (also als *Poelau Sembilan* '(die) neunte Insel') zu verstehen sein soll (Karim 1995). Die Typen D und E liegen am Wendepunkt des Kontinuums. Das Beispiel für Typ D enthält mit Englisch *hills* 'Hügel' einen exogenen Klassifikator, der mit dem endogenen Modifikator *wergudud* 'braune Teiche' (< *war/wer* 'Teich' + *gudud* 'braune Farbe', laut Abraham 1964) aus dem Somali verbunden wird. Der Klassifikator *nagore* 'Stadt' im Beispiel *Frederiksnagore* (= Typ E) stammt aus dem Bengali (*nagara* 'Stadt', gemäß Thompson 2010), ist also eine endogene Konstituente, die mit der genitivischen Form des dänischen Anthroponyms *Frederik* als Modifikator kombiniert wird.

In (11) stellen wir analog zu Tabelle 5 noch einmal die Konstruktionsmuster in Formelschreibweise dar; auf eine Differenzierung von verschiedenen Linearisierungen verzichten wir aus Platzgründen. Das Symbol Ø steht für eine ungefüllte Leerstelle. Ob man diese Ø-Fälle in dem Sinne interpretieren kann, dass die jeweiligen Konstruktionen einen externen, virtuellen oder impliziten zweiten Bestandteil haben, ist eine Frage, die wir an dieser Stelle nicht weiterverfolgen können.

(11) Konstruktionsmuster gemäß Tabelle 5 (nur eine Linearisierung wird berücksichtigt)
 a. [Ø-{KLASSIFIKATOR}$_{EXOGEN}$]$_{TOP}$
 b. [{MODIFIKATOR}$_{EXOGEN}$-Ø]$_{TOP}$
 c. [{MODIFIKATOR}$_{EXOGEN}$-{KLASSIFIKATOR}$_{EXOGEN}$]$_{TOP}$
 d. [{MODIFIKATOR}$_{ENDOGEN}$-{KLASSIFIKATOR}$_{EXOGEN}$]$_{TOP}$
 e. [{MODIFIKATOR}$_{EXOGEN}$-{KLASSIFIKATOR}$_{ENDOGEN}$]$_{TOP}$
 f. [{MODIFIKATOR}$_{ENDOGEN}$-{KLASSIFIKATOR}$_{ENDOGEN}$]$_{TOP}$
 g. g[{MODIFIKATOR}$_{ENDOGEN}$-Ø]$_{TOP}$
 h. [Ø-{KLASSIFIKATOR}$_{ENDOGEN}$]$_{TOP}$

Wir nehmen an, dass es sich bei (11) nicht um eine ungegliederte Liste handelt, sondern um eine geordnete, hierarchisch organisierte Menge von funktional verwandten Konstruktionen. Wie der nachstehende Abschnitt 2.2 zeigt, wird dabei dem Typ C Prominenz zugeschrieben.

Andere, von (11) nicht erfasste (und immer auch mehrgliedrige) kolonialtoponomastische Konstruktionen können aus Platzgründen nicht in aller Ausführlichkeit besprochen werden. Wir führen sie in diesem Beitrag als heterogene Klasse der sonstigen Konstruktionsmuster (gekennzeichnet durch das arbiträre Symbol ℂ mit den passenden Indices) und exemplifizieren sie nur fallweise und unsystematisch. Diesen Konstruktionen fehlt für gewöhnlich ein Klassifikator, weshalb wir bei der strukturellen Analyse unspezifisch von Kopf (und Modifikator) sprechen.

2.2 Kanon

Unsere Grundannahmen zu den zu erwartenden Eigenschaften von eurokolonialen Toponomastika extrapolieren wir weitgehend aus unseren statistischen Erhebungen zu den deutsch-kolonialen Gegebenheiten (Stolz & Warnke 2015b: 132–148). Die Haltbarkeit der auf diesem Wege formulierten Annahmen muss noch empirisch-vergleichend überprüft werden. U. a. haben wir den Prototyp des Kolonialtoponyms entwickelt und in verschiedenen Folgestudien, die Stichproben außerhalb des deutschen Kolonialismus einschließen, modifiziert. Die Annahme dieses Prototyps beruht auf der Beobachtung, dass bestimmte Konstruktionsmuster (und ganz besonders Typ C) sprachübergreifend in allen Eurokolonialismen (und auch darüber hinaus) belegt sind, während andere stärkeren Restriktionen hinsichtlich ihrer Verteilung unterliegen. Der kolonialtoponomastische Prototyp fügt sich nahtlos zum (eurozentrischen) Konzept des optimalen Namens, das Nübling (2000: 286–287) u. a. anhand eines toponomastischen Prototyps diskutiert.

Auf Grund neuer Erkenntnisse, die wir bei der Sichtung von Daten aus anderen als dem deutschen Kolonialismus in der Zwischenzeit gewonnen haben, halten wir es mittlerweile jedoch für sinnvoll, an Stelle des Prototyps den von Corbett (2005) vorgeschlagenen kanonischen Typ anzusetzen, der völlig unabhängig von Häufigkeitserwägung ist. Der Kanon wird schematisch in (12) dargestellt. Die Linearisierung Klassifikator > Modifikator ist darstellungstechnisch bedingt und impliziert keine Festschreibung der Linksköpfigkeit der Konstruktionen. Mehrere Ebenen sind zu unterscheiden. Auf der Ausdrucksebene liegt minimal eine binäre Kombination aus Klassifikator und Modifikator mit einer inneren Struktur vor (Kolde 1995: 400–402; Harnisch & Nübling 2004: 1902–1905; Köhnlein 2015). D. h. dass das kanonische Kolonialtoponym komplex ist. Jede der beiden Konstituenten hat eine Funktion: der Klassifikator ordnet das benannte Geo-Objekt ontologisch ein, was als Ordnungsfunktion verstanden werden kann; der Modifikator erfüllt den Zweck, die Zugehörigkeit des Geo-Objekts zum Herrschaftsbereich eines gegebenen Kolonisators kommemorativ zu markieren, was als Besitzanspruchsfunktion verstanden werden kann. Die Erfüllung dieser doppelten Funktion kann am besten gewährleistet werden, wenn eine Konstruktion mit zwei Leerstellen verfügbar ist. Das Ergebnis ist ein Oikonym, d. h. es wird in kanonischer Weise eine Siedlung gemäß der von Gary-

Prieur & Noailly (2015) vorgeschlagenen Hierarchie von toponomastischen Kategorien benannt.

(12) Kanonisches Kolonialtoponym

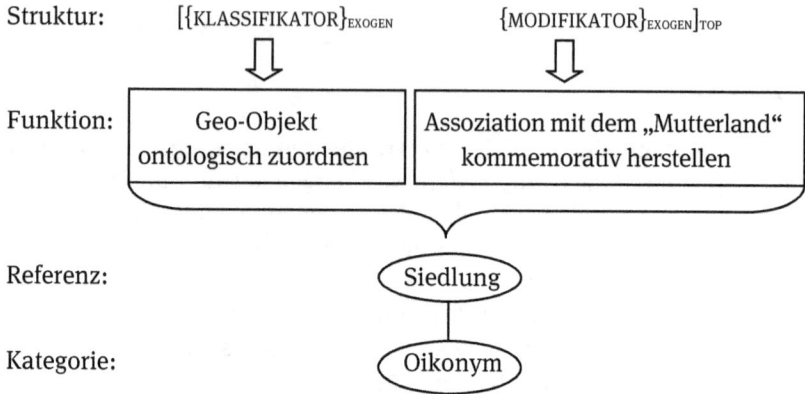

Diese Annahme steht im Einklang mit der onomastischen Belebtheitsskala von Nübling et al. (2015: 104) und Van Langendonck (2007: 207–210), die Oikonymen wegen der menschlichen Präsenz vor Ort Präzedenz bei der Namenvergabe zubilligt, sodass in (13) das Toponym *Willemstad* zur Bezeichnung der Hauptstadt von Curaçao, Niederländische-Antillen, den Kanon vollständig erfüllt.[33]

(13) Curaçao, Niederländische-Antillen

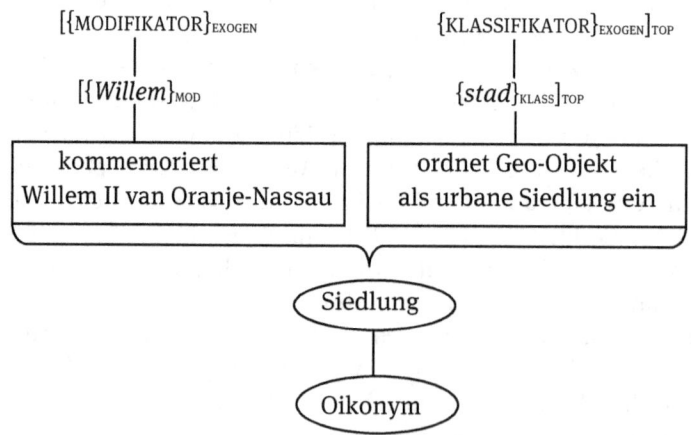

---

[33] Der Namenspatron ist Willem II van Oranje Nassau (1626–1650), der Statthalter der Niederlande war (Stolz et al. 2016: 313).

Das Konstruktionsschema (12) kann auf allen Ebenen und in allen Bestandteilen der Variation unterliegen. Hieraus ergeben sich diverse realisierte Konstruktionstypen, die unterschiedlich stark vom Kanon abweichen können. In Tabelle 6 überprüfen wir, in welchem Maße die in Abschnitt 2.1 eingeführten Beispiele kanonisch sind. Grauschattierung markiert die Verstöße gegen die Kriterien des Kanons. Fettdruck identifiziert wie gehabt (potentielle) Klassifikatoren.

Tabelle 6: Kanonizität der Typen A–H.

Typ	Beispiele aus Abschnitt 2.1		Struktur	Funktionen		Referenz	Kategorie
	Erstglied	Zweitglied	binär	orientieren	beanspruchen	Siedlung	Oikonym
A	**dôme**$_{frz}$		nein	ja	nein	ja	ja
B	*Garibaldi*$_{ital}$		nein	nein	ja	ja	ja
C	**Île**$_{frz}$	*Patrice*$_{frz}$	ja	ja	ja	nein	nein
D	*Wergudud*$_{som}$	**Hills**$_{eng}$	ja	ja	nein	nein	nein
E	*Frederiks*-$_{dän}$	**nagore**$_{bengal}$	ja	ja	(ja/nein)	ja	ja
F	**Poelau**$_{malai}$	*Sembilan*$_{malai}$	ja	ja	nein	nein	nein
G	*Muhammed Uld Brahim*$_{hassaniya}$		nein	nein	nein	ja	ja
H	**Auß**$_{nama}$		nein	ja	nein	ja	ja

Keines der Beispiele entspricht uneingeschränkt dem Kanon. Am nächsten kommen dem Ideal die Typen C und E. Im Falle von *Île Patrice* wird die Bedingung der Referenz auf eine Siedlung nicht erfüllt. Bei *Frederiksnagore* haben wir den paradox anmutenden Fall vorliegen, dass trotz eines endogenen Klassifikators die Verwendung des dänischen Königsnamens *Frederik* als Modifikator hinreichend Bezug zum „Mutterland" herstellt. Man kann schließen, dass diese Funktion auch dann in einem gewissen Sinn erfüllt ist, wenn überhaupt ein exogenes Element im Kolonialtoponym identifizierbar ist. Bei den Typen F, G und H fehlt ein solches Element.

Die Verwendung von endogenen Klassifikatoren in Kombination mit einem exogenen Modifikator ist im Gesamtkontext des Eurokolonialismus sehr auffällig. Wir haben es mit einem Rarum zu tun. Wenn endogene Klassifikatoren zur Bildung von kolonialen Toponymen herangezogen werden, dann geschieht dies fast ausnahmslos nur in Verbindung mit ebenfalls endogenen Modifikatoren. Wir haben es mit zwei eindeutigen komplementären Präferenzen zu tun, die wir unter (14) formelhaft darstellen.

(14)   Präferenzen der Modifikator-Klassifikator-Beziehungen
   a.   KLASSIFIKATOR   → [EXOGEN]   /___ MODIFIKATOR$_{\text{EXOGEN/ENDOGEN}}$
   b.   MODIFIKATOR   → [ENDOGEN]   /___ KLASSIFIKATOR$_{\text{ENDOGEN}}$

Das Beispiel *Frederiksnagore* (= Typ E) aus dem dänischen Kolonialismus steht weitgehend isoliert da, weil es gegen die Präferenz (14a) verstößt. Während dieser Fall aus dem eurokolonialen Rahmen fällt, stimmt er sehr gut zum örtlichen Toponomastikon in Bengalen, wo reine Endonyme in großer Zahl den Klassifikator *nagore* 'Stadt' enthalten, wie z. B. *Chandernagore* als französische Enklave im britisch beherrschten Bengalen zeigt (Dalziel 2006: 59).

Wenn eine limitierte Vielzahl von Optionen besteht, muss gefragt werden, ob sie sich statistisch gleich verhalten und, falls nicht, welche Faktoren ihre Distribution determinieren. Die Antworten liegen nicht auf der Hand.

2.3 Exonyme und Hybride – quantitativ betrachtet

Auf dem gegenwärtigen Stand der Forschungen ist es uns noch nicht möglich, zu allen Aspekten der Endonyme Verbindliches zu sagen. Wir legen daher im Weiteren den Fokus überwiegend auf Exonyme und Hybride.

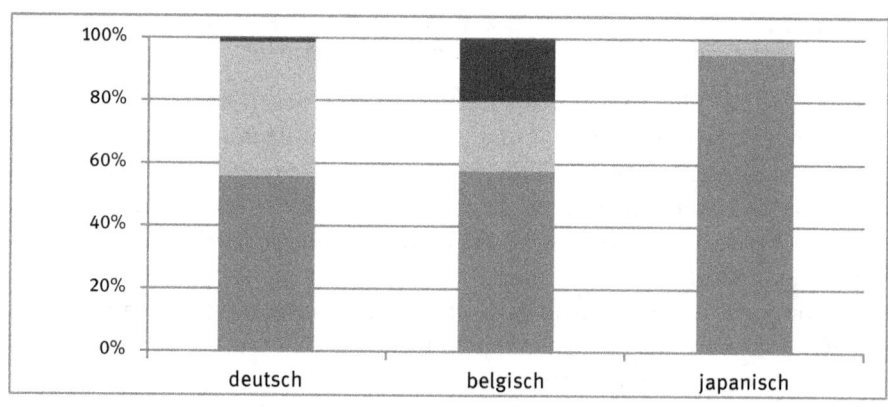

		deutsch	belgisch	japanisch
■	Exonym (Typ A–B)	29	65	3
□	Exonym (Typ C/₵)	924	72	65
■	Hybrid (Typ D/₵)	1.207	187	1.281
	Gesamt	2.160	324	1.349

Diagramm 2: Konstruktionen mit und ohne Klassifikator in drei kolonialen Toponomastika.

Zunächst sollen in diesem Zusammenhang die Zahlen sprechen. Dafür haben wir in Diagramm 2 die Anteile der eingliedrigen Exonyme (= Typ A–B), mehrgliedrigen Exonyme (= Typ C + ℂ$_{EXONYM}$) und der Hybriden vom Typ D (+ ℂ$_{HYBRID}$) für drei ausgewählte Kolonialismen – den deutschen, den belgischen und den japanischen – berechnet.[34] Der Hybrid Typ E (+ ℂ$_{HYBRID}$) wurde wegen seiner Abwesenheit von den drei Kolonialtoponomastika nicht mehr in die Darstellung der Häufigkeitswerte mit aufgenommen.

Zwischen den drei Kolonialismen gibt es wiederum auffällige Ähnlichkeiten. In allen drei Fällen sind einwortige exonymische Konstruktionen (Typen A–B) der jeweils seltenste Fall, für den deutschen und den japanischen Kolonialismus kann man sogar von Marginalität sprechen. Den größten Anteil haben in allen drei verglichenen Kolonialtoponomastika hybride Toponyme (Typ D + ℂ$_{HYBRID}$). Im deutschen und belgischen Fall deckt dieser Typ deutlich mehr als die Hälfte aller Belege ab. Auf den japanischen Fall bezogen lässt sich fast von einer Monopolstellung sprechen, da 95 % aller Belege die Kombination eines endogenen Modifikators mit einem japanischen Klassifikator illustrieren. Anzumerken ist zudem, dass exonymische und hybride ℂ-Konstruktionen zwar im deutschen und belgischen Kolonialtoponomastikon belegt sind, im japanischen jedoch völlig fehlen.

In Tabelle 7 geben wir für die obigen Kolonialismen je ein Beispiel pro berücksichtigten Typ A–D + ℂ$_{HYBRID}$. Die (potentiellen) Klassifikatoren sind durch Fettdruck hervorgehoben.

Tabelle 7: Beispiele für die Typen A–D + ℂ in drei Kolonialismen.

Typ	deutsch	belgisch [Kongo]	japanisch
A		*Baie*	
B	*Victoria*	*Cattier*	
C	*Doerings**höhe***	*Lac Léopold II*	*Aki-**shima***
D	*Abasside-**Berg***	*Pic Inzia*	*Aomon-**shima***
ℂ$_{exonym}$	*Neu-Pommern*	*Nouvelle-Anvers*	
ℂ$_{hybrid}$	*Alt-Yakum*	*Ancien Beni*	

---

[34] Die Auswahl der Kolonialismen für Diagramm 2 ist rein pragmatisch begründet. Zum Zeitpunkt der Abfassung der Einleitung zu diesem Sammelband lagen für die meisten anderen Kolonialismen erst mehr oder weniger umfängliche Teilauszählungen der Daten vor.

Zu den Daten in Tabelle 7 sind folgende Erläuterungen zu geben. Die Etymologie der einzelnen Belege ist nur bei den Exonymen wirklich gesichert. Dies betrifft
- aus dem deutschen Kolonialtoponomastikon
    - [{Victoria$_{ANTH}$}$_{MOD}$-Ø]$_{TOP}$ [Kamerun], Siedlung, das Oikonym geht auf eine englische Gründung vor Einrichtung der deutschen Kolonialherrschaft zurück, sodass die ursprünglich intendierte kommemorative Referenz Queen Victoria galt – und nicht der deutschen Kaiserin Viktoria, Gattin von Kaiser Friedrich III (Weber 2012: 118)
    - [{Doering$_{ANTH}$-s$_{GEN}$}$_{MOD}$-{höhe$_{APP}$}$_{KLASS}$]$_{TOP}$ [Togo, GDKA 2] (Oikonym, Siedlung), das Anthroponym verweist auf Hans Georg von Doering, Leiter der Schutztruppe in Togo (DKL I, 470)
    - [{Neu$_{ADJ}$}$_{MOD}$-{Pommern$_{TOP}$}$_{KOPF}$]$_{TOP}$ [Deutsch-Neuguinea, GDKA 27] (Choronym, Insel), Adjektiv *neu* + reichsdeutsches Toponym *Pommern*
- aus dem belgischen Kolonialtoponomastikon (= Belgisch-Kongo)
    - [{Baie$_{APP}$}$_{KLASS}$-Ø]$_{TOP}$ (Oikonym, Siedlung), Französisch *baie* 'Bucht'
    - [{Cattier$_{ANTH}$}$_{MOD}$-Ø]$_{TOP}$, (Oikonym, Siedlung), eponymisch benannt nach Félicien Cattier, belgischer Kolonialrechtsexperte (1869–1946) [BCB VI, 190],
    - [{Lac$_{APP}$}$_{KLASS}$ {Léopold$_{ANTH}$ II$_{ORD}$}$_{MOD}$]$_{TOP}$ (Hydronym, See), Französisch *lac* 'See' + Anthroponym *Léopold II* (belgischer König)
    - [{Nouvelle$_{ADJ}$}$_{MOD}$-{Anvers$_{TOP}$}$_{KOPF}$]$_{TOP}$ (Oikonym, Siedlung), französisches Adjektiv *nouvelle* 'neu' + belgisches Toponym *Anvers* (= Antwerpen)
- aus dem japanischen Kolonialtoponomastikon
    - [{Aki$_{APP}$}$_{MOD}$-{shima$_{APP}$}$_{KLASS}$]$_{TOP}$ (Chuuk, Choronym), *aki* 'Herbst' + *shima* 'Insel'

Überall dort, wo bei den Bildungen in Tabelle 7 endogene Bestandteile beteiligt sind, treten hingegen etymologische Unklarheiten auf, d. h. dass die nachstehenden Hybride und Endonyme hinsichtlich ihrer semantischen Struktur noch partiell oder auch gänzlich erschlossen werden müssen:
- aus dem deutschen Kolonialtoponomastikon
    - [{Abasside}$_{MOD}$-{Berg$_{APP}$}$_{KLASS}$]$_{TOP}$ [Togo, GDKA 1] (Oronym), unbekanntes Erstglied + Berg
    - [{Alt$_{ADJ}$}$_{MOD}$-{Yakum$_{TOP}$}$_{KOPF}$]$_{TOP}$ [Kamerun, GDKA 5], Adjektiv *alt* + endogenes Toponym *Yakum* noch unbekannter Herkunft
- aus dem belgischen Kolonialtoponomastikon (= Belgisch-Kongo)
    - [{Pic$_{APP}$}$_{KLASS}$ {Inzia}$_{MOD}$]$_{top}$ (Oronym), Französisch *pic* 'Gipfel' + endogenes Element *Inzia* noch unbekannter Herkunft
    - [{Ancien$_{ADJ}$}$_{MOD}$ {Beni$_{TOP}$}$_{KOPF}$]$_{TOP}$ (Oikonym, Siedlung), französisches Adjektiv *ancien* 'alt' + endogenes Toponym *Beni* noch unbekannter Herkunft

- aus dem japanischen Kolonialtoponomastikon
  - [{Aomon_TOP}_MOD-{shima_APP}_KLASS]_TOP (Ponapé, Choronym), ponapeisches Toponym *Aomon* + Japanisch *shima* 'Insel'

Die hier angerissene Problematik der semantischen Analyse der Hybriden und Endonyme veranschaulicht, wie groß der Forschungsbedarf in der vergleichenden Kolonialtoponomastik tatsächlich noch ist. Da wir bereits wissen, dass die eindeutige Mehrzahl der Kolonialtoponyme endogener Art ist und die Hybriden für gewöhnlich eine größere Gruppe als die der Exonyme bilden, ergibt sich die unbefriedigende Situation, dass uns zumindest vorerst ein Großteil der Empirie unseres Gegenstandes verborgen bleiben muss. Dieser missliche Umstand ist für die Zukunft unbedingt zu beheben.

Was wir dessen ungeachtet mit Bezug auf Diagramm 2 und Tabelle 7 sagen können, ist Folgendes. Die Typen C, D und ₡_EXONYM/HYBRID sind zweigliedrig. Addiert man ihre Anteile auf, bewegt sich die Summe zwischen 80 % und 99 %. Damit ist eine der als kanonisch angenommenen Eigenschaften – die Zweigliedrigkeit – gleichzeitig auch quantitativ dominant unter den Kolonialtoponymen, die mindestens einen exogenen Bestandteil umfassen. Vom Kanon nicht vorgesehen ist hingegen die Dominanz der Hybridität, da laut (12) die Konstruktion ausschließlich aus exogenen Komponenten bestehen soll. Der Kanon definiert also keinen in jeder Hinsicht statistisch prominenten, sondern einen idealen Fall, der von den verschiedenen Kolonialismen in ganz unterschiedlichem Maße umgesetzt werden kann.

Das zeigt sich auch an den Werten in Diagramm 3, das die Häufigkeit des Auftretens von Anthroponymen als Teil von Exonymen in vier Kolonialismen reflektiert (generell zu diesem Thema Stolz et al. 2016). Die Kalkulation zum russischen Kolonialtoponomastikon beruht auf den Angaben in Levkovych (in diesem Band). Berücksichtigt werden die exonymischen Typen A–C + ₡.

Exonyme ohne anthroponymischen Bestandteil sind in allen vier Kolonialismen die Mehrheitslösung. Dennoch kommen überall deanthroponymische Bildungen vor, die wir in (15) illustrieren.

(15) Deanthroponymische Kolonialtoponyme
  a. deutsch: [{Moltke_ANTH}_MOD-{Spitze_APP}_KLASS]_TOP (Oronym, Togo) = Familienname *Moltke* + *Spitze* (Stolz et al. 2016: 307)
  b. russisch: [{mys_APP}_KLASS {Avinov_ANTH-a_GEN}_MOD]_TOP (Oronym, Alaska) = *mys* 'Kap' + Familienname *Avinov* (Stolz et al. 2016: 317)
  c. belgisch: [{Ponthier_ANTH}_MOD-{ville_APP}_KLASS]_TOP (Oikonym, Belgisch-Kongo) = Familienname *Ponthier* + *ville* 'Stadt' (Stolz et al. 2016: 297–298)
  d. japanisch: [{Minamoto_ANTH}_MOD-{shima_APP}_KLASS]_TOP (Choronym, Chuuk) = Familienname *Minamoto* + *shima* 'Insel' (Otsuka in diesem Band)

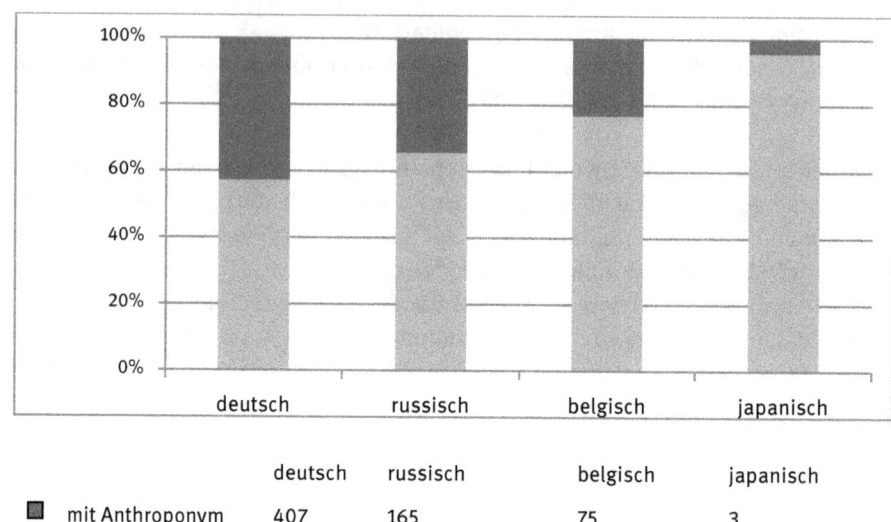

	deutsch	russisch	belgisch	japanisch
■ mit Anthroponym	407	165	75	3
□ ohne Anthroponym	546	315	249	65
Exonyme gesamt	953	480	324	68

Diagramm 3: Anthroponymischer Anteil an Exonymen in vier Kolonialismen.

Es bestehen aber deutliche Unterschiede dahingehend, wie stark deanthroponymische Toponyme im Kolonialtoponomastikon vertreten sind. Obwohl auch im deutschen Kolonialismus die 50 %-Marke nicht ganz erreicht wird, ist der Anteil von Kolonialtoponymen mit einer auf einem Anthroponym basierenden Konstituente mit 43 % fast doppelt so groß wie im belgischen Fall, der lediglich auf 23 % kommt. Die europäischen Kolonisatoren nutzen Anthroponyme für den exonymischen Teil ihrer Kolonialtoponomastika fünf- bis zehnmal so häufig wie die japanischen Kolonisatoren; bei diesen liegt der deanthroponymische Anteil bei 4 %. Die Verwendung von Anthroponymen bei japanischen Kolonialtoponymen stellt die absolute Ausnahme dar. Insgesamt gibt es nur drei sichere Belege für die Verwendung von japanischen Anthroponymen, was einen Anteil von 0,18 % am gesamten japanischen Kolonialtoponomastikon bedeutet. Dieser verschwindend geringen Anzahl von anthroponymisch basierten japanischen Fällen stehen im deutschen und belgischen Kolonialismus wesentlich höhere Fallzahlen gegenüber.

Diese Differenzen sind so stark, dass es erforderlich ist, die Rolle von toponymisch genutzten Anthroponymen auch in den anderen Kolonialismen genau zu bestimmen, um anschließend zu Verallgemeinerungen gelangen zu können. Der Befund aus dem japanischen Kolonialismus weist zudem darauf hin, dass der Kanon gemäß (12) im japanisch beherrschten Mikronesien unterrepräsentiert ist, u.a. weil die Modifikatoren in der Regel keinen Bezug zum japanischen „Mutterland" herstellen. Die Klassifikatoren hingegen stammen erwartungsgemäß ohne Ausnahme aus dem Japanischen. Es ist zu überprüfen, inwieweit der Kanon in (12) eurozentrisch ist. Das geht nur, wenn der japanische Fall vollständig erfasst und einem Vergleich unterzogen wird.

2.4 Variation innerhalb eines Kolonialtoponomastikons

Dass es zwischen den Kolonialtoponomastika verschiedener Kolonisatoren Unterschiede hinsichtlich der Häufigkeit von Konstruktionsmustern gibt, mag nicht besonders verwundern. Wenn sich jedoch Variation zwischen den Kolonien ein und desselben Kolonisators auf demselben außereuropäischen Kontinent ergeben, lässt dieser Umstand doch aufhorchen. Wir diskutieren ein solches Szenario mit Bezug auf die beiden afrikanischen Kolonien Spaniens, d. h. wir vergleichen die Daten aus Spanisch-Sahara mit denen aus Spanisch-Guinea.

2.4.1 Quantitäten

In Diagramm 4 sind die Anteile der Exonyme (= Typ A–C + $\mathcal{C}_{EXONYM}$), Hybride (= Typ D–E + $\mathcal{C}_{HYBRID}$) und Endonyme (= Typ F–H) für diese beiden spanischen Kolonien mit den dazugehörigen absoluten Zahlenwerten verzeichnet. In Diagramm 1 waren die Daten aus Spanisch-Sahara und Spanisch-Guinea noch undifferenziert zusammen erfasst worden.

Es überrascht nicht, dass in beiden Kolonien die Endonyme die deutliche Mehrheit der Belege bilden. Dies entspricht in etwa dem Bild, das Diagramm 1 bereits vermittelt hat. Allerdings fällt auf, dass in Spanisch-Sahara mit 85 % der Anteil der Endonyme viel näher an der Verteilung liegt, die für das deutsche, belgische und niederländische Kolonialtoponomastikon erhoben wurde. Außerdem ist bemerkenswert, dass ebenfalls in Spanisch-Sahara die hybriden Typen D–E + $\mathcal{C}_{HYBRID}$ auf einen geringeren Prozentsatz (~ 5 %) kommen als die exonymischen Typen A–C + $\mathcal{C}_{EXONYM}$ (~ 9 %), was dem Gesamtbild, wie es Diagramm 1 zeichnet, nicht entspricht. In dieser Hinsicht verhält sich Spanisch-Guinea mit 9 % Exonymen und 31 % Hybriden eher erwartungsgemäß.

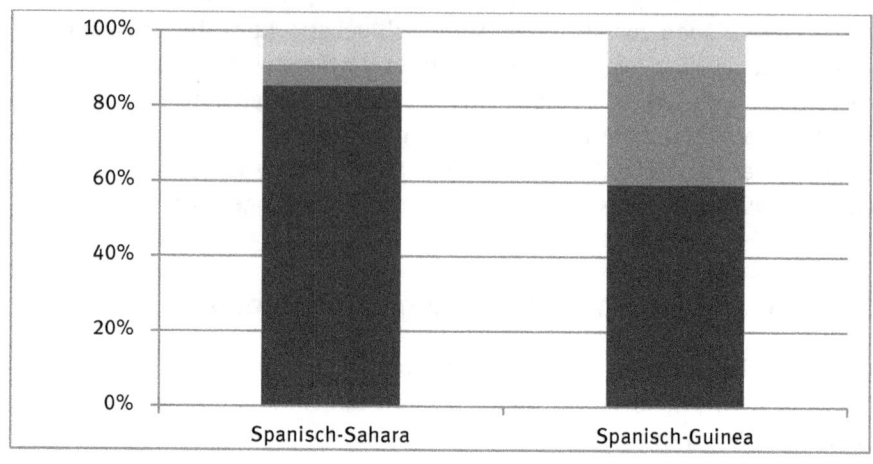

Diagramm 4: Vergleich zwischen zwei spanischen Kolonien in Afrika.

Dieses statistische Ungleichverhalten im spanischen Kolonialtoponomastikon korreliert mit bestimmten Gegebenheiten im Bereich der Klassifikatoren, die in den beiden spanischen Kolonien in Gebrauch sind. Zunächst ist diesbezüglich festzuhalten, dass es eine signifikante Diskrepanz hinsichtlich der Anzahl der Typen von Klassifikatoren gibt. Für Spanisch-Sahara umfasst der Bestand 142 verschiedene Klassifikatoren, wohingegen in Spanisch-Guinea lediglich 31 Klassifikator-Typen gezählt werden. D. h. dass in Spanisch-Sahara fast fünfmal so viele Typen wie in Spanisch-Guinea belegt sind. Dieses Missverhältnis wird noch aufschlussreicher, wenn wir uns das Verhältnis von exogenen zu endogenen Klassifikatoren in den beiden Kolonien ansehen. Dies ermöglicht uns Diagramm 5.

Die Diskrepanz ist augenfällig. In Spanisch-Guinea ist kein einziger endogener Klassifikator belegt, während in Spanisch-Sahara über 80 % der Klassifikatoren endogen sind. Zieht man nun die generellen kolonialtoponomastischen Präferenzen (14a–b) mit in Betracht, kann man vermuten, dass
– die Absenz von endogenen Klassifikatoren in Spanisch-Guinea entscheidend zur hohen Anzahl von Hybriden vom Typ D beiträgt und

– umgekehrt die hohe Anzahl von endogenen Klassifikatoren in Spanisch-Sahara die Herausbildung von Hybriden weitgehend blockiert, weil Typ E grundsätzlich nicht favorisiert wird.

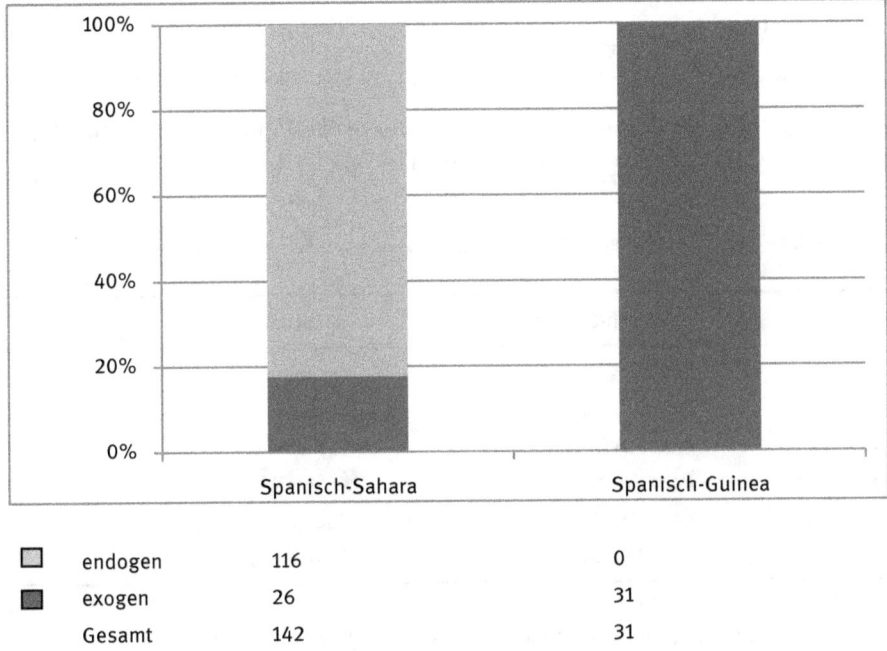

Diagramm 5: Exogene vs. endogene Klassifikatoren in zwei spanischen Kolonien in Afrika.

2.4.2 Qualitäten

Die einzigen möglichen Fälle von Konstruktionen des hybriden Typs E in Spanisch-Sahara schließen sämtlich das spanische Anthroponym *Fernán* (Kurzform von Fernando) als Modifikator ein. Diese fünf Fälle führen wir in (16) auf. Das Konstruktionsmuster ist

[{APPELLATIVUM$_{hassaniya}$}$_{KLASS}$ {DEF ANTHROPONYM$_{spanisch}$}$_{MOD}$]$_{TOP}$

Die Bedeutung des Klassifikators wird in jeder Zeile rechts außen angegeben. Der Namenspatron, der das spanische Anthroponym zur Bildung der Kolonialtoponyme beigetragen hat, konnte bislang von uns nicht identifiziert werden.

(16)   Spanisch-Sahara: Typ E

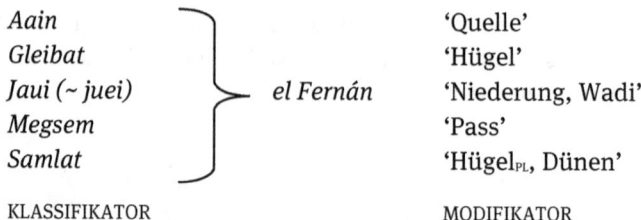

Aain			'Quelle'
Gleibat			'Hügel'
Jaui (~ juei)	el Fernán		'Niederung, Wadi'
Megsem			'Pass'
Samlat			'Hügel_PL, Dünen'
KLASSIFIKATOR		MODIFIKATOR	

Die übrigen Konstruktionsmuster, die in unsere Häufigkeitsberechnung eingegangen sind, illustrieren wir mit Beispielen in Tabelle 8.

Tabelle 8: Belege für die Typen A–D + ₡_EXONYM/HBYRID in zwei spanischen Kolonien in Afrika.

Typ	Spanisch-Sahara	Spanisch-Guinea
A	**El Istmo**	**Ensenada**
B	Las **Ballenas**	Ernesto
C	**Morro** del Ancla	**Punta** Adiós
D	**Pozo** Agufrnit	**Arroyo** Afó
₡_exonym	Arciprés Chico	Buena Esperanza
₡_hybrid	Gran Hamada	Boloko Grande

Die in Tabelle 8 gegebenen Beispiele lassen sich wie folgt analysieren:
- Spanisch-Sahara
  - [{El_DEF Istmo_APP}_KLASS-Ø]_TOP (Choronym, Landenge), spanische DP *el istmo* 'die Landenge' [GSS 17]
  - [Ø-{Las_DEF Ballenas_APP}_MOD]_TOP (Oronym, Düne), spanische DP *las ballenas* 'die Wale' [GSS 29]
  - [{Morro_APP}_KLASS {de_PRÄP l_DEF Ancla_APP}_MOD]_TOP (Oronym, Vorgebirge), Spanisch *morro* 'Landspitze' + PP *del ancla* 'des Ankers' [GSS 6]
  - [{Pozo_APP}_KLASS {Agufrnit}_MOD]_TOP (Wasserstelle) [GSS 4], Spanisch *pozo* 'Brunnen' + evtl. Berber *ageffur* 'Regen' (so Kabylisch, Dallet 1982: 252)
  - [{Arciprés_APP}_KOPF {Chico_ADJ}_MOD]_TOP (Oronym, Vorgebirge), Spanisch *arciprés* (Kurzform von *arcispreste*) 'Erzpriester' + Adjektiv *chico* 'klein' [GSS 7],
  - [{Gran_ADJ}_MOD {Hamada}_KOPF]_TOP (Choronym, Plateau) [GSS 22], spanisches Adjektiv *gran* 'groß' + evtl. Hassaniya *ḥmd* 'preisen, loben' (Dallet 1982: 323–324); *ḥmâda* wird von Leriche (1955: 37) als ausgedehntes flaches steinwüstenhaftes Plateau beschrieben, dessen Bedeutung auf Französisch als *la digne de louange* (*une fois qu'on en est sorti*) 'die Lobenswerte (sobald man aus ihr herausgekommen ist)' erläutert wird. Derselbe Autor

konstatiert, dass dieser Terminus in Mauretanien selten gebraucht werde, wohingegen er in der Spanischen-Sahara gängig sei (vgl. auch Carnero Ruiz 1955: 74–76)
- Spanisch-Guinea
  - [{Ensenada$_{APP}$}$_{KLASS}$-Ø]$_{TOP}$ (Oikonym, Siedlung), Spanisch *ensenada* 'kleine Bucht' [GSG 31]
  - [Ø-{Ernesto$_{ANTH}$}$_{MOD}$]$_{TOP}$ (Oikonym, Farm), spanischer männlicher Vorname *Ernesto* [GSG 31]
  - [{Punta$_{APP}$}$_{KLASS}$ {Adiós$_{APP}$}$_{MOD}$]$_{TOP}$ (Choronym, Landspitze), Spanisch *punta* 'Landspitze' + *adiós* spanische Abschiedsformel, auch nominal 'Abschied' [GSG 4]
  - [{Arroyo$_{APP}$}$_{KLASS}$ {Afŏ}$_{MOD}$]$_{TOP}$ (Hydronym, Fluss), Spanisch *arroyo* 'Strom' + Fang Pflanzenname[35] *afŏ* 'Poga Oleosa' (Bibang Oyee 1990: 209) [GSG 5],
  - [{Buena$_{ADJ}$}$_{MOD}$ {Esperanza$_{APP}$}$_{KOPF}$]$_{TOP}$ (Oikonym, Farm), feste spanische Fügung *buena esperanza* 'gute Hoffnung' aus dem kongruierenden Adjektiv *buen(o)* 'gut' + *esperanza* 'Hoffnung' [GSG 21]
  - [{Boloko}$_{KOPF}$ {Grande$_{ADJ}$}$_{MOD}$]$_{TOP}$ (Oikonym, Siedlung), Bubi *bolókó* 'kleiner Papagei' (Abad 1928: 27, 145)[36] (endogenes Toponym) + spanisches Adjektiv *grande* 'groß' [GSG 20]

Wie Warnke et al. (in Vorbereitung) anhand des deutschen Kolonialtoponomastikons zeigen, lohnt es sich ganz generell, die Klassifikatoren etwas genauer unter die Lupe zu nehmen.

In (17) führen wir die für Spanisch-Sahara identifizierten Klassifikatoren getrennt nach spanischem und afroasiatischem Ursprung auf. Die Klassifikatoren erscheinen in alphabetischer Reihenfolge. Die ihnen zugewiesenen Bedeutungen sind besonders bei den Klassifikatoren aus dem Hassaniya und verschiedenen Berbersprachen ziemlich generell und entsprechen dabei nicht immer punktgenau der Bedeutung, die die Elemente als reine Appellativa haben. Bei den in (17b) aufgeführten Klassifikatoren gibt es vielfach durch den Numerus bzw. den *status constructus* unterschiedene Paare. Die Liste der sog. „generic terms" aus dem GSS (iii–v) dient als unsere Grundlage für das Inventar, die wir allerdings punktuell ergänzt haben. Nicht berücksichtigt wurden Klassifikato-

---

35 Baguena Corrella (1953: 191) gibt dieselbe Erläuterung, führt das Hydronym jedoch ohne den spanischen Klassifikator *arroyo* 'Strom' an.
36 Diese Deutung ist weitgehend etymologische Spekulation. Alternativ ließe sich ein Anschluss an das endogene Oikonym Fang *bonoko* 'wo es viel und häufig regnet' (Baguena Corrella 1953: 85) wagen.

ren, die sich nur auf administrative Gebietseinteilungen beziehen (z. B. **Posesiones**_{KLASS} *españolas del Sáhara occidental* wörtl. 'spanische **Besitzungen** der West-Sahara'). Durch Fettdruck heben wir in (17a) diejenigen Klassifikatoren hervor, die Geo-Objekte bezeichnen, für die in (17b) auch Hassaniya- und/oder Berber-Klassifikatoren vorhanden sind. Unterstrich in (17b) zeichnet solche Fälle aus, die semantisch sehr gut auch in (17a) platziert sein könnten.

(17) Spanisch-Sahara: Klassifikatoren
 a. Spanisch:
 angra 'Bucht', *bahía* 'Bucht', *bajo* 'Schäre, Sandbank', *banco* 'Schäre, Untiefe', *barra* 'Sandbank', *boca* 'Kluft', *cabo* 'Kap', *canal* 'Durchfahrt', *dunas* 'Dünen', *ensenada* 'kleine Bucht', *fondeadero* 'Ankerplatz', *golfo* 'große Bucht, Golf', *islote* 'Insel', **médano 'Düne'**, **mesa 'Hügel**, Klippe(n)', *morro* 'Landspitze', *paso* 'Durchfahrt', *piedra* 'Fels (im Wasser)', *playa(s)* 'Strand', **pozo 'Brunnen'**, *puertillo* 'kleine Bucht, kleiner Hafen', *puerto* 'Bucht, Hafen', *punta* 'Landspitze', *puntilla* 'Kap', *restinga* 'Riff', *roca* 'Fels (im Wasser)'
 b. Hassaniya/Berber:
 aadeim 'Hügel', *aagued* 'Weideland', *aagueidat* 'Weideland_{PL}', *aagueilet* 'Brunnen', *aain* 'Quelle', *aaleb* 'Hügel_{PL}', *aáleib* 'Düne', *aauinat* 'Quelle(n)', *aaglet* 'Brunnen_(PL)', *achguig* 'Wasserstelle', *acla* 'Düne', *adrar* 'Berge', *adreig* 'Hügel', *aglab* 'Hügel_(PL)', *agrad* 'Dünen', *agrur* 'Hügel', *aguelmin* 'Wasserstelle', *alus* 'Hügel', *amsais* 'Hügel', *amseili* 'Hügel_{PL}', *amseisat* 'Hügel', *bir* 'Brunnen', *buir(at)* 'Brunnen', *carb* 'Steilhang', *carbet* 'Hang', <u>*chat* 'Ufer'</u>, *chelaj* 'Wadi', *chelj* 'Wadis', *cheuf* 'Hügel_(PL)', *crab* 'Hang', *daia(t)* 'Teich(e)', *daiet* 'Teich', *dait* 'Teich', *dalaat* 'Hang', *deléiaat* 'Hügel', *dolóo* 'Hügel_{PL}', *draa* 'Dünen', *dreia* 'Düne', *dueiat* 'Wasserstellen', *dueiet* 'Wasserstelle(n)', *emdeinat* 'Hügel', *erbeieb* 'Wadi', *esbar* 'Hügel_{PL}', *esbeier* 'Dünen', *estailet* 'Hügel', *estal* 'Hügel_(PL)', *fadrat* 'Wadi', *fedat* 'Wadi', *feidat* 'Wadi', *fiad* 'Wadi', *fum* 'Wadimündung', *gaat* 'Niederung', *galb* 'Hügel_(PL)', *gart* 'Hügel_(PL)', *glat* 'Wasserstelle', *gleib* 'Hügel_(PL), Dünen', *gleibat* 'Hügel', *gor* 'Hügel_(PL)', *grair* 'Weideland', *gráret* 'Niederung, Weideland', *grediat* 'Hügel', *greid* 'Düne(n), Hügel_{PL}', *greidat* 'Dünen', *gréier(et)* 'Weideland', *gueleita* 'Wasserstelle', *guelta* 'Brunnen', *gueltet* 'Wasserstelle', *güerat* 'Hügel', *guerd* 'Hügel_(PL), Düne(n)', *güert* 'Hügel, Düne', *güirat* 'Hügel_(PL)', *güiret* 'Hügel', *hafor* 'Niederung', *hasi* 'Brunnen_(PL)', *hasian* 'Brunnen_(PL)', *háyera* 'Hügel', *háyerat* 'steiniges Areal, Hügel', *hedeibet* 'Hügel', *hofrat* 'Niederung', *huisi* 'Brunnen', *janfrat* 'Steilhang', *jaui* 'Niederung, Wadi', *jeneig* 'Pass', *juei* 'Niede-

rung', *leglat* 'Wasserstelle', *legüeir* 'Hügel', *lejruf* 'Wadi', *loutad* 'Hügel', *magder* 'Wasserstelle', *mednet* 'Hügel', *megsem* 'Pass', *quedeiat* 'Hügel', *quedia* 'Hang', *quediat* 'Hügel', *rag* 'Steinwüste', *ragbet* 'Hügel$_{PL}$', *saguia* 'Wadi', *samlat* 'Hügel$_{(PL)}$, Düne(n)', *sebjet* 'Salzpfanne', *sehbet* 'Wadi', *séheb* 'Wadi, Salzpfanne', *séhebet* 'Salzpfanne', *semul* 'Hügel', *tagda* 'Wadi', *taiaret* 'Niederung', <u>*tarf* 'Vorgebirge,</u> <u>Hügel, Hang, Steilhang</u>', *tayalet* 'Hügel$_{PL}$', *tuerf* 'Hügel, Dünen', *tuerfat* 'Hügel', *tuigdat* 'Wadis', *uad* 'Wadi', *udei* 'Wadi(s)', *udeiat* 'Wadi', *udian* 'Wadi(s)', *yebeilat* 'Hügel', *yorf* 'Hügel'

Die Verteilung der Klassifikatoren in Spanisch-Sahara ist frappierend eindeutig. Von den 31 Klassifikatoren spanischen Ursprungs haben nur drei nicht unmittelbar mit der Küste und den vorgelagerten Inseln, Felsen und Sandbänken zu tun. Dem gegenüber stehen nur zwei auf die Küste bezogene afro-asiatische Klassifikatoren aus einem Gesamtbestand von 141 Einheiten. Die Klassifikatoren aus dem Hassaniya und den Berbersprachen beziehen sich mehrheitlich (d. h. zu 98 %) auf Geo-Objekte des Binnenlandes, während die spanischen Klassifikatoren zu 90 % Geo-Objekte bezeichnen, die sich in Küstennähe befinden. Diese Zweiteilung bestätigt Stolz & Warnke (2016: 47–50), die eine vom (militärisch-ökonomisch-politischen) Interesse des Kolonisators geleitete Asymmetrie annehmen.

Im Falle von Spanisch-Sahara reflektiert die Ballung von spanischen Klassifikatoren entlang der Küste nicht nur den Erstzugang zur Kolonie über den Seeweg, sondern auch die ursprüngliche Motivation zur Einrichtung der Kolonie in den Jahren 1884–1886, die primär die Ausbeutung der Fischgründe im Atlantik sichern sollte (Ferrer 2014: 20–22). Eine genuine Erschließung der Wüstengebiete des Hinterlandes war nicht intendiert und wurde folglich erst 1934, also 50 Jahre später durch die Konkurrenz zu Frankreich, das über benachbarte Gebiete herrschte und von dort aus expansiv wurde, nötig (Ferrer 2014: 16). Spanisch-Sahara darf im weitesten Sinne als Stützpunktkolonie gelten. Die Sprachen der überwiegend nomadischen Bewohner des Binnenlandes liegen dem Großteil des Kolonialtoponomastikons zu Grunde. Es darf davon ausgegangen werden, dass die Vielzahl der vermeintlich synonymen Klassifikatoren in (17b) semantische Differenzierungen leistet, die durch die gleichlautenden Übersetzungen neutralisiert werden. Das Problem der Schein-Synonymie zu lösen, kann jedoch in den engen Grenzen dieser Einführung nicht geleistet werden.

Was wir stattdessen tun können, ist, die spanischen Klassifikatoren aus (17a) mit den spanischen Klassifikatoren in (18) zu vergleichen, die den Bestand von Spanisch-Guinea wiedergeben. In fett erscheinen diejenigen Klassifikatoren, die sowohl in (17a) als auch in (18) vertreten sind. Der Unterstrich identifiziert Klassifikatoren, die auch zum semantischen Schwerpunkt von (17a) passen.

(18) Spanisch-Guinea: Klassifikatoren
angra 'Bucht', *arroyo* 'Strom', **bahía 'Bucht'**, **banco(s) 'Schäre, Sandbank, Untiefe'**, *barranco* 'Flusstal', *bosque* 'Wald', **cabo 'Kap'**, *caldera* 'Vulkankessel', <u>*caleta*</u> <u>'Bucht'</u>, **canal 'Durchfahrt'**, *cascada(s)* 'Wasserfall(PL)', *cerros* 'Hügel(PL)', *collado* 'Pass', **ensenada 'kleine Bucht'**, *estuario* 'Mündung', *hacienda* 'Farm', <u>*isla*</u> <u>'Insel'</u>, **islote(s) 'Insel(n)'**, *laderas* 'Hang', *lago* 'See, Teich', *laguna* 'See', *llanos* 'Flachland', *montañas* 'Gebirge', *monte(s)* 'Berg (e), Hügel(PL)', *pico(s)* 'Gipfel(PL)', **playa 'Strand'**, **puerto 'Hafen'**, **punta 'Landspitze'**, *rápido(s)* 'Stromschwelle(n)', *río* 'Fluss', **rocas 'Felsen (im Wasser)'**

Mit zehn Typen teilt Spanisch-Guinea knapp ein Drittel seiner Klassifikatoren mit Spanisch-Sahara. Wegen der oben festgestellten maritimen Tendenz der Klassifikatoren in (17a) nimmt es nicht wunder, dass die zehn geteilten Klassifikatoren allesamt auf Geo-Objekte der Küstenregionen Bezug nehmen. Insgesamt zwölf Klassifikatoren aus (18) können als maritim eingestuft werden. Es bleibt dennoch eine neunzehn Klassifikatoren umfassenden Mehrheit von 61 %, die sich auf Geo-Objekte bezieht, die landeinwärts gelegen sind.

Die Toponomastika der beiden spanischen Kolonien unterscheiden sich noch in anderer Hinsicht. Die nur auszugsweise zu skizzierenden Differenzen charakterisieren Spanisch-Guinea als Siedlungskolonie gegenüber der Stützpunktkolonie Spanisch-Sahara; ganz ähnlich verhält sich Deutsch-Südwestafrika als einzige deutsche Siedlungskolonie im Unterschied zur Mehrheit der deutschen Stützpunktkolonien (Stolz & Warnke 2018). In (19) führen wir zwei Typen von typisch guineanischen Kolonialtoponymen auf, die in Spanisch-Sahara überhaupt nicht vorkommen.

(19) Spanisch-Sahara: Monopole
    a. Direkte Übertragung von spanischen Toponymen
        Cádiz, Covadonga, España, Toledo (2x), *Vizcaya, Zaragoza* (3x)
    b. Nackte spanische Anthroponyme
        Abascal, Aguirre, Alonso, Alvarez (2x), *Álvaro, Antonio Díaz, Antúnez* (2x), *Balboa* (2x), *Benito, Blanco, Calvo, Cardoso y Pinto, Cuervo y Martín, David y Campo, Díaz, Ernesto, Estrada* (3x), *Fidel, Francisco, Gómez, González, Gregorio, Henríquez, Izaguirre* (5x), *Jerónimo, López* (2x), *Luis, Mallo y Mora* (4x), *Márquez, Martín, Martínez* (2x), *Moreno, Muñoz y Gala* (3x), *Navarro, Pablo, Pascual, Patricio, Pinto, Pueyo y Piñana, Rodríguez* (2x), *Rosich y Subirana, Soler y Calvet, Suárez* (3x), *Valentín, Vaz-Serra* (2x), *Veiga y Avendaño, Vicente, Victoria, Villa* (2x), *Vivancos* (2x), *Zacarías*

Die in (19) angeführten Fälle sind Namen für dörfliche Siedlungen oder Weiler und Farmen, also allesamt Oikonyme. Wir haben es mit zusatzlosen Eponymen zu tun. Sechs Toponyme aus dem spanischen Staatsgebiet in Europa sind direkt nach Spanisch-Guinea übertragen worden (insgesamt neun Ortspunkte auf der Karte von Spanisch-Guinea sind durch sie abgedeckt). Die Liste in (19b) enthält 52 Types, die 74 Tokens ergeben. Hier handelt es sich um spanische Anthroponyme – Familiennamen, Vornamen, teilweise in Kombination oder koordiniert. Fast ausnahmslos wird mit ihnen auf Farmen referiert, deren Betreiber oder Besitzer bzw. ein Mitglied der Familie den Namen trägt.

2.4.3 Demo- und Kartographie

Die obigen Beobachtungen lassen sich durch einen Blick in die kolonialtoponomastische Kartographie und die kolonialhistorische Demographie ergänzen. Um die Unterschiede zwischen den beiden afrikanischen Kolonien Spaniens zu verdeutlichen, bilden wir die räumliche Lage der jeweils ersten 150 Exonyme in den Gazetteers [GSG] und [GSS] auf Umrisskarten der Kolonien ab. Jeder schwarze Punkt steht für ein Geo-Objekt, dass durch ein Exonym spanischer Herkunft benannt wird. Auf Karte 1 sind die Gegebenheiten in Spanisch-Sahara zu sehen, während Karte 2 die Daten aus Spanisch-Guinea abbildet.

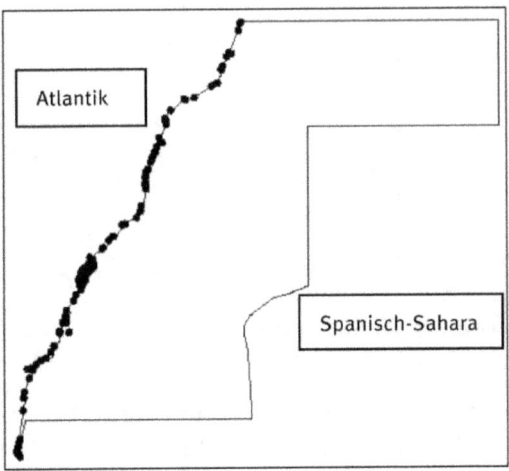

Karte 1: Geographische Verteilung der Exonyme in Spanisch-Sahara.

Wie wir bereits im vorherigen Abschnitt festgestellt haben, gibt es in Spanisch-Sahara eine starke Affinität der exogenen Klassifikatoren mit Geo-Objekten in Küstenlage. Dies trifft laut Karte 1 auch ganz generell auf exonymische Kolonialtoponyme in Spanisch-Sahara zu. Die 150 erhobenen Fälle bilden eine ununterbrochene Kette, die sich ausnahmslos an der Küstenlinie entlang zieht. Genau in diesem schmalen Küstenstreifen ballte sich die europäische Bevölkerung, die sich von 1955 bis 1975 fast verfünfzehnfachte, indem sie von 1.431 auf 20.126 Personen (stationiertes Militär nicht mitgezählt) anstieg (gegenüber 24.563 Saharauis im Jahr 1955 und 74.902 Saharauis laut Census von 1974). Über 92 % der Europäer lebten in vier urbanen Zentren, nämlich gut 9.100 in drei Küstenorten und etwa 214 landeinwärts bei den Phosphatabbaugebieten bei Smara (Diego Aguirre 1988: 602–631). Während die Küste als toponomastisch hispanisiert bezeichnet werden kann, ist das Hinterland praktisch frei von Exonymen. Die dortige Absenz von Exonymen korreliert mit der geringen Präsenz von spanischen Kolonisten im Binnenland.

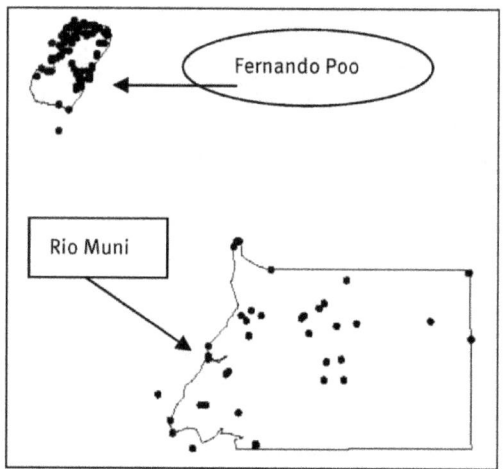

Karte 2: Geographische Verteilung der Exonyme in Spanisch-Guinea.

Die Gegebenheiten in Spanisch-Guinea sind ausweislich Karte 2 erkennbar anders gelagert. Die Kolonie teilt sich (unter Ausschluss der Insel Annobón) in zwei größere Landesteile: die Insel Fernando Poo und die Festlandsprovinz Rio Muni. Es ist leicht erkennbar, dass die Exonyme auf Fernando Poo abundieren, während sie in Rio Muni weniger dicht vertreten sind. Diese Verteilung passt gut zu der Beobachtung von Liniger-Goumaz (1980: 150), der zufolge le peuplement présentait les caractéristiques suivantes: peuplement blanc plus faible au Rio Muni qu'à Fernando Poo; dans cette île on avait affaire au plus fort peuplement blanc de l'Afrique centrale [...]. Au Rio Muni, la population européenne se diluait au fur et à mesure de l'éloignement des côtes. [...] La population européenne était essentiellement urbaine.[37]

In Spanisch-Guinea wurde das Festlandgebiet der Kolonie (Rio Muni) ab 1926 stärker für die spanische Besiedlung erschlossen, wo in größerem Maßstab Plantagenwirtschaft betrieben werden konnte (Liniger-Goumaz 1980: 403).[38] Liniger-Goumaz (1980: 186) spricht von ca. 8.000 spanischen Siedlern[39] (bei einer Gesamtbevölkerung von knapp unter 300.000) in Spanisch-Guinea, von denen im Nachgang zur Unabhängigkeitserklärung des dann gegründeten Staates Äquatorial-Guinea 1968–1969 90 % das Land verließen. Die relativ starke Präsenz von spanischen Siedlern im Inland von Rio Muni führt dazu, dass sich die Kolonialtoponomastik von Spanisch-Guinea anders gestaltet als in dem für Siedlungszwecke ungeeigneten spanisch-saharanischen Hinterland.

Wir erkennen mithin, dass die Variation innerhalb des Kolonialtoponomastikons ein und desselben Kolonisators keine willkürliche Angelegenheit ist, sondern an sozio-historische Faktoren gebunden ist. Die Unterschiede zwischen Spanisch-Sahara und Spanisch-Guinea lassen sich sehr gut durch die Herstellung von Bezügen zu Form und Geschichte der Kolonisation der Gebiete erklären. Damit verlassen wir die Domäne der strikt systemlinguistischen Argumentation und begeben uns in den Bereich der Soziolinguistik, was wir unter 3 vertiefen werden.

---

37 Unsere Übersetzung: „Die Siedlungsstruktur zeigte die folgenden Eigenschaften: eine schwächere weiße Besiedlung in Rio Muni als auf Fernando Poo; auf dieser Insel hat man es mit der stärksten weißen Ansiedlung Zentralafrikas zu tun. In Rio Muni verringerte sich die europäische Bevölkerung nach und nach mit der Entfernung von der Küste. Die europäische Bevölkerung war im Wesentlichen städtisch."
38 Das offiziell seit 1778 spanische Guinea-Gebiet am Äquator wurde erst ab 1840 de facto in Besitz genommen. Um 1841 wurde die Hispanisierung der guineanischen Toponymie betrieben (Liniger-Goumaz 1980: 184).
39 Präzise Angaben zur Bevölkerungsstatistik Spanisch-Guineas sind nicht zugänglich. Aus Gutiérrez Garitano (2011: 350) erfahren wir, dass um 1936 ca. 2.000 spanische Kolonisten in der Kolonie zu Hause waren. Aixelà (2013: 58) berichtet, dass 1950 allein auf Fernando Poo bereits knapp 3.600 Siedler gezählt wurden.

2.5 Hypothesen I

Auf der Basis der obigen Ausführungen und den in den vorangehenden Abschnitten gegebenen bibliographischen Verweise schließen wir den systemlinguistischen Teil ab, indem wir vier Hypothesen (H1–H4) aufstellen, deren Haltbarkeit zukünftig zu überprüfen sein wird. Sie speisen sich aus der kolonialtoponomastischen Phänomenologie, wie sie in den einschlägigen Studien und unserer obigen Darstellung skizziert wird.

- **Hypothese 1 (H1)**
  Die innere Gliederung von Kolonialtoponymen variiert von einem exogenen Pol des Kontinuums zu einem endogenen Pol nach arealen, sprachlichen und soziohistorischen Bedingungen (Kontinent, Kolonie, Kolonialmacht, Lage in der Kolonie, Typ der Kolonie).
- **Hypothese 2 (H2)**
  Kolonialtoponyme variieren in ihrer (partiellen) Übereinstimmung und Abweichung vom kanonischen Typ nach arealen, sprachlichen und soziohistorischen Bedingungen (Kontinent, Kolonie, Kolonialmacht, Lage in der Kolonie, Typ der Kolonie).
- **Hypothese 3 (H3)**
  Die Anzahl deanthroponymischer Toponyme bildet nach Häufigkeit eine zentrale Klasse und variiert bei Exonymen und Hybriden sowie nach arealen, sprachlichen und soziohistorischen Bedingungen (Kontinent, Kolonie, Kolonialmacht, Lage in der Kolonie, Typ der Kolonie).
- **Hypothese 4 (H4)**
  Im kolonialen Toponomastikon gibt es zahlreiche Konstruktionen, die nicht mit Mustern aus nicht-kolonialen Toponomastika erklärbar sind.

(H1–H4) schöpfen nicht das gesamte Potential an kolonialtoponomastisch interessanten Hypothesen aus. Sie identifizieren lediglich Punkte, an denen auch kurzfristig die Forschung ansetzen kann, da bereits auf dem jetzigen Kenntnisstand erkennbar ist, dass relativ eindeutige Ergebnisse zu erwarten sind. Die Möglichkeit zur Hypothesenbildung unterstreicht nachdrücklich die Tatsache, dass die Kolonialtoponomastik von Systematizität geprägt ist, die es erlaubt, den Gegenstand mit Hilfe von Präferenzregeln adäquat zu beschreiben. Dies gilt nicht nur für die systemlinguistische Seite der Kolonialtoponyme, sondern zeigt sich auch auf dem Gebiet der Diskurslinguistik.

3 Diskurslinguistische Perspektiven auf Kolonialtoponyme

> Nevertheless, most toponymists in linguistics, and even more so in other disciplines, agree today that place names not only denote single portions of geographical space, but can also act as 'pegs on which to hang descriptions,' or be full to the brim with connotative meanings. (Vuolteenaho & Berg 2008: 8)

Auch wenn dieses Zitat plausibel klingen mag und ein guter Ausgangspunkt für die diskurslinguistische Erweiterung systemorientierter Perspektiven der Kolonialtoponomastik zu sein scheint, folgen wir ihr nicht wirklich, weil diese Feststellung unseres Erachtens einem semantischen Modell entspricht, dass die Funktionen von Kolonialtoponymen im Diskurs nicht erkennbar macht. Am Toponym hängen – um das Bild aufzugreifen – nicht zwingend deskriptive Bedeutungen und es geht unseres Erachtens auch nicht um eine Fülle an Konnotationen; zumal hier zunächst geklärt werden müsste, was denn bei einem Toponym die denotative Bedeutung überhaupt sein könnte. Kommen wir auf das Beispiel *Philippeville* zurück, so interessiert hier diskurslinguistisch nicht, welche deskriptiven Assoziationen sich einstellen könnten oder welche Konnotationen mit dem Toponym verbunden sind, sondern welche Diskursfunktionen durch welche musterhaften Vorkommen durch das TOP etabliert werden. Wir haben ja bereits darauf hingewiesen, dass *Philippeville* einem Muster entspricht, bei dem im kolonialtoponomastischen Diskurs regelmäßig Personalität lokalisiert wird. Dies wäre bereits ein Hinweis auf diskursive, das heißt über das Einzeltoponym hinausreichende koloniale Wissensordnungen. Was es nun heißen kann, von kolonialtoponomastischen Diskursfunktionen überhaupt zu sprechen und welche linguistischen Perspektiven dabei eine Rolle spielen, wollen wir in den nächsten Abschnitten zeigen.

3.1 Was sind kolonialtoponomastische Diskursfunktionen und Diskurspraktiken?

Zunächst müssen wir für Toponyme im Allgemeinen und Kolonialtoponyme im Besonderen drei Funktionen unterscheiden, die wir als Diskursfunktionen verstehen (Warnke & Schmidt-Brücken 2016). Eine *Diskurs*funktion ist dabei grundsätzlich dann gegeben, wenn es nicht um Funktionen *einzelner* sprachlicher Elemente in *einem* gegebenen Kontext geht, sondern um die transtextuelle Musterhaftigkeit von Sprachdaten in Bindung an Wissensordnungen. Verstehen wir Toponyme als Teile von Diskursen – hier kolonial situierten Diskursen – dann müssen wir die übliche Betrachtung des Toponyms als Element des Lexikons erweitern und Toponyme als implizite Aussagen verstehen. TOP wie *Philippeville* scheinen zwar ähnlich zu funktionieren wie appellative Substantive des Typs *Stadt*; während diese jedoch prototypisch ein Teil expliziter Aussagen sind – *Die Stadt liegt in Algerien* –, sind Toponyme, wie Propria überhaupt, weitgehend kontextfrei bzw. in Minimalkontexten funktional bzw. eindeutig: *Skidda (in Algerien)* (die heutige postkoloniale Bezeichnung für das ehemalige Philippeville). Das ist der Fall, weil Toponyme implizite Aussagen enthalten, während Appellativa prototypisch in expliziten Aussagezusammenhängen gebraucht werden.

Wenn es uns um kolonialtoponomastische Diskursfunktionen geht, dann gehen wir von diesen impliziten Aussagen aus. Wir entsprechen dabei der Annahme, dass Aussagen als zentrale Daten diskurslinguistischer Analyse zu gelten haben (vgl. Warnke 2014: 223). Es geht in einem weit über das sprechakttheoretische Verständnis hinausreichenden Sinn um *Referenz* und *Prädikation*, also um das „propositionale Prinzip von Verweis (Ref) und Eigenschaftszusprechung (Präd)" (Warnke 2014: 228). Für *Philippeville* und für Toponyme überhaupt ist dieses propositionale Prinzip auf drei Ebenen realisiert. Setzen wir für einen beliebigen toponymisch referenzierten Ort die Variable τ von gr. τόπος 'Topos' dann können wir folgende Formalisierung festhalten:
a) τ ist ein Ort im Raumkontext.
b) τ ist als Ort Teil eines verorteten Kontextes.
c) τ ist in einem verorteten Kontext epistemisch spezifisch aufgeladen.

Für *Philippeville* heißt das, dass das Toponym dreierlei impliziert:
a) *Philippeville* identifiziert einen Raumausschnitt in einem geographischen Kontext; hier im kolonialen Algerien.
b) Da Toponyme nicht als Unikate vorkommen, sondern im Umfeld toponomastischer Kartierung, sind sie Teil eines verorteten Kontextes, etwa der nordöstlichen Küstenregionen Algeriens bzw. Teil eines kolonial unterworfenen Gebietes, was indexikalisch schon durch das Französische markiert wird.
c) Durch die anthroponymische Namenübertragung in Verbindung mit dem oikonymisch referierenden Geoklassifikator [{*Philippe*}$_{MOD}$-{*ville*}$_{KLASS}$]$_{TOP}$ ist das Toponym erkennbar semantisch spezifisch und Teil einer kolonialen Raumordnung, die wir als verräumlichte Wissensordnung, als epistemische Strukturierung von Raum verstehen.

Abstrahieren wir das nun mit dem Ziel, *kolonialtoponomastische Diskursfunktionen* zu benennen, so können wir sagen,

ad a) jedes Toponym hat mit Bezug auf ein τ als implizite Aussage eine referentielle Funktion.
ad b) jedes Toponym hat mit Bezug auf ein τ als implizite Aussage eine kontextualisierende Funktion.
ad c) jedes Toponym hat mit Bezug auf ein τ als implizite Aussage eine epistemische Funktion.

Den drei impliziten Aussagen des Toponyms entsprechen also drei Funktionen, auf die sich das diskurslinguistische Interesse zunächst richtet. Durch ihre drei Funktionen sind Toponyme entscheidende Werkzeuge des Place-Making, also der Herstellung von Orten im Raum. Unter Place-Making verstehen wir symbolische Praktiken der Raummarkierung mit dem Zweck bzw. Effekt seiner Verortung. Wir greifen dabei die humangeographische Definition von *Ort* auf, wie sie Cresswell (2009: 169) gibt:

> Place is a meaningful site that combines location, locale, and sense of place. Location refers to an absolute point in space with a specific set of coordinates and measurable distances from other locations. Location refers to the 'where' of place. Locale refers to the material setting for social relations – the way a place looks. Locale includes the buildings, streets, parks, and other visible and tangible aspects of a place. Sense of place refers to the more nebulous meanings associated with a place: the feelings and emotions a place evokes. These meanings can be individual and based on personal biography or they can be shared. Shared senses of place are based on mediation and representation.

Orte sind also lokalisiert, sie sind in einer Umgebung kontextualisiert und sie sind mit Bedeutungen versehen. Die drei Diskursfunktionen von Toponymen entsprechen diesen Eigenschaften. Toponyme sind also dreifach am Place-Making beteiligt, durch sie werden
a) Koordinaten im Raum als Ort isoliert, der
b) in räumlichen Relationen steht und
c) epistemisch aufgeladen ist.

Das Zitat von Cresswell ist nicht zuletzt deshalb für uns von Interesse, weil die semantische bzw. diskurssemantische, also epistemische, Auﬂadung der Toponyme für die humangeographische Perspektive offenbar eher ‚nebulös' erscheint. Wir haben aber bereits zeigen können, dass es gerade die Linguistik ist, durch die sich dieser Nebel lichtet. Analysieren wir nämlich nicht nur das einzelne Toponym, sondern ein toponomastisches Korpus, am besten ein klar definiertes Toponomastikon, so werden nicht zuletzt auf der Grundlage morphologisch begonnener Untersuchungen Muster der Benennung erkennbar, die wesentliche Hinweise auf diskursgebundene Ortsbedeutungen geben.

Von Diskursfunktionen sprechen wir also, weil die *Ortsidentifikation* durch toponymische Referenz, *Ortsbenennung* durch toponymische Kontextualisierung und *Ortsrepräsentation* durch toponymische Epistemik nicht isolierte, singuläre Phänomene sind, sondern eingebettet sind in Strukturen eines musterhaft organisierten Toponomastikons, das Kartierung und gesellschaftliche Überzeugungen hervorbringt sowie indiziert, also diskursfunktional ist.

Toponyme sind als Diskurswerkzeuge wirkungsvoll, weil sie toponymische Referenten etablieren. Es wäre ein Irrtum anzunehmen, dass Ortsnamen sprachliche Formen für sprachunabhängig existierende Raumstrukturen sind. Der Ortsname selbst grenzt Raum überhaupt erst als Ort ab, schafft eine Extension und damit identifizierbare Raumausschnitte mit Koordinaten. Gerade für die koloniale Unterwerfung von Raum sind Toponyme schon wegen dieser *Ortsidentifikation* diskursfunktional, weil sie Raum in verschiedener Granularität nach Interessen von Kolonisatoren verorten und als sprachgebundenes Wahrnehmungsobjekt von Kolonisatoren etablieren. Vor diesem Hintergrund sind Umbenennungen im Rahmen dekolonialer Bewegungen auch ein durchaus komplexes Unterfangen, weil Toponyme unseres Erachtens eben nicht nur Label für existente außersprachliche Referenten darstellen, sondern weil sie toponymische Referenten erst etablieren. Toponyme haben also die Funktion der Ortsidentifikation, die immer wahrnehmungsgebunden und interessegeleitet ist. Die *Ortsbenennung* etabliert eine eindeutige sprachliche Form und fixiert damit Orte, macht sie essentiell im Kontext anderer Orte verhandelbar. Weil koloniale Ortsnamen ein hohes Maß an Typizität haben, wie wir bereits gezeigt haben, sind sie schließlich Teil sozialer Bedeutungskonstitution und -markierung, also epistemischer Ordnungen. Mit dem Konzept der sozialen Bedeutung – *social meaning* – entsprechen wir dabei einer neueren soziolinguistischen Terminologie, wobei soziale Bedeutung zu verstehen ist als ein Index für gesellschaftliche Positionen (vgl. Eckert 2012). Diskurslinguistisch gewendet ist soziale Bedeutung also ein Mittel der Positionierung von Akteuren. Und so nutzen eben Kolonisatoren beispielsweise toponomastische Personalisierung von Raum durch anthroponymische Übertragung, um soziale Bedeutungen von Machthierarchien in kolonisierten Raum einzuschreiben; etabliert werden kolonisatorische „[s]hared senses of place" (Cresswell 2009: 169).

Insofern sind Toponyme Teil sozialer Stilisierung, sie sind ein Werkzeug der sprachlichen Kolonialisierung, und Mittel kolonialer Sprachstile. Über ein solches Verständnis wird die vergleichende Kolonialtoponomastik anschließbar an soziolinguistische Theorien der indexikalischen Ordnung (vgl. Silverstein 2003;

Spitzmüller 2013); ein Feld, das unseres Wissens bisher noch gänzlich unbearbeitet ist.

Ortsidentifikation, Ortsbenennung und *Ortsrepräsentation* sind als diskursive Praktiken Teil des Untersuchungsprogramms der vergleichenden Kolonialtoponomastik. Die diskursfunktionale Dimension von Toponymen unberücksichtigt zu lassen, würde gerade im Fall von Kolonialismus eine Neutralisierung linguistischer Strukturen bedeuten, die letzthin zur Enthistorisierung führte. Da wir aber die Kontextgebundenheit und historische Faktizität von kolonialzeitlichen Daten für unhintergehbar halten, ist die Verbindung von system- und diskursorientierter Perspektive für das Projekt der vergleichenden Kolonialtoponomastik wesentlich. Zusammenfassend geht es uns dabei also zunächst um Place-Making-Funktionen von Kolonialtoponymen, mit denen implizite Aussagen verbunden sind, die auf die kolonialen Diskurspraktiken der *Ortsidentifikation, Ortsbenennung* und *Ortsrepräsentation* verweisen.

Wenn wir diese Praktiken methodisch differenzieren, dann geht es bei der *Ortsidentifikation* vor allem um die Kartierung von Raum, bei der *Ortsbenennung* um toponymische Strukturmuster und ihre wechselseitigen Abhängigkeiten sowie Korrelationen und bei der *Ortsrepräsentation* um die über das einzelne Toponym hinausgehenden semantischen Repräsentationen im Rahmen kolonialer Wissensordnungen. Die vergleichende Kolonialtoponomastik ist aus diesem Grund auch gekennzeichnet durch Nutzung von Kartendaten, durch morphologische Strukturanalysen und diskurssemantische Musterbeschreibung. Zum letzten Punkt wollen wir noch genauer Auskunft geben, weil die Untersuchung kolonialer Ortsrepräsentationen erheblich an Mehrwert durch die Erfassung kolonialer Territorialisierung gewinnt. Wir befassen uns daher im Weiteren mit diesem Gegenstand.

3.2 Was ist kolonialtoponomastische Territorialisierung?

Wir haben deutlich machen können, dass Toponyme nicht nur „eine individualisierende oder singularisierende Funktion" (Helleland 1996: 1386) besitzen, sondern dass sie Mittel des Place-Making sind. Nun wollen wir diese noch eher theoretische Situierung in der Diskurslinguistik mit unseren vorangehenden Überlegungen zu strukturellen Eigenschaften von Kolonialtoponymen zusammenbringen. Es geht dabei um die Frage, was uns eigentlich musterhafte Vorkommen von Toponymen sagen, auf was uns strukturelle Distributionen und strukturgebundene Korrelationen hinweisen und welche Beiträge die Linguistik auf der Grundlage ihrer exakten Strukturbeschreibungen für das interdisziplinäre Projekt der Erforschung von Kolonialismus leisten kann. Wenn nun das einzelne Toponym an der Produktion von kolonialen Orten beteiligt ist, welche Diskursfunktion besitzen dann die musterhaften Vorkommen von Toponymstrukturen? Wir benötigen hier ein weiteres Konzept, das des Territoriums.

Unter einem *Territorium* verstehen wir mit Verweis auf Warnke (2017) eine repräsentationsgebundene Ebene zwischen Ort und Raum. Während der koloniale Raum als ungerichtete räumliche Ausdehnung kolonialer Unterwerfung zu verstehen ist und dem entspricht, was „aus der Perspektive des Westens weiße Flecken gewesen waren" (Wendt 2016: 398), sind koloniale Orte die konkret lokalisierten, in Kontexte gestellte und mit sozialer Bedeutung aufgeladenen Raumausschnitte, die Kolonialismus als geopolitisches Projekt lokal spezifizieren. Zwischen diesen Ebenen liegen die Muster der Ortscharakteristika und das heißt aus kolonialtoponomastischer Perspektive die musterhaften Vorkommen kategorialer Ordnungen von Toponymen. Diese bilden die Territorien. Schauen wir uns die folgende einfache Verteilung von Toponymen im GDKA mit Geo-Klassifikator und Funktions-Klassifikator an, wobei ein Geo-Klassifikator naturräumliche Gegebenheiten denotiert (z. B. *Buchu-Berge, Dampier-Insel, Friedrichstal*) und ein Funktions-Klassifikator raumgebundene Funktionen bezeichnet (*Tanapag-Hafen, Wilhelmfeste, Ysabel-Kanal*); siehe Tabelle 9 und Diagramme 6 und 7.[40]

Wir können hier Muster toponymischer Strukturen in ihrer räumlichen Distribution erkennen. So wird im deutschen Kolonialismus Raum beispielsweise als Georaum (*Adolf-Berg*) vs. Funktionsraum (*Adolfhafen*) in Abhängigkeit von Klassifikatortypen territorialisiert. Erkennbar ist die Priorisierung des kolonialen Raums durch Toponyme als Naturraum, also über Geo-Klassifikatoren. Clustert man hier die afrikanischen und pazifischen deutschen Kolonialgebiete – was selbstverständlich in Detailuntersuchungen dann noch weiter zu differenzieren wäre –, so erkennt man bereits, dass in den afrikanischen Kolonialgebieten der relative Anteil an Funktions-Klassifikatoren höher ist als in den pazifischen Kolonialgebieten: Afrika 249 = 19,6 %; Pazifik 198 = 15,6 %. Solche toponyminduzierten Territorialisierungen geben vor allem im differenzierten Vergleich zwischen unterschiedlichen Kolonisatoren und Kolonien Aufschluss über musterhaftes Place-Making.

Wir greifen hier ein Konzept von Feuchtwang (2004: 4) auf, das er territorial Place-Making nennt: „Between the abstraction of 'space' and the location of 'place' the middle term upon which we focus is 'territory'".

---

[40] Die Beschriftung in den Diagrammen 6–7 erfolgt auf Englisch. Auf eine Anpassung wurde wegen der schon vorhandenen Transparenz verzichtet.

System- und diskurslinguistische Einblicke in die Kolonialtoponomastik —— 53

Tabelle 9: Distribution von Klassifikator-Kategorien für deutschkoloniale Gebiete im GDKA.

Klassifikator-Kategorie	gesamt	Afrika	Pazifik
Geo-Klassifikator	2.095	1.023	1.072
Funktions-Klassifikator	447	249	198

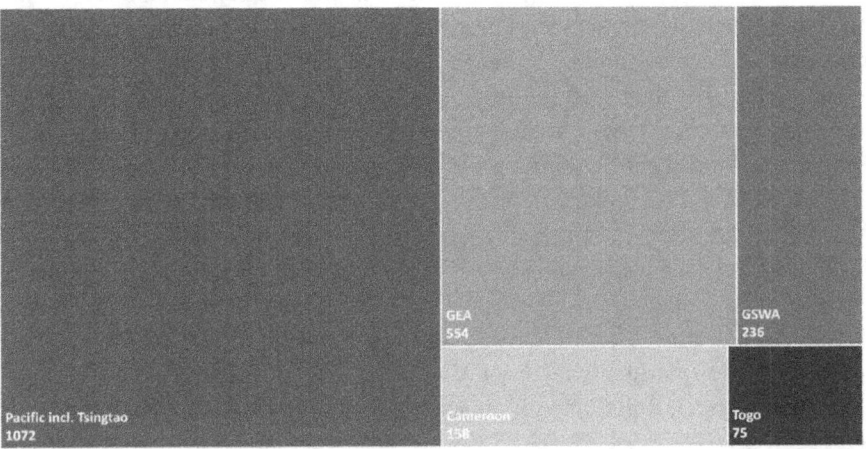

Diagramm 6: Distribution von deutschkolonialen Toponymen mit Geo-Klassifikator im GDKA.

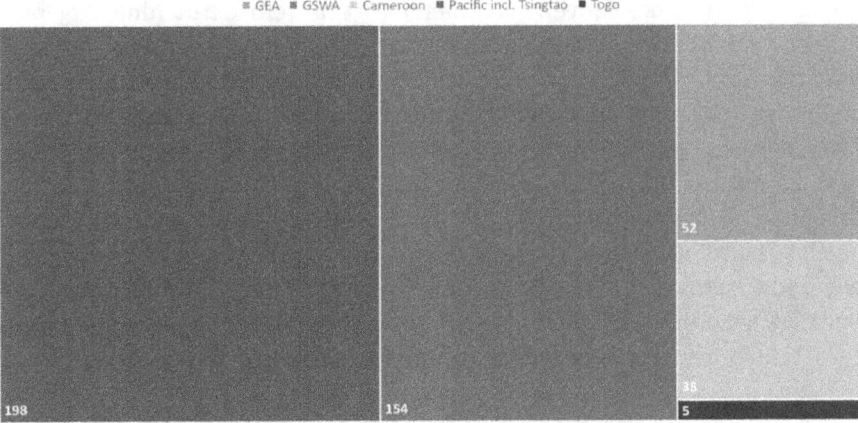

Diagramm 7: Distribution von deutschkolonialen Toponymen mit Funktions-Klassifikator im GDKA.

Es ist ein wesentlicher methodischer Vorteil der Kolonialtoponomastik, durch Strukturbeschreibungen und formale Systematisierung nicht nur Aussagen über Diskursfunktionen von Einzeltoponymen zu machen, sondern die Funktionen der symbolischen Territorialisierung erfassen zu können.

Von einem *Territorium* sprechen wir also bei einem virtuellen Cluster kategorialer Zugehörigkeiten. Territorien sind dabei immer kategorial spezifisch. Wir können diese Spezifizierung jetzt auch noch weiter differenzieren, wenn wir etwa verschiedene Typen von Funktions-Klassifikatoren unterscheiden, wie Infrastruktur-Bezeichnung (z. B. *Berlin-Hafen, Erwartungs-Straße, Kweru-Kanal*) vs. Gedenkort-Bezeichnung (*Elton's Grab, Mertens-Monument, Zelewski-Denkmal*). Während Funktions-Klassifikatoren mit Infrastrukturbezug innerhalb der Gruppe der Funktions-Klassifikatoren im GDKA 45,7 % ausmachen (204 von 447), machen die Gedenkort-Bezeichnungen gerade einmal 1,1 % (5 von 447) aus, wobei drei der Toponyme in Deutsch-Ostafrika lokalisiert sind (*Elton's Grab, Grab des Lt. Fliessbach, Zelewski-Denkmal*), und jeweils eines in Deutsch-Südwestafrika (*Sendlingsgrab*) und im Pazifik (*Mertens-Monument*). Es zeigt sich also schon bei einer ersten Sichtung, dass es hinsichtlich der toponymischen Territorialisierung erhebliche Unterschiede gibt. Entsprechend ist es Aufgabe der vergleichenden Kolonialtoponomastik, solche Unterschiede systematisch zu beschreiben.

Territorien sind auch deshalb von analytischem Interesse, weil sie durch Grenzziehung und Normierung gekennzeichnet sind. Die Normierung zeigt sich für Klassifikatoren ja deutlich, denn Klassifikatoren leisten nichts anderes, als Raumausschnitte normativen Wahrnehmungsmustern zuzuordnen; gerade deshalb sind Klassifikatoren auch diskurslinguistisch relevant, sie erfassen Raum normativ. Wir können hier Reuber (2012: 54) folgen und seine Überlegungen für das kolonialtoponomastische Projekt in Anwendung bringen. Er spricht davon, dass das Territorium durch „Formen der inneren Homogenisierung und der Abgrenzung nach außen" gekennzeichnet ist. Wir beziehen uns hier schließlich auch auf Elden (2010), der eine Analyse des Konzepts *Territorium* vorgelegt hat und bereits eingangs festhält, dass „the concept of territory has been underexamined" (Elden 2010: 799). Wir schließen uns für die Kolonialtoponomastik dieser Wahrnehmung an. Besonders nützlich ist dabei zunächst die begriffliche Unterscheidung zwischen Land und Terrain:

> *Land* is a relation of property, a finite resource that is distributed, allocated and owned, a political-economic question. Land is a resource over which there is competition. *Terrain* is a relation of power, with a heritage in geology and the military, the control of which allows the establishment and maintenance of order. As a 'field', a site of work or battle, it is a political-strategic question. (Elden 2010: 804)

In Anlehnung daran kann man koloniales Land als ‚Besitz' verstehen und Terrain als eine ‚Einflusssphäre' im globalen Wettkampf der Kolonialmächte untereinander. Elden (2010: 808) versteht das Territorium als eine weitere Raumebene: "The point being made here is to underline that 'territory' is certainly something that is closely related to 'land' or 'terrain' but is more than them".

Nach Elden ist das Territorium eine politische Technologie, wir können auch sagen, ein die Gemeinschaft betreffendes Verfahren der Raumstrukturierung, was für Kolonialismus konstitutiv ist. In den Worten Eldens (2010: 810) geht es darum, dass das Territorium durch Besitz, Verteilung, Kartierung, Kalkulation, Begrenzung und Kontrolle gekennzeichnet wird:

> Territory is more than merely land, and goes beyond terrain, but is a rendering of the emergent concept of 'space' as a political category: owned, distributed, mapped, calculated, bordered and controlled.

Es überrascht deshalb auch nicht, dass Elden (2010: 809) hier auf Kolonialismus verweist, auch wenn seine Abhandlung theoretischer Art ist. Er stellt fest, dass gerade für die „colonized world" Techniken des „mapping and control of territory" ausschlaggebend waren.

Es gehört zu den Aufgaben einer system- und diskurslinguistischen Analyse von Kolonialtoponymen, die Verfahren der onomastischen Territorialisierung vergleichend in den Blick zu nehmen. Hier wollen wir auch hervorheben, dass eine solche Analyse eine spezifische Leistung der Linguistik zur Erforschung kolonialer Raumstrukturierung darstellt. Es geht bei einem solchen Verfahren weder um eine toponomastische Hilfswissenschaft noch um etwas, was durch historische oder kulturwissenschaftliche Untersuchungen ohnehin zu leisten wäre. Im Gegenteil, nur eine systematische Erfassung und Strukturanalyse des möglichst umfänglich erfassten kolonialen Toponomastikons kann die symbolische Kolonialterritorialisierung überhaupt aufzeigen und damit verständlich machen. Dies ist auf Grund der nachhaltigen Wirkungen der kolonialen Territorialisierung ein Desiderat.

Wir können also deutlich sehen, dass die Kolonialtoponomastik ein Musterbeispiel des Zusammenwirkens system- und diskursorientierter Linguistik darstellt. Einerseits leistet Diskurslinguistik eine funktionale Einordnung des einzelnen Kolonialtyponyms über das Konzept des Place-Making und die damit verbundenen Diskursfunktionen und andererseits eine Interpretation der musterhaften Vorkommen von Toponymen über die Erfassung von territorialen Strukturen. Die systemlinguistisch exakte Analyse ist dabei ebenso eine notwendige Voraussetzung wie die diskurslinguistische Analyse die besondere

Leistung der Linguistik zum Verständnis von Kolonialismus überhaupt erst erkennbar macht.

Für die diskurslinguistische Perspektive auf Toponyme wollen wir nun abschließend noch auf explizite Aussageneinbettungen eingehen, das heißt auf das, was Schmidt-Brücken et al. (2017) als *Komplexe Phrasale Toponymkonstruktionen* bezeichnen, und womit ein weiteres Desiderat sowohl der Postcolonial Language Studies als auch der Toponomastik bestimmt ist.

3.3 Vom Toponym zur komplexen toponymischen Konstruktion

Auch wenn wir bisher vom einzelnen Toponym gesprochen haben und dieses aufgrund seiner impliziten Aussagefunktionen bereits als diskurslinguistischen Gegenstand erkennen konnten, sind es nicht nur Quellen, in denen punktuelle raumkodierende TOP vorkommen und die für die vergleichende Kolonialtoponomastik relevant sind – also vor allem Karten und Gazetteers. Toponyme werden auch in expliziten Aussagenzusammenhängen verwendet, sie sind Teil von Sprachgebrauchsdaten im Kontext. Das bereits zitierte Verständnis von Toponymen als „'pegs on which to hang descriptions,' or be full to the brim with connotative meanings" (Vuolteenaho & Berg 2008: 8) gilt weit weniger für die raumkodierende Verwendung in Karten, Gazetteers etc. als für ihre tatsächliche textuelle Einbettung. Denn in einem konstruktionalen Sinne hängen in propositionalen Einbettungen von Toponymen in der Tat Beschreibungen, die immer auch eine konnotative Semantik besitzen. Wir wollen das am Toponym *Zanzibar* bzw. seiner Variante *Sansibar* verdeutlichen.

Das Beispiel leiten wir mit Wainaina (2005) her, weil *Zanzibar/Sansibar* eines der Toponyme ist, die immer wieder auch im Kontext deutschkolonialer Diskursdaten belegt sind, nicht zuletzt im GDKA, dem wir den in Karte 3 abgebildeten Ausschnitt entnehmen.

In Binyavanga Wainainas *How to write about Africa*, einer postkolonialen, zynisch-ironischen Handreichung für die Verfassung von klischeebehafteten Texten über Afrika, finden sich gleich zu Beginn auch eine Reihe von Toponymen, darunter die Bezeichnung der Insel (auch Unguja) bzw. des Archipels Sansibar bzw. des Hauptortes *Zanzibar* des heutigen gleichnamigen tansanischen Teilstaats:

> Always use the word 'Africa' or 'Darkness' or 'Safari' in your title. Subtitles may include the words 'Zanzibar', 'Masai', 'Zulu', 'Zambezi', 'Congo', 'Nile', 'Big', 'Sky', 'Shadow', 'Drum', 'Sun' or 'Bygone'. (Wainaina 2005: o.S.)

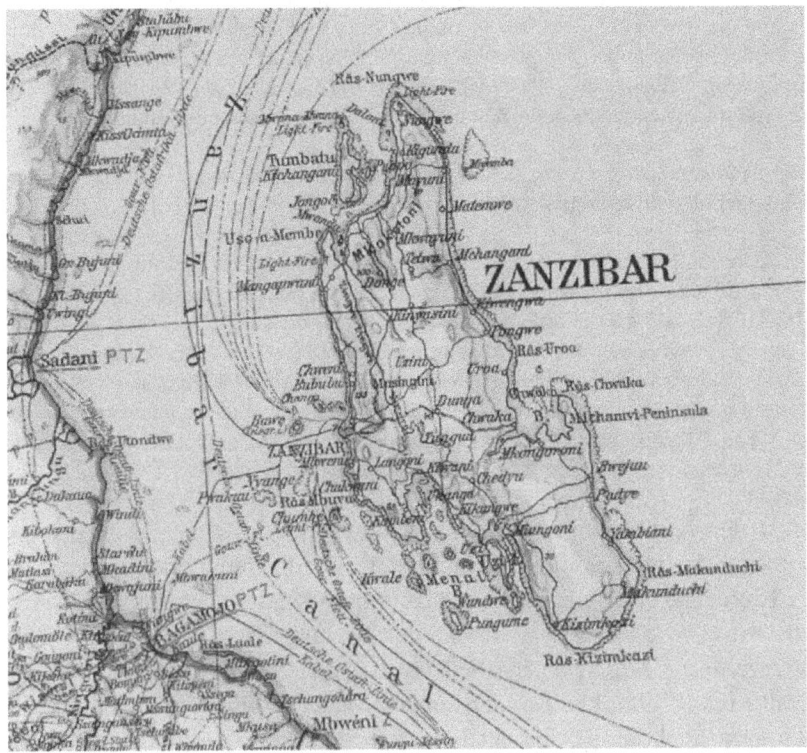

Karte 3: Zanzibar/Sansibar im GDKA. [Quelle: GDKA Deutsch-Ostafrika in 9 Blättern. Blatt 6. (Kartennr. 21)].

Von den 15 genannten Wörtern sind sieben Teil des Onomastikons, darunter allein fünf Toponyme (*Africa, Zanzibar, Zambezi, Congo, Nile*) und zwei Ethnonyme (*Masai, Zulu*). Wainaina (2005) führt in seinem Essay vor, wie Afrikaklischees im Diskurs auch toponyminduziert funktionieren und wirksam werden. Ganz offensichtlich ist *Zanzibar/Sansibar* ein diskursiver Klischeeort, was nicht zuletzt an seiner Kommodifizierung im gegenwärtigen deutschen Sylttourismus erkennbar ist. Mit dem Sylter Strand-Restaurant Sansibar und seinem Logo zweier gekreuzter Säbel sowie der entsprechend gelabelten breiten Produktpalette nicht zuletzt im Onlinehandel ist *Zanzibar/Sansibar* auch heute ganz präsent im deutschen Eskapismus mit neokolonialer Bedeutungsaufladung. Dies gilt auch für den deutschen Tansania-Tourismus:

> Hotels auf Sansibar lassen jedes Urlauberherz höher schlagen. Traumstrände, das klare Meer und die einzigartige Landschaft machen aus dieser Insel ein Paradies für Naturfreunde und Badeurlauber. Fauna und Flora werden Ihnen auf dieser Sansibar Reise (sic!) in Erinnerung bleiben. Die Vielfalt, der Duft und die Harmonie der Vegetation machen diese Insel zum perfekten Reiseziel für einen Strandurlaub voller Abwechslung.[41]

> Weißer Sandstrand, Palmen, die sich im Wind wiegen – wilkommen (sic!) auf Sansibar, dem Inselparadies im Indischen Ozean.[42]

> Tansania ist ein Staat in Ost-Afrika. Ein Teil Tansanias, Tanganjika genannt, befindet sich auf dem Festland. Allerdings gehören auch die Inseln von Sansibar zum Staat Tansania. Auf der Insel Unguja liegt die Hauptstadt von Sansibar, Sansibar Stadt. Stone Town, die Altstadt von Sansibar Stadt (sic!) zählt zu den bedeutendsten kulturellen Sehenswürdigkeiten von Tansania und steht als Weltkulturerbe unter dem Schutz der UNESCO. Sansibar ist allerdings auch der perfekte Ort, um einen relaxten Strandurlaub in Tansania zu verbringen: Die gesamte Westküste von Sansibar ist reich an Badebuchten. Nur wenige Kilometer nördlich von Stone Town befinden sich einige der schönsten Strandabschnitte der Insel.[43]

Im Kontext der vergleichenden Kolonialtoponomastik sind solche Aktualisierungen post- bzw. neokolonialer Semantiken und ihre Kommodifizierung im globalen Tourismus zwar nur am Rande von Interesse, dennoch stellen sie eine Materialisierung im Diskurs dar; an anderem Ort soll darauf ausführlicher eingegangen werden – wir verweisen auf ein entsprechendes Projekt von Anne Storch und Ingo H. Warnke. Es geht uns aber hier vor allem darum, kolonialzeitlichen Sprachgebrauch selbst als Form der Realisierung und damit Kontextualisierung des Kolonialtoponomastikons zu analysieren.

Notwendig ist dafür eine solide Korpusgrundlage. Wir verweisen einerseits auf das Studienkorpus *Bremisches Basiskorpus Deutscher Kolonialismus* (BBDK) in der aktuellen Fassung BBDK-E2 (vgl. Schmidt-Brücken et al. 2017, Abschnitt 2). Außerdem auf das derzeit im Entstehen begriffene große Referenzkorpus *Digitale Sammlung Deutscher Kolonialismus* (DSDK)[44] (vgl. Warnke & Schmidt-Brücken 2017). Für das DSDK-Korpus sollen in Zukunft die toponymischen Daten aus CoCoTop systematisch kontextualisiert werden. Für *Zanzibar/Sansibar* finden sich dabei allein neun Titel, die einen expliziten thematischen Bezug aufweisen, darunter der in den heutigen Tourismus unmittelbar passende Titel *Zanzibar-Phantasien*.

---

41 <06.06.2017>.
42 <06.06.2017>.
43 <06.06.2017>.
44 Digitales Korpusprojekt gefördert von der Deutschen Forschungsgemeinschaft; siehe https://www.suub.uni-bremen.de/ueber-uns/projekte/dsdk/ <9.6.2017>.

Baumann, Oscar. 1896. *Der Sansibar-Archipel.* Vol. 1: *Die Insel Mafia und ihre kleineren Nachbarinseln: mit 1. Orig.-Kt.* Leipzig: Duncker & Humblot.
Baumann, Oscar. 1897. *Der Sansibar-Archipel.* Vol. 2: *Die Insel Sansibar und ihre kleineren Nachbarinseln: mit 1 Original-Kt. der Insel und 1 Pl. der Stadt Sansibar.* Leipzig: Duncker & Humblot.
Baumann, Oscar. 1899. *Der Sansibar-Archipel.* Vol. 3: *Die Insel Pemba und ihre kleineren Nachbarinseln.* Leipzig: Duncker & Humblot.
Böhm, Richard. 1888. *Von Sansibar zum Tanganjika: Briefe aus Ostafrika. Nach dem Tode des Reisenden mit einer biographischen Skizze hrsg. von Herman Schalow.* Leipzig: Brockhaus.
Grimm, Carl von. 1886. *Der wirthschaftliche Werth von Deutsch-Ostafrika: Eine Zusammenstellung von Aussprüchen hervorragender Forscher nebst einem Abrisse der Geschichte Sansibars.* Berlin: Walther & Apolant.
Reichs-Marine-Amt (ed.). 1897. *Segel-Handbuch für die Küste von Deutsch-Ostafrika und die Insel Zanzibar: Berichtigungen bis Ende Juni 1897.* Berlin: Reimer.
Reichs-Marine-Amt (ed.). 1899. *Segel-Handbuch für die Küste von Deutsch-Ostafrika und die Insel Zanzibar: Berichtigungen bis Ende Februar 1899.* Berlin: Reimer.
Samassa, Paul. 1909. *Zanzibar-Phantasien.* Leipzig: Deutsche Zukunft.
Schneider, Theophil. [ca. 1899]. *Auf dem Missionspfade in Deutsch-Ostafrika: Von Sansibar zum Kilimandscharo. Reisebericht.* Münster: Kreuz und Schwert.

Dass *Zanzibar/Sansibar* dabei noch sehr viel breiter belegt sein wird, ist zu erwarten. Mit dem BBDK-E2-Korpus können dazu bereits explorative Analysen durchgeführt werden, die auf eine breite Verwendung hinweisen: 154 Belege für *Zanzibar*, 142 Belege für *Sansibar*. Von Interesse sind dabei mit Schmidt-Brücken et al. (2017: 61–62) vor allem *Komplexe Phrasale Toponymkonstruktionen* (KPT), also „Konstruktionen der phrasalen Konnexion eines Ortsnamens mit mindestens einer nicht-toponymischen, attribuierenden Konstituente", wobei Toponyme ergänzend auch als Teil einer vor allem präpositionalen Attribuierung von Interesse sind. In Kalkhofs Bericht (1907: 30), der Teil des BBDK-E2 ist, findet sich etwa der folgende Beleg: „Um nicht zur Nachtzeit in den Hafen von Daressalam einlaufen zu müssen, fahren wir dem benachbarten Sansibar zu, um in dessen Hafen für die Nacht Anker zu werfen".

Nach Schmidt-Brücken et al. (2017) gehört dieser Beleg für Adjektivattribution eines Toponyms in die semantische Klasse Rel (Spezifizierung räumlicher Relation) und damit zu den spatialen Attributen. Nun sieht das zunächst vielleicht sehr uninteressant aus und ist ein weit weniger funkelndes und vor allem offensichtliches Datum als die genannten klischeeaufrufenden Verwendungszusammenhänge von *Zanzibar/Sansibar*. Und doch sind genau solche Daten von Toponymen im Kontext besonders relevant, wenn man kolonialdiskursive Semantiken rekonstruieren möchte. Es geht dabei gerade nicht darum, die Wurzeln heutiger Klischees nachzuzeichnen, sondern den faktischen kolonialzeitlichen Sprachgebrauch als Ausdruck kolonialer Selbstverständlichkeiten zu verstehen und damit eine Diskursanalyse des Kolonialismus als Archäologie von historischen Gewissheiten zu verstehen (Warnke & Schmidt-Brücken 2011).

Zanzibar/Sansibar ist sicher nicht nur wegen seines endonymischen Exotismus ein diskurserschließendes Toponym, sondern auch wegen seiner kontrafaktischen historischen Semantik. Es hält sich bis heute hartnäckig die Legende, dass das Deutsche Reich 1890 in einem Vertrag mit dem Vereinigten Königreich Sansibar gegen Helgoland getauscht habe, was an der historisch missverständlichen Bezeichnung *Helgoland-Sansibar-Vertrag* für die entsprechende vertragliche Vereinbarung liegen mag. Nicht zuletzt in der deutschen Kolonialzeit wird diese Legende auch befördert, so wenn sich im BBDK-E2 als ein Beleg für *Sansibar* auch das Toponym als Teil eines präpositionalen Attributs zu „Tausch" findet – „der Tausch von Sansibar gegen Helgoland" (Deutsche Kolonialzeitung, 17.07.1902, 281–282). Richtig hingegen ist:

> Wer kennt nicht die Geschichte vom Tausch Sansibars gegen Helgoland? Stets brachte sie ein wenig Abenteuer und exotischen Glanz in die raue Nordsee. Und Sansibar war uns irgendwie nah, auch wenn wir nicht so genau wussten, wo es lag. Leider ist die Geschichte falsch. Der Helgoland-Sansibar-Vertrag von 1890 bestätigt lediglich eine Vereinbarung der Kongokonferenz. Der deutsche Kaiser Wilhelm II. hatte 1890 nicht Sansibar gegen Helgoland eingetauscht, wie immer wieder kolportiert wird, sondern das kleine Sultanat Vitu auf dem Gebiet des heutigen Kenia. Dazu bescheinigte er den Briten nur, dass er keinen Anspruch auf Sansibar erheben werde. (Wisotzki 2009: 32)

Der Anspruchsverzicht ist aber einmal mehr ein diskursförderndes Ereignis. So wie der Versailler Vertrag nicht das Ende eines imaginativen deutschen Kolonialismus bedeutete, sondern einen blühenden Kolonialrevisionismus beförderte, so scheint *Sansibar* als TOP gerade durch den Verzicht auf geopolitische Ansprüche ein Emblem für koloniale Imaginationen zu sein. Da das Deutsche Reich keinen Machtzugriff auf Sansibar hatte, realisiert sich dieser imaginative Kolonialismus nicht zuletzt durch räumliche Relationierung im Verhältnis zu Sansibar. Die zunächst vielleicht unauffällige KPT von *Sansibar* im obigen Zitat aus Kalkhofs Werk erweist sich dabei als diskursiv keineswegs irrelevant, geht es hier doch genau darum, das deutsche Kolonialgebiet relational zu *Sansibar* bzw. umgekehrt zu verorten.

Auf der Grundlage einer systematischen Sammlung und klassifizierten Dokumentation von Toponymen im Projekt der Vergleichenden Kolonialtoponomastik haben zukünftige linguistische Untersuchungen also auch zu zeigen, welche diskursgebundenen Semantiken Toponyme besitzen, bzw. welche diskursstrukturierenden Funktionen Toponyme in Texten des globalen Kolonialismus haben. Dabei sind KPT letzthin Expansionen der unter 2.1 bereits behandelten Modifikator-Konstruktion.

3.4 Hypothesen II

Wir schließen auch hier mit drei Hypothesen (H5–H7), die unsere diskurslinguistischen Überlegungen zusammenfassen und die Hypothesen (H1–H4) ergänzen:

- **Hypothese 5 (H5)**
  Kolonialtyponyme variieren als implizite Aussagen mit *social meaning* hinsichtlich ihrer epistemischen Funktion relational zu einer referentiellen und kontextualisierenden Funktion und sind damit Werkzeuge des kolonialen Place-Making, d. h. sie korrelieren mit den akteursgebundenen Diskurspraktiken der Ortsidentifikation, Ortsbenennung und Ortsrepräsentation.
- **Hypothese 6 (H6)**
  Strukturelle Muster von Kolonialtyponymen sind variante Mittel der onomastischen Territorialisierung von Raum und der diskursiven Beherrschung von Orten und funktionieren als Werkzeuge des territorialen Place-Making.
- **Hypothese 7 (H7)**
  Kolonialtoponyme im Kontext realisieren variante Muster von *Komplexen Phrasalen Toponymkonstruktionen* und sind Werkzeuge des textuellen Place-Making.

Auch hier gilt, dass (H5–H7) nicht das gesamte Potential an kolonialtoponomastisch relevanten Hypothesen ausschöpfen. Wir beziehen uns mit diesen auf diskurslinguistische Felder der Kolonialtoponomastik. Dabei geht es einerseits darum, die Analyse kolonialer Sprachdaten zu präzisieren, andererseits aber auch darum, für die kolonial bisher weniger interessierte Allgemeine Toponomastik und für die Diskurslinguistik wichtige theoretische und empirische Erweiterungen zu leisten.

4 Zusammenführung

Wir haben zu zeigen versucht, dass die vergleichende Kolonialtoponomastik eine elaborierte Teildisziplin der Onomastik darstellt und als wichtiger Beitrag zu den Postcolonial Language Studies gelten kann. Festzuhalten bleibt, dass die vergleichende Kolonialtoponomastik konsequent datengestützt arbeitet, wobei in zukünftigen Arbeiten sicherlich auch datengetriebene Analysen weitere Einsichten in die immerhin global belegten Toponomastika ermöglichen werden.

Auf der Grundlage von Kartenquellen und Gazetteers – was eine enge Zusammenarbeit mit bibliothekarisch erschlossenen Kartensammlungen voraussetzt –, werden dazu in einem ersten Schritt Toponyme als Kolonialtoponyme identifiziert und linguistisch klassifiziert. In einem zweiten Schritt werden die entsprechend aufbereiteten Daten als Teil eines kolonialtoponomastischen Korpus analysiert.

Dabei ergeben sich zwei ineinander verschränkte linguistische Perspektiven, ein systemlinguistisches und ein diskurslinguistisches Verfahren der Analyse, wobei sich die systemlinguistischen Interessen vorrangig auf toponomastische Formen beziehen und die diskurslinguistischen primär auf Funktionen von Kolonialtoponymen. Das heißt aber keineswegs, dass die Systemanalysen nicht funktional ausgerichtet sind und die Diskursanalysen nicht auf Strukturen abheben, denn im systemlinguistischen Zugriff verorten wir uns funktional und bei den diskurslinguistischen Verfahren sind wir an Mustern interessiert. Die Trennung beider Perspektiven ist also eher analytischer Arbeitsteilung geschuldet, als dass sie sich zwingend aus dem Material ergäbe. Notwendig scheint uns hingegen die Verbindung beider linguistischer Verfahren zu sein. Wie wir ausgeführt haben, ist gerade die Doppelperspektive eine wichtige Voraussetzung für substantielle Beiträge der Linguistik auch im Kontext interdisziplinärer Forschungen zu Sprache in kolonialen Kontexten.

Wir halten noch einmal in nuce fest, dass die vergleichende Kolonialtoponomastik Ortsnamenklassen und Benennungskontexte ebenso zu berücksichtigen hat wie Konstruktionspräferenzen, Typen von Kolonialtoponymen (Tabelle 3), Konstruktionsmuster (vgl. Tabelle 5) und kanonische Typenbildung. Die Dichte der Ortsidentifikation und die konstruktionsabhängige Form der Ortsrepräsentation sollten dabei festgestellt werden. Muster und distributionsabhängige Cluster werden schließlich als diskursgebundene Territorialisierungen verstanden. Eines der wichtigen Ziele der vergleichenden Kolonialtoponomastik besteht also in der Dokumentation und analytisch genauen Erfassung von territorialem Place-Making. In ergänzenden und weiterführenden Forschungen sollte dann auch die textuelle Einbettung von Kolonialtoponymen bedacht werden, wobei wir davon ausgehen, dass zunächst die Analyse der Einzeltoponyme hinreichend geleistet werden muss, zumal wir auch für das singuläre Kolonialtoponym von einer impliziten Aussagefunktion ausgehen.

Wir haben zu diesem Ziel sieben Hypothesen formuliert, die Anlass zu deskriptiv-statistischen Verfahren der Hypothesenprüfung in den unterschiedlichen Teilkorpora der vergleichenden Kolonialtoponomastik geben. Dabei interessieren zum einen typenbezogene Variation und zum anderen die kontextbezogene Verteilungen hinsichtlich unterschiedlicher Parameter wie Kontinent, Kolonie, Kolonialmacht, Sprache u. a. Mehrfach haben wir darauf hingewiesen, dass die bisherige, überwiegend arbeitstechnisch begründete Ausblendung der kolonialzeitlichen Endonymie in Übersee zukünftig überwunden werden muss, da erst die eingehende Erforschung der zumindest oberflächlich endogen wirkenden Kolonialtoponyme unserer Quellen ein differenziertes Gesamtbild des uns interessierenden Gegenstands zu zeichnen erlaubt. Es steht zu hinterfragen, inwiefern wir es bei den kartographisch verzeichneten Endonymen überhaupt mit genuin autochthonen Bildungen zu tun haben. Was bedeutet es, dass so viele Kolonialtoponyme auf den ersten Blick exotisch genug wirken, um sie für autochthon zu halten, bei näherem Hinsehen aber keine vorkoloniale Grundlage zu haben scheinen?

Auch das von Zimmermann (2016: 188–189) umrissene Arbeitsprogramm der Missionarslinguistik könnte im Zuge unseres Vorhabens um eine bisher völlig vernachlässigte kolonialtoponomastische Komponente ergänzt werden. Da sich die Missionarslinguistik ausschließlich mit der Gruppe der im religiösen Umfeld tätigen Akteure und ihren sprachlichen bzw. sprachwissenschaftlichen Nachlass intensiv befasst, würde ihr (noch nicht existenter) toponomastischer Forschungszweig unweigerlich limitiert bleiben – und zwar auf diejenigen Toponyme, die von Missionaren vergeben wurden. Die vergleichende Kolonialtoponomastik hingegen kann und muss als Zweig der Koloniallinguistik (Stolz & Warnke 2015a: 11–19) einen viel weiter gefassten Rahmen wählen, nämlich einen, in dem Entdecker, Seeleute, Militärs, Verwalter, Siedler, Versklavte, Händler, Abenteurer, Sträflinge, Deportierte, Reisende, Wissenschaftler u.a.m. bei der Schaffung kolonialer Toponomastika beteiligt sind. In diesem Sinne scheint es angeraten zu sein, an Stelle der Auslobung einer separaten missionarslinguistischen Toponomastik die Integration missionarischer Ortsnamenprägungen in den Gegenstandsbereich der vergleichenden Kolonialtoponomastik anzustreben.

Vergleichende Kolonialtoponomastik gehört unter Berücksichtigung aller dieser Überlegungen unseres Erachtens zu den innovativen Forschungsfeldern der Linguistik und erweitert den sprachwissenschaftlichen Fokus auf ein globalgeschichtlich zentrales Feld des neuzeitlichen Sprachgebrauchs. Wir sehen die Linguistik dabei nicht zuletzt auch in der Verantwortung, die enorme Bedeutung von Namen in den geopolitischen Projekten des Kolonialismus erkennbarer zu machen und mit nachvollziehbaren Verfahren der Analyse zu dokumentieren. Die vergleichende Kolonialtoponomastik bietet zudem die Möglichkeit, von eingefahrenen Wegen der traditionellen Namenforschung abzuweichen und die Disziplin durch die Einführung bisher ungenutzter Perspektiven zu neuen Erkenntnissen zu führen. Dazu soll nicht zuletzt der vorliegende Band einen Beitrag leisten.

5 Zu diesem Band

In diesem Band versammeln wir Beiträge, die relativ eng um das Thema der Kolonialtoponomastik kreisen bzw. seinen empirischen Kern direkt berühren. Es handelt sich dabei um Fallstudien, die im Wesentlichen den Fokus auf bestimmte Kolonialismen und/oder Kolonialgebiete bzw. „Mutterländer" legen. Es sind sowohl mikrotoponomastische als auch makrotoponomastische Untersuchungen vertreten. Zur Vorbereitung der Einzelbeiträge wurde den Autor*innen ein relativ flexibles Raster vorgegeben, an dem sie sich orientieren konnten. Die meisten dieser Orientierungshilfen sind in den Abschnitten 1–4 dieser Einleitung Gegenstand der Diskussion.

Die Reihenfolge, in der die Studien hier angeordnet sind, richtet sich nach geografischen Gegebenheiten. Die ersten drei Beiträge beziehen sich auf den deutschen Kolonialismus, wobei zum Auftakt für die Namentheorie relevante Aspekte diskutiert werden, denen dann zwei mikrotoponomastisch ausgerichtete Arbeiten folgen. Vom deutschen Kolonialismus machen wir den Schritt zu seinem dänischen Pendant anhand des Kolonialtoponomastikons Grönlands. Die nördliche Lage dieses Kolonialgebietes wird anschließend von der Fallstudie zu Alaska geteilt. Aus den subpolaren Gebieten geht es dann zunächst in die Karibik, wo die Koexistenz von französischen und spanischen Kolonialtoponymen auf Hispaniola im Zentrum des Interesses steht. Spanische Kolonialtoponyme spielen ebenfalls eine große Rolle im vorletzten Beitrag, der sich mit dem Kolonialtoponomastikon der Philippinen befasst. Den Philippinen geographisch benachbart liegt Mikronesien, dessen japanische Kolonialtoponyme den Gegenstand der Untersuchung im abschließenden Beitrag dieses Sammelbandes darstellen. Zwei der Aufsätze sind mit umfangreichen Anhängen ausgestattet, die dem allgemeinen Publikum erstmals (außerhalb des russischen bzw. japanischen Sprachraums) kolonialtoponomastische Daten in großer Zahl verfügbar machen und dadurch die empirische Grundlage der vergleichenden Kolonialtoponomastik in ganz entschiedenem Maße erweitern.

Die inhaltliche Charakterisierung der einzelnen Beiträge zu diesem Sammelband folgt nachstehend der Reihung, in der die Aufsätze erscheinen.

Jascha Döschner befasst sich in seinem Beitrag mit dem so genannten Gattungseigennamen, der nicht zuletzt als koloniallinguistisch wichtige toponomastische Teilkategorie angesehen werden kann. Ausgehend von einer genauen und zugleich kritischen Rezeption des Konzepts der Gattungseigennamen von Roland Harweg wird dafür plädiert, die Existenz außersprachlicher Gattungsreferenten von Ortsnamen grundsätzlich zu bezweifeln und stattdessen in konstruktivistischer Perspektive Formen der onymischen Gattungszuschreibung mit dem Konzept des Klassifikators zu erfassen, zu beschreiben und analytisch nutzbar zu machen. Die grundlegenden Überlegungen zu einer Theorie der onymischen Klassifikation werden dabei unter Rückgriff auf wichtige Vorarbeiten am Beispiel von deutschkolonialen Toponymen entwickelt, wie sie im Großen Deutschen Kolonialatlas belegt sind. Nicht unbedeutend für die Kolonialtoponomastik ist dabei die Vermutung, dass nicht nur Modifikatoren in komplexen toponymischen Strukturen als Werkzeuge des kolonialen Place-Making funktionieren, sondern auch Klassifikatoren für eben diese onymische Kolonisierung von Raum genutzt werden.

In ihrem Beitrag zur Mikrotoponomastik richtet **Verena Ebert** das Interesse auf Phänomene der kolonialen Referenz deutscher Hodonyme und Dromonyme und erörtert insofern nicht den faktischen Raum kolonialer Expansion, sondern die onymische Durchdringung mit Kolonialität in der so genannten Metropole. Der Fokus liegt dabei auf den Städten Berlin, Leipzig und München. Ein für diese Städte erhobenes Inventar kolonial referierender Mikrotoponyme wird strukturell und funktionsorientiert analysiert. Es geht der Verfasserin dabei weniger um aktuelle dekoloniale Diskurse, wie sie derzeit zu Umbenennungsforderungen und -aktivitäten in deutschen Städten führen, sondern um die vor allem historisch orientierte Sammlung, Kategorisierung und funktionale Interpretation von Straßennamen mit kolonialem Bezug. Im Fazit werden unter Rückgriff auf Vorarbeiten auch Möglichkeiten der zukünftigen kontrastiven Analyse skizziert, die das Potential des Gegenstandes für die vergleichende Kolonialtoponomastik deutlich erkennbar machen. Die Verfasserin betrachtet eine solche Erweiterung der Analyse auch als denkbaren Beitrag der Kolonialtoponomastik zu interdisziplinären Forschungen der Kolonialgeschichte.

In unmittelbarem Zusammenhang damit steht der Beitrag von **Matthias Schulz** und **Maria Aleff**, in dem ebenfalls koloniale Mikrotoponyme unter Einschluss von Denkmal-, Brücken- und Gebäudenamen u. Ä. behandelt werden, hier jedoch nicht in der so genannten Metropole, sondern in den deutschen Kolonialgebieten Deutsch-Neuguinea und Deutsch-Samoa. Die kontrastive Analyse dieses Ansatzes der Vergleichenden Kolonialtoponomastik richtet sich auf den Vergleich verschiedener Kolonien eines Kolonisators. Mithilfe einer systemlinguistischen Analyse können dabei bereits strukturbezogene Unterschiede festgehalten werden. An diese Analyse schließt die diskurslinguistische Interpretation der beschriebenen Strukturen und Daten an, etwa wenn es um die Integration anthroponymischer Konstituenten in Toponyme geht. Eine Erweiterung erfährt die kolonialtoponomastische Methode dabei vor allem durch die Berücksichtigung textgebundener Verwendungen von Kolonialtoponymen in kolonialzeitlichen Publikationen. Der Beitrag setzt sich nicht zuletzt mit den

Hypothesen der vorliegenden Einleitung unter Bezug auf die zugrundgelegten deutschkolonialen Daten auseinander und reformuliert diese für das entsprechende Datenmaterial.

Die Analyse von europäisch-basierten Toponymen an der Nordostküste Grönlands von **Susanne Schuster** beschäftigt sich mit Ortsnamen und ihren strukturlinguistischen Merkmalen als Mittel der vor allem exonymischen Raumaneignung. Charakteristisch für das untersuchte Gebiet sind verschiedene Expeditionsunternehmungen und Kartierungsprojekte, die zunächst zu einem multilingualen Toponomastikon führen, das jedoch später im Zuge dänischer Herrschaftsansprüche monolingual überlagert wird. Das linguistische Interesse richtet sich dabei unter anderem auf die Ergebnisse dieser strukturvereinheitlichenden Benennungspraxis. Als Besonderheit des untersuchten Datenbestandes, dessen Grundlage 3.000 offiziell anerkannte Toponyme bilden, ist zudem hervorzuheben, dass der benannte Raum weitgehend unbesiedelt ist, also vorrangig Anoikonyme überliefert sind. Die Analyse ist aufgrund ihrer klassifikatorischen Übertragbarkeit nicht nur ein wesentlicher Beitrag zur linguistischen Untersuchung des grönländischen Toponomastikons, sondern bietet vielfache Möglichkeiten des zukünftigen kolonialtoponomastischen Vergleichs, dies nicht zuletzt aufgrund der deskriptiv-statistischen Auswertungen. Dass die Ergebnisse der Untersuchung bei aktuellen Umbenennungsdiskussionen und Indigenisierungsinitiativen von Nutzen sein können, wird im Ausblick des Aufsatzes erkennbar hervorgehoben.

Bisher ebenfalls wenig behandelt sind russische Toponyme in Alaska, ein Datenbestand, mit dem sich die Analyse von **Nataliya Levkovych** erstmals mit den Methoden der Kolonialtoponomastik befasst. Die zugrundeliegenden Daten sind im Anhang des Beitrags dokumentiert. Die Studie versteht sich als Beitrag zum Projekt der Inventarisierung und Analyse des eurokolonialen Toponomastikons und leistet dabei einen wesentlichen Beitrag zur sprachlichen Breite des diesbezüglichen Datenmaterials. Dies gilt vor allem auch deshalb, weil der in der Forschung bisher wenig beachtete russische Übersee-Kolonialismus nicht zuletzt ein besonderes sprachstrukturelles Interesse der Onomastik im eurokolonialen Vergleich verdient. Im Beitrag werden entsprechend auch kontrastive Befunde diskutiert. Im Zentrum der Analyse von 480 Datensätzen stehen – neben einer vorausgehenden Erläuterung der historischen Situation und einer Dokumentation des bisherigen Forschungsstandes – die Benennungsmotive und die strukturorientierte Analyse der entsprechenden russischen Kolonionaltoponyme. Insbesondere die Befunde zu den benannten Geo-Objekten und zu den anthroponymischen Benennungsmotiven eröffnen dabei zahlreiche weitergehende Fragestellungen auch für die diskursorientierte Kolonialtoponomastik.

Die Strukturanalysen sind zudem ein weiterer Baustein im Projekt der Vergleichenden Kolonialtoponomastik.

Die kontrastive Analyse zu französischen und spanischen Kolonialtoponymen auf der Karibikinsel Hispaniola von **Sandra Herling** zeigt unter anderem, dass kontaktlinguistische Aspekte bei der Untersuchung des kolonialen Toponymikons wesentlich zu berücksichtigen sind. Allein für die Kolonialmächte Frankreich und Spanien sind auch die Kontakträume Nordamerika und Westafrika genannt. Auf der Grundlage kartographischer Daten aus dem 18. Jahrhundert untersucht der Beitrag für Hispaniola die strukturellen und benennungsmotivischen Gemeinsamkeiten und Unterschiede französischer und spanischer Kolonialtoponyme. Die Analyse geht dabei auch der Frage nach, ob und inwieweit bereits bestehende spanische Toponyme von französischen Kolonialherren übernommen wurden. Dieser Aspekt verweist besonders auf die wichtige diachrone Forschungsaufgabe der Vergleichenden Kolonialtoponomastik, Prästrukturierungen in Zusammenhängen von Umbenennungen in den Blick zu nehmen. Der Beitrag weist zahlreiche Bezüge für diskurslinguistische Fragestellungen auf und zeigt über das gewählte Datenmaterial hinaus, wie sinnvoll die Verbindung von struktureller und funktionaler Analyse kolonialtoponomastischer Daten ist.

Ebenfalls komparativ ausgerichtet, unter Einschluss einer historischen Übersicht, ist die Untersuchung von **Marivic Lesho** und **Eeva Sippola** zu zwei tagalogsprachigen Philippinenregionen, der Metropolregion von Manila und der Provinz Cavite. Die Analyse erfolgt auf der Grundlage gegenwärtiger und historischer Daten der Zeit von 1734 bis 2001 und berücksichtigt damit Toponyme, deren Prägung während der spanischen und amerikanischen Kolonialperiode sowie seit der Unabhängigkeit der Philippinen erfolgt ist. Kontrastiert werden diese Toponyme mit endonymischen Tagalog-Daten. Die Studie zeigt nicht zuletzt den Einfluss des Englischen bei hybriden Formen mit Geoklassifikator auf. Das so untersuchte Toponomastikon ist gekennzeichnet durch Sprachkontakt und steht in engem Zusammenhang mit historischen und politischen Entwicklungen sowie ideologischen Positionen. Der toponymische Wandel ist dabei bis heute nicht abgeschlossen. Auch aus dieser Analyse ist mithin ersichtlich, dass die vergleichende Kolonialtoponomastik mit historisch variablen Daten arbeitet und dabei geschichtliche, gesellschaftspolitische und sprachideologische Bedingungen der Benennung und Umbenennung von Orten stets zu berücksichtigen hat.

Unter Einschluss einer umfangreichen Dokumentation befasst sich schließlich **Hitomi Otsuka** mit 1.692 japanischen Kolonialtoponymen in Mikronesien, die sich auf 78 Inseln verteilen und auf der Grundlage von Kolonialkarten aus dem Jahr 1932 erhoben sind. Auffallend ist dabei die ausgeprägte deskriptive Funktion der Toponyme, Geoeigenschaften zu erfassen und dabei auf die ansonsten im kolonialen Toponomastikon breit belegte Machtindikation zu verzichten, wie sie sich etwa bei anthroponymischen Bildungen mit Verweis auf den Herrschaftsanspruch einer Kolonialmacht finden. Neben der Geodeskription werden noch die Typen mit kultureller und ethnologischer Kontextualisierung extrahiert. Damit weist das japanische Kolonialtoponomastikon wesentliche Differenzen zum eurokolonialen Toponomastikon auf, auch wenn eine deskriptive Funktion eines Toponyms dessen kolonialen Machtanspruch nicht auflösen muss. Ungeachtet dessen stehen die untersuchten japanischen Kolonialtoponyme aber ganz offensichtlich in gänzlich anderen epistemischen Ordnungen, bei denen die Machtmarkierung mindestens deutlich hinter die Wahrnehmungskodierung zurücktritt. Der Beitrag zeigt mithin die Grenzen eines allein eurokolonialen Projektes der Vergleichenden Kolonialtoponomastik auf und verdeutlicht, dass das Forschungsfeld erst im globalen Sprachvergleich die faktische Komplexität onymischer Raumaneignung und -beherrschung erkennbar machen kann, die Teil des kolonialen Expansions- und Herrschaftsprojektes ist.

Die empirische Breite und die Vielfalt der in den Beiträgen gewonnenen Einsichten verstehen wir als starke Anregung dazu, den einmal eingeschlagenen Weg zur vergleichenden Kolonialtoponomastik weiterzugehen. Gerade die vom Standardfall des Eurokolonialismus abweichenden Szenarien – Grönland, Alaska, Mikronesien – deuten an, dass es künftig wichtig sein wird, bei der Theoriebildung noch viel stärker auch solche Kolonialismen zu berücksichtigen, die bislang und fälschlicherweise als marginal angesehen wurden. Wir gehen davon aus, dass die vergleichende Kolonialtoponomastik zum einen der allgemeinen Toponomastik eine wichtige Komponente hinzufügen und zum anderen interessierten Nachbardisziplinen (wie z. B. Kolonialgeschichte, Überseegeschichte, Geographie, Kartographie usw.) Anknüpfungspunkte zur interdisziplinären Arbeit bieten wird.

Danksagung: Der Beitrag ist entstanden im Rahmen der Creative Unit Koloniallinguistik/Language in Colonial and Postcolonial Contexts – einer DFG-geförderten Exzellenzmaßnahme im Rahmen des Zukunftskonzepts der Universität Bremen. Das Hanse-Wissenschaftskolleg (HWK) in Delmenhorst hat das Entstehen dieses Bandes dadurch maßgeblich unterstützt, dass es uns die Veranstaltung eines thematischen Workshops im März 2016 ermöglichte. Für bereitwillig erteilte Auskünfte danken wir den Kölner Kollegen Werner Drossard und Fritz Serzisko. Anne Storchs Wissen um die Bedeutung von Zanzibar/Sansibar für deutschkoloniale Phantasien ist es zu verdanken, dass wir uns diesem Beispiel widmen; dafür sei ihr herzlich gedankt. An anderem Ort sollen die damit verbundenen neokolonialen Dimensionen unter Einschluss der Sylter Sansibar noch genauer in den Blick genommen werden. Ein entsprechendes Projekt von Anne Storch und Ingo H. Warnke läuft derzeit. Maike Vorholt hat für uns dankenswerter Weise einige objektsprachliche Daten anhand von Wörterbüchern verifiziert. Benjamin Saade verdient ein besonderes Lob dafür, uns vor dem Irrweg in die höhere statistische Alchemie zu bewahren und uns bei der Kartographie unter die Arme gegriffen zu haben. Nataliya Levkovych hat dankenswerterweise alles noch einmal minutiös nachgerechnet, unsere argumentative Logik geschärft, allerlei Fehler berichtigt und unsere Formatierungen verschönert. Ihr und Hitomi Otsuka sagen wir außerdem Dankeschön dafür, dass wir Einblick in ihre Datensammlungen zum russischen und japanischen Kolonialtoponomastikon nehmen durften. Schließlich danken wir auch Jascha Döschner für seine gewissenhaften Datenerhebungen und seine Analysen zum deutschkolonialen Toponomastikon, Daniel Schmidt-Brücken für seine Kompetenz im Projektkontext der Digitalen Sammlung deutscher Kolonialismus und auch Hiltrud Lauer für ihre kritischen Blicke auf unsere Textproduktion. Sonja Kettler hat im großen Stile für uns Kopierarbeiten erledigt. Cornelia Stroh hat sich (wie immer) mit großer Sorgfalt der editoriellen Aufgabe nicht nur zu diesem Einleitungskapitel, sondern für den gesamten Sammelband gewidmet.

Abkürzungen

ADJ	Adjektiv
ANTH	Anthroponym
APP	Appellativum
DEF	definit
DP	Determinatorphrase
KLASS	Klassifikator
KPT	Komplexe Phrasale Toponymkonstruktion
MOD	Modifikator
N	Nomen
ORD	Ordinale
PL	plural
PP	Präpositionalphrase
TOP	(Kolonial-)Toponym

Literaturverzeichnis

Atlanten/Kartenwerke/Gazetteers

ACI = *Atlas Colonial Illustré. Géographie, voyages & conquêtes – productions, administration*. Paris: Larousse, 1904.
AGHCB = Rouck, René de. *Atlas géographique et historique de Congo Belge et des territoires sous mandat du Ruanda-Urundi comprenant 45 cartes et plans en 12 planches et un index alphabétique de 5691 noms*. Bruxelles, 1945.
ATN = *Atlas von Tropisch Nederland, Koninklijk Nederlandsch Aardrijkskundig Genootschap in samenwerking met den Topografischen Dienst in Nederlandsch-Indië*, 1938.
BCB = *Biographie coloniale belge. Band 6: Biographie belge d'outre-mer*. Brüssel: Académie royale des sciences d'Outre-mer, 1968.
BEA = *British East Africa, Official standard names approved by the U.S. Board on Geographic Names*. Washington: U.S. Government Press Office, 1955.
GDKA = Sprigade, Paul & Moisel, Max. *Großer Deutscher Kolonialatlas*. Berlin: Kolonialabtheilung des Auswärtigen Amtes, 1901–15.
GBL = *Guida breve. Italia meridionale e insulare – Libia, a cura della Consociazione Turistica Italiana*. Milano: C.T.I., 1940.
GSG = *Spanish Guinea: Official standard names approved by the United States Board on Geographic Names*. Washington, D.C.: Office of Geography, Department of the Interior, 1962.
GSS = *Spanish Sahara: Official standard names approved by the United States Board on Geographic Names*. Washington, D.C.: Geographic Names Division, U.S. Army Topographic Command, 1969.
DKL = Schnee, Heinrich (eds.). *Deutsches Kolonaillexikon. I. Band: A–G*. Leipzig: Quelle und Meyer, 1920.
NCWF = *New Caledonia and Dependencies and Wallis and Futuna*. Washington: U.S. Government Press Office, 1974.

Verwendete Literatur

Abad, R. P. Isidoro. 1928. *Elementos de la gramatica bubi*. Madrid: Editorial del Corazón de María.
Abraham, Roy Clive (ed.). 1964. *Somali-English dictionary*. London: University of London Press.
Aixelà, Yolanda. 2013. Of colonists, migrants and national identity. The historic difficulties of the socio-political construction of Equatorial Guinea. *Nordic Journal of African Studies* 22(1/2). 49–71.
Alexandre, Pierre. 1984. Some problems of African onomastics: Toponymy, anthroponymy and ethnonymy. In *African ethnonyms and toponyms. Report and papers of the meeting of experts organized by Unesco in Paris, 3–7 July 1978*. Paris: UNESCO, 51–67.
Anderson, John M. 2007. *The grammar of names*. Oxford: Oxford University Press.
Baguena Corrella, Luís. 1953. *Toponimia de la Guinea continental española*. Madrid: Consejo Superior de Investigaciones Científicas.
Bibang Oyee, Julián. 1990. *Curso de lengua fang*. Malabo: Centro Cultural Hispano-Guineano.

Brink, Stefan. 2016. Transferred names and analogy in name-formation. In Carole Hough (ed.), *The Oxford handbook of names and naming*, 158–166. Oxford: Oxford University Press.

Carnero Ruiz, Ismael. 1955. *Vocabulario geografico-saharico*. Madrid: Consejo Superior de Investigaciones Científicas.

Corbett, Greville G. 2005. The canonical approach to typology. In Zygmunt Frajzyngier, Adam Hodges & David S. Rood (eds.), *Linguistic diversity and language theories*, 25–50. Amsterdam & Philadelphia: Benjamins.

Cresswell, Tim. 2009. Place. In Nigel Thrift & Rob Kitchen (eds.), *International encyclopedia of human geography*, vol. 8, 169–177. Oxford: Elsevier.

Dallet, Jean-Marie. 1982. *Dictionnaire kabyle-français*. Paris: SELAF.

Dalziel, Nigel. 2006. *The Penguin historical atlas of the British Empire*. London: Penguin Books.

Debus, Friedhelm. 2001. Lexikologie und Onomastik. In David A. Cruse, Franz Hundsnurscher, Michael Job & Peter Lutzeier (eds.), *HSK Lexikologie*, Band 2, 1838–1846. Berlin & New York: De Gruyter.

Dewein, Barbara et al. 2012. Forschungsgruppe Koloniallinguistik: Profil – Programmatik – Projekte. *Zeitschrift für germanistische Linguistik* 40(2). 242–249.

Diego Aguirre, José Ramón. 1988. *Historia del Sáhara español*. Madrid: Kaydeda.

Drummond, Peter. 2016. Hill and mountain names. In Carole Hough (ed.), *The Oxford handbook of names and naming*, 115–124. Oxford: Oxford University Press.

Dunker, Axel. 2016. Literaturgeschichte des deutschen Kolonialismus. Postkoloniale Perspektiven. In Thomas Stolz, Ingo H. Warnke & Daniel Schmidt-Brücken (eds.), *Sprache und Kolonialismus. Eine interdisziplinäre Einführung zu Sprache und Kommunikation in kolonialen Kontexten*, 73–92. Berlin & Boston: De Gruyter.

Eckert, Penelope. 2012. Three waves of variation study. The emergence of meaning in the study of sociolinguistic variation. *Annual Review of Anthropology* 41(1). 87–100.

Elden, Stuart. 2010. Land, terrain, territory. *Progress in Human Geography* 34(6). 799–817.

Engelberg, Stefan. 2012. Historische Sprachkontaktforschung zur deutschen Sprache im Südpazifik – Ansatz zu einer Quellen- und Dokumentenkunde der deutschen Koloniallinguistik. In Stefan Engelberg & Doris Stolberg (eds.), *Sprachwissenschaft und kolonialzeitlicher Sprachkontakt. Sprachliche Begegnungen und Auseinandersetzungen*, 233–292. Berlin: Akademie Verlag.

Engelberg, Stefan. 2016. Names in competition: A corpus-based qualitative investigation into the use of colonial place names. *Beiträge zu Namenforschung* 51(3/4). 387–430.

Ferrer, Emilio Marín. 2014. *Atlas ilustrado: Ifni, Sáhara, Guinea. Últimas colonias*. Madrid: Susaeta.

Feuchtwang, Stephan. 2004. Theorising place. In Stephan Feuchtwang (ed.), *Making place. State projects, globalisation and local responses in China*, 3–33. London: UCL Press.

Fleury, Georges. 2008. *Comment l'Algérie devint française (1830–1848)*. Paris: Perrin.

Gammeltoft, Peder. 2016. Island names. In Carole Hough (ed.), *The Oxford handbook of names and naming*, 125–134. Oxford: Oxford University Press.

Gary-Prieur, Marie-Noëlle & Michèle Noailly. 2015. Les noms de ville, noms de lieu par excellence. In Jonas Löfström & Betina Schnabel-Le Corre (eds.), *Challenges in synchronic toponymy*, 139–150. Tübingen: Narr.

Gutiérrez Garitano, Miguel. 2011. *La aventura del Muni*. Vitoria-Gasteiz: Ikusager.

Harnisch, Rüdiger & Damaris Nübling. 2004. Namenkunde. In Geert Booij, Christian Lehmann, Joachim Mugdan, Stavros Skopeteas & Wolfgang Kesselheim (eds.),

Morphologie/morphology. Ein internationales Handbuch zur Flexion und Wortbildung. 2. Halbband, 1901–1910. Berlin & New York: De Gruyter.
Helleland, Botolv. 1996. Traditionen der Ortsnamengebung. In Ernst Eichler, Gerold Hilty, Heinrich Löffler, Hugo Steger & Ladislav Zgusta (eds.), *Namenforschung. Ein internationales Handbuch zur Onomastik.* 2. Teilband, 1386–1392. Berlin & New York: De Gruyter.
Higman, B. W. & Brian J. Hudson. 2009. *Jamaican place names.* Kingston: University of the West Indies Press.
Hough, Carole. 2016. Settlement names. In Carole Hough (ed.), *The Oxford handbook of names and naming*, 87–103. Oxford: Oxford University Press.
Kalkhof, Richard. 1907. *Parlamentarische Studienreise nach Deutsch-Ostafrika. Reisebriefe.* Berlin: Reimer (Vohsen).
Karim, Nik Safiah. 1995. *Malay grammar for academics and professionals.* Kuala Lumpur: Dewan Bahasa dan Pustaka.
Kearns, Robin A. & Lawrence D. Berg. 2009. Proclaiming place: Towards a geography of place name pronunciation. In Lawrence D. Berg & Jani Vuolteenaho (eds.), *Critical toponymies. The contested politics of place naming*, 153–178. Farnham & Burlington: Ashgate.
Köhnlein, Björn. 2015. The morphological structure of complex place names: The case of Dutch. *The Journal of Comparative Germanic Linguistics* 18(3). 183–212.
Kolde, Gottfried. 1995. Grammatik der Eigennamen. In Ernst Eichler, Gerold Hilty, Heinrich Löffler, Hugo Steger & Ladislav Zgusta (eds.), *Namenforschung. Ein internationales Handbuch zur Onomastik*, vol. 1, 400–408. Berlin & New York: De Gruyter.
Lauer, Hiltrud. 2009. Die sprachliche Vereinnahmung des afrikanischen Raums im deutschen Kolonialismus. In Ingo H. Warnke (ed.), *Deutsche Sprache und Kolonialismus. Aspekte der nationalen Kommunikation 1848–1919*, 203–234. Berlin & Boston: De Gruyter.
Leriche, Albert. 1955. *Terminologie géographique maure.* Saint-Louis: Bontemps.
Leroy, Sarah. 2015. Toponymes et microtoponymes du français, une approche constructionnelle. In Jonas Löfström & Betina Schnabel-Le Corre (eds.), *Challenges in synchronic toponymy. Structure, context and use/Défis de la toponymie synchronique. Structure, contextes et usages*, 247–266. Tübingen: Narr.
Levkovych, Nataliya. in diesem Band. Russische koloniale Toponyme in Alaska: eine Pilotstudie.
Liniger-Goumaz, Max. 1980. *La Guinée Équatoriale. Un pays méconnu.* Paris: L'Harmattan.
Marques, A. H. de Oliveira. 1998. A expansão no Atlântico. In Joel Serrão & A. H. de Oliveira Marques (ed.), *Nova História da Expansão Portuguesa. Volume II: A Expansão Quatrocentista*, 11–236. Lisboa: Editorial Estampa.
Metzeltin, Miguel. 1977. La toponimia de los primeros descubrimientos. Contribución a una teoría de la toponimización. In Manuel Alvar (ed.), *Actas del V Congreso Internacional de Estudios Lingüísticos del Mediterráneo*, 622–634. Madrid: CSIC.
Miccoli, Paolo. 2017. Italokoloniale Toponomastik zwischen Liberalismus und Faschismus. Namenkundliche Aspekte des italienischen Kolonialismus. In Thomas Stolz, Ingo H. Warnke & Axel Dunker (eds.), *Benennungspraktiken in Prozessen kolonialer Raumaneignung*, 187–204. Berlin & Boston: De Gruyter.
Möller, Lucie A. 1986. 'n Toponimies-linguistiese ondersoek na duitse plekname in Suidwes-Afrika. Voorgelê ter vervulling van 'n deel van die vereistes vir die graad Doctor Philosophiae in die Departement Afrikaans en Nederlands. Durban: Universiteit van Natal.
Möller, Lucie A. 1990. The influence of indigenous languages on German toponyms in Namibia. In Jean-Claude Boulanger (ed.), *Actes du XVIe congrès international des sciences onomas-*

tiques, Québec, Université Laval 16–22 août 1987. Le nom propre au carrefour des études humaines et des sciences sociales, 407–415. Québec: Université Laval.
Montagnon, Pierre. 1988. La France coloniale. La gloire de l'empire. Paris: Pygmalion.
Mückler, Hermann. 2015. Toponyme zu den Inseln Ozeaniens. In Daniel Schmidt-Brücken, Susanne Schuster, Thomas Stolz, Ingo H. Warnke & Marina Wienberg (eds.), Koloniallinguistik. Sprache in kolonialen Kontexten, 177–246. Berlin & Boston: De Gruyter.
Nash, Joshua. 2013. Insular toponymies. Place-naming on Norfolk Island, South Pacific and Dudley Peninsula, Kangaroo Island. Amsterdam & Philadelphia: Benjamins.
Neethling, Bertie. 2016. Street names: A changing urban landscape. In Carole Hough (ed.), The Oxford handbook of names and naming, 144–157. Oxford: Oxford University Press.
Nübling, Damaris. 2000. Auf der Suche nach dem idealen Eigennamen. Beiträge zur Namenforschung 35. 275–302.
Nübling, Damaris, Fabian Fahlbusch & Rita Heuser. 2015. Namen. Eine Einführung in die Onomastik. 2. Auflage. Tübingen: Narr.
Onedera, Peter. 1989. Nå'an lugåt siha gi ya Guåhan. Agana: Kumision Nå'an Lugåt Guåhan.
Otsuka, Hitomi. in diesem Band. Toponomastik im Kontext des japanischen Kolonialismus.
Reuber, Paul. 2012. Politische Geographie. Paderborn: Schöningh.
Schmidt-Brücken, Daniel. 2016. Diskursgrammatische Aspekte von Ortsnamen im kolonialen Archiv. Beiträge zu Namenforschung 51(3/4). 431–469.
Schmidt-Brücken, Daniel, Ingo H. Warnke & Jennifer Gräger. 2017. Komplexe onymische Formen der Ortsherstellung: Bemerkungen zum diskursgrammatischen Status von Toponymkonstruktionen in kolonialzeitlichen Quellen. In Aina Urdze & Nataliya Levkovych (eds.), Linguistik im Nordwesten: Beiträge zum 8. Nordwestdeutschen Linguistischen Kolloquium, Bremen, 13.–14.11.2015, 61–94. Bochum: Universitätsverlag Brockmeyer.
Schulz, Matthias. 2016. Sprachgeschichte des deutschen Kolonialismus. Korpuslinguistische Aspekte. In Thomas Stolz, Ingo H. Warnke & Daniel Schmidt-Brücken (eds.), Sprache und Kolonialismus. Eine interdisziplinäre Einführung zu Sprache und Kommunikation in kolonialen Kontexten, 51–71. Berlin & Boston: De Gruyter.
Schulz, Matthias & Verena Ebert. 2016. Wissmannstraße, Massaiweg, Berliner Straße. Kolonial intendierte Urbanonyme – Befunde, Perspektiven, Forschungsprogramm. Beiträge zur Namenforschung 51(3/4). 357–386.
Schulz, Matthias & Verena Ebert. 2017. Kaiser-Wilhelm-Ufer, Wissmannstraße, Stuhlmannstraße – Straßennamen im Kontext kolonialer Raumaneignung. In Thomas Stolz, Ingo H. Warnke & Axel Dunker (eds.), Benennungspraktiken in Prozessen kolonialer Raumaneignung, 161–186. Berlin & New York: De Gruyter.
Schuster, Susanne. angenommen. 'The making of Greenland' – Early European place names in Kalaallit Nunaat. In Brigitte Weber & Alexander Onysko (eds.), The linguistic heritage of colonial practice. Berlin: De Gruyter Mouton.
Seidin, William. 1960. Chamorro phonemes. Anthropological Linguistics 2. 6–35.
Silverstein, Michael. 2003. Indexical order and the dialectics of sociolinguistic life. Language and Communication 23(3–4). 193–229.
Sippola, Eeva. 2016. Postcolonial language ideologies: Writing in Chabacano. In Daniel Schmidt-Brücken, Susanne Schuster & Marina Wienberg (eds.), Aspects of (post)colonial linguistics. Current perspectives and new approaches, 53–78. Berlin & Boston: De Gruyter.
Spitzmüller, Jürgen. 2013. Metapragmatik, Indexikalität, soziale Registrierung. Zeitschrift für Diskursforschung – Journal for Discourse Studies 3. 263–287.

Spitzmüller, Jürgen & Ingo H. Warnke. 2011. *Diskurslinguistik. Eine Einführung in Theorien und Methoden der transtextuellen Sprachanalyse*. Berlin & Boston: De Gruyter.
Stolberg, Doris. 2015. German in the Pacific: Language policy and language planning. In Daniel Schmidt-Brücken, Susanne Schuster, Thomas Stolz, Ingo H. Warnke & Marina Wienberg (eds.), *Koloniallinguistik. Sprache in kolonialen Kontexten*, 317–361. Berlin & Boston: De Gruyter.
Stolz, Thomas, Christina Vossmann & Barbara Dewein. 2011. Kolonialzeitliche Sprachforschung und das Forschungsprogramm Koloniallinguistik: eine kurze Einführung. In Thomas Stolz, Christina Vossmann & Barbara Dewein (eds.), *Kolonialzeitliche Sprachforschung. Die Beschreibung afrikanischer und ozeanischer Sprachen zur Zeit der deutschen Kolonialherrschaft*, 7–30. Berlin: Akademie Verlag.
Stolz, Thomas & Ingo H. Warnke. 2015a. From missionary linguistics to colonial linguistics. In Klaus Zimmermann & Birte Kellermeier-Rehbein (eds.), *Colonialism and missionary linguistics*, 3–25. Berlin & Boston: De Gruyter.
Stolz, Thomas & Ingo H. Warnke. 2015b. Aspekte der kolonialen und postkolonialen Toponymie unter besonderer Berücksichtigung des deutschen Kolonialismus. In Daniel Schmidt-Brücken, Susanne Schuster, Thomas Stolz, Ingo H. Warnke & Marina Wienberg (eds.), *Koloniallinguistik. Sprache in kolonialen Kontexten*, 107–175. Berlin & Boston: De Gruyter.
Stolz, Thomas & Ingo H. Warnke. 2016. When places change their names and when they do not. Selected aspects of colonial and postcolonial toponymy in former French and Spanish colonies in West Africa – the cases of Saint Louis (Senegal) and the Western Sahara. *International Journal of the Sociology of Language* 239. 29–56.
Stolz, Thomas & Ingo H. Warnke. 2017. Anoikonyme und Oikonyme im Kontext der vergleichenden Kolonialtoponomastik. In Thomas Stolz, Ingo H. Warnke & Axel Dunker (eds.), *Benennungspraktiken in Prozessen kolonialer Raumaneignung*, 205–229. Berlin & New York: De Gruyter.
Stolz, Thomas & Ingo H. Warnke. 2018. Auf dem Weg zu einer vergleichenden Kolonialtoponomastik. Der Fall Deutsch-Südwestafrika. In Birte Kellermeier-Rehbein, Doris Stolberg & Matthias Schulz (eds.), *Sprachgebrauch, Sprachkonzepte und Sprachenpolitik in kolonialen und postkolonialen Kontexten*, 71–104. Berlin & Boston: De Gruyter.
Stolz, Thomas & Ingo H. Warnke. angenommen a. Comparative colonial toponomastics. Evidence from German and Dutch colonial placenames. In Rita Heuser, Fabian Fahlbusch & Mirjam Schmuck (eds.), *'Sonstige' Namenarten – Stiefkinder der Onomastik*. Berlin/Boston: De Gruyter.
Stolz, Thomas & Ingo H. Warnke. angenommen b. Saints, nobility, and other heroes. Colonial place-naming as part of the European linguistic heritage. In Brigitte Weber & Alexander Onysko (eds.), *The linguistic heritage of colonial practice*. Berlin & Boston: De Gruyter.
Stolz, Thomas, Ingo H. Warnke & Nataliya Levkovych. 2016. Colonial place names in a comparative perspective. *Beiträge zu Namenforschung* 51(3/4). 279–355.
Struwe, Kamma. 1966. *Vore gamle tropekolonier. Bind 6: Dansk Ostindien 1732–1776. Tranquebar under kompagnistyre*. København: Fremad.
Thompson, Hanne-Ruth. 2010. *Bengali: A comprehensive grammar*. London: Routledge.
Van Langendonck, Willy. 2007. *Theory and typology of proper names*. Berlin & New York: Mouton de Gruyter.
Vuolteenaho, Jani & Lawrence D. Berg. 2009. Towards critical toponymies. In Lawrence D. Berg & Jani Vuolteenaho (eds.), *Critical toponymies. The contested politics of place naming*, 1–18. Farnham & Burlington: Ashgate.

Wainaina, Binyavanga. 2005. How to write about Africa. *Granta 92*.
    https://web.archive.org/web/20080603092518/http://www.granta.com:80/Magazine/9
    2/How-to-Write-About-Africa/1 <25.01.2018>.
Warnke, Ingo H. 2009. Deutsche Sprache und Kolonialismus. Umrisse eines Forschungsfeldes.
    In Ingo H. Warnke (ed.), *Deutsche Sprache und Kolonialismus. Aspekte der nationalen
    Kommunikation 1848–1919*, 3–62. Berlin & Boston: De Gruyter.
Warnke, Ingo H. 2014. Diskurs. In Ekkehard Felder & Andreas Gardt (eds.), *Handbuch Sprache
    und Wissen*, 221–241. Berlin & Boston: de Gruyter.
Warnke, Ingo H. 2017. Raum, Ort, Arena und Territorium – vier Ebenen der Analyse verorteter
    Schrift. In Jin Zhao & Michael Szurawitzki (eds.), *Nachhaltigkeit und Germanistik. Fokus,
    Kontrast und Konzept,* 135–158. Frankfurt: Lang.
Warnke, Ingo H. & Daniel Schmidt-Brücken. 2011. Koloniale Grammatiken und ihre Beispiele –
    Linguistischer Sprachgebrauch als Ausdruck von Gewissheiten. In Thomas Stolz,
    Christina Vossmann & Barbara Dewein (eds.), *Kolonialzeitliche Sprachforschung. Die
    Beschreibung afrikanischer und ozeanischer Sprachen zur Zeit der deutschen
    Kolonialherrschaft*, 31–54. Berlin: Akademie Verlag.
Warnke, Ingo H. & Daniel Schmidt-Brücken. 2016. Die Analyse (post)kolonialer Diskurse.
    Zeitschrift für Diskursforschung 3. 216–221.
Warnke, Ingo H. & Daniel Schmidt-Brücken. 2017. Kolonialismus. In Thomas Niehr, Jörg Kilian
    & Martin Wengeler (eds.), *Handbuch Sprache und Politik*, 936–955. Bremen: Hempen.
Warnke, Ingo H. & Thomas Stolz. 2013. (Post)Colonial linguistics, oder: Was ist das Koloniale
    an kolonial geprägten Diskursen? *Zeitschrift für Semiotik* 36(3/4). 471–495.
Warnke, Ingo H., Thomas Stolz & Daniel Schmidt-Brücken. 2016. Perspektiven der Postcolonial
    Language Studies. In Thomas Stolz, Ingo H. Warnke & Daniel Schmidt-Brücken (eds.),
    *Sprache und Kolonialismus. Eine interdisziplinäre Einführung zu Sprache und
    Kommunikation in kolonialen Kontexten*, 1–25. Berlin & Boston: De Gruyter.
Warnke, Ingo H., Thomas Stolz, Jascha Döschner & Nataliya Levkovych. in Vorbereitung. Martin
    Luther at a Pacific harbor – Toponymic classifiers and their role in German colonial
    Place-Making.
Weber, Brigitte. 2012. Exploration of Deutsch-Kamerun: A toponymic approach. In Stefan
    Engelberg & Doris Stolberg (eds.), *Sprachwissenschaft und kolonialzeitlicher
    Sprachkontakt. Sprachliche Begegnungen und Auseinandersetzungen*, 101–121. Berlin:
    Akademie Verlag.
Wendt, Reinhard. 2016. *Vom Kolonialismus zur Globalisierung. Europa und die Welt seit 1500.*
    2., aktualisierte Aufl. Paderborn: Schöningh.
Wisotzki, Sascha. 2009. *Sansibar. 1000 Jahre Globalisierung.* Berlin: Weiss.
Yermèche, Ouerdia. 2015. Les toponymes algériens durant la colonisation française et après
    l'indépendance entre retoponymisation et transcription françaises. In Jonas Löfström &
    Betina Schnabel-Le Corre (eds.), *Challenges in synchronic toponymy. Structure, context
    and use/Défis de la toponymie synchronique. Structure, contextes et usages*, 355–372.
    Tübingen: Narr.
Zakaria, Hashim. 2000. *Deutsch-Malayisch/Malayisch-Deutsch Wörterbuch.* Gießen:
    Laufersweiler Verlag.
Zimmermann, Klaus. 2016. Missionarslinguistik in kolonialen Kontexten. Ein historischer
    Überblick. In Thomas Stolz, Ingo H. Warnke & Daniel Schmidt-Brücken (eds.), *Sprache und
    Kolonialismus. Eine interdisziplinäre Einführung zu Sprache und Kommunikation in
    kolonialen Kontexten*, 169–191. Berlin & Boston: De Gruyter.

Jascha Döschner
Wie viel ‚Gattung' haben Geo-Objekte?

Gattungseigennamen aus kolonialtoponomastischer Perspektive

Zusammenfassung: Der Beitrag setzt sich mit Roland Harwegs Konzept der Gattungseigennamen auseinander. Dabei wird neben Problemen der formalen Abgrenzbarkeit auch das zugrundeliegende Verständnis von Gattung kritisch analysiert und von einem konstruktivistischen Standpunkt aus neu bewertet. Infolge dessen argumentiert der Beitrag konsequent gegen die Annahme außersprachlich existierender Gattungen von Geo-Objekten und schildert außerdem das besondere Potenzial der *Postcolonial Language Studies* im Hinblick auf die Frage, wie Raum und Orte von unterschiedlichen Menschen unterschiedlich wahrgenommen, konzipiert und letztendlich via Sprache hergestellt werden. Mit den *Klassifikatoren* wird den Gattungseigennamen ein kolonialtoponomastisches Konzept gegenübergestellt, das auf die formalen und gattungsbezogenen Schwächen der Gattungseigennamen reagiert.

Schlagwörter: Raumwahrnehmung, Gattungskonzepte, Klassifikatoren, Ortsherstellung

1 Über Gattung sprechen

Dieser Beitrag setzt sich mit dem Konzept der *Gattungseigennamen* auseinander. Gemeint sind mit dem Begriff Eigennamen wie *Feldberg*, *Mexiko-Stadt* oder *Humboldt-Straße*, die – im Gegensatz etwa zu Personennamen – ihren Referenten eine bestimmte Gattungszugehörigkeit zuschreiben. Als eine lexikalische Kategorie werden sie erstmals von Harweg (1983) vorgeschlagen und später von Harweg (1997) weiterentwickelt. Bei der Auseinandersetzung mit dieser speziellen onymischen Gruppe ist es einerseits meine Absicht, auf einige terminologische und inhaltliche Probleme des Konzepts hinzuweisen, andererseits möchte ich mit Verweis auf aktuelle Diskussionen – v. a. auf dem noch jungen Feld der

---

Jascha Döschner, Fachbereich 10: Linguistik, Universität Bremen, Postfach 330440, 28334 Bremen. E-Mail: doeschner@uni-bremen.de

Kolonialtoponomastik – mögliche konstruktivistische Alternativen zu Harwegs Ansatz aufzeigen, die m. E. eher in der Lage sind, das als *Gattungseigennamen* erfasste Phänomen zu beschreiben.

Im Vorfeld einer inhaltlich-konzeptionellen Auseinandersetzung gibt bereits die biologistische Terminologie, mit der Harweg die Gattungseigennamen konzeptualisiert, für mich Anlass zur Distanzierung. Wenn Harweg nämlich den Ausdruck *Gattung* verwendet, tut er dies im Rahmen einer naturalisierenden Metaphorik, in die sich auch Bezeichnungen wie *genuine, halb-* und *nichtgenuine Gattungseigennamen*, die *reinen Eigennamen* oder auch die *genetische Nachordnung* (vgl. Harweg 1997: 95) mancher Eigennamen-Konstituenten einreihen. Ich möchte von solchen Bezeichnungen Abstand nehmen, da sie einem sprachwissenschaftlichen Gegenstand unreflektiert einen Status von Naturgegebenheit zuschreiben, während Harwegs Überlegungen zu einem großen Teil gerade auf subjektiven Einschätzungen fußen, wie in Abschnitt 3.3 deutlich wird. Wenn im Folgenden also von *Gattung, Gattungsnamen* oder den *Gattungseigennamen* selbst die Rede ist, sind diese Termini in jedem Fall objektsprachlich zu verstehen, selbst wenn sie im weiteren Verlauf des Beitrags nicht typografisch markiert sind. Mit dem Konzept der *Klassifikatoren* (kurz KLASS) werde ich erst in Abschnitt 3.1 auf einen Ansatz von Stolz et al. (2016) in Anlehnung an Anderson (2007) und Van Langendonck (2007) eingehen, in dem ich einen geeigneten Ersatz für das sowohl inhaltlich als auch terminologisch problematische Gattungseigennamen-Konzept sehe. Um die direkten Bezüge auf Harweg deutlich zu machen, hält sich der Beitrag allerdings zunächst an dessen eigenen Duktus.

Im Hinblick auf begriffliche Überlegungen bleibt noch anzumerken, dass auch außerhalb des Harweg'schen Bezeichnungsinventars bestimmte toponomastische Konventionen vorherrschen, die eine Hürde bei dem Versuch darstellen, *Gattung* als ein Merkmal von Geo-Objekten[1] zu problematisieren. Solche ‚fachlichen Pull-Faktoren' findet man z. B. bei Nübling et al. (2015: 16), die in einer Fußnote auf „*Gattungsname*" als eine ältere Bezeichnung von *Appellativa* hinweisen. Dass *Appellativ* in ihrem onomastischen Einführungswerk präferiert wird, begründen die VerfasserInnen mit einer Verwechslungsgefahr von *Gattungsname* mit *Name* – nicht etwa mit einer besseren Eignung von *Appellativ*.

Nachfolgend werden die Gruppe der Gattungseigennamen sowie einige zentrale Begriffe erläutert, auf die Harweg bei der Ausarbeitung seines Ansatzes zurückgreift. Anschließend stellt Abschnitt 3 das Konzept der *Klassifikatoren*

---

[1] Unter einem *Geo-Objekt* verstehe ich hier jedes räumlich verortbare topographische Phänomen, das auf irgendeine Weise Signifikanz für den Menschen besitzt und daher einen Namen erhält.

vor und erläutert, welches Potenzial insbesondere die *Postcolonial Language Studies* im Hinblick auf das problematische Verhältnis von Toponymen (kurz TOP) und der Gattung ihrer Referenten haben. Abschließend werden die Resultate der Untersuchung zusammengefasst und weiterführende Forschungsfragen skizziert.

2 Was sind Gattungseigennamen?

Um die Gruppe der Gattungseigennamen vom Typ *Humboldt-Straße* von anderen Eigennamen – wie z. B. *Thomas* – zu unterscheiden, führt Harweg (1983: 159, Hervorh. im Original) v. a. morphologische und semantische Merkmale an:

> Die Eigennamen unterscheiden sich [...] darin, ob sie die Kategorie, der ihre Träger zugehören, m i t b e z e i c h n e n [...]. Diejenigen, die sie mitbezeichnen, nenne ich G a t t u n g s - e i g e n n a m e n, diejenigen, die es nicht tun, r e i n e E i g e n n a m e n.

Außerdem seien Gattungseigennamen „Eigennamen, die [...] ihre gattungsmäßig-begriffliche Fundiertheit zugleich auch morphematisch zur Schau tragen" (Harweg 1983: 158). Als Beispiele führt er an: „*der Bodensee, der Feldberg, die Eder-Talsperre, der Dortmund-Ems-Kanal, der Alexanderplatz* oder *die Uhlandstraße*" (Harweg 1997: 91, Hervorh. JD), wobei ich die ‚gattungsmäßig fundierten' Elemente fett hervorgehoben habe. Nübling et al. (2015: 45, Hervorh. JD) zählen auch Eigennamen nach dem Muster „*Café XY, Restaurant XY, Hotel XY*" zu den Gattungseigennamen und zeigen damit, dass die gattungsindizierenden Bestandteile innerhalb dieser Gruppe unterschiedlich distribuiert sein können, nämlich sowohl als Erst- als auch als Zweitglied innerhalb der onymischen Konstruktion.

Abgesehen von deskriptiven Zwecken spielen die distributionellen Unterschiede der gattungsindizierenden Bestandteile von Gattungseigennamen bei Harweg keine weitere Rolle. Als Bezeichnung für die besagten Konstituenten führt er den Ausdruck „Mikro-Gattungsname" ein:

> Der Terminus soll andeuten, daß seine Gattungsnamenfunktion zwar einerseits von der Eigennamenfunktion überlagert, dominiert und gleichsam durch sie reduziert erscheint, andererseits jedoch nicht aufgehoben, sondern vielmehr, wenn auch auf indirekte Weise, noch spürbar wirksam ist. (Harweg 1983: 160)

Neben den bisher angeführten kompositionellen und appositiven Bildungen des Typs (1 a–b) lassen sich auch phrasale Eigennamen finden (1c–d), die den von Harweg beschriebenen Charakteristika der Gattungseigennamen entsprechen:[2]

(1)   a. [*Boden*{**see**}_{Mikro-Gattungsname}]_{Gattungseigenname}
      b. [{***Café***}_{Mikro-Gattungsname} *Unique*]_{Gattungseigenname} (Bremen)
      c. [{***Archipel***}_{Mikro-Gattungsname} *der zufriedenen Menschen*]_{Gattungseigenname} (Deutsch-Neuguinea)
      d. [*Großer Fisch-*{***Fluss***}_{Mikro-Gattungsname}]_{Gattungseigenname} (Deutsch-Südwestafrika)

So handelt es sich bei den von mir gewählten Beispielen (1c–d) um komplexe Toponyme, die jeweils eine Attribuierung als festen Namenbestandteil enthalten. Beide stellen außerdem koloniale Ortsnamen dar, die dem *Großen Deutschen Kolonialatlas* (Sprigade & Moisel 2002 [1901–1915]; kurz GDKA) entnommen sind. Dass insbesondere der (deutsche) Kolonialismus einen historischen Hintergrund abgibt, vor dem Harwegs Überlegungen infrage gestellt werden müssen, zeigen etwa die Ergebnisse einer quantitativen Auswertung des GDKA, die Warnke et al. (in Vorbereitung) vornehmen: Insgesamt verzeichnet der GDKA in den deutschen Kolonien 2.844 deutsche und partiell deutsche Toponyme. Hiervon weisen 2.797 ein gattungsindizierendes Element auf, was einem Anteil von rund 98 % entspricht und belegt, dass Gattungszuschreibungen in kolonialen Benennungskontexten eine prominente Rolle spielen.

Abgesehen vom Vorhandensein eines Mikro-Gattungsnamens weisen die Gattungseigennamen keine distinktiven grammatischen Eigenschaften auf, was ihre Etablierung als linguistische Kategorie erschwert. Ihre Unterscheidung von anderen Eigennamen anhand ihrer Artikelfähigkeit scheitert z. B. an solchen Gattungseigennamen, die auf *-land* enden und sich sehr heterogen verhalten: *das Sauerland* und *das Münsterland* gegenüber **das Deutschland* und **das England* (vgl. Harweg 1983: 167). Erst Nübling et al. (2015: 45) merken als ein distinktives Merkmal der Gattungseigennamen gegenüber anderen Eigennamen an,

> dass bei Gattungs[eigennamen] die im Letztglied stehende Gattungsbezeichnung das Genus des Gesamtkomplexes regiert [...]: *der See – der Bodensee* [...], *der Berg – der Feldberg* [...]. Echte Namen entkoppeln ihre Genuszuweisung vom Letztglied.

---

[2] Die von mir hier angeführten Beispiel-Toponyme sind deutschsprachig, da sich auch Harweg mit seinen Überlegungen auf das deutsche Onomastikon bezieht. Im weiteren Verlauf des Beitrags sollen aber auch vereinzelt nichtdeutsche Namen verdeutlichen, dass toponymische Gattungszuschreibungen keinesfalls nur ein einzelsprachliches Phänomen sind.

Ein Beispiel für letztere ‚echte Namen' stellt etwa der Gemeindename *Ganderkesee* dar (*das/*der beschauliche Ganderkesee*). Die hier dargestellte Beobachtung rückt die Gattungseigennamen wiederum in die Nähe anderer, nicht-onymischer Komposita, bei denen dem rechten Element ebenfalls ein grammatikalischer Kopf-Status zukommt. Für die Gattungseigennamen als Konzept resultiert daraus, dass ihre Kopfstruktur sie zwar von den anderen Eigennamen abgrenzt, sie aber nicht als eine onymische Kategorie begründen kann. Die Gattungseigennamen bleiben auch mit der ergänzenden Anmerkung von Nübling et al. (2015: 45) grammatisch nicht definierbar.

Nachdem er zu keinen signifikanten grammatischen Merkmalen der Gattungseigennamen gelangt, hält auch Harweg (1983: 167, Hervorh. JD) selbst fest:

> Als Kriterium für den Gattungseigennamen-Status eines [...] komplexen Eigennamens bleibt uns somit **nichts anderes** als die Forderung, daß der Träger des Eigennamens sich subsumieren lassen müsse unter eben die Kategorie, die bezeichnet wird durch den Gattungsnamen, der mit dem kriterialen Schlußglied des Eigennamens homonym – und möglicherweise identisch – ist.

Es handelt sich bei den Gattungseigennamen also um eine Klasse der Substantive, die sich ausschließlich an der ‚korrekten' Abbildung der Gattung des jeweiligen Namenträgers festmacht. Auf die Konsequenzen dieser sehr punktuellen Definition wird in Abschnitt 3.3 näher eingegangen.

2.1 Genuine, halb- und nichtgenuine Gattungseigennamen

Toponyme der Art, wie wir sie in (1a–d) angeführt haben, werden von Harweg (1983, Titel) als *Genuine Gattungseigennamen* bezeichnet. Das ‚Genuine' dieser Gruppe sieht er darin, dass in ihnen

> der die Gattung, und das heißt: die Kategorie, zu der der Eigennamenträger gehört, bezeichnende Ausdruck bereits ein Bestandteil des nackten, d.h. des noch auf keine Weise erweiterten Eigennamens ist. (Harweg 1983: 160)

Genuine Gattungseigennamen zeichnen sich mit anderen Worten „durch Nichtfortlaßbarkeit ihres Gattungsnamenbestandteils" (Harweg 1997: 91) aus.

Daneben werden noch zwei weitere Unterarten der Gattungseigennamen unterschieden, deren Eigennamen-Status m. E. angezweifelt werden muss. Es handelt sich dabei zunächst um die *halbgenuinen Gattungseigennamen*, „in denen der die Gattung bezeichnende Ausdruck erst Bestandteil eines erweiterten, und zwar in der Regel: eines titelartig erweiterten Eigennamens ist" (Harweg 1983: 160). Als ein Beispiel hierfür wird die Phrase „*Herr Professor*

Hartmann" (Harweg 1983: 160) angeführt – mit *Herr Professor* als Gattungsnamenbestandteil. Auffallend ist, dass Harwegs Darstellung der inneren Struktur von halbgenuinen Gattungseigennamen deutlich von aktuellen grammatischen Modellen abweicht. So spricht z. B. Gallmann (2009: 993) im Fall von *Herr Arnold* zwar von einem „mehrgliedrigen Eigennamen", behandelt die Anrede *Herr* allerdings als eine Apposition und damit als ein Attribut (vgl. Gallmann 2009: 979) mit dem onymischen Bezugselement *Arnold*. Solche Titel bzw. Anreden im Sinne Harwegs als feste Bestandteile einer eigenen Eigennamenklasse zu analysieren, halte daher auch ich für fragwürdig – nicht zuletzt, da die Referenz auf eine Einzelperson (Monoreferenz) bei *Hartmann* ebenso unproblematisch funktioniert wie bei *Herr Hartmann* oder *Herr Professor Hartmann*.

Dabei ist sich Harweg offensichtlich abweichender Einschätzungen anderer GrammatikerInnen bewusst. In einer Fußnote merkt er an: „Ähnlich wie die halbgenuinen, so werden auch die nichtgenuinen Gattungseigennamen in den traditionellen Grammatiken nicht als namentheoretische, sondern als appositionstheoretische Erscheinungen behandelt" (Harweg 1997: 101). Er selbst versucht dabei, jegliche ‚appositionstheoretische' Note in seinem Ansatz zu meiden, obwohl sich einige Textpassagen geradezu wie paraphrastische Umschreibungen von Appositionen lesen. Beispielsweise subsumiert er die Phrase *die Stadt Dortmund* unter die „[n]ichtgenuine[n] Gattungseigennamen, deren expliziter Gattungsname [= *die Stadt*; Anm. JD] eine identifikative Funktion hat" (Harweg 1997: 101). Hier ist insbesondere Harwegs Annahme von *expliziten* und *impliziten Gattungsnamen* kritikwürdig, denn er ist der Auffassung, dass jeder Name grundsätzlich über „einen impliziten Gattungsnamen als Gattungsnamensockel" (Harweg 1997: 101) verfügt, der Name *Dortmund* also beispielsweise permanent den Sockel *Stadt* beinhalte. Dieser ‚implizite Gattungsname' sei auch dann vorhanden, wenn er – anders als im Fall von *die Stadt Dortmund* – nicht auf der Ebene der Parole explizit gemacht wird. So diene die Apposition *die Stadt* lediglich dazu, „den de[m] reinen Eigennamen *Dortmund* [...] als Gattungsnamensockel implizit zugrunde liegenden Gattungsnamen *Stadt* [...] identifikativ" (Harweg 1997: 102) vorwegzunehmen. Abschnitt 3.3 wird genauer untersuchen, welches Gattungsverständnis Harweg hier zugrunde legt.

Als eine dritte Unterart der Gattungseigennamen eröffnet Harweg (1983: 160) die Gruppe der *nichtgenuinen Gattungseigennamen*, „in denen der die Gattung bezeichnende Ausdruck erst Bestandteil eines determinationsartig erweiterten Eigennamens ist." Das von ihm angeführte Beispiel hierfür ist „*der Sprachwissenschaftler Peter Hartmann*" (Harweg 1983: 160). Auch bei dieser Unterart handelt es sich grammatikalischen Konventionen entsprechend um Appositionen, die einen eigentlichen Eigennamen – hier *Peter Hartmann* – als

Bezugselement haben. Im Hinblick auf die kategoriale Zugehörigkeit von *der Sprachwissenschaftler* zum Eigennamen im engeren Sinne lassen sich deshalb dieselben Kritikpunkte anbringen wie schon bei den halbgenuinen Gattungseigennamen: Gegen eine engere Verbindung von *der Sprachwissenschaftler* und *Peter Hartmann* als eine gemeinsame onymische Phrase sprechen die Weglassbarkeit und die beliebige Austauschbarkeit des Attributs *der Sprachwissenschaftler*, wie die Beispiele (2a–c) zeigen. Im Einklang mit unter GrammatikerInnen gängigen Auffassungen dürfen daher lediglich die genuinen Gattungseigennamen als vollständig onymische Ausdrücke gelten.

Bisher haben wir uns den Gattungseigennamen – ganz parallel zu Harwegs eigenen Überlegungen – unter eher formal-grammatischen Gesichtspunkten genähert. Für die kritische Auseinandersetzung mit Harwegs unterschiedlichen Gattungseigennamen-Typen halte ich allerdings einen sprechakttheoretischen Zugang für besonders gewinnbringend. Schließlich unterscheidet sich die Gruppe der genuinen Gattungseigennamen nicht zuletzt dadurch von den halb- und nichtgenuinen, dass sie auch pragmatisch viel stärker von einer Gattungszuschreibung abhängig ist. Dies lässt sich besonders gut mit einem sprechakttheoretischen Ansatz im Sinne Searles (1969) begründen, wobei die folgenden Beispiele helfen sollen:

(2) a. **Der Sprachwissenschaftler** Peter Hartmann studierte in Berlin.
    b. **Der Professorensohn** Peter Hartmann studierte in Berlin.
    c. Peter Hartmann studierte in Berlin.

(3) a. Der Abasside-**Berg** liegt in Togo.
    b. ?Der Abasside liegt in Togo.

Bei (2a) handelt es sich um das bereits erwähnte Beispiel Harwegs für einen nichtgenuinen Gattungseigennamen. Die darin enthaltene Gattungszuschreibung (fett markiert) wird in Form einer Attribuierung vorgenommen und ist ganz deutlich Teil der Prädikation – nicht der Referenz –, da im Sinne Searles (1969: 26–27) „[a]ny expression which serves to identify anything, process, event, action, or any other kind of 'individual' or 'particular'" als ein „referring expression" (Searle 1969: 26) gilt. Mit Blick auf (2a) wird allerdings deutlich, dass die Referenz auf *Peter Hartmann* auch dann noch funktioniert, wenn das Attribut *der Sprachwissenschaftler* entweder wie in (2b) ersetzt oder wie in (2c) vollständig getilgt wird. Es gibt also von einem pragmatischen Standpunkt aus keinen Anlass, *der Sprachwissenschaftler Peter Hartmann* als einen onymischen Gesamtausdruck zu analysieren.

Ganz anders verhält es sich in (3) – im Fall der genuinen Gattungseigennamen. Wie der Vergleich von (3a) und (3b) zeigt, ist das gattungsindizierende

Element -*Berg* zwar nicht unbedingt ein obligatorischer Bestandteil des Toponyms, allerdings kann ein referenzieller Akt ohne es nur unter Voraussetzung eines gemeinsamen Weltwissens von SprecherIn und AdressatIn zustande kommen – dass es sich bei *dem Abasside* nämlich um einen Berg handelt und nicht etwa um einen Fluss. Die sprachliche Gattungszuschreibung -*Berg* oder – falls diese nicht realisiert wird – zumindest eine geteilte Auffassung vom Referenten ist hier eine notwendige Voraussetzung für das Sprechen über den *Abasside(-Berg)* überhaupt, die bei jedem sprachlichen Bezug auf den Namenträger reproduziert bzw. vorausgesetzt wird. Dieser Umstand verleiht gerade den genuinen Gattungseigennamen eine besondere Relevanz, wenn man Gattungskonzepte einer kritischen Untersuchung unterziehen möchte.

2.2 Vom Gattungseigennamen zum ‚reinen' Eigennamen

Um die Sichtung von Harwegs Terminologie abzuschließen, sei hier eine letzte begriffliche Abgrenzung erwähnt, mit der Harweg auf eine weitere Problematik der Gattungseigennamen reagiert. Wenn nämlich *Feld**berg*** und *Boden**see*** als Gattungseigennamen auf eine Gattung *Berg* bzw. *See* ihrer Referenten verweisen, wie sind dann Fälle wie *Ham**burg*** oder *Stock**holm*** (sw. wörtl. 'Pfahl**insel/-anhöhe**') zu bewerten? Beide Toponyme enthalten gattungsindizierende Elemente, die allerdings nur noch historisch motiviert sind. Weder bezeichnet *Hamburg* eine Burg, noch referiert *Stockholm* auf eine (einzelne) Insel.

Harweg (1983: 165) spricht in solchen Fällen von „Ex-Gattungsnamen". Seiner Meinung nach handelt es sich dabei um ehemalige Mikro-Gattungsnamen, die im Zuge von historischem Wandel – entweder des Namens oder des Namenträgers – ihre gattungsabbildende Funktion verloren haben. Mikro- und Ex-Gattungsnamen sind damit formal und ohne entsprechendes Wissen über den Namenträger nicht zu unterscheiden. Trotzdem hat die Abgrenzung innerhalb von Harwegs Ansatz große Bedeutung, da von ihr abhängt, ob es sich bei einem Toponym um einen Gattungseigennamen oder um einen anderen Eigennamen handelt (vgl. Harweg 1983: 159): Sobald ein **Mikro-Gattungsname** – z. B. in *Düssel**dorf*** für ein Dorf – zu einem **Ex-Gattungsnamen** wird – z. B. in *Düssel**dorf*** für eine Stadt –, wird aus dem Gattungseigennamen *Düsseldorf* der ‚reine' Eigenname *Düsseldorf*. Mit dieser Begründung kann Harweg auch die Toponyme *Hamburg* und *Stockholm* von den Gattungseigennamen ausschließen.

3 Klassifikatoren und das analytische Potenzial der Kolonialtoponomastik

Bei der Darstellung zentraler Konzepte Harwegs haben sich bereits einige problematische Aspekte seines Ansatzes aufgetan: Erstens weisen verschiedene Gattungseigennamen keine spezifischen morphosyntaktischen Eigenschaften auf, die sie grammatikalisch greifbar machen könnten. Stattdessen werden sie zweitens vollständig über die Funktion definiert, ihre Referenten in einer objektiven und außersprachlichen Realität als Vertreter einer bestimmten Gattung zu verorten. Drittens stehen die Gattungseigennamen als eine onymische Subkategorie im Widerspruch zu anderen Eigennamen, wie in Abschnitt 3.2 noch näher erläutert wird. Außerdem lassen sich bereits zwei der drei von Harweg konzipierten Gattungseigennamen-Typen mit einer sprechakttheoretischen Herangehensweise als onymische Einheiten ausschließen.

Bevor ich auf die problematischen grammatischen Aspekte im Detail eingehe, soll mit *Klassifikatoren* im Folgenden ein alternativer Terminus vorgestellt werden, der sich m. E. wesentlich besser für die toponomastische Auseinandersetzung mit Gattungszuschreibungen eignet als das Gattungseigennamen-Konzept. Dies möchte ich anschließend anhand der oben genannten Kritikpunkte im Einzelnen demonstrieren. Die Toponyme, die ich dabei als Beispiele heranziehe, wurden größtenteils im Zeitraum von 1901 bis 1915 kartografisch im GDKA vermerkt und lassen sich damit zeitlich in der Phase der kolonialen Machtausübung Deutschlands in Afrika und im Pazifik verorten. Ich möchte nachfolgend vor allem darlegen, warum gerade solche kolonialen Ortsnamen das Denken von Geo-Objekten als Gattungsmitglieder herausfordern.

3.1 Klassifikatoren

Bisher ist in der Linguistik v. a. ein Klassifikator-Begriff gebräuchlich, der sich nicht explizit auf Eigennamenbestandteile bezieht, sondern auf Elemente, mit denen „Bezeichnungen für Gegenstände oder Vorgänge aufgrund gemeinsamer und/oder kontrastiver Merkmale [...] zu Klassen zusammengefasst werden" (Dürr 2010: 334). Allerdings kann sich die erweiterte Anwendung der *Klassifikatoren* auf onomastische Fragestellungen mittlerweile einer zunehmenden Beachtung erfreuen. Als ein jüngerer Beleg dafür kann etwa der Vortrag von Ingo H. Warnke, Thomas Stolz und Nataliya Levkovych zum Thema „Grammatical classifier vs. onymic classifier" auf der Jahrestagung der *Societas Linguistica Europaea* (SLE) am 11. September 2017 in Zürich gelten.

Erste mit Harweg konkurrierende Auffassungen im Hinblick auf gattungsindizierende Namenbestandteile vertritt z. B. Van Langendonck (2007) in seiner Monographie über *Theory and typology of proper names*. Ähnlich wie Harweg im Fall der nicht- und halbgenuinen Gattungseigennamen beschäftigt auch er sich u. a. mit appositiv erweiterten Eigennamen bzw. onymisch erweiterten Appellativa. Im Gegensatz zu Harwegs *impliziten Gattungsnamensockeln* (s. o.) sieht Van Langendonck dabei allerdings keine zugrundeliegende, außersprachlich gegebene Gattung, sondern spricht stattdessen von Wörtern mit *characterizing function*, seltener auch von „classifiers" (Van Langendonck 2007: 44). Der englische Terminus mit dem Derivationsmorphem {ify} verweist bereits darauf, dass es sich bei der Klassifizierung um einen Prozess handelt, und impliziert *Klassen* und *Klassenzuschreibungen* als Resultate eines kognitiven Vorgangs. Insofern steht Van Langendoncks Terminologie im Kontrast zu Harwegs außersprachlichem Gattungsbegriff.

Stolz et al. (2016: 290) greifen den *classifier*-Terminus auf und definieren ihn offener als „morpheme which indicates the ontological class to which the geo-object thus named belongs". Mit dieser kurzen Definition wird das Phänomen, das Harweg (1983: 158) noch als „gattungsmäßig-begriffliche Fundiertheit" einiger Toponyme bezeichnet, um zwei bedeutende Komponenten erweitert: Zum einen wird durch das Aufgreifen des Terminus *classifier* (*Klassifikator*) erneut der konstruierte Charakter von Geo-Objekt-Gattungen betont und einer Denkweise von objektiver Gattung entgegengesetzt (s. Abschnitt 3.3). Eine solche Distanzierung von a priori angenommenen, vermeintlich naturgegebenen Geo-Objekt-Gattungen findet insbesondere in der gegenwärtigen Forschung zum linguistischen Place-Making und zur Kolonialtoponomastik statt, in der „*Ortsidentifikation, Ortsbenennung* und *Ortsrepräsentation* [...] als diskursive Praktiken" (Stolz & Warnke in diesem Band) analysiert werden. Die Verschiedenheit beider Ansätze wird auch darin deutlich, dass Stolz et al. (2016) Geo-Objekten *ontologische Klassen* statt fester Gattungen attestieren, deren Auffassung von Subjekt zu Subjekt variieren kann. Zum anderen erweitert die Definition von Klassifikatoren als Morpheme das analytische Potenzial des Klassifikator-Konzepts, da seine Anwendbarkeit damit auch auf Elemente unterhalb der Wortebene und außerhalb der schwer definierbaren Grenzbereiche von Eigennamen und Appellativa, Gattungseigennamen und anderen Eigennamen erweitert wird (s. Abschnitt 3.2). Elemente, die in einem Toponym neben einem Klassifikator auftreten und dessen gattungsindizierende Funktion nicht mittragen, bezeichnen Stolz & Warnke (in diesem Band) in Abgrenzung als „Modifikatoren" (kurz MOD).

3.2 Das Problem des Eigennamenstatus

In Abschnitt 2 wurde bereits darauf hingewiesen, dass sich die Gattungseigennamen grammatikalisch nicht eindeutig von anderen Substantiv-Unterarten wie den Appellativa oder anderen Eigennamen abgrenzen lassen. Trotzdem gehören sie für Harweg klar zu den Eigennamen und damit – dem linguistischen Konsens entsprechend – zum substantivischen Wortbestand des Deutschen (vgl. z. B. Gallmann & Fabricius-Hansen 2009: 147–151). Die deutschen Substantive werden wiederum gemeinhin in Appellativa und Eigennamen unterschieden (vgl. z. B. Klosa 2002), auch wenn sich die Eigennamen schon seit mittelhochdeutscher Zeit „syntaktisch immer mehr von den anderen Substantiven distanzieren" (Nübling 2012: 244). Folgt man dessen ungeachtet der etablierten gemeinsamen Klassifizierung von Appellativa und Eigennamen als Substantive, nehmen die Gattungseigennamen eine widersprüchliche (Zwischen-)Position ein.

So merken etwa Nübling et al. (2015: 35) an:

> Namen bilden keine potentiellen Klassen: Jeder noch so intelligente Mensch kann zwar mit *Einstein* verglichen werden (*sie ist ein zweiter Einstein*), doch wird dadurch keine Klasse der *Einsteine eröffnet.

Außerdem „widerspricht [es] nicht der Namenfunktion, einen Rüden *Juliane*, *Köln* oder *Campari* zu nennen" (Nübling et al. 2015: 37). Anders als bei den Appellativa bestehen zwischen unterschiedlichen Trägern desselben Namens keine a priori feststellbaren, gemeinsamen Merkmale. Dieser Feststellung folgend, lässt sich den Eigennamen ein minimaler Begriffsinhalt zuschreiben.

Einem Gattungseigennamen wie *Lukoma-Bucht* (Deutsch-Ostafrika) liegt hingegen ein gemischtes Verhältnis von typisch appellativischen und onymischen semantischen Eigenschaften zugrunde: Mit dem Mikro-Gattungsnamen *Bucht* werden dem Toponym nämlich durchaus Merkmale zugeschrieben und die Intension von *Lukoma-Bucht* ist damit nicht minimal. Diese Beobachtung wirft Zweifel am Eigennamenstatus des Gesamtausdrucks auf – oder aber an der Eignung merkmalssemantischer Konzepte für die Beschreibung der Gattungseigennamen. Gleichzeitig spricht für eine Interpretation als Eigenname, dass *Lukoma-Bucht* trotz seiner angereicherten Intension Monoreferenz hat, also eindeutig auf ein einzelnes Geo-Objekt verweist.

Ein semantischer Ansatz scheint also nicht auszureichen, um Gattungseigennamen formal als Eigennamen zu bestimmen. Vielmehr steht Harwegs Konzept im Widerspruch zu gängigen semantischen Prinzipien und integriert sich nicht in die konsensuelle Dichotomie von Appellativa und Eigennamen. Es bleibt daher unklar, ob der gattungsindizierende Mikro-Gattungsname als ein

Teil des Eigennamens – also eine onymische Konstituente – zu interpretieren ist. Dafür spricht, dass er zusammen mit den übrigen Namenskonstituenten auf einen einzelnen Namenträger referiert. Dagegen spricht, dass der Mikro-Gattungsname über einen Begriffsinhalt verfügt, was den Gesamtausdruck auch in die Nähe der Appellativa rückt.

Einen möglichen Ausweg bieten die *Klassifikatoren* im Sinne von Stolz et al. (2016) als ein analytisch weitaus offeneres Konzept. Indem nämlich nicht nur appellativischen Ausdrücken, sondern schon Morphemen eine mögliche gattungsindizierende Funktion zugestanden wird (s. o.), löst sich das Klassifikator-Konzept von kleinmaßstäbigen Fragen der Wortartenzugehörigkeit und wird damit der formalen Vielfalt von sprachlichen Gattungszuschreibungen gerecht. So ist es z. B. möglich, das schwedische Kolonialtoponym *Gustavia* (Saint-Barthélemy, Karibik) auf einer Ebene mit Gattungseigennamen wie *Bodensee* oder *Archipel der zufriedenen Menschen* zu analysieren:

(4) a. [{Gustav}$_{MOD}$-{ia}$_{KLASS}$]$_{TOP}$
 b. [{Boden}$_{MOD}$-{see}$_{KLASS}$]$_{TOP}$
 c. [{Archipel}$_{KLASS}${der zufriedenen Menschen}$_{MOD}$]$_{TOP}$

Als eine „fem[inine] Endung zur Ableitung der lat[einischen] Länder[namen] aus Völkerbezeichnungen" (Nübling et al. 2015: 210) hat {ia} nämlich durchaus eine klassifizierende Funktion – auch wenn die Gattungszuschreibung hier weniger explizit stattfindet als bei *Bodensee*, was sich mit einem wortartspezifisch verengten Ansatz nicht beobachten ließe.

3.3 Das Problem der Gattung

Die wohl größte Unklarheit wirft das Konzept der Gattungseigennamen im Hinblick auf seine Kernüberlegung auf, und zwar bzgl. des Begriffs der *Gattung* an sich, die Gattungseigennamen „morphematisch zur Schau tragen" (Harweg 1983: 158). Harweg übersieht, dass Geo-Objekte über keine objektive Gattung per se verfügen, auf deren Grundlage man von einer „Fundiertheit" (Harweg 1983: 158) der Gattungseigennamen sprechen könnte. Dies möchte ich hier anhand von zwei Beispielen darlegen. Ich verbleibe dabei absichtlich zunächst in der Harweg'schen Terminologie, bevor ich bei beiden Toponymen für eine Analyse nach der Klassifikator-Modifikator-Gliederung argumentiere.

Betrachten wir mit *Allianz-Arena* zunächst ein Gegenwartsbeispiel. Das Toponym entspricht in Analogie zu *Uhlandstraße* oder *Alexanderplatz* der kompositionellen Struktur anderer Gattungseigennamen. Genau wie bei anderen Vertretern der Gruppe ist der Mikro-Gattungsname *Arena* obligatorisch, um auf das

Gebäude zu referieren (und nicht etwa auf die gleichnamige Versicherungsgruppe, die als Stadion-Sponsor auftritt), sodass sich der Gebäudename wie folgt analysieren lässt:

(5)   [*Allianz*-{***Arena***}Mikro-Gattungsname]Gattungseigenname

Im Sinne einer kritischen Hinterfragung von Gattungszuschreibungen stellt sich hier die Frage, inwiefern *Arena* auf eine auch außersprachlich gegebene Gattung verweist. Dass es sich bei diesem Mikro-Gattungsnamen keinesfalls um die prototypische Bezeichnung für Geo-Objekte mit den Merkmalen [+ Gebäude], [+ Turnierstätte], [+ rund] etc. handelt, lässt sich quantitativ nachweisen: Wikipedia, auf deren Angaben ich in Ermangelung einer offiziellen Liste des DFB zurückgreife, listet die 114 größten Austragungsorte für sportliche Großveranstaltungen in Deutschland (unter Angabe und mit Bezug auf die offiziellen Stadien- bzw. Vereinshomepages), wobei der Mikro-Gattungsname *Stadion* 80-mal und *Arena* 23-mal aufgeführt wird.[3] Die Wahl von *Arena* lässt sich auch nicht mit einer Präferenz von Alliterationen durch die Stadion-Sponsoren erklären (wie bei *Allianz-Arena*), da die übrigen 22 Gebäudenamen mit *Arena* kein entsprechendes Lautmuster aufweisen.

Da die Standard-Gattungsbezeichnung für das Geo-Objekt *Allianz-Arena* eigentlich *Stadion* zu lauten scheint, kann man hier von einer intendierten Abweichung bei der Benennung ausgehen – denkbare Absichten der Sponsoren wären z. B. die Herstellung positiver Assoziationen mit dem Altertum, der besagten Alliteration und/oder eine Abgrenzung von den zahlreichen *Stadion*-Vertretern. Um einen „impliziten Gattungsnamen als Gattungsnamensockel" (Harweg 1997: 101) handelt es sich dabei allerdings nicht.

Harweg erkennt diese Problematik auch selbst an anderen Toponymen und verteidigt sein Gattungsdenken mit dem Vorschlag, den Eigennamen nicht jeweils einzelne, sondern eine Reihe möglicher *Sockel*-Kandidaten zugrunde zu legen. Damit ließen sich Fälle wie *Allianz-Arena* immer noch auf eine objektive Gattung zurückführen, die sich aber in unterschiedlicher Form morphematisch abbilden ließe:

Die Bestimmung, daß die Gattung, die der sockelbildende Gattungsname zu bezeichnen habe, keine beliebige sein solle, sondern diejenige, zu der der Eigennamenträger **im wesentlichen** gehöre, schränkt die Menge der als Sockel eines Eigennamens in Frage kommenden Gattungsnamen zwar erheblich ein, reduziert sie jedoch nicht immer auf nur einen einzigen. (Harweg 1997: 90, Hervorh. JD)

---

3 https://de.wikipedia.org/wiki/Liste_der_größten_Fußballstadien_in_Deutschland [14.07.2017].

Mit einem zweiten Beispiel lässt sich allerdings auch diese letzte Verteidigung der Gattungsnamensockel entkräften und die Existenz einer objektiven Geo-Objekt-Gattung anfechten: Abbildung 1 zeigt die *Arno-Inseln* mit der *Dodo-Durchfahrt* auf der Nordseite der östlichen Hauptinsel (heute *Arno-Atoll*, Marshallinseln). Mit der *Dodo-Durchfahrt* liegt dieses Mal wieder ein koloniales Toponym vor, dessen Mikro-Gattungsname *Durchfahrt* deutlich von der subjektiven, kulturspezifischen Weltwahrnehmung der Kolonisatoren abhängt.

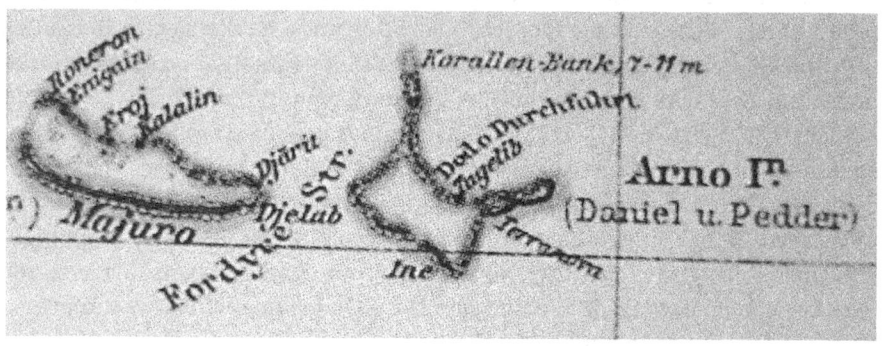

Abbildung 1: *Arno-Inseln mit Dodo-Durchfahrt* (GDKA, Karte 28, Blatt 4).

Um die subjektabhängige Raumwahrnehmung, von der die Benennung von Geo-Objekten maßgeblich abhängt, zu verdeutlichen, eignet sich besonders ein Konzept, das Warnke et al. (in Vorbereitung) programmatisch für den Forschungsbereich der vergleichenden Kolonialtoponomastik geltend machen. Die VerfasserInnen schlagen eine dreischichtige Analyse von Toponymen vor, in deren Rahmen sich jede Form von toponymischer Gattungszuschreibung als Konstruktion identifizieren lässt. Dabei liegen jedem Ortsnamen prinzipiell drei aufeinander aufbauende „Layers of toponomastic concepts" (Warnke et al. in Vorbereitung) zugrunde. Bei dem ersten dieser Layer handelt es sich um den kognitiven Vorgang der *place-identification*: Bevor ein topographisches Phänomen einen Namen erhalten kann, muss es von den Benennenden zunächst in irgendeiner Form als signifikant und relevant angesehen und räumlich verortet werden. Hierin besteht die notwendige Voraussetzung für die weiteren Layer – das *place-naming* und *place-making* des identifizierten Ortes. Zwar halten Warnke et al. (in Vorbereitung) fest, dass

> [p]lace-naming and place-making are of primary interest for the linguistic analysis of toponyms and, accordingly, toponymic structures and functions of [colonial place names]. Place-identification and toponymic referents, respectively, are more important for cartography and geography,

allerdings ist die Frage nach der Gattungszugehörigkeit eines Geo-Objekts direkt an den kognitiven Vorgang der Identifikation von Orten gebunden. Damit nämlich ein topographisches Phänomen einen Namen erhalten kann, muss es dem Benennenden zunächst ganz subjektiv als ein signifikantes und benennungswürdiges Geo-Objekt erscheinen.

Anhand unseres Beispiels *Dodo-Durchfahrt* lässt sich dies gut nachvollziehen. Die Gattungszuschreibung *Durchfahrt* setzt nämlich eine hochspezifische kulturelle Vorprägung bei der benennenden Person voraus, zu der in jedem Fall die Seefahrt gehört und ohne die eine *place-identification* eventuell gar nicht stattfindet. Denn für die Lebensrealität von Menschen außerhalb epistemischer Ordnungen der Kolonisatoren kann der Referent von *Dodo-Durchfahrt* vollständig irrelevant sein und ggf. überhaupt nicht als ein Geo-Objekt – im Sinne der in Abschnitt 1 genannten Definition – wahrgenommen werden. Es handelt sich bei der Gattung von Geo-Objekten also um eine Größe, die grundsätzlich von perspektivischen Urteilen der Benennenden abhängig ist und keinerlei außersprachliche ‚Fundiertheit' (s. o.) besitzt.

Darüber hinaus relativiert die Analyse von gattungsindizierenden Toponym-Konstituenten als Klassifikatoren die bei Harweg zentrale Unterscheidung von Mikro- und Ex-Gattungsnamen. Ein Toponym wie *Goethe-Allee* kann unabhängig von seinem vermeintlichen ‚impliziten Gattungsnamensockel' als ein Klassifikator-Toponym beschrieben werden, während die Zuordnung eines Toponyms zu den Gattungseigennamen permanent auf einen Abgleich von Mikro-Gattungsname und Referent angewiesen ist. Ein Beispiel hierfür ist

> die durch bloßes Abholzen der Bäume zustande gekommene **Verschiebung** des das Schlußglied des eine baumbestandene Straße bezeichnenden **Gattungseigennamens** *Goethe-Allee* bildenden Mikro-Gattungsnamens *-Allee* zu dem das Schlußglied des eine nunmehr baumlose Straße bezeichnenden **reinen Eigennamens** *Goethe-Allee* bildenden Ex-Gattungsnamens *-Allee*. Es ist offensichtlich, daß die alten Gattungseigennamen mit ihren Mikro-Gattungsnamen durch die neuen reinen Eigennamen mit ihren nunmehrigen Ex-Gattungsnamen ersetzt worden sind. (Harweg 1983: 165, Hervorh. JD)

Mit anderen Worten: Die Gattungseigennamen als Wortunterart machen sich ausschließlich an einer Deckungsgleichheit von Mikro-Gattungsname und Gattung des Namenträgers fest. Mit den Klassifikatoren liegt hingegen ein Ansatz vor, der dem Phänomen der Gattungszuschreibung in Ortsnamen in vielerlei Hinsicht eher gerecht wird.

4 Fazit und Ausblick

Bei der Beschäftigung mit dem Gattungseigennamen-Konzept haben sich einige Probleme aufgetan. Angefangen mit Harwegs terminologischer Analogie zur Biologie und Genetik über die kaum mögliche formale Abgrenzung der Gattungseigennamen bis hin zu einem Denken von Gattung als einer außersprachlichen Größe. Mit der Vorstellung von ‚Gattungsnamensockeln' und einer ‚gattungsmäßigen Fundiertheit' der Gattungseigennamen fußt Harwegs Gattungsbegriff zu einem großen Teil auf nichthinterfragten, epochen- und kulturspezifischen Wissensformationen, für die Warnke & Schmidt-Brücken (2011) in anderem Kontext den Wittgenstein'schen Begriff der Gewissheiten adaptieren. Indem sie gattungsindizierende Elemente als obligatorische Bestandteile enthalten, sind gerade die Gattungseigennamen dazu prädestiniert, Gewissheiten aus dem Kulturkreis der Benennenden zu transportieren.

Um Gattungszuschreibungen in Toponymen als Konstruktionen sichtbar zu machen und zu hinterfragen, bieten die *Postcolonial Language Studies* einen geeigneten Ausgangspunkt. Mit dem kolonialtoponomastischen Konzept der Klassifikatoren eröffnen Stolz et al. (2016) die Möglichkeit, Gattungseigennamen adäquater als Klassifikator-Toponyme zu analysieren und gattungsindizierenden Eigennamenbestandteilen mit einer konstruktivistischen Perspektive zu begegnen.

Bei der Untersuchung von Gattungskonzeptionen ist das Potenzial der Kolonialtoponomastik damit noch keineswegs erschöpft. Die große Mehrheit von Klassifikator-Toponymen im GDKA (s. Abschnitt 2) legt die Vermutung nahe, dass Klassifikatoren ein signifikantes Merkmal von kolonialer Ortsherstellung sein könnten. Ob dies auf den deutschen Kolonialismus zutrifft, untersuche ich im Rahmen meines Promotionsprojektes an einem Vergleich des deutsch-kolonialen mit dem innerdeutschen Ortsnamenbestand. Darüber hinaus wären sicherlich auch parallele Vergleiche mit anderen (europäischen) Kolonialismen aufschlussreich, für die sich ebenfalls problemlos Klassifikatoren nachweisen lassen (etwa im schwedischen *Mölndal* ('Mühlen**tal**') und *Uppland* ('Hoch**land**'; beide *Nya Sverige*, heute *Delaware*). Es bleibt noch zu klären, ob und inwiefern sich die deutsche koloniale Benennungspraxis von der anderer Kolonisatoren unterscheidet. Möglicherweise muss man eher von einem europäischen oder sogar allgemein kolonialen Phänomen der Raumwahrnehmung und -bezugnahme ausgehen.

Anmerkung: Der vorliegende Beitrag ist im Rahmen meines Dissertationsprojektes an der Universität Bremen entstanden und wurde bereits teilweise im Rahmen des „Colloquiums Deutsche Sprachwissenschaft" (CODES) im Sommersemester 2017 an der Universität Bremen vorgestellt.

Abkürzungen

GDKA	Großer Deutscher Kolonialatlas (s. Sprigade & Moisel: 2002 [1901–1915])
KLASS	Klassifikator
MOD	Modifikator
TOP	Toponym

Literaturverzeichnis

Anderson, John M. 2007. *The grammar of names.* Oxford: Oxford University Press.

Dürr, Michael. 2010. Klassifikator. In Helmut Glück (ed.), *Metzler Lexikon Sprache,* 334. Stuttgart & Weimar: J.B. Metzler

Gallmann, Peter. 2009. Der Satz. In Dudenredaktion (ed.), *Duden: Die Grammatik,* 763–1056. Mannheim & Zürich: Dudenverlag.

Gallmann, Peter & Cathrine Fabricius-Hansen. 2009. Die flektierbaren Wortarten. In Dudenredaktion (ed.), *Duden: Die Grammatik,* 145–566. Mannheim & Zürich: Dudenverlag.

Harweg, Roland. 1983. Genuine Gattungseigennamen. In Manfred Faust, Roland Harweg, Werner Lehfeldt & Götz Wienold (eds.), *Allgemeine Sprachwissenschaft, Sprachtypologie und Textlinguistik: Festschrift für Peter Hartmann,* 157–171. Tübingen: Narr.

Harweg, Roland. 1997. Halbgenuine und nichtgenuine Gattungseigennamen. In Walter A. Koch (ed.), *Namen und Wörter: Aufsätze von Roland Harweg,* 89–121. Bochum: Universitätsverlag Dr. N. Brockmeyer.

Klosa, Annette. 2002. Eigennamen und Appellativa von A–Z: Anmerkungen zu ihrer Verteilung auf das Alphabet. *Sprachwissenschaften* 27(2). 197–223.

Nübling, Damaris. 2012. Auf dem Weg zu Nicht-Flektierbaren: Die Deflexion der deutschen Eigennamen diachron und synchron. In Björn Rothstein (ed.), *Nicht-flektierbare Wortarten,* 224–246. Berlin & Boston: De Gruyter.

Nübling, Damaris, Fabian Fahlbusch & Rita Heuser. 2015. *Namen: Eine Einführung in die Onomastik.* Tübingen: Narr Francke Attempto.

Searle, John R. 1969. *Speech acts: An essay in the philosophy of language.* Cambridge: Cambridge University Press.

Sprigade, Paul & Max Moisel. 2002 [1901–1915]. *Großer deutscher Kolonialatlas.* Braunschweig: Archiv Verlag.

Stolz, Thomas & Ingo H. Warnke. in diesem Band. System- und diskurslinguistische Einblicke in die vergleichende Kolonialtoponomastik. Eine gemeinsame Einführung.

Stolz, Thomas, Ingo H. Warnke & Nataliya Levkovych. 2016. Colonial place names in a comparative perspective. *Beiträge zur Namenforschung* 51(3/4). 279–355.

Van Langendonck, Willy. 2007. *Theory and typology of proper names*. Berlin: De Gruyter.
Warnke, Ingo H. & Daniel Schmidt-Brücken. 2011. Koloniale Grammatiken und ihre Beispiele – Linguistischer Sprachgebrauch als Ausdruck von Gewissheiten. In Thomas Stolz, Christina Vossmann & Barbara Dewein (eds.), *Kolonialzeitliche Sprachforschung. Die Beschreibung afrikanischer und ozeanischer Sprachen zur Zeit der deutschen Kolonialherrschaft*, 31–54. Berlin: Akademie Verlag.
Warnke, Ingo H., Thomas Stolz, Nataliya Levkovych & Jascha Döschner. in Vorbereitung. Martin Luther at a Pacific harbor: Toponymic classifiers and their role in German colonial place-making.

Verena Ebert
Kolonialtoponomastik im Raum der deutschen Metropole

„Des geraubten Kolonialbesitzes wurde durch eine Daressalamstraße, Südseestraße, Tsingtauerstraße und Kamerunplatz [sic] gedacht"

Zusammenfassung: In diesem Beitrag wird das Projekt der vergleichenden Kolonialtoponomastik auf mikrotoponomastische Benennungspraktiken im Raum der deutschen Metropole[1] erweitert, indem kolonial motivierte Straßennamen in ausgewählten Orten des Deutschen Reichs[2] identifiziert und inventarisiert werden. Anhand dieses Teilinventars werden systemlinguistische, raumlinguistische und diskurslinguistische Forschungsperspektiven vorgestellt und diskutiert. Zugleich werden Forschungsfragen, die koloniale Einschreibepraktiken in Orten weiterer europäischer Metropolen umfassen, dargelegt. Der Beitrag zeigt auf, dass kolonial motivierte Straßenbenennungen Versprachlichungspraktiken kolonisatorischer Selbstzuschreibungskonzepte darstellen. Die Aufarbeitung solcher linguistischen Phänomene führt zu neuen Erkenntnissen, die auch für die interdisziplinäre Kolonialgeschichtsforschung relevant sind.

Schlagwörter: Straßennamen, Metropole, Strukturen, Funktionen, Cluster

---

[1] In diesem Zusammenhang sei auf die Definition in Schulz & Ebert (2016: 357) verwiesen: „Als ‚koloniale Metropole' und ‚Metropole' werden im Anschluss an die Terminologie der Geschichtswissenschaft die Gesellschaft der Kolonialmacht und das Heimatland selbst verstanden"; auch die gegenwärtigen Darstellungen der Kultur- und Geschichtswissenschaften verwenden den Terminus, wenn „die enge, wenn auch ständigem Wandel unterworfene Verbindung und Wechselwirkung zwischen Metropole und Kolonien" (Speitkamp 2005: 11) beschrieben wird.
[2] „Offizielle Bez. des deutschen Staates zwischen 1871 und 1945, also für das Kaiserreich, die Weimarer Republik und für den Staat in der Zeit der Diktatur des Nationalsozialismus, der häufig als Drittes Reich bez. [Abkürzung im Original] wird" (Pehle 2000: 126).

Verena Ebert, Lehrstuhl für deutsche Sprachwissenschaft, Universität Würzburg, Am Hubland, 97074 Würzburg. E-Mail: verena.ebert@uni-wuerzburg.de

https://doi.org/10.1515/9783110608618-003

1 Einleitung

„Eine der spektakulärsten Erneuerungen in der deutschen Geschichtsschreibung in den letzten zwanzig Jahren ist die Neuuntersuchung der Kolonialgeschichte", so die einleitenden Worte des Historikers Hanco Jürgens (2016) in seiner Rezension über die Ausstellung „Deutscher Kolonialismus. Fragmente seiner Geschichte und Gegenwart"[3], die vom Deutschen Historischen Museum (DHM) für den Zeitraum vom 14.10.2016–14.05.2017 konzipiert wurde.

In der Tat stieß die wissenschaftliche Aufarbeitung der deutschen Kolonialgeschichte bis in die 1990er Jahre auf ein geringes Interesse. Dass die Fachwissenschaften die ebenso innerhalb der internationalen Forschung lang vertretene These eines deutschen „marginal colonialism" (Gann 1987: 1–18) zunehmend kritisch hinterfragten, lag unter anderem auch an der zunehmenden Ausbreitung der *Postcolonial Studies* der anglo-amerikanischen Forschung, die sich zugleich auf Untersuchungsschwerpunkte der Kolonialgeschichte im deutschsprachigen Raum auswirkte: Im Kontext der von den *Postcolonial Studies* herausgearbeiteten These einer gegenseitigen Vernetzung von Kolonie und Metropole[4] wurde auch die deutsche Kolonialgeschichte zunehmend als Verflechtungsgeschichte (vgl. Conrad & Randeria 2002: 17) wahrgenommen: Koloniale Herrschaft habe sich nicht nur auf die kolonisierte indigene Bevölkerung in Übersee ausgewirkt, sondern hatte zugleich Effekte auf die Gesellschaft des Deutschen Kaiserreichs. Die Aufarbeitung solcher Verbindungen sowie Rück- und Wechselwirkungen, die sich auf beide Räume beziehen, eröffnete zugleich neuartige Untersuchungsfelder für die deutschsprachige Forschungslandschaft[5] der Geschichts- und vor allem Kulturwissenschaften. Angeregt durch die in den *Postcolonial Studies* vermittelten Denkansätze, die sich zunehmend Kolonisierten und Kolonisatoren sowie den dadurch bedingten „Wahrnehmungs- und Deutungsstrukturen, Orientierungs- und Wertmuster[n], Gesellschafts- und Weltbilder[n]" (Kundrus 2003: 8) widmeten, konzentrierte man sich sodann zunehmend auf Themen, die über die eigentliche Kolonialherrschaft hinaus die ganze erste Hälfte des 20. Jahrhunderts geprägt haben.

---

3 www.dhm.de/ausstellungen/archiv/2016/deutscher-kolonialismus.html.
4 In diesem Zusammenhang sei insbesondere auf den programmatischen Sammelband von Cooper & Stoler (1997) sowie auf Friedrichsmeyer et al. (1998) verwiesen; einen Forschungsüberblick zu den Auswirkungen der *Postcolonial Studies* für die deutsche Kolonialgeschichtsschreibung gibt Lindner (2011).
5 U. a. Conrad & Randeria (2002), Kundrus (2003), Struck (2010).

Die Kuratoren des DHMs berücksichtigten die zuvor beschriebenen Forschungsfelder nicht nur hinsichtlich des gewählten Untertitels. Auch in den jeweiligen Ausstellungsstationen beschränkte man sich sowohl in räumlicher als auch in zeitlicher Perspektive nicht mehr ausschließlich auf die kolonisierten Gesellschaften innerhalb der kurzen Zeitspanne des faktischen Kolonialbesitzes bis 1919/20. In verschiedenen Themenbereichen gab die Ausstellung in raumübergreifender Perspektive „Auskunft über deren noch vorhandene Spuren und Relikte" (Kretzschmar 2016: 10), wie im Vorwort des dazugehörigen Ausstellungskatalogs erklärt wird. Dass insbesondere vor dem erinnerungspolitischen Hintergrund „Metropole und ehemalige Kolonien stärker aneinander gebunden [sind], als dies heute meist wahrgenommen wird" (Speitkamp 2005: 12), wurde in der Ausstellungsstation über den „Umgang mit der deutschen Kolonialgeschichte" nach 1945 bis in die heutige Gegenwart anhand noch vorhandener Spuren im Raum illustriert: Einzelne Straßennamen wie bspw. *Petersallee*, *Lüderitzstraße* und *Nachtigalplatz*, die im Zuge ihrer historischen Benennung in der ersten Hälfte des 20. Jahrhunderts Akteure der Kolonialpolitik und -verwaltung im Berliner Stadtbezirk Wedding ehren sollten, fanden in Form von nachgebildeten Straßenschildern ihren Weg in die Ausstellung.[6] Dass man innerhalb der Ausstellungsstation diese Namen thematisierte, liegt auch daran, dass *Petersallee*, *Lüderitzstraße* und *Nachtigalplatz* derzeit umbenannt werden sollen.[7] Insbesondere die in den Vordergrund der Ausstellung gerückten gegenwärtigen Tilgungs- sowie Umbenennungsforderungen sollen dabei die für lange Zeit ausbleibende kritische Auseinandersetzung mit der Kolonialgeschichte verdeutlichen. Alle weiteren historischen Benennungen, die in der ersten Hälfte des 20. Jahrhunderts in Wedding eingeschrieben wurden und auf die deutsche Kolonialgeschichte verweisen, sind bis heute im gegenwärtigen Stadtbild präsent. Mit der Fokussierung auf solche Umbenennungsdiskurse wurden in der Ausstellung zugleich derzeitige Initiativen gesellschaftspoliti-

---

[6] In diesem Zusammenhang möchte ich mich herzlich für die Beantwortung diverser Nachfragen durch Dr. Arnulf Scriba, wissenschaftlicher Mitarbeiter und Kurator am DHM, bedanken.

[7] Während man auf Drängen der Anwohner die 1939 benannte *Petersallee* in den 1980er Jahren bezeichnungsmotivisch umgewidmet hat, sodass sich der Straßenname seit 1986 offiziell auf den CDU-Politiker Hans Peters als neuen Namenspatron bezieht (vgl. Honold 2003: 320), kam es erst 2016 zu einem Umbenennungsbeschluss der Bezirksverordneten bei der *Lüderitzstraße* und dem *Nachtigalplatz*, im Zuge dessen man sich auch für die inhalts- und ausdrucksseitige Umbenennung der *Petersallee* entschieden hat. Die Diskussion um die neuen Namengebungen hält derzeit noch an.

scher Akteure[8] berücksichtigt, die die Rückwirkungen des Kolonialprojekts auf die europäischen Gesellschaften bis in die heutige Gegenwart problematisieren. Wenngleich kolonial motivierte Straßennamen in der Ausstellung insbesondere vor dem Hintergrund gegenwärtiger Umbenennungsdebatten dargelegt wurden, ist es überraschend, dass die genauen historischen Benennungen derartiger Nameninventare kaum aufgezeigt oder gar problematisiert wurden. Auch innerhalb der Geschichts- und Kulturwissenschaften sind sie bisher weitestgehend unerforscht: Bis auf singuläre Einzelstudien aus den Geschichts- und Kulturwissenschaften[9] wurden derartige durch die deutsche Reichsadministration verfügten Einschreibungen in Orte der deutschen Metropole bisher lediglich im Rahmen thematisch anders gelagerter Untersuchungen[10] beschrieben.

Die Ausweitung des bisherigen Untersuchungsgegenstandes der Kolonialtoponymie auf die Ebene der Mikrotoponymie[11] eröffnet neuartige Forschungsfelder, die den Raum der Metropolen miteinbeziehen. Die Aufarbeitung der historischen Praktiken solcher Benennungsinventare in der Metropole seitens der Onomastik bzw. Toponomastik stehen am Anfang (vgl. Schulz & Ebert 2016, 2017). Der hier vorliegende Beitrag widmet sich aus diesem Grund derartigen kolonial motivierten Einschreibungspraktiken, die in der deutschen Metropole selbst Verwendung fanden. Wenngleich auch weitere Klassen kolonial motivierter Mikrotoponyme eingeschrieben wurden[12], nimmt der Aufsatz ausschließlich die Klasse der durch die Reichsadministration verfügten Inventare der Straßennamen[13] in den Blick,

---

8 Derartige gesellschaftliche Gruppierungen werden in Schulz & Ebert (2017) für einzelne Orte (z. B. Berlin: www.berlin-postkolonial.de/; Hamburg: www.afrika-hamburg.de/; Köln: www.kopfwelten.org/kp/; München: www.muc.postkolonial.net/) und ortsübergreifend (www.freedom-roads.de/frrd/staedte.htm listet ortsübergreifend koloniale Nameninventare in Deutschland auf) zusammengetragen.
9 Vgl. Honold (2003) für Berlin-Wedding, Lindner (2008) für München, Schürmann (2006) für Hannover und (2012) für Frankfurt.
10 Poguntke (2011) für Stuttgart; Weidner (www.strassennamen-in-westfalen-lippe.lwl.org) für Lippe-Westfalen; Werner (2008) für Köln.
11 „Im Gegensatz zu **Makrotoponymen** [Fettdruck im Original] [...] ist der Kommunikationsradius von **Mikrotoponymen** [Fettdruck im Original] auf eine Dorf- bzw. Stadtgemeinschaft begrenzt. Letztere benennen kleiner Objekte wie z. B. Straßen, Viertel und Flurstücke" (Nübling et al. 2015: 206f.).
12 Vgl. hierzu Schulz & Ebert (2016: 370) für Bremen: „Neben *Lettow Vorbeck Straße* auch historische Benennungen wie *Lettow Vorbeck Schule* (Schulname) und *Reichs-Kolonial-Ehrenmal*" (Denkmalname).
13 „StraßenN oder Hodonyme (< griech. Hodos 'Weg') bzw. Dromonyme (< griech. Dromos '(Renn-)Bahn, Platz') sind Namen für innerörtliche Verkehrswege und dienen der Orientierung innerhalb von Siedlungen" (Nübling et al. 2015: 244).

die in den folgenden Abschnitten zusammengestellt und linguistisch kommentiert werden.

Der Beitrag gliedert sich wie folgt. In Abschnitt 2 wird aufgezeigt, dass derartige historische Straßenbenennungspraktiken nicht nur für Berlin, sondern beispielsweise auch für Leipzig-Anger-Crottendorf, München-Neuhausen sowie München-Trudering erhoben werden können; die Identifikation dieser kolonial motivierten Namen wurde bereits in Schulz & Ebert (2016, 2017) ausführlich erläutert. Für den vorliegenden Beitrag wurde daraus ein städtebezogenes (Teil-)Inventar zusammengestellt, das in Abschnitt 3 hinsichtlich struktureller und funktionaler Eigenschaften näher beschrieben wird. Abschnitt 4 widmet sich raumlinguistischen Aspekten, die für die Vergabe von Straßennamen eine maßgebliche Rolle spielen. Abschnitt 5 ergänzt die systemorientierten Untersuchungen durch diskurslinguistische Perspektiven. Im letzten Abschnitt 6 werden die aus den vorherigen Kapiteln gewonnenen Einsichten zusammengeführt; gleichzeitig erfolgt ein Ausblick auf weitere bisher unerforschte Fragestellungen, die sowohl zu Erkenntnissen für die Kolonialtoponomastik als auch für das interdisziplinäre Projekt der Erforschung von Kolonialgeschichte führen.

2 Inventare

Die historischen Straßenbenennungspraktiken für das im Berliner Wedding[14] neu erschlossene Gebiet am Rande der Rehberge gilt wohl als das populärste Beispiel noch gegenwärtiger raumsemantischer Relikte der deutschen Kolonialepoche. Verantwortlich für die noch heute etablierte Viertelbezeichnung ‚Afrikanisches Viertel'[15] ist die systematische Benennung der jeweils neu errichteten, in räumlicher Nähe zueinander liegenden Straßenzüge. Die Geschichte der Vielzahl an

---

14 Die Eingemeindung von Wedding erfolgte Mitte des 19. Jahrhunderts; der Bezirk gehörte nach der Teilung der Stadt zum französischen Sektor und ist seit 2001 ein Berliner Ortsteil im Bezirk Mitte (www.berlin.de/ba-mitte/ueber-den-bezirk/ortsteile/wedding/).
15 Die Bezeichnung ist bspw. auf Stadtplänen verzeichnet (www.openstreetmap.de/karte.html) und auch in der Zeitung zu lesen (www.tagesspiegel.de/berlin/afrikanisches-viertel-in-berlin-neue-namen-fuer-drei-strassen-in-wedding-geplant/19877344.html). Mit der Viertelbezeichnung wird sogar vom Bezirk Mitte offiziell geworben: Die ursprüngliche Bezeichnung, die aus der dort administrativ verfügten kolonial motivierten Straßennamen resultiert, besetzte man mittlerweile positiv, indem man diese umdeutete und sogar ein Magazin nach ihr benannt hat: Die heutige Bezeichnung *Afrikanisches Viertel* referiert auf den Großteil der mittlerweile dort lebenden afrikanischen Community in Berlin (www.berlin.de/ba-mitte/aktuelles/pressemitteilungen/2009/pressemitteilung.236686.php).

Straßenbenennungspraktiken auf dem Weddinger Bauland, die in Zusammenhang mit der deutschen Kolonialgeschichte stehen, begann noch Ende des 19. Jahrhunderts. 1884, also zeitgleich zum Beginn des deutschen Kolonialerwerbs, erfolgten die Benennungen der *Kamerunstraße* und *Togostraße* (vgl. Honold 2003: 314). Akten aus der Kolonialzeit weisen bereits darauf hin, dass sich die Administration auf weitere „Kolonialstraßen" einigte, die den Kolonialbesitz in Übersee auch im deutschen Kaiserreich vergegenwärtigen sollten (vgl. GStA PK, I HA Rep. 77, Tit. 1319, Nr. 2, Bd. 17). Bis in die erste Hälfte des 20. Jahrhunderts erfolgten im Zuge der fortschreitenden Erschließung des Geländes weitere kolonial motivierte Straßenbenennungen (u. a. *Lüderitzstraße* 1902; *Guineastraße* 1903; *Samoastraße* 1905; *Afrikanische Straße* 1906; *Transvaalstraße* 1907; *Nachtigalplatz, Windhuker Straße, Swakopmunder Straße* 1910; *Mohasistraße* 1911; *Otawistraße, Kongostraße, Sansibarstraße* bis 1914; *Dualastraße, Tangastraße, Sambesistraße, Ugandastraße* 1927; *Petersallee* 1939, vgl. Honold 2003).

Derartige kolonial motivierte Benennungspraktiken sind kein ortsspezifisches Phänomen für Berlin, sondern können auch in anderen Orten des Deutschen Kaiserreichs wie etwa Köln, Bonn oder Bremen[16] festgestellt werden. Betrachtet man die Benennungsjahre der jeweiligen kolonial motivierten Nameninventare für das Weddinger Bauland näher, dann fällt auf, dass in Berlin-Wedding derartige Einschreibungen nicht nur während des faktischen deutschen Kolonialbesitzes bis 1919/20 erfolgten, sondern dass solche durch die Administration festgelegte Vergabepraktiken kolonialer Straßennameninventare bis Ende der 1930er Jahre anhielten. Der im Vorwort der Herausgeber dieses Bandes beschriebene „imaginative(n) Kolonialismus", der gerade nach dem im Versailler Vertrag festgelegten Anspruchsverzicht auf Kolonialbesitz weiterhin Bestand hatte, beförderte einen „blühenden Kolonialrevisionismus" (Stolz & Warnke in diesem Band), der zugleich durch „Korrelationen von textlichen und räumlichen Positionen [...] auch in Deutschland selbst" (Warnke 2009: 49) bis 1945 festgestellt werden kann. Für die Fortführung kolonial motivierter Straßenbenennungspraktiken setzten sich in den 1920er Jahren kolonialrevisionistische Verbände wie die Deutsche Kolonialgesellschaft (DKG) ein, die sich unter anderem auch „mit der Bitte, den Städten zu empfehlen, geographische Namen aus den deutschen Schutzgebieten zur Benennung von Straßen und Plätzen zu verwerten" (Deutscher Städtetag, 21.10.1922), an den Deutschen Städtetag gewandt hat. In der NS-Zeit förderten Staat und Partei die Sichtbarmachung solcher kolonialer Erinnerungskultur durch kulturpolitische Maßnahmen, zu denen – neben der Verbreitung kolonialer Propagandafilme, Kolonialliteratur u.

---

16 Vgl. Schulz & Ebert (2016), (2017).

dgl. (vgl. Ebner 2016) – auch die Runderlasse zu Straßennamensgebungen zu zählen sind, die unter anderem auch „Namen [...] der deutschen Kolonien" (Runderlass des Reichsministers des Innern, 15.7.1939) nahelegten. Die Verordnungen zeigten ihre Wirkung nicht nur für Berlin, wo eine kolonial motivierte Weiterbenennung der jeweiligen neu angelegten Straßenzüge in den zwanziger und dreißiger Jahren im Zuge des weiteren Ausbaus des Weddinger Viertels erfolgte. So wurden beispielsweise auch im Leipziger Neubaugebiet Anger-Crottendorf zur deutschen Kolonialzeit zwei neu angelegte Straßen *Waterbergstraße* und *Lüderitzstraße* benannt. Die kolonial motivierten Einschreibungsprodukte *Swakopmunder Straße* und *Windhuker Straße* für Straßenzüge, die in den 1930er Jahren in unmittelbarer Nähe errichtet wurden, erfolgten im Zuge der jüngeren infrastrukturellen Erschließung des Leipziger Viertels in der Zeit des Nationalsozialismus.[17]

Die in Wedding und Anger-Crottendorf eingeschriebenen Kolonialviertel unterliegen also hinsichtlich der jeweiligen Zeiträume der Namenverfügungen einer zeitlichen Schichtung: Bestehende kolonial motivierte Einschreibungsprodukte aus der faktischen Kolonialzeit wuchsen durch die jüngere Vergabe weiterer kolonial motivierter Straßennamen in räumlicher Nähe zu thematisch kohärenten Kolonialvierteln an. Für eine Vielzahl deutschsprachiger Orte können historische Viertel erhoben werden, deren kolonial motivierten Einschreibungsprodukte allesamt erst in den zwanziger und vor allem dreißiger Jahren verfügt wurden, so zum Beispiel in München: 1925 wurden im damaligen Stadtbezirk 28 (heute Nymphenburg-Neuhausen) eine ganze Reihe von Straßenzügen benannt, die sich auf Akteure, Ereignisse und Orte der bereits vergangenen deutschen Kolonialzeit beziehen (*Tsingtauer Str., Togostraße, Daressalamstraße, Samoaplatz, Kamerunplatz, Nachtigalstraße, Nachtigalplatz* oder *Sansibarplatz*). Es handelt sich dabei um eine geplante kolonial motivierte Vergabepraxis, wenngleich jeglicher Kolonialbesitz des Deutschen Reichs in Übersee bereits aufgrund der Bestimmungen des Versailler Vertrags abgetreten wurde. Im Zuge der Machtübernahme der Nationalsozialisten riefen die staatlichen Stellen sogar zu derartigen kolonialzeitbezogenen Einschreibungen regelrecht auf und ordneten reichsübergreifend die Vergabe neuer Straßennamen an, die sich u. a. auch auf die deutschen Kolonien beziehen sollten (vgl. Runderlass des Reichsministers des Innern, 15.7.1939). Die Produkte der Einschreibepraktiken aus der Weimarer Zeit im heutigen Stadtviertel Nymphenburg-Neuhausen wurden in den

---

17 Die Identifikation und Inventarisierung kolonial motivierter Straßennamen in Leipzig-Anger-Crottendorf anhand zeitgenössischer Einwohner- und Adressbücher sowie Straßenverzeichnisse werden in Schulz & Ebert (2017) ausführlich erläutert.

dreißiger Jahren zugunsten eines neu angelegten kolonialzeitbezogenen Großclusters in dem seit 1932 eingemeindeten Stadtteil Trudering im Südosten der Stadt getilgt und zusammen mit weiteren kolonialen Straßennameninventaren (u. a. *Anechostr., Askaripfad, Dualastr., Groß-Nabas-Str., Iltisstr., Kameruner Straße, Lomeweg, Sansibarstr., Swakopmunder Straße, Taku-Fort-Str., Usambarastr., Von-Trotha-Str., Waterbergstr., Windhuker Str.*) verfügt.[18]

Historische Straßenverzeichnisse und/oder Stadtpläne aus der NS-Zeit weisen nicht nur für München, sondern auch für eine Vielzahl weiterer deutscher Städte die Neueinschreibung solcher kolonialzeitbezogener Straßennamen bis 1945 in unmittelbarer räumlicher Nähe auf, bspw. für Großstädte wie Heilbronn, Wuppertal und Essen sowie für Mittelstädte wie Oranienburg oder Völklingen. Insgesamt konnten für fast 100 deutschsprachige Groß- und Mittelstädte von 1884 bis 1945 derartige kolonial motivierte Straßenbenennungen identifiziert werden. Als Datengrundlage für das koloniale Mikrotoponomastikon der deutschen Metropole, das sich innerhalb dieses Beitrags nur auf die Klasse der Hodo- bzw. Dromonyme bezieht, liegt derzeit ein Bestand von insgesamt über 450 SN-Token vor, der klassifiziert und systematisch auszuwerten ist. Die auf ein umfassendes Ortskorpus bezogene Untersuchung ist erforderlich, aber natürlich können die Befunde auch jeweils an städtebezogene (Teil-)Inventare rückgebunden werden. Die linguistischen Analysen struktureller, funktionaler und raumlinguistischer Art beziehen sich im Folgenden auf solche Teilinventare bereits aufgezeigter Orte.

3 Strukturelle und funktionale Eigenschaften

3.1 Strukturen

Die Kolonialtoponomastik setzt sich zum Ziel, Kolonialtoponyme als sprachliche Zeichen über singuläre Benennungen hinaus zu untersuchen: „Es geht dabei um die Frage, [...] auf was uns strukturelle Distributionen und strukturgebundene Korrelationen hinweisen" (Stolz & Warnke in diesem Band). Für die strukturelle Untersuchung kolonial motivierter Straßennamen in der deutschen Metropole werden diese hinsichtlich ihrer inneren Struktur am Beispiel der in

---

18 Die Identifikation und Inventarisierung der Benennungspraktiken kolonial motivierter Straßennameninventare in München-Neuhausen und München-Trudering anhand zeitgenössischer Einwohner- und Adressbücher sowie Straßenverzeichnisse werden in Schulz & Ebert (2016) ausführlich erläutert.

Leipzig eingeschriebenen Inventare schematisch abgebildet und anschließend näher beschrieben:

(1) Analyse: Zweigliedrigkeit, rechtsköpfig[19]
[{*Lüderitz*}$_{MOD}$ {*straße*}$_{KLASS}$]$_{TOP}$
[{*Swakopmunder*}$_{MOD}$ {*straße*}$_{KLASS}$]$_{TOP}$
[{*Waterberg*}$_{MOD}$ {*straße*}$_{KLASS}$]$_{TOP}$
[{*Windhuker*}$_{MOD}$ {*straße*}$_{KLASS}$]$_{TOP}$

Hinsichtlich des von Stolz & Warnke aufgeführten Kriteriums der Komplexität der Konstruktionen kann für die obigen Straßennamen festgestellt werden, dass sich alle SN-Token durch Zweigliedrigkeit auszeichnen. Die Inventare umfassen jeweils zwei zu besetzende Leerstellen, die in einem hierarchischen Verhältnis zueinander stehen: Die Rolle des Kopfes kommt dem rechts stehenden Klassifikator zu, der in den konkreten Fallbeispielen durch das Appellativum *Straße* vertreten wird. Die zweite Leerstelle wird durch das linksstehende, nominale Erstglied des Modifikators besetzt. Das Konstruktionsmuster mit einem Erstglied in attributivischer Funktion und einem Geoklassifikator als Kopf ist ebenso auf die Bildungsweisen der für Berlin-Wedding, München-Neuhausen und München-Trudering erhobenen kolonial motivierten SN-Token beziehbar: Wenngleich die Geoklassifikatoren neben *-straße* mit weiteren Appellativa wie *-platz* (*Kamerunplatz, Nachtigalplatz, Sansibarplatz*), *-allee* (*Petersallee*), *-pfad* (*Askaripfad*) und *-weg* (*Lomeweg*) vielseitiger ausfallen, gilt das zweigliedrige Konstruktionsmuster [___$_{ATTRIBUT}$ N$_{GEOKLASSIFIKATOR}$]$_{TOP}$ (vgl. Stolz & Warnke 2018) in einer ortsübergreifenden Perspektive als struktureller Prototyp kolonial motivierter Straßennameninventare in der deutschen Metropole. Die in Anger-Crottendorf verfügten Inventare bestehen zudem jeweils aus zwei Konstituenten einheimischer Herkunft und können der Klasse der Endonyme[20] zugerechnet werden. Auch die jeweiligen kolonial motivierten Benennungsinventare in Berlin-Wedding, München-Neuhausen und München-Trudering treten nur in Form von deutschsprachigen Bestandteilen auf.

Die Annahme eines strukturellen Prototypen trifft aber auch zu, wenn man eben diesen Inventarbestand mit Konstruktionsmustern zeitgleich administrativ

---

19 Die in den Darstellungen verwendeten Abkürzungen stammen von Stolz & Warnke (in diesem Band) und wurden für diesen Beitrag übernommen.
20 „Generell wird danach unterschieden, in welchem Land bzw. Sprachgebiet sich der Namenträger/das Objekt befindet, d.h. wo er originär angesiedelt ist. So bildet *Deutschland* als einheimischer Name das sog. **Endonym** [Fettdruck im Original] (BinnenN), während die ausländischen Bezeichnungen Germany, Allemagne etc. sog. **Exonyme** [Fettdruck im Original] (AußenN, Fremdbenennungen) darstellen" (Nübling et al. 2015: 43).

verfügter Straßennamenbenennungen vergleicht, die hinsichtlich ihrer Benennungsmotivik nicht kolonialen Ursprungs sind: Neben dem ausschließlichen Auftreten deutschsprachiger Konstruktionen trifft vor allem die charakteristische Bauweise als „Eigennamen, die als Teilausdruck einen Gattungsnamen enthalten [...], der sich [...] dem Gesamtausdruck, von dem er ein Teil ist, funktional unterordnet" (Harweg 1983: 160; vgl. auch Döschner in diesem Band), im Grunde für den seit der Neuzeit in Deutschland eingeschriebenen Bestand sekundärer Straßennamen[21] zu; auch bei dem Inventarbestand kolonial motivierter Hodo- bzw. Dromonyme handelt es sich um Namen, „die die app. [appellativische, Abkürzung im Original] Kategorie ihres Trägers mitbezeichnen" (Nübling et al. 2015: 44).

Die von den Herausgebern des Bandes aufgestellte Hypothese H4 (vgl. Stolz & Warnke in diesem Band) muss für kolonial motivierte Straßenbenennungen in der deutschen Metropole verneint werden: Die kolonialtoponomastischen Konstruktionen sind sehr wohl mit Mustern aus zeitgleich eingeschriebenen sekundären Straßennamen erklärbar. Nach derzeitigem Forschungsstand trifft dies auch für mikrotoponomastische Benennungen zu, die im kolonisierten Raum verfügt wurden (vgl. Schulz & Aleff in diesem Band). Das bedeutet im Umkehrschluss aber nicht, dass die strukturelle Analyse keinen Erkenntnisgewinn verspricht. Gerade die Unauffälligkeit des kolonial motivierten Inventarbestandes eröffnet zugleich daran anschließende Fragestellungen, die bspw. die Fortführung derartiger Inventare im Raum betreffen. Es ist zu fragen, inwiefern die usuellen Strukturmuster solcher Namen ein Umstand (von weiteren) für die Langlebigkeit solcher Inventare darstellen könnte.

3.2 Funktionen

Untersucht man den Namenbestand hinsichtlich des zuvor aufgezeigten prototypischen Konstruktionsmusters weiterhin auf funktionale Referenzen, so hat der Klassifikator die gleiche Funktion wie das in der Einleitung des Sammelbandes beschriebene kanonische Kolonialtoponym; er ordnet das benannte Geo-Objekt, im Fall der Straßennamen innerörtliche Verkehrswege und -plätze, orientierend ein. Und auch dem Modifikator kann die Funktion eines kommemorativen Markers zugeschrieben werden (vgl. Stolz & Warnke in diesem Band).

---

21 „**Sekundäre StraßenN** [Fettdruck im Original] [...] entstehen nicht mehr durch die Interaktion der Sprachteilnehmer, sondern werden von der Administration vergeben. Dadurch unterliegen sie seit dem 18. Jh. zunehmend dem Einfluss politischer und ideologischer Systeme" (Nübling et al. 2015: 245).

Der Modifikator übernimmt allerdings aufgrund der Tatsache, dass die Einschreibungen im Raum des Deutschen Reichs administrativ verfügt werden, weiterreichende Aufgaben: Die empirische Erhebung solcher Hodo- bzw. Dromonyme in der Metropole, „die zum Benennungszeitpunkt und von den Akteuren der Benennung tatsächlich im Kontext des Kolonialismus verortet wurden" (Schulz & Ebert 2017: 164) und damit gleichzeitig von nicht-kolonialen sekundären Straßenbenennungen abgegrenzt werden können, ist erst durch die lexikologisch-semantische und empirisch-vergleichende Analyse des linksstehenden Modifikators möglich. Das empirische Arbeitsmaterial (administrative und nicht-administrative Texte, zeitgenössische Einwohner- und Adressbücher, historische Straßenverzeichnisse und Stadtpläne) sowie die dafür notwendigen Erhebungsschritte wurden in Beiträgen von Schulz & Ebert (2016, 2017) bereits ausführlich dargestellt.

Funktionale Analysen versprechen insbesondere dann einen Erkenntnisgewinn, wenn eine Kategorisierung des Straßennamenbestandes nach den lexikologischen Klassen der jeweiligen Modifikatoren erfolgt: (2) zeigt daher zuallererst den in Anger-Crottendorf administrativ verfügten Inventarbestand auf, der mit lexikologisch ausgerichteten Annotationen der jeweiligen Erstglieder versehen wurde.

(2)   Analyse: Lexikologische Klassen[22] der Modifikatoren
   [{*Lüderitz*$_{ANTH}$}$_{MOD}$-{*straße*$_{APP}$}$_{KLASS}$]$_{TOP}$
   [{*Swakopmunder*$_{TOP}$}$_{MOD}$ {*straße*$_{APP}$}$_{KLASS}$]$_{TOP}$
   [{*Waterberg*$_{PRAX}$}$_{MOD}$ {*straße*$_{APP}$}$_{KLASS}$]$_{TOP}$
   [{*Windhuker*$_{TOP}$}$_{MOD}$ {*straße*$_{APP}$}$_{KLASS}$]$_{TOP}$

Das von Stolz & Warnke (in diesem Band) erarbeitete Schema, das die doppelte Funktion des kanonischen Kolonialtoponyms veranschaulicht, wird daher aufgegriffen, muss aber hinsichtlich der weitreichenderen Funktionen der jeweiligen Modifikatoren abgeändert werden; ausgehend von der bereits beschriebenen zweigliedrigen Struktur wird anhand des im Leipziger Neubauviertel eingeschriebenen SN-Tokens *Windhuker Straße* in (3) schematisch verdeutlicht, welche unterschiedlichen Funktionen Erst- und Zweitglied erfüllen.

---

[22] Die in den historischen Adressbüchern zu den einzelnen SN-Token angegebenen Bezeichnungsmotiviken zeigen nicht nur deren unmittelbare Referenz auf die Kolonialgeschichte auf, sondern sind zugleich Hilfsmittel bei der Kategorisierung der verschiedenen Modifikatoren zur jeweiligen lexikologischen Klassenzugehörigkeit (vgl. dazu Schulz & Ebert 2017).

(3) Kolonial motivierter Straßenname im Ort des Deutschen Reichs

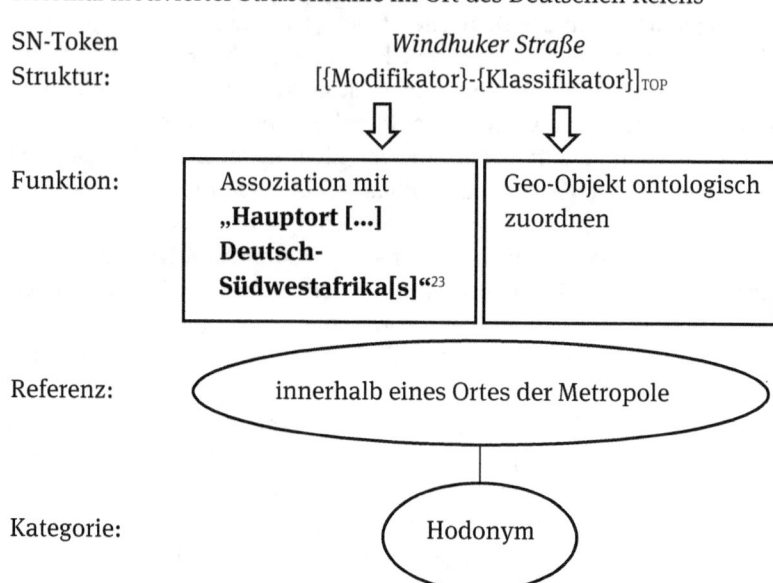

Die in (3) aufgezeigte Funktion, die dem Modifikator des SN-Tokens *Windhuker Straße* zukommt, soll nun auch für die weiteren kolonial motivierten Namenverfügungen im Leipziger Neubauviertel in den Blick genommen werden: Die in (2) erfolgte lexikologische Kategorisierung der jeweiligen Modifikatoren zeigt, dass alle linksstehenden Bestandteile Eigennamen (EN) darstellen und damit „eindeutig auf einen außersprachlichen **Gegenstand**, ein sog. **Denotat** oder **Referenzobjekt** [Fettdruck im Original]" (Nübling et al. 2015: 19) verweisen: Mithilfe des Anthroponyms *Lüderitz*, der zwei Toponyme *Swakopmund(er)* und *Windhuk(er)* sowie des Praxonyms *Waterberg* greifen die Administratoren außerdem auf Namenklassen zurück, die unmittelbar auf die deutsche Kolonialgeschichte referieren.[24] Die Straßenbenennungen sind erkennbar semantisch markiert, „koloniale Wissensordnungen" (Stolz & Warnke in diesem Band) werden eindeutig im Zuge der Benennung vorausgesetzt und durch die administrative Verfügung im Raum fortgeschrieben.

---

[23] Man vergleiche dazu den Artikel in Schnees Koloniallexikon (1920): „Windhuk (s. Tafel 206), der Hauptort des Schutzgebietes Deutsch-Südwestafrika [...] Sitz der Regierung. W. ist sowohl Sitz des Gouverneurs wie auch der Post- und Zollbehörde (zugleich Postamt, Telegraphenamt, Zollamt in Groß – W)".

[24] Alle zuvor aufgeführten EN sind auch in dem von Heinrich Schnee herausgegebenen zeitgenössischen Koloniallexikon (1920) mit eigenen Artikeln verzeichnet.

Die folgende Tabelle listet die Modifikatoren der in ortsübergreifender Perspektive identifizierten und inventarisierten kolonialen Straßennamen aus Anger-Crottendorf (Leipzig), Wedding (Berlin), Nymphenburg-Neuhausen sowie Trudering (München) auf, die hinsichtlich lexikologischer Klassenzugehörigkeit der jeweiligen Modifikatoren kategorisiert wurden.

Tabelle 1: Lexikologische Einordnung der Modifikatoren.

Anthroponyme	*Lüderitz, Nachtigal, Peters, Von Trotha*
Choronyme	*Afrika, Guinea, Kamerun, Samoa, Togo, Transvaal, Uganda*
Hydronyme	*Mohasi, Sambesi*
Oikonyme	*Anecho, Daressalam, Duala, Lome, Otawi, Swakopmund, Togo, Tsingtau, Windhuk*
Oronyme	*Usambara*
Praxonyme	*Groß-Nabas, Kongo, Sansibar, Taku-Fort, Tanga, Waterberg*
Schiffsnamen	*Iltis*
Appellativa	*Askari*

Aufgrund der für diesen Beitrag ausgewählten Teilmenge kann die vorherige Zusammenstellung kein Ausgangspunkt für etwaige quantitative Betrachtungen, bspw. Untersuchungen modifikatorischer Präferenzen solcher Einschreibungen (vgl. Stolz & Warnke in diesem Band), darstellen.[25] Der Beitrag widmet sich vielmehr qualitativen Gesichtspunkten, die anhand der zuvor aufgelisteten Modifikatoren beschrieben werden sollen.[26] Die nun folgenden Analysen sollen einen Einblick darin geben, wie und in welchem Ausmaß derartige administrativ verfügten Hodo- bzw. Dromonyme in der Metropole als ein „Werkzeug der sprachlichen Kolonialisierung, und damit Mittel kolonialer Sprachstile" (Stolz & Warnke in diesem Band) erscheinen.

Mithilfe deanthroponymischer Bildungen wird im kolonialen Namenprojekt Personalität lokalisiert – dieser Befund stimmt mit den bisherigen Untersuchungen zu Makrotoponymen in den europäischen Überseegebieten (vgl. Stolz & Warnke in diesem Band) und auch den mikrotoponomastischen Benennungen in den afrikanischen Kolonien und in Tsingtau (vgl. Schulz & Ebert 2016, 2017;

---

25 Erste Befunde einer derartigen quantitativen Erfassung werden in Ansätzen in Schulz & Ebert (2016) diskutiert.
26 Aus Gründen der Übersichtlichkeit wurden alle Dubletten an Modifikatoren der vorherigen ortsübergreifenden Zusammenstellung für die tabellarische Darstellung getilgt.

zu charakteristisch abweichenden Befunden für die Kolonien der Südsee vgl. Schulz & Aleff in diesem Band) überein; die Ehrung und/oder Würdigung von Akteuren der deutschen Kolonialadministration durch Benennung kann sowohl im kolonisierten Raum als auch im Raum des Deutschen Reichs festgestellt werden. In besonderer Weise spielt hier zudem die Integration eben dieses kolonisierten Raumes in Übersee eine Rolle, indem Hodo- bzw. Dromonyme mit toponymischen Modifikatoren verfügt wurden. Betrachtet man diese aus primär lexikologischen Gesichtspunkten hinsichtlich toponomastischer Klassen, dann fällt auf, dass die makrotoponymische Klasse der Oikonyme[27] (*Anecho, Daressalam, Duala, Lome, Otawi, Swakopmund, Togo, Tsingtau, Windhuk*) als Modifikatoren verstärkt zur Bildung der kolonial motivierten Hodo- bzw. Dromonyme verwendet wurden. Dieser Befund, der „Oikonymen wegen der menschlichen Präsenz vor Ort Präzedenz bei der Namenvergabe zubilligt" (Stolz & Warnke in diesem Band), gilt also nicht nur für das gesamte koloniale Makrotoponomastikon, sondern findet auch bei der Besetzung der Leerstelle des linksstehenden Modifikators bei kolonial motivierten Mikrotoponymen in der Metropole Verwendung. Betrachtet man diese verfügten Oikonyme – wie bereits in der Einleitung des Sammelbandes ausgeführt – „in Minimalkontexten funktional bzw. eindeutig [...] weil [...] [sie] implizite Aussagen enthalten" (Stolz & Warnke in diesem Band), dann handelt es sich nicht nur um eine beliebige Auswahl an Siedlungen im kolonisierten Raum, sondern ausschließlich um „von der deutschen Kolonialmacht als Hauptstädte und/oder Handels- und Verwaltungszentren der Kolonien und Schutzgebiete errichteten besiedelten Ortspunkte" (vgl. Schulz & Ebert 2017: 170). Solche ersten qualitativen Analysen aufgrund einer begrenzten Datenmenge zeigen außerdem, dass das koloniale Mikrotoponomastikon in der Metropole zudem Modifikatoren aufweist, die nicht auf den faktischen Herrschaftsbereich des Deutschen Kaiserreichs verweisen, sondern vielmehr als Praxonyme[28] Verwendung fanden, die zugleich einen unmittelbaren Bezug zur deutschen Kolonialgeschichte aufweisen. Die jeweiligen Modifikatoren *Kongo* und *Sansibar* sind beispielsweise auch in Artikeln zeitgenössischer Enzyklopädien zum deutschen Kolonialwesen verzeichnet. Das Deutsche Kolonial-Lexikon Heinrich Schnees (1920) führt zu *Kongo[konferenz]* und *Sansi-*

---

27 „Unter **SiedlungsN** oder **Oikonymen** [Fettdruck im Original] [...] sind im weitesten Sinne alle Namen für Objekte zu verstehen, die von Menschen besiedelt sind und eine kleinere räumliche Ausdehnung [...] aufweisen" (Nübling et al. 2015: 212).

28 „Für die Linguistik handelt es sich jeweils um Praxonyme (<griech. *Praxis*, 'Tat, Handlung'). Damit sind EN für Ereignisse gemeint [...] also z. B. **militärische, politische, wirtschaftliche, kulturelle, gesellschaftliche, sportliche Begebenheiten** [Fettdruck im Original]" (Nübling et al. 2015: 317).

bar[vertrag] eigene Einträge auf, die zeigen, dass die sprachlichen Einheiten innerhalb des zeitgenössischen kolonialzeitlichen Diskurses zu verorten sind:

Kongokonferenz „[...] Die K. trat in Berlin am 15. Nov. 1884 zusammen und schloß ihre Arbeit am 26. Febr. 1885 mit der Unterzeichnung der Kongoakte [...] Der Vertrag mit dem Deutschen Reiche ist am 8. Nov. 1884 abgeschlossen und enthält in bezug auf den Handel und die Behandlung der deutschen Reichsangehörigen bereits die Grundsätze der Kongoakte".

Sansibarvertrag „siehe Erwerbung der deutschen Kolonien [...] Endgültig wurden die Grenzen Deutsch-Ostafrikas gegen England durch den schon mehrfach erwähnten Vertrag über Helgoland und Kolonien vom 1. Juli 1890 [...] geregelt".

Gerade für mikrotoponomastische Fragestellungen im Raum des Deutschen Reichs zeigt sich, dass die lexikologische Untersuchung der Modifikatoren insbesondere für zukünftige quantitative Analysen einen Erkenntnisgewinn verspricht: Sie erweist sich als Schnittstelle struktureller und funktionaler Fragestellungen und ist zugleich methodisches Werkzeug bei der weiterführenden Frage, „welche Diskursfunktionen [...] etabliert werden" (vgl. Stolz & Warnke in diesem Band). Die jeweiligen diskursgebundenen Semantiken quantitativer als auch qualitativer Art können erst vollständig analysiert werden, wenn dieser Bestand systematisch, und das heißt für Hodo- bzw. Dromonyme im Raum der Metropole in erster Linie lexikologisch, erfasst wurde.

4 Raumlinguistische Gesichtspunkte

Dass für kolonialtoponomastische Fragestellungen unterhalb der Ortsebene neben den bisher beschriebenen strukturellen und funktionalen Verfahren auch raumlinguistische Zugriffe unbedingt zu berücksichtigen sind, zeigt sich bereits anhand der innerhalb dieses Beitrags aufgezeigten (Teil-)Daten: Der Inventarbestand in Anger-Crottendorf (Leipzig), Wedding (Berlin), Nymphenburg-Neuhausen sowie Trudering (München) erfolgte im Zuge der Benennung von in räumlicher Nähe zueinander liegenden Straßenzügen. Die Toponomastik spricht bei Benennungsmustern derartiger thematischer Straßennamenfelder von „Clustern" (Werner 2008: 68ff.). Clustereinschreibungen sind für den Bestand sekundärer Straßennamen typisch; sie wurden (und werden bis heute[29])

---

29 „Die Bildung von Namensgebieten durch Verwendung von Namen einer bestimmten Thematik oder artverwandter Begriffe ist zweckmäßig, da hierdurch die Orientierung erleichtert wird. Vorhandene Namensgebiete sind zu beachten und gegebenenfalls zu erweitern"

seitens der Administration befürwortet, da diese insbesondere der leichteren Orientierung dienen sollten.

Der von den Herausgebern des Sammelbandes aufgestellten These, dass jedes singuläre kolonial motivierte Toponym mit Bezug auf „τ [...] in einem verorteten Kontext spezifisch aufgeladen" (Stolz & Warnke in diesem Band) ist, muss zweifellos zugestimmt werden. Wenn das zuvor beschriebene raumlinguistische Kriterium der in kolonisatorischer Kohärenz erfolgten Einschreibungen mehrerer Hodonyme in ein Viertel mitberücksichtigt wird, sind noch weitere funktionale Eigenschaften ersichtlich.

(4)   Kolonialcluster im Ort des Deutschen Reichs
Lüderitzstraße, Swakopmunder Straße, Waterbergstraße, Windhuker Straße

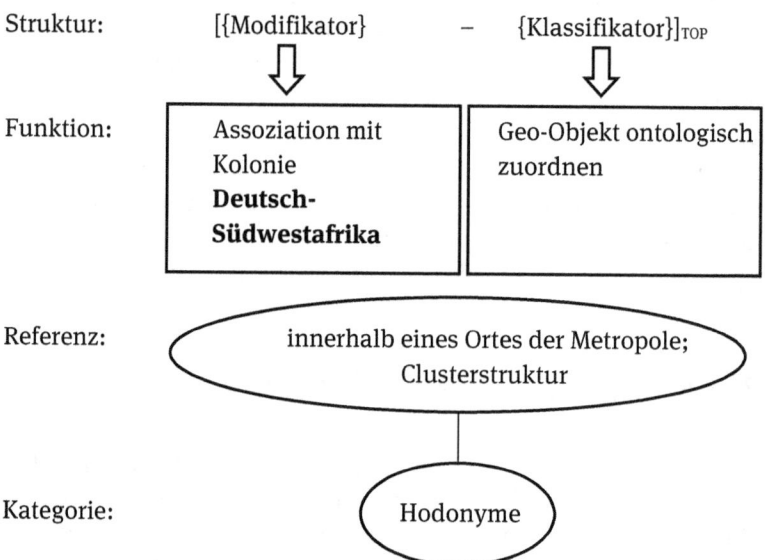

Die schematische Darstellung veranschaulicht den Inventarbestand aller in Anger-Crottendorf verfügten Straßennamen in Form der zuvor beschriebenen Clusterbenennung: In diskursfunktionaler Perspektive wird deutlich, dass sie im Vergleich zu dem bisherigen in Schema 2 betrachteten einzelnen Hodonym *Windhuker Straße* zu weiteren Erkenntnissen führt: Die Darstellung zeigt, dass die koloniale Motiviertheit nicht nur durch die lexikologisch-semantische Analyse des Modifikators jedes singulären SN-Tokens erkennbar wird; im Rahmen

---

(http://www.frankfurt.de/sixcms/media.php/738/Leitfaden%202016%20Straßenbenennung%20bf.pdf).

der Hinzuziehung raumlinguistischer Betrachtungen kann die administrative Verfügung ganzer Cluster derartige koloniale Wissensordnungen im Raum etablieren, die sich im Fall Anger-Crottendorfs spezifisch auf Deutsch-Südwestafrika beziehen: Alle zuvor aufgelisteten Benennungen weisen nicht nur einen unmittelbaren Kolonialbezug auf, sondern sie stellen zugleich einen räumlichen Bezug zu derjenigen Kolonie her, die 1884 als erstes kaiserlich-deutsches Schutzgebiet erworben wurde und zugleich die einzige Siedlungskolonie innerhalb des Zeitraums des faktischen deutschen Kolonialbesitzes darstellte (vgl. Speitkamp 2005: 81; Stolz & Warnke 2018): Das Erstglied des deanthroponymischen Hodonyms (*Lüderitzstraße*) referiert auf den kolonialen Akteur Adolf Lüderitz, der an der Inbesitznahme dieser ersten Kolonie maßgeblich beteiligt war; die Oikonyme *Swakopmund* (*Swakopmunder Straße*) und *Windhuk* (*Windhuker Straße*) verweisen auf die wichtigsten Verwaltungs- und Handelszentren der Kolonialmacht vor Ort, und auch das depraxonymische Hodonym *(Waterbergstraße)* fixiert den dort aus Sicht der Kolonisatoren erfolgreich ausgetragenen Kolonialkrieg gegen die indigenen Bevölkerungsgruppen der Herero und Nama (vgl. Schulz & Ebert 2017: 170f.).

Im Ergebnis stellt das administrativ verfügte Cluster in Anger-Crottendorf damit ein „Werkzeug[e] des Place-Making" (Stolz & Warnke in diesem Band) dar, das in funktionaler Perspektive kolonisatorische Machtverhältnisse in Deutsch-Südwestafrika im Deutschen Reich selbst hervorbringt. Durch die Darstellung in Stadtplänen und auf Straßenschildern werden die Benennungen ortsdeklarativ etabliert. Obgleich kolonial motivierte Hodo- bzw. Dromonyme auch in geringer Anzahl als Einzelbenennungen[30] verfügt wurden, ist davon auszugehen, dass die usuellere Form der Clustereinschreibung insofern eindeutiger auf Kolonialismus und koloniale Themen verweist, als dass sie gerade durch die Vielzahl solcher thematisch kohärenter, kolonial motivierter Benennungen eindeutiger zum Tragen kommt. Eine derartige, spezifisch koloniale Raumbelegung und -markierung ist auch für die als Kolonialviertel angelegten Benennungen in Wedding (Berlin), Nymphenburg-Neuhausen sowie Trudering (München) zu konstatieren, deren Modifikatoren auf Orte, Personen, Ereignisse u. dgl. der deutschen Kolonialgeschichte in den überseeischen Kolonien referieren.

---

30 Vgl. dazu Schulz & Ebert (2017): In Leipzig wurde bspw. auch die *Wissmannstraße* als Einzelbenennung in den Leipziger Stadtteil Neustadt eingeschrieben. Die für den Ort verfügbaren historischen Adressbücher legen die koloniale Benennungsmotivik eindeutig dar. Inwiefern die administrativ verfügte kolonialdiskursive Semantik von Sprachteilhaberinnen und Sprachteilhabern wahrgenommen wird, stellt sich bei einer Einzelbenennung als weitaus unsicherer dar: Die Annahme, dass gerade mehrdeutige Assoziationen zu dem deanthroponymischen Hodonym *Wissmannstraße* hervorgebracht werden könnten, liegt hier nahe.

Clusterbenennung ist damit „ein probates Mittel im kolonialen und postkolonialen Diskurs" (Stolz & Warnke 2015: 111): Sie ist effektives Werkzeug der Administration zur Sichtbarmachung kolonialzeitlicher und/oder kolonialzeitbezogener Machtverhältnisse, das auf Seiten der Sprachteilhaberinnen und Sprachteilhaber die Dekodierung solcher intendierten kolonialdiskursiven Semantiken jener Inventare erleichtert. Die koloniale Motiviertheit einzelner Hodo- bzw. Dromonyme ist durch Aufdeckung der historischen Benennungsmotivik zum Benennungszeitpunkt nachweisbar, doch erst die gebündelte Verfügung im Raum stellt diesen als symbolisch markierten Ort heraus, der hinsichtlich kolonialer Wissensordnungen eindeutig funktional einzuordnen ist. Auf Grundlage dieser zuvor aufgezeigten Aspekte sind zukünftige Untersuchungen kolonialer Mikrotoponomastiken durch Miteinbezug raumlinguistischer Untersuchungsfragen vielversprechend und eröffnen damit auch für das Forschungsprogramm der Kolonialtoponomastik erkenntnisgewinnende Perspektiven.

5 Diskurslinguistische Perspektiven

Kolonialtoponyme stellen Ortsnamen dar, „deren Gebrauch im Rahmen kolonialer Machtausübung üblich war" (Stolz & Warnke in diesem Band) und deren Benennungspraktiken „im zeitlichen Rahmen faktischer Machtausübung" (Schmidt-Brücken et al. 2017: 76) erfolgte. Kolonial motivierte Benennungspraktiken sind auf der Ebene der Mikrotoponymie auch für Orte des Deutschen Reichs identifizier- und inventarisierbar. Das koloniale Mikrotoponomastikon in der Metropole ist Bestandteil der zu etablierenden vergleichenden Kolonialtoponomastik, wenngleich die administrative Verfügung oftmals erst nach dem Ende der faktischen Kolonialzeit Verwendung fand. Betrachtet man die in Kapitel 2 aufgeführten Benennungszeitpunkte der linguistisch kommentierten Inventare näher, dann fällt auf, dass alle vier Kolonialcluster jeweils Namen aufweisen, die erst in nachkolonialer Zeit eingeschrieben wurden. In Anger-Crottendorf (Leipzig) und Wedding (Berlin) ist ein länger andauernder Aufbau der jeweiligen Cluster feststellbar; in beiden Orten sind Benennungen konstatierbar, die nach der faktischen Kolonialzeit im Zuge des weiteren Ausbaus der Neubauviertel administrativ verfügt wurden.[31] Der Gesamtbestand aller in den beiden Neubauvierteln Neuhausen und Trudering eingeschriebenen Inven-

---

31 Anger-Crottendorf: *Swakopmunder Straße* und *Windhuker Straße*; Wedding: *Dualastraße*, *Petersallee* (für die Einschreibung wurde ein Teil der das Kolonialcluster angrenzenden *Londoner Straße* umbenannt, vgl. Schulplan 1910, Pharus-Plan 1942), *Sambesistraße*, *Tangastraße*, *Ugandastraße*; die genauen Benennungsjahre sind in Kapitel 2 angegeben;

tare fand überdies erst nach dem Ende der deutschen Kolonialzeit im Jahr 1925 bzw. 1933 erstmals Verwendung, die Entstehung dieser zwei administrativ verfügten Kolonialcluster ist als einmaliger Benennungsprozess in nachkolonialer Zeit der zwanziger und dreißiger Jahren erkennbar.

In raumübergreifender Perspektive endete mit Abtretung der Kolonialgebiete im Zuge des Versailler Vertrags auch die Phase administrativer Namenverfügungen von Makro- und Mikrotoponymen der jeweiligen Kolonialmacht im kolonisierten Raum, während die Benennung in der Metropole bis in die erste Hälfte des 20. Jahrhunderts anhielt. Vergleicht man die Gesamtheit der innerhalb dieses Beitrags beschriebenen Inventare der untersuchten Orte hinsichtlich der jeweiligen Einschreibungszeitpunkte, dann ist sogar feststellbar, dass die Mehrheit aller verfügten Hodo- bzw. Dromonyme aus nachkolonialer Zeit stammen. Jene Inventare sind hinsichtlich strukturlinguistischer Kriterien (Komplexität der Konstruktionen, lexikologische Klassen der Modifikatoren) nicht von kolonialzeitlichen Einschreibungen unterscheidbar; so beziehen sich bspw. die zweigliedrigen Konstruktionen der erst Ende der dreißiger Jahre in Anger-Crottendorf verfügten deoikonymischen Hodonyme *Windhuker Straße* und *Swakopmunder Straße* wie die ausdrucksseitig identischen und zur Kolonialzeit eingeschriebenen SN-Token in Wedding auf den „Hauptort" bzw. „wichtigste[n] Küstenplatz" (Schnee 1920) von Deutsch-Südwestafrika und damit unmittelbar auf die Kolonialgeschichte.

Etwaige intentionale Unterschiede, die sich mit solchen nachkolonialen Einschreibungen ergeben, können durch diskurslinguistische Zugriffsweisen ermöglicht werden. Hierfür sind Texte nötig, die derartige Straßennamenverfügungen nach 1919/20 offenlegen. Solche (diskurs-)funktionalen Aspekte werden bspw. durch die Sichtung der in den historischen Adressbüchern angegebenen Benennungsmotiviken deutlich und sind in Tabelle 2 für singuläre Namen aufgeführt.

Tabelle 2: Motiviken nachkolonialer Straßenbenennungen.

Straßenname	Ort	Benennungsmotivik
Swakopmunder Straße	Leipzig (Anger-Crottendorf)	"Stadt im ehemaligen Deutsch-Südwestafrika" (Adreßbuch 1938: 462)
Swakopmunder Straße	München (Trudering)	"Swakopmund, heute noch vollkommen deutsche Stadt an der südwestafrikanischen Küste" (Adreßbuch 1941: 619)
Tsingtauer Straße	München (Trudering)	"Tsingtau, Hauptstadt des früheren deutschen Pachtgebietes Kiautschou, wuchs unter deutscher Verwaltung zu einer aufblühenden Handels- und Hafenstadt heran [...]" (Adreßbuch 1941: 648)

Tabelle 2: (fortgesetzt)

Usambara Straße	München (Trudering)	"Windhuk in Deutsch-Südwestafrika, zur Erinnerung an die verlorenen Kolonien" (Adreßbuch 1941: 701)
Windhuker Straße	Leipzig (Anger-Crottendorf)	"Stadt im ehemaligen Deutsch-Südwestafrika" (Adreßbuch 1938: 506)
Windhuker Straße	München (Trudering)	"Windhuk in Deutsch-Südwestafrika, zur Erinnerung an die verlorenen Kolonien" (Adreßbuch 1941: 701)

Die mit nachkolonialen Benennungen einhergehenden Motiviken, die innerhalb dieses Beitrags für einzelne SN-Token mit toponymischen Modifikatoren zusammengestellt wurden, zeigen semantisch-funktionale Auffälligkeiten; sie verweisen zudem auf die in nachkolonialen Diskursen vorherrschenden Argumentationsmuster: Die Benennungen schreiben koloniale Wissensordnungen fort, ihnen werden aber zugleich weitere Gewissheiten zugeordnet. Sie beziehen sich auf vergangene (*ehemalige, frühere, verlorene[n]*) kolonisatorische Machtkonstellationen. Das gilt auch für die Einschreibung der *Swakopmunder Straße* in Trudering, wenngleich hier die nachkolonialen Effekte des einstigen Siedlungskolonialismus in Deutsch-Südwestafrika in den Vordergrund gestellt werden: Das im Adressbuch von 1941 beschriebene kolonialistische Selbstverständnis, das bis weit über die faktische Phase kolonialer Machtausübung hinaus andauerte, betraf nicht zuletzt dessen Versprachlichung und Manifestation im Raum und damit die Fortführung kolonial motivierter Benennungen nach Verlust der Kolonien. Die Benennungsmotiviken machen deutlich, dass diskurslinguistische Zugriffe für Untersuchungen solcher nachkolonialen Einschreibungen besonders lohnenswert erscheinen; die Berücksichtigung der Benennungen in Aussagenzusammenhängen ist – neben der linguistischen Analyse der Inventare – hilfreiches Werkzeug zur Aufarbeitung der Bewusstseinshaltungen im kolonisatorischen Diskurs der ersten Hälfte des 20. Jahrhunderts.

Dass verfügte Benennungspraktiken in nachkolonialer Zeit gleichwohl als „ein Werkzeug der sprachlichen Kolonialisierung, und damit Mittel kolonialer Sprachstile" (Stolz & Warnke in diesem Band) beschrieben werden kann, die damit intendierten Funktionen aber anders gelagert sind, wird durch die Berücksichtigung solcher Benennungen in weiteren transtextuellen Aussagenzusammenhängen deutlich: Als Paradebeispiel soll in diesem Zusammenhang ein Artikel im Münchener Tagblatt aus dem Jahr 1925 aufgeführt werden. Im Artikel wurde das durch den Stadtrat verfügte Kolonialcluster (zusammen mit weiteren sekundären Straßennameneinschreibungen) unter dem Titel „Kulturpolitik auf der Straße" folgendermaßen kommentiert:

> Der Stadtrat München hat in neuaufgeschlossenen Vierteln am Außenrande der Stadt 500 neue Straßennamen in einer Art und Weise geschaffen, die beweist, daß man auch auf diese Weise Heimatkunde fördern, Volkserziehung betreiben und Kulturpolitik machen kann. Die Geschichte des Reiches, [...], Forschungsreisende, Kolonialhelden, wurden durch die Benennung von Straßen und Plätzen [...] in der lebendigen Gedankenwelt aller Volksteile gehalten [...]. Des geraubten Kolonialbesitzes wurde durch eine Daressalamstraße, Südseestraße, Tsingtauerstraße und Kamerunplatz [sic] gedacht. (Münchener Tagblatt, 29.9.1925)

Der Artikel ist in zweierlei Hinsicht aufschlussreich: Die Straßennameneinschreibungen, die sich auf „Kolonialhelden" und auf den „geraubten Kolonialbesitz[es]" beziehen, wurden erst 1925 administrativ verfügt. Dennoch waren derartige kolonialzeitbezogene Straßenbenennungen ein probates Mittel, mit dem man unter anderem auch „Heimatkunde fördern" konnte. Heimatkunde wurde erstmals in der Weimarer Republik curricular als festes Schulfach festgeschrieben (vgl. Thomas 2009: 19). Ziel des Faches bestand mitunter darin, Heimat als „erlebte und erlebbare Totalverbundenheit mit dem Boden" und als „geistiges Wurzelgefühl" (Spranger 1923: 11) wahrzunehmen. Die Kolonien werden im Text als ein Ort versprachlicht, der als das eigene Zuhause angesehen wird. Dieses Argumentationsmuster ist noch markierter, wenn man bedenkt, dass sich der Artikel von 1925 auf kolonialzeitbezogene Benennungen, die Jahre nach Abtretung jeglichen Kolonialbesitzes im Zuge des Versailler Vertrags von 1919/20 verfügt wurden, bezieht. Das Textbeispiel veranschaulicht jenen kolonisatorischen Identitätsdiskurs, der nicht auf historische Fakten, sondern auf imaginierte Selbstzuschreibungskonzepte, auf der sprachlichen Konstruktion solcher „Phantasiereiche" (Kundrus 2003) in Übersee beruht. Noch ein weiterer Aspekt wird bei vorliegendem Artikel deutlich, nämlich der, dass derartige kolonialzeitbezogene Benennungen zugleich entscheidende Werkzeuge bei der Erhaltung gezielter kolonialrevisionistischer Argumentationsmuster der Rückforderung darstellten: Die Kolonien wurden allesamt „geraubt[en]", die Abtretung wird also als ein Akt des illegitimen Diebstahls verdeutlicht. Diese zeitgenössische „Kriminalisierung des Gegners" (Kämper 2016: 198) als argumentativ-lexikalischer Standard nach 1919/20 ist auch anhand diverser zeitgenössischer Reichstagsprotokolle feststellbar, die von Kämper (2016) zu kolonialrevisionistischen Diskursen in der Weimarer Republik dargelegt wurde. Solche bestehenden „koloniale[n] Wissensordnungen" (Stolz & Warnke in diesem Band) und/oder Bewusstseinshaltungen in der deutschen Gesellschaft nach 1919/20 werden auch in Publikationen kolonialer Interessensverbände oder in staatlichen Runderlässen in der NS-Zeit versprachlicht.

6 Zusammenführung

6.1 Rückblicke

Mit den bisherigen Ausführungen konnte gezeigt werden, dass sich mit der Ausweitung der vergleichenden Kolonialtoponomastik auf die Ebene der Mikrotoponyme raumübergreifende Forschungsperspektiven eröffnen. Während Schulz & Aleff (in diesem Band) sich mit der Identifikation, Klassifizierung und Analyse mikrotoponomastischer Benennungen in den Kolonien Deutsch-Samoa und Deutsch-Neuguinea befassen, widmete sich der vorliegende Beitrag kolonialen Einschreibepraktiken von Mikrotoponymen aus (Teil-)Inventaren im Raum der Metropole. Die sprachwissenschaftlichen Untersuchungen zu kolonialen Hodo- bzw. Dromonymen haben gezeigt, dass die Benennungen als Fixierungspraktiken beschreibbar sind, die im Ergebnis kolonial geprägte Sprachräume im deutschsprachigen Raum selbst hervorrufen. Dadurch, dass gerade die Aufarbeitung solcher mikrotoponomastischer Benennungen im Raum des Deutschen Reichs derartige koloniale Wissensordnungen in der unmittelbaren Raumdeskription fortschreiben, kommen „in besonderer Weise Erkenntnisse über sprachgebundene kolonisatorische Machtausübung" (Warnke et al. 2016: 23) zum Ausdruck.

Die vergleichende Kolonialtoponomastik – so schreiben die Herausgeber des vorliegenden Bandes bereits zu Beginn – setzt sich zum Ziel, „von den eingefahrenen Wegen der traditionellen Namenforschung abzuweichen" (Stolz & Warnke in diesem Band) sowie die bisherigen Forschungsfelder der noch recht jungen Koloniallinguistik zu erweitern, bilden die Inventare doch einen „wichtigen Teil eines kolonial geprägten Wortschatzes" (Stolz & Warnke in diesem Band) ab. Die datengestützte Aufarbeitung kolonialer Mikrotoponomastik im Raum des Deutschen Reichs verspricht neben der Untersuchung kolonialtoponomastischer Forschungsfragen aber auch einen Erkenntnisgewinn für die in der Einleitung des Sammelbandes umrissene interdisziplinäre Kolonialismusforschung, die sich mit „koloniale[r] Metropolenforschung" (Kundrus 2003: 9) beschäftigt.

Innerhalb dieses Beitrags wurden ortsspezifische Betrachtungen vorgenommen; die für die insgesamt vier eingeschriebenen Clusterbenennungen dargestellten Analysen und die von dieser geringen Datenmenge ausgehenden geschilderten Befunde vergegenwärtigen dennoch bereits die große Relevanz dieses Forschungsgegenstandes sowohl für die sprachwissenschaftlichen Forschungsgebiete der Toponomastik und Koloniallinguistik als auch für die Kolonialgeschichtsforschung der Kultur- und Geschichtswissenschaften. Zukünftige datengestützte Arbeitsweisen, die ein fest definiertes Ortskorpus für die Erhebung der Inventare voraussetzen, auf dessen Basis etwaige Einschreibungen identifiziert, klassifiziert und anschließend linguistisch annotiert werden[32], zielen auf derartige „über das Einzeltoponym hinausreichende koloniale Wissensordnungen" (Stolz & Warnke in diesem Band) ab. Die Ergebnisse einer solchen Arbeit, die u. a. nach strukturellen und funktionalen Mustern, aber auch nach Unterschieden innerhalb dieses Kolonialtoponomastikons auf Basis eines klar definierten Orts- und Namenkorpus fragt, muss einer eigenen Publikation zu einem späteren Zeitpunkt vorbehalten bleiben. Die ortsübergreifende und zugleich datengestützte Klassifizierung und Inventarisierung der historischen Benennungen bis 1945 ermöglicht sodann eine deskriptiv-analytische Untersuchung etwaiger Umbenennungsprozesse; damit können auch wichtige Erkenntnisse zu derzeitigen Fragestellungen der Erforschung des „Umgang[s] mit der deutschen Kolonialgeschichte" nach 1945 bis in die heutige Gegenwart gewonnen werden, worauf auch die Ausstellungstation des DHMs abzielte.

6.2 Ausblicke

Der hier vorliegende Beitrag beschränkte sich auf kolonial motivierte Benennungspraktiken im Raum des Deutschen Reichs; die Ausweitung des Untersuchungsgegenstandes auf weitere europäische Metropolen mit Kolonialgebieten in Übersee steht innerhalb der vergleichenden Toponomastik derzeit noch aus. Stichproben in weiteren Orten der europäischen Metropolen zeigen, dass derartige Einschreibungspraktiken kolonial motivierter Hodo- bzw. Dromonyme Verwendung fanden, die hinsichtlich struktureller und funktionaler Eigenschaften den Einschreibungen im deutschsprachigen Raum ähneln.

Miccoli (angenommen) untersucht anhand historischer Stadtpläne Roms sekundäre Straßennamen, die Bezüge zur italienischen Kolonialgeschichte aufweisen: Nordöstlich des Bahnhofsviertels sind Benennungen von in räumlicher Nähe errichteten Straßenzügen auffällig, deren Modifikatoren Choronyme (*Viale Etiopia, Viale Libia, Viale Eritrea, Viale Somalia*) aufweisen, die auf die koloniale Herrschaftsübernahme dieser Gebiete ab dem späten 19. Jahrhundert referieren. Auffällig ist die große Anzahl an eingeschriebenen SN-Token mit Oikonymen als Modifikatoren (z. B. *Piazzale Addis Abeba, Via Adigrat, Via Agordat, Via Asmara, Via Jimma, Via Tripoli*). Dabei handelt es sich um wichtige admi-

---

[32] Schulz & Ebert (2016) stellen für dieses Unterfangen ein 430 Orte umfassendes Korpus vor, das hinsichtlich kolonialer Straßennameneinschreibungen untersucht werden soll.

nistrative und/oder ökonomische Zentren, die die italienische Kolonialmacht als solche ausgebaut hat. Die ersten Ergebnisse solcher lexikologischen Betrachtungen der jeweiligen Inventare und der die Raumlinguistik betreffende Umstand, dass auch hier Clusterbenennung stattfand, zeigt Parallelen zum Afrikanischen Viertel in Berlin-Wedding auf. Auffällig ist zudem, dass in diversen Internetportalen die Bezeichnung „Quartiere Africano" (Afrikanisches Viertel) wie für das in Berlin-Wedding eingeschriebene Cluster allgegenwärtig ist.[33] Dass es sich bei den Benennungen um historische Einschreibeprodukte zur italienischen Kolonialzeit handelt, die im Rahmen mehrerer Kommunalbeschlüsse administrativ verfügt wurden, wird ausführlicher in Miccoli (angenommen) beschrieben.

Vor diesem Hintergrund muss wohl auch das im Stadtbezirk Amsterdam Oost errichtete Viertel „Indische Buurt" verortet werden, das am Beginn des 20. Jahrhunderts als Arbeiterviertel für Hafenarbeiter errichtet wurde: Der Viertelname ist angelegt an die historischen Namenverfügungen für die dort erbauten Straßenzüge (z. B. *Javastraat, Sumatrastraat, Balistraat, Borneostraat*), die noch zur faktischen Kolonialzeit nach „Insel[n] und Provinzen der niederländischen Kolonie in ‚Nederlands-Indië'" (Zangger 2011: 11) neben dem damalig existierenden „Koloniaal Instituut te Amsterdam" (Kolonialinstitut) benannt wurden und nach seiner Auflösung 1950 als *Koninklijk Instituut voor de Tropen* (KIT) (Königliches Tropeninstitut) verwendet wird (vgl. Dunford et al. 2005: 117). Eine solche Ausweitung der räumlichen Dimension, die sich nicht nur auf das Deutsche Kaiserreich und dessen Nachfolgestrukturen beschränkt, sondern auch Inventare anderer europäischer Kolonialmächte identifiziert, inventarisiert und nach system-, raum- und diskurslinguistischen Kriterien analysiert, ist ein zeitaufwändiges Unterfangen und muss zukünftigen Publikationen überlassen werden. Dennoch zeigt jene Sichtung, dass Treffer in weiteren Orten der europäischen Metropolen möglich scheinen. Die Beantwortung weiterführender Fragen nach Überschneidungen und Differenzen solcher mikrotoponomastischer Benennungen in den jeweiligen europäischen Metropolen, um „Generalisierungen über die Grenzen eines einzelnen historischen Kolonialismus hinaus zu ermöglichen" (Stolz & Warnke in diesem Band), stellt ein weiteres, langfristiges Ziel einer etablierten vergleichenden Kolonialtoponomastik in der linguistischen Forschungslandschaft dar. Eine derartige Erweiterung des Programms eröffnet ohne Zweifel auch „in besonderer Weise Erkenntnisse über sprachgebundene kolonisatorische Machtausübung" (Warnke et al. 2016: 23), die es in-

---

33 www.viaggionelmondo.net/34198-quartiere-africano-roma-cosa-vedere/; glenysromeandbeyond.wordpress.com/2009/08/21/romes-african-quarter/.

nerhalb des Projekts zu erforschen gilt. Nicht zuletzt können jene zuvor aufgezeigten Forschungsperspektiven auch nützlich sein für interdisziplinär ausgerichtete, globalgeschichtliche Ansätze, welche die durch Kolonialherrschaft bedingten transnationalen Phänomene, also „Beziehungen und Konstellationen, welche die nationalen Grenzen transzendieren" (Conrad & Osterhammel 2004: 15), untersuchen.

Abkürzungen

APP	Appellativum
ANTH	Anthroponym
EN	Eigenname
KLASS	Klassifikator
MOD	Modifikator
PRAX	Praxonym
SN	Straßenname
TOP	Toponym

Literaturverzeichnis

a. Forschungsliteratur

Conrad, Sebastian & Jürgen Osterhammel (eds.). 2004. *Das Kaiserreich transnational. Deutschland in der Welt 1871–1914*. Göttingen: Vandenhoeck & Ruprecht.
Conrad, Sebastian & Shalini Randeria. 2002. Geteilte Geschichten – Europa in einer postkolonialen Welt. In Sebastian Conrad & Shalini Randeria (eds.), *Jenseits des Eurozentrismus. Postkoloniale Perspektiven in den Geschichts- und Kulturwissenschaften*, 9–49. Frankfurt am Main & New York: Campus Verlag.
Cooper, Frederick & Ann Laura Stoler (eds.). 1997. *Tensions of Empire. Colonial cultures in a bourgeois world*. Berkeley & Los Angeles & London: University of California Press.
Döschner, Jascha. in diesem Band. Wie viel ‚Gattung' haben Geo-Objekte? Gattungseigennamen aus kolonialtoponomastischer Perspektive.
Dunford, Martin, Jack Holland & Phil Lee. 2005. *Amsterdam*. London: Rough Guides.
Ebner, Timm. 2016. Nationalsozialistische Kolonialliteratur: Koloniale und antisemitische Verräterfiguren „hinter den Kulissen des Welttheaters". Paderborn: Wilhelm Fink.
Friedrichsmeyer, Sara, Sara Lennox & Susanne Zantop (eds.). 1998. *The imperialist imagination. German colonialism and its legacy*. Ann Arbor: University of Michigan Press.
Gann, Lewis H. 1987. Marginal colonialism: The German case. In Arthur J. Knoll & Lewis H. Gann (eds.), *Germans in the tropics. Essays in German colonial history*, 1–18. New York: Greenwood Press.

Harweg, Roland. 1983. Genuine Gattungseigennamen. In Manfred Faust, Roland Harweg, Werner Wienold & Götz Kegfedt (eds.), *Allgemeine Sprachwissenschaft, Sprachtypologie und Textlinguistik*, 157–171. Tübingen: Narr.

Honold, Alexander. 2003. Afrikanisches Viertel. Straßennamen als kolonialer Gedächtnisraum. In Birthe Kundrus (ed.), *Phantasiereiche. Zur Kulturgeschichte des deutschen Kolonialismus*, 305–321. Frankfurt am Main: Campus Verlag.

Jürgens, Hanco. 2016. Rezension zu: Deutscher Kolonialismus. Fragmente seiner Geschichte und Gegenwart, 14.10.2016–14.05.2017 Berlin. *H-Soz-Kult*, 26.11.2016. http://www.hsozkult.de/exhibitionreview/id/rezausstellungen-254 (aufgerufen am 02.09.2017).

Kämper, Heidrun. 2016. Sprache in postkolonialen Kontexten I. Kolonialrevisionistische Diskurse in der Weimarer Republik. In Thomas Stolz, Ingo H. Warnke & Daniel Schmidt-Brücken (eds.), *Sprache und Kolonialismus. Eine interdisziplinäre Einführung zu Sprache und Kommunikation in kolonialen Kontexten*, 193–212. Berlin & Boston: De Gruyter.

Kretzschmar, Ulrike. 2016. Vorwort. In Deutsches Historisches Museum (ed.), *Deutscher Kolonialismus. Fragmente seiner Geschichte und Gegenwart*, 10–11. Berlin: Stiftung Deutsches Historisches Museum.

Kundrus, Birthe (ed.). 2003. *Phantasiereiche. Zur Kulturgeschichte des deutschen Kolonialismus*. Frankfurt am Main & New York: Campus Verlag.

Lindner, Ulrike. 2008. Das Münchner Kolonialviertel. In Ulrich Van Der Heyden & Joachim Zeller (eds.), *Kolonialismus hierzulande. Eine Spurensuche in Deutschland*, 293–299. Erfurt: Sutton.

Lindner, Ulrike. 2011. Neuere Kolonialgeschichte und Postcolonial Studies. Version: 1.0. *Docupedia Zeitgeschichte*, 15.04.2011. http://docupedia.de/zg/Neuere_Kolonialgeschichte_und_Postcolonial_Studies (aufgerufen am 02.09.2017).

Miccoli, Paolo. angenommen. Italo-koloniale Urbanonyme im Vergleich. Tripolis und Rom während Liberalismus und Faschismus. In Maria Aleff, Verena Ebert, Tirza Mühlan-Meyer & Matthias Schulz (eds.): *Koloniale Urbanonyme. Forschungsperspektiven und interdisziplinäre Perspektiven*. Berlin & New York: De Gruyter.

Nübling, Damaris, Fabian Fahlbusch & Rita Heuser. 2015. *Namen. Eine Einführung in die Onomastik*. Tübingen: Narr.

Pehle, Heinrich. 2000. Deutsches Reich. In Everhard Holtmann (ed.), *Politik-Lexikon*. München: Oldenbourg Wissenschaftsverlag.

Poguntke, Peter. 2011. *Braune Feldzeichen. Stuttgarter Straßennamen in der NS-Zeit und der Umgang nach 1945*. Stuttgart & Leipzig: Hohenheim.

Schmidt-Brücken, Daniel, Ingo H. Warnke & Jennifer Gräger. 2017. Komplexe onymische Formen der Ortsherstellung: Bemerkungen zum diskursgrammatischen Status von Toponymkonstruktionen in kolonialzeitlichen Quellen. In Aina Urdze & Nataliya Levkovych (eds.), *Linguistik im Nordwesten: Beiträge zum 8. Nordwestdeutschen Linguistischen Kolloquium, Bremen, 13.–14.11.2015*, 61–94. Bochum: Universitätsverlag Brockmeyer.

Schulz, Matthias & Maria Aleff. in diesem Band. Mikrotoponyme in der Kolonialtoponomastik: Deutsch-Samoa und Deutsch-Neuguinea.

Schulz, Matthias & Verena Ebert. 2016. Wissmannstraße, Massaiweg, Berliner Straße. Kolonial intendierte Urbanonyme – Befunde, Perspektiven, Forschungsprogramm. *Beiträge zur Namenforschung* 51 (3/4). 357–386.

Schulz, Matthias & Verena Ebert. 2017. Kaiser-Wilhelm-Ufer, Wissmannstraße, Stuhlmannstraße – Straßennamen im Kontext kolonialer Raumaneignung. In Thomas Stolz, Ingo H. Warnke & Axel Dunker (eds.), *Benennungspraktiken in Prozessen kolonialer Raumaneignung*, 161–186. Berlin & New York: de Gruyter.

Schürmann, Felix. 2006. Erinnerungslandschaft im Wandel. Das Afrika-Viertel in Hannover. *Stichproben. Wiener Zeitschrift für kritische Afrikastudien* 10(6). 39–60, https://stichproben.univie.ac.at/fileadmin/user_upload/p_stichproben Artikel/Nummer 10/Nr10_Sch%C3%BCrmann.pdf (aufgerufen am 02.09.2017).

Schürmann, Felix. 2012. Die kurze Geschichte der kolonialen Straßennamen in Frankfurt am Main, 1933–1947. *Werkstatt Geschichte/Heft* 61. 65–75, http://www.werkstattgeschichte.de/werkstatt_site/archiv/WG61_065-075_SCHUERMANN_FRANKFURT.pdf (aufgerufen am 02.09.2017).

Speitkamp, Winfried. 2005. *Deutsche Kolonialgeschichte*. Stuttgart: Reclam.

Stolz, Thomas & Ingo H. Warnke. 2015. Aspekte der kolonialen und postkolonialen Toponymie unter besonderer Berücksichtigung des deutschen Kolonialismus. In Daniel Schmidt-Brücken, Susanne Schuster, Thomas Stolz, Ingo H. Warnke & Marina Wienberg (eds.), *Koloniallinguistik – Sprache in kolonialen Kontexten*, 107–176. Berlin & München & - Boston: De Gruyter.

Stolz, Thomas & Ingo H. Warnke. 2018. Auf dem Weg zu einer vergleichenden Kolonialtoponomastik. Der Fall Deutsch–Südwestafrika. In Birte Kellermeier-Rehbein, Matthias Schulz & Doris Stolberg (eds.), *Sprache und (Post)-Kolonialismus. Linguistische und interdisziplinäre Aspekte*, 71–105. Berlin & München & Boston: De Gruyter.

Stolz, Thomas & Ingo H. Warnke. in diesem Band. System- und diskurslinguistische Einblicke in die vergleichende Kolonialtoponomastik. Eine gemeinsame Einführung.

Struck, Wolfgang. 2010. *Die Eroberung der Phantasie. Kolonialismus, Literatur und Film zwischen deutschem Kaiserreich und Weimarer Republik*. Göttingen: V & R Unipress.

Thomas, Bernd. 2009. *Der Sachunterricht und seine Konzeptionen. Historische und aktuelle Entwicklungen*. Bad Heilbrunn: Julius Klinkhardt.

Warnke, Ingo H. 2009. Deutsche Sprache und Kolonialismus. Umrisse eines Forschungsfeldes. In Ingo H. Warnke (ed.), *Deutsche Sprache und Kolonialismus. Aspekte der nationalen Kommunikation 1884–1919*, 3–62. Berlin/New York: De Gruyter.

Warnke, Ingo H., Thomas Stolz & Daniel Schmidt-Brücken. 2016. Perspektiven der Postcolonial Language Studies. In Ingo Warnke, Thomas Stolz & Daniel Schmidt-Brücken (eds.), *Sprache und Kolonialismus. Eine interdisziplinäre Einführung zu Sprache und Kommunikation in kolonialen Kontexten*, 1–25. Berlin & Boston: De Gruyter.

Weidner, Marcus. Online-Datenbank zur Straßenbenennungspraxis in Westfalen und Lippe während des Nationalsozialismus, http://www.strassennamen-in-westfalen-lippe.lwl.org (aufgerufen am 13.06.2017).

Werner, Marion. 2008. *Vom Adolf-Hitler-Platz zum Ebertplatz. Eine Kulturgeschichte der Kölner Straßennamen seit 1933*. Köln & Weimar & Wien: Böhlau.

Zangger, Andreas. 2011. *Koloniale Schweiz. Ein Stück Globalgeschichte zwischen Europa und Südostasien (1860–1930)*. Bielefeld: Transcript.

b. Quellen

Deutscher Städtetag. 1922. Benennung von Strassen und Plätzen vom 21.10.1922. Nr. III 32109/22.
Geheimes Staatsarchiv Preußischer Kulturbesitz (GStA PK) Berlin: HA I Rep. 77 [MdI] Tit. 1319 Nr. 2 Bd. 17.
Münchener Tagblatt. Nr. 270. 29.9.1925. 49. Jahrgang, 3.
Runderlass des Reichsministers des Inneren. 1939. Ausführungs-Anweisung zur Verordnung über die Benennung von Straßen, Plätzen und Brücken vom 15.07.1939. V a 5141 IX/39–1002, http://www.lwl.org/westfaelische-geschichte/nstopo/normen/1939-07-15.pdf (aufgerufen am 10.11.2015).
Schnee, Heinrich. 1920. Deutsches Kolonial-Lexikon. 3 Bände. Leipzig: Quelle & Meyer, http://www.ub.bildarchiv-dkg.uni-frankfurt.de/Bildprojekt/Lexikon/ Standardframeseite.php (aufgerufen am 10.11.2015).
Spranger, Eduard. 1923. Der Bildungswert der Heimatkunde. Rede zur Eröffnungssitzung der Studiengemeinschaft für wissenschaftliche Heimatkunde am 21. April 1923. Sonderdruck. Berlin: Kommissionsverlag Hartmann.

Adressbücher, Stadtpläne, Straßenverzeichnisse

Leipziger Adreßbuch für das Jahr 1938. Erster Band, http://digital.slubdresden.de/werkansicht/dlf/93348/3/0/ (aufgerufen am 29.05.2016).
Münchner Stadtadreßbuch 1941. Adreßbuch der Hauptstadt der Bewegung München und Umgebung. Jg. 91. München: Adreßbuchverlag der Industrie- und Handelskammer München, http://wiki-de.genealogy.net/M%c3%bcnchen/Adressbuch_1941 (aufgerufen am 29.05.2016).
Schulplan von Berlin 1910. In Richard Pohle & Gustav Brust (eds.), *Berliner Schulatlas: Auf Grund der 50. Auflage von Keil und Riecke: Deutscher Schulatlas*. Reprint der Berliner Originalausgabe von 1910. 3., vermehrte und verbesserte Auflage, genehmigte Lizenzausgabe. Augsburg: Weltbild.
Pharus-Plan Berlin. Mittel-Ausgabe 1942. Kartenabteilung Staatsbibliothek zu Berlin. Preußischer Kulturbesitz. Kart. 10568.

c. Webnachweise

http://www.afrika-hamburg.de/ (aufgerufen am 28.05.2017).
http://www.berlin.de/ba-mitte/aktuelles/pressemitteilungen/2009/pressemitteilung.236686.php (aufgerufen am 28.05.2017).
https://www.berlin.de/ba-mitte/ueber-den-bezirk/ortsteile/wedding/ (aufgerufen am 28.05.2017).
http://www.berlin-postkolonial.de/ (aufgerufen am 28.05.2017).
http://www.freedom-roads.de/frrd/staedte.htm (aufgerufen am 28.05.2017).
http://dhm.de/ausstellungen/archiv/2016/deutscher-kolonialismus.html (aufgerufen am 28.05.2017).

https://glenysromeandbeyond.wordpress.com/2009/08/21/romes-african-quarter/ (aufgerufen am 28.05.2017).
http://www.frankfurt.de/sixcms/media.php/738/Leitfaden%202016%20Straßenbenennung%20bf.pdf (aufgerufen am 28.05.2017).
http://www.kopfwelten.org/kp/ (aufgerufen am 28.05.2017).
http://muc.postkolonial.net/ (aufgerufen am 28.05.2017).
https://www.openstreetmap.de/karte.html (aufgerufen am 28.05.2017).
http://www.tagesspiegel.de/berlin/afrikanisches-viertel-in-berlin-neue-namen-fuer-drei-strassen-in-wedding-geplant/19877344.html (aufgerufen am 28.05.2017).
https://www.viaggionelmondo.net/34198-quartiere-africano-roma-cosa-vedere/ (aufgerufen am 28.05.2017).

Matthias Schulz, Maria Aleff
Mikrotoponyme in der Kolonialtoponomastik: Deutsch-Samoa und Deutsch-Neuguinea

Zusammenfassung: Der Beitrag zeigt am Beispiel der Kolonialmikrotoponomastiken (= Gesamtbestand von Kolonialmikrotoponymen in einem Gebiet) Deutsch-Neuguineas und Deutsch-Samoas, dass koloniale Mikrotoponyme – ebenso wie koloniale Makrotoponyme – spezifische Konstruktionsmuster aufweisen, die die Bildung verschiedener Typen ermöglichen. Die empirisch möglichst umfassende Erhebung und systemlinguistische Analyse macht deutlich, dass die Befunde zu einzelnen Kolonien deutliche Unterschiede in Hinsicht auf Muster und kanonische Typen aufweisen können. Die text- und diskursorientierte Analyse der erhobenen Mikrotoponomastiken deckt die Stellung der Mikrotoponyme als Diskurswerkzeuge und ihre spezifischen Diskursfunktionen auf. Es wird deutlich, dass koloniale Mikrotoponyme – ebenso wie koloniale Makrotoponyme – über implizite Aussagekraft verfügen. Mit Mikrotoponymen werden koloniale Raumordnungen, koloniale Wissensordnungen und koloniale Gewissheiten versprachlicht. Das Auftreten von kolonialen Mikrotoponymen in Texten und Diskursen stellt damit ein relevantes Merkmal des textuellen Place-Making dar. Koloniale Mikrotoponyme haben einen wesentlichen Anteil an den kolonialen Toponomastiken. Ihre Strukturen und Funktionen sind partiell mit denen der Makrotoponyme übereinstimmend, sie zeigen aber auch eine Reihe von Unterschieden. Sie müssen daher vergleichbar, aber doch unabhängig von und anders als koloniale Makrotoponyme untersucht werden. System- und diskurslinguistische Analysen bringen spezifische Ergebnisse, die sich ergänzen und wechselseitig stützen.

Schlagwörter: Ozeanien, Kolonialmikrotoponym, Urbanonym, Onomastik, Deutsch-Samoa, Deutsch-Neuguinea

---

Matthias Schulz, Lehrstuhl für deutsche Sprachwissenschaft, Universität Würzburg, Am Hubland, 97074 Würzburg. E-Mail: matth.schulz@uni-wuerzburg.de
Maria Aleff, Lehrstuhl für deutsche Sprachwissenschaft, Universität Würzburg, Am Hubland, 97074 Würzburg. E-Mail: maria.aleff@uni-wuerzburg.de

https://doi.org/10.1515/9783110608618-004

1 Einleitung

Die Kolonialtoponomastik ist bislang vorrangig makrotoponymisch orientiert (vgl. Stolz & Warnke in diesem Band). Im Rahmen des kolonialtoponomastischen Forschungsprogramms spielen aber auch Mikrotoponyme eine bedeutende Rolle (vgl. Schulz & Ebert 2016, 2017). Während zum Bereich der kolonialen Makrotoponyme bereits einige Studien vorliegen (vgl. Stolz & Warnke in diesem Band), stehen die Forschungen zu Kolonialmikrotoponomastiken (= Gesamtbestand von Kolonialmikrotoponymen in einem Gebiet) in den Kolonien des deutschen Kaiserreichs erst ganz am Anfang (das gilt für sprachwissenschaftliche Analysen auch für die Mikrotoponyme mit kolonialen Bezügen im europäischen Territorium des Kaiserreichs und seiner politischen Nachfolgestrukturen [der sog. ‚Metropole'[1]], vgl. dazu Ebert in diesem Band).

Bei kolonialen Mikrotoponymen handelt es sich nicht nur um Dromonyme (Straßennamen, = SN) und Hodonyme (Platznamen), sondern auch um weitere Namenklassen, etwa Denkmal-, Brücken- und Gebäudenamen (z. B. für Gasthäuser oder Hotels). In der slawistischen und auch in der germanistischen Onomastik werden die genannten, nach Form und Funktion zu differenzierenden mikrotoponymischen Namenklassen unterhalb der Ebene der Ortsnamen unter dem Terminus *Urbanonyme* zusammengefasst (vgl. Handke 1996; Kamianets 2000; Kojetínová 2013; Grotek 2016; Heuser 2008; Kohlheim 2013; zur Diskussion dieses Terminus für die Kolonialtoponomastik vgl. Schulz & Ebert 2016).

Ziel dieses Beitrags ist es, am Beispiel von Deutsch-Samoa und Deutsch-Neuguinea Strukturen und Spezifika mikrotoponymischer Kolonialtoponomastiken mit ihren unterschiedlichen Namenklassen aufzuzeigen. Der Bereich ist bislang sprachwissenschaftlich unerforscht. Für die genannten Kolonien des Kaiserreichs liegen bisher ausschließlich Daten für Makrotoponyme vor, nämlich vor allem eine Untersuchung von Namengebungspraktiken einzelner Akteure (Mühlhäusler 2001: 256–258), eine sichtende Zusammenstellung der Toponyme Ozeaniens (Mückler 2012: 277–279, 2015: 177–246) sowie Einzelanalysen im Kontrast zu Makrotoponymen anderer Kolonien (Stolz & Warnke 2015, 2016; Stolz et al. 2016).

Für den ersten Zugriff richtet sich unser Interesse auf die Formen und Strukturen der Mikrotoponyme. Die Frage nach ihren Funktionen ist damit eng verbunden. Neben den systemlinguistisch orientierten Zugriffen wollen wir auch

---

[1] Als „koloniale Metropole" und „Metropole" bezeichnen wir im Anschluss an die Terminologie der Geschichtswissenschaft die Gesellschaft einer Kolonialmacht und ihr europäisches Heimatland. Mit dem Terminus werden dabei keine wertenden Implikationen verbunden.

Perspektiven auf diskurslinguistisch orientierte Analysen eröffnen und dabei zeigen, wie beide Bereiche unmittelbar voneinander profitieren können. Wir beziehen unsere Befunde schließlich jeweils auf die in der Einleitung in diesem Band formulierten kolonialtoponomastischen Hypothesen (vgl. Stolz & Warnke in diesem Band), um die Spezifik kolonialer Mikrotoponyme herausstellen zu können.

2 Überlieferungslage

Während das Inventar kolonialer Makrotoponyme verhältnismäßig gut in etablierten Produkten der kolonialzeitlichen wissenschaftlichen Kolonialkartographie[2] dokumentiert ist und erhoben werden kann, müssen von unterschiedlichen Akteuren der deutschen Kolonialmacht gebildete und verwendete Mikrotoponyme erst in umfangreichen Recherchen aus unterschiedlichsten Quellenbeständen ermittelt werden. Dazu ist die systematische Sichtung von Amtsblättern und Zeitungen, von zum Teil handgezeichneten und unikal überlieferten Karten sowie die Durchsicht von Fotoarchiven[3], historischen Postkartenbeständen, Reiseberichten und Memoiren in Archiven und Bibliotheken erforderlich. Dass die Überlieferungslage selbst für Gebiete, für die es unerwartet erscheint, bei umfassender Recherche zielführend ist, soll an einigen Beispielen illustriert werden.

Die räumlich-strukturellen und auch die städtebaulichen Verhältnisse auf Deutsch-Neuguinea haben den Reiseschriftsteller E. von Hesse-Wartegg, der 1902 seinen Reisebericht über *Samoa, Bismarck-Archipel und Neuguinea* veröffentlichte, offenbar überrascht. Vor dem Hintergrund früherer Reisen, die ihn unter anderem auch nach Tsingtau führten (1897), nahm er die Ankunft in der Hauptstadt einer ozeanischen Kolonie des Kaiserreichs mit Erstaunen zur Kenntnis:

> Plötzlich ertönten die Stoppsignale für die Schiffsmaschine, die Anker rasselten in die Tiefe, die letzte Station der langen Fahrt des Lloyddampfers Stettin war erreicht. An der Küste gegenüber sahen wir im Schatten von Palmen und Brotfruchtbäumen halb verborgen ei-

---

[2] Zum Beispiel kartographische Werke und Register, etwa der *Große Deutsche Kolonialatlas* (Bearbeitung von Paul Sprigade und Max Moisel, herausgegeben von der Kolonialabteilung des Auswärtigen Amtes, Reimer (Vohsen) 1901–1915) oder *Petermanns Geographische Mitteilungen* (Justus Perthes, 1855–2004).
[3] Zum Beispiel das *Koloniale Bildarchiv* (http://www.ub.bildarchiv-dkg.uni-frankfurt.de/Bildprojekt/frames/hauptframe.html) oder die *Sammlungen des Bundesarchivs* (http://www.bundesarchiv.de/index.html.de).

nige kleine Häuschen, überhöht von einem hohen Maste mit der schwarz-weiß-roten Flagge. Das, so sagte man mir, sei Herbertshöhe. (Hesse-Wartegg 1902: 85)

Das Zitat zeigt zwar grundsätzlich die Relevanz von Namen in Reiseberichten (<u>*Lloyddampfer Stettin*</u>, <u>*Herbertshöhe*</u>), es enthält aber keine Mikrotoponyme. Die Schilderung könnte inhaltlich sogar vermuten lassen, dass ein Bestand kolonialer Mikrotoponyme vor Ort (*halb verborgen einige kleine Häuschen*) eher unwahrscheinlich sei. Gleichwohl sind für den Ortspunkt Herbertshöhe, bis 1909/10 Gouverneurssitz von Deutsch-Neuguinea, zeitgleich auf Postkarten und Fotos die Hotelnamen *Hotel Deutscher Hof* und *Hotel Fürst Bismarck* belegt. Für Rabaul, dorthin wurde der Gouverneurssitz nachfolgend verlagert, wurde 1913 eine Straßenverkehrsordnung erlassen und im Amtsblatt abgedruckt. Darin werden die SN *Lloydstraße*, *Hafenstrasse* und *Kasuarinenallee* im Text genannt: „Lastwagen ist das Befahren der Lloydstrasse zwischen Hafenstrasse und Kasuarinenallee verboten." (Amtsblatt Rabaul 10.10.1913: 243). Auf einer Karte der zu Deutsch-Neuguinea zählenden Insel Jaluit aus dem Jahr 1893 ist die *Gastwirtschaft Germania* verzeichnet (vgl. Langhans 1897, Nr. 30).

Auch für Deutsch-Samoa sind koloniale Mikrotoponyme recherchierbar. In der Samoanischen Zeitung werden 1904 Arbeiten und Kosten für das „Repariren der Strassen in Apia" aufgeführt. Es geht unter anderem um das „Chaussieren des Moamoa Weges" und das „Planieren eines Verbindungweges zwischen Moamoa- und Lotopa-Str. incl. Furt" (9.1.1904: 2). In anderen Ausgaben dieser Zeitung können weitere Mikrotoponyme erhoben werden, etwa in einer Verfügung des Kaiserlichen Bezirksamtmannes mit der Auflage, an „Kaisers Geburtstag", dem 27. Januar 1913, sei „bis zum Schluss der Festspiele die Apia Strandstrasse [...] bis zur Ecke der Falealili-Strasse [...] fuer den Verkehr mit Wagen und Fahrraedern gesperrt" (25.1.1913). Auch von *Hauptstrasse* (11.4.1914: 1) ist die Rede. In den stenographischen Berichten über die Verhandlungen des Reichstages wird 1909 protokolliert, die „Landungsbrücke (‚Bismarckbrücke') in Apia" sei „wegen Baufälligkeit abgebrochen" worden und werde nun durch eine neue Konstruktion ersetzt (Stenographische Berichte über die Verhandlungen des Deutschen Reichstages 271 1909: 967; vgl. auch Wegener 1908: 7). In einer Anzeige der Deutsch-Samoanischen Zeitung wird für das *Tivoli Hotel* (19.9.1903: 6) geworben.

Die Beispiele zeigen zunächst, dass koloniale Urbanonyme unterschiedlicher toponymischer Namenklassen grundsätzlich erhebbar sind, und zwar sowohl für administrativ festgelegte Namen (etwa SN) als auch für nicht-administrativ zugewiesene Namen (etwa Hotelnamen). In struktureller wie diskursorientierter Hinsicht ist dabei bereits ein breites Spektrum von onomastischen Phänomenen erkennbar, denen im Folgenden nachgegangen werden soll.

3 Systemlinguistischer Zugriff

3.1 Räumliche und zeitliche Basiskoordinaten

Das Kaiserreich war in Ozeanien in folgenden Gebieten vertreten (vgl. Hiery 1995: 18f.; Fitzner 1896: 375–388; Kausch 1903: 8–11):

Deutsch-Neuguinea:
- Kaiser-Wilhelmsland
- Bismarck-Archipel und Salomon-Inseln (Admiralitätsinseln, Neu-Hannover, Neu-Lauenburg, Neu-Mecklenburg, Neu-Pommern)
- Mikronesien:
    - Marianen (Aguigan, Rota, Saipan, Tinian)
    - Karolinen und Palau-Inseln (Jap, Kusaire, Palau, Ponape, Ruk)
    - Nauru und Marshallinseln (Jaluit, Ralik, Ratak)

Deutsch-Samoa:
- Upolu
- Savaii

Deutsch-Neuguinea war zunächst „Schutzgebiet" der Neuguinea-Kompagnie, seit 1899 Kolonie des Kaiserreichs; Samoa war seit 1900 Kolonie des Kaiserreichs. Beide Kolonien bestanden bis 1914, de jure bis zum Versailler Vertrag 1919. Für kolonialtoponomastische Fragen ist relevant, dass sowohl zuvor als auch zeitgleich andere Kolonialmächte (Großbritannien, USA, Frankreich, Niederlande) und ihre kolonialen Akteure (etwa Missionare, Siedler, Handelshäuser) in diesem Gebiet aktiv waren (vgl. Hiery 1995: 13; Hofmann 2016: 131, 191ff.).

3.2 Koloniales Mikrotoponomastikon Ozeaniens

Der Umfang der mikrotoponymischen Belege für den ozeanischen Raum ist als klein einzuordnen.

Relevante Sprachen, die bei Namenvergabeprozessen eine Rolle spielen, sind neben der deutschen Sprache auch indigene Sprachen[4] sowie möglicherweise das Englische.

---

[4] Hier sei auf die bereits erwähnte Differenzierung der Sprachen aus der Einleitung verwiesen, die darauf hinweist, dass allein „für die deutschen Kolonien im Südpazifik (Gouvernements Deutsch-Neuguinea und Samoa) [...] rund 700 indigene Sprachen" (Stolz & Warnke in diesem Band) vermutet werden, die der Sprache der Kolonisatoren in diesem Raum gegenüberstehen.

Tabelle 1: Referenzrahmen kolonialer Mikrotoponyme in Ozeanien.

Kolonisator	Sprache	Region	Jhd.	Volumen
Deutschland	– Deutsch – Indigene Sprachen – Englisch	Ozeanien (Deutsch-Neuguinea und Deutsch-Samoa)	Ende 19. Jh. bis Anfang 20 Jh.	klein (73 Types)

Differenziert man unterschiedliche Namenklassen, dann zeigt das erhobene Inventar das folgende Bild:

(1) Deutsch-Samoa
Straßennamen:[5] *Alamagoto-Weg, Alisa-Weg, Asaga-Weg, Avao-Weg, Falealili-Straße, Fogaa-Weg, Fugalei-Weg, Fuluasou-Straße, Ifiifi-Straße, Lotopa-Straße, Matafele-Straße, Matautu-Straße, Moamoa-Straße, Moto'otua-Straße, Mulivai-Straße, Mulivai-Weg, Papaseea-Straße, Saleufi-Weg, Saluafata-Weg, Siumu-Weg, Strandstraße, Suisega-Weg, Talimatau-Weg, Tanugamanono-Straße, Tuainamato-Weg, Uferstraße, Vaea-Straße, Vaile-le-Straße, Vailoa-Suisega-Weg, Vaitele-Straße, Vaivase-Weg, Viavii-Weg*
Gebäudenamen: *Apia Hotel, Biergarten Lindenau, Casino-Hotel, Central-Hotel, Clubhotel, Conradts-Hotel, Cosmopolitan Restaurant, Erholungsheim Kaiserhöhe, International Hotel, Papaseea Restaurant, Tivoli-Hotel*
Brückennamen: *Fuluasou Brücke, Mulivai Brücke*
Landungsbrückennamen: *Bismarckbrücke*
Parknamen: *Stadtpark Lindenau*
Tempelnamen: *Tintenfisch-Tempel*

(2) Deutsch-Neuguinea
Straßennamen: *Friedhofsweg, Friedrichstraße, Hafenstraße, Hansemannweg, Johann-Albrecht-Straße, Kaiser-Wilhelmstraße, Kasuarinenallee, Lloydstraße, Namanulaweg, Seestraße, Westküstenstraße*
Gebäudenamen: *Gastwirtschaft Germania, Hotel Deutscher Hof, Hotel Fürst Bismarck, Lloyd-Hof, Ralum-Hotel, Zur Kokusnus*
Landungsbrückennamen: *Lloydbrücke*
Turmnamen: *Bismarckturm*

Zu diskutieren sind Fälle, für die durch nicht eindeutig feststellbare Referenzleistungen sowohl ein klassematischer Status als Name (mit Monoreferenz) als

---

[5] In den Quellen wechseln graphematische Realisierungen des Lexems *Straße* mit <ß> und <ss>. Für die strukturellen Analysen werden diese Varianten vereinheitlicht.

auch ein Status als Appellativ (mit klassenbezogener Referenz) möglich erscheint (vgl. Nübling 2000: 277). Es handelt sich strukturell um komplett aus appellativischem Material gebildete, volltransparente Einheiten vom Typ *Strandweg, Hauptstraße,* aber auch *Deutsche Bierhalle*. Bei solchen kompositionellen oder syntagmatischen Einheiten kann eine jeweils aktuelle Lesartendisambiguierung nur aus Texten rekonstruiert werden (vgl. Nübling 2000: 280). Für historische Sprachsituationen bleiben die Befunde aufgrund der Beleglage gleichwohl häufig unscharf: Wenn in der Deutsch-Samoanischen Zeitung (11.4.1914: 1) berichtet wird, dass sich die „Müll- und Schuttabfuhr [...] auf die Hauptstrasse" erstrecke, dann ist letztlich unentscheidbar, ob diese Straße den SN *Hauptstraße* trägt oder ob es sich für den Schreiber des Zeitungsartikels lediglich um die wichtigste Straße des Ortes handelt – in zeitgenössischen Wörterbüchern ist eine solche Bedeutung für das Appellativum *Hauptstraße* bezeugt (¹DWB 1877, IV, 2, Sp. 634: „die vornehmste strasze eines ortes"). Im Bereich der Makrotoponyme sind solche Fälle strukturell randständig (Typ *Neustadt*, vgl. Nübling 2000: 280); bei Mikrotoponymen sind sie hingegen häufiger anzutreffen:

(3)   **Deutsch-Samoa:** *Deutsche Bierhalle, Hauptstraße*
       Deutsch-Neuguinea: *Fußweg, Hauptweg, Steinweg, Strandweg*

Wir beziehen diese Fälle in unsere Analysen ein, verorten sie allerdings in der Peripherie der kolonialen Mikrotoponomastiken.

Bei weiteren auf Karten und in Texten erhebbaren sprachlichen Einheiten jenseits der mikrotoponymischen Peripherie handelt es sich um singulär und in Syntagmen auftretende Anthroponyme und Appellativa vom Typ *Hufnagel, Kruse, Kunst Erben, Deutsche Schule, Europäer-Hospital, Gouvernements-Krankenhaus, Eingeb. Gefängnis, Kath. Mission, Bezirksgericht, Post, Hauptkasse*. Solche Einheiten sind fraglos nicht nur in historischer Perspektive aufschlussreich, sondern auch für koloniallinguistische Fragestellungen hoch relevant, da mit ihnen nicht nur historische Strukturen der Kolonialverwaltung, sondern auch (wie mit Namen) koloniale Raum- und Wissensordnungen sowie koloniale Gewissheiten versprachlicht werden können.

In der systemorientierten Analyse kolonialer Mikrotoponomastiken können sie nicht berücksichtigt werden. In Hinblick auf diskurslinguistische Perspektiven (vgl. Kap. 4.2) kann die Betrachtung solcher Einheiten die Auswertung der kolonialen Mikrotoponyme jedoch deutlich unterstützen.

3.3 Mikrotoponomastikon in Deutsch-Samoa

3.3.1 Konstruktionsmuster

3.3.1.1 Straßennamen

Im Bereich der Klasse der SN innerhalb der kolonialen Mikrotoponyme (33 Types) ist eine binäre, rechtsköpfige Struktur das alleinige Konstruktionsmuster:

(4) Analyse: rechtsköpfige Zweigliedrigkeit
[{*Lotopa*TOP}MOD-{*Straße*APP}KLASS]TOP
[{*Mulivai*TOP}MOD-{*Weg*APP}KLASS]TOP

Der SN *Vailoa-Suisega-Weg* weist hierbei als Besonderheit im Vergleich zu den anderen SN zwei Toponyme im Modifikator auf.

Bei der rechtsköpfigen Konstruktion handelt es sich um die auch zeitgleich in Städten des Kaiserreichs usuelle Struktur von Straßennamen.

Der Klassifikator wird jeweils in der Hälfte der Fälle durch die Appellativa *Straße* und *Weg* realisiert. In über 90 % der Fälle wird der Modifikator mit einem Toponym realisiert, das entweder auf einen Ortspunkt als Ganzes oder auf einen Ortsteil referiert, etwa mit den endonymischen Toponymen *Mulivai* und *Matafele*.[6] Lediglich die SN *Strandstraße*, *Uferstraße* und *Hauptstraße* zeigen appellativische Erstglieder.

Betrachtet man die Sprachenwahl der Konstituenten, dann zeigt sich, dass es sich bei den SN zu über 90 % um hybride Bildungen handelt, präziser um pseudohybride Bildungen. Schließlich resultieren auch die endonymischen Einheiten (Toponyme einer indigenen Sprache) aus dem Verschriftungsprozess europäischer Kolonialakteure. Zu den Fragen der Bestimmung einer Ausgangssprache und über die Angemessenheit der Übernahme in die Verschriftungsprozesse der Kolonialakteure sind weitergehende Recherchen erforderlich, die an dieser Stelle nicht geleistet werden können.

(5) Analyse: Haupttypus des Kolonialmikrotoponyms
[{Modifikator}ENDOGEN-{Klassifikator}EXOGEN]TOP
Beispiel: *Matautu-Straße*

(6) Analyse: Nebentypus des Kolonialmikrotoponyms
[{Modifikator}EXOGEN-{Klassifikator}EXOGEN]TOP
Beispiel: *Strandstraße*

---

[6] In zeitgenössischen Texten werden mit diesen Toponymen Siedlungen in der Apiabucht bezeichnet (vgl. Schnee 1920, Band I: 65).

Hier zeigen sich im Vergleich zur zeitgleichen Typenbildung von SN in der Metropole deutliche quantitative Unterschiede: Dort überwiegt ganz deutlich die Einsprachigkeit.

3.3.1.2 Weitere Namenklassen
Die binäre rechtsköpfige Struktur ist weitestgehend auch bei anderen Namenklassen erkennbar.

(7) Analyse: rechtsköpfige Zweigliedrigkeit
   [{*Mulivai*TOP}MOD-{*Brücke*APP}KLASS]TOP
   [{*Apia*TOP}MOD-{*Hotel*APP}KLASS]TOP

Für Mikrotoponyme wie *Casino-Hotel* und *Clubhotel* kann ein Einfluss des Englischen auf die Konstruktion (als Konstruktionssprache selbst oder als Vorbild) nicht ausgeschlossen werden. Das gilt in besonderer Weise für den nicht eindeutig auf eine Sprache beziehbaren, allerdings (wie im Englischen) nicht flektierten Modifikator in *International Hotel* und für den englischsprachigen Modifikator in *Cosmopolitan Restaurant*. Als Erklärung für das Auftreten solcher Namen kann die Kolonialgeschichte Samoas mit der Präsenz des Englischen noch vor der Zeit der deutschen Kolonie angeführt werden.

Zeitgleiche Konstruktionen von Hotelnamen in der Metropole weisen hingegen häufig, sogar bei identischen sprachlichen Einheiten, eine Linksköpfigkeit auf:

(8) [{*Tivoli*}MOD-{*Hotel*}KLASS]TOP
   (in Apia)
   vs.
   [{*Hotel*}KLASS-{*Tivoli*}MOD]TOP
   (in Osterholz-Scharmbeck, 1886)[7]

Linksköpfige Konstruktionsmuster sind für Deutsch-Samoa auch bei anderen Namenklassen erkennbar, wenn es sich um rein exogene Namen handelt (z. B. *Stadtpark Lindenau, Biergarten Lindenau, Erholungsheim Kaiserhöhe*). Dieses Muster mit der semantischen Abfolge von Klassifikation und Spezifizierung, das eine Kürzung des klassifizierenden Elementes erlaubt, ist auch in der Metropole verbreitet (vgl. *Volkspark Dutzendteich – Dutzendteich* [Nürnberg]). Bei pseudohybriden Konstruktionen ist im mikrotoponymischen Kolonialtoponomastikon

---

[7] Vgl. auch: *Hotel Kaiserhof* (Duala, Kamerun), *Hotel Kiautschou* (Tsingtau, Kiautschou), *Hotel Kaiserhof* (Lomé, Togo) oder *Hotel Burger* (Daressalam, Deutsch-Ostafrika).

Deutsch-Samoas hingegen Rechtsköpfigkeit feststellbar: *Papaseea Restaurant, Mulivai Brücke, Fuluasou Brücke*.

Insgesamt überwiegen deutlich pseudohybride Namen. Der Klassifikator ist stets exogen. Bei den SN ist die hohe Frequenz an Toponymen als Modifikatoren auffällig. Appellativa (*Uferstraße, Clubhotel*) und Anthroponyme sind hingegen randständig (*Conradts-Hotel, Bismarckbrücke*). Der Befund unterscheidet sich damit in frequentieller und struktureller Hinsicht erkennbar von den zeitgleichen Urbanonymen in der Metropole, und zwar auch ganz unabhängig von Bezügen zum Kolonialismus.

3.3.2 Funktionen

Die SN in Deutsch-Samoa haben ausschließlich orientierende Funktion. Strukturell wird diese Funktion vor allem durch den hohen Anteil toponymischer Modifikatoren erreicht. Auch bei den weiteren Namenklassen überwiegt eine deskriptive, orientierende Funktion. Andere Funktionen, die übergreifend als kommemorativ (vgl. Nübling et al. 2015: 245f.) angesprochen werden können, sind nur bei weniger als 20 % der Types erkennbar. Eine Thematisierung der politisch-administrativen Machtverhältnisse im engeren Sinne ist in dieser Gruppe selten (*Bismarckbrücke, Erholungsheim Kaiserhöhe*). Das Adjektiv *deutsch* kommt nur in der Peripherie vor (*Deutsche Bierhalle*).

Konstruiert man anhand des vorgenommenen systemlinguistischen Zugriffes ein prototypisches (kanonisches) Mikrotoponym Deutsch-Samoas, dann ergibt sich die in (9) dargestellte Struktur.

Die SN entsprechen diesem Muster nahezu vollständig, die weiteren Namenklassen überwiegend. Diese Struktur weicht von der des in der Einleitung in diesem Band postulierten kanonischen Kolonialoikonyms erkennbar ab (vgl. Stolz & Warnke in diesem Band).

In der folgenden Tabelle 2 werden die verschiedenen strukturellen Eigenschaften der Mikrotoponyme Samoas zusammenfassend aufgezeigt. Die strukturellen Abweichungen vom prototypischen (kanonischen) Mikrotoponym werden durch Grauschattierungen markiert.

(9) Kanonisches Mikrotoponym in Deutsch-Samoa

Struktur: [{Modifikator}$_{\text{ENDOGEN}}$-{Klassifikator}$_{\text{EXOGEN}}$]$_{\text{TOP}}$

Funktion:
- Richtungsverweise und Verortungen orientierend herstellen
- Geo-Objekt ontologisch zuordnen

Referenz: innerhalb einer Siedlung (beginnend)

Kategorie: Urbanonym

Tabelle 2: Kanonizität kolonialer Mikrotoponyme in Deutsch-Samoa.

Typ	Beispiele		Struktur	Funktionen		Referenz	Kategorie
	Erstglied	Zweitglied	binär	orient.	komm.	innerhalb der Siedlung (beginnend)	Urbanonym
A	Falealili$_{\text{ENDOGEN}}$	Straße$_{\text{EXOGEN}}$	ja	ja	nein	ja	ja
	Apia$_{\text{ENDOGEN}}$	Hotel$_{\text{EXOGEN}}$	ja	ja	nein	ja	ja
B	Ufer$_{\text{EXOGEN}}$	Straße$_{\text{EXOGEN}}$	ja	ja	nein	ja	ja
C	Conradts$_{\text{EXOGEN}}$	Hotel$_{\text{EXOGEN}}$	ja	nein	ja	ja	ja
D	Vailoa-Suisega$_{\text{ENDOGEN}}$	Weg$_{\text{EXOGEN}}$	ja	ja	nein	ja[8]	ja

---

[8] Hier scheint es sich um eine ortsübergreifende Verbindungsstraße zu handeln, die jedoch innerhalb eines Ortes beginnt.

3.4 Mikrotoponomastikon in Deutsch-Neuguinea

3.4.1 Konstruktionsmuster

3.4.1.1 Straßennamen

Im Bereich der Klasse der SN innerhalb der kolonialen Mikrotoponyme Deutsch-Neuguineas (15 Types) ist eine binäre, rechtsköpfige Struktur das ausschließliche Konstruktionsmuster:[9]

(10) Analyse: rechtsköpfige Zweigliedrigkeit
  [{*Hafen*APP}MOD-{*Straße*APP}KLASS]TOP
  [{*Kasuarinen*APP}MOD-{*Allee*APP}KLASS]TOP

Wie bei Deutsch-Samoa entspricht das rechtsköpfige Konstruktionsmuster dem zeitgleichen Bestand an SN in Städten des Kaiserreichs.

Der Klassifikator wird zu gleichen Teilen mit den Appellativa *Weg* und *Straße*[10] realisiert. In einem Fall findet *Allee* als Klassifikator Verwendung (*Kasuarinenallee*).

Als Modifikatoren werden Appellativa (*Friedhof, Hafen, See, Westküste*[11]), darunter auch eine Pflanzenbezeichnung (*Kasuarine*), daneben Anthroponyme (*Friedrich, Johann Albrecht, (Kaiser) Wilhelm*), ein Toponym (*Namanula*[12]) sowie ein auf ein Anthroponym zurückgehender Unternehmensname (*Lloyd*) verwendet.

Die Sprachenwahl zeigt ganz überwiegend rein exogene Bildungen. Diese Struktur entspricht der einsprachigen Struktur von zeitgleichen SN in der Metropole, und zwar auch ganz unabhängig von kolonialen Bezügen.

(11) Analyse: Haupttypus des Kolonialmikrotoponyms auf Deutsch-Neuguinea
  [{Modifikator}EXOGEN-{Klassifikator}EXOGEN]TOP
  Beispiele: *Hafenstraße, Friedhofsweg, Kasuarinenallee*[13]

---

9 Auf das gesamte Namenmaterial bezogen lassen sich zu 17 % binäre Strukturen ermitteln, bei denen der Modifikator zweifach besetzt ist (*Hotel Deutscher Hof, Hotel Fürst Bismarck, Johann-Albrecht-Straße* und *Kaiser-Wilhelmstraße*).
10 Diese Berechnung umfasst auch die fraglichen Namen. Würden diese nicht berücksichtigt werden, läge die Verteilung für den Klassifikator *Straße* bei 64 % und für den Klassifikator *Weg* bei 27 %.
11 Auch beim fraglichen Namenmaterial werden Appellativa als Modifikator verwendet: *Fuss, Haupt, Stein, Strand*.
12 Das Toponym wird in zeitgenössischen Texten für einen Ort in der Nähe von Rabaul verwendet (vgl. Schnee 1920, Band I: 315ff.).
13 *Kasuarine* wird im 19. Jh. als teilintegrierte Einheit des deutschen Wortschatzes verwendet (vgl. GWB. V: Sp. 302).

Lediglich mit *Namanulaweg* liegt durch die Verwendung des (in der Verschriftlichung der deutschen kolonialen Akteure vorliegenden) endogenen Toponyms *Namanula* eine pseudohybride Bildung vor:

(12) Analyse: Nebentypus des Kolonialmikrotoponyms Deutsch-Neuguineas
      [{Modifikator}$_{ENDOGEN}$-{Klassifikator}$_{EXOGEN}$]$_{TOP}$
      Singuläres Type: *Namanulaweg*

Anders als bei Deutsch-Samoa zeigen sich im Vergleich zur zeitgleichen Typenbildung von SN im Kaiserreich nahezu keine quantitativen Unterschiede: Wie in der Metropole überwiegt ganz deutlich die Einsprachigkeit. Damit entsprechen die mikrotoponymischen Straßennamenstrukturen in Deutsch-Neuguinea bezüglich der Sprachenwahl eher dem Typus des Deutschen Reichs als dem Deutsch-Samoas.

3.4.1.2 Weitere Namenklassen

Bei den weiteren Namenklassen nehmen binäre rechtsköpfige Konstruktionsmuster die Hälfte der Fälle ein.

(13) Analyse: rechtsköpfige Zweigliedrigkeit
      [{*Bismarck*$_{ANTH}$}$_{MOD}$-{*Turm*$_{APP}$}$_{KLASS}$]$_{TOP}$
      [{*Lloyd*$_{UNTERNEHMENSNAME}$ (aus $_{ANTH}$)}$_{MOD}$-{*Brücke*$_{APP}$}$_{KLASS}$]$_{TOP}$

Bei Gastwirtschafts- und Hotelnamen kommen überwiegend linksköpfige Konstruktionen vor. Bei solchen Mikrotoponymen kann der Modifikator durch eine oder zwei sprachliche Einheiten besetzt sein. Bei zweigliedrigen Modifikatoren wird der Kern des Nominalsyntagmas attribuiert (*Hotel Deutscher Hof, Hotel Fürst Bismarck*). Solche exogenen Namen entsprechen strukturell vollständig den usuellen zeitgleichen Mustern aus der Metropole. Es lassen sich sogar zeichengleiche Mikrotoponyme benennen, die die Vorbildwirkung der Namengebungspraxis im Deutschen Kaiserreich nahelegen (z. B. *Hotel Deutscher Hof* [Babenhausen, 1870], *Gastwirtschaft Germania* [Schwäbisch-Hall, 2. Hälfte 19. Jh.]).

Der singuläre Fall des Gaststättennamens *Zur Kokusnus* enthält keinen Klassifikator. Hier liegt ein Strukturmuster vor, das die fakultative Tilgung eines Klassifikators in linksköpfiger Konstruktion erlaubt und in diesem Fall ausschließlich aus einem Modifikator mit der Struktur eines zweigliedrigen Präpositionalgefüges besteht. Dieser Name entspricht strukturell-morphologisch ebenfalls zeitgleichen Konstruktionsmustern mit Vollformen und Kurzformen im Kaiserreich (vgl. *Zur Brücke, Zur Linde* vs. *Gasthaus zur Brücke, Gasthof zur Linde*):

(14) Analyse:

[{–}ₖₗₐₛₛ-{*Zur*₍ₚᵣäₚ₎ *Kokusnus*₍ₐₚₚ₎}₍ₘₒ𝒹₎]₍ₜₒₚ₎

Die pseudohybride Konstruktion *Ralum-Hotel* ist hingegen rechtsköpfig.

Insgesamt überwiegen im mikrotoponymischen Kolonialtoponomastikon Deutsch-Neuguineas ganz deutlich vollständig exogene Bildungen. Neben appellativischen Modifikatoren treten dabei Anthroponyme deutlich hervor. Hier zeigen sich strukturell deutliche Unterschiede zwischen dem mikrotoponymischen Namenbestand Deutsch-Neuguineas und demjenigen Deutsch-Samoas.

3.4.2 Funktionen

Anders als in Deutsch-Samoa weisen die SN in Deutsch-Neuguinea neben rein orientierenden Funktionen (*Friedhofsweg*) auch weitere Funktionen auf. Die (insgesamt selteneren) Konstruktionen, die einen Personennamen im Modifikator aufweisen (oder deren Modifikator auf einen Personennamen zurückführbar ist), sind kommemorativ intendiert: *Friedrichstraße, Hansemannweg, Johann-Albrecht-Straße, Kaiser-Wilhelmstraße, Lloydstraße*.

Blickt man neben den SN auch auf die weiteren Namenklassen, dann verstärkt sich dieser Befund. Konstruktionen mit Personennamen (und auch als Namen verwendete Personifikationen) und Appellativa im Modifikator indizieren fast ausschließlich Kommemoration (*Bismarckturm, Gastwirtschaft Germania, Hotel Deutscher Hof*).

Inwieweit für den strukturell singulären Gaststättennamen *Zur Kokusnus* eine orientierende oder auch eine kommemorative Funktion festgestellt werden kann, lässt sich erst mit Blick auf zeitgenössische Diskurse und die dort erhebbaren Muster kolonialen Denkens und kolonialer Wahrnehmung beurteilen (vgl. Kap. 4.2).

Für das koloniale Mikrotoponomastikon Deutsch-Neuguineas sind damit zwei häufige Phänomene zu beschreiben. Insgesamt sind (stellt man die dem Namenstatus nach fraglichen Types zurück) Namen mit kommemorativen Funktionen etwas häufiger vertreten als solche mit orientierenden Funktionen. In der Zusammensicht der Fälle sind daher – anders als für das koloniale Mikrotoponomastikon Deutsch-Samoas – zwei usuelle Strukturmuster zu bilden:

(15) Kanonisches Mikrotoponym in Deutsch-Neuguinea (Hauptform)

Struktur: [{Modifikator}EXOGEN-{Klassifikator}EXOGEN]TOP

Funktion:
- Assoziationen mit Akteuren und Aktivitäten des Kolonisators kommemorativ herstellen
- Geo-Objekt ontologisch zuordnen

Referenz: innerhalb einer Siedlung (beginnend)

Kategorie: Urbanonym

(16) Kanonisches Mikrotoponym in Deutsch-Neuguinea (Nebenform)

Struktur: [{Modifikator}EXOGEN-{Klassifikator}EXOGEN]TOP

Funktion:
- Richtungsverweise und Verortungen orientierend herstellen
- Geo-Objekt ontologisch zuordnen

Referenz: innerhalb einer Siedlung (beginnend)

Kategorie: Urbanonym

Die folgende Tabelle vereint die strukturellen Eigenschaften der Mikrotoponyme Deutsch-Neuguineas. Strukturelle Abweichungen von der kanonischen Haupt- (HF) und Nebenform (NF) werden auch hier in Grauschattierung markiert.

Tabelle 3: Kanonizität kolonialer Mikrotoponyme in Deutsch-Neuguinea.

Typ	Beispiele		Struktur	Funktionen		Referenz	Kategorie
	Erstglied	Zweitglied	binär	orient.	komm.	innerhalb der Siedlung	Urbanonym
AHF	Bismarck$_{EXOGEN}$	Turm$_{EXOGEN}$	ja	ja	nein	ja	ja
ANF	Westküsten$_{EXOGEN}$	Straße$_{EXOGEN}$	ja	ja	nein	ja	ja
B	Ralum$_{ENDOGEN}$	Hotel$_{EXOGEN}$	ja	ja	nein	ja	ja
C	Hotel$_{EXOGEN}$	Deutscher Hof$_{EXOGEN}$	ja	nein	ja	ja	ja
D	(–)	Zur Kokusnus$_{EXOGEN}$	nein	ja	nein	ja	ja

3.5 Zwischenfazit und Hypothesenbildung

Betrachtet man die strukturellen Gemeinsamkeiten und Unterschiede der erhobenen Mikrotoponyme aus Deutsch-Neuguinea und Deutsch-Samoa, dann können die folgenden Befunde festgehalten werden. Die Klassifikatoren der unterschiedlichen Namentypen sind in beiden Kolonialtoponomastiken stets exogen. Bei den SN ist das Type *Weg* dabei fast genauso häufig wie das Type *Straße*. Die Modifikatoren sind im Mikrotoponomastikon Deutsch-Samoas in der Regel endogen; in Deutsch-Neuguinea sind sie hingegen ganz überwiegend exogen. Es handelt sich daher bei den Mikrotoponymen Deutsch-Neuguineas vorrangig um Exonyme, bei denjenigen Deutsch-Samoas hingegen um (Pseudo-)Hybride. In Deutsch-Samoa kommen speziell bei den SN ganz überwiegend Toponyme als Modifikatoren vor, in Deutsch-Neuguinea sind es Appellativa und Anthroponyme. Während die Mikrotoponyme Deutsch-Samoas der Funktion nach überwiegend als orientierend anzusprechen sind, sind die Mikrotoponyme Deutsch-Neuguineas überwiegend kommemorativ.

Es zeigen sich damit für die mikrotoponymischen kolonialen Inventare der ozeanischen Kolonien des Kaiserreichs in systemlinguistisch-struktureller Hinsicht erhebliche Unterschiede. Das ist überraschend und wirft Fragen auf. Diese beziehen sich sowohl auf das Verhältnis der Inventare untereinander als auch auf ihre Übereinstimmungen oder Unterschiede zu den kolonialen Mikrotoponomastiken weiterer Kolonien. Erste Befunde zu den mikrotoponymischen Inventaren anderer Kolonien des Kaiserreichs (vgl. Schulz & Ebert 2016 und 2017; Aleff 2017) zeigen, dass das Mikrotoponomastikon Deutsch-Neuguineas eher dem der anderen Kolonien des Kaiserreichs ähnelt. Das Mikrotoponomastikon Deutsch-Samoas ist insofern in besonderer Weise erklärungsbedürftig. Für eine solche Erklärung sind vor allem textuelle und diskurslinguistische Zugriffe erforderlich (vgl. Kap. 4).

Vor diesem Analyseschritt sollen zunächst jedoch die hier dargelegten Befunde mit den vier auf die systemlinguistischen Zugriffe abzielenden Hypothesen (vgl. Stolz & Warnke in diesem Band) verglichen werden. Dabei ist zu bedenken, dass diese Hypothesen vor allem für den Bereich kolonialer Makrotoponyme entwickelt wurden. Der Abgleich zwischen den Hypothesen und den mikrotoponymischen Befunden steht daher auch für erste Befunde zu strukturellen Gemeinsamkeiten und Unterschieden zwischen kolonialen Mikrotoponymen und kolonialen Makrotoponymen.

Hypothese 1 ist für die hier untersuchten kolonialen Mikrotoponomastiken zu bestätigen: Auch Kolonialmikrotoponyme variieren zwischen Polen. Deutsch-Samoa zeigt dabei eher einen stärker endogenen, Deutsch-Neuguinea einen stärker exogenen Typus.

Hypothese 2 kann für die mikrotoponymischen Inventare dieser Studie ebenfalls bestätigt werden: In beiden Inventaren sind strukturelle Haupttypen auszumachen. Diese Haupttypen sind nicht identisch.

Hypothese 3 ist hingegen für die mikrotoponymischen Inventare Deutsch-Samoas und Deutsch-Neuguineas zu verneinen: Insgesamt sind in den Mikrotoponomastiken Ozeaniens in Deutsch-Neuguinea vergleichsweise wenige Bildungen mit Anthroponymen als Modifikator, in Deutsch-Samoa hingegen so gut wie keine zu finden. Erste Befunde zu den Inventaren afrikanischer Kolonien des Kaiserreichs sowie zu den Inventaren kolonialer SN in der Metropole scheinen hingegen in eine andere Richtung zu weisen. Der Befund scheint in dieser Hinsicht auf eine mikrotoponomastische „Sonderrolle" der ozeanischen Kolonien, vor allem aber Deutsch-Samoas, im Verband der Kolonien des Kaiserreichs hinzudeuten, für die in text- und diskurslinguistischen Zugriffen nach Ursachen zu fragen ist.

Hypothese 4 kann für die kolonialen Mikrotoponyme Ozeaniens ebenfalls nicht bestätigt werden: Die kanonischen Muster stimmen (mit einer Ausnahme) mit den nicht-kolonialen Mustern in der Metropole überein. Sie unterscheiden sich lediglich graduell im Auftreten von (Pseudo)-Hybriden. Bildungen mit anderssprachigen toponymischen Modifikatoren (in ggf. partieller graphematischer wie phonetischer Integration) kommen zwar auch in nicht-kolonial motivierten Mikrotoponymen der Metropole vor; während solche strukturellen Muster aber insbesondere im Inventar Deutsch-Samoas hochfrequent sind, sind sie zur Zeit des Kaiserreichs und bis heute im deutschsprachigen Raum eher selten, und zwar unabhängig davon, ob es sich um koloniale oder andere Mikrotoponyme handelt (vgl. *Tsingtauer Straße* [München 1925], *Sedanstraße* [Stettin 1941], *Moskauer Straße* [Erfurt 2017][14]).

Die bisher dargestellten Befunde zeigen onomastische Variation auf unterschiedlichen Ebenen: Zum einen weisen die mikrotoponymischen Inventare Deutsch-Samoas und Deutsch-Neuguineas in ihren Haupttypen deutliche Unterschiede auf. Zum anderen unterscheidet sich strukturell jeweils die Klasse der SN von denjenigen weiterer Mikrotoponyme. Es ist als Leistung strukturbezogener Untersuchungen herauszustellen, dass solche sprachlichen Differenzen überhaupt erst aufgedeckt werden können. Ansätze zur *Erklärung* von Unterschieden übersteigen allerdings die Möglichkeiten systemlinguistischer Analysen. Hier müssen (sprach-)historische und vor allem text- und diskurslinguistische Zugriffe erfolgen, die die erhobenen strukturellen Musterhaftigkeiten der mikrotoponymischen Inventare in Hinblick auf ihre Diskursfunktionen (Identifikation, Benennung, Repräsentation, vgl. Stolz & Warnke in diesem Band) und ihre Stellung als Diskurswerkzeuge beschreiben und deuten.

4 Diskurslinguistische Perspektiven

4.1 Koloniale Mikrotoponyme als Bestandteile von Diskursen

Koloniale Mikrotoponyme sind – ebenso wie Makrotoponyme (vgl. Stolz & Warnke in diesem Band) – Einheiten in Texten und als solche in ihrer Verwendung in Texten Bestandteile von Diskursen. Sie enthalten bereits als singuläre Einheiten z. B. auf Karten oder Fotografien in ihrer monoreferentiellen Leistung implizite Aussagen, durch die sie einen Ausschnitt im Raum identifizieren und diesen im Raum kontextualisieren. Das auf einem zeitgenössischen Foto aus Deutsch-Neuguinea erkennbare Schild mit der Aufschrift „JOHANN-ALBRECHT-STRASSE" (Hiery 2001: Foto 38) identifiziert beispielsweise einen Ausschnitt im Raum ebenso wie der Eintrag „Vaea-Str." auf der „Karte des Wegenetzes im Stadt- und Pflanzungs-Bezirk Apia" (BSB., Mapp. XXIII, 50d). Der genannte

---

14 Stadtpläne der angegebenen Jahre zu München und Stettin sind unter landkartenarchiv.de verfügbar (aufgerufen am 19.09.2017); zu Erfurt vgl. http://www.erfurt.de/ef/de/service/dienste/stadtplan/index.html (aufgerufen am 19.09.2017).

Karteneintrag kontextualisiert zudem den Straßennamen im Straßennetz von Apia: Die *Vaea-Straße* mündet in die „Vaitele-Str.", von welcher wiederum die „Lotopa-Str." abzweigt. Die Karte zeigt die SN schließlich im Zusammenhang mit weiteren Einträgen und bildet gemeinsam mit ihnen bereits eine koloniale Raumordnung ab: Die Zuordnung von auf der Karte identifizierten Grundstücken zu Personennamen (z. B. „Kruse", „Schulz", „Hufnagel", „Kaufmann") zeigt die Aufteilung des Gebiets. *Kaufmann* und *Hufnagel* haben ihre Besitzungen rechts und links der „Lotopa-Str.". Auch Belege wie *Bismarckbrücke* oder *Lloydstraße* zeigen zudem deutlich, dass Mikrotoponyme – wie Makrotoponyme – relevante Mittel des sprachlichen kolonialen Place-Making sein können.

Mikrotoponyme haben darüber hinaus gerade in ihrer Verwendung in Texten, also in „expliziten Aussagenzusammenhängen" (Stolz & Warnke in diesem Band), allerdings auch noch einen weiterreichenden Anteil an der epistemischen Strukturierung des Raumes. Die Verwendung von Mikrotoponymen in Texten ist dann ein Bestandteil der Versprachlichung von kolonialen Gewissheiten und Wissensordnungen (vgl. Stolz & Warnke in diesem Band). Erste Beispiele zeigen die bereits in Abschnitt 2 dieses Beitrags zitierten Textbelege, in denen Straßennamen im Zusammenhang mit dem Aufbau kolonialer Infrastruktur (*chaussieren, planieren, incl. Furt*) genannt werden. Im ebenfalls in Abschnitt 2 zitierten Zeitungstext wird der Ort, an dem nationale Feierlichkeiten des Kaiserreichs und ihre rituellen Abläufe in der Kolonie stattfinden sollen (*Kaisers Geburtstag, Festspiele,* [während der Feierlichkeiten] *für den Verkehr gesperrt*), durch die Nennung von Mikrotoponymen abgesteckt.[15] Die Mikrotoponyme (*die Apia Strandstrasse* [...] *bis zur Ecke der Falealili-Strasse*) markieren dabei im Sinne des sprachlichen Place-Making den Ort, an dem das Kaiserreich seine Macht und seine räumliche Ausdehnung im kolonialen Kontext am 27. Januar 1913 feierlich zu inszenieren gedenkt.

Betrachtet man zusammenschauend die erhobenen Inventare und die Verwendung einzelner Mikrotoponyme in Texten, dann kann ermittelt werden, inwieweit die Prozesse der Identifikation und Benennung, aber gerade auch der Repräsentation als diskursive Praktiken mit Mikrotoponymen realisiert werden.

---

15 Das ritualisierte Begehen von ‚Kaisers Geburtstag' in den Kolonien ist auch auf diversen Fotografien festgehalten, vgl. etwa Bundesarchiv, Bild 163–161 (27. Januar 1901, mit Flaggenhissung und Hoch-Rufen in Duala, Kamerun) (https://www.bild.bundesarchiv.de/cross-search/search/_1501956995/?search[view]=detail&search[focus]=1).

4.2 Koloniale Mikrotoponyme als Bestandteile kolonialer Raum- und Wissensordnungen

Der systemlinguistische Zugriff (Abschnitt 3) hat gezeigt, dass strukturelle Musterhaftigkeiten bei den Mikrotoponomastiken aus Deutsch-Samoa und Deutsch-Neuguinea erkennbar sind. Die dabei gewonnenen Erkenntnisse lassen unter diskurslinguistischer Perspektive die diskursive Bedeutung von Namen, mit denen kleinere Einheiten als Ortschaften benannt werden, erkennen. Auch durch die Einschreibung von Mikrotoponymen (etwa auf Stadtplänen, Lageplänen, Postkarten oder weiteren Dokumenten) strukturieren und ordnen Akteure einer Kolonialmacht den Raum nach ihren Vorstellungen und ihren Wissensordnungen zu abgrenzbaren Orten (Identifikation). Die Postkartenbeschriftung: „Herbertshöhe (Deutsch-Neuguinea). Hotel Deutscher Hof (Erfrischungs- und Gesellschaftsräume)" (Hofmann 2016: 144) verknüpft beispielsweise den fotografisch abgebildeten Raumausschnitt mit dem Hotelnamen *Hotel Deutscher Hof* und diesen wiederum mit den Makrotoponymen *Herbertshöhe* und *Deutsch-Neuguinea*. Raum wird dabei als Ort des Kaiserreichs (*Deutscher Hof*) deklariert. Mit der Benennung von Mikrotoponymen wird insofern eine sprachliche Fixierung innerhalb eines Ortes vorgenommen, die interessengeleitet ist und die die soziale Bedeutungskonstitution von Kolonisatoren widerspiegelt.

Für die kolonialen Mikrotoponomastiken Deutsch-Samoas und Deutsch-Neuguineas konnte die strukturelle Analyse zeigen, dass in Deutsch-Neuguinea deutlich mehr Modifikatoren mit Anthroponymen besetzt wurden (z. B. *Hotel Fürst Bismarck*, *Lloyd-Hof*, *Kaiser-Wilhelmstraße*). Die Modifikatoren verweisen dabei für unterschiedliche Bereiche auf für das Kaiserreich und die Kolonie zentrale außersprachliche Entitäten (*Bismarck, Kaiser Wilhelm, (Norddeutscher) Lloyd*).

Die Position des im Sinne eines Place-Making belegten Raumes und die kommemorative Kraft der mit dem Modifikator bezeichneten Einheit weisen häufig charakteristische Korrelationen auf. So werden in Deutsch-Neuguinea, wie in afrikanischen Kolonien des Kaiserreichs (vgl. Schulz & Ebert 2016 und 2017; Aleff 2017) Straßen in zentraler Lage und repräsentativer Größe in der Regel mit solchen SN belegt, die auf relevante koloniale Akteure verweisen. Die Positionierung solcher SN im Raum dient folglich als Mittel für *social meaning* – eine Einschreibung sozialer Bedeutung im Raum. Das ist freilich noch kein Befund, der als spezifisch für koloniales Sprachhandeln gelten könnte; H. Steger hat deutlich gemacht, dass dies ganz unabhängig gilt.[16] Spezifisch für koloniales Sprachhandeln und für die sprachliche Vermittlung kolonialer Raum- und Wissensordnungen ist jedoch, dass hier jenseits der Metropole Mikrotoponyme als Diskurswerkzeuge dem Zweck dienen, eine Zugehörigkeit außereuropäischen Raumes zum Deutschen Kaiserreich zu deklarieren und damit koloniale Macht und Kontrolle durch sprachliches Place-Making auszudrücken.

Die Raumordnung der Kolonisatoren erfolgt nicht ausschließlich über den Vorgang der Benennung, sie wird vielmehr zusätzlich durch visuelle Repräsentationen verstärkt und als kolonialer Wissensbestandteil im Raum selbst etabliert. Für Deutsch-Neuguinea lässt sich dies beispielsweise anhand von Beschilderungen erkennen. Auf zeitgenössischen Fotos sind Mikrotoponyme auf Straßenschildern (*Johann-Albrecht-Straße*, Neu-Mecklenburg, Deutsch-Neuguinea) oder an Gebäuden (*Conradts-Hotel*, Apia, Deutsch-Samoa) erkennbar. Auch Mikrotoponyme fungieren insofern hier als sprachgebundene Wahrnehmungsobjekte (vgl. Stolz & Warnke in diesem Band) der Kolonisatoren.

Koloniale Wissensordnungen und Denkmuster werden offensichtlich durch kommemorative Mikrotoponyme tradiert. Aber auch Urbanonyme mit orientierender Funktion haben Anteil an kolonialen Raum- und Wissensordnungen. Der SN *Hafenstraße* (Deutsch-Neuguinea) ist zweifellos orientierend ('Straße am/ zum Hafen'), seine Repräsentation auf Karten ist aber zugleich ein Indiz für die Raumordnung der Kolonisatoren, indem der ‚Blick der Kolonisatoren' auf den Raum erkennbar wird: Benannt wird, was relevant (genug) für eine Benennung ist. Das betrifft (auf Karten) beispielsweise Infrastruktureinrichtungen oder Gebäude, die mit Namen und auch mit Appellativen gekennzeichnet werden (vgl. dazu weiter unten). Modifikatoren, die benennungsmotivisch auf Infrastruktureinrichtungen der Kolonialmacht verweisen, sind insofern vordergründig orientierend, sie sind aber auch ein Indiz für koloniale Gewissheiten. So ist der Gasthausname *Zur Kokusnus* (Insel Jap) zweifellos vordergründig orientierend, da er auf Kokospalmenbestände am Strand verweist. Er zeigt in seiner Orientierungsfunktion strukturelle Übereinstimmungen mit Gasthausnamen der Metropole wie *Zur Linde, Zur Eisenbahn, Zur Post*, verweist zugleich aber auch auf die Wahrnehmung der Kolonisatoren und ihre Einschätzung von Relevanz im kolonialen Kontext: Die Kokospalme steht schließlich nicht nur für das tropische Palmengewächs, sie ist zugleich das klischeehafte Symbol für die Südsee und vor allem der in Texten thematisierte überragende Wirtschaftsfaktor dieser Kolonien: „die Kultur der Kokospalme bildet das Rückgrat der Wirtschaft in den

---

16 „Es ist aber hinreichend deutlich, daß bewußt ein System der Herrschaftssemiotik durch die Ordnung von Plätzen und Straßen mitvermittelt wird" (Steger 1996: 1503).

Schutzgebieten der Südsee" (Schnee 1920, Band II: 318). Es zeigt sich also, dass auch in vordergründig rein orientierenden Mikrotoponymen Wahrnehmung und Interessen der Kolonisatoren versprachlicht werden. Auch durch solche Benennungen können daher Erkenntnisse über „zeittypische Formationen des Sprechens und Denkens" ermittelt werden (Warnke 2008: 15; Warnke & Spitzmüller 2008: 38).

Auf Karten lassen nicht nur kommemorative und orientierende Mikrotoponyme, sondern auch die weiteren eingetragenen sprachlichen Einheiten koloniale Raum- und Wissensordnungen erkennen. So können auf Stadt- und Lageplänen eingezeichnete Appellativa wie *Eingeb. Gefängnis, Post* oder *Gouvernements-Krankenhaus* ebenfalls als versprachlichte Indikatoren für kolonisatorische Relevanz, kolonisatorische Interessen und kolonisatorische Gewissheiten über die Abbildung historischer Verwaltungsstrukturen hinaus gedeutet werden. *Deutsche Schule* und (an anderem Ort auf der Karte eingetragene) *Eingeborenen Schule* zeigen natürlich die faktische soziale Segregation; wenn auf einer Karte allerdings das Kompositum *Eingeborenen Gefängnis* eingetragen ist, aber kein **Europäer Gefängnis* verzeichnet wird, dann muss geprüft werden, ob es sich hier nicht auch um ein Indiz für koloniale Wahrnehmung jenseits der historischen Realitäten handelt kann.[17] In Bezug auf koloniale Gewissheiten sind insofern sowohl für Mikrotoponyme als auch für die neben diesen auf Karten eingetragenen Appellativa sowohl Positiv- als auch Negativbefunde von Interesse.

Die impliziten Aussagen mit Bezug auf koloniale Raum- und Wissensordnungen sind im Mikrotoponomastikon Deutsch-Neuguineas anders gelagert als in demjenigen Deutsch-Samoas. Während in Deutsch-Neuguinea koloniale Gewissheiten über die Zugehörigkeit des Raums zum Kaiserreich häufiger mit der Verwendung exogener Namen und Appellativa transportiert werden, erscheint die Verwendung exogenen Sprachmaterials in den Modifikatoren der Mikrotoponyme Deutsch-Samoas eher randständig zu sein. Es ist zu vermuten, dass die dadurch verursachte Andersartigkeit des Mikrotoponomastikons

---

17 Auch für Deutsche waren Gefängnisse oder zumindest Arrestzellen vorgesehen. Zur Regelung des Gefängniswesens wird im Kolonial-Lexikon vermerkt: „Zur Vollstreckung von Freiheitsstrafen sowie der Untersuchungshaft sind in den Schutzgebieten Gefängnisse für Weiße und Eingeborene eingerichtet. Doch werden darin in allen Schutzgebieten, mit Ausnahme Deutsch-Südwestafrikas, an Weißen regelmäßig nur Haftstrafen und Gefängnisstrafen von geringerer Dauer (etwa bis zu sechs Monaten) vollstreckt, während längere Gefängnisstrafen sowie Zuchthausstrafen in der Heimat zur Vollstreckung gelangen (Bestimmungen des RK. über das Verfahren der Ablieferung der von den Ksl. Gerichten in den Schutzgebieten Afrikas und der Südsee zu Freiheitsstrafen Verurteilten nach Preußen vom 17. Juni 1912, KolBl. 1913: 302)" (Schnee 1920, Band I: 682).

Deutsch-Samoas ebenfalls insofern interessengeleitet ist, als dass auch mit ihr koloniale Positionen und Gewissheiten der Kolonisatoren durch Sprache im Raum fixiert werden. Erklärungsansätze für diesen Befund können nur unter Berücksichtigung (sprach-)historischer sowie text- und diskurslinguistischer Zugriffe erfolgen (vgl. Abschnitt 4.4).

4.3 Lokalisierung und Nicht-Lokalisierung von Personalität

Dass speziell die Lokalisierung von Personalität im kolonialen Namenprojekt eine erhebliche Rolle spielt, wurde für Makrotoponyme bereits deutlich gemacht (vgl. Stolz & Warnke in diesem Band). Für Mikrotoponyme wurde dieser Aspekt bereits in der systemlinguistischen Analyse der Modifikatoren behandelt: In den Mikrotoponomastiken Ozeaniens sind in Deutsch-Neuguinea wenige Anthroponyme als Modifikator zu finden, in Deutsch-Samoa so gut wie keine (vgl. Kap. 3 sowie zusammenfassend Hypothese 3). Dieser Befund trennt die Inventare der Südseekolonien deutlich von denjenigen der afrikanischen Kolonien und auch vom kolonialen Mikrotoponomastikon der Metropole. Er soll hier in diskurslinguistischer Perspektive noch einmal aufgegriffen werden.

Die Lokalisierung von Personalität nimmt bei Mikrotoponymen in der Regel eine bedeutende Stellung ein, und zwar sogar grundsätzlich und damit erheblich über den Bereich der kolonialen Mikrotoponyme hinausgehend. Die Option einer kommemorativen Aufladung durch die Verwendung von Anthroponymen in der Konstruktion von Mikrotoponymen wird nämlich seit dem 19. Jahrhundert systematisch genutzt, wie ein Beispiel zeigen soll. Vergleicht man Stadtpläne unterschiedlicher Zeiten etwa von Frankfurt am Main, dann wird deutlich, wie durch SN mit Anthroponymen im Modifikator unterschiedliche politische und kulturelle Wertevorstellungen in den Raum eingeschrieben und – im Sinne eines Place-Making – verortet wurden. In den Stadtplänen von 1903, 1943 und 2017 wird das kommemorative Potential (auch in seinen historischen Schichtungen) bereits mit dem Herausgreifen einiger SN augenfällig: *Adolf-Hitler-Anlage, Adolf-Hitler-Brücke, Arndtstraße, Beethovenstraße, Bismarckstaße, Blücher-Straße, Friedrich-Ebert-Anlage, Hermann-Göring-Ufer, Lützow-Straße, Ludwig-Erhardt-Anlage, Mendelssohn-Straße, Moltke-Allee, Roonstraße, Scharnhorst-Straße, Schlageter-Anlage, Wilhelms-Brücke, Willy-Brandt-Platz, Yorck-Straße.*

Die Mikrotoponyme, die räumlich sowohl zeitgenössischen Neubaugebieten in der Peripherie als auch zentralen städtischen Bereichen zuzuordnen und die zum Teil zeitübergreifend, zum Teil aber auch nur auf einzelnen der drei ausgewählten Stadtpläne verzeichnet sind, stehen zweifellos je für sich im Kontext rezenter Diskurse. Ihre Relevanz lässt sich in textuellen Aussagezusammenhängen erheben und analysieren.[18]

Speziell für koloniale Mikrotoponyme wurde die Bedeutung einer Lokalisierung von Personalität bereits an ersten Beispielen gezeigt (vgl. Schulz & Ebert 2016 und 2017; Ebert in diesem Band; Aleff 2017). Sowohl für die Kolonien als auch für die Metropole kommen Mikrotoponyme in diskurslinguistisch auswertbaren textuellen Aussagezusammenhängen vor. In Bezug auf die Kolonien wurden beispielsweise 1909 in der Deutschen Kolonialzeitung prominente Straßen- und Gebäudenamen aus Lomé, „der Hauptstadt unseres Schutzgebiets Togo", erklärt:

> Die Wilhelmstraße führt ihren Namen nach unserem Kaiser, der Johann Albrecht-Platz erinnert an den verdienten Führer in der Kolonialbetätigung, den Präsidenten der Deutschen Kolonialgesellschaft. Das Charlotte-Krankenhaus führt seinen Namen nach der Königin von Württemberg. (DKZ, 27.02.1909, S. 149)

Zur Realisierung der in den Zitaten den SN zugeschriebenen kommemorativen Funktion des *Erinnerns* („erinnert an", „führt seinen Namen nach") und des *Ehrens* („an den verdienten [...]") werden anthroponymische Modifikatoren verwendet. Diachrone Vergleiche von Stadtplänen Lomés zeigen, dass die Anzahl von solchen SN kontinuierlich zunahm und unter den SN insgesamt eine hervorgehobene Position einnahm. R. Fitzner nannte 1896 in einer Auflistung unter anderem *Küasstraße, Puttkamerstraße, Bismarckstraße* und *Moltkestraße* (Fitzner 1896: 56). Bis 1914 sind für Lomé dann – neben anderen Konstruktionsmustern – auch die SN *Brücknerstraße, Falkenthal-Straße, Köhler-Platz, Leuestraße, Mecklenburg-Straße, Mecklenburgplatz, Pogge-Straße, Wissmann-Straße* und *Zechstraße* bezeugt.

Richtet man vor dem Hintergrund dieses Befundes den Blick auf die Fokussierung von Personalität durch koloniale Mikrotoponyme in den Kolonien der Südsee, so zeigt sich Überraschendes: Weder für Deutsch-Neuguinea noch für Samoa stehen Muster mit anthroponymischem Modifikator im Zentrum der Inventare. Während solche Namen für Deutsch-Neuguinea aber zumindest gemeinsam mit Namen, die Modifikatoren anderer Klassen aufweisen, zur Hauptform des kanonischen Mikrotoponyms gezählt werden können, sind Namen mit anthroponymischem Modifikator auf Samoa völlig randständig. Anders als in

---

18 Eine Materialsammlung mit Texten, mit denen für den Fall Frankfurts in den vierziger Jahren des 20. Jhs. diskurslinguistisch angesetzt werden könnte, findet sich unter http://www.ffmhist.de/ffm33-45/portal01/portal01.php?ziel=t_isg_strassen_umbenennungen_ns (aufgerufen am 19.09.17).

anderen Kolonien des Kaiserreichs werden mit den Mikrotoponymen auf Samoa damit weder Kaiser Wilhelm noch die militärische oder die kolonialpolitische Führung der Metropole oder auch der Kolonien eingeschrieben. Das koloniale Mikrotoponomastikon Deutsch-Samoas scheint daher im Vergleich zu den anderen Kolonien des Kaiserreichs eine deutliche Sonderrolle einzunehmen, denn Personalität scheint hier in Bezug auf Mikrotoponyme gerade nicht eingeschrieben und im Raum lokalisiert worden zu sein. Ein in den Benennungspraktiken der Kolonisatoren ansonsten verbreitetes Mittel mit einem hohen Potential des sprachlichen Place-Making bleibt damit für Deutsch-Samoa ungenutzt.[19]

In diskurslinguistischer Perspektive ist im Folgenden nach Aussagen und Textzusammenhängen zu recherchieren, die sich als Erklärungsansatz für die – weder dem Usus in den afrikanischen Kolonien und in Kiautschou noch dem Usus in der Metropole entsprechenden – Nicht-Verwendung von Mikrotoponymen mit anthroponymischen Modifikatoren auf Samoa nutzen lassen. Methodisch lässt sich noch vor einer solchen Analyse jedoch festhalten, dass nicht nur die Lokalisierung, sondern auch die Nicht-Lokalisierung von Personalität aufschlussreich und für koloniallinguistische Untersuchungen relevant sein kann.

4.4 Erklärungsansätze

Die Erhebung von textgebundenen Aussagen, die Erklärungsansätze für die in den vorhergehenden Abschnitten aufgezeigte Andersartigkeit des kolonialen Mikrotoponomastikons für Deutsch-Samoa (u. a. Nicht-Lokalisierung von Personalität, hohe Frequenz endogener Modifikatoren, hochfrequente Verwendung von (endogenen) Toponymen als Modifikatoren und – damit einhergehend – eine geringe Anzahl appellativischer Modifikatoren im kolonialen Mikrotoponomastikon) liefern können, muss deutlich über die zeitgenössischen Diskurse zu Benennungspraktiken hinausgehen und mit einer Recherche in übergreifenden Diskursen der Kolonialzeit einsetzen. Die Analyse setzt mit textlinguistischem Instrumentarium an einem prominenten Einzeltext an und weitet die Sichtung

---

19 Möglicherweise lässt sich dieser Befund auch auf Makrotoponyme übertragen: Während für Deutsch-Neuguinea wie für andere Kolonien des Kaiserreichs Makrotoponyme, die durch Anthroponyme in Modifikatoren Personalität einschreiben, bezeugt sind (etwa in R. Fitzners Deutschem Kolonialhandbuch in der Abteilung „Bevölkerungsstatistik" *Bismarck-Archipel, Herbertshöhe, Kaiser-Wilhelms-Land, Friedrich-Wilhelmshafen* (1907, Band II: 236f.), ist das für Deutsch-Samoa hingegen nicht der Fall (1907, Band II: 286f.). Auch die in Schnee (1920) abgedruckte Karte von Upolu zeigt fast ausschließlich endogene Makrotoponyme; die wenigen exogenen Bildungen weisen andere Modifikatoren auf (z. B. *Süd-K[ap]*, *Rund-K[ap]*).

von diesem Punkt aus auf Diskurszusammenhänge aus. Zunächst wird beispielhaft das im Kaiserreich und auch später weitverbreitete zweibändige, von Kurd Schwabe herausgegebene Werk *Die Deutschen Kolonien* herangezogen (Erstauflage Berlin 1910; weitere, zum Teil bearbeitete Auflagen 1913, 1919, 1924, 1926) und auf relevante Aussagen hin untersucht. Es wird gefragt, ob im Text mit Argumenten eine Übereinstimmung oder eine Andersartigkeit Deutsch-Samoas gegenüber anderen Kolonien des Kaiserreichs in soziohistorischen oder politisch-administrativen Bereichen sprachlich konstruiert wird. Sollte das der Fall sein, dann wäre zu fragen, inwieweit solche Befunde auch zur Erklärung des abweichenden Mikrotoponomastikons herangezogen werden könnten.

Über Deutsch-Samoa wird in Schwabes Standardwerk der Vermittlung von kolonialen Aussagen und Gewissheiten zum Thema ‚Kolonien des Kaiserreichs' in einem geradezu schwärmerischen Grundton berichtet, der argumentativ deutliche Abgrenzungssignale erkennen lässt. Mit dem Adverb *anders*, mit der Konjunktion *wie* und mit Superlativen wird für Samoa schon auf den ersten Seiten der Darstellung eine Sonderstellung sprachlich konstruiert. Samoa wird dabei sowohl gegen andere koloniale Gebiete der Südsee als auch gegen andere koloniale Gebiete in Afrika und Asien abgegrenzt:

> Wie anders Samoa [als andere Inseln der Südsee, M.S./M.A.], wo alle Vorzüge der Tropen sich vereinen, wo Lust und Freude über Dörfer und Wälder ausgegossen ist. (Kraemer 1910: 119)

> Samoa, Savai, Upolu, ihr lieblichsten unter den Inseln in der weiten Südsee. (Kraemer 1910: 121)

> Was dabei das Schönste ist, kein Dornengestrüpp, kein verfilztes Unterholz hemmt den Wanderer wie in Asien und Afrika. (Kraemer 1910: 121)

Die Bevölkerung Samoas wird im Text mit positiv-qualitativen Adjektiven beschrieben:

> Aber nicht minder anmutig als das Land sind seine Bewohner (Kraemer 1910: 126)

> schöne [...] Körperformen (Kraemer 1910: 126)

> sorgfältige Erziehung (Kraemer 1910: 131)

Mit Hochwertlexemen werden weitere Zuschreibungen vorgenommen:

> sorgfältige[n] Erziehung (Kraemer 1910: 131)

> Eingeborenenfleiß[] (Kraemer 1910: 134)

Es ist auffällig, dass Lexeme wie *Erziehung* und *Fleiß*, die deutsche Kolonialakteure in anderen Texten auf sich selbst bezogen verwenden, hier (wenn auch in semantischer Abschwächung in Komposita wie *Eingeborenenfleiß*) auf Kolonisierte bezogen werden. Auch in weiteren Konstruktionen mit der Konjunktion *wie* wird deutlich, dass ein Vergleich zwischen Samoanern und Europäern argumentativ als zumindest möglich erscheint („Wie die Christen nehmen sie auch für sich eine besondere Schaffung ihrer Inseln und ihres Volkes als Zentrum der Welt an", Kraemer 1910: 135).

Dass die in den Argumentationen enthaltenen versprachlichten kolonialen Gewissheiten von der Darstellung anderer Kolonien und dem Bild, das sprachlich von anderen Kolonien konstruiert wird, deutlich abweichen, wird klar, wenn der Text über die Kolonie Deutsch-Ostafrika aus dem gleichen Werk K. Schwabes herangezogen wird. Dort wird beschrieben, dass „den Arabern, Indern und Eingeborenen in sehr nachdrücklicher Weise ein Begriff von Deutschlands Macht und Größe beigebracht werden" (Ramsay 1910: 15) müsse. Wenn in der Folge formuliert wird, die „Eingeborenen [fassten] allmählig [sic!] Zutrauen zu den Deutschen" (Ramsay 1910: 15), dann wird in Bezug auf Afrikaner nicht wie bei Samoanern eine potentiell gegebene Vergleichbarkeit, sondern eine als koloniale Gewissheit feststehende Differenz versprachlicht: *Zutrauen* erwerben im Sprachgebrauch des 19. und frühen 20. Jahrhunderts z. B. Kinder gegenüber Erwachsenen (vgl. ¹DWB. XVI, Sp. 870). Auch von Tieren wird in Texten gesagt, sie sollten (nämlich im Prozess der Zähmung) „Zutrauen zum Menschen gewinnen" (Balassa 1835: 379). Wenn nun *Eingeborene Zutrauen zu Deutschen fassen* sollen, dann impliziert das in Bezug auf Afrikaner die auch aus anderen Argumentationen bekannte koloniale Gewissheit, Kolonisierte nicht als Erwachsene und womöglich sogar nicht einmal als Menschen zu sehen. Hier zeigen sich also ganz andere versprachlichte koloniale Gewissheiten und Ideologien. Die Analyse zeigt, dass sich das sprachlich konstruierte Bild Samoas und der Samoaner in einem populären und häufig aufgelegten Werk im Kaiserreich deutlich von der sprachlichen Konstruktion und den transportierten kolonialen Gewissheiten über andere Kolonien unterscheidet. Es wird bereits an wenigen Einzelbeispielen deutlich, dass die soziale Bedeutungskonstitution (*social meaning*) für Samoa von derjenigen für afrikanische Kolonien oder derjenigen für das asiatische Tsingtau unterscheidbar ist. Neben der Faszination von Exotik und Erotik[20]

---

20 Über Exotik und Erotik in der sprachlichen Konstruktion der Südsee als Differenzfaktoren sowohl gegenüber dem Kaiserreich als auch gegenüber den anderen Kolonien liegt eine breite Dokumentation in der kultur- und literaturwissenschaftlichen Sekundärliteratur vor, z. B. Dunker (2008), Küchler Williams (2004), Wendt (2013).

zeigen die hier zitierten Aussagen eine Sichtweise auf die Menschen Samoas, die diese zwar nicht als gleichberechtigt auf einer Stufe mit den Deutschen stehend, aber doch als zumindest potentiell vergleichbar erscheinen lässt. Die versprachlichte Distanz zwischen Kolonisierten und Kolonisatoren ist fraglos auch für die Darstellung Deutsch-Samoas erkennbar; sie erscheint allerdings anders gelagert als dies im Text über Deutsch-Ostafrika der Fall ist.

Der geschilderte Befund stellt keinen textuellen Einzelfall dar; die aufgedeckten Versprachlichungen kolonialer Gewissheiten sind vielmehr als Konstanten in den zeitgenössischen Diskursen über Samoa seit dem 18. und 19. Jahrhundert zu beschreiben, wie bereits prominente Buchtitel wie Otto E. Ehlers' *Samoa. Die Perle der Südsee* (1895) zeigen. In den Samoa thematisierenden Diskursen werden aber auch unterschiedliche Positionen erkennbar. So wird im bereits zitierten Werk Schwabes empfohlen, „erhaltend und rettend einzuwirken" (Kraemer 1910: 127), denn der Verfasser sieht die Gefahr, „daß Land und Volk durch die weiße Übermacht verbraucht wird" (Kraemer 1910: 138). Kraemer vermerkt zudem wohlwollend, „die neue Regierung" habe „dafür gesorgt, daß den Samoanern ihr Landbesitz erhalten bleibt" (Kraemer 1910: 138). In konservativen Kreisen wurde die Administration unter Gouverneur Solf hingegen kritisiert: „Ja, es ist sogar in letzter Zeit in kolonialen Kreisen der Heimat offen ausgesprochen worden, dass Samoa den Namen ‚deutsche' Kolonie gar nicht so recht verdiene." (*Eine Reise durch die Deutschen Kolonien*. Band V, 1912: 115).

Die Textbeispiele deuten auf strukturelle Übereinstimmungen zwischen den aufgedeckten Befunden des Mikrotoponomastikons und der Versprachlichung kolonialer Gewissheiten in Texten: In beiden Bereichen wird für Samoa eine *Andersartigkeit* sprachlich konstruiert. Es ist zu fragen, ob auch ein Blick auf das administrative Handeln der kolonialen Akteure auf eine solche *Andersartigkeit* hindeutet.

Die Kolonialverwaltung der Südseegebiete unterschied sich schon in der Personalstruktur von derjenigen in afrikanischen Gebieten. Die in Afrika administrativ stark involvierte Gruppe der Adeligen und Offiziere war in der Südsee nicht in gleicher Weise beteiligt (vgl. Seib 2009: 108). Dass dieser Faktor nicht nur Auswirkungen auf koloniale Haltungen und Gewissheiten, sondern auch auf das Handeln der Kolonialadministration haben konnte, zeigt sich schlaglichtartig an langjährigen Gouverneuren wie Albert Hahl (Deutsch-Neuguinea, 1902–1914) und Wilhelm H. Solf (Deutsch-Samoa, 1900–1911). Für Samoa agierte W. Solf als promovierter Indologe und Orientalist in Bezug auf indigene Strukturen sowohl kenntnisreich als auch sensibel. Er „förderte eine begrenzte Selbstverwaltung der Samoaner, schützte ihre Sprache und wandte sich gegen die rücksichtslose Ausbeutung der Kolonie" (Erbar 2010: 549–550). Die Machtposition der Kolonisatoren wurde von ihm (wie auch von A. Hahl) zwar nicht in Frage gestellt, der Einfluss der Deutschen auf die Kolonisierten auf Samoa sollte jedoch vor allem im Alltag begrenzt bleiben.

Die Haltung Solfs hatte für Samoa unter anderem Auswirkungen auf die Stadtplanung und die Architektur. Im Stadtbild von Apia waren in seiner Amtszeit „keinerlei Überschneidungen von samoanischer und europäischer Kultur erwünscht" (Schnoor 2013: 151). Der hier erkennbare Segregationswille ist natürlich kolonial, aber doch anders gelagert als koloniale Segregationsinteressen und ihre Auswirkungen auf stadtplanerische Aktivitäten in Afrika oder in Tsingtau (vgl. Schulz & Ebert 2016). Es ist also eine doppelte ‚Andersartigkeit' festzuhalten: Die Administration der Südseekolonien unterschied sich erkennbar von derjenigen der Kolonien Afrikas. Für Samoa ist auch in der Südsee selbst eine Sonderrolle zu konstatieren.

Verbindet man Text- und Diskursbefunde und bezieht politische und soziohistorische Faktoren mit ein, dann ergibt sich auf diese Weise ein Erklärungsansatz für den Sonderstatus des kolonialen Mikrotoponomastikons Deutsch-Samoas. Solf kannte aus seiner Tätigkeit als Bezirksrichter in Daressalam 1898/99 die Benennungspraktiken in Deutsch-Ostafrika (der Baulinienentwurf der Kolonialadministration, in dem für Daressalam Straßennamen wie *Kaiser Straße* und *Wissmann Straße* verzeichnet waren, war damals bereits sieben Jahre alt [1891]; Rudolf Fitzners prominentes Kolonial-Handbuch, in dem für Daressalam kommemorative Straßennamen genannt werden, war bereits zwei Jahre vor Solfs Eintreffen in Daressalam erschienen [1896]). Er und seine Administration folgten den dort verwendeten Mustern allerdings nicht. Die auffällige Abstinenz gegenüber einer Verwendung von Anthroponymen im Mikrotoponomastikon Samoas (und stattdessen die Verwendung endogener Toponyme als Modifikatoren der kolonialen Mikrotoponyme) erscheint vor dem Hintergrund der referierten Textbefunde und der administrativen Intentionen der Kolonialverwaltung für Deutsch-Samoa geradezu als eine bewusste Weigerung der Kolonialadministration, den Kaiser, die Reichsspitze und die Kolonialverwaltung in eine epistemische Strukturierung des Raumes durch Mikrotoponyme einzubringen.

4.5 Hypothesenbildung

Die Ergebnisse des diskurslinguistischen Zugriffes sollen im Folgenden auf die in der Einleitung in diesem Band für Makrotoponyme aufgestellten Hypothesen 5–7 (vgl. Stolz & Warnke in diesem Band) bezogen werden. Es ist dabei erneut auf strukturelle Gemeinsamkeiten und Unterschiede zwischen kolonialen Mikrotoponymen und kolonialen Makrotoponymen zu achten.

Hypothese 5 ist für die hier untersuchten kolonialen Mikrotoponomastiken zu bestätigen: Singuläre koloniale Mikrotoponyme verfügen über implizite Aussagekraft. Eine hohe Aussagekraft zeigt sich vor allem bei anthroponymischen Modifikatoren. Für koloniale Mikrotoponomastiken ist allerdings auch relevant, dass selbst mit vordergründig orientierenden appellativischen Modifikatoren (wie *Hafen, Kokusnus*) koloniale Sichtweisen und koloniale Relevanz erkennbar werden können.

Auch **Hypothese 6** kann für die hier untersuchten kolonialen Mikrotoponomastiken bestätigt werden: Es liegen unterschiedliche Muster für die diskursive Beherrschung von Orten durch koloniale Mikrotoponyme vor. Wie bei Makrotoponymen stellt Lokalisierung von Personalität auch bei Mikrotoponymen ein wirkungsvolles Muster dar. Daher ist der Befund einer bewussten Nicht-Lokalisierung von Personalität ebenfalls von Relevanz. Sowohl die An- als auch die Abwesenheit struktureller Muster ist in Bezug auf diskurslinguistische Analysen, etwa für Place-Making-Prozesse, für Analysen von großem Interesse.

Hypothese 7 trifft ebenfalls für koloniale Mikrotoponomastiken zu. Auch koloniale Mikrotoponyme kommen in Texten vor. Ihr Auftreten z. B. in Verordnungen der Kolonialmacht, in Zeitung-Werbeanzeigen und auf Beschilderungen ist dabei als Werkzeug des textuellen Place-Making zu betrachten.

5 Fazit

In diesem Beitrag wurde am Beispiel der Mikrotoponomastiken Deutsch-Neuguineas und Deutsch-Samoas gezeigt, dass koloniale Mikrotoponyme – ebenso wie koloniale Makrotoponyme – spezifische Konstruktionsmuster aufweisen, die die Bildung verschiedener Typen ermöglichen. Die empirisch möglichst umfassende Erhebung und systemlinguistische Analyse zeigt dabei, dass die Befunde zu einzelnen Kolonien deutliche Unterschiede in Hinsicht auf Muster und kanonische Typen aufweisen können. Eine vollständige Aufarbeitung der kolonialen Mikrotoponyme aller Kolonien des Kaiserreichs – und ebenso aller kolonialer Mikrotoponyme der Metropole – ist daher erforderlich, um übergreifende Ergebnisse erzielen zu können.[21]

---

[21] Die Erforschung dieser Bereiche ist das Ziel der derzeit laufenden Promotionsprojekte von M. Aleff und V. Ebert.

Die text- und diskursorientierte Analyse der erhobenen Mikrotoponomastiken kann die Stellung der Mikrotoponyme als Diskurswerkzeuge und ihre spezifischen Diskursfunktionen aufdecken. Koloniale Mikrotoponyme verfügen – ebenso wie koloniale Makrotoponyme – über implizite Aussagekraft. Mit Mikrotoponymen werden koloniale Raumordnungen, koloniale Wissensordnungen und koloniale Gewissheiten versprachlicht. Das Auftreten von kolonialen Mikrotoponymen in Texten und Diskursen stellt damit ein relevantes Merkmal des textuellen Place-Making dar.

Koloniale Mikrotoponyme haben einen wesentlichen Anteil an den kolonialen Toponomastiken. Ihre Strukturen und Funktionen sind partiell mit denen der Makrotoponyme übereinstimmend, sie zeigen aber auch eine Reihe von Unterschieden. Sie müssen daher vergleichbar, aber doch unabhängig von und anders als koloniale Makrotoponyme untersucht werden. System- und diskurslinguistische Analysen bringen spezifische Ergebnisse, die sich ergänzen und wechselseitig stützen. Auch die Erforschung kolonialer Mikrotoponyme gehört damit zu den „innovativen Forschungsfeldern der Linguistik und erweitert den sprachwissenschaftlichen Fokus auf ein globalgeschichtlich zentrales Feld des neuzeitlichen Sprachgebrauchs" (vgl. Stolz & Warnke in diesem Band).

Danksagung: Wir danken Verena Ebert für Diskussionen. Für umsichtige Recherche- und Korrekturarbeiten danken wir Luisa Macharowsky und Miriam Reischle.

Abkürzungen

ANTH	Anthroponym
APP	Appelativum
KLASS	Klassifikator
MOD	Modifikator
SN	Straßennamen
TOP	Toponym

Quellen- und Literaturverzeichnis

Quellenverzeichnis

a. Kolonialhandbücher

Fitzner, Rudolf. 1896. *Deutsches Kolonial-Handbuch*. Nach amtlichen Quellen bearbeitet. Berlin: Hermann Paetel.
Fitzner, Rudolf. 1907. *Deutsches Kolonial-Handbuch*. Nach amtlichen Quellen bearbeitet. 7. Aufl. Berlin: Hermann Paetel. Online verfügbar unter: http://sammlungen.ub.uni-frankfurt.de/kolonialbibliothek/periodical/pageview/7774150 (aufgerufen am 19.09.2017).
Kausch, Oskar. 1903. *Deutsches Kolonial-Lexikon. Allgemeine Übersicht über die deutschen Kolonialgebiete, alphabetische Aufführung der neuen geographischen Namen (der Länder, Völker, Flüsse, Gebirge, Orte), Angabe der Regierungs-, Militär-, Zoll- und Missionsstationen, Verkehrsanstalten, Handelsniederlassungen und Pflanzungen, Erklärungen der Namen und Zusammenstellung der wichtigsten Kolonialforscher*. Dresden: Küthmann.
Schnee, Heinrich (ed.). 1920. *Deutsches Kolonial-Lexikon*. 3 Bände. Leipzig: Quelle & Meyer. Reduzierte Online-Version verfügbar unter: http://www.ub.bildarchiv-dkg.uni-frankfurt.de/Bildprojekt/Lexikon/Standardframeseite.php (aufgerufen am 19.09.2017).

b. Stadtpläne, Karten, Zeitungsartikel, Fotografien

Bundesarchiv: http://www.bundesarchiv.de/index.html.de (aufgerufen am 19.09.2017).
Deutsche Kolonialzeitung. Organ der Deutschen Kolonialgesellschaft 1909. 26. Jahrgang. Berlin: Eigentum und Verlag der Deutschen Kolonialgesellschaft. Online verfügbar unter: http://sammlungen.ub.uni-frankfurt.de/kolonialbibliothek/periodical/pageview/7864267 (aufgerufen am 19.09.2017).
Frankfurt am Main 1933–1945: http://www.ffmhist.de/ffm33-45/portal01/portal01.php?ziel=t_isg_strassen_umbenennungen_ns (aufgerufen am 19.09.2017).
Kaiserliches Gouvernement (ed.). 1913. Amtsblatt für das Schutzgebiet Deutsch-Neuguinea. 5. Jahrgang. Nr. 20. Rabaul, 243. Online verfügbar unter: http://sammlungen.ub.uni-frankfurt.de/kolonialbibliothek/periodical/pageview/7804491 (aufgerufen am 19.09.2017).
Karte des Wegenetzes im Stadt- und Pflanzungs-Bezirk Apia: BSB., Mapp. XXIII, 50d.
Koloniales Bildarchiv: http://www.ub.bildarchiv-dkg.uni-frankfurt.de/Bildprojekt/frames/hauptframe.html (aufgerufen am 19.09.2017).
Langhans, Paul. 1897. Nr. 30. Schutzgebiet der Marshall Inseln. In Justus Perthes (ed.), *Deutscher Kolonial-Atlas. 30 Karten mit 300 Nebenkarten*. Gotha.
Postkarte Herbertshöhe (Deutsch-Neuguinea): Hotel Deutscher Hof. In Michael Hofmann 2016, *Deutsche Kolonialarchitektur in China und der Südsee*, 144. Petersberg: Michael Imhof Verlag.

Samoanische Zeitung. 1903. 3. Jahrgang. Nr. 25. Apia, 6. Online verfügbar unter: https://paperspast.natlib.govt.nz/newspapers/samoanische-zeitung/1903/9/19/6 (aufgerufen am 19.09.2017).
Samoanische Zeitung. 1904. 3. Jahrgang. Nr. 40. Apia, 2. Online verfügbar unter: https://paperspast.natlib.govt.nz/newspapers/samoanische-zeitung/1904/1/9/2 (aufgerufen am 19.09.2017).
Samoanische Zeitung. 1913. 13. Jahrgang. Nr. 4. Apia, 1. Online verfügbar unter: https://paperspast.natlib.govt.nz/newspapers/samoanische-zeitung/1913/1/25/1 (aufgerufen am 19.09.2017).
Samoanische Zeitung. 1914. 14. Jahrgang. Nr. 14. Apia, 1. Online verfügbar unter: https://paperspast.natlib.govt.nz/newspapers/samoanische-zeitung/1914/4/11/1 (aufgerufen am 19.09.2017).
Stadtplan von Erfurt 2017. Online verfügbar unter: http://www.erfurt.de/ef/de/service/dienste/stadtplan/index.html (aufgerufen am 19.09.2017).
Stadtplan von München 1925. Online verfügbar unter: https://stadtgeschichte-muenchen.de/strassen/d_strasse.php?id=5338 (aufgerufen am 19.09.2017).
Stadtplan von Stettin 1941. Online verfügbar unter: http://www.landkartenarchiv.de/historischestadtplaene.php?q=landkartenarchiv_stettin_1941 (aufgerufen am 19.09.2017).

Literaturverzeichnis

Aleff, Maria. 2017. German urbanonyms in the former colony of German South West Africa. In Andreas Eckl (ed.), *Journal of Namibian studies. History, politics, culture*. Vol. 22, 7–24. Essen: Otjivanda Presse.
Balassa, Constantin. 1835. *Die Zähmung des Pferdes. Rationelle Behandlungsart der Remonten und jungen Pferde überhaupt und der bösen, verdorbenen und reizbaren insbesondere*. Wien: Carl Gerold.
Dunker, Axel. 2008. *Kontrapunktische Lektüren. Koloniale Strukturen in der deutschsprachigen Literatur des 19. Jahrhunderts*. München: Fink.
Ebert, Verena. in diesem Band. „Des geraubten Kolonialbesitzes wurde durch eine Daressalamstraße, Südseestraße, Tsingtauerstraße und Kamerunplatz [sic] gedacht". Kolonialtoponomastik im Raum der Kolonisatoren.
Ehlers, Otto Ehrenfried. 1895. *Samoa. Die Perle der Südsee*. Berlin: Hermann Paetel.
Eine Reise durch die Deutschen Kolonien. Südsee. Band V. 2. Aufl. 1912. Berlin: Kolonie-und-Heimat-Verlags-Gesellschaft.
Erbar, Ralph. 2010. Solf, Wilhelm Heinrich. *Neue Deutsche Biographie* 24 2010, 549–550. Online verfügbar unter: https://www.deutsche-biographie.de/gnd118748777.html#ndbcontent (aufgerufen am 19.09.2017).
Deutsches Wörterbuch von Jacob Grimm und Wilhelm Grimm, I–XVI. 1854–1960. Leipzig: Hirzel (= ¹DWB.).
Goethe-Wörterbuch. I–VI,1. 1978–2012. Stuttgart et al.: Kohlhammer (= GWB). Online verfügbar unter: http://woerterbuchnetz.de/cgi-bin/WBNetz/wbgui_py?sigle=GWB (aufgerufen am 19.09.2017).
Grotek, Edyta. 2016. Onyme als Identitätsträger? Hodonyme und Ergonyme in der lokalen Mikroperspektive einer historischen urbanen Gemeinschaft. In Edyta Grotek & Katarzyna Norkowska (eds.), *Sprache und Identität. Philologische Einblicke*, 207–219. Berlin: Frank & Timme.

Handke, Kwiryna. 1996. Straßennamen: Slavisch. In Ernst Eichler, Gerold Hilty, Heinrich Löffler, Hugo Steger & Ladislav Zgusta (eds.), *Namenforschung. Ein internationales Handbuch zur Onomastik.* HSK 11.2., 1476–1481. Berlin & New York: Walter de Gruyter.

Hesse-Wartegg, Ernst von. 1902. *Samoa, Bismarckarchipel und Neuguinea. Drei deutsche Kolonien in der Südsee.* Leipzig: Verlagsbuchhandlung von J. J. Weber.

Heuser, Rita. 2008. *Namen der Mainzer Straßen und Örtlichkeiten. Sammlung, Deutung, sprach- und motivgeschichtliche Deutung.* Stuttgart: Steiner.

Hiery, Hermann Joseph. 1995. *Das Deutsche Reich in der Südsee (1900–1921). Eine Annäherung an die Erfahrungen verschiedener Kulturen.* Göttingen & Zürich: Vandenhoeck & Ruprecht.

Hiery, Hermann Joseph (ed.). 2001. *Die Deutsche Südsee (1884–1914). Ein Handbuch.* München et al.: Ferdinand Schöningh.

Hofmann, Michael. 2016. *Deutsche Kolonialarchitektur in China und der Südsee.* Petersberg: Michael Imhof Verlag.

Kamianets, Wolodymyr. 2000. Zur Einteilung der deutschen Eigennamen. *Grazer Linguistische Studien* 54. 41–58.

Kohlheim, Volker. 2013. Urbanonyme in der Literatur: Funktion und Status. In Dieter Kremer & Dietlind Kremer (eds.), *Die Stadt und ihre Namen.* 2. Teilband, 327–350. Leipzig: Leipziger Universitätsverlag.

Kojetínová, Martina. 2013. Toponyma jako místa paměti (na příkladu vybraných pražských urbanonym). *Acta onomastica* 54. 145–151.

Kraemer, Augustin. 1910. Samoa. In Kurd Schwabe (ed.), *Die Deutschen Kolonien. Deutsch-Ostafrika, Kaiser-Wilhelmsland und die Inselwelt im Stillen Ozean, Samoa, Kiautschou.* Band 2, 117–138. Berlin: Weller & Hüttich. Online verfügbar unter: http://sammlungen.ub.uni-frankfurt.de/kolonialbibliothek/content/titleinfo/7870627 (aufgerufen am 19.09.2017).

Küchler Williams, Christiane. 2004. Erotische Paradiese. Zur europäischen Südseerezeption im 18. Jahrhundert. *Das achtzehnte Jahrhundert – Supplementa.* Band 10.

Mückler, Hermann. 2012. *Kolonialismus in Ozeanien.* Wien: Facultas.

Mückler, Hermann. 2015. Toponyme zu den Inseln Ozeaniens. In Daniel Schmidt-Brücken, Susanne Schuster, Thomas Stolz, Ingo H. Warnke & Marina Wienberg (eds.), *Koloniallinguistik. Sprache in kolonialen Kontexten*, 177–246. Berlin & Boston: Walter de Gruyter.

Mühlhäusler, Peter. 2001. Die deutsche Sprache im Pazifik. In Hermann Joseph Hiery (ed.), *Die deutsche Südsee (1884–1914). Ein Handbuch*, 239–262. Paderborn et al.: Verlag Ferdinand Schöningh.

Nübling, Damaris. 2000. Auf der Suche nach dem idealen Eigennamen. *Beiträge zur Namenforschung* 35(3). 275–302.

Nübling, Damaris, Fabian Fahlbusch & Rita Heuser. 2015. *Namen. Eine Einführung in die Onomastik.* Tübingen: Narr Verlag.

Ramsay, Hans. 1910. Geschichte und allgemeine Entwicklung. In Kurd Schwabe (ed.), *Die Deutschen Kolonien. Deutsch-Ostafrika, Kaiser-Wilhelmsland und die Inselwelt im Stillen Ozean, Samoa, Kiautschou.* Band 2, 1–27. Berlin: Weller & Hüttich. Online verfügbar unter: http://sammlungen.ub.uni-frankfurt.de/kolonialbibliothek/content/titleinfo/7870627 (aufgerufen am 19.09.2017).

Schnoor, Christoph. 2013. Hygiene und Reinheit für ein Südsee-Paradies. Preußisch-koloniale Interventionen in Samoa. In Michael Falser & Monica Juneja (eds.), *Kulturerbe und Denkmalpflege transkulturell. Grenzgänge zwischen Theorie und Praxis.* Band 12, 139–166. Bielefeld: transcript Verlag.

Schulz, Matthias & Verena Ebert. 2016. Wissmannstraße, Massaiweg, Berliner Straße. Kolonial intendierte Urbanonyme – Befunde, Perspektiven, Forschungsprogramm. *Beiträge zur Namenforschung* 51(3–4). 357–386.

Schulz, Matthias & Verena Ebert. 2017. Kaiser-Wilhelm-Ufer, Wissmannstraße, Stuhlmann-Straße – Straßennamen im Kontext kolonialer Raumaneignung. In Axel Dunker, Thomas Stolz & Ingo H. Warnke (eds.), *Benennungspraktiken in Prozessen kolonialer Raumaneignung*, 161–186. Berlin & Boston: Walter de Gruyter.

Schwabe, Kurd. 1910. *Die Deutschen Kolonien. Deutsch-Ostafrika, Kaiser-Wilhelmsland und die Inselwelt im Stillen Ozean, Samoa, Kiautschou*. Band 2. Berlin: Weller & Hüttich. Online verfügbar unter: http://sammlungen.ub.uni-frankfurt.de/kolonialbibliothek/content/titleinfo/7870627 (aufgerufen am 19.09.2017).

Seib, Roland. 2009. *Staatsreform und Verwaltungsmodernisierung in Entwicklungsländern. Der Fall Papua-Neuguinea im Südpazifik*. Frankfurt: Peter Lang.

Solf, Wilhelm Heinrich. 1919. *Kolonialpolitik. Mein politisches Vermächtnis*. Berlin: Verlag von Reimar Hobbing.

Steger, Hugo. 1996. Institutionelle innerörtliche Orientierungssysteme. Fallstudien. In Herbert Ernst Wiegand & Hugo Steger (eds.), *Namenforschung. Ein internationales Handbuch zur Onomastik*, 1499–1520. Berlin & New York: Walter de Gruyter.

Stenographische Berichte über die Verhandlungen des Deutschen Reichstages 271. 1909, 967. Berlin.

Stolz, Thomas & Ingo H. Warnke. 2015. Aspekte der kolonialen und postkolonialen Toponymie unter besonderer Berücksichtigung des deutschen Kolonialismus. In Daniel Schmidt-Brücken, Susanne Schuster, Thomas Stolz, Ingo H. Warnke & Marina Wienberg (eds.), *Koloniallinguistik – Sprache in kolonialen Kontexten*, 107–176. Berlin & München & Boston: Walter de Gruyter.

Stolz, Thomas & Ingo H. Warnke. 2016. When places change their names and when they do not: Selected aspects of colonial and postcolonial toponymy in former French and Spanish colonies in West Africa. *International Journal of the Sociology of Language* 239. 29–56.

Stolz, Thomas & Ingo H. Warnke. 2018. Auf dem Weg zu einer vergleichenden Kolonialtoponomastik. Der Fall Deutsch-Südwestafrika. In Birte Kellermeier-Rehbein, Matthias Schulz & Doris Stolberg (eds.), *Sprache und (Post)Kolonialismus. Linguistische und interdisziplinäre Aspekte*, 71–103. Berlin: Walter de Gruyter.

Stolz, Thomas & Ingo H. Warnke. in diesem Band. System- und diskurslinguistische Einblicke in die vergleichende Kolonialtoponomastik. Eine gemeinsame Einführung.

Stolz, Thomas, Nataliya Levkovych & Ingo H. Warnke. 2016. Colonial place names in a comparative perspective. *Beiträge zur Namenforschung* 51(3/4). 279–355.

Warnke, Ingo H. 2008. Text und Diskurslinguistik. In Nina Janich (ed.), *Textlinguistik. 15 Einführungen*, 35–52. Tübingen: Narr Verlag.

Warnke, Ingo H. & Jürgen Spitzmüller. 2008. Methoden und Methodologie der Diskurslinguistik. Grundlagen und Verfahren einer Sprachwissenschaft jenseits textueller Grenzen. In Ingo H. Warnke & Jürgen Spitzmüller (eds.), *Methoden der Diskurslinguistik. Sprachwissenschaftliche Zugänge zur transtextuellen Ebene*, 3–54. Berlin: Walter de Gruyter.

Wegener, Georg (ed.). 1908. *Samoa. Reiseschilderungen von Dr. Siegfried Genthe*. Berlin: Allgemeiner Verein für Deutsche Literatur.

Wendt, Reinhard. 2013. Die Südsee. In Jürgen Zimmerer (ed.), *Kein Platz an der Sonne: Erinnerungsorte der deutschen Kolonialgeschichte*, 41–55. Bonn: Campus Verlag.

Susanne Schuster
Europäische Ortsnamen als Zeugen kolonialer Raumaneignung: Grönlands Nordosten

> The place where we fetched in with the land, was at the mouth of a small bay or inlet, in latitude 71° 2', which was named after Chevalier MASCLET, late French Consul at Liverpool. Close by this bay is a remarkable mountain, that was called CHURCH MOUNT, from its striking resemblance to a church; and two adjoining headlands, separated by Masclet Bay, I named in compliment to two respected clergymen of Liverpool, CAPE JONES and CAPE BUDDICOM.
>
> Logbucheintrag von William Scoresby dem Jüngeren am 19. Juli 1822 (Kapitälchen im Original)

Zusammenfassung: In diesem Beitrag werden europäisch-basierte Toponyme an der Nordostküste Grönlands einer systemlinguistischen Analyse unterzogen. Dieses schwer zugängliche Gebiet war seit dem 19. Jahrhundert Ziel zahlreicher Expeditions-, und Kartierungsunternehmungen europäischen Ursprungs gewesen; ein Umstand, der zu einer Vielzahl multilingualer Ortsbezeichnungen geführt hatte. Mit der 1933 erfolgten Anerkennung der dänischen Souveränitätsansprüche auf dieses Areal erfolgte eine Überlagerung dieser ersten toponymischen Schicht durch eine vereinheitlichende Übersetzung der Ortsnamen ins Dänische. Das so entstandene Toponomastikon zeichnet sich also sowohl durch eine Zweischichtigkeit als auch durch einen hohen Grad an systematischer (weil übersetzter) Bildung aus. Zudem benennen diese Toponyme, im Unterschied zu denen an der Süd- und Westküste Grönlands, nahezu ausschließlich unbesiedeltes Gebiet. Diese Faktoren – Mehrschichtigkeit, systematische Bildung und Benennung unbesiedelten Gebietes – machen die nordostgrönländischen Toponyme zu einem besonderen Forschungsfeld im Bereich der vergleichenden Kolonialtoponomastik.

Schlagwörter: Grönland, Ortsherstellung, Raumaneignung, Anoikonyme, Makrotoponyme

---

Susanne Schuster, Universität Bremen, FB 10: Linguistik, Universitäts-Boulevard 13, 28359 Bremen. E-Mail: suschu@uni-bremen.de

https://doi.org/10.1515/9783110608618-005

1 Einleitung

Die obige Notiz des wissenschaftlich ambitionierten Walfängers William Scoresby des Jüngeren[1] dokumentiert die erste Landung eines Europäers an der nördlichen Ostküste Grönlands (Higgins 2010: 5). Nach wochenlangen vergeblichen Bemühungen, einen schiffbaren Weg durch das Packeis vor der Küste nördlich des 69. Breitengrades zu finden, gelang die Landung schließlich bei 71°05.4´N, 21°54.6´W in einem Fjord (Kangertivit Anginersaat) ca. 60 km nördlich von Ittoqqortoormiit (siehe Karte im Appendix).

Grönland war bereits seit dem frühen Mittelalter Ziel europäischer Expeditions- und Besiedelungsaktivitäten gewesen: bereits um 1000 n. Chr. waren isländische Siedlungen an der südlichen Westküste entstanden (Nuttall 2005a: 783). Obwohl diese Niederlassungen um 1500 wieder verschwanden, waren sie doch für das vereinte dänisch-norwegische Königshaus stets Anlass und Legitimation, Herrschaftsansprüche auf Grönland geltend zu machen. Seit dem frühen 17. Jahrhundert wurden daher regelmäßige Expeditionen ausgesandt auf der Suche nach Relikten dieser ehemaligen Kolonien (Kleivan 1996: 138). Der hegemoniale Anspruch wurde zusätzlich unterstrichen durch den Aufbau von Missionsstationen und Handelsniederlassungen (Cavell 2008: 436 und Nuttall 2005b: 792).

Aber nicht nur für Dänemark-Norwegen war die arktische Insel von großem strategischen und wirtschaftlichen Interesse: neben der in erster Linie von den Briten betriebenen Suche nach einer Nordwestpassage in Richtung Asien stand vor allem der Walfang im Fokus (Banks 1975: 138). Niederländische Walfänger, führend im Handel mit Tran, hatten ihre Fanggründe aufgrund schwindender Bestände von Spitzbergen aus in Richtung grönländischer Küste verlagert (Bobé 1928: 84, Higgins 2010: 19). Sie errichteten Jagd- und Handelsstationen und standen in lebhaftem Handelskontakt mit der lokalen Bevölkerung (Nuttall 2005a: 783).

Im Gegensatz zu dieser frühen Besiedelungs- und Kartierungstätigkeit im Süden und Westen der Insel (Banks 1975: 136) blieb die Ostküste zunächst weitestgehend durch Treibeismassen versperrt. Es hatte zwar seit der ersten Sichtung der Küstenlinie 1576 durch Martin Frobisher unzählige Versuche gegeben, das Land aus der Ferne zu kartographieren (Kleivan 1996: 138), die Ergebnisse waren aller-

---

[1] William Scoresby Junior. 1823. *Journal of a Voyage to the Northern Whale-Fishery; including Researches and Discoveries on the Eastern Coast of West Greenland made in the Summer of 1822, in the Ship Baffin of Liverpool*. Edinburgh: Constable.

dings, wie sich im Laufe der Zeit herausstellen sollte, aufgrund von Luftspiegelungen und Missweisungen des Kompasses in der Nähe des Pols ausgesprochen fehlerhaft und ungenau (vgl. Scoresby 1823: 89–96, 164–166). Erst ab dem frühen 19. Jahrhundert gelang es immer mehr Forschungs- und Kartierungsunternehmen, das Areal systematisch zu erkunden. Nach alter Tradition hatte hierbei der sogenannte Entdecker das unbestreitbare Recht, Lokalitäten zu benennen (Laursen 1972: 13) und sie damit in einem diskursiven Akt in Anspruch zu nehmen (Dunker 2017: ix). Von diesem *droit de nommer* (Calvet 2002 [1974]: 82f.) wurde mit ähnlicher Nonchalance Gebrauch gemacht, wie im eingangs zitierten Logbucheintrag von Scoresby dokumentiert. Limitierende Einflüsse von Seiten indigener Bevölkerungsgruppen mussten nicht berücksichtigt werden, da diese das Gebiet bis auf wenige Ausnahmen (Banks 1975: 143) vermutlich aufgrund klimatischer Veränderungen aufgegeben hatten (Sorensen & Gulløv 2012: 89). Durch die Identifikation, die Benennung und Repräsentation auf Karten (vgl. Stolz & Warnke in diesem Band) wurde der unkontrollierbare und polymorphe Raum, der den Forschern in Form von Bergen, Gletschern und Eis entgegentrat, in ein relativ stabiles und strukturiertes System von isolierten Orten überführt. Durch den Akt der Namensgebung wurden Orte erschaffen, Stolz & Warnke (in diesem Band) und Busse & Warnke (2014) sprechen in diesem Zusammenhang von Ortsnamen als Mittel der Ortsherstellung, des *place-making*. Allerdings hatten diese geschaffenen Orte durch ihre Unbewohnbarkeit einen eher symbolischen Wert: sie markierten Besitzansprüche gegenüber konkurrierenden Nationen und bildeten strategisch wichtige Brückenköpfe für weitere Expeditionen und Gebietsansprüche (Gammeltoft 2016: 130). Als Ergebnis fanden sich metaphorisch (nicht geographisch) gesprochen die *Penisola Savoia* neben dem *Aletschhorn* und die *Cambridge Peaks* neben der *Drach-Schlucht*.

Es ist bezeichnend für die geopolitische Macht von Sprache in Gestalt der Ortsnamen, dass sich Dänemark, unmittelbar nachdem ihm vom Internationalen Gerichtshof 1933 die Souveränität auch über das nicht besiedelte Ostgrönland zugesprochen worden war (vgl. Cavell 2008), daran machte, diese erste sehr heterogene Schicht von Toponymen mit einem einheitlichen dänischen Kolonialtoponomastikon zu überdecken. Es wurde zu dem Zwecke eine Kommission (*Stednavneudvalget*) ins Leben gerufen, die die Vergabe von Ortsnamen systematisch steuern und regulieren sollte (Olsen 2008: 185). Durch diese Reklamierung der Benennungshoheit sollte die mühsam erlangte politische Vorherrschaft auch sprachlich dokumentiert werden. Das dänische Staatsministerium proklamierte 1934:

> As it is known to the Danish Government that different expeditions have given names to localities in Greenland and used the names thus given in the treatises and charts pub-

> lished by them, the Ministry of State hereby make known that a Subcommittee has been set up within the Committee for scientific investigations in Greenland, such Subcommittee being authorized to take decisions with regard to Greenland topographical names, and that names given to localities within Greenland territory will not be recognized by the Danish State unless such name in each case be sanctioned by the Topographical Name Committee.[2]

Die Aufgabe des Komitees war es also, bereits auf Karten verzeichnete Namen und neue Namenvorschläge zu begutachten, zu bewilligen oder abzulehnen (Laursen 1972: 182). Nur auf Grundlage dieser Entscheidung wurde ein Toponym vom dänischen Staat akzeptiert. In gewisser Weise ähnelt diese Art der Machtdemonstration dem von Helander (2009: 256) so bezeichneten *toponymic silencing*, einer von der herrschenden Macht verwendeten Strategie, zu kontrollieren und zu diktieren, welcher Name in welcher Sprache in offiziellen Kontexten verwendet werden kann und welcher nicht. Allerdings betraf dieses „Stillschweigen" in diesem Fall nie autochthone Namen (hier einigte man sich in der Regel auf eine grönländisch-dänische Doppelbenennung), sondern stets die Ortsnamen europäischer Herkunft. Um sie in eine dänische Form zu überführen, wurde bei den meist mehrgliedrigen Ortsnamen der Kopf der Phrase und somit die gesamte Binnenstruktur des Namens ins Dänische übertragen. So wurden zum Beispiel aus den *Cambridge Peaks* die *Cambridge Toppe*. Damit verfuhr die Kommission genau wie von Stolz et al. (2016: 346) beschrieben:

> In situations of re-naming of already colonized places, the European colonizers frequently opted for replacing the TOP coined by a prior colonizer with a TOP which was structurally similar and involved and ANTH of similar symbolic value.

Da die weitaus meisten den Ortsnamen zugrundeliegenden Sprachen genau wie Dänisch germanisch waren, gelang diese Umformung meist problemlos, lediglich einige formale Fragen mussten geklärt werden, wie zum Beispiel die Verwendung von Bindestrichen (*Trip-Trap-Træsko*), von Univerbierungen (*Trias Elv* vs. *Triasdal*) oder der Umgang mit dem possessivischen -s (*A. Stellings Sund* vs. *A. Stelling Sund*) (Higgins 2010:15). Bei strukturell divergierenden Sprachen wie Französisch wurde der Name an das dänische Muster angepasst, wie im Falle des postmodifizierenden Namens *Terre du Duc d'Orléans*, der zu *Hertugen af Orléans Land* umgeformt wurde. Einige wenige Namen (wie *Monte Bello*) wider-

---

[2] Notice regarding the Appointment of a topographical Name committee for Greenland and Name-giving of Greenland Localities (stable URL: http://www.jstor.org/stable/1785625, aufgerufen am 08.01.2018).

standen der Übersetzung, sie verletzten die recht vage Regel des Komitees, allzu fremd klingende Namen zu vermeiden (Higgins 2010: 15), offensichtlich nicht.

Diese zweite, übersetzte Schicht von kolonialen Toponymen ist der eigentliche Untersuchungsgegenstand dieser Arbeit. Die Namen sind in mehrerer Hinsicht einzigartig: Einerseits sind sie, ähnlich wie im Falle der deutschen Kolonialtoponyme in Neuguinea (vgl. Stolz & Warnke 2015: 152) am Reißbrett entstanden, es handelt sich aber im Unterschied dazu nicht um Neuprägungen, sondern vielmehr um Übersetzungen aus größtenteils strukturell sehr ähnlichen Sprachen wie Englisch, Niederländisch, Schwedisch und Deutsch. Zum anderen bilden sie einen Fundus an Anoikonymen, also Ortsnamen für unbewohntes Gebiet, wie er sonst kaum in dieser Dichte zu finden ist. Stolz & Warnke (2017) hatten für diesen Typus der Kolonialtoponyme aufgrund von Evidenzien aus den Toponomastika Italienisch-Ostafrikas und Niederländisch-Ostindiens eine Tendenz zur schematischen Reihenbildung festgestellt.

Die Analyse der formalen und funktionalen Eigenschaften dieser Toponyme wird also einerseits zeigen, ob sich die bisher gewonnenen Erkenntnisse auch auf die europäisch basierten Ortsnamen in Grönland übertragen lassen. Zum anderen wird sie zu der von Stolz & Warnke (2015: 110) geforderten empirischen Grundlagenerweiterung beitragen und damit der vergleichenden Kolonialtoponomastik, wie sie von Stolz & Warnke (2018, angenommen) und Stolz et al. (2016) als lohnenswertes Forschungsprojekt angeregt wurde, einen Aspekt hinzufügen.

Es muss an dieser Stelle betont werden, dass durch diese Untersuchung kein koloniales Gedankengut tradiert werden soll, die Folgen der Kolonialherrschaft auf Grönland und seine Bevölkerung sind wohlbekannt und könnten kaum gravierender sein. Vielmehr soll ein Beitrag geleistet werden zum Verständnis von Sprachgebrauch als einem wichtigen Faktor zur Konstituierung und Zementierung ungleicher Machtverhältnisse in kolonialen Kontexten. Durch ihre Sichtbarkeit nicht nur in alten Textquellen oder auf historischen Karten, sondern auch im zeitgenössischen Diskurs (vgl. die kürzlich von einem Mitglied der rechtspopulistischen Dänischen Volkspartei angestoßene Debatte über die Verwendung der dänischen Form grönländischer Ortsnamen[3]) sind koloniale Ortsnamen Zeugen der „power and possibilities of making places" (Vuolteenaho & Berg 2009: 9). Sehr zu Recht sprechen Stolz & Warnke (2016: 32) von „language based and language generated colonialism". Toponyme, ob kolonial geprägt oder nicht, eignen sich immer für den Ausdruck von Herr-

---

3 http://jyllands-posten.dk/politik/ECE9541213/soeren-espersen-efterlyser-danske-stednavne-i-groenland/ (Artikel vom 30.04.2017 aufgerufen am 26.09.2017).

schaftsansprüchen (Vuolteenaho & Berg 2009: 6); folgerichtig entsteht nun nach der weitgehenden Ablösung Grönlands von Dänemark und der Übertragung der Benennungshoheit an die grönländische Autorität *Nunat Aqqinik Aalajangiisartut* (Olsen 2008: 186) eine dritte Schicht autochthoner Ortsnamen. Die Prozesse und Ergebnisse dieser Neubenennungen im Rahmen der Dekolonisierung sind ein außerordentlich interessanter Bereich, dessen Bearbeitung den Rahmen dieser Arbeit allerdings sprengen würde und der daher zukünftigen Studien vorbehalten bleiben muss.

Ich verwende in diesem Text für die Bevölkerung Grönlands den sehr allgemeinen Begriff *Inuit*, um sämtliche Bevölkerungsgruppen einzuschließen und nicht nur die mit der gängigen Bezeichnung *Kalaallit* gemeinte dominante westgrönländische Ethnie anzusprechen (vgl. Nuttall 2005a: 780, 2005b: 791). Aus dem gleichen Grund beziehe ich mich auf das Land und auf die dort gesprochenen Sprache(n) vereinfachend und übereinstimmend mit Møller (2011) mit dem Begriff „Grönland" (und nicht *Kalallit Nunaat* 'das Land der Kalaallit') beziehungsweise (west- und ost-)„grönländisch" – wohlwissend, dass es sich hierbei ebenfalls um ein frühes Kolonialtoponym (isländisch 'grünes Land') handelt.

Diese Arbeit ist systemlinguistisch orientiert. Sie ist datenbasiert und in erster Linie quantitativer Natur, wobei zahlreiche qualitative Exkurse die Einordnung und Interpretation der Daten erst ermöglichen. Nach einer kurzen Darstellung der Datenquelle und der angewendeten Methodik werden die Toponyme nach ihren strukturellen und funktionalen Eigenschaften analysiert. In einem abschließenden Kapitel werden die Ergebnisse zusammengetragen, bewertet und eingeordnet.

2 Datengrundlage und Methodik

Der Katalog von Anthony K. Higgins enthält neben einer großen Anzahl nichtautorisierter Ortsnamen auch über 3.000 offiziell von der Ortsnamenkommission zwischen 1934 und 1983 anerkannte Toponyme, die auf Karten und in Publikationen veröffentlicht wurden (Higgins 2010: 11). Sie bilden den zu untersuchenden Datensatz. Es handelt sich dabei zumeist um klassische Anoikonyme der makrotoponymischen Klassen der Landschafts-, Gewässer-, Berg- und Flurnamen (nach Nübling et al. 2012: 206) zwischen dem 69. und dem 81. nördlichen Breitengrad (siehe Karte im Appendix). Ergänzende Informationen entstammen vor allem der einschlägigen Studie von Laursen (1972) sowie den Websites der grönländischen Ortsnamenkommission NAA und des dänischen

Arktisk Institut[4]. Die Ortsnamen wurden mit ihren Koordinaten aufgenommen und nach den folgenden Merkmalen charakterisiert:

Tabelle 1: Operationalisierung der Variablen.

Nr.	Variable	Ausprägung
i	Quellsprache	1 = dänisch; 2 = englisch; 3 = norwegisch; 4 = deutsch; 5 = niederländisch; 6 = schwedisch; 7 = französisch, 8 = grönländisch; 9 = sonstige
ii	Referenzobjekt	geographisches Objekt, das mit dem Namen bezeichnet wird (Hügel, Berg, Gletscher, u.a.)
iii	bewohnter Ort	1 = ja; 2 = nein
iv	Benennungszeitraum	Jahresangabe
v	Benennungsmotiv	1 = deanthroponymisch; 2 = deskriptiv; 3 = emotional; 4 = ereignisbezogen; 5 = Transfername; 6 = sonstige
vi	Namensgeber	Expeditionsteilnehmer, der den Namen geprägt hat
vii	alternative Namen	Namen, die alternativ für denselben Ortspunkt vergeben wurden
viii	Hybrid	1 = ja; 2 = nein
ix	Silbenstruktur	1 = monosyllabisch; 2 = polysyllabisch
x	Konstruktion	1 = einwortig; 2 = Kompositum; 3 = Syntagma
xi	Konstruktionsmuster	1 = binär rechtsköpfig; 2 = binär linksköpfig; 3 = ternär rechtsköpfig; 4 = ternär linksköpfig; 5 = quaternär rechtsköpfig; 6 = quinär rechtsköpfig
xii	Klassifikator	Verwendeter Geoklassifikator
xiii	Definitheit	1 = ja; 2 = nein

Bei der Variable (i) ist zu beachten, dass hier die Sprache der Erstbenennung (also der ersten toponymischen Schicht) angegeben wird. Da der Datensatz aus zum größten Teil ins Dänische übersetzten Ortsnamen besteht, muss bei der Ausprägung „dänisch" also unterschieden werden zwischen Toponymen, die im Rahmen dieser Erstbenennung (also im 19. Jahrhundert) vergeben wurden (wie z. B. *Giesecke Bjerge*) und denen, die ab 1934 durch die Kommission einen dänischen Namen erhielten. Diese Unterscheidung wird aufgrund des Benennungszeitraums getroffen.[5]

---

4 https://arktiskinstitut.dk/vidensdatabaserne/oestgroenlandske-stednavne/.
5 Alle nun folgenden ergänzenden Informationen zu den Ortsnamen stammen aus Higgins (2010), der sich auf die Protokolle der Ortsnamenkommission beruft (Higgins 2010: 12).

Die Variable (v) basiert mit einigen Anpassungen auf der Klassifikation von Laursen (1972: 178f.). Im Unterschied zu diesem unterscheide ich nicht zwischen *commemorative* (Benennung nach historischen Personen) und *tribute names* (Benennung nach lebenden Personen), sondern fasse beide – Stolz & Warnke (in diesem Band) folgend – unter dem Begriff deanthroponymisch zusammen. Deskriptive Namen beschreiben den Ort durch ein inhärentes Merkmal wie *Hvidefjeld* 'weißes Feld' als Bezeichnung für eine Eisdecke. Emotionale Namen beziehen sich auf ein Gefühl, das der Namensgeber im Zusammenhang mit dem entsprechenden Ort hatte (*Cape Desolation* zum Beispiel), während ereignisbezogene Namen auf eine Begebenheit oder eine akzidentielle Eigenschaft des Ortes (*Snow Owl River*) referieren. Transfernamen schließlich sind Übertragungen eines Toponyms der Metropole in das neue Gebiet (zum Beispiel *Læsø* nach einer Insel im Kattegat).

3 Analyse

Im Folgenden sollen die 3.158 autorisierten Toponyme in Anlehnung an Tent & Blair (2011), Nash (2013), Stolz & Warnke (2015) und Stolz & Warnke (in diesem Band) sowohl nach strukturellen (3.1.) als auch nach funktionalen Eigenschaften (3.2.) klassifiziert werden. Da sich die Arbeit ausschließlich mit europäisch basierten Kolonialtoponymen befasst (Namen also, die mindestens ein Element aus einer europäischen Sprache enthalten), erfolgt in einem ersten Schritt die Differenzierung des Datensatzes in Exonyme (enthalten nur kolonialsprachliche Elemente), Hybride (enthalten sowohl kolonialsprachliche als auch autochthone Elemente) und Endonyme (enthalten nur autochthone Elemente). Es ergibt sich folgende Verteilung:

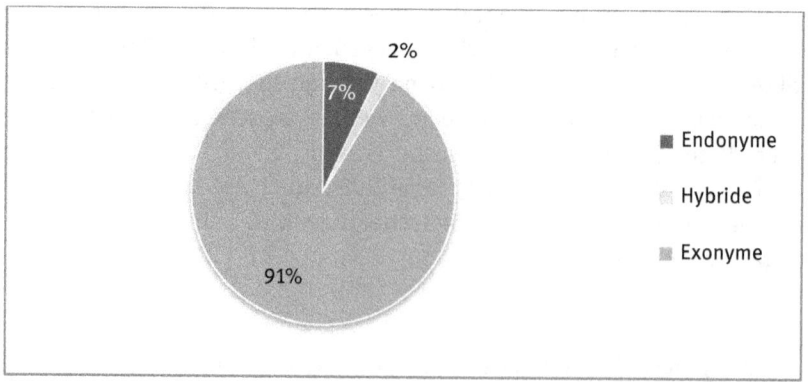

Abbildung 1: Gesamtheit der autorisierten Toponyme in Nordostgrönland.

Die überwältigende Mehrheit an Exonymen steht in einem deutlichen Gegensatz zu den Befunden von Stolz & Warnke (in diesem Band), die in ihrem Korpus eine überwiegende Mehrzahl an Endonymen festgestellt hatten, gefolgt von Hybriden und einer relativ kleinen Anzahl an Exonymen. Eine naheliegende Erklärung wäre natürlich auf die Tatsache zurückzuführen, dass die dänische Kolonialmacht ordnend in das grönländische Toponomastikon eingegriffen und alle Ortsnamen in eine dänische Form gebracht hat. Allerdings betraf diese Regulierung, wie bereits erwähnt, zu keinem Zeitpunkt grönländische Namen (es wurden durch die Regulierung also keine Endonyme in Exonyme überführt), sondern lediglich die Namen, die von den anderen Kolonialmächten vergeben worden waren, also bereits bestehende Exonyme. Der eigentliche Grund für das geringe Vorkommen von endogenen grönländischen Namen und auch Hybriden liegt also in der außersprachlichen Benennungssituation der ersten toponymischen Schicht: da sich diese auf weitestgehend unbesiedelte Areale mit nur wenig (bzw. keiner) indigener Referenzierung bezogen, standen sie zu keinem Zeitpunkt in Konkurrenz zu autochthonen Namen (vgl. Stolz & Warnke in diesem Band).

3.1 Strukturelle Eigenschaften der hybriden und exonymischen Toponyme

Ziel dieses Kapitels ist es, die formalen morphologischen Eigenschaften der hybriden und exonymischen Toponyme darzustellen. Eine schematische Darstellung der nun folgenden strukturellen Analyse findet sich zur besseren Übersichtlichkeit in Kapitel 3.1.2.

3.1.1 Hybride Toponyme

In dem untersuchten Korpus kommen lediglich 56 Hybridbildungen vor, wovon 49 einen (endogenen) grönländischen Klassifikator enthalten. Der weitaus frequenteste ist *Nunatak* (45 Belege), die Inuitbezeichnung für vereinzelte Bergspitzen, die durch die Eisdecke ragen.[6] Das Bildungsmuster für Hybridbildungen mit diesem Klassifikator ist weitestgehend uniform: $[\{X\}_{MOD} \{Nunatak_{APP}\}_{KLASS}]_{TOP}$.

In den meisten Fällen (15 Token) wird der Modifikator (X) durch ein Anthroponym besetzt, entweder ist dies ein Vorname wie in *Cecilia Nunatak*, ein Vor-

---

6 Inuktitut: *nunataq* 'lonely peak' (http://www.thecanadianencyclopedia.com/en/article/nunatak/).

und Nachname wie in *Martin Knudsen Nunatak* oder ein Name verbunden mit einer Ehrenbezeichnung: *Prins Axel Nunatak*. Dass sich der Name nicht unbedingt auf eine Person beziehen muss, zeigen *Alabama Nunatak*, das auf ein Schiff referiert, und die drei Fälle, in denen das modifizierende Element durch einen europäischen Ortsnamen besetzt ist wie in *Glückstadt Nunatak*. Elf Hybridverbindungen werden mit einem Appellativum gebildet, drei davon zeigen, dass auch univerbierte Hybridbildungen möglich sind: *Blomsternunatak* 'Blumennunatak', *Bæltenunatak* 'Gürtelnunatak' und *Orienteringsnunatak* 'Orientierungsnunatak'. Alle drei nehmen Bezug auf Eigenschaften des Geo-Objektes: beim ersten fällt die Blumenvielfalt auf, beim zweiten eine gürtelförmige Anordnung von schwarzem Gestein und der dritte diente als Aussichtspunkt zur Orientierung während einer Expedition. Es gibt einen Fall, in dem der Modifikator nicht ein Nomen, sondern ein Adjektiv ist, es wird ebenfalls auf eine Eigenschaft des Ortspunktes verwiesen: *Grønne Nunatak* 'Grüner Nunatak'.

Diese Kombination aus einem endogenen Klassifikator und einem exogenen Modifikator steht in einem scheinbaren Widerspruch zu Stolz & Warnke (in diesem Band), die festgestellt hatten, dass ein endogener Klassifikator stets auch einen endogenen Modifikator fordert. Der Widerspruch lässt sich allerdings leicht auflösen: da der Klassifikator *nunatak* auf ein Geo-Objekt verweist, das auf polare Regionen beschränkt ist und für das es keine adäquate exonymische Entsprechung gibt, spricht einiges dafür, dass *Nunatak* als Lehnwort verwendet wird. Es wird im Wörterbuch *Den Danske Ordbog* mit dänischem Flexionsmuster aufgeführt[7] und auch im untersuchten Datensatz wird ausschließlich die dänische Pluralendung *-er* verwendet: (*Olsen Nunatakker*).

Daneben gibt es nur vier weitere Hybridbildungen mit grönländischen Klassifikator, für die es durchaus dänische Entsprechungen gäbe: *Dumbravap Imia* und *Dumpravap Kangileqitaa* verweisen auf den rumänischen Polarforscher Constantin Dumbravă und die Formeldarstellung (nach Stolz & Warnke in diesem Band) zeigt, dass die Bildung parallel zu den obigen Hybriden verläuft:[{$Dumbrava_{ANTH}$-p_{ERG}}$_{MOD}${$Imia_{APP}$}$_{KLASS}$]$_{TOP}$ = Familienname *Dumbravă* + *imia* 'Wasser' und [{*Dumbrava* $_{ANTH}$-p_{ERG}}$_{MOD}${$Kangileqitaa$ $_{APP}$}$_{KLASS}$]$_{TOP}$ = Familienname *Dumbravă* + *kangileqitaa* 'inneres Kap'. Allerdings wird der anthroponymische Modifikator in diesen Fällen nach grönländischem Muster flektiert, um das Relationsverhältnis zu verdeutlichen.

Die zwei übrigen Hybride mit endogenem Klassifikator sind relativ aktuelle Neuprägungen und nach inversem Muster gebildet: [{N_{APP}}$_{KLASS}${N_{ANTH}}$_{MOD}$]$_{TOP}$. [{$Qeqertaq_{APP}$}$_{KLASS}${*Prins Henrik*$_{ANTH}$}$_{MOD}$]$_{TOP}$ = *qeqertaq* 'Insel' + *Prinz Henrik* ist eine Umbenennung der ursprünglich *Île de France* genannten Insel zu Ehren des 70.

---

7 http://ordnet.dk/ddo/ordbog?query=nunatak.

Geburtstages von Prinz Henrik von Dänemark als Geschenk des grönländischen Parlaments im Jahre 2004. [{Akuliaruseq$_{APP}$}$_{KLASS}${Janet Watson$_{ANTH}$}$_{MOD}$]$_{TOP}$ = Akuliaruseq 'zwischen zwei Wasserläufen liegend, bzw. vorspringender Berg' + Janet Watson ist eine Halbinsel, die um 1990 zu Ehren der britischen Geologin benannt wurde. Obwohl die strukturelle Matrix aufgrund der Besetzung des Kopfes der Phrase durch einen endogenen Klassifikator grönländisch wirkt, handelt es sich offensichtlich um eine Replikation der europäischen Struktur [{N$_{APP}$}$_{KLASS}$ {N$_{ANTH}$}$_{MOD}$]$_{TOP}$, da genuin grönländische Ortsnamen so gut wie nie deanthroponymisch gebildet sind (Møller Kruse 2012: 3). Das Verfahren zur Übertragung der Toponyme in eine quasi grönländische Form ist also identisch mit dem Danisierungsprozess der Ortsnamenkommission: der Klassifikator wird ins Grönländische übersetzt und der exogene Modifikator mehr oder weniger adaptiert.[8] Durch diese Replikation der dänischen Struktur mit eigenen Mitteln sind diese Quasi-Hybride verschleierte Exonyme und somit Belege kontaktinduzierter Veränderung eines toponymischen Inventars (Stolz & Warnke 2016: 35). Die Zahl solcher Pseudo-Hybride wird in den nächsten Jahren voraussichtlich zunehmen, so wurde beispielsweise 2009 beschlossen, *Kronprins Christan Land* künftig als *Nuna Kunngi Christian* 'Land König Christian' und *Kong Oscar Fjord* als *Kangerluk Kong Oscar* zu bezeichnen (Forklaring til stednavne_2013: 8 und Protokoll der Ortsnamenkommission vom 17.03. 2009[9]).

In sieben Fällen kommt ein dänischer Klassifikator meist in Verbindung mit einem grönländischen Personennamen zu Ehren einer lokalen Person zum Einsatz, wie in *Naportoqs Elv*: [{Naportoq$_{ANTH}$-S$_{GEN}$}$_{MOD}${Elv$_{APP}$}$_{KLASS}$]$_{TOP}$ = Name *Eli Napartoq* + dän. *elv* 'Fluss'. Die verwendete Struktur verweist durch das Genitiv -s am Anthroponym *Napartoq* eindeutig auf das Dänische. Diese Markierung fehlt im Falle eines endogenen appellativischen Modifikators, er wird unflektiert verwendet: [{Ummimak$_{APP}$}$_{MOD}${bjerg$_{APP}$}$_{KLASS}$]$_{TOP}$ = *ummimak* 'Moschusochse' + dän. *bjerg* 'Berg'. Dänische Klassifikatoren, die in diesem Datensatz in Hybridbildungen vorkommen, sind *Sund* 'Meerenge', *Dal* 'Tal', *Ø* 'Insel', *Elv* 'Fluss' und *Bjerg* 'Berg'.

---

8 Die grönländische Ortsnamenkommission hat zu dem Zwecke eine Liste von dänischen Klassifikatoren („Place name items") mit ihren grönländischen Entsprechungen herausgegeben: https://oqaasileriffik.gl/place-names/place-name-items.

9 https://oqaasileriffik.gl/wp.../NAA%20-%20170310%20(gl).doc (aufgerufen am 28.09.2017).

3.1.2 Exonyme

Die restlichen 2.887 Toponyme (also über 90 % der untersuchten Namen) sind volle Exonyme, das heißt sie bestehen ausschließlich aus europäischen Elementen unterschiedlichster Herkunft, wie zum Beispiel aus englischen, französischen, schwedischen, norwegischen, niederländischen, italienischen und deutschen Bestandteilen. Nur neun der untersuchten Exonyme (also weniger als 1 %) sind einsilbig und somit unanalysierbar. Sie sind entweder Transfernamen von Bergen und Flüssen aus dem europäischen Alpenraum (*Gog*, *Sfinks* und *Visp*) oder bare exogene Klassifikatoren vom Typ A (Stolz & Warnke in diesem Band) (*Kløft I* und *II* dän. 'Kluft', *Klus* schweiz. 'Schlucht', *Nok* österr. 'runder Berggipfel' und *Rock* 'Fels').

Alle anderen Exonyme (über 99 % = 2.878 Belege) sind polysyllabisch und von diesen sind weitere 99 % (2.852 Belege) zudem polymorph. Sie gleichen mit dieser Präferenz den von Stolz & Warnke (angenommen) untersuchten niederländischen und deutschen Toponymen. Bei 179 polymorphen Namen ist eines der Morpheme nicht lexikalisch, sondern vielmehr der suffigierte definite Artikel des Dänischen, wie beispielsweise in *Næsen* [{*Næs*$_{APP}$-*en*$_{DEF}$}$_{KLASS}$]$_{TOP}$ = dän. 'die Landspitze'. Diese Definitheitsmarkierung an Toponymen ist ein weiterer Aspekt, der eingehendere Untersuchungen verdient, hier kann nur auf Dalberg (2008: 2) hingewiesen werden, die für das Dänische eine Präferenz für indefinite Namen auf Karten feststellt und auf Anderson (2007: 115), der mit Van Langendonck (1998) die Verwendung eines Artikels mit der Absenz menschlicher Organisation und Administration verbindet.

Sieht man von den sechs eingliedrigen transferierten Onymen (wie *Ararat*) ab, bleiben 2.667 Toponyme übrig, die aus zwei oder mehr ausschließlich lexikalischen Morphemen bestehen. Von diesen haben 15 Belege kein Element, das als geographischer Klassenbegriff zu bezeichnen ist (wie *Bolværket* 'das Bollwerk') oder aber einen solchen, der nicht eindeutig und ausschließlich als solcher angesehen werden kann, da es sich um eine metaphorische Erweiterung handelt (*Trekroner* 'Dreikronen') (131 Belege).

In den überwiegenden Fällen (2.521 Belege) ist eines der Morpheme aber ein Klassifikator, der auf ein Geo-Objekt referiert, wie *Bjerg* 'Berg' oder *Sund* 'Meerenge'. Die entsprechenden Ortsnamen treten zumeist einwortig als Komposita vom Typ *Violingletscher* (1.459 Types) und etwas seltener mehrwortig als Syntagmata vom Typ *Edvard Ø* (1.057 Belege) auf. Die Schreibung mit Bindestrich wie in *Marie-Theresia-Bjerg* ist ausgesprochen selten (5 Belege). Während sowohl Komposita als auch Bindestrichverbindungen alle rechtsköpfig sind, sind Syntagmen die einzigen Konstruktionstypen, die Linksköpfigkeit aufweisen können, allerdings sind die Bedingungen hierfür ähnlich restringiert wie im deutschen Kolonialtoponomastikon (vgl. Stolz & Warnke angenommen): der Klassifikator ist fast ausschließlich *Kap* (wobei zu beachten ist, dass dieser Klassifikator in dieser Stichprobe auch am rechten Rand auftreten kann: *Iskap, Stormkap*) und es kommen fast ausschließlich deonymische Bildungen vor, zumeist mit Bezug auf eine Person (*Kap Récamier*), seltener auf einen Ort in einer der Metropolen (*Kap Hamburg*). Sehr selten wird auf eine geologische Gegebenheit wie ein Gesteinsvorkommen Bezug genommen (*Kap Syenit*). Andere linksköpfige Konstruktionen wie *Monte Bello, Monte Somma, Port Arthur* stammen aus einer anderen europäischen Sprache und haben den Danisierungsbemühungen erfolgreich widerstanden.

Die Entscheidung für eine Univerbierung beziehungsweise eine mehrwortige Schreibweise mit oder ohne Bindestrich hängt offensichtlich von mehreren Faktoren ab: zum einen ist die Anzahl der Bestandteile des Modifikators ein Kriterium: besteht der Modifikator aus nur einem Element – und diese binäre Konstruktion ist mit 2.211 Belegen der weitaus häufigste Fall – wird die Komposition meist zusammen geschrieben, besteht das modifizierende Element hingegen aus zwei oder mehr Gliedern (310 Belege), dann steigt die Tendenz, ein Syntagma oder eine Bindestrichverbindung zu bilden. Dies schließt den umgekehrten Fall im Übrigen nicht aus, Syntagmen können durchaus auch nur zweigliedrig sein, wie die *Wegener Øer* 'Wegener Inseln' belegen. Allerdings sind rund 70 % der dreigliedrigen Toponyme (insgesamt 257) syntagmatisch aufgebaut, so ist zum Beispiel *Svinhufvud Bjerge* 'Schweinekopf Berge' ein typischer Fall. Univerbale Formen wie *Mørkefjordselv* 'Fluss im dunklen Fjord' findet man dagegen nur in 30 % der Fälle. Bei den viergliedrigen Toponymen treten sogar gut 86 % der Fälle als Wortgruppen auf (insgesamt 15 Namen), wie im *Adam af Bremen Dal* 'Adam von Bremen Tal'. Einwortige Konstruktionen wie *Nørresundbyhytten* (eine Jagdhütte, die nach der dänischen Stadt *Nørresundsby* benannt wurde) sind hier die absolute Ausnahme. Die wenigen Bindestrich-Konstruktionen enthalten fast immer (vier von fünf Belegen) mehr als zwei Elemente.

Ein weiterer Faktor, der eine mehrwortige Form triggert, ist die Art des Modifikators (siehe Kapitel 3.2): so tendieren anthroponymische Modifikatoren stärker dazu, in eine phrasale Bildung einzugehen. Fälle wie *Dusén Fjord* oder *Edvard Ø* kommen daher weitaus häufiger vor als Komposita wie *Margrethedal*. Diese Tendenz reflektiert deutlich einen Beschluss der Ortsnamenkommission von 1936, in dem verfügt wurde, dass „names given after persons were to be expressed in two ore more words [...]" (Higgins 2010: 15). Der Grund dafür liegt sicher in der von Nübling et al. (2012: 69) in einem ähnlichen Kontext angesprochenen Schonung des Namenkörpers durch die Deflexion.

Eindeutigkeit war sicher auch ein Motiv für einen der letzten Beschlüsse des Ortsnamenskomitees unter dänischer Verantwortung: die Elimination des possessivischen -s, das im Dänischen am Possessor gefordert wird. Durch eine uneinheitliche Verwendung durch verschiedene kartographische Institute kam es zu einer starken Inkonsistenz in der Verwendung (Higgins 2010: 15), was außerdem die Gefahr elementarer Missverständnisse barg: bei einwortigen Konstruktionen konnte nicht mehr eindeutig zwischen Ø 'Insel' und Sø 'See' unterschieden werden (Laursen 1972: 184).[10]

Neben den deanthroponymischen Namen tritt in einer größere Gruppe von Ortsnamen aber mit einem generischen Nomen in der Rolle des Modifikators auf: [{Basalt$_{APP}$}$_{MOD}${dal$_{APP}$}$_{KLASS}$]$_{TOP}$ = 'Basalt' + dal 'Tal'. Auch hier wie bei den polymorphen Namen mit nur einem lexikalischen Morphem tritt die überwiegende Mehrheit der Ortsnamen (ca. 80 %) in der indefiniten Form auf, nur rund 600 Namen tragen den suffigierten definiten Artikel. So steht das eben erwähnte unmarkierte Basaltdal (s. o.) neben dem definit markierten [{Slugt$_{APP}$}$_{MOD}${dal$_{APP}$-en$_{DEF}$}$_{KLASS}$]$_{TOP}$ = Slugt 'Schlucht' + dalen 'das Tal'. Manche Namen ändern auch ihre Definitheitsmarkierung im Laufe der Zeit: Sandodden war ursprünglich Sandodde 'Sandhalbinsel' getauft und später umbenannt worden.

Der Modifikator kann aber auch ein Adjektiv sein, häufig referieren die Adjektive dabei auf Farben oder Himmelsrichtungen: [{Blå$_{ADJ}$}$_{MOD}${elv$_{APP}$}$_{KLASS}$]$_{TOP}$ = blå 'blau' + elv 'Fluss'. Wird die indefinite (starke) Adjektivflexion verwendet, erscheint das Toponym oft univerbiert (wie in Blåelv), kommt die schwache (definite) Form zum Einsatz, entstehen oft Syntagmata. Letzteres kommt besonders oft (aber nicht ausschließlich) in Verbindung mit store 'groß', lille 'klein' und Ordinalia vor: [{Stor$_{ADJ}$-e$_{DEF}$}$_{MOD}${Sødal$_{APP}$}$_{KLASS}$]$_{TOP}$ = store 'das große' + Sødal 'Seetal', [{Anden$_{ORD}$}$_{MOD}${Hvide$_{APP}$}$_{KLASS}$]$_{TOP}$ = anden 'zweite' + Hvide 'Weiße'. Letzteres Beispiel referiert auf den zweiten von drei Gipfeln einer Bergkette und erinnert sehr an die bei Stolz & Warnke (2017) beschriebene Reihenbildung im Zusammenhang mit Anoikonymen. Da unbewohntes und nicht kultivierbares Gebiet für Kolonialmächte von untergeordnetem Interessen ist, so die dort aufgestellte Hypothese, werden diese Areale seltener, später und nach einem schematischerem Muster benannt als Siedlungsgebiete:

> Siedlungen [sind] primäre und besonders häufige Objekte der kolonialen Namensgebung. AKN betreffen demgegenüber nachgeordnete Kategorien von Geo-Objekten, deren Benen-

---

[10] Der fiktive Name Ellasø könnte als [{Ella$_{ANTH}$-S$_{GEN}$}$_{MOD}${Ø$_{APP}$}$_{KLASS}$]$_{TOP}$ = Name im Genitiv Ellas + Ø 'Insel' oder als [{Ella$_{ANTH}$}$_{MOD}${Sø$_{APP}$}$_{KLASS}$]$_{TOP}$ = Name Ella + Sø 'See' segmentiert werden. Der Name der Insel wurde allerdings nie einwortig geschrieben; die ursprüngliche schwedische Schreibweise war Ellas Ö, die später in die dänische Form ohne possessivisches -s gebracht wurde: Ella Ø.

nung mit den Mitteln der Sprache der Kolonialherren nur relativ selten oder erst recht spät erfolgt. (Stolz & Warnke 2017: 216)

Nordostgrönland als kaum bewohnbares Terrain schlechthin müsste also ebenfalls solche schematischen Benennungen aufweisen. Tatsächlich sind solche gleichförmigen Prägungen aber ausgesprochen selten: neben *Første*, *Anden* und *Tredie Hvide* 'erste', 'zweite' und 'dritte Weiße' kommen nur noch *Kløft I* und *Kløft II* 'Schlucht I' und 'Schlucht II' und *Monacleus* (sic, vermutlich *Monucleus*), *Binucleus* und *Trinucleus* 'Einkern', 'Zweikern' und 'Dreikern' als Reihenbildungen vor.[11] Es ist anzunehmen, dass der Grund für diese divergierenden Ergebnisse in den Umständen der Benennung zu suchen ist: während in Italienisch-Ostafrika eine Kolonialmacht ganze Landstriche mit Namen versah, handelte es sich in Grönland um Benennungen unterschiedlicher Nationen im Rahmen von kostenintensiven und riskanten Expeditionen. Ein auf Karten verzeichneter Ortsname mit starken nationalen Assoziationen wie *Île de France* hatte großen symbolischen Wert und war von unschätzbarer strategischer Bedeutung als Brückenkopf für neue Expeditionen und Besitzansprüche (Gammeltoft 2016: 130). Eine stark individualisierende Benennung war daher für die erste und damit zwangsläufig auch die zweite toponymische Schicht eher die Regel als die Ausnahme.

Das Organigramm (Abbildung 3) verdeutlicht die Hierarchie der soeben beschriebenen formalen Ausprägungen. Jede der strukturellen Realisierungen steht am Endpunkt einer Verzweigungslinie und ist mit einem beispielhaften Toponym versehen.

Um zu überprüfen, inwieweit dieses spezielle Toponomastikon in seiner Binnenstruktur dem von Stolz & Warnke (in diesem Band) entwickelten Kanon entspricht, sollen die bisher ermittelten Formen auf der dort entworfenen Typologie abgebildet werden.

Unter Typ A [Ø-{KLASSIFIKATOR}$_{EXOGEN}$]$_{TOP}$ lassen sich die monosyllabischen, monomorphen und die Exonyme zusammenfassen, die nur aus einem lexikalischen Morphem bestehen, wie z. B. *Rampe*. Unter Typ B [{MODIFIKATOR}]$_{EXOGEN}$-Ø]$_{TOP}$ fallen alle exogenen Toponyme, die keinen eigentlichen Klassifikator beinhalten, also die Gruppen der Simplizia, der Exonyme ohne Klassifikator und der Exonyme ohne Geoklassifikator, wie *Ararat*. Unter Typ C [{MODIFIKATOR}]$_{EXOGEN}$-KLASSIFIKATOR}$_{EXOGEN}$]$_{TOP}$ fallen alle Bindestrich-Verbindungen, alle Komposita und alle Syntagmen, wie oben beschrieben, z. B. *Violingletscher*. Nach Stolz & War-

---

[11] Der *T-Sø* 'T-See' ist nicht Teil einer solchen Reihe, sondern wurde aufgrund seiner Form so benannt.

nke (in diesem Band) ist diese Form in ihrer zweigliedrigen Realisierung die präferierte Struktur im Eurokolonialismus. Sie erinnert in ihrer Systematik stark an die in der Biologie seit Linné verwendete binäre Nomenklatur, bestehend aus Gattungs- und Artbezeichnung.

Unter Typ D [{MODIFIKATOR}]$_\text{ENDOGEN}$-KLASSIFIKATOR}$_\text{EXOGEN}$]$_\text{TOP}$ fallen Hybride mit dänischem Klassifikator wie *Nanok Ø* und Typ E [{MODIFIKATOR}]$_\text{EXOGEN}$-KLASSIFIKATOR}$_\text{ENDOGEN}$]$_\text{TOP}$ umfasst alle Namen mit einem grönländischem Klassifikator wie *Grønne Nunatak*. Die Typen F [{MODIFIKATOR}]$_\text{ENDOGEN}$-KLASSIFIKATOR}$_\text{ENDOGEN}$]$_\text{TOP}$, G [{MODIFIKATOR}]$_\text{ENDOGEN}$-Ø]$_\text{TOP}$, und H [Ø-{KLASSIFIKATOR}$_\text{ENDOGEN}$]$_\text{TOP}$ umfassen die Endonyme, die von vorneherein von der Untersuchung ausgeschlossen wurden.

Betrachtet man die quantitative Verteilung der Typen, dann ergibt sich das folgende Bild (die Zahlen nach dem Semikolon geben die Tokenanzahl an):

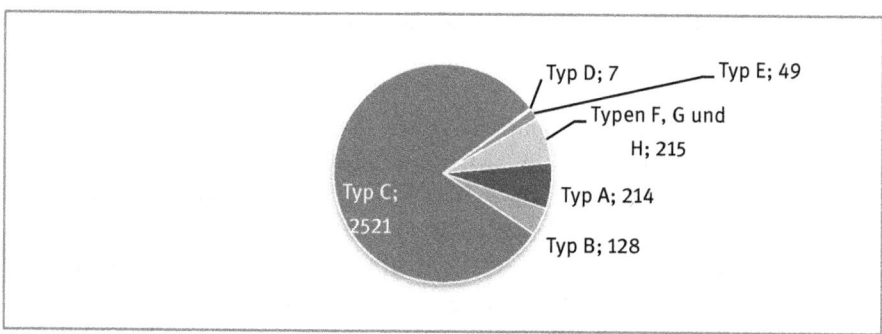

Abbildung 2: Verteilung nach Typen nach Stolz & Warnke (in diesem Band).

Man sieht sehr deutlich, dass auch hier der bei Stolz & Warnke (in diesem Band) dominante Typ C deutlich überwiegt. Dieser Typus zeichnet sich durch die beiden Eigenschaften Zweigliedrigkeit und vollständige Exogenität aus (Stolz & Warnke in diesem Band). Anders als bei den dort untersuchten Toponomastika sind in dem hier untersuchten Datensatz nicht nur die Zweigliedrigkeit, sondern auch die vollständige Exogenität gegeben. Diese gänzliche Kanonizität hinsichtlich der Struktur resultiert, wie bereits erwähnt, einerseits aus dem fehlenden Kontakt mit autochthonen Sprachen in der ersten toponymischen Benennungsphase und der schematischen Vorgehensweise bei der Übersetzung in die zweite Schicht.

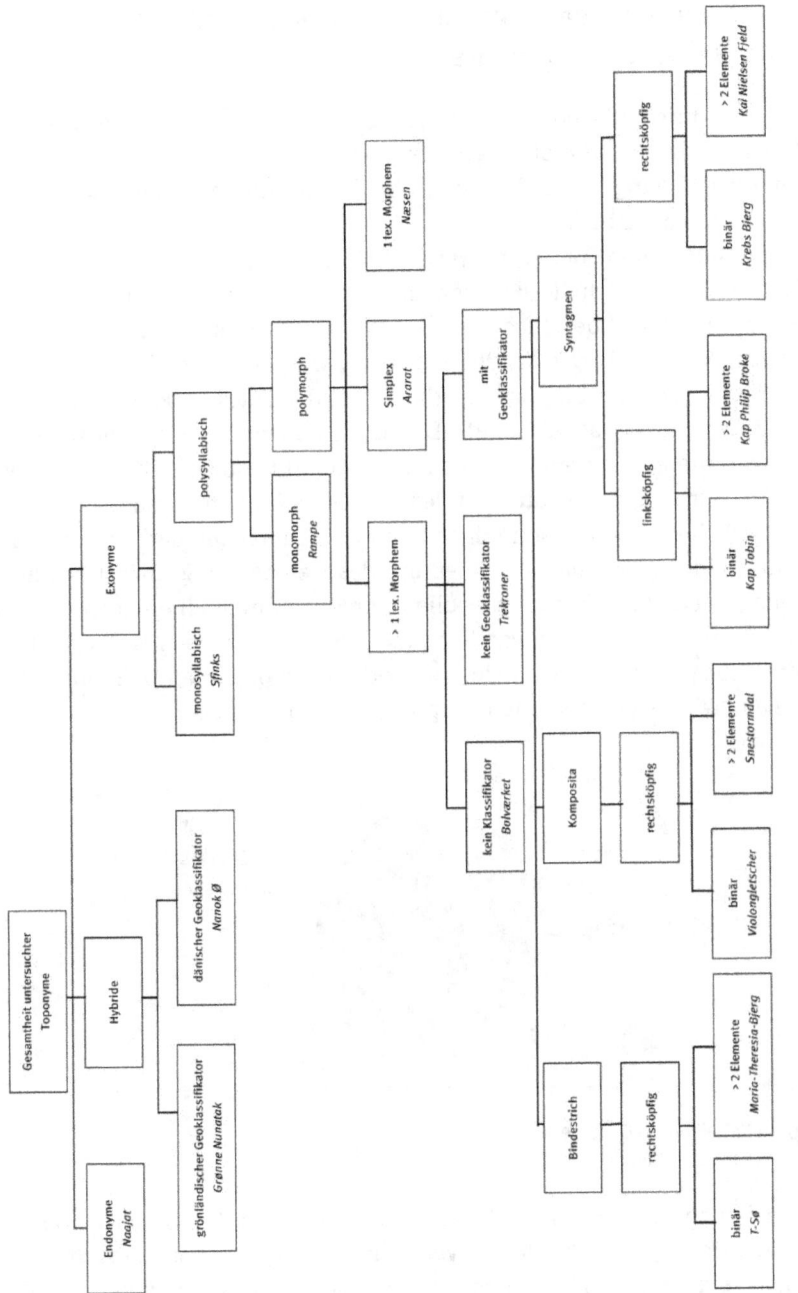

Abbildung 3: Organigramm.

3.2 Funktionale Eigenschaften der hybriden und exonymischen Toponyme

Nach den strukturellen sollen nun die funktionalen Eigenschaften der Toponyme betrachtet werden. Wie oben gesehen, sind die meisten der untersuchten Toponyme zweigliedrig, was nahelegt, die beiden Bestandteile Klassifikator und Modifikator separat zu betrachten.

In der untersuchten Stichprobe weisen 2.521 der Exonyme (über 87 %) einen Klassifikator auf, lediglich die 366 Exonyme des Typs B sind ohne einen solchen gebildet. Die Funktion des Klassifikators ist es, das Geo-Objekt ontologisch einzuordnen (Stolz & Warnke in diesem Band), wodurch er zugleich ein Indiz für eine Raumklassifizierung aus westlicher (und in diesem Fall: kolonialer) Perspektive ist (Stolz et al. 2016: 291). Durch die Benennung eines bestimmten Objektes wird dieses aus der Gesamtheit des Raumes herausgehoben und überhaupt erst zu einem signifikanten Ort des Interesses für den Namensgeber „befördert". Im Falle von Nordostgrönland, wo das Hauptaugenmerk auf der Kartierung und einer möglichen Erschließung des Geländes lag, musste es also darum gehen, markante Punkte zu isolieren und sie durch eine Benennung in wiederauffindbare Orte zu verwandeln. Welches die häufigsten POIs für den aktuellen Untersuchungsbereich sind, zeigt die nachfolgende Abbildung 4 für die sechs am häufigsten benannten Gruppen von Geo-Objekten:

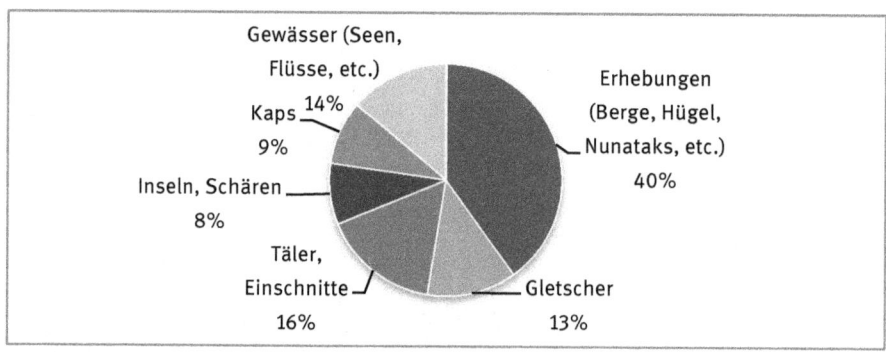

Abbildung 4: Bezeichnete Objekte.

Die angegebenen Prozentzahlen stellen Näherungswerte dar, sie sollen lediglich der Orientierung über die Mengenverhältnisse dienen. Es ist dennoch offensichtlich, dass die meisten Toponyme auf die Klassen der Erhebungen und der Täler referieren. Dies entspricht einer nicht lokal gebundenen Tendenz, große und persistente geographische Merkmale zu benennen (Thornton 2008: 88).

Durch ihre Funktion als Landmarken zur Orientierung auf See und auch an Land sind sie besonders geeignet, auf Seekarten und Vertonungen (Darstellungen der Küstenlinie von See aus gesehen) dargestellt zu werden.

Während der Klassifikator also durch die Antwort auf die Frage „Was wird benannt?" eine spezifische Interpretation der Realität offenbart, ist der Modifikator, der meist als zweites Element des Ortsnamens auftritt, dafür zuständig, den Referenten des Klassifikators zu spezifizieren und zu individualisieren. Er gibt die Bedeutung und die Relevanz an, die der Namensgeber dem Ort zuschreibt und ist daher befasst mit der Frage: „Wie wird es benannt?".

Die Motive für die Namenswahl sind vielfältig, so können Toponyme einen Ort beschreiben (z. B. *Orgelpiberne* 'die Orgelpfeifen' für einen charakteristisch geformten Berg), sie können mythologische Bedeutung haben (*Thors Fjord*) oder auf ein Ereignis referieren (*Pinseskæret* 'die Pfingstschäre'), um nur einige zu nennen. Ebenso vielfältig wie die Motive sind die Ansätze, diese zu klassifizieren. Eine frühe systematische Typologie bietet George R. Stewart in seinem 1954 erschienenen Aufsatz *A classification of place names*, auf die viele weitere folgten (vgl. Tent & Blair 2011, für Grönland vgl. Laursen 1972: 167ff.). Ich werde mich im Rahmen dieser Analyse auf die fünf unstrittigsten und prominentesten Funktionen beschränken, da dadurch zwar nicht alle, aber doch der weitaus größte Teil der Daten abgedeckt werden kann.

1. kommemorative Namen nehmen Bezug auf eine Person von meist nationaler Bedeutung und ordnen den Ort dadurch einer Kolonialmacht zu (Stolz & Warnke in diesem Band);
2. Transfernamen ordnen dem beanspruchten Areal einen Ort aus der Metropole zu;
3. deskriptive Toponyme weisen auf eine permanente Eigenschaft des Ortes hin;
4. ereignisbezogene Namen verknüpfen den Ortspunkt mit einer Begebenheit;
5. emotionale Ortsnamen verbinden den Ort mit der Gefühlswelt des Namensgebers und stellen dadurch oft eine besondere Nähe her.

Besonders die ersten beiden Funktionen dienen durch ihren unmittelbaren Bezug zur sogenannten Metropole als Kolonisierungsmarkierungen (vgl. Stolz & Warnke 2017: 210 und Hough 2016: 92), während die letzten beiden eher die Umstände der Benennung fokussieren. Lediglich deskriptive Namen beziehen sich weitestgehend auf den Ort selbst, indem sie ihn beschreibend von seiner Umgebung abgrenzen. Ordnet man nun den Datensatz diesen fünf Funktionen zu, erhält man folgendes Bild:

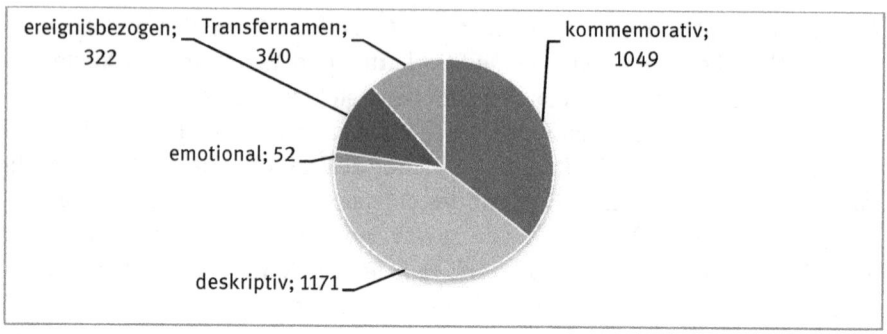

Abbildung 5: Benennungsmotive.

Die größte Gruppe sind die deskriptiven Namen, was im Widerspruch zu Møller Kruses (2012: 3) Annahme steht, dass die europäisch-basierten Namen in Grönland (im Gegensatz zu den autochthonen Toponymen) eher selten naturbeschreibend sind. Der Grund für das vermehrte Auftreten deskriptiver Namen im Nordosten der Insel mag darin begründet sein, dass ein Großteil der Toponyme auf der Drei-Jahres-Expedition unter der Leitung des Geologen Lauge Koch von 1931 bis 1934 geprägt wurden und er selbst als Mitglied der Ortsnamenkommission über die Autorisierung dieser Namen befinden konnte.[12]

Die zweitgrößte Gruppe sind kommemorativer Natur, ähnlich wie in den von Stolz & Warnke (in diesem Band) untersuchten deutschen Toponomastika. Zusammen mit den Transfernamen machen sie als kolonisierungsmarkierende Namen nahezu die Hälfte der Stichprobe aus und bestätigen damit die Aussage von Stolz & Warnke (2017: 210): „die Funktion der Lokalisierung bleibt bei KT [Kolonialtoponymen, meine Einfügung] folglich hinter der Funktion der Kolonisierungsmarkierung zurück."

Ein interessanter Aspekt ergibt sich nun aus der Korrelation der beiden Bereiche, wenn man also die Frage stellt: „Was wird wie benannt?" Die nachfolgende Abbildung zeigt die Verteilung.

---

12 Einführungstext zu *Exploration history and place names of northern East Greenland* (http://www.geus.dk/UK/publications/geol-survey-dk-gl-bull/21/Pages/default.aspx. Aufgerufen am 02.10.2017).

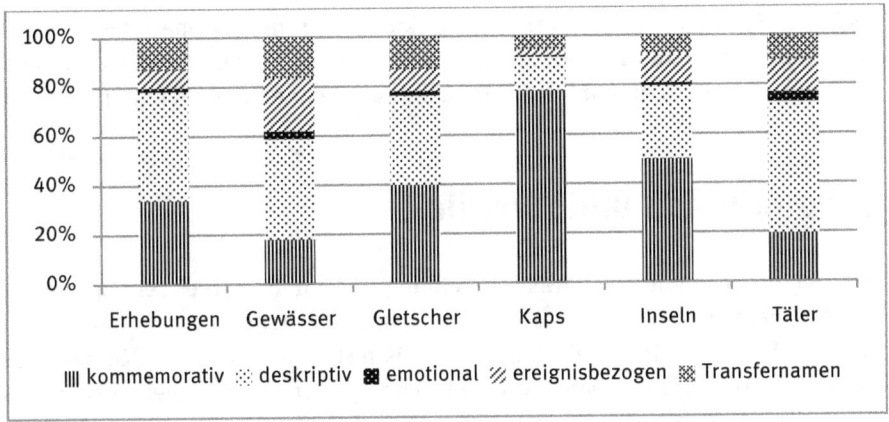

Abbildung 6: Benennungsmotive unterschiedlicher Klassen von Geo-Objekten.

Es fällt auf, dass vor allem Kaps, aber auch Inseln überdurchschnittlich häufig kommemorative Namen tragen: fast 80 % aller Kaps und die Hälfte der Inseln sind mit einem Toponym benannt, das von einem Personennamen abgeleitet ist. Verschiedene sowohl funktionale als auch formale Gründe sind als Erklärung für diese Tatsache denkbar: zum einen sind beide Formationen sowohl in der Realität als auch in ihrer Repräsentation auf Seekarten außergewöhnlich prominent, da sie für Seefahrer als erste Objekte in Sichtweite kommen und so der Orientierung entlang der Küstenlinie dienen. Um diese wichtigen Orientierungspunkte für sich in Anspruch zu nehmen, kann es sinnvoll erscheinen, ihnen einen Namen mit deutlicher nationaler Assoziation zu geben, wie zum Beispiel *Kap Amundsen* zu Ehren des norwegischen Polarforschers. Bei den Kaps kommt außerdem als möglicher formaler Grund die ihren Namen eigentümliche und einzigartige Linksköpfigkeit hinzu: ein modifizierender Personenname kann dadurch als Ganzes und unflektiert bewahrt bleiben, was gerade bei mehrgliedrigen Namen wie etwa *Kap Marie Dijmphna* wünschenswert ist.

Auch Gletscher und Berge werden relativ häufig nach Personen benannt, während Täler und Gewässer eher deskriptive Namen bekommen. Eine Hypothese, die sich aus dieser Beobachtung ergibt, ist, dass prominente und räumlich definierte Geo-Objekte eher deanthroponymisch benannt werden, während weniger signifikante und räumlich unscharfe Elemente wie Täler und Flüsse tendenziell deskriptiv benannt werden. Daran anschließend wäre auch der ikonische Zusammenhang zwischen der Größe und Signifikanz des Objektes und der Prominenz des Namensgebers eine interessante Fragestellung, die hier nur angedeutet werden kann: so liegt beispielsweise die nach dem verdienten

Zoologen Henrik Kröyer benannte ca. 10 km² große Inselgruppe *Henrik Kröyer Holme* vor dem knapp 25.000 km² großen *Kronprins Christian Land*. Ob hier ein systematischer Zusammenhang besteht, müssen weitere Studien klären.

4 Konklusion und Ausblick

Das Ziel dieser Studie war eine Beschreibung und Analyse eines sehr speziellen kolonial geprägten Toponomastikons. Die Besonderheiten der europäisch geprägten Ortsnamen im Nordosten Grönlands resultieren aus ihrer Mehrschichtigkeit: die zweite, untersuchte toponymische Schicht ist eine schematische und streng reglementierte Übersetzung der ersten Schicht, die sich ihrerseits ausschließlich auf unbesiedeltes Gebiet bezieht. Die Analyse dieses besonderen Toponomastikons hat folgendes gezeigt:

Wie zu erwarten und wie in Hypothese 1 (Stolz & Warnke in diesem Band) formuliert, führte die Benennung von nahezu unbesiedeltem Gebiet zu einer überwiegenden Bildung von Exonymen mit einigen wenigen (Quasi-)Hybridbildungen, da es zu keinem Zeitpunkt zu Sprachkontaktsituationen kam, die diese Entwicklung hätten verhindern können. Anders als im von Stolz & Warnke (2017) beschriebenen italienischen Kolonialtoponomastikon in Ostafrika führte dieser Umstand in Grönland aber kaum zu einer schematischen Reihenbildung, die den Eindruck untergeordneter Wichtigkeit vermitteln könnte. Dies liegt möglicherweise darin begründet, dass jeweils konkurrierende Namensgeber Besitzansprüche geltend machten.

Die strukturelle Gleichförmigkeit der Toponyme, wie sie bereits in Warnke & Stolz (2013), Stolz & Warnke (2015, 2016, 2018, angenommen), Stolz et al. (2016) für den Eurokolonialismus beobachtet wurde, findet sich auch in der hier untersuchten Stichprobe in Form der Zweigliedrigkeit. Zusammen mit der Exonymität stimmen die europäisch basierten Ortsnamen in Grönland also mit dem in Hypothese 2 (Stolz & Warnke in diesem Band) thematisierten kanonischen Typ im Bereich der Struktur weitgehend überein.

Deutliche Divergenzen zum Kanon finden sich hingegen in den Bereichen Referenz und Kategorie, da keine Siedlungen, sondern in erster Linie Landschaftsformationen benannt werden, die als Orientierungspunkte und Landmarken dienen.

In ihrer kolonialmarkierenden Funktion, die sich durch die explizite Verbindung zum Mutterland in Form von deanthroponymischen und Transfernamen äußert, stimmen die Ortsnamen in Grönland hingegen in einem ähnlichen Maße wie die deutschen Kolonialtoponyme mit dem Kanon überein (Stolz &

Warnke in diesem Band): sie überwiegen vor den deskriptiven Namen. Es zeigte sich in diesem Korpus zudem eine gewisse Korrelation zwischen der Art des Geo-Objekts und dem Benennungsmotiv: während räumlich unscharfe Elemente wie Täler und Flüsse eher deskriptive Namen tragen, werden besonders prominente und definierte Geo-Objekte bevorzugt mit Personennamen belegt. Dies gilt im besonderen Maße für Kaps, was möglicherweise zusätzlich mit der für diesen Klassifikator bevorzugten linksköpfigen Struktur zusammenhängt. Ob sich der hier beobachtete ikonische Zusammenhang zwischen Größe und Signifikanz des benannten Areals und Machtfülle des Namengebers als charakteristisches Merkmal von Kolonialtoponymen herausstellt, müssen weitere Studien zeigen. Genauso stehen noch ein Vergleich mit den Siedlungsnamen im Süden und Westen der Insel an, ebenso wie mit den Ortsnamen in Dänemark.

Nicht zuletzt können Analyseverfahren, wie die in diesem Band vorgestellten und angewendeten, womöglich von Nutzen sein, wenn es darum geht zu verstehen, nach welchen Mustern die Indigenisierung der Ortsnamen abläuft, mit denen die Bevölkerung Grönlands ihr Land mittlerweile zurückfordert.

Danksagung: Ich danke Anne Junghans für ihre geduldige und sorgfältige Datenerhebung, ohne die diese Analyse nicht möglich gewesen wäre. Für den Kontakt mit der grönländischen Ortsnamenkommission *Nunat Aqqinik Aalajangiisartut* (NAA) und die Bereitstellung ihrer Texte über grönländische Toponyme bin ich Lisathe Møller Kruse sehr verbunden. Ich danke Herrn Wolfgang Crom aus der Kartenabteilung der Staatsbibliothek zu Berlin für seine begeisterten und begeisternden Einblicke in die historische Kartographie ebenso wie meinem Kollegen Jascha Döschner für die unschätzbare Einführung in die moderne Kartenarbeit. Für die inspirierenden Diskussionen und das wertvolle Feedback bedanke ich mich bei meinen Kolleginnen und Kollegen sowie besonders bei den Initiatoren der vergleichenden Kolonialtoponomastik Ingo H. Warnke und Thomas Stolz.

Abkürzungen

ADJ	Adjektiv
ANTH	Anthroponym
APP	Appellativum
DEF	definit
ERG	Ergativ
GEN	Genitiv
KLASS	Klassifikator
MOD	Modifikator
N	Nomen
ORD	Ordinale
POI	point of interest
TOP	(Kolonial-)Toponym

Literaturverzeichnis

Anderson, John M. 2007. *The grammar of names*. Oxford: Oxford University Press.
Banks, Michael. 1975. *Greenland*. Newton Abbot: Charles David.
Bobé, Louis. 1928. Early explorations of Greenland. In Carl Martin Vahl, Georg Karl Amdrup, Louis Bobé & A. S. Jensen (eds.), *The discovery of Greenland, exploration and nature of the country* (Greenland Bd. 1), 1–35. Kopenhagen: Reitzel.
Busse, Beatrix & Ingo H. Warnke. 2014. Ortsherstellung als sprachliche Praxis. In Ingo H. Warnke & Beatrix Busse (eds.), *Place-Making in urbanen Diskursen*, 1–7. Berlin: De Gruyter.
Calvet, Louis-Jean. 2002 [1974]. *Linguistique et colonialisme*. Paris: Éditions Payot.
Cavell, Janice. 2008. Historical evidence and the eastern Greenland case. *Arctic* 61(4). 433–441.
Dalberg, Vibeke. 2008. The characteristic properties of proper names – a contribution to the discussion. In *Name and place. Ten essays on the dynamics of place-names*, 1–9. Copenhagen: Department of Scandinavian Research, Name Research Section, http://nors.ku.dk/publikationer/webpublikationer/nameandplace/nameandplace000full volume.pdf (aufgerufen am 10.09.2017).
Dunker, Axel. 2017. Vorwort. In Axel Dunker, Thomas Stolz & Ingo H. Warnke (eds.), *Benennungspraktiken in Prozessen kolonialer Raumaneignung*, vi–xi. Berlin & Boston: De Gruyter.
Gammeltoft, Peder. 2016. Island names. In Carole Hough (ed.), *The Oxford handbook of names and naming*, 125–134. Oxford: Oxford University Press.
Helander, Kaisa Rautio. 2009. Toponymic silence and Sámi place names during the growth of the Norwegian nation state. In Lawrence D. Berg & Jani Vuolteenaho (eds.), *Critical toponymies. The contested politics of place naming*, 253–267. Farnham: Ashgate.
Higgins, Anthony K. 2010. *Exploration history and place names of northern East Greenland*. (Geological survey of Denmark and Greenland, Bulletin 21). Copenhagen: Rosendahls. www.geus.dk/publications/bull (aufgerufen am 01.09.2017).

Hough, Carole. 2016. Settlement names. In Carole Hough (ed.), *The Oxford handbook of names and naming*, 87–103. Oxford: Oxford University Press.

Kleivan, Inge. 1996. European contacts with Greenland as reflected in place-names. In P. Sture Ureland & Ian Clarkson (eds.), *Language contact across the North Atlantic: Proceedings of the working groups held at University College, Galway (Ireland), August 29–September 3, 1992, and the University of Göteborg (Sweden), August 16–21, 1993*, 125–152. Tübingen: Niemeyer.

Laursen, Dan. 1972. *The place names of North Greenland*. (Meddelelser om Grønland, udgivne af Kommissionen for Videnskabelige Undersögelser i Grönland 180(2)). Copenhagen: C. A. Reitzel.

Møller, Helle. 2011. "You need to be double cultured to function here": Towards an anthropology of Inuit nursing in Greenland and Nunavut. Alberta: University of Alberta. Ph.D. Thesis, https://doi.org/10.7939/R39P2WF4T (aufgerufen am 20.09.2017).

Møller Kruse, Lisathe. 2012. Stednavne i Grønland. *Grønland* 60(2). 147–156.

Nash, Joshua. 2013. *Insular toponymies. Place-naming on Norfolk Island, South Pacific and Dudley Peninsula, Kangaroo Island*. Amsterdam & Philadelphia: Benjamins.

Nübling, Damaris, Fabian Fahlbusch & Rita Heuser. 2012. *Namen. Eine Einführung in die Onomastik*. Tübingen: Narr.

Nuttall, Mark. 2005a. Greenland. In Mark Nuttall (ed.), *Encyclopedia of the Arctic*, Vol. 2, 778–785. New York u.a.: Routledge.

Nuttall, Mark. 2005b. Greenland Inuit. In Mark Nuttall (ed.), *Encyclopedia of the Arctic*, Vol. 2, 790–796, New York u.a.: Routledge.

Olsen, Carl Christian. 2008. Nunat Aqqinik Aalajangiisartut – Grønlands stednavnenævn. *Sprog i Norden* 185–188.

Scoresby, William Junior. 1823. *Journal of a voyage to the northern whale-fishery; including researches and discoveries on the eastern coast of West Greenland made in the summer of 1822, in the ship Baffin of Liverpool*. Edinburgh: Constable.

Sorensen, Mikkel & Hans Christian Gulløv. 2012. The prehistory of Inuit in Northeast Greenland. *Arctic Anthropology* 49. 88–104.

Stewart, George R. 1954. A classification of place names. *Names* 2(1). 1–13.

Stolz, Thomas & Ingo H. Warnke. 2015. Aspekte der kolonialen und postkolonialen Toponymie unter besonderer Berücksichtigung des deutschen Kolonialismus. In Daniel Schmidt-Brücken, Susanne Schuster, Thomas Stolz, Ingo H. Warnke & Marina Wienberg (eds.), *Koloniallinguistik. Sprache in kolonialen Kontexten*, 107–175. Berlin & Boston: De Gruyter.

Stolz, Thomas & Ingo H. Warnke. 2016. When places change their names and when they do not. Selected aspects of colonial and postcolonial toponymy in former French and Spanish colonies in West Africa – the cases of Saint Louis (Senegal) and the Western Sahara. *International Journal of the Sociology of Language* 239. 29–56.

Stolz, Thomas & Ingo H. Warnke. 2017. Anoikonyme und Oikonyme im Kontext der vergleichenden Kolonialtoponomastik. In Thomas Stolz, Ingo H. Warnke & Axel Dunker (eds.), *Benennungspraktiken in Prozessen kolonialer Raumaneignung*, 205–229. Berlin & New York: De Gruyter.

Stolz, Thomas & Ingo H. Warnke. 2018. Auf dem Weg zu einer vergleichenden Kolonialtoponomastik. Der Fall Deutsch-Südwestafrika. In Birte Kellermeier-Rehbein, Doris Stolberg & Matthias Schulz (eds.), *Sprache und (Post)Kolonialismus. Linguistische und interdisziplinäre Aspekte*, 71–103. Berlin & Boston: De Gruyter.

Stolz, Thomas & Ingo H. Warnke. angenommen. Comparative colonial toponomastics. Evidence from German and Dutch colonial placenames. In Rita Heuser, Fabian Fahlbusch & Mirjam Schmuck (eds.), ‚Sonstige' Namenarten – Stiefkinder der Onomastik. Berlin & Boston: De Gruyter.
Stolz, Thomas & Ingo H. Warnke. in diesem Band. System- und diskurslinguistische Einblicke in die vergleichende Kolonialtoponomastik. Eine gemeinsame Einführung.
Stolz, Thomas, Ingo H. Warnke & Nataliya Levkovych. 2016. Colonial place names in a comparative perspective. Sonderdruck aus *Beiträge zur Namensforschung* 51(3/4). 279–355.
Tent, Jan & David Blair. 2011. Motivations for naming: The development of a toponymic typology for Australian place names. *Names* 59(2). 67–89.
Thornton, Thomas F. 2008. *Being and place among the Tlingit*. Seattle: University of Washington Press.
Van Langendonck, Willy. 1998. A typological approach to place-name categories. In W. F. H. Nicolaisen (ed.), *Proceedings of the IXIth Internataional Congress of Onomastic Sciences, Aberdeen, August 4-1, 1996*, vol. 1, 342–348. Aberdeen: Department of English, University of Aberdeen.
Vuolteenaho, Jani & Lawrence D. Berg. 2008. Towards critical toponymies. In Lawrence D. Berg & Jani Vuolteenaho (eds.), *Critical toponymies. The contested politics of place naming*, 1–18. Farnham& Burlington: Ashgate.
Warnke, Ingo H. & Thomas Stolz. 2013. (Post)Colonial linguistics, oder: Was ist das Koloniale an kolonial geprägten Diskursen? *Zeitschrift für Semiotik* 36 (3/4). 471–495.

Internetquellen

Arktisk Institut: https://arktiskinstitut.dk/ (aufgerufen am 12.10.2018).
Den danske ordbog: http://ordnet.dk/ddo (aufgerufen am 12.10.2017).
NunaGIS: http://www.nunagis.gl/da/ (aufgerufen am 12.10.2017).
Nunat Aqqinik Aalajangiisartut Grönländische Ortsnamenkommission: https://oqaasileriffik.gl/naa/ (aufgerufen am 12.10.2017).
The Canadian Encyclopedia: http://www.thecanadianencyclopedia.com/en/ (aufgerufen am 12.10.2017).

Appendix

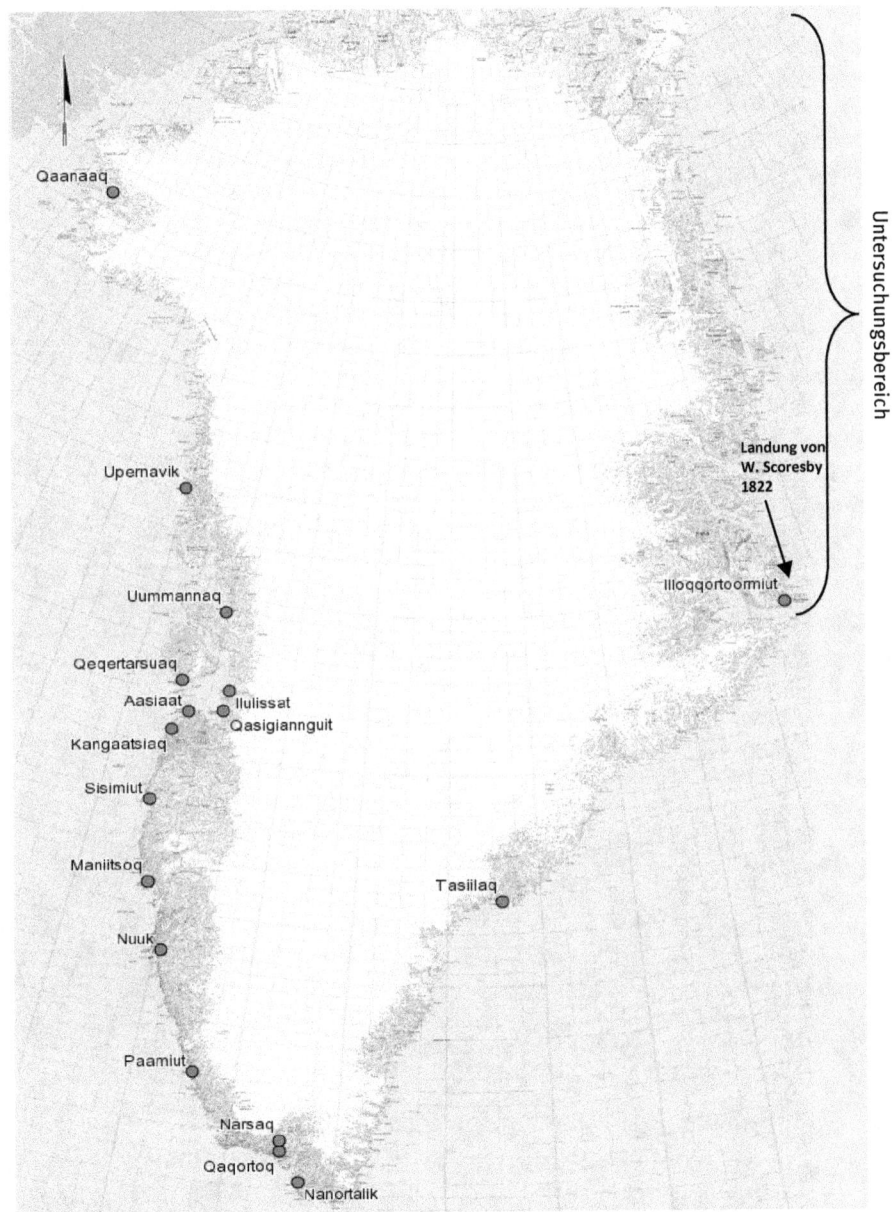

Abbildung 7: Topographische Karte Grönlands (Geodatastyrelse) Quelle: NunaGIS.

Nataliya Levkovych
Russische koloniale Toponyme in Alaska: eine Pilotstudie

Zusammenfassung: In diesem Beitrag werden Ergebnisse der Pilotstudie zum russischen kolonialen Toponomastikon in Russisch-Amerika (Alaska) vorgestellt. Die Studie ist empirisch basiert und stützt sich auf Daten, die aus Publikationen zu russischen Toponymen in Alaska entnommen worden sind. Das im Rahmen der Pilotstudie erstellte Korpus ist dem Beitrag beigefügt. Die Diskussion der empirischen Daten befasst sich mit den Benennungsmotiven und bietet eine Analyse der strukturellen Eigenschaften von russischen kolonialen Toponymen. Es werden punktuelle Vergleiche mit anderen europäischen kolonialen Toponomastika vorgenommen.

Резюме: В основе данной статьи лежит пилотное исследование русской колониальной топонимии в Русской Америке (Аляска). Данное исследование базируется на эмпирических данных, которые были получены из публикаций по русским топонимам на Аляске. Частью данной статьи является также корпус русских колониальных топонимов. В статье детально рассматривается мотивация номинации колониальных топонимов, а также анализируются их структура. Некоторые результаты исследования сравниваются с другими европейскими колониальными топонимиями.

Schlagwörter: russische koloniale Toponyme, Alaska, Russisch-Amerika

1 Einleitung

Dieser Beitrag stellt einen erstmaligen Versuch dar, russische koloniale Toponyme (KolTops) in Alaska zu identifizieren, zu systematisieren und hinsichtlich der Benennungsmotivation[1] sowie formaler Eigenschaften zu analysieren. Die dem Beitrag zugrundeliegende Pilotstudie entstand im Rahmen des For-

---

1 KolTops, deren Benennungsmotiv aus der modifikatorischen Konstituente ersichtlich ist, nenne ich gemäß der Wortart dieser Konstituente „anthroponymisch motiviert" bzw. „appellativisch motiviert".

Nataliya Levkovych, Universität Bremen, FB 10: Linguistik, Universitäts-Boulevard 13, 28359 Bremen. E-Mail: levkov@uni-bremen.de

https://doi.org/10.1515/9783110608618-006

schungsprojekts Forschungsprojekts zur vergleichenden Kolonialtoponomastik *Comparative Colonial Toponomastics – CoCoTop* (Stolz et al. 2016: 280–287). Die Pilotstudie bildet eine Grundlage für die Erstellung des russischen kolonialen Toponomastikons, das wiederum zu dem im Rahmen von CoCoTop geplanten Inventar des eurokolonialen Toponomastikons beitragen wird.

Ziel dieses Aufsatzes ist es, dem kolonialtoponomastisch interessierten Fachpublikum Einblicke in das russische koloniale Toponomastikon zu ermöglichen. In bisherigen Studien zu europäischen kolonialen Toponomastika (vgl. Stolz & Warnke in diesem Band) wurde der russische Kolonialismus kaum berücksichtigt. Da die russische Toponomastik wiederum bisher russische KolTops komplett ausgeschlossen hat, schließt dieser Beitrag eine Forschungslücke.

Der Beitrag ist wie folgt aufgebaut. Der kurzen Skizze der historischen Hintergründe des russischen Übersee-Kolonialismus im Kapitel 2 folgt eine Übersicht des Forschungsstands (Kapitel 3). In Kapitel 4 werden die in der Pilotstudie zusammengestellten Daten beschrieben und analysiert. Dabei wird jeweils auf die Benennungsmotivation (anthroponymisch vs. appellativisch motiviert) sowie auf strukturelle Eigenschaften der Toponyme (Tops) eingegangen. Kapitel 5 fasst die Ergebnisse der Pilotstudie zusammen und gibt einen Ausblick auf zukünftige Forschungsperspektiven. Anhang 2 enthält das für die Pilotstudie erstellte Korpus. Für einen besseren Überblick werden alle in diesem Beitrag aus dem Korpus entnommenen Tops durch die Nummer im Datensatz identifiziert.

2 Russischer Übersee-Kolonialismus: Historische Hintergrundinformationen

Der russische Kolonialbesitz in Nordamerika ist unter dem Namen Russisch-Amerika (*Russkaja Amerika*) bekannt. Russisch-Amerika umfasste folgende Gebiete: die Halbinsel Alaska, die Aleutischen Inseln, das Alexander Archipel sowie russische Besitzungen in Kalifornien (Fort Ross) und auf Hawaii (Fort Elisabeth).[2] Hauptmotiv des russischen Kolonialismus bildeten Wirtschaftsinte-

---

[2] Mein Pilotprojekt beschäftigt sich ausschließlich mit KolTops in Alaska, auf den Aleutischen Inseln und dem Alexander Archipel (heutiges Territorium des US-Bundesstaates Alaska), wobei ich alle diese Gebiete unter dem Namen *Alaska* zusammenfasse. Russischer Kolonialbesitz in Kalifornien und auf Hawaii wird erst in Folgestudien berücksichtigt. Im Weiteren verwende ich abwechselnd die Namen *Alaska* und *Russisch-Amerika*.

ressen; sein primärer Zweck war die Ausbeutung der natürlichen Ressourcen, überwiegend durch den Erwerb von Pelzwerk.

Der Beginn der russischen Präsenz in Alaska wird in geschichtswissenschaftlichen Quellen mit dem Jahr 1732 oder 1741 datiert (z. B. Bolchovitinov 1997, Naske & Slotnick 1994). Im Jahre 1732 bereiste der Geodät Michail Gvozdev die Beringstraße per Schiff und beschrieb die nordamerikanischen Küstenstreifen detailliert. An Land gingen die ersten Russen jedoch erst im Jahre 1741, das waren Vitus Bering und Aleksej Čirikov – Leiter und Schiffskommandeur der Zweiten Kamtschatka-Expedition von Bering. Die Berichte der Expeditionsteilnehmer stießen auf großes Interesse bei den russischen Kaufleuten auf Kamtschatka, da die neuen Gebiete äußerst lukrative Geschäfte mit Pelzwerk (vor allem Seeotterpelz) versprachen.[3] Seit 1742 fanden zahlreiche Expeditionen von privaten Kaufleuten – *promyšlenniki*[4] – zunächst zu den Aleutischen Inseln und später zu den Ufern der Halbinsel Alaska statt. Parallel zu den privaten Expeditionen von Kaufleuten fanden auch staatliche Meeresexpeditionen im nordpazifischen Gebiet sowie Festlandexpeditionen in Alaska statt, deren Ziel insbesondere die Vermessung und Erforschung der nordöstlichen Grenzbereiche des Russischen Imperiums waren (Istomin 1997).

1784 gründete der *promyšlennik* Grigorij Šelechov auf der Insel Kodiak die erste russische Siedlung in Russisch-Amerika. Von hier ging die russische Expansion nach Alaska aus. Im Jahre 1791 rief Šelechov die Handelsgesellschaft „Nordost Kompagnie" (*Severo-Vostočnaja Kompanija*) ins Leben, auf deren Grundlage 1799 die Handelsgesellschaft „Russisch-Amerikanische Kompagnie" (= RAK, *Rossijsko-Amerikanskaja Kompanija*) entstand. Die RAK spielte die zentrale Rolle in der Kolonisierung und bis 1818 in der Verwaltung Alaskas; 1818 wurde die offizielle Verwaltung von Russisch-Amerika an die Kaiserlich Russische Marine (= KRM) übergeben (Petrov 1999). Verschiedene Interessen der Entdecker und Kolonisatoren in Russisch-Amerika (Kaufleute, Pelzjäger und -händler, Marineoffiziere, Geodäten und Naturforscher) spiegeln sich in der Benennungsmotivation, wie im Kapitel 4.3 ersichtlich wird.

Die politische Lage im russischen Imperium sowie wirtschaftliche Überlegungen (die Erhaltung der Überseekolonien war für Russland mit erheblichen Kosten verbunden) haben zum Verkauf des russischen Besitzes in Nordamerika

---

3 Gibson (1979) bezeichnet den Handel mit Seeotterpelz sogar als *raison d'être* von Russisch-Amerika.

4 SG. *promyšlennik* (abgeleitet von *promysel* 'Gewerbe, Werk', meistens auf Jagd und Handel von Pelzwerk bezogen) spielten eine wichtige Rolle bei der russischen Kolonisierung Sibiriens und Alaskas.

an die USA im Jahre 1867 geführt. Somit begann nach 135 Jahren des russischen Kolonialismus in Alaska die amerikanische Herrschaft. Dieser Wechsel führte zu zahlreichen Umbenennungen, deren Umsetzung sich vor allem in den Händen des *U.S. Coast and Geodetic Survey* (= USC&GS) befand (Orth 1971: 4). Genauer gesagt handelt es sich hierbei um die komplette Umbenennung des Toponomastikons, weil alle bisher vergebenen Tops betroffen waren: sogar in den zahlreichen Fällen der Beibehaltung von russischen KolTops war zumindest eine Transliteration von kyrillischer in lateinische Schrift oder eine Transkription unvermeidbar.

3 Forschungsstand

Die Erforschung des russischen Kolonialismus liegt im Interessenfeld vor allem von Geschichtswissenschaftlern (z. B. Vinkovetsky 2011, Bolchovitinov 1997, Naske & Slotnick 1994 u.v.m.), seine toponomastischen Aspekte sind jedoch bisher fast komplett unberücksichtigt geblieben. Mir sind keine Arbeiten bekannt (weder seitens der Onomastik noch der Geschichtswissenschaften oder anderer Disziplinen), welche russische KolTops systematisch untersuchen. Die wenigen thematisch nahestehenden Forschungsarbeiten beschäftigen sich hauptsächlich mit russischen Tops in Alaska. Bei diesen Forschungsarbeiten handelt es sich um solche Tops, deren Ursprung in der russischen Sprache liegt und die auf den Karten von US-Alaska im 20. Jh. zu finden sind. Die russische Herkunft des Tops „qualifiziert" jedoch dieses Top nicht automatisch als russisches KolTop, da russische Ortsnamen auch von der neuen Kolonialmacht USA vergeben worden sind (vgl. Kapitel 4.1). Aber selbst von solchen Forschungsarbeiten gibt es nur eine sehr begrenzte Anzahl. Mir sind lediglich drei Publikationen bekannt (alle auf Russisch verfasst), deren Schwerpunkt in der Erforschung von russischen Tops in Alaska liegt: Durov (1959), Varšavskij (1971) und Belen'kaja (1976).[5]

In allen drei Publikationen werden russische Tops in Alaska nur wenig systematisiert oder analysiert. Durov (1959) stellt dem Leser zahlreiche Beispiele der russischen Tops in Alaska und im Pazifik in Listenform zur Verfügung. Dem relativ kurz gehaltenen beschreibenden Teil folgt eine Liste von 77 Tops im Pazifischen Ozean und 224 Tops in Alaska, die (selektiv) Informationen zu alternativen Namen, geographischen Koordinaten, Jahr der Entdeckung sowie Name der

---

5 Der letztgenannte Aufsatz ist auch in englischer Übersetzung vorhanden (Belen'kaja 1977).

Entdecker und Name der Namengeber[6] enthält. Die drei letzten Kategorien werden teilweise (etwa ein Drittel aller Fälle) sehr allgemein gehalten, z. B. wird als Jahr der Entdeckung „Mitte des 18. Jh." und als Entdecker werden „russische Seeleute" angegeben. Der Autor stellt keinen Anspruch auf die Vollständigkeit seiner Listen: die Liste der alaskischen TOPs nennt er „Gekürzte Liste der bekanntesten russischen geographischen Namen auf dem Territorium Alaskas und der Aleutischen Inseln" (Durov 1959: 165, meine Übersetzung).

Auch Varšavskij (1971) listet russische TOPs auf, jedoch in deutlich geringerem Umfang (83 Listeneinträge). Seine Liste ist nicht kommentiert, überdies enthält sie die TOPs in ihrer jetzigen (bzw. der in den 1970er Jahren geltenden) Form. Der etwas ausführlichere beschreibende Teil enthält jedoch weitere russische TOPs, die nicht in der Liste enthalten sind. Der Autor ist hauptsächlich an den Benennungsmotiven von auf appellativischer Basis gebildeten russischen TOPs interessiert. Im Beitragstext werden Benennungsmotive mitsamt illustrierenden Beispielen in semantische Gruppen zusammengefasst.

Ein etwas anderer Ansatz kann bei Belen'kaja (1976) festgestellt werden. Einerseits gibt es hier keine Listen mit TOPs; russische TOPs können nur aus dem Beitragstext entnommen werden. Die Autorin beschreibt parallel zu den Exonymen, die fast ausnahmslos die Datengrundlage der zwei o. g. Aufsätze bilden, auch noch Endonyme in Russisch-Amerika. Andererseits wird bei Belen'kaja am meisten von allen drei Publikationen der kolonialtoponomastische Aspekt berücksichtigt. Sie beschreibt und periodisiert die Namengebungsprozesse in Russisch-Amerika und systematisiert die TOPs entsprechend der Benennungsmotive. Die Autorin geht außerdem kurz auf das Anglisieren (Transliteration, Übersetzung usw.) und Umbenennen der TOPs nach dem Verkauf von Alaska an die USA ein.

Eine weitere Forschungsarbeit, die sich zwar nicht explizit mit den russischen TOPs auseinandersetzt, die jedoch keinesfalls bei der Erforschung von russischen KOLTOPs in Alaska außer Acht gelassen werden darf, ist das *Dictionary of Alaska place names* von Orth (1971).[7] In diesem über 1.000 Seiten umfassenden Werk werden alle TOPs in Alaska auf dem Stand der 1960er Jahre aufgelistet und detailliert kommentiert; die Einträge enthalten ausführliche Informationen zu alternativen Namen (einschließlich der russischen Namen vor

---

6 Als „Namengeber" werden hier und im Weiteren die Personen bezeichnet, die das TOP geprägt haben, bzw. das Geo-Objekt benannt haben. Die Eigennamen, von denen TOPs abgeleitet sind, werden als „Eponyme" bezeichnet.
7 Zwei weitere Wörterbücher der alaskischen Ortsnamen – Schorr (1991) und Baker (1906) – stehen hinsichtlich Umfang und Detailliertheit weit hinter dem Wörterbuch von Orth zurück.

der Umbenennung nach 1867) sowie zur Geschichte der Entdeckung und Benennung der Geo-Objekte in Alaska. Das Wörterbuch ist jedoch bei weitem nicht fehlerfrei. So werden z. B. manche russische appellativisch motivierte TOPs fehlerhaft übersetzt und interpretiert, anthroponymisch motivierte TOPs werden als appellativisch motivierte interpretiert, dialektale Besonderheiten des Russischen werden nicht beachtet.[8] Außerdem kommen im Wörterbuch falsche historiographische Informationen vor, die sowohl die Datierung der Entdeckung und/oder Benennung des Geo-Objekts als auch die Zuordnung der historischen Person zu dem entsprechenden Eponym betreffen. Einige diese Fehler stellt Gureckij (1981) fest und berichtigt diese. Er stellt „toponomastische Fehler" nicht nur in Orths Wörterbuch richtig, sondern auch in anderen Publikationen zu Russisch-Amerika (unter anderem in Belen'kaja 1976). Zwei weitere Publikationen – Monographien von Varšavskij (1982) und Postnikov (2000) – sind vor allem den historischen Hintergründen von russischen TOPs in Alaska gewidmet.

Wie der kurze Überblick über den Forschungsstand zeigt, nimmt keine der Publikationen russische KOLTOPS (also TOPs während der russischen Kolonialzeit) in den engeren Blick. Die russischen TOPs werden in keiner Weise strukturell analysiert, allen oben erwähnten Autoren geht es neben der Identifizierung der TOPs allein um die Benennungsmotive und die historischen Hintergründe der Benennungsprozesse.

---

8 Zu Illustrationszwecken führe ich hier nur wenige Beispiele für solche fehlerhafte Interpretation auf:
(a) TOP *mys Mordvinova* (Nr. 234) wird fälschlicherweise als appellativisch motiviert (russ. *morda* 'Fratze'') und nicht als anthroponymisch (Nachname *Mordvinov*) beschrieben;
(b) bei dem TOP *zaliv Mochnaška* (Nr. 249) wird zwar die appellativische Motivation erkannt, Orth versteht das Appellativum jedoch als *monaška* 'Nonne' statt *mochnaška* 'pelziges zottiges Wesen';
(c) der pomorische Dialektismus *potajnik* 'Unterwasserstein, über dem sich keine Wellen bilden', von dem das TOP *mys Potajnikov* (Nr. 321) abgeleitet worden ist, wird von Orth als Form des standardsprachlichen *tajnik* 'Geheimversteck' interpretiert;
(d) das TOP *reka Gol'covaja* (Nr. 83) ist zoonymisch motiviert und von *golec* 'Seesaibling' abgeleitet, nicht aber vom deutschen *Holz*, wie Orth angibt.

4 Russisches koloniales Toponomastikon: Ergebnisse der Pilotstudie

4.1 Daten und Methode

Die Datengrundlage der vorliegenden Pilotstudie bilden russische Tops in Alaska; als Datenquellen dienen die drei oben erwähnten Publikationen: Durov (1959), Varšavskij (1971) und Belen'kaja (1976). Es wird angenommen, dass diese Tops zum russischen kolonialen Toponomastikon gehören.[9] Einige Einträge haben sich während der Untersuchung als spätere, von den amerikanischen Behörden vergebene Namen erwiesen: z. B. wurde der Archipel *archipelag Aleksandra* (Nr. 5) erst 1867 nach dem russischen Zar **Alexander II**[10], während dessen Regierungszeit Alaska an die USA verkauft wurde, von USC&GS so benannt. Das Kap *Soloma* 'Stroh' (Nr. 380) erhielt diesen russischen Namen erst 1928. Der See *ozero Bočarova* (Nr. 48) wurde laut Orth (1971: 120) auf russischen nautischen Karten von 1852 mit dem Namen *Oz[ero] Ugashek* (Hybrid-Bildung mit dem endogenen Modifikator *Ugashek*) bezeichnet; nach dem KRM-Nautiker Dmitrij **Bočarov**, der 1788 auf Kodiak gewesen war, wurde der See vom US-amerikanischen Alaska-Forscher W. H. Dall erst 1868 benannt. Solche Fälle werden noch gesondert kommentiert.

Das auf den o. g. Daten basierte russische koloniale Toponomastikon ist im Appendix 2 in tabellarischer Form dargelegt. Die Tabelle enthält neben den Tops (in kyrillischer Schrift und transliterierter Form)
- Informationen zu geographischen Daten,
- Klassifizierung der Tops nach Namentypen,
- Informationen zur grammatischen Struktur der Tops,
- Angaben zum Benennungsmotiv (Übersetzung von deappellativischen Tops bzw. Daten zu Eponymen bei deanthroponymischen Tops),
- zusätzliche Anmerkungen.

Die in drei Quellen fehlenden historischen und geographischen Daten werden nach Bedarf mit Informationen aus Orth (1971) ergänzt. Die für historische Hin-

---

9 Bei Varšavskij (1971: 115) werden russische Tops, die erst nach dem Verkauf von Alaska vergeben worden sind, explizit getrennt besprochen. Diese wurden von vornherein aus dem Korpus ausgeschlossen.
10 Hier und weiter werden Teile der Namen, die als Eponyme fungierten, fett markiert.

tergrundinformationen zusätzlich herangezogenen (Internet)Quellen werden ebenfalls entsprechend angegeben.

Das Korpus umfasst 480 Datensätze. Somit könnte das Volumen des russischen kolonialen Toponomastikons als „mittel" eingestuft werden (entsprechend der Klassifizierung in der Einleitung zu diesem Band: Tabelle 1). Es ist aber bereits absehbar, dass weitere Forschungsarbeiten – vor allem mit Berücksichtigung des historischen Kartenmaterials und nach der Erfassung von Epichartika[11] – die Zahl der Belege mindestens verdoppeln und sogar verdreifachen werden.

Das Korpus enthält ausschließlich Exonyme und keine Hybride oder Endonyme, was der Datengrundlage geschuldet ist: alle drei Quellen untersuchen explizit russische TOPs in Alaska. Ein Blick auf historische Karten (z. B. Karte der Inseln *ostrova Lis'i* von Teben'kov & Pierce (1981) [Teben'kov 1849], Anhang 1) macht jedoch deutlich, dass neben den exonymischen TOPs wie z. B. *Z[aliv] Usova, Star[aja] Gavan', M[ys] Staričkov* auch Hybride – mit exonymischem Klassifikator und endonymischem Modifikator – durchaus vorhanden sind, wie z. B. *M[ys] Idaljuch, M[ys] Kajach, M[ys] Janaljun*.[12]

4.2 Was wird benannt: Übersicht benannter Geo-Objekte

Die im Korpus aufgelisteten KOLTOPs sind überwiegend Makrotoponyme; Mikrotoponyme – hier Namen von Bächen, Lagunen, Stränden, Brutkolonien – sind deutlich unterpräsentiert. Unter (1) sind die ontologischen Klassen der Geo-Klassifikatoren, die im Korpus vorkommen, samt Anzahl der Tokens aufgeführt.

(1) Semantische Gruppen der benannten Geo-Objekte[13]
Archipel (1), Bach (2), Bank (3), Berg (7), Berge (2), Binnensee (13), Bucht (87), Dorf (4), Fels (11), Felsen (3), Fluss (8), Gebirgskamm (1), Gebirgszug (2), Hafen (8), Halbinsel (4), Hügel (3), Insel (91), Inselgruppe (2), Inselkette (1), Inseln (19), Kap (149), kleine Insel (6), Lagune (2), Landschaft (1), Meer (1), Meeresstraße (14), Meerestiersammelstelle/Brutkolonie (5),

---

11 Diesen Begriff verdanke ich Thomas Stolz, der die Bezeichnung „Epichartikon" für den auf einer Karte festgehaltenen Ortsnamen in der Diskussion im kolonialtoponomastischen Arbeitskreis an der Universität Bremen geprägt und eingeführt hat.

12 Ab dieser Stelle werden keine weiteren Anmerkungen zu Besonderheiten und Beschränkungen der Datenquellen des Samples gemacht. Es versteht sich, dass das Einbeziehen von Epichartika sowie anderen (historischen) Datenquellen das Bild des im Anhang 2 vorgestellten russischen kolonialen Toponomastikons ändern und erweitern wird.

13 Die semantischen Gruppen wurden (soweit vorhanden) aus den Datenquellen übernommen.

Mission (1), Nehrung/Sandhaken (1), Riff (1), Siedlung (16), Strand (1), Tal (1), Untiefe (1), Untiefen (1), Vulkan (7)

Die Auswahl der Geo-Objekte, die nach der Meinung der Namengeber einen Namen benötigen bzw. verdienen, ist höchstwahrscheinlich mit der geographischen Lage und Landschaft des Gebietes und der „geographischen Richtung" der Kolonialisierung (vom Meer ausgehend ins Innere der Halbinsel hinein) erklärbar. Unter (1) sind auffällig viele Geo-Objekte zu finden, die mit dem Meer assoziiert und für die Seefahrt relevant sind (Felsen, Insel-/gruppe/-kette, Kap, Meerestraße, Riff, Untiefe). Zudem erklärt die geographische Zusammensetzung des Gebietes nicht nur die hohe Anzahl von benannten Geo-Objekten aus der semantischen Gruppe „Insel" (insgesamt 123 Geo-Objekte bzw. 25 % des Samples), sondern auch die auffällig hohe Anzahl von weiteren mit dem Meer assoziierten benannten Geo-Objekten, wie Kap (31 % des Samples) oder Bucht (18 % des Samples). Tatsächlich bilden die Namen für Kaps, Buchten und Inseln zusammen ca. 75 % des Samples. Informationen zu den Namengebern (soweit diese vorhanden sind) beweisen, dass die Namen für diese Geo-Objekte sehr häufig von Seeleuten vergeben worden sind. Die wirtschaftlichen Interessen des russischen Kolonialismus spiegeln sich in diesem Zusammenhang u. a. in der Benennung von Meerestiersammelstellen bzw. Brutkolonien (russ. *ležbišče*), da diese wichtig für die Jagd auf Seeotter waren.

Werden die Namen der Geo-Objekte jedoch nach der in der Toponomastik üblichen Klassifizierung zugeordnet (Nübling et al. 2012: 206ff.)[14], relativiert sich die Bedeutung des Meeres. Da die Namen der Inseln und Kaps in die Gruppe der Choronyme gehören, stellt sich eben diese als die im Korpus am stärksten repräsentierte Gruppe heraus: 59 % des Samples. Hydronyme, zu denen Buchtnamen zugerechnet werden, machen lediglich 29 % des Samples aus. Zwei weitere Kategorien der Toponyme sind Oronyme (8 % des Samples) und Oikonyme (ca. 4 % des Samples). Somit machen Anoikonyme den überwältigenden Teil des Samples aus. Ob die Tatsache, dass kaum Oikonyme im Toponomastikon vorkommen, eventuell mit dem Charakter des russischen Kolonialismus, der primär nicht auf Besiedlung ausgerichtet war, zusammenhängt oder doch den Datenquellen geschuldet ist, kann in dieser Pilotstudie nicht bestimmt werden. Immerhin gab es nicht wenige russische Siedlungen in Russisch-Amerika (Belen'kaja 1976: 70–72). Weiterführende Forschung ist hier vonnöten.

---

14 Zur Problematik dieser Klassifizierung im kolonialen Kontext siehe Schmidt-Brücken (2016: 435–438).

Auffällig im russischen kolonialen Toponomastikon ist ein sehr häufiger Verstoß gegen das Monoreferenz-Prinzip bei Eigennamen (Nübling et al. 2012: 17ff.).[15] 79 Namen im Korpus sind doppelt oder mehrfach vergeben, sodass es sich bei 210 Einträgen (fast die Hälfte des Samples) um einen nicht-monoreferenziellen Modifikator handelt. Häufig sind das Fälle der Namenübertragung im Sinne der Transposition eines vorhandenen TOPs in eine andere Toponymklasse (Nübling et al. 2012: 220). Meistens befinden sich die Geo-Objekte bei der Namenübertragung in unmittelbarer Nähe zueinander, sodass eindeutig ist, dass der Name eines Geo-Objekts direkt vom anderen übertragen worden ist. So wurde die Bucht *buchta Pelenga* (Nr. 292) nach dem angrenzenden Kap *mys Pelenga* (Nr. 293) benannt; von der Insel *ostrov Sv. Avraamija*[16] (Nr. 350) wurde der Name (allerdings ohne den Namenszusatz *Sv[jatogo]* 'Heiliger') auf die anliegende Bucht *buchta Avraamija* (Nr. 2) übertragen; der Name der Bucht *buchta Nizkaja* (Nr. 257) wurde vom Namen der Insel *ostrov Nizkij* (Nr. 256) abgeleitet.

Es gibt jedoch im Korpus zahlreiche Fälle, bei denen die mehrfache Vergabe der Namen nicht mit einer Namenübertragung erklärt werden kann, weil der Faktor der geographischen Nähe nicht vorhanden ist bzw. weil es sich um Geo-Objekte derselben ontologischen Klasse handelt. Ein solches Beispiel ist der See *ozero Beluga*, ein KOLTOP, das mindestens zweimal in Russisch-Amerika vorkommt. Die beiden Seen sind ca. 200 km Luftlinie voneinander entfernt. Ein See *ozero Beluga* (Nr. 20) befindet sich am südlichen Ende der Kenai-Halbinsel, der andere See *ozero Beluga* (Nr. 21) befindet sich am nördlichen Ende der Cook Inlet auf dem Festland Alaskas. In den letztgenannten See (Nr. 21) mündet der Fluss *reka Beluga* (Nr. 19), an dessen Ufern die Siedlung *selenije Beluga* (Nr. 18) zu finden ist; bei den letzten zwei Fällen handelt es sich sehr wahrscheinlich um Namenübertragung. Der Name *Beluga* ist jedoch damit nicht ausgeschöpft. Etwa 40 km vom See *ozero Beluga* (Nr. 21) entfernt befindet sich der Gebirgskamm *krjaž Beluga* (Nr. 22), was wiederum ein Beispiel von Namenübertragung ist. Ein weiteres Oronym mit dem Namen *Beluga* (Hügel *holm Beluga*, Nr. 23) befindet sich ca. 500 km südlicher auf dem Festland Alaskas, an der Goodnews Bay. Somit gibt es sechs KOLTOPS mit dem gleichen Modifikator *Beluga* in Rus-

---

15 Der Verstoß gegen das Monoreferenz-Prinzip liegt nur bei den Fällen der in Gänze identischen KOLTOPS vor: z. B. *ostrov Bobrovyj* (Nr. 40, 41 und 42). Bei den Fällen mit identischen Modifikatoren und verschiedenen Klassifikatoren gibt es keinen Verstoß gegen das Prinzip der Monoreferenz: z. B. *mys Konstantiva* (Nr. 164) und *buchta Konstantina* (Nr. 165).
16 Der Namenszusatz *Svjatoj* 'Heiliger' bei Heiligennamen wird in der Schriftsprache üblicherweise abgekürzt: *Sv.* (entspricht dem deutschen *Hl.* und dem englischen *St.*). Bei TOPS kommt der Namenszusatz zusammen mit dem anthroponymischen Teil in der Genitivform vor: *mys Sv[jatogo] Il'i* (vgl. Bsp. (4)).

sisch-Amerika: ein Oikonym (Siedlung), zwei Oronyme (ein Gebirgskamm und ein Hügel) und drei Hydronyme (ein Fluss und zwei Seen).

4.3 Wie wird benannt: Benennungsmotivation

Die KolTops im Korpus können ihrer Benennungsmotivation entsprechend in zwei Gruppen aufgeteilt werden: anthroponymisch motivierte vs. appellativisch motivierte Tops.

4.3.1 Anthroponymisch motivierte KolTops

Anthroponymisch motivierte KolTops (im Weiteren Anthrotoponyme: AnthTop) machen ein Drittel (34 %) des Samples auf. Das entspricht der Beobachtung von Stolz et al. (2016: 277–288), dass die Verwendung von Anthroponymen bei der Bildung von Tops bei allen europäischen Kolonialismen häufig vertreten ist. Die Eponyme können elf Untergruppen zugeordnet werden, die zusammen mit Beispielen und Anzahl der Tokens in der jeweiligen Untergruppe in Tabelle 1 aufgelistet sind.

Tabelle 1: Motivgruppen bei den AnthTops.

Eponym	Beispiel AnthTop	Anzahl
(a) Seemann mit Alaska-Bezug	ostrov Zarembo (Nr.123)	57
(b) Person ist nicht identifiziert (n/i)	buchta Zachara (Nr. 124)	46
(c) Heiliger	buchta Sv. Michaila (Nr. 359)	16
(d) Seemann mit Alaska-Bezug, Gouverneur	mys Teben'kova (Nr. 405)	17
(e) Seemann mit Alaska-Bezug, Kaufmann	proliv Šelichova (Nr. 464)	8
(f) Kaufmann	buchta Bečevina (Nr. 32)	6
(g) Staatsmann	mys Voroncova (Nr. 60)	5
(h) Seemann ohne Alaska-Bezug	ostrov Kruza (Nr. 181)	4
(i) Naturforscher mit Alaska-Bezug	buchta Ėššol'ca (Nr. 474)	3
(j) Herrscher	archipelag Aleksandra (Nr. 5)	2
(k) Seemann mit Alaska-Bezug, Verwaltungsbeamter	ostrov Mit'kova (Nr. 230)	1

Die häufigsten Eponyme für russische KolTops sind Namen von Seeleuten, deren Schifffahrten an den Ufern Russisch-Amerikas stattfanden und die eng mit der

Entdeckung, Kartierung und Benennung der Geo-Objekte verbunden waren. Die Personen in dieser Gruppe waren „hauptberufliche" Marineoffiziere, wohingegen die Seeleute in den Gruppen (d), (e) und (k) dazu noch in der Verwaltung von Russisch-Amerika tätig waren oder zu der Gruppe der Kaufleute *promyšlenniki* gehörten und eventuell als Eponyme in der letzteren Funktionen fungieren.

Auffällig im Korpus ist die völlige Abwesenheit von russischen Herrschernamen. Die zwei im Korpus vorkommenden Fälle mit Herrschernamen – der Archipel *archipelag Aleksandra* (Nr. 5) und die Insel *ostrov Elizavety* (Nr. 112) – haben sich nämlich nach genaueren Recherchen als nicht-russische KoLToPs erwiesen. Der Archipel *archipelag Aleksandra* wurde 1741 von Aleksej Čirikov entdeckt und kartographiert und hat später den Namen *Kološenskie ostrova* erhalten (Gureckij 1981: 151); nach dem russischen Zar **Alexander II** wurde der Archipel erst nach dem Verkauf von Alaska benannt (vgl. Kap 4.1) und gehört somit nicht zum russischen kolonialen Toponomastikon. Im Fall von *ostrov Elizavety* handelt es sich nicht um die russische Kaiserin oder die Großfürstin Elizaveta, sondern um die britische Prinzessin Elisabeth (Tochter von Georg III – Princess **Elizabeth** of the United Kingdom); der Name wurde 1778 vom britischen Seefahrer und Entdecker James Cook vergeben (Orth 1971: 309–310) und von der russischen Kolonialmacht in russifizierter Form übernommen. Die komplette Abwesenheit der russischen Herrschernamen könnte wieder mit der Auswahl der Datenquellen erklärt werden; die gezielte Suche im detaillierten Wörterbuch von Orth (1971) sowie die Sichtung der historischen Karten hat jedoch kein Beispiel von russischen Kaiser-/Zarennamen oder Namen von Personen aus der Zarenfamilie als Eponym für russische koloniale ANTHToPs erbracht. In diesem Aspekt unterscheidet sich das russische koloniale Toponomastikon von anderen europäischen kolonialen Toponomastika (vgl. Stolz et al. 2016).

Anders sieht es mit den Namen der Verwaltungsbeamten (Gouverneure Russisch-Amerikas) aus. Von 14 Gouverneuren lieferten 13 Eponyme für diverse KoLToPs; lediglich der Name des 14. Gouverneurs, während dessen Dienst Alaska verkauft worden war, konnte bisher keinem Geo-Objekt zugeordnet werden[17].

---

17 Folgenden Geo-Objekte wurden nach den Gouverneuren von Russisch-Amerika benannt:

Gouverneur	Benanntes Geo-Objekt
1. Aleksandr Andreevič **Baranov** (1790–1818)	Bucht, Insel, Siedlung
2. Leontij Andrianovič **Gagemejster** (1818–1818)	Meeresstraße, Inseln, Berg
3. Semen Ivanovič **Janovskij** (1818–1820)	Berg
4. Matvej Ivanovič **Muravjev** (1820–1825)	Berg
5. Petr Igorovič **Čistjakov** (1825–1830)	Insel

Nach den Gouverneuren wurden zwar verschiedene Geo-Objekte benannt, auffällig häufig kommen aber Gouverneursnamen bei den Oronymen in Russisch-Amerika vor: die Namen von 10 der 14 Gouverneure sind Eponyme für Berge.

Russische Personennamen sind üblicherweise dreigliedrig: Vorname, Patronym und Nachname. Für die AntHTops in Russisch-Amerika wurden meistens Nachnamen in der Genitiv- (bzw. Possessiv-)Form verwendet: Inseln *ostrova Pribylova* (Nr. 323, ben. nach Seemann Gavriil Loginovič **Pribylov**), Kap *mys Stroganova* (Nr. 394, ben. nach Staatsmann Grigorij Aleksandrovič **Stroganov**) usw. Selten werden AntHTops von Vornamen abgeleitet, wie die Bucht *buchta Zachara* (Nr. 124, n/i), die Insel *ostrov Pavla* (Nr 281, ben. nach Hl. **Paulus**). Patronyme treten niemals in der Funktion von Eponymen in Russisch-Amerika auf. Eine Person kann jedoch mit verschiedenen Teilen des Namens als Eponym vertreten sein. So sind z. B. zwei Kaps nach dem 9. Gouverneur von Russisch-Amerika, dem KRM-Offizier und Geodäten **Michail** Dmitrievič **Teben'kov** benannt: eins nach seinem Nachnamen (*mys Teben'kova*, Nr. 405), das andere nach seinem Vornamen (*mys Michaila* Nr. 231).

Wenn Vornamen als Eponyme fungieren, handelt es sich dabei oft um Heiligennamen (Hagionyme). Die hagionymisch motivierten KolTops können mit oder ohne Namenszusatz *Svjatoj* 'Heiliger' vorkommen (vgl. Bsp. 4), z. B. die Insel *ostrov Sv[jatogo] Matveja* (Nr. 358) oder die Insel *ostrov Jakova* (Nr. 477). Hagionymisch motivierte KolTops scheinen eher seltener im russischen kolonialen Toponomastikon vorzukommen (lediglich 10 % aller AntHTops im Korpus), anders als es in spanischen und portugiesischen kolonialen Toponomastika der Fall ist (vgl. Stolz et al. 2016: 324). Es gibt jedoch KolTops, die nicht direkt nach

6. Ferdinand Petrovič **Vrangel'** (1830–1835)	Kap, Insel, Berg
7. Ivan Antonovič **Kuprejanov** (1835–1840)	Hafen, Kap, Insel, Halbinsel, Meeresstraße, Berg
8. Adol'f Karlovič **Ėtolin** (1840–1845)	Meeresstraße, Kap, Berg
9. **Michail** Dmitrievič **Teben'kov** (1845–1850)	Kap, Berg
10. Nikolaj Jakovlevič **Rosenberg** (1850–1853)	Berg
11. Aleksandr Il'ič **Rudakov** (1853–1854)	Berg
12. Stepan Vasil'evič **Voevodskij** (1854–1859)	Hafen, Insel, See
13. Ivan Vasil'evič **Furugel'm** (1859–1863)	Berg
14. Dmitrij Petrovič Maksutov (1863–1867)	–

Nicht alle diese Eponyme kommen im Appendix 2 vor, da sie nicht alle in den verwendeten Datenquellen erwähnt werden. Für diese Liste wurden Orth (1971) sowie Wikipedia-Quellen <01.03.2018> herangezogen: http://ru.wikipedia.org/?oldid=89735886.

den Heiligen benannt worden sind, sondern nach den Schiffen (ergonymisches Benennungsmotiv), die Heiligennamen trugen: so wurden die Insel *ostrov Sv. Georgija* (Nr. 351) und der Hafen *gavan' Sv. Pavla* (Nr. 361) nicht nach den Heiligen **St. Georg** und **St. Paul** benannt, sondern nach den Schiffen, welche die Namen dieser Heiligen trugen. Die Schiffe erhielten ihre Namen auch nicht zufällig, häufig waren es die Schutzheiligen (und Eponyme) der Kaufleute. Ein solches Beispiel ist die Inselgruppe *ostrova Andrejanovskije* (Nr. 9), die auf den ersten Blick nach dem in Russisch-Amerika berühmten Kaufmann *promyšlennik* **Andrejan** Tolstych benannt worden sein könnte. Orth (1971: 76) stellt zu diesem TOP jedoch folgendes fest:

> These islands were first explored by Andreian Tolstyk with Peter Vasiutkin and Maxim Lazaref in 1761. The merchant Tolstyk owned the vessel *Andreian and Natalia* [*Sv. Andrejan i Natal'ja*][18], named after himself and his wife, which was used in this expedition. Rev. Coxe (1787, p. 183–184) wrote, "The first certain account was brought by this vessel, the St. Andrean and Natalia, from whence they were called the Andreanofskie Ostrova, or the Islands of St. Andrean."

Der Prozess der Weiterverwertung der Hagionyme wird in (2) schematisch dargestellt:

(2)   Transposition der Hagionyme

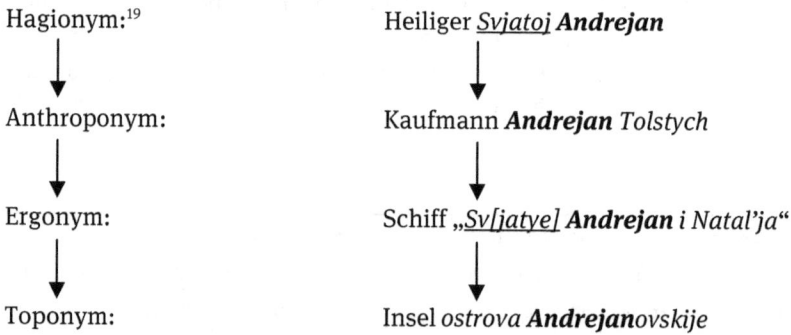

Für die zukünftige Forschung sollten alle hagionymisch motivierten ANTHTOPS anhand von historischen Quellen auf ihre mögliche ergonymische Benennungsmotivation geprüft werden.

---

18 Quelle: http://www.baikal-alaska.ru/page/fishing_expedition/pacific_expedition <01.03.2018>.
19 Diese Stufe kann angenommen werden, da es in Russland Usus war, Personen nach Heiligen zu benennen.

4.3.2 Appellativisch motivierte KolTops

In die nicht-anthroponymische Motivgruppe gehören zwei Drittel der Einträge im Korpus. In Tabelle 2 werden appellativische Benennungsmotive zusammengefasst:

Tabelle 2: Appellativisch motivierte Tops.

Motivgruppe	Untergruppe	Tokens (% Korpus)
Deskriptiv	Farbe, Form, Geo-Klassifikator, Himmelsrichtung, Lage, Landschaft	151 (32 %)
Zoonymisch	Landtiere, Meerestiere, Vögel	63 (13 %)
Ergonymisch		15 (3 %)
Phytonymisch		11 (2 %)
Toponymisch		2 (< 1 %)
Sonstige	Nautik, Religion, sonstige	73 (15 %)

Wie aus Tabelle 2 zu entnehmen ist, machen deskriptiv motivierte KolTops ein Drittel des Samples aus. Am häufigsten bezieht sich die Beschreibung auf die Erscheinungsform des Geo-Objekts: Hafen *gavan' Dolgaja* 'lang' (Nr. 102)[20], Insel *ostrov Uzkij* 'eng' (Nr. 433). Auch Landschaft und Lage des Geo-Objekts sind häufige Benennungsmotive: Insel *ostrov Vyrublennyj* 'abgeholzt' (Nr. 68), Inseln *ostrova Bližnie* 'nahe' (Nr. 34). Das hinsichtlich wirtschaftlicher Interessen wichtige Vorkommen von Bodenschätzen wurde auch in KolTops festgehalten:
– Bernstein (russ. *jantar'*): Bucht *zaliv Jantarnyj* (Nr. 479), Fluss *reka Jantarnaja* (Nr. 480),
– Schleifstein (russ. *točil'nyj kamen'*): Kap *mys Točil'nyj* (Nr. 423),
– metonymisch gebrauchtes Adjektiv *zolotoj* 'golden' (hohes Vorkommen von Seeottern): zwei Buchten *buchta Zolotaja* (Nr. 129) und *zaliv Zolotoj* (Nr. 131), Strand *pljaž Zolotoj* (Nr. 130).

Zu der Gruppe der deskriptiven Tops gehören auch 25 Fälle, bei denen ein Geo-Klassifikator in der Rolle eines Modifikators gebraucht wird: Fluss *reka Redut* 'Redoute' (Nr. 334), Kap *mys Dolina* 'Tal' (Nr. 107), Felsen *skaly Proliv* 'Meeres-

---

20 Im Weiteren wird bei appellativisch motivierten Tops nur der Modifikator übersetzt, da der Klassifikator dem ontologischen Geo-Klassifikator entspricht.

straße' (Nr. 325). Diese Tops beziehen sich jedoch auf andere ontologische Geo-Objekte als der jeweilige geo-klassifikatorische Modifikator: *mys Ostrov* 'Insel' (Nr. 273) ist ein Kap und keine Insel, auch *mys Zaliv* 'Bucht' (Nr. 119) bezeichnet keine Bucht sondern ein Kap.

Flora und Fauna Russisch-Amerikas ist bei phytonymisch und zoonymisch motivierten KolTops vertreten. Ein Tiername, der auffällig häufig im Korpus vorkommt, ist „Seeotter", russ. *morskoj bobr* (wörtl. 'Seebiber'), dessen Pelz für den russischen Kolonialismus in Alaska ein bedeutendes Handelsgut war (vgl. Kapitel 2, bes. Fn. 3). Für die Bildung von Tops wird nur ein Teil des Zoonyms verwendet: das adjektivische Attribut *morskoj* 'See-' wird weggelassen, sodass nur der nominativische Kopf *bobr* 'Biber' Grundlage für den Top bildet.[21] Dieses Zoonym kommt bei acht KolTops im Korpus vor:
- in substantivischer Form: Insel *ostrov Bobrov* (Nr. 36) und Vulkan *vulkan Bobrov* (Nr. 37)
- in adjektivischer Form: drei Inseln *ostrov Bobrovyj* (Nr. 40, 41, 42), Kap *mys Bobrovyj* (Nr. 43), Berge *gory Bobrovye* (Nr. 39) und Bucht *buchta Bobrovaja* (Nr. 38).

Bei den deskriptiv und zoonymisch/phytonymisch motivierten KolTops sind deutlich häufiger nicht-standardrussische Appellativa vertreten als bei den anderen Motivgruppen. Dabei handelt es sich um Wörter aus dem pomorischen Dialekt, der zu den nordrussischen Dialekten zählt und um Archangelsk herum sowie an den Ufern des Weißen Meeres verbreitet war/ist. Beispiele dafür sind unter anderem:
- *kekur* 'Fels im Meer/auf dem Meeresufer': Kap *mys Kekur* (Nr. 149), Insel *ostrov Kekur* (Nr. 150), Fels *skala Kekur* (Nr. 151),
- *lajda* 'versumpfte Wiese an den Ufer-Untiefen bzw. Untiefe, die bei Ebbe entsteht': Kap *mys Lajda* (Nr. 198), Lagune *laguna Lajda* (Nr. 199), Nehrung *kosa Lajda* (Nr. 200),
- *belki* 'mit Schneefeldern und Eisgletschern bedeckte Felsen in Sibirien'[22]: Berg *gora Belki* (Nr. 17).

Zu den toponymisch motivierten Tops gehören solche, die von anderen Tops in der sog. kolonialen Metropole[23] abgeleitet sind. In anderen europäischen Kolo-

---

21 Im nicht-alaskischen Kontext wird mit dem Zoonym *bobr/bober* 'Biber' eigentlich eine andere Tierart, nämlich der europäische Biber (*Castor fiber*) bezeichnet.
22 Im Standardrussischen ist *belki* Pluralform von *belka* 'Eichhörnchen'.
23 Zum Begriff vgl. z. B. Schulz & Ebert (2016).

nialismen ist die Übernahme von Ortsnamen aus der sog. Metropole – direkt oder mit dem temporalen Adjektivstamm „neu" – durchaus üblich (vgl. Stolz & Warnke 2018, 2017 und 2015). Im russischen kolonialen Toponomastikon konnte ich bisher lediglich einen solchen Fall identifizieren: die Siedlung *Novo-Archangel'sk* (Nr. 263), Hauptstadt Russisch-Amerikas. Keine weiteren Übernahmen von Ortsnamen aus der sog. Metropole wurden bei der gezielten Sichtung des Wörterbuchs von Orth (1971) festgestellt. Der zweite Fall eines toponymisch motivierten Tops ist die Bucht *buchta Amerikanskaja* 'amerikanisch' (Nr. 7), mit dem Namen des Kontinents in adjektivischer Form.

Der Motivgruppe „Sonstige" wurden Tops mit diversen anderen (teilweise nicht-systematisierbaren) Benennungsmotiven zugeordnet. Über die Hälfte der KolTops in dieser Motivgruppe sind nautisch motiviert: Fels *skala Polivnaja* 'berieselnd, bewässernd' (Nr. 308) soll Seeleute darüber informieren, dass der Fels nahe an der Meeresoberfläche liegt, der Name der Insel *ostrov Otmelyj* 'Flachmeer-' (Nr. 277) hat ähnliche Funktion. Das nautisch motivierte Top *mys Jakornyj* 'Anker-' (Nr. 478) ist ein Beispiel für eine Übersetzung eines bereits vorhandenen Namens: das Kap wurde 1785 von James Cook *Anchor Point* genannt, da sein Schiff an dieser Stelle seinen Anker verloren hatte (Orth 1971: 75).

Die Onymisierungsprozesse von einigen adjektivischen Appellativa werden u. a. bei Belen'kaja (1976: 70) beschrieben. Sie stellt fest, dass die Ortsbeschreibungen, die in früheren historischen Quellen appellativisch gebraucht werden, in späteren historischen Quellen und auf den Karten onymisiert sind und als Tops (also großgeschrieben) verzeichnet sind. Solche Beispiele sind: Bucht *Drovjanaja buchta* 'Holzbucht' (Nr. 109), Bucht *Dvojnaja buchta* (Nr. 95) 'doppelte Bucht' und Hafen *Staraja gavan'* 'alter Hafen' (Nr. 389).

4.4 Wie wird benannt: Struktur der Tops

Die Analyse der strukturellen Eigenschaften der KolTops im Korpus ist an die Einleitung zu diesem Band angelehnt. Nach einer kurzen Diskussion der binären Struktur der KolTops gehe ich bei der Analyse des Modifikators ins Detail. Auf die Analyse des Klassifikators sowie die Übersicht über funktionale Eigenschaften von russischen KolTops wird hier verzichtet, dies ist für Folgepublikationen geplant.

4.4.1 Zweigliedrigkeit und Linksköpfigket

Auf den ersten Blick sind die meisten KolTops im Korpus zweigliedrige linksköpfige Exonyme. In (3) werden zwei für das Korpus typische Tops, jeweils appellativisch und anthroponymisch motiviert, in ihren Strukturen analysiert:

(3)   Struktur der russischen KolTops
    a. *buchta Opasnaja* (Nr. 270)
       [{*buchta*}$_{KLASS}$ {*Opasnaja*}$_{MOD}$]$_{TOP}$
       [{Bucht$_{F.NOM}$}$_{KLASS}$ {gefährlich$_{ADJ:F.NOM}$}$_{MOD}$]$_{TOP}$
    b. *mys Vrangelja* (Nr. 65)
       [{*mys*}$_{KLASS}$ {*Vrangelja*}$_{MOD}$]$_{TOP}$
       [{Kap$_{M.NOM}$}$_{KLASS}$ {Wrangel$_{ANTH:M.GEN}$}$_{MOD}$]$_{TOP}$

Diese fast durchgängige Zweigliedrigkeit und Linksköpfigkeit im Korpus ist jedoch zum Teil konstruiert. In einigen Fällen ist weder die linksköpfige Anordnung der Konstituenten noch die Anwesenheit des Klassifikators obligatorisch. Die beschreibenden Texte der dem Korpus zugrundeliegenden Quellen (genauso wie andere Quellen und historische Karten) verwenden viele Tops entweder ohne Klassifikator oder in der umkehrten Reihenfolge der Konstituenten, sodass eine Rechtsköpfigkeit entsteht. Z. B. *proliv Beringov* (Nr. 30) kommt viel seltener als *Beringov proliv* (rechtsköpfig) vor; *gora Belki* (Nr. 17) wird häufig ohne Klassifikator *gora* 'Berg' gebraucht. In manchen Fällen ist sogar der Gebrauch des Klassifikators eher ungewöhnlich und wurde in den drei Datenquellen nur aus Systematisierungsgründen erwähnt; zu solchen zählen neun Fälle mit dem Klassifikator *naselennyj punkt* 'Siedlung' (Nr. 14, 47, 117, 217, 237, 263, 282, 408 und 467), die im mündlichen und schriftlichen Sprachgebrauch sowie als Bezeichnungen auf den Karten eingliedrig (= Modifikator) vorkommen. Auch die Namen für zwölf weitere Oikonyme (Nr. 18, 27, 57, 74, 116, 209, 266, 368, 390, 428, 431 und 455) werden üblicherweise ohne Klassifikator gebraucht. Die zweigliedrige Struktur von solchen KolTops ist nicht stabil, in verschiedenen Quellen (und sogar in derselben Quelle) kann das gleiche Top unterschiedlich strukturiert vorkommen:

– zweigliedrig oder eingliedrig
   [{*ostrova*}$_{KLASS}$ {*Bližnie*}$_{MOD}$]$_{TOP}$ oder   [{*Bližnie*}$_{MOD}$]$_{TOP}$
– links- oder rechtsköpfig
   [{*kamen'*}$_{KLASS}$ {*Belyj*}$_{MOD}$]$_{TOP}$ oder   [{*Belyj*}$_{MOD}$ {*k/Kamen'*}$_{KLASS}$]$_{TOP}$

Dieses Problem der Erfassung der KolTops für die weitere Analyse der inneren Struktur sollte in Folgestudien gelöst werden.

4.4.2 Struktur des Modifikators

Der Modifikator ist bei den TOPs im Korpus mit wenigen Ausnahmen eingliedrig. Es gibt nur 25 zweigliedrige Modifikatoren im Korpus (= 5%):
- In vier Fällen ist der Modifikator eine NP mit dem temporalen Attribut *staryj*~M~/*staraja*~F~/*staroje*~NEU~ 'alt' (Nr. 385, 389, 390, 391).
- Die drei folgenden TOPs haben ihre Namen nach den gleichnamigen Schiffen erhalten und die zweigliedrigen Modifikatoren übernommen:
  Bucht [{*buchta*}~KLASS~ {*Slava Rossii*}~MOD~]~TOP~ 'Ruhm Russlands' (Nr. 378),
  Bucht [{*buchta*}~KLASS~ {*Trech Svjatitelej*}~MOD~]~TOP~ 'Drei Hierarchen' (Nr. 73),
  Insel [{*ostrov*}~KLASS~ {*Ioanna Bogoslova*}~MOD~]~TOP~ (Nr. 137).
- Bei vier weiteren Fällen hat der Modifikator jeweils die Struktur einer rechtsköpfigen NP: Fels [{*skala*}~KLASS~ {*Vysokij*~ADJ~ *kamen'*~N~}~MOD~]~TOP~ 'hoher Stein' (Nr. 71), Dorf [{*derevnja*}~KLASS~ {*Gagar'ja*~ADJ~ *Šapka*~N~}~MOD~]~TOP~ 'Seetauchers (Vogel) Hut' (Nr. 74), Siedlung [{*selenie*}~KLASS~ {*Ozerskij*~ADJ~ *Redut*~N~}~MOD~]~TOP~ 'Seeredoute' (Nr. 266) und Bucht [{*zaliv*~N:NOM~}~KLASS~ {*Dobrych*~ADJ:GEN~ *vestej*~N:GEN~}~MOD~]~TOP~ 'Gute Nachrichten' (Nr. 99). Bei den ersten drei TOPs besteht keine syntaktische Bindung zwischen Klassifikator und Modifikator (die Konstituenten des Modifikators stehen im Nominativ). Im letzten Fall hat das TOP die Struktur eines attributiven Syntagmas mit dem Kopf – Klassifikator {*zaliv*~N~}~NOM~ und dem Attribut – Modifikator {*Dobrych*~ADJ~ *vestej*~N~}~GEN~.
- Ein weiterer Fall des TOPs als attributives Syntagma ist [{*ostrov*}~KLASS~ {*Bol'šoj*~ADJ~ *Gavanskij*~ADJ~}~MOD~]~TOP~ wörtl. 'großer Hafen-' (Nr. 45). Es besteht zwar keine syntaktische Bindung zwischen Klassifikator und Modifikator (alle Konstituenten stehen im Nominativ), der Modifikator ist jedoch anders als bei Nr. 99 keine NP, da seine beiden Konstituenten attributive Adjektive sind; somit ist der Modifikator ein Attribut des Kopfes/Klassifikators *ostrov* 'Insel'.

Die restlichen 13 Fälle mit zweigliedrigem Modifikator sind die bereits in Kapitel 4.3.1 erwähnten Hagiotoponyme. Das besondere an der Struktur der Hagiotoponyme ist das häufige (jedoch nicht obligatorische) Vorkommen des Namenszusatzes (= TITEL) bei dem Modifikator. In (4) werden Beispiele von Hagiotoponymen mit und ohne Namenszusatz analysiert.

(4)   Struktur der Hagiotoponyme
    a.   *mys Sv. Il'i* (Nr. 354)   [{*mys*}~KLASS~ {*Sv.*~TITEL~ *Il'i*~ANTH~}~MOD:GEN~]~TOP~
          ostrov Sv. Lavrentija (Nr. 356)   [{*ostrov*}~KLASS~ {*Sv.*~TITEL~ *Lavrentija*~ANTH~}~MOD:GEN~]~TOP~
    b.   *ostrov Diomida* (Nr. 98)   [{*ostrov*}~KLASS~ {*Diomida*~ANTH~}~MOD:GEN~]~TOP~
          ostrov Pavla (Nr. 281)   [{*ostrov*}~KLASS~ {*Pavla*~ANTH~}~MOD:GEN~]~TOP~

Die Modifikatoren in (4a) sind NPs mit substantivischem anthroponymischen Kopf und adjektivischem (= TITEL) Attribut. Bei (4b) handelt es sich um Modifikatoren und „nackte" anthroponymische Substantive.

Die Zweigliedrigkeit des Modifikators bei Hagiotoponymen hebt sie aus der Gruppe der sonstigen ANTHTOPs heraus. In (5) werden die Typen der Strukturen der eingliedrigen ANTHTOPs analysiert:

(5) Strukturen von ANTHTOPs mit eingliedrigem Modifikator
    KOLTOP   innere Struktur   Modifikator
   a. Insel *ostrov Baranova* (Nr. 15)   [{*ostrov*}$_{KLASS}$ {*Baranova*$_{N:GEN}$}$_{MOD}$]$_{TOP}$ N$_{ANTH}$:GEN
   b. Bucht *zaliv Kocebu* (Nr. 172)   [{*zaliv*}$_{KLASS}$ {*Kocebu*$_{N}$}$_{MOD}$]$_{TOP}$ N$_{ANTH}$:INDKL
   c. Fels *skala Ol'ga* (Nr. 268)   [{*skala*}$_{KLASS}$ {*Ol'ga*$_{N:NOM}$}$_{MOD}$]$_{TOP}$ N$_{ANTH}$:NOM
   d. Bucht *zaliv Bel'kovskij* (Nr. 25) [{*zaliv*}$_{KLASS}$ {*Bel'kovskij*$_{ADJ:NOM}$}$_{MOD}$]$_{TOP}$ ADJ$_{ANTH}$:NOM

Das Muster (5a) ist bei den ANTHTOPs am häufigsten im Korpus vertreten (121 Fälle bzw. 73 % der ANTHTOPs) und kann als prototypische Form für russische koloniale ANTHTOPs betrachtet werden. Das TOP hat die Struktur einer NP, der anthroponymische Modifikator ist als nominales Attribut der NP markiert (Genitivform). Die drei TOPs in (5b) könnten als Unterklasse von (5a) betrachtet werden; die Anthroponyme in diesen NPs sind jedoch indeklinable Namen, sodass der Kasus nicht formal vertreten ist: *Zarembo* (Nr. 123), *Kocebu* (Nr. 172) und *Litke* (Nr. 216). Bei (5c) besteht keinerlei syntaktische Verbindung zwischen Klassifikator und Modifikator, das TOP ist keine NP. Dieses Muster haben vier Siedlungsnamen, die, wie oben erwähnt, üblicherweise ohne Klassifikator vorkommen; in den restlichen vier Fällen – *ostrov Mitrofanij* (Nr. 229), *buchta Nikitka* (Nr. 261), *buchta Ol'ga* (Nr. 267), *skala Ol'ga* (Nr. 268) – müsste überprüft werden, ob diese TOPs tatsächlich in dieser Form im russischen kolonialen Toponomastikon vorkommen und nicht spätere amerikanische Namen sind. Bei dem Muster (5d) handelt es sich wieder um eine NP, diesmal jedoch mit adjektivischem Attribut (relationales Adjektiv), das keine Kasusmarkierung verlangt.

Eine Transposition der Anthroponyme in die Klasse der Toponyme kann sogar bei dem gleichen Anthroponym nach zwei Mustern realisiert werden, wie in (6) gezeigt wird.

(6)   Transposition der Anthroponymen

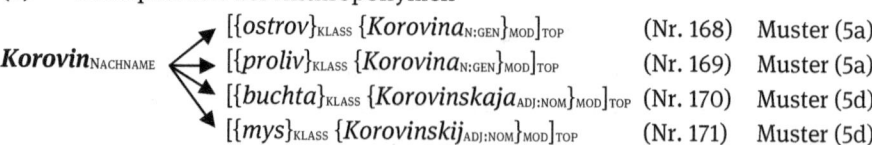

                     [{*ostrov*}$_{KLASS}$ {*Korovina*$_{N:GEN}$}$_{MOD}$]$_{TOP}$ (Nr. 168)   Muster (5a)
Korovin$_{NACHNAME}$ [{*proliv*}$_{KLASS}$ {*Korovina*$_{N:GEN}$}$_{MOD}$]$_{TOP}$ (Nr. 169)   Muster (5a)
                     [{*buchta*}$_{KLASS}$ {*Korovinskaja*$_{ADJ:NOM}$}$_{MOD}$]$_{TOP}$ (Nr. 170)   Muster (5d)
                     [{*mys*}$_{KLASS}$ {*Korovinskij*$_{ADJ:NOM}$}$_{MOD}$]$_{TOP}$ (Nr. 171)   Muster (5d)

Aus den ANTHTOPS in (6) kann das Eponym problemlos anhand der Struktur des TOPS rekonstruiert werden. Schwieriger (oder sogar unmöglich) ist eine solche Rekonstruktion in den Fällen, wo das Eponym ein von einem Vornamen abgeleiteter Nachname ist: bei dem TOP *buchta Sergeevskaja* (Nr. 375) könnte es sich um das Eponym **Sergej** (Vorname) oder **Sergeev** (Nachname) handeln.

Die appellativisch motivierten TOPS mit eingliedrigen Modifikatoren weisen folgende Strukturen auf.

(7) Strukturen von appellativisch motivierten TOPS mit eingliedrigem Modifikator
    KOLTOP   innere Struktur   Modifikator
a. Kap *mys Bližnij* (Nr. 35)   [{*mys*}$_{KLASS}$ {*Bližnij*$_{ADJ:NOM}$}$_{MOD}$]$_{TOP}$ ADJ:NOM
b. Kap *mys Promysla* (Nr. 326) [{*mys*}$_{KLASS}$ {*Promysla*$_{N:GEN}$}$_{MOD}$]$_{TOP}$ N:GEN
c. Insel *ozero Beluga* (Nr. 20) [{*ozero*}$_{KLASS}$ {*Beluga*$_{N:NOM}$}$_{MOD}$]$_{TOP}$ N:NOM

Bei den Mustern (7a) und (7b) handelt es sich um TOPS, die die Struktur einer NP haben. Das Muster (7a), nach dem die Mehrheit der einsilbigen appellativisch motivierten TOPS gebildet ist (178 Fälle bzw. 60 %), entspricht dem Muster (5d) bei den ANTHTOPS. Es muss jedoch angemerkt werden, dass es sich bei den Adjektiven in (7a) und (5d) um Adjektive mit verschiedenen semantischen Funktionen handelt: deappellativische Adjektive gehören zu den qualifizierenden Adjektiven, wohingegen deanthroponymische Adjektive den relationalen Adjektiven (Possessivadjektive) zugerechnet werden können. Die letzteren gehören im Russischen nicht der adjektivischen, sondern der possessivischen Deklinationsklasse der Adjektive an (Švedova et al. 1980: 547, 555). Das Muster (7b) entspricht dem Muster (5a) bei den ANTHTOPS. Was die Häufigkeit des Gebrauchs der Muster angeht, so verhalten sich die appellativisch und anthroponymisch motivierten TOPS konträr.

(8)   Häufigkeit der KOLTOPS entsprechend der inneren Strukturen

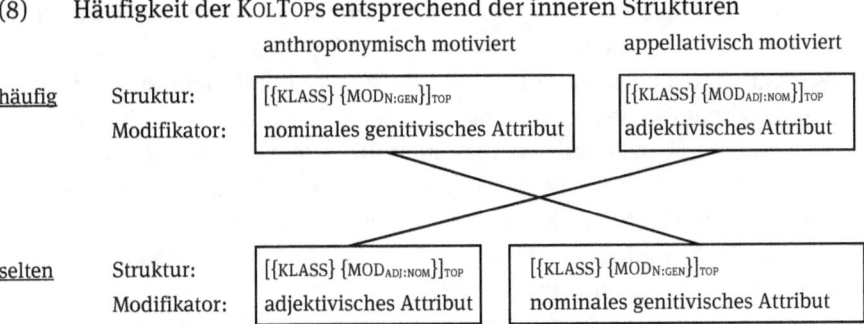

Wie in (8) gezeigt wird, ist das häufigste Muster bei den ANTHTOPS das in (5a) beschriebene: der Modifikator ist ein nominales genitivisches Attribut, deutlich seltener kommt das Muster (5d) vor: der Modifikator ist ein adjektivisches Attribut. Bei den appellativisch motivierten Tops ist die Häufigkeit umgekehrt: Tops mit adjektivischem Attribut als Modifikator kommen am häufigsten vor (Muster 7a), Tops mit nominalem genitivischen Attribut als Modifikator (Muster 7b) sind selten im Korpus.

Das Muster (7c) bei den appellativischen Tops hat ähnlich wie das Muster (5c) bei AnthTops eine ungewöhnliche Struktur. Diese Tops können nicht als NP betrachtet werden, da keine syntaktische Verbindung zwischen den Konstituenten besteht. Auch hier, wie bei den AnthTops, müsste in Folgestudien genauer geprüft werden, ob diese Namen tatsächlich zum russischen kolonialen Toponomastikon gehören.

Zwei appellativisch motivierte Tops gehören zu keinem der in (7) vorgestellten Muster. Es sind zwei Einzelfälle, deren Strukturen folgendermaßen aussehen: bei dem Top *mys Dovol'no* 'genug' (Nr. 108) handelt es sich um ein Adverb, das die Rolle des Modifikators übernimmt: [{mys}$_{KLASS}$ {Dovol'no$_{ADV}$}$_{MOD}$]$_{TOP}$. Bei dem zweiten Einzelfall handelt es sich um das in Kapitel 4.3.2 besprochene aus der kolonialen Metropole übernommene Top mit dem Adjektivstamm „neu": *Novo-Archangel'sk*. Ob diese Tops tatsächlich Einzelfälle im russischen kolonialen Toponomastikon sind, kann nur weitere Forschung zeigen.

5 Zusammenfassung und Ausblick

Die durchgeführte Pilotstudie hat gezeigt, dass die Zusammenstellung und Ausarbeitung des russischen kolonialen Toponomastikons realisierbar und gewinnbringend ist, sowohl für die vergleichende Kolonialtoponomastik, als auch für die russische Toponomastik, aus der koloniale Toponyme bisher ausgeschlossen blieben. Ein Vergleich einiger Aspekte der Erforschung von russischen KolTops zeigte, dass das russische koloniale Toponomastikon Gemeinsamkeiten zu anderen europäischen kolonialen Toponomastika aufweist und mindestens hinsichtlich der Benennungsmotive sowie bei den inneren Strukturen viele Eigenschaften mit dem europäischen kolonialen Toponomastikon teilt. Es konnten auch einige kolonialtoponomastische Aspekte festgestellt werden, die sehr wahrscheinlich ausschließlich für den russischen Kolonialismus typisch sind.

Das auf der Grundlage von Daten aus drei Publikationen erstellte Korpus im Anhang 2 liefert zwar genügend empirische Daten, um bestimmte Konstruktionsmuster zu erkennen, dieses Korpus ist jedoch bei Weitem nicht vollständig. Das Hinzuziehen weiterer Quellen (und vor allem die Berücksichtigung von Epichartika) in Folgestudien wird das Korpus russischer kolonialer Toponyme nicht nur deutlich erweitern, sondern auch das bestehende Korpus „säubern", sodass dieses nur die TOPs, die während der Zeit des russischen Kolonialismus (also bis 1867) vergeben worden sind, enthält. Um eine Vollständigkeit des russischen kolonialen Toponomastikons zu erreichen, müssten auch Endonyme und Hybride in das Korpus aufgenommen werden, sowie Daten aus den restlichen russischen kolonialen Gebieten (Kalifornien und Hawaii) ergänzt werden. Lediglich ein solcherart erweitertes Korpus kann eine hinreichende Datengrundlage für die im Rahmen der vergleichenden Kolonialtoponomastik vorgesehenen Arbeiten am gesamten europäischen kolonialen Toponomastikon bieten. Der weitere Vergleich von russischen KOLTOPs mit dem Toponomastikon der Metropole wird zeigen, ob KOLTOPs eine Sonderstellung im russischen kolonialen Toponomastikon haben.

Für Folgestudien bietet sich auch die Untersuchung der Umbenennungsprozesse an, die ein Wechsel der Kolonialmacht mit sich bringt. Der Wechsel des Kolonialbesitzes von Russland zu den USA stellt einen besonderen Fall im europäischen kolonialen Toponomastikon dar, weil – anders als bei anderen Kolonialismen – wegen des Wechsels von der kyrillischen zur lateinischen Schrift das komplette Toponomastikon „umbenannt" werden musste. Dabei wurden neben den neu vergebenen Namen (u. a. russische Appellativa und Eponyme) die vorhandenen russischen KOLTOPs (nicht einheitlich und teilweise falsch) transliteriert, transkribiert und übersetzt.

Danksagung: Ich danke Thomas Stolz für die ermutigende und aufbauende Unterstützung bei der Erstellung dieses Beitrags. Bei Wolfgang Crom und den Mitarbeiterinnen und Mitarbeitern der Kartenabteilung der Staatsbibliothek zu Berlin bedanke ich mich herzlich für ihre Hilfe bei meinen kartographischen Recherchen. Thomas Stolz und Ingo H. Warnke haben eine Vorversion meines Beitrags dankenswerterweise kommentiert. Aina Urdze danke ich für die wertvollen Bemerkungen und Korrekturhilfen. Bei Kevin Behrens bedanke ich mich für die zahlreichen Kopierarbeiten. Ungeachtet dieser vielen helfenden Hände verbleibt die alleinige Verantwortung für Inhalt und Form dieses Beitrags bei mir.

Abkürzungen

ADJ	Adjektiv
ADV	Adverb
ANTH	Anthroponym
ANTHTOP	Anthrotoponym
F	Femininum
GEN	Genitiv
INDKL	indeklinabel
KLASS	Klassifikator
KOLTOP	koloniales Toponym
KRM	Kaiserlich Russische Marine
M	Maskulinum
MOD	Modifikator
N	Nomen
n/i	Person nicht identifizierbar
NOM	Nominativ
NEU	Neutrum
NP	Nominalphrase
PL	Plural
RAK	Russisch-Amerikanische Kompagnie
russ.	russisch
SG	Singular
TOP	Toponym
USC&GS	U.S. Coast and Geodetic Survey

Literaturverzeichnis

Baker, Marcus. 1906. *Geographic dictionary of Alaska*. Washington: Government Printing Office.
Belen'kaja, V. D. 1976. Russkie toponimy na karte Soedinennych Štatov Ameriki. *Izvestija AN SSSR, Serija geografičeskaja* 4. 67–73.
Belen'kaja, V. D. 1977. Russian place names in Alaska. *Soviet geography* 18. 339–346.
Bolchovitinov, Nikolaj N. (ed.). 1997. *Istorija Russkoj Ameriki (1732–1867). Tom I–III*. Moskva: Meždunarodnye Otnošenija.
Durov, A. G. 1959. Russkie geografičeskie nazvanija v Tichom okeane, na territorii Aljaski i Aleutskich ostrovov. *Geografičeskij sbornik* 13. 155–182.
Gibson, James R. 1979. *Russian dependence upon the natives of Russian America*, Kennan Institute Occasional Paper Series #70, Washington, D.C.: Woodrow Wilson International Center for Scholars. https://www.wilsoncenter.org/sites/default/files/op70_russian_expansion_siberia_gibson_1979.pdf.
Gureckij, V. 1981. O toponimičeskich ošibkach v nekotorych rabotach po Aljaske. *Izvestija Akademii Nauk SSSR*, 148–152.
Istomin, Aleksej A. 1997. Pravitel'stvennye ėkspedicii k beregam Ameriki vo vtoroj polovine XVIII v. In Nikolaj Bolchovitinov (ed.), *Istorija Russkoj Ameriki (1732–1867). Tom I: Osnovanie Russkoj Ameriki (1732–1799)*, 197–250. Moskva: Meždunarodnye Otnošenija.
Naske, Claus M. & Herman E. Slotnick. 1994. *Alaska: A history of the 49th state*. Norman: University of Oklahoma Press.
Nübling, Damaris, Fabian Fahlbusch & Rita Heuser. 2012. *Namen. Eine Einführung in die Onomastik*. Tübingen: Narr.
Orth, Donald J. 1971 [1967]. *Dictionary of Alaska place names*. Washington: United States Government Printing Office.
Petrov, Aleksej Ju. 1999. Morskie oficery načinajut upravljat' russkimi kolonijami v Severnoj Amerike (1818–1825). In Nikolaj Bolchovitinov (ed.), *Istorija Russkoj Ameriki (1732–1867). Tom II: Dejatel'nost' Rossijsko-amerikanskoj kompanii (1799–1825)*, 339–395. Moskva: Meždunarodnye Otnošenija.
Postnikov, Aleksej. V. 2000. *Russkaja Amerika v geografičeskich opisanijach i na kartach, 1741–1867 gg*. Sankt-Peterburg: DB.
Schmidt-Brücken, Daniel. 2016. Diskursgrammatische Aspekte von Ortsnamen im kolonialen Archiv. *Beiträge zur Namenforschung* 51 (3/4). 431–469.
Schorr, Alan Edward. 1991. *Alaska place names*. Juneau/Alaska: The Denali Press.
Schulz, Matthias & Verena Ebert. 2016. Wissmannstraße, Massaiweg, Berliner Straße. Kolonial intendierte Urbanonyme – Befunde, Perspektiven, Forschungsprogramm. *Beiträge zur Namenforschung* 51 (3/4). 357–386.
Stolz, Thomas & Ingo H. Warnke. 2015. Aspekte der kolonialen und postkolonialen Toponymie unter besonderer Berücksichtigung des deutschen Kolonialismus. In Daniel Schmidt-Brücken et al. (eds.), *Koloniallinguistik. Sprache in kolonialen Kontexten*, 107–176. Berlin & Boston: De Gruyter.
Stolz, Thomas & Ingo H. Warnke. 2017. Anoikonyme und Oikonyme im Kontext der vergleichenden Kolonialtoponomastik. In Axel Dunker, Thomas Stolz & Ingo H. Warnke

(eds.), *Benennungspraktiken in Prozessen kolonialer Raumaneignung*, 205–229. Berlin & Boston: De Gruyter.
Stolz, Thomas & Ingo H. Warnke. 2018. Auf dem Weg zu einer vergleichenden Kolonialtoponomastik. Der Fall Deutsch-Südwestafrika. In Birte Kellermeier-Rehbein, Matthias Schulz & Doris Stolberg (eds.), *Sprache und (Post)Kolonialismus*. Linguistische und interdisziplinäre Aspekte, 71–103. Berlin & Boston: De Gruyter.
Stolz, Thomas, Ingo H. Warnke & Nataliya Levkovych. 2016. Colonial place names in comparative perspective. *Beiträge zur Namenforschung* 51 (3/4). 279–355.
Švedova, N. J. et al. 1980. *Russkaja grammatika. Tom I*. Moskva: Nauka.
Teben'kov, Mikhail Dmitrievich & Richard A. Pierce. 1981. [Teben'kov 1849] *Atlas of the northwest coasts of America. From Bering Strait to Cape Corrientes and the Aleutian Islands with several sheets on the northeast coast of Asia. Compiled by Captain 1st Rank M. D. Teben'kov and published in 1852 with Hydrographic notes. Translated and edited by R. A. Pierce*. Kingston/Ontario: Limestone Press.
Varšavskij, S. R. 1971. Russkie slova na karte Aljaski. *Russkaja reč'*, 113–120.
Varšavskij, S. R. 1982. *Uvekovečennaja slava Rossii. Toponimičeskie sledy Russkoj Ameriki na karte Aljaski*. Magadan: Magadanskoe knižnoe izdatel'stvo.
Vinkovetsky, Ilya. 2011. *Russian America. An overseas colony of a continental empire, 1804–1867*. Oxford: Oxford University Press.

Appendix 1

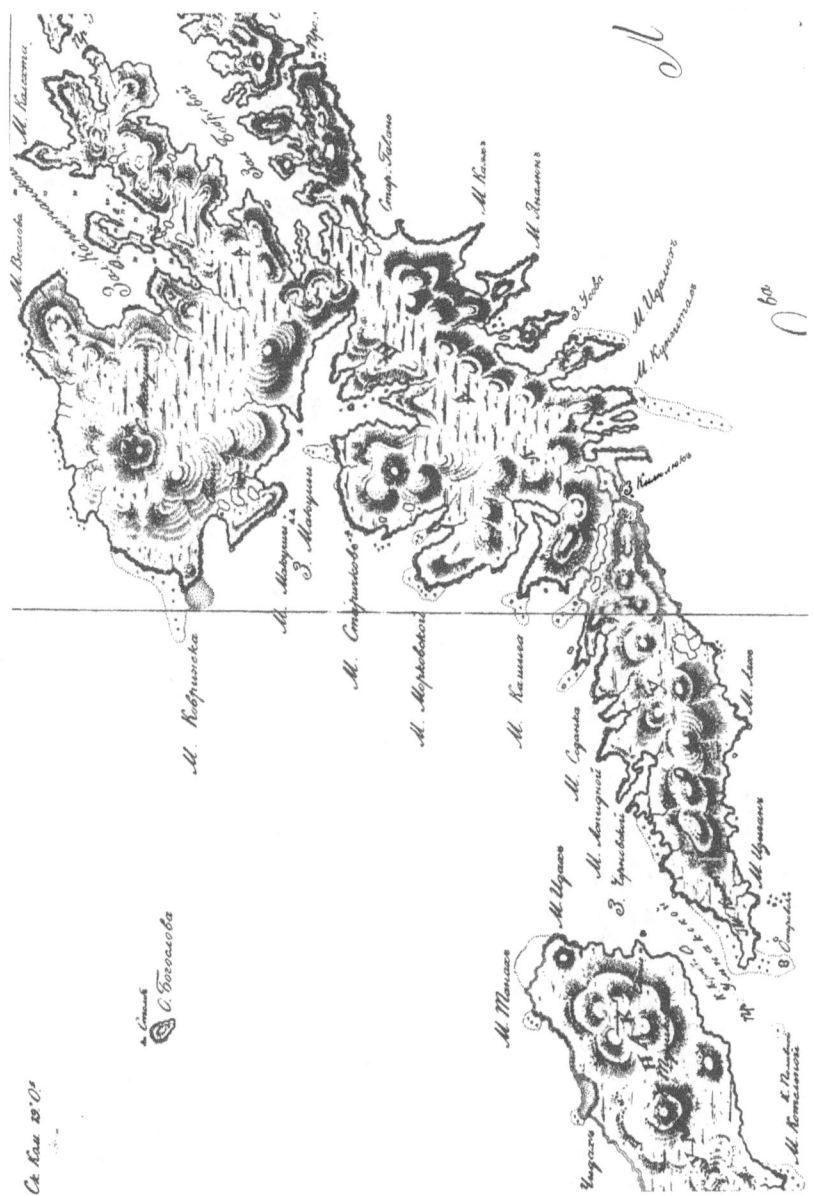

Karte 1: Ausschnitt aus der Karte der Lis'i Inseln von Teben'kovs *Karta ostrovov Lis'ich*, 1849 [Quelle: Teben'kov & Pierce 1981, Karte XXV].

Appendix 2

Erläuterungen zur nachfolgenden Tabelle

Die KolTops im Sample erhalten jeweils eine laufende Nummer, auf die im Aufsatztext ggf. Bezug genommen wird. Die KolTops werden in kyrillischer Schrift mit lateinischer Transliteration (mitsamt der Zuweisung zu den Kategorien „Klassifikator" und „Modifikator") aufgeführt. Zellen mit KolTops, deren Modifikator aus mehr als einem Wort besteht, werden grau schattiert. In der Spalte „Quelle" wird die Quelle (bzw. werden die Quellen) angegeben, aus der das entsprechende KolTop entnommen worden ist; die Kodierung ist dabei wie folgt: 1 = Belen'kaja (1976), 2 = Durov (1959), 3 = Varšavskij (1971). In der Spalte „Geo-Objekt" wird sowohl die entsprechende ontologische Klasse des Geo-Klassifikators angegeben (= „ontolog.") als auch die Zuordnung der toponomastischen Klasse (= „Klasse"); in der Spalte „Klasse" wird auf wiederholte Nennung des griechischen Suffixes -(o)nym verzichtet (d. h. Choro = Choronym). Die in der Spalte „geographische Koordinaten" angegebenen Informationen sind entweder aus der entsprechenden Quelle entnommen oder bei Bedarf mit den Informationen aus Orth (1971) ergänzt. Die Angaben zur Benennungsmotivation umfassen drei Spalten: Zuordnung des KolTops zu einer Motivklasse, eventuelle weitere Unterteilung in Gruppen (= „Motivgruppe") und Übersetzung der appellativisch motivierten KolTops bzw. Angaben zum Eponym bei den anthroponymisch motivierten KolTops. In der Spalte „Anmerkung" werden ggf. notwendige zusätzliche Informationen zum entsprechenden KolTop angeführt; falls diese aus Orth (1971) entnommen worden sind, lautet die Quellenangabe „Orth (Seitenzahl)", d. h. „Orth (64)" steht für Orth (1971: 64). Die ggf. zusätzlich herangezogenen Internetquellen sind unter der Angabe der entsprechenden KolTop-Nummer im Anschluss an die Tabelle aufgeführt.

Tabelle 3: Russische koloniale Toponyme in Alaska.

Nr.	Klassifikator	Modifikator	Quelle	Geo-Objekt ontolog.	Klasse	Alternative Namen	Geografische Koordinaten	Modifikator Wortart	Kasus
1	мыс mys	Авинова Avinova	2	Kap	Choro		59°40'N 163°10'W	N$_{ANTH}$	GEN
2	бухта buchta	Авраамия Avraamija	2	Bucht	Hydro		52°51'N 172°44'O	N$_{ANTH}$	GEN
3	остров ostrov	Адмиралтейства Admiraltejstva	2	Insel	Choro		57°40'N 134°20'W	N	GEN
4	мыс mys	Аксенова Aksenova	2	Kap	Choro		54°53'N 164°33'W	N$_{ANTH}$	GEN
5	архипелаг archipelag	Александра Aleksandra	2	Archipel	Choro		57°00'N 135°00'W	N$_{ANTH}$	GEN
6	мыс mys	Александра Aleksandra	2	Kap	Choro		55°47'N 159°24'W	N$_{ANTH}$	GEN
7	бухта buchta	Американская Amerikanskaja	3	Bucht	Hydro	American Bay	5°51'N 132°48'W	ADJ	NOM
8	бухта buchta	Андреяна Andrejana	2	Bucht	Hydro		51°58'N 176°40'W	N$_{ANTH}$	GEN
9	острова ostrova	Андреяновские Andrejanovskije	2	Inseln	Choro		52°00'N 175°00'W	ADJ$_{ANTH}$	NOM
10	остров ostrov	Андроника Andronika	2	Insel	Choro		55°20'N 160°05'W	N$_{ANTH}$	GEN
11	ручей ručej	Архангел Archangel	3	Bach	Hydro		61°46'50"N 149°11'10"W	N	NOM
12	мыс mys	Аспид Aspid	3	Kap	Choro	Aspidskiy, Aspidnyj	53°26'45"N 16°28'00"W	N	NOM
13	остров ostrov	Байдарка Bajdarka	3	Insel	Choro	Bidarka	n/a n/a	N	NOM
14	нас. пункт nas. punkt	Баранов Baranov	2	Siedlung	Oiko		57°05'N 134°50'W	N$_{ANTH}$	NOM
15	остров ostrov	Баранова Baranova	2	Insel	Choro	Sitcha/Sitka Island	57°05'N 135°00'W	N$_{ANTH}$	GEN

Nr.	Benennungsmotivation			Anmerkung
	Motivklasse	Motivgruppe	Semantik/Etymologie	
1	Anthroponym	Seemann mit Alaska-Bezug	Avinov, Aleksandr Pavlovič (1786–1854), KRM Leutnant	
2	Anthroponym	Heiliger	Hl. Abraham	abgeleitet von der Insel *ostrov Sv. Avraamija*
3	Sonstig	Nautik	'Admiralität'	
4	Anthroponym		Aksenov (n/i)	
5	Anthroponym	Herrscher	Zar Alexander II (1818–1881)	Orth (64): benannt 1867 von USC&GS (*Alexander Archipelago*)
6	Anthroponym		Aleksandr (n/i)	
7	Toponym		'amerikanisch'	
8	Anthroponym	Seemann mit Alaska-Bezug, Kaufmann	Tolstych, Andrejan (?–1766), Kaufmann, Seemann	
9	Anthroponym	Seemann mit Alaska-Bezug, Kaufmann	Tolstych, Andrejan (?–1766), Kaufmann, Seemann	
10	Anthroponym	Heiliger	Hl. Andronik	
11	Sonstig	Religiös	'Erzengel'	
12	Sonstig	Sonstig	'Aspis, Schlange'	Orth (90): pejorativer Spitzname eines indigenen Anführers
13	Sonstig	Nautik	'Kajak, Kanoe'	
14	Anthroponym	Seemann mit Alaska-Bezug, Gouverneur	Aleksandr Andreevič Baranov, (1746–1819), Kaufmann, Seemann, 1. Gouverneur von Russisch-Amerika	
15	Anthroponym	Seemann mit Alaska-Bezug, Gouverneur	Aleksandr Andreevič Baranov, (1746–1819), Kaufmann, Seemann, 1. Gouverneur von Russisch-Amerika	

Nr.	Klassifikator	Modifikator	Quelle	Geo-Objekt ontolog.	Klasse	Alternative Namen	Geografische Koordinaten	Modifikator Wortart	Kasus
16	бухта buchta	Баранова Baranova	2	Bucht	Hydro		55°16'N 160°30'W	N$_{\text{ANTH}}$	GEN
17	гора gora	Белки Belki	3	Berg	Oro	Bulky	58°38'40"N 136°30'55"W	N	NOM
18	селение selenie	Белуга Beluga	3	Siedlung	Oiko		61°10'45"N 151°01'25"W	N	NOM
19	река reka	Белуга Beluga	3	Fluss	Hydro		61°12'N 150°56'W	N	NOM
20	озеро ozero	Белуга Beluga	3	Binnensee	Hydro		59°38'30"N 151°31'W	N	NOM
21	озеро ozero	Белуга Beluga	3	Binnensee	Hydro		61°24'N 151°35'W	N	NOM
22	кряж krjaž	Белуга Beluga	3	Gebirgskamm	Oro		61°42'30"N 151°11'W	N	NOM
23	холм cholm	Белуга Beluga	3	Hügel	Oro		59°06'45"N 161°45'W	N	NOM
24	камень kamen'	Белый Belyj	3	Felsen	Oro	Bieli Rock	57°05'25"N 135°29'53"W	ADJ	NOM
25	залив zaliv	Бельковский Bel'kovskij	2	Bucht	Hydro		55°06'N 162°10'W	ADJ$_{\text{ANTH}}$	NOM
26	мыс mys	Бельковский Bel'kovskij	2	Kap	Choro		55°04'N 162°03'W	ADJ$_{\text{ANTH}}$	NOM
27	селение selenie	Бельковское Bel'kovskoje	2	Siedlung	Oiko		55°05'N 161°54'W	ADJ$_{\text{ANTH}}$	NOM
28	залив zaliv	Беринга Beringa	2	Bucht	Hydro	Jakutat	59°40'N 140°10'W	N$_{\text{ANTH}}$	GEN
29	море more	Беринга Beringa	2	Meer	Hydro	Камчатское море	58°00'N 180°00'W	N$_{\text{ANTH}}$	GEN
30	пролив proliv	Берингов Beringov	2	Meeresstraße	Hydro		65°40'N 169°00'W	ADJ$_{\text{ANTH}}$	NOM
31	острова ostrova	Бесплодные Besplodnye	2	Inseln	Choro		58°47'N 152°03'W	ADJ	NOM
32	бухта buchta	Бечевина Bečevina	2	Bucht	Hydro		52°02'N 175°06'W	N$_{\text{ANTH}}$	GEN

Nr.	Benennungsmotivation			Anmerkung
	Motivklasse	Motivgruppe	Semantik/Etymologie	
16	Anthroponym	Seemann mit Alaska-Bezug, Gouverneur	Aleksandr Andreevič Baranov, (1746–1819), Kaufmann, Seemann, 1. Gouverneur von Russisch-Amerika	
17	Deskriptiv	Landschaft	'mit Schneefeldern und Eisgletschern bedeckte Felsen in Sibirien' (pomorischer Dialektismus)	
18	Zoonym	Meerestier	'Beluga-Stör'	
19	Zoonym	Meerestier	'Beluga-Stör'	
20	Zoonym	Meerestier	'Beluga-Stör'	
21	Zoonym	Meerestier	'Beluga-Stör'	
22	Zoonym	Meerestier	'Beluga-Stör'	
23	Zoonym	Meerestier	'Beluga-Stör'	
24	Deskriptiv	Farbe	'weiß'	
25	Anthroponym	Kaufmann	Bel'kov, [Vorname unbekannt] (18. Jh.), Kaufmann und Promyšlennik	
26	Anthroponym	Kaufmann	Bel'kov, [Vorname unbekannt] (18. Jh.), Kaufmann und Promyšlennik	
27	Anthroponym	Kaufmann	Bel'kov, [Vorname unbekannt] (18. Jh.), Kaufmann und Promyšlennik	
28	Anthroponym	Seemann mit Alaska-Bezug	Bering, Vitus Jonassen aka Ivan Ivanovič (1681–1741), KRM Offizier	
29	Anthroponym	Seemann mit Alaska-Bezug	Bering, Vitus Jonassen aka Ivan Ivanovič (1681–1741), KRM Offizier	
30	Anthroponym	Seemann mit Alaska-Bezug	Bering, Vitus Jonassen aka Ivan Ivanovič (1681–1741), KRM Offizier	
31	Deskriptiv	Landschaft	'unfruchtbar'	
32	Anthroponym	Kaufmann	Bečevin, Ivan (?–1759), Kaufmann	

Nr.	Klassifikator	Modifikator	Quelle	Geo-Objekt ontolog.	Geo-Objekt Klasse	Alternative Namen	Geografische Koordinaten	Modifikator Wortart	Modifikator Kasus
33	мыс / mys	Бечевина / Bečevina	2	Kap	Choro		52°05'N 175°00'W	N_ANTH	GEN
34	острова / ostrova	Ближние / Bližnie	1, 2	Inseln	Choro	Near Islands	52°40'N 173°30'W	ADJ	NOM
35	мыс / mys	Ближний / Bližnij	3	Kap	Choro	Blizhni Point	59°50'10"N 139°46'45"W	ADJ	NOM
36	остров / ostrov	Бобров / Bobrov	3	Insel	Choro	Bobrof	51°54'N 177°27'W	N	GEN
37	вулкан / vulkan	Бобров / Bobrov	3	Vulkan	Oro		51°54'30"N 177°26'20"W	N	GEN
38	бухта / buchta	Бобровая / Bobrovaja	2	Bucht	Hydro		52°01'N 174°40'W	ADJ	NOM
39	горы / gory	Бобровые / Bobrovye	3	Berge	Oro		55°23'N 161°13'W	ADJ	NOM
40	острова / ostrov	Бобровый / Bobrovyj	2	Insel	Choro		51°54'N 177°26'W	ADJ	NOM
41	остров / ostrov	Бобровый / Bobrovyj	2	Insel	Choro		57°03'N 170°00'W	ADJ	NOM
42	остров / ostrov	Бобровый / Bobrovyj	2	Insel	Choro		58°32'N 152°13'W	ADJ	NOM
43	мыс / mys	Бобровый / Bobrovyj	3	Kap	Choro	Bobrovoi	56°11'N 134°42'30"W	ADJ	NOM
44	остров / ostrov	Большой / Bol'šoj	3	Insel	Choro		52°11'50"N 174°10'30"W	ADJ	NOM
45	остров / ostrov	Большой Гаванский / Bol'šoj Gavanskij	1	Insel	Choro	Big Gavanski Island	57°08'00"N 135°25'30"W	ADJ+ ADJ	NOM+ NOM
46	гора / gora	Бочарова / Bočarova	2	Berg	Oro		57°30'N 155°55'W	N_ANTH	GEN
47	нас. пункт / nas. punkt	Бочарова / Bočarova	2	Siedlung	Oiko		58°20'N 157°30'W	N_ANTH	GEN
48	озеро / ozero	Бочарова / Bočarova	2	Binnensee	Hydro	Ugashek, Becharof	57°55'N 156°25'W	N_ANTH	GEN
49	мыс / mys	Бурун / Burun	3	Kap	Choro	Burunof, Толстый	56°59'N 135°23'W	N	NOM

Nr.	Benennungsmotivation			Anmerkung
	Motivklasse	Motivgruppe	Semantik/Etymologie	
33	Anthroponym	Kaufmann	Bečevin, Ivan (?–1759), Kaufmann	
34	Deskriptiv	Lage	'nahe'	
35	Deskriptiv	Lage	'nahe'	
36	Zoonym	Meerestier	'Seeotter'	
37	Zoonym	Meerestier	'Seeotter'	
38	Zoonym	Meerestier	'Seeotter-'	
39	Zoonym	Meerestier	'Seeotter-'	
40	Zoonym	Meerestier	'Seeotter-'	
41	Zoonym	Meerestier	'Seeotter-'	
42	Zoonym	Meerestier	'Seeotter-'	
43	Zoonym	Meerestier	'Seeotter-'	
44	Deskriptiv	Form	'groß'	
45	Deskriptiv	Geo-Klassifikator	'Großer Hafen-'	
46	Anthroponym	Seemann mit Alaska-Bezug	Bočarov, Dmitrij Ivanovič (?–1793), KRM Nautiker	abgeleitet vom See *ozero Bočareva*
47	Anthroponym	Seemann mit Alaska-Bezug	Bočarov, Dmitrij Ivanovič (?–1793), KRM Nautiker	
48	Anthroponym	Seemann mit Alaska-Bezug	Bočarov, Dmitrij Ivanovič (?–1793), KRM Nautiker	Orth (120): benannt 1868 von USC&GS
49	Deskriptiv	Landschaft	'Brandung, Brecher'	

Nr.	Klassifikator	Modifikator	Quelle	Geo-Objekt ontolog.	Geo-Objekt Klasse	Alternative Namen	Geografische Koordinaten	Modifikator Wortart	Modifikator Kasus
50	мыс / mys	Бухта / Buchta	3	Kap	Choro	Bukhti	51°55'N 177°28'O	N	NOM
51	бухта / buchta	Опасная / Opasnaja	3	Bucht	Hydro	Kazakof Bay	58°06'N 152°35'W	ADJ	NOM
52	бухта / buchta	Васильева / Vasil'eva	2	Bucht	Hydro		52°06'N 174°20'W	N$_{ANTH}$	GEN
53	мыс / mys	Васильева / Vasil'eva	2	Kap	Choro	Koruin	60°00'N 165°30'W	N$_{ANTH}$	GEN
54	мыс / mys	Васькин / Vas'kin	2	Kap	Choro	Otter Point	55°03'N 163°44'W	ADJ$_{ANTH}$	NOM
55	гора / gora	Верстовая / Verstovaja	3	Berg	Oro	Verstovia	57°03'30''N 135°16'W	ADJ	NOM
56	мыс / mys	Веселова / Veselova	2	Kap	Choro		54°01'N 166°40'W	N$_{ANTH}$	GEN
57	селение / selenie	Веселовское / Veselovskoe	1	Siedlung	Oiko	Пачикалла, Cheerful	54°00'50''N 166°40'30''W	ADJ$_{ANTH}$	NOM
58	река / reka	Водопад / Vodopad	3	Fluss	Hydro		56°59'10''N 135°07'10''W	N	NOM
59	мыс / mys	Водопойный / Vodopojnyj	3	Kap	Choro	Vodopoini	55°02'10''N 162°24'30''W	ADJ	NOM
60	мыс / mys	Воронцова / Voroncova	2	Kap	Choro		61°12'N 150°02'W	N$_{ANTH}$	GEN
61	остров / ostrov	Воронцовского [Воронковский] / Voroncovskogo [Voronkovskij]	2	Insel	Choro		56°23'N 132°30'W	N$_{ANTH}$	GEN [NOM]
62	остров / ostrov	Ворота / Vorota	3	Insel	Choro		57°36'40''N 136°06'15''W	N	NOM
63	мыс / mys	Воскресенский / Voskresenskij	2	Kap	Choro	Resurrection	59°51'N 149°13'W	ADJ	NOM
64	лежбище / ležbišče	Восточные / Vostočnye	3	Brut-kolonie	Choro	North East Rookery	57°15'N 170°06'W	ADJ	NOM
65	мыс / mys	Врангеля / Vrangelja	2	Kap	Choro		52°56'N 172°27'O	N$_{ANTH}$	GEN

Nr.	Benennungsmotivation			Anmerkung
	Motivklasse	Motivgruppe	Semantik/Etymologie	
50	Deskriptiv	Geo-Klassifikator	'Bucht'	
51	Sonstig	Nautik	'gefährlich'	
52	Anthroponym	Seemann mit Alaska-Bezug	Vasil'ev, Ens. [Vollname unbekannt] (?–?), KRM Lotse	
53	Anthroponym	Seemann mit Alaska-Bezug	Vasil'ev, Michail Nikolaevič (1770–1847), KRM Offizier	
54	Anthroponym		Vas'ka, diminutiv-pejorativ von Vasilij (n/i)	
55	Deskriptiv	Form	'Werst-' (Werst = 1067 m)	Berghöhe = 1006 m, entspricht ungefähr einer Werst
56	Anthroponym		Veselov (n/i)	
57	Anthroponym		Veselov (n/i)	
58	Deskriptiv	Landschaft	'Wasserfall'	
59	Deskriptiv	Sonstig	'Tränke-'	
60	Anthroponym	Staatsmann	Voroncov, Michail Semenovič (1782–1856), Staatsmann, Feldmarschall	
61	Anthroponym	Seemann mit Alaska-Bezug	Voronkovskij, Vasilij Kirilovič (1805–1838), KRM Nautiker	bei Durov falsch aufgenommen, richtig: *ostrov Voronkovskij*
62	Sonstig	Nautik	'Tor'	
63	Sonstig	Religiös	'Entstehungs-; Sonntags-'	
64	Deskriptiv	Himmelsrichtung	'Ost-'	
65	Anthroponym	Seemann mit Alaska-Bezug, Gouverneur	Wrangel, Ferdinand Petrovič, (1796–1870), russ. Staatsmann, Seefahrer, 6. Gouverneur von Russisch-Amerika	

Nr.	Klassifikator	Modifikator	Quelle	Geo-Objekt ontolog.	Geo-Objekt Klasse	Alternative Namen	Geografische Koordinaten	Modifikator Wortart	Modifikator Kasus
66	остров ostrov	Врангеля Vrangelja	2	Insel	Choro		56°51'05"N 135°29'30"W	N$_{ANTH}$	GEN
67	острова ostrova	Всевидова Vsevidova	2	Inseln	Choro		52°59'N 168°28'W	N$_{ANTH}$	GEN
68	остров ostrov	Вырубленный Vyrublennyj	3	Insel	Choro	Virublennoi	57°02'44''N 135°22'30''W	ADJ	NOM
69	скала skala	Высокая Vysokaja	3	Fels	Oro	Viesokoi	56°52'10"N 135°25'W	ADJ	NOM
70	островок ostrovok	Высокий Vysokij	3	kleine Insel	Choro	Viesoki	57°42'15"N 152°26'15"W	ADJ	NOM
71	скала skala	Высокий Камень Vysokij Kamen'	1	Fels	Oro	Viesokoi Rock	52°07'20"N 177°22''O	ADJ+N	NOM+ NOM
72	мыс mys	Выходной Vychodnoj	2	Kap	Choro		57°59'N 153°12'W	ADJ	NOM
73	гавань gavan'	Трех Святителей Trech Svjatitelej	1,2,3	Hafen	Hydro	Three Saints Harbour	57°09'N 153°30'W	NUM+N	GEN+ GEN
74	деревня derevnja	Гагарья Шапка Gagar'ja Šapka	3	Dorf	Oiko	Pogoreshapka	61°54'N 161°07'W	ADJ+N	NOM+ NOM
75	пролив proliv	Гагемейстер[а] Gagemejster[a]	2	Meeresstraße	Hydro		58°45'N 161°10'W	N$_{ANTH}$	NOM [GEN]
76	острова ostrova	Гагемейстера Gagemejstera	2	Inseln	Choro		58°40'N 160°55'W	N$_{ANTH}$	GEN
77	острова ostrova	Гвоздева Gvozdeva	2	Inseln	Choro	Diomede Islands	65°45'N 169°08'W	N$_{ANTH}$	GEN
78	бухта buchta	Гейдена Gejdena	2	Bucht	Hydro		56°50'N 158°40'W	N$_{ANTH}$	GEN
79	мыс mys	Глазенапа Glazenapa	2	Kap	Choro		55°15'N 162°58'W	N$_{ANTH}$	GEN
80	озеро ozero	Говорушка Govoruška	3	Binnensee	Hydro		56°35'15"N 169°37'15''W	N	NOM

Nr.	Benennungsmotivation			Anmerkung
	Motivklasse	Motivgruppe	Semantik/Etymologie	
66	Anthroponym	Seemann mit Alaska-Bezug, Gouverneur	Wrangel, Ferdinand Petrovič, (1796–1870), russ. Staatsmann, Seefahrer, 6. Gouverneur von Russisch-Amerika	
67	Anthroponym	Kaufmann	Vsevidov, Andrej (?–?), Kaufmann, Pelzhändler	
68	Deskriptiv	Landschaft	'abgeholzt'	wegen fehlender Wälder oder Vegetation benannt
69	Deskriptiv	Form	'hoch'	
70	Deskriptiv	Form	'hoch'	
71	Deskriptiv	Landschaft	'hoher Stein'	
72	Sonstig	Nautik	'Ausgangs-'	
73	Ergonym	Schiffsname	Schiff ben. nach den Drei Heiligen Hierarchen (Basilius der Große, Gregor von Nazianz und Johannes Chrysostomos)	
74	Zoonym	Vogel	'Seetauchers (= Vogelart) Hut'	
75	Anthroponym	Seemann mit Alaska-Bezug, Gouverneur	Gagemeister, Leontij Andrejanovič (1780–1833), KRM Kapitän, 2. Gouverneur von Russisch-Amerika	
76	Anthroponym	Seemann mit Alaska-Bezug, Gouverneur	Gagemeister, Leontij Andrejanovič (1780–1833), KRM Kapitän, 2. Gouverneur von Russisch-Amerika	
77	Anthroponym	Seemann mit Alaska-Bezug	Gvozdev, Michail Spiridonovič (um 1700–nach 1759), Entdecker und Geodät	
78	Anthroponym	Seemann ohne Alaska-Bezug	Gejden, Login Petrovič (1772–1850), KRM Admiral	
79	Anthroponym	Seemann mit Alaska-Bezug	Glazenap, Vladimir Aleksandrovič (1811–?), KRM Kapitän	
80	Zoonym	Vogel	'Kippenmöve'	

Nr.	Klassifikator	Modifikator	Quelle	Geo-Objekt ontolog.	Klasse	Alternative Namen	Geografische Koordinaten	Modifikator Wortart	Kasus
81	бухта buchta	Головина Golovina	2	Bucht	Hydro		64°30'N 163°00'W	N_ANTH	GEN
82	острова ostrova	Голые Golye	3	Inseln	Choro	Goloi	57°21'50''N 135°44'20''W	ADJ	NOM
83	река reka	Гольцовая Gol'covaja	3	Fluss	Hydro	Golsovia	63°34'N 161°04'W	ADJ	NOM
84	местность mestnost'	Гольцовая Gol'covaja	3	Landschaft	Choro	Golsovia	63°33'45''N 161°03'30''W	ADJ	NOM
85	мыс mys	Гольцовый Gol'covyj	3	Kap	Choro	Goltsovi	52°57'30''N 173°10'30''O	ADJ	NOM
86	мыс mys	Горбач Gorbač	3	Kap	Choro	Gorbotch	57°07'N 170°17'W	N	NOM
87	вулкан vulkan	Горелый Gorelyj	3	Vulkan	Oro	Gareloi, Redoubt	60°29'15''N 152°44'30''W	ADJ	NOM
88	остров ostrov	Горный Gornyj	3	Insel	Choro	Gornoi	56°47'N 135°21'W	ADJ	NOM
89	мыс mys	Горы Gory	3	Kap	Choro	Gori	57°59'30''N 153°03'30''W	N	NOM
90	мыс mys	Грейга Grejga	2	Kap	Choro		57°43'N 157°43'W	N_ANTH	GEN
91	бухта buchta	Давыдова Davydova	2	Bucht	Hydro		70°55'N 179°20'W	N_ANTH	GEN
92	остров ostrov	Давыдова Davydova	2	Insel	Choro		51°58'N 178°21'O	N_ANTH	GEN
93	мыс mys	Дальний Dal'nij	1	Kap	Choro	Dalnoi Point	56°36'40''N 169°46'30''W	ADJ	NOM
94	залив zaliv	Дареный Darenyj	3	Bucht	Hydro	Darenoi	n/a n/a	ADJ	NOM
95	бухта buchta	Двойная Dvojnaja	1	Bucht	Hydro	Дровяная бухта, Старая гавань, Driftwood Bay	52°56'N 168°45'W	ADJ	NOM
96	бухта buchta	Деларова Delarova	2	Bucht	Hydro		55°10'N 160°30'W	N_ANTH	GEN
97	острова ostrova	Деларова Delarova	2	Inseln	Choro		51°25'N 178°50'W	N_ANTH	GEN

Nr.	Benennungsmotivation			Anmerkung
	Motivklasse	Motivgruppe	Semantik/Etymologie	
81	Ergonym	Schiffsname	Schiff ben. nach Golovnin, Vasilij Michajlovič (1776–1831), KRM Admiral	
82	Deskriptiv	Landschaft	'nackt'	wegen fehlender Wälder oder Vegetation benannt
83	Zoonym	Meerestier	'Seesaibling-'	bei Orth (377) falsche Etymologie 'Holz'
84	Zoonym	Meerestier	'Seesaibling-'	abgeleitet vom Fluß *reka Gol'covaja*
85	Zoonym	Meerestier	'Seesaibling-'	abgeleitet von der Bucht *buchta Gol'covaja*
86	Zoonym	Meerestier	'Buckelwal'	
87	Deskriptiv	Landschaft	'brandig, verbrannt'	
88	Deskriptiv	Landschaft	'bergig'	
89	Deskriptiv	Geo-Klassifikator	'Berge'	
90	Anthroponym	Seemann ohne Alaska-Bezug	Grejg, Aleksej Samuilovič (1775–1845), KRM Admiral	
91	Anthroponym	Seemann mit Alaska-Bezug	Davydov, Gavriil Ivanovič (1784–1809), KRM Leutnant	
92	Anthroponym	Seemann mit Alaska-Bezug	Davydov, Gavriil Ivanovič (1784–1809), KRM Leutnant	
93	Deskriptiv	Lage	'fern'	
94	Sonstig	Sonstig	'geschenkt'	
95	Sonstig	Sonstig	'doppelt'	
96	Anthroponym	Seemann mit Alaska-Bezug, Kaufmann	Delarov, Evstrat(ij) Ivanovič (um 1740–um 1806), Kaufmann, Seemann, RAK Verwalter	
97	Anthroponym	Seemann mit Alaska-Bezug, Kaufmann	Delarov, Evstrat(ij) Ivanovič (um 1740–um 1806), Kaufmann, Seemann, RAK Verwalter	

Nr.	Klassifikator	Modifikator	Quelle	Geo-Objekt ontolog.	Klasse	Alternative Namen	Geografische Koordinaten	Modifikator Wortart	Kasus
98	острова ostrova	Диомида Diomida	2	Inseln	Choro	Гвоздева	65°45'N 169°08'W	N_ANTH	GEN
99	залив zaliv	Добрых Вестей Dobrych Vestej	2	Bucht	Hydro		59°05'N 161°45'W	ADJ+N	GEN+GEN
100	островок ostrovok	Долгий Dolgij	1	kleine Insel	Choro	Long Island	n/a n/a	ADJ	NOM
101	остров ostrov	Долгий Dolgij	3	Insel	Choro	Dolgoi	54°49'15"N 132°58'30"W	ADJ	NOM
102	гавань gavan'	Долгая Dolgaja	3	Hafen	Hydro	Dolgoi	55°07'N 161°47'W	ADJ	NOM
103	мыс mys	Долгий Dolgij	3	Kap	Choro	Dolgoi	55°03'30"N 161°04'30"W	ADJ	NOM
104	остров ostrov	Долгий Dolgij	3	Insel	Choro	Dolgoi	55°07'N 161°44'W	ADJ	NOM
105	остров ostrov	Долгий Dolgij	3	Insel	Choro	Dolgoi	59°36'15"N 139°41'W	ADJ	NOM
106	озеро ozero	Долгое Dolgoe	3	Binnensee	Hydro	Dolgoi	57°45'50"N 152°16'40"W	ADJ	NOM
107	мыс mys	Долина Dolina	3	Kap	Choro		56°36'45"N 154°13'10"W	N	NOM
108	мыс mys	Довольно Dovol'no	3	Kap	Choro	Низменный	57°44'30"N 152°50'40"W	ADV	
109	бухта buchta	Дровяная Drovjanaja	1	Bucht	Hydro	Двойная, Driftwood Bay	52°56'N 168°45'W	ADJ	NOM
110	залив zaliv	Дыроватый Dyrovatyj	3	Bucht	Hydro	Dirovati	n/a n/a	ADJ	NOM
111	острова ostrova	Евдокеевские Evdokeevskie	2	Inseln	Choro	Semidi Islands	56°10'N 156°45'W	ADJ_ANTH	NOM
112	остров ostrov	Елизаветы Elizavety	2	Insel	Choro		59°10'N 151°50'W	N_ANTH	GEN
113	мыс mys	Еловый Elovyj	1,2	Kap	Choro	Spruce Cape	59°49'N 152°17'W	ADJ	NOM
114	остров ostrov	Еловый Elovyj	2	Insel	Choro	Spruce Island	57°53'N 152°20'W	ADJ	NOM
115	остров ostrov	Еловый Elovyj	3	Insel	Choro	Elovoi	57°34'N 135°28'W	ADJ	NOM

Nr.	Benennungsmotivation			Anmerkung
	Motivklasse	Motivgruppe	Semantik/Etymologie	
98	Anthroponym	Heiliger	Hl. Diomedes	
99	Sonstig	Sonstig	'gute Nachrichten'	
100	Deskriptiv	Form	'lang'	
101	Deskriptiv	Form	'lang'	
102	Deskriptiv	Form	'lang'	
103	Deskriptiv	Form	'lang'	
104	Deskriptiv	Form	'lang'	
105	Deskriptiv	Form	'lang'	
106	Deskriptiv	Form	'lang'	
107	Deskriptiv	Geo-Klassifikator	'Tal'	
108	Sonstig	Sonstig	'genug'	
109	Deskriptiv	Sonstig	'Brennholz-'	
110	Deskriptiv	Landschaft	'etwas durchlöchert'	
111	Anthroponym		Evdokia (n/i), möglich orthodoxe Heilige	
112	Anthroponym	Herrscher	Princess Elizabeth of the United Kingdom (1770–1840)	Orth (309): 1778 von James Cook zu Ehren von Princess Elizabeth benannt
113	Phytonym		'Fichte-'	
114	Phytonym		'Fichte-'	
115	Phytonym		'Fichte-'	

Nr.	Klassifikator	Modifikator	Quelle	Geo-Objekt ontolog.	Geo-Objekt Klasse	Alternative Namen	Geografische Koordinaten	Modifikator Wortart	Modifikator Kasus
116	миссия missija	Еловая Elovaja	3	Mission	Oiko	Elvoi	57°54'20"N 152°21'20''W	ADJ	NOM
117	нас. пункт nas. punkt	Жилье Žil'e	3	Siedlung	Oiko	Zhilo	57°50'15"N 136°22'20"W	N	NOM
118	хребет chrebet	Заимка Zaimka	3	Gebirgszug	Oro		57°42'30"N 152°30'W	N	NOM
119	мыс mys	Залив Zaliv	3	Kap	Choro	Zaliva	51°58'45"N 176°04'50''W	N	NOM
120	мыс mys	Западный Zapadnyj	3	Kap	Choro	Zapadny	57°08'45"N 170°20'40"W	ADJ	NOM
121	лежбище ležbišče	Западный Zapadnyj	3	Brutkolonie	Choro	Zapadny	56°34'00"N 169°39'35"W	ADJ	NOM
122	мыс mys	Западный Zapadnyj	3	Kap	Choro	Zapadni	57°57'20"N 152°28'40"W	ADJ	NOM
123	остров ostrov	Зарембо Zarembo	2	Insel	Choro		56°20'N 132°50'W	N_{ANTH}	undkl.
124	бухта buchta	Захара Zachara	2	Bucht	Hydro		57°34'N 153°44'W	N_{ANTH}	GEN
125	бухта buchta	Захарьинская Zachar'inskaja	2	Bucht	Hydro		55°20'N 160°38'W	ADJ_{ANTH}	NOM
126	пролив proliv	Зимовье Zimov'e	3	Meeresstraße	Hydro	Zimovia	56°13'N 132°20'W	N	NOM
127	группа островов gruppa ostrovov	Зимовье Zimov'e	3	Inselgruppe	Choro	Zimovia	56°11'10"N 132°12'30''	N	NOM
128	мыс mys	Зимовье Zimov'e	3	Kap	Choro	Zimovia	59°15'55"N 135°37'55"W	N	NOM
129	бухта buchta	Золотая Zolotaja	1	Bucht	Hydro	Zolotoi Bay	57°07'N 170°17'W	ADJ	NOM
130	пляж pljaž	Золотой Zolotoj	3	Strand	Choro	Zolotoi	57°07'N 170°16'20''W	ADJ	NOM
131	залив zaliv	Золотой Zolotoj	3	Bucht	Hydro	Zolotoi	n/a n/a	ADJ	NOM
132	мыс mys	Ивакин Ivakin	2	Kap	Choro		51°25'N 179°23'O	ADJ_{ANTH}	NOM

Nr.	Benennungsmotivation			Anmerkung
	Motivklasse	Motivgruppe	Semantik/Etymologie	
116	Phytonym		'Fichte-'	
117	Deskriptiv	Sonstig	'Behausung'	
118	Deskriptiv	Geo-Klassifikator	'mit besonderer rechtlicher Grundlage besiedeltes Grundstück'	
119	Deskriptiv	Geo-Klassifikator	'Bucht'	
120	Deskriptiv	Himmelsrichtung	'West-'	
121	Deskriptiv	Himmelsrichtung	'West-'	
122	Deskriptiv	Himmelsrichtung	'West-'	
123	Anthroponym	Seemann mit Alaska-Bezug	Zarembo, Dionisij Fedorovič (1797–?), KRM Nautiker, Kapitän	
124	Anthroponym		Zachar (n/i)	
125	Anthroponym		Zachar (n/i)	
126	Deskriptiv	Sonstig	'Winterlager'	
127	Deskriptiv	Sonstig	'Winterlager'	
128	Deskriptiv	Sonstig	'Winterlager'	
129	Deskriptiv	Sonstig	'golden'	
130	Deskriptiv	Sonstig	'golden'	
131	Deskriptiv	Sonstig	'golden'	
132	Anthroponym		Ivak (?)	

Nr.	Klassifikator	Modifikator	Quelle	Geo-Objekt ontolog.	Geo-Objekt Klasse	Alternative Namen	Geografische Koordinaten	Modifikator Wortart	Modifikator Kasus
133	мыс / mys	Иванов / Ivanov	2	Kap	Choro	Купреяновский	55°33'N 159°30'W	ADJ_ANTH	NOM
134	бухта / buchta	Иванова / Ivanova	2	Bucht	Hydro		55°50'N 159°30'W	ADJ_ANTH	NOM
135	мыс / mys	Игнатьева / Ignat'eva	2	Kap	Choro		59°45'N 166°05'W	N_ANTH	GEN
136	скалы / skaly	Ингестрема / Ingestrema	2	Felsen	Oro		52°38'N 174°32'O	N_ANTH	GEN
137	остров / ostrov	Иоанна Богослова / Ioanna Bogoslova	2	Insel	Choro		53°56'N 168°02'W	N_ANTH+ N_TITEL	GEN+ GEN
138	бухта / buchta	Казакова / Kazakova	2	Bucht	Hydro	Опасная	58°10'N 152°56'W	N_ANTH	GEN
139	скала / skala	Каменистая / Kamenistaja	3	Fels	Oro	Kamenisti	57°09'40"N 170°16'20"W	ADJ	NOM
140	озеро / ozero	Каменистое / Kamenistoe	3	Binnensee	Hydro	Kamenisti	57°09'05"N 170°15'10"W	ADJ	NOM
141	мыс / mys	Каменный / Kamennyj	2	Kap	Choro		64°21'N 162°55'W	ADJ	NOM
142	остров / ostrov	Каменный / Kamennyj	3	Insel	Choro	Kamenoi	56°56'15"N 135°24'15"W	ADJ	NOM
143	мыс / mys	Каменный / Kamennyj	3	Kap	Choro	Kamenoi	57°08'00"N 135°33'40"W	ADJ	NOM
144	залив / zaliv	Капитанский / Kapitanskij	2	Bucht	Hydro	Unalaska Bay	53°55'N 166°34'W	ADJ	NOM
145	остров / ostrov	Карбас / Karbas	3	Insel	Choro	Kirbas	56°48'15"N 135°24'40''W	N	NOM
146	озеро / ozero	Карп / Karp	2	Binnensee	Hydro		54°45'N 123°20'W	N	NOM
147	остров / ostrov	Карпа / Karpa	2	Insel	Choro		55°31'N 160°03'W	N	GEN
148	остров / ostrov	Косаточный / Kosatočnyj	3	Insel	Choro	Kasatochi	52°10'30"N 175°31'W	ADJ	NOM
149	мыс / mys	Кекур / Kekur	3	Kap	Choro		56°23'N 134°57'W	N	NOM

Nr.	Benennungsmotivation			Anmerkung
	Motivklasse	Motivgruppe	Semantik/Etymologie	
133	Anthroponym	Seemann mit Alaska-Bezug, Gouverneur	Kuprijanov (Kuprejanov), Ivan Antonovič (1799–1845), KRM Offizier, Admiral, 7. Gouverneur von Russisch-Amerika	
134	Anthroponym		Vorname Ivan (n/i) oder Nachname Ivanov (n/i)	
135	Anthroponym	Seemann mit Alaska-Bezug	möglich Ignatiev, Ivan Nikolaevič (1786–1850), KRM Leutnant	
136	Anthroponym	Seemann mit Alaska-Bezug	Ingenstrem, Andrej Ivanovič (?–?), RAK Nautiker, Geodät	
137	Ergonym	Schiffsname	Schiff ben. nach Apostel Johannes	Orth (149): TOP benannt nach dem Hl. Johannes an seinem liturgischen Gedenktag
138	Anthroponym		Kazakov (n/i)	
139	Deskriptiv	Landschaft	'felsig, steinig'	
140	Deskriptiv	Landschaft	'felsig, steinig'	
141	Deskriptiv	Landschaft	'Stein-'	
142	Deskriptiv	Landschaft	'Stein-'	
143	Deskriptiv	Landschaft	'Stein-'	
144	Sonstig	Nautik	'Kapitän-'	
145	Sonstig	Nautik	'Schiffsart (verbreitet im Norden Russlands)'	
146	Zoonym	Meerestier	'Karpfen'	
147	Zoonym	Meerestier	'Karpfen'	
148	Zoonym	Meerestier	'Schwertwal-'	
149	Deskriptiv	Landschaft	'Felsen im Meer/auf dem Meeresufer' (pomorischer Dialektismus)	

Nr.	Klassifikator	Modifikator	Quelle	Geo-Objekt ontolog. Klasse		Alternative Namen	Geografische Koordinaten	Modifikator Wortart	Kasus
150	остров *ostrov*	Кекур *Kekur*	3	Insel	Choro		57°38'25"N 152°19'25"W	N	NOM
151	скала *skala*	Кекур *Kekur*	3	Fels	Oro		55°10'N 161°25'W	N	NOM
152	мыс *mys*	Кекурный *Kekurnyj*	3	Kap	Choro	Kekurnoi, Pillar Cape	57°51'30"N 152°47'W	ADJ	NOM
153	гавань *gavan'*	Кирилловская *Kirillovskaja*	2	Hafen	Hydro		51°26'N 179°14'O	ADJ$_{ANTH}$	NOM
154	остров *ostrov*	Кита *Kita*	3	Insel	Choro		56°55'15"N 135°26'W	N	GEN
155	лежбище *ležbišče*	Китовое *Kitovoe*	3	Brut-kolonie	Choro	Kitovi	57°07'30"N 170°15'20"W	ADJ	NOM
156	залив *zaliv*	Китовый *Kitovyj*	3	Bucht	Hydro	Kitoi	54°24'N 162°23'W	ADJ	NOM
157	озеро *ozero*	Китовое *Kitovoe*	3	Binnensee	Hydro	Kitoi	58°12'N 152°22'W	ADJ	NOM
158	мыс *mys*	Китовый *Kitovyj*	3	Kap	Choro	Wale Point	57°07'30"N 170°15'20"W	ADJ	NOM
159	гора *gora*	Ключевая *Ključevaja*	3	Berg	Oro	Kliuchef	56°50'20"N 135°20'15"W	ADJ	NOM
160	бухта *buchta*	Кобаковская *Kobakovskaja*	2	Bucht	Hydro		52°04'N 174°28'W	ADJ$_{ANTH}$	NOM
161	мыс *mys*	Коврижка *Kovrižka*	3	Kap	Choro	Kovrizhka	53°50'40"N 167°09'W	N	NOM
162	мыс *mys*	Ковурова *Kovurova*	2	Kap	Choro		52°07'N 174°54'W	N$_{ANTH}$	GEN
163	мыс *mys*	Конец *Konec*	3	Kap	Choro	Konets Head, Dalnoi Point	56°36'40"N 169°46'30"W	N	NOM
164	мыс *mys*	Константина *Konstantina*	2	Kap	Choro		58°24'N 158°44'W	N$_{ANTH}$	GEN
165	бухта *buchta*	Константина *Konstantina*	2	Bucht	Hydro		51°26'N 139°14'O	N$_{ANTH}$	GEN
166	залив *zaliv*	Корабль *Korabl'*	3	Bucht	Hydro	Karab	n/a n/a	N	NOM

Nr.	Benennungsmotivation			Anmerkung
	Motivklasse	Motivgruppe	Semantik/Etymologie	
150	Deskriptiv	Landschaft	'Felsen im Meer/auf dem Meeresufer' (pomorischer Dialektismus)	
151	Deskriptiv	Landschaft	'Felsen im Meer/auf dem Meeresufer' (pomorischer Dialektismus)	
152	Deskriptiv	Landschaft	'Felsen im Meer/auf dem Meeresufer' (pomorischer Dialektismus)	
153	Anthroponym		Vorname Kirill oder Nachname Kirillov (n/i)	
154	Zoonym	Meerestier	'Wal'	
155	Zoonym	Meerestier	'Wal-'	
156	Zoonym	Meerestier	'Wal-'	
157	Zoonym	Meerestier	'Wal-'	
158	Zoonym	Meerestier	'Wal-'	
159	Deskriptiv	Landschaft	'Quelle-'	Orth (530): wegen vieler Thermalquellen in der Umgebung benannt
160	Anthroponym		Kobakov (n/i)	
161	Sonstig	Sonstig	'Honigkuchen'	
162	Anthroponym		Kovurov (n/i)	
163	Deskriptiv	Lage	'Ende'	
164	Ergonym	Schiffsname	Schiff ben. nach Großfürst Konstantin (1827–1892), Sohn von Nikolai I	
165	Ergonym	Schiffsname	Schiff ben. nach Großfürst Konstantin (1827–1892), Sohn von Nikolai I	Orth (234): nach dem RAK-Schiff *Konstantin* benannt, das in der Bucht zerschellte
166	Sonstig	Nautik	'Schiff'	

Nr.	Klassifikator	Modifikator	Quelle	Geo-Objekt		Alternative Namen	Geografische Koordinaten	Modifikator	
				ontolog.	Klasse			Wortart	Kasus
167	остров ostrov	Корга Korga	3	Insel	Choro		56°55'45"N 135°23'00"W	N	NOM
168	остров ostrov	Коровина Korovina	2	Insel	Choro		55°25'N 160°10'W	N$_{ANTH}$	GEN
169	пролив proliv	Коровина Korovina	2	Meeresstraße	Hydro		55°22'N 160°00'W	N$_{ANTH}$	GEN
170	бухта buchta	Коровинская Korovinskaja	2	Bucht	Hydro		52°15'N 174°16'W	ADJ$_{ANTH}$	NOM
171	мыс mys	Коровинский Korovinskij	2	Kap	Choro		52°19'N 174°28'W	ADJ$_{ANTH}$	NOM
172	залив zaliv	Коцебу Kocebu	2	Bucht	Hydro		66°20'N 163°00'W	N$_{ANTH}$	undkl.
173	мыс mys	Красный Krasnyj	3	Kap	Choro	Krasni	52°47'10"N 173°07'30"O	ADJ	NOM
174	мыс mys	Креницына Krenicyna	2	Kap	Choro		55°04'N 163°15'W	N$_{ANTH}$	GEN
175	острова ostrova	Креницына Krenicyna	2	Inseln	Choro		54°10'N 165°30'W	N$_{ANTH}$	GEN
176	мыс mys	Крест Krest	3	Kap	Choro	Kresta	53°00'10''N 172°38'20''O	N	NOM
177	остров ostrov	Крест Krest	3	Insel	Choro	Krestof	57°11'N 135°30'W	N	NOM
178	остров ostrov	Кривой Krivoj	3	Insel	Choro	Kriwoi	59°37'30"N 139°39'30"W	ADJ	NOM
179	мыс mys	Круглый Kruglyj	3	Kap	Choro	Krugloi	57°11'N 135°27'W	ADJ	NOM
180	остров ostrov	Круглый Kruglyj	3	Insel	Choro	Krugloi	57°33'45''N 135°28'05''W	ADJ	NOM
181	остров ostrov	Круза Kruza	2	Insel	Choro	Kruzof	57°10'N 135°45'W	N$_{ANTH}$	GEN
182	мыс mys	Крузенштерна Kruzenšterna	2	Kap	Choro		67°05'N 163°45'W	N$_{ANTH}$	GEN
183	мыс mys	Крузенштерна Kruzenšterna	2	Kap	Choro		68°20'N 114°00'W	N$_{ANTH}$	GEN

Nr.	Benennungsmotivation			Anmerkung
	Motivklasse	Motivgruppe	Semantik/Etymologie	
167	Deskriptiv	Landschaft	'Felsinseln/Felskaps' (pomorischer Dialektismus)	
168	Anthroponym	Seemann mit Alaska-Bezug	Korovin, Ivan (?–?), Seemann	
169	Anthroponym	Seemann mit Alaska-Bezug	Korovin, Ivan (?–?), Seemann	
170	Anthroponym	Seemann mit Alaska-Bezug	Korovin, Ivan (?–?), Seemann	
171	Anthroponym	Seemann mit Alaska-Bezug	Korovin, Ivan (?–?), Seemann	
172	Anthroponym	Seemann mit Alaska-Bezug	Kocebu, Otto Evstaf'evič (1787–1846), RAK Offizier	
173	Deskriptiv	Farbe	'rot'	
174	Anthroponym	Seemann mit Alaska-Bezug	Krenicyn, Petr Kuzmič (1728–1770), KRM Kapitän	
175	Anthroponym	Seemann mit Alaska-Bezug	Krenicyn, Petr Kuzmič (1728–1770), KRM Kapitän	
176	Sonstig	Religiös	'Kreuz'	Orth (545): Top wird in der Genitivform aufgeführt (*mys Kresta*)
177	Sonstig	Religiös	'Kreuz'	Orth (545): Top wird im Genitiv Plural aufgeführt (*ostrov Krestov*)
178	Deskriptiv	Form	'krumm, schief'	
179	Deskriptiv	Form	'rund'	
180	Deskriptiv	Form	'rund'	
181	Anthroponym	Seemann ohne Alaska-Bezug	Kruz, Aleksandr Ivanovič (1731–1799), KRM Admiral	
182	Anthroponym	Seemann mit Alaska-Bezug	Kruzenštern, Ivan Fedorovič (1770–1846), KRM Offizier, Admiral, Weltumsegler	
183	Anthroponym	Seemann mit Alaska-Bezug	Kruzenštern, Ivan Fedorovič (1770–1846), KRM Offizier, Admiral, Weltumsegler	

Nr.	Klassifikator	Modifikator	Quelle	Geo-Objekt ontolog.	Klasse	Alternative Namen	Geografische Koordinaten	Modifikator Wortart	Kasus
184	остров ostrov	Крузенштерна Kruzenšterna	2	Insel	Choro		65°46'N 168°55'W	N$_{ANTH}$	GEN
185	мыс mys	Крутой Krutoj	2	Kap	Choro		58°12'N 135°05'W	ADJ	NOM
186	остров ostrov	Крутой Krutoj	3	Insel	Choro	Krutoi	59°40'10"N 139°38'40"W	ADJ	NOM
187	пролив proliv	Крысий Krysij	3	Meeresstraße	Hydro	Krysi	51°52'N 178°03'O	ADJ	NOM
188	мыс mys	Крысий Krysij	3	Kap	Choro	Krysi	51°50'N 178°12'O	ADJ	NOM
189	острова ostrova	Крысьи Krys'i	1	Inseln	Choro	Rat Islands	51°58'N 179°47'O	ADJ	NOM
190	остров ostrov	Крышка Kryška	3	Insel	Choro	Krishka	56°36'10"N 134°55'30"W	N	NOM
191	гавань gavan'	Куприянова [Купреянова] Kuprijanova [Kuprejanova]	2	Hafen	Hydro		55°46'N 159°15'W	N$_{ANTH}$	GEN
192	мыс mys	Куприянова [Купреянова] Kuprijanova [Kuprejanova]	2	Kap	Choro		55°34'N 159°35'W	N$_{ANTH}$	GEN
193	остров ostrov	Куприянова [Купреянова] Kuprijanova [Kuprejanova]	2	Insel	Choro		56°50'N 133°30'W	N$_{ANTH}$	GEN
194	полуостров poluostrov	Куприянова [Купреянова] Kuprijanova [Kuprejanova]	2	Halbinsel	Choro		55°44'N 159°36'W	N$_{ANTH}$	GEN
195	пролив proliv	Куприянова [Купреянова] Kuprijanova [Kuprejanova]	2	Meeresstraße	Hydro		58°00'N 153°10'W	N$_{ANTH}$	GEN
196	мыс mys	Кутузова Kutuzova	2	Kap	Choro		56°15'N 160°20'W	N$_{ANTH}$	GEN

Nr.	Benennungsmotivation			Anmerkung
	Motivklasse	Motivgruppe	Semantik/Etymologie	
184	Anthroponym	Seemann mit Alaska-Bezug	Kruzenštern, Ivan Fedorovič (1770–1846), KRM Offizier, Admiral, Weltumsegler	
185	Deskriptiv	Form	'steil'	
186	Deskriptiv	Form	'steil'	
187	Zoonym	Landtier	'Ratten-'	
188	Zoonym	Landtier	'Ratten-'	
189	Zoonym	Landtier	'Ratten-'	
190	Sonstig	Sonstig	'Deckel'	Orth (245): benannt 1925 von USC&GS
191	Anthroponym	Seemann mit Alaska-Bezug, Gouverneur	Kuprijanov (Kuprejanov), Ivan Antonovič (1799–1845), KRM Offizier, Admiral, 7. Gouverneur von Russisch-Amerika	
192	Anthroponym	Seemann mit Alaska-Bezug, Gouverneur	Kuprijanov (Kuprejanov), Ivan Antonovič (1799–1845), KRM Offizier, Admiral, 7. Gouverneur von Russisch-Amerika	
193	Anthroponym	Seemann mit Alaska-Bezug, Gouverneur	Kuprijanov (Kuprejanov), Ivan Antonovič (1799–1845), KRM Offizier, Admiral, 7. Gouverneur von Russisch-Amerika	
194	Anthroponym	Seemann mit Alaska-Bezug, Gouverneur	Kuprijanov (Kuprejanov), Ivan Antonovič (1799–1845), KRM Offizier, Admiral, 7. Gouverneur von Russisch-Amerika	
195	Anthroponym	Seemann mit Alaska-Bezug, Gouverneur	Kuprijanov (Kuprejanov), Ivan Antonovič (1799–1845), KRM Offizier, Admiral, 7. Gouverneur von Russisch-Amerika	Orth (554): abgeleitet von *ostrov Kuprejanova*
196	Anthroponym		Kutuzov (n/i)	

Nr.	Klassifikator	Modifikator	Quelle	Geo-Objekt		Alternative Namen	Geografische Koordinaten	Modifikator	
				ontolog.	Klasse			Wortart	Kasus
197	мыс mys	Лазарева Lazareva	2	Kap	Choro		54°36'N 163°30'W	N_ANTH	GEN
198	мыс mys	Лайда Lajda	3	Kap	Choro	Nemo Point	56°17'N 132°21'40"W	N	NOM
199	лагуна laguna	Лайда Lajda	3	Lagune	Hydro	Laida	59°48'N 151°51'W	N	NOM
200	коса kosa	Лайда Lajda	3	Nehrung, Sandhaken	Choro	Laida	59°48'N 151°51'W	N	NOM
201	бухта buchta	Левашова Levašova	2	Bucht	Hydro	Captains Bay	53°52'N 166°35'W	N_ANTH	GEN
202	мыс mys	Левенштерна Levenšterna	2	Kap	Choro		54°05'N 143°00'O	N_ANTH	GEN
203	мыс mys	Левый Levyj	2	Kap	Choro		57°14'N 152°51'W	ADJ	NOM
204	мыс mys	Лескова Leskova	2	Kap	Choro		55°46'N 162°05'W	N_ANTH	GEN
205	остров ostrov	Лесной Lesnoj	1	Insel	Choro		56°30'N 132°29'W	ADJ	NOM
206	остров ostrov	Лесной Lesnoj	3	Insel	Choro	Liesnoi	56°48'45"N 135°28'45''W	ADJ	NOM
207	остров ostrov	Лесной Lesnoj	3	Insel	Choro	Woody Islet	57°25'10"N 135°36'20"W	ADJ	NOM
208	бухта buchta	Летник Letnik	3	Bucht	Hydro	Lietnikof	59°10'40"N 135°24'10"W	N	NOM
209	поселение poselenie	Летник Letnik	3	Siedlung	Oiko	Lietnik	63°20'10"N 168°59'W	N	NOM
210	долина dolina	Летник Letnik	3	Tal	Oro	Litnik	n/a n/a	N	NOM
211	гора gora	Летник Letnik	3	Berg	Oro	Litnik	58°02'20''N 152°48'30''W	N	NOM
212	мыс mys	Лето Leto	3	Kap	Choro		57°49'30"N 152°50'45''W	N	NOM

Nr.	Benennungsmotivation			Anmerkung
	Motivklasse	Motivgruppe	Semantik/Etymologie	
197	Anthroponym	Seemann mit Alaska-Bezug	Lazarev, Michail Petrovič (1788–1851), KRM Offizier, Admiral	
198	Deskriptiv	Landschaft	'versumpfte Wiese an den Ufer-Untiefen bzw. Untiefe, die bei Ebbe entsteht' (pomorischer Dialektismus)	
199	Deskriptiv	Landschaft	'versumpfte Wiese an den Ufer-Untiefen bzw. Untiefe, die bei Ebbe entsteht' (pomorischer Dialektismus)	
200	Deskriptiv	Landschaft	'versumpfte Wiese an den Ufer-Untiefen bzw. Untiefe, die bei Ebbe entsteht' (pomorischer Dialektismus)	
201	Anthroponym	Seemann mit Alaska-Bezug	Levašev (Levašov), Michail Dmitrievič (1738–1776), KRM Offizier	
202	Anthroponym	Seemann mit Alaska-Bezug	Levenštern, Ermolaj Ermolaevič aka Hermann Ludwig von Löwenstern (1777–1836), KRM Offizier	
203	Deskriptiv	Lage	'linker'	
204	Anthroponym	Seemann mit Alaska-Bezug	Leskov, Arkadij Sergeevič (1797–1858), KRM Offizier, Weltumsegler	
205	Deskriptiv	Landschaft	'Wald-'	
206	Deskriptiv	Landschaft	'Wald-'	
207	Deskriptiv	Landschaft	'Wald-'	
208	Sonstig	Sonstig	'Sommerbehausung'	
209	Sonstig	Sonstig	'Sommerbehausung'	
210	Sonstig	Sonstig	'Sommerbehausung'	
211	Sonstig	Sonstig	'Sommerbehausung'	Orth (580): abgeleitet von der Siedlung *Letnik*
212	Sonstig	Sonstig	'Sommer'	

Nr.	Klassifikator	Modifikator	Quelle	Geo-Objekt		Alternative Namen	Geografische Koordinaten	Modifikator	
				ontolog.	Klasse			Wortart	Kasus
213	мыс mys	Лиса Lisa	3	Kap	Choro	Lisa	56°26'35''N 134°08'50''W	N	NOM
214	озеро ozero	Лиса Lisa	3	Binnensee	Hydro	Lisa	63°42'40"N 144°40'50"W	N	NOM
215	острова ostrova	Лисьи Lis'i	1,2	Inseln	Choro		54°00'N 166°00'W	ADJ	NOM
216	мыс mys	Литке Litke	2	Kap	Choro		54°29'N 164°20'W	N$_{ANTH}$	undkl.
217	нас. пункт nas. punkt	Макушин Makušin	2	Siedlung	Oiko		53°46'N 167°00'W	N$_{ANTH}$	NOM
218	вулкан vulkan	Макушина Makušina	2	Vulkan	Oro		53°53'N 166°55'W	N$_{ANTH}$	GEN
219	бухта buchta	Макушинская Makušinskaja	2	Bucht	Hydro		53°45'N 167°00'W	ADJ$_{ANTH}$	NOM
220	мыс mys	Малина Malina	3	Kap	Choro	Malinovoj, Устье	58°02'20''N 153°21'45''W	N	NOM
221	река reka	Малина Malina	3	Fluss	Hydro		58°10'30"N 153°12'45"W	N	NOM
222	остров ostrov	Малиновый Malinovyj	3	Insel	Choro	Raspberry Island	58°02'N 153°05'W	ADJ	NOM
223	остров ostrov	Малиновый Malinovyj	3	Insel	Choro	Little Raspberry Island	58°00'N 152°54'30"W	ADJ	NOM
224	бухта buchta	Малка Malka	3	Bucht	Hydro		58°11'30"N 153°00'W	N	NOM
225	озеро ozero	Медвежье Medvež'e	3	Binnensee	Hydro	Medvejie	57°01'30"N 135°07'W	ADJ	NOM
226	залив zaliv	Мелкий Melkij	3	Bucht	Hydro	Mielkoi	56°57'45"N 135°22'30"W	ADJ	NOM

Nr.	Benennungsmotivation			Anmerkung
	Motivklasse	Motivgruppe	Semantik/Etymologie	
213	Zoonym	Landtier	'Fuchs'	Orth (579): benannt 1928 von USC&GS
214	Zoonym	Landtier	'Fuchs'	
215	Zoonym	Landtier	'Fuchs-'	
216	Anthroponym	Seemann mit Alaska-Bezug	Litke (Lütke), Fedor Petrovič (1797–1882), KRM Offizier, Admiral, Weltumsegler	
217	Anthroponym		Makušin (n/i)	
218	Anthroponym		Makušin (n/i)	bei Orth (617) wird als Benennungsmotivation fälschlicherweise russ. *makuška* 'Spitze; Wirbel' angegeben
219	Anthroponym		Makušin (n/i)	
220	Phytonym		'Himbeere'	Orth (617): benannt 1909 von USC&GS; frühere Bezeichnungen sind *Malinovyj* (1839/1840 bei Murašev, KRM) und *Ust'e* (1849 bei RAK)
221	Phytonym		'Himbeere'	
222	Phytonym		'Himbeer-'	
223	Phytonym		'Himbeer-'	
224	Sonstig	Nautik	'Winkelschmiege'	
225	Zoonym	Landtier	'Bär-'	
226	Deskriptiv	Form	'flach'	

Nr.	Klassifikator	Modifikator	Quelle	Geo-Objekt		Alternative Namen	Geografische Koordinaten	Modifikator	
				ontolog.	Klasse			Wortart	Kasus
227	бухта *buchta*	Меншикова *Menšikova*	2	Bucht	Hydro		71°35'N 93°40'W	N$_{ANTH}$	GEN
228	бухта *buchta*	Меншикова *Menšikova*	2	Bucht	Hydro	Cap du Prince Menshikoff	57°30'N 157°58'W	N$_{ANTH}$	GEN
229	остров *ostrov*	Митрофаний *Mitrofanij*	2	Insel	Choro		55°50'N 158°45'W	N$_{ANTH}$	NOM
230	остров *ostrov*	Митькова *Mit'kova*	2	Insel	Choro		56°40'N 132°50'W	N$_{ANTH}$	GEN
231	мыс *mys*	Михаила *Michaila*	2	Kap	Choro		52°52'N 172°37'O	N$_{ANTH}$	GEN
232	остров *ostrov*	Могильный *Mogil'nyj*	3	Insel	Choro	Mogilnoi	57°02'35"N 135°23'W	ADJ	NOM
233	порт *port*	Моллера *Mollera*	2	Hafen	Hydro		55°50'N 160°25'W	N$_{ANTH}$	GEN
234	мыс *mys*	Мордвинова *Mordvinova*	2	Kap	Choro		54°55'N 164°25'W	N$_{ANTH}$	GEN
235	бухта *buchta*	Моржовая *Moržovaja*	2	Bucht	Hydro		55°00'N 163°00'W	ADJ	NOM
236	острова *ostrova*	Моржовые *Moržovye*	2	Inseln	Choro		58°40'N 160°20'W	ADJ	NOM
237	нас. пункт *nas. punkt*	Моржовый *Moržovyj*	2	Siedlung	Oiko		54°54'N 163°18'W	ADJ	NOM
238	остров *ostrov*	Моржовый *Moržovyj*	2	Insel	Choro		57°10'N 169°35'W	ADJ	NOM
239	остров *ostrov*	Моржовый *Moržovyj*	2	Insel	Choro		60°44'N 172°52'W	ADJ	NOM
240	остров *ostrov*	Моржовый *Moržovyj*	2	Insel	Choro	Walrus	56°02'N 160°52'W	ADJ	NOM
241	залив *zaliv*	Моржовый *Moržovyj*	3	Bucht	Hydro	Morzhovoi	55°N 163°W	ADJ	NOM

Nr.	Benennungsmotivation			Anmerkung
	Motivklasse	Motivgruppe	Semantik/Etymologie	
227	Anthroponym		Menšikov (n/i)	
228	Anthroponym		Menšikov (n/i)	Der Name könnte vom Schiffsnamen *Knjaz' Men'šikov* abgeleitet sein
229	Anthroponym	Heiliger	Hl. Mitrophan	Orth (649): in der Genitivform angegeben *ostrov Mitrofania*
230	Anthroponym	Seemann mit Alaska-Bezug, Verwaltungsbeamter	Mit'kov, Prokofij Platonovič (1799–1866), KRM Offizier, Vize-Gouverneur von Russisch-Amerika	
231	Anthroponym	Seemann mit Alaska-Bezug, Gouverneur	Teben'kov, Michail Dmitrievič (1802–1872), KRM Offizier, Geodät, 9. Gouverneur von Russisch-Amerika	
232	Sonstig	Sonstig	'Grab-'	
233	Ergonym	Schiffsname	Schiff ben. nach Moller, Anton Vasilievič (1764–1848), KRM Admiral	
234	Anthroponym	Seemann mit Alaska-Bezug	Mordvinov, Nikolaj Semenovič (1754–1845), KRM Offizier, Admiral, Staatsmann	Orth (657): fälschlicherweise *morda* 'Fratze' als Benennungsmotiv angegeben
235	Zoonym	Meerestier	'Walroß-'	
236	Zoonym	Meerestier	'Walroß-'	
237	Zoonym	Meerestier	'Walroß-'	
238	Zoonym	Meerestier	'Walroß-'	
239	Zoonym	Meerestier	'Walroß-'	
240	Zoonym	Meerestier	'Walroß-'	
241	Zoonym	Meerestier	'Walroß-'	

Nr.	Klassifikator	Modifikator	Quelle	Geo-Objekt		Alternative Namen	Geografische Koordinaten	Modifikator	
				ontolog. Klasse				Wortart	Kasus
242	бухта buchta	Морозова Morozova	2,3	Bucht	Hydro	Cold Bay, Morozov-skaia	55°05'N 162°34'W	N$_{ANTH}$	GEN
243	мыс mys	Морской Morskoj	2	Kap	Choro		60°17'N 146°39'W	ADJ	NOM
244	скала skala	Морская Morskaja	3	Fels	Oro	Morskoi	57°20'30''N 135°54'W	ADJ	NOM
245	мыс mys	Мофета Mofeta	2	Kap	Choro		51°58'N 176°48'W	N$_{ANTH}$	GEN
246	островок ostrovok	Мохнатый Mochnatyj	3	kleine Insel	Choro	Makhnati	57°02'25''N 135°23'15''W	ADJ	NOM
247	скала skala	Мохнатая Mochnataja	3	Fels	Oro	Makhnati	57°02'10''N 135°23'30''W	ADJ	NOM
248	остров ostrov	Мохнатый Mochnatyj	3	Insel	Choro	Makhnati	56°38'N 135°01'W	ADJ	NOM
249	залив zaliv	Мохнашка Mochnaška	3	Bucht	Hydro		57°50'N 152°25'W	N	NOM
250	остров ostrov	Надежда Nadežda	3	Insel	Choro		57°12'N 135°36'W	N	NOM
251	мыс mys	Начальный Načal'nyj	3	Kap	Choro	Entrance Point	57°58'30''N 152°55'45''W	ADJ	NOM
252	бухта buchta	Неводчикова Nevodčikova	2	Bucht	Hydro		52°47'N 172°52'W	N$_{ANTH}$	GEN
253	мыс mys	Неповоротный Nepovorotnyj	3	Kap	Choro		57°02'22''N 135°21'45''W	ADJ	NOM
254	островок ostrovok	Непропускной Nepropusknoj	3	kleine Insel	Choro	Impassible	56°49'55''N 135°32'25''W	ADJ	NOM
255	мыс mys	Нерпичий Nerpičij	2	Kap	Choro		55°20'N 161°09'W	ADJ	NOM
256	остров ostrov	Низкий Nizkij	3	Insel	Choro		52°44'10''N 173°59'O	ADJ	NOM
257	бухта buchta	Низкая Nizkaja	3	Bucht	Hydro		52°44'50''N 173°56'40''O	ADJ	NOM

Nr.	Benennungsmotivation			Anmerkung
	Motivklasse	Motivgruppe	Semantik/Etymologie	
242	Anthroponym		Morozov (n/i)	Top wurde als Appellativum *moroz* 'Frost' interpretiert und bei der Umbenennung ins Englische als *Cold Bay* übersetzt
243	Sonstig	Nautik	'Meeres-'	
244	Sonstig	Nautik	'Meeres-'	
245	Anthroponym		Mofet (n/i)	laut Orth (650) wurde der Name 1936 vergeben (Eponym: Rear-Adm. William Adger Moffett (1869–1933), US Navy)
246	Deskriptiv	Sonstig	'pelzig, zottig'	
247	Deskriptiv	Sonstig	'pelzig, zottig'	abgeleitet von der Insel *ostrov Mochnatyj*
248	Deskriptiv	Sonstig	'pelzig, zottig'	
249	Deskriptiv	Sonstig	'pelziges, zottiges Wesen'	Orth (651): *mochnaška* fälschlicherweise als *monaška* 'Nonne' interpretiert
250	Sonstig	Sonstig	'Hoffnung'	
251	Deskriptiv	Lage	'Anfangs-'	
252	Anthroponym	Seemann mit Alaska-Bezug, Kaufmann	Nevodčikov, Michail Vasilievič (1706–nach 1775), Kaufmann, Seemann, KRM Unteroffizier	
253	Sonstig	Nautik	'nicht drehbar/umsteuerbar'	
254	Sonstig	Nautik	'nicht passierbar'	
255	Zoonym	Meerestier	'Ringelrobben-'	
256	Deskriptiv	Form	'niedrig'	
257	Deskriptiv	Form	'niedrig'	abgeleitet von der Insel *ostrov Nizkij*

Nr.	Klassifikator	Modifikator	Quelle	Geo-Objekt ontolog.	Geo-Objekt Klasse	Alternative Namen	Geografische Koordinaten	Modifikator Wortart	Modifikator Kasus
258	мыс *mys*	Низменный *Nizmennyj*	2	Kap	Choro	Low Cape	56°59'N 154°28'W	ADJ	NOM
259	мыс *mys*	Низменный *Nizmennyj*	3	Kap	Choro	Довольно	57°44'30"N 152°50'40"W	ADJ	NOM
260	залив *zaliv*	Низменный *Nizmennyj*	3	Bucht	Hydro	Nismeni	57°33'45"N 135°24'W	ADJ	NOM
261	бухта *buchta*	Никитка *Nikitka*	2	Bucht	Hydro	Nikishka	60°47'N 151°18'W	N_ANTH	NOM
262	бухта *buchta*	Никольская *Nikol'skaja*	2	Bucht	Hydro		52°57'N 168°54'W	ADJ_ANTH	NOM
263	нас. пункт *nas. punkt*	Ново-Архангельск *Novo-Archangel'sk*	1,2	Siedlung	Oiko	Sitka	57°20'N 135°47'W	NEU-N_TOP	NOM
264	мыс *mys*	Ночлег *Nočleg*	3	Kap	Choro	Nochlega	57°59'40"N 152°51'30"W	N	NOM
265	мыс *mys*	Обрубистый *Obrubistyj*	3	Kap	Choro	Otrubistoi	58°48'00"N 152°45'30"W	ADJ	NOM
266	селение *selenie*	Озерский Редут *Ozerskij Redut*	3	Siedlung	Oiko	Redoubt	56°56'N 135°16'W	ADJ+N	NOM+NOM
267	бухта *buchta*	Ольга *Ol'ga*	2	Bucht	Hydro		57°07'N 154°20'W	N_ANTH	NOM
268	скала *skala*	Ольга *Ol'ga*	2	Fels	Oro		54°59'N 161°30'W	N_ANTH	NOM
269	пролив *proliv*	Ольги *Ol'gi*	2	Meeresstraße	Hydro		57°20'N 135°47'W	N_ANTH	GEN
270	бухта *buchta*	Опасная *Opasnaja*	2	Bucht	Hydro	Казакова	58°10'N 152°56'W	ADJ	NOM
271	мыс *mys*	Опасный *Opasnyj*	2	Kap	Choro	Dangerous Cape	59°27'N 151°51'W	ADJ	NOM
272	мыс *mys*	Опасный *Opasnyj*	3	Kap	Choro	Opasni	57°58'35"N 152°43'10"W	ADJ	NOM
273	мыс *mys*	Остров *Ostrov*	3	Kap	Choro	Ostrof	57°54'10"N 152°19'30"W	N	NOM
274	мыс *mys*	Островка *Ostrovka*	3	Kap	Choro		57°55'45"N 153°00'W	N	GEN

Nr.	Benennungsmotivation			Anmerkung
	Motivklasse	Motivgruppe	Semantik/Etymologie	
258	Deskriptiv	Form	'Flachufer-'	
259	Deskriptiv	Form	'Flachufer-'	
260	Deskriptiv	Form	'Flachufer-'	
261	Anthroponym		Nikitka (n/i)	bei Orth (688) als *Nikishka* angegeben
262	Anthroponym		Nikol'skij (n/i) oder Nikolaj (n/i)	
263	Toponym		'Neu-Archangelsk'	
264	Sonstig	Sonstig	'Nachtlager, -quartier'	
265	Deskriptiv	Form	'steil, abschüssig'	
266	Deskriptiv	Geo-Klassifikator	'Seeredoute'	
267	Anthroponym		Olga (n/i), möglich Hl. Olga	
268	Anthroponym		Olga (n/i), möglich Hl. Olga	
269	Anthroponym		Olga (n/i), möglich Hl. Olga	
270	Sonstig	Nautik	'gefährlich'	
271	Sonstig	Nautik	'gefährlich'	
272	Sonstig	Nautik	'gefährlich'	
273	Deskriptiv	Geo-Klassifikator	'Insel'	
274	Deskriptiv	Geo-Klassifikator	'Inselchen'	

Nr.	Klassifikator	Modifikator	Quelle	Geo-Objekt		Alternative Namen	Geografische Koordinaten	Modifikator	
				ontolog.	Klasse			Wortart	Kasus
275	остров ostrov	Открытие Otkrytie	2	Insel	Choro	Nunivak	60°05'N 166°20'W	N	NOM
276	залив zaliv	Открытый Otkrytyj	3	Bucht	Hydro	Otkriti	52°23'N 173°35'O	ADJ	NOM
277	остров ostrov	Отмелый Otmelyj	3	Insel	Choro	Otmeloi	59°38'15''N 139°39'15''W	ADJ	NOM
278	остров ostrov	Отстоя Otstoja	3	Insel	Choro	Otstoia	57°33'45"N 135°26'45"W	N	GEN
279	бухта buchta	Очередина Očeredina	2	Bucht	Hydro		55°10'N 160°44'W	N$_{ANTH}$	GEN
280	мыс mys	Очередина Očeredina	2	Kap	Choro		55°08'N 160°49'W	N$_{ANTH}$	GEN
281	остров ostrov	Павла Pavla	2	Insel	Choro	St. Paul	55°47'N 159°19'W	N$_{ANTH}$	GEN
282	нас. пункт nas. punkt	Павлов Pavlov	2	Siedlung	Oiko	Селение, Павловское	55°34'N 161°23'W	N$_{ANTH}$	NOM
283	бухта buchta	Павлова Pavlova	2	Bucht	Hydro		55°25'N 161°36'W	N$_{ANTH}$	GEN
284	вулкан vulkan	Павлова Pavlova	2	Vulkan	Oro		55°25'N 161°54'W	N$_{ANTH}$	GEN
285	острова ostrova	Павлова Pavlova	2	Inseln	Choro		55°10'N 161°30'W	N$_{ANTH}$	GEN
286	гавань gavan'	Павловская Pavlovskaja	2	Hafen	Hydro		57°50'N 152°25'W	ADJ$_{ANTH}$	NOM
287	сопка sopka	Павловская Pavlovskaja	2	Hügel	Oro		55°29'N 161°32'W	ADJ$_{ANTH}$	NOM
288	риф rif	Панькова Pan'kova	2	Riff	Oro		54°42'N 163°00'W	N$_{ANTH}$	GEN
289	мыс mys	Панькова Pan'kova	2	Kap	Choro		54°40'N 163°04'W	N$_{ANTH}$	GEN
290	бухта buchta	Парамонова Paramonova	2	Bucht	Hydro		58°17'N 152°57'W	N$_{ANTH}$	GEN
291	мыс mys	Парамонова Paramonova	2	Kap	Choro		58°18'N 153°03'W	N$_{ANTH}$	GEN

Nr.	Benennungsmotivation			Anmerkung
	Motivklasse	Motivgruppe	Semantik/Etymologie	
275	Ergonym	Schiffsname	'Entdeckung'	
276	Deskriptiv	Lage	'offen'	
277	Sonstig	Nautik	'Flachmeer-'	
278	Sonstig	Nautik	'Abstehen'	
279	Anthroponym	Seemann mit Alaska-Bezug	Očeredin, Afanasij (?–?), KRM Unteroffizier	
280	Anthroponym	Seemann mit Alaska-Bezug	Očeredin, Afanasij (?–?), KRM Unteroffizier	
281	Anthroponym	Heiliger	Hl. Paul	denkbar ist auch ergonymische Motivation, da die Route des Schiffs *Sv. Pavel* (1783–1789) im Gebiet Insel Kodiak und Cook Inlet lag
282	Anthroponym		Pavlov (n/i)	
283	Anthroponym		Pavlov (n/i)	
284	Anthroponym		Pavlov (n/i)	
285	Anthroponym		Pavlov (n/i)	
286	Anthroponym		Nachname Pavlov (n/i) oder Vorname Pavel (n/i)	
287	Anthroponym		Nachname Pavlov (n/i) oder Vorname Pavel (n/i)	
288	Anthroponym	Seemann mit Alaska-Bezug	Pan'kov, Sergej (?–?), Seemann (aleutischer Neophyt)	abgeleitet vom Kap *mys Pan'kova*
289	Anthroponym	Seemann mit Alaska-Bezug	Pan'kov, Sergej (?–?), Seemann (aleutischer Neophyt)	
290	Anthroponym		Paramonov (n/i)	
291	Anthroponym		Paramonov (n/i)	

Nr.	Klassifikator	Modifikator	Quelle	Geo-Objekt ontolog.	Klasse	Alternative Namen	Geografische Koordinaten	Modifikator Wortart	Kasus
292	бухта buchta	Пеленга Pelenga	3	Bucht	Hydro		57°51'35"N 152°25'W	N	GEN
293	мыс mys	Пеленга Pelenga	3	Kap	Choro		57°52'N 152°25'15"W	N	GEN
294	остров ostrov	Перевальный Pereval'nyj	3	Insel	Choro		58°38'N 152°22'W	ADJ	NOM
295	пролив proliv	Перевальный Pereval'nyj	3	Meeresstraße	Hydro		58°38'N 152°21'W	ADJ	NOM
296	мыс mys	Переноса Perenosa	3	Kap	Choro		57°56'10"N 153°03'30"W	N	GEN
297	залив zaliv	Переноса Perenosa	3	Bucht	Hydro	Переносная бухта	58°25'N 152°25'W	N	GEN
298	мыс mys	Перешеек Perešeek	3	Kap	Choro		56°51'05"N 135°22'50"W	N	NOM
299	мыс mys	Пестряк Pestrjak	3	Kap	Choro		57°53'3"N 152°23'W	N	NOM
300	мыс mys	Песчаный Pesčanyj	3	Kap	Choro		57°32'15"N 135°19'15"W	ADJ	NOM
301	остров ostrov	Поворотный Povorotnyj	3	Insel	Choro	Povorotni	57°30'50"N 135°33'20"W	ADJ	NOM
302	мыс mys	Поворотный Povorotnyj	3	Kap	Choro		56°57'N 135°24'W	ADJ	NOM
303	мыс mys	Погибший Pogibšij	3	Kap	Choro	Danger Point	57°30'30"N 135°33'W	ADJ	NOM
304	вулкан vulkan	Погромный Pogromnyj	3	Vulkan	Oro	Devastation Volcano	54°34'15"N 164°41'25"W	ADJ	NOM
305	остров ostrov	Подорожный Podorožnyj	3	Insel	Choro	Bamdoroshni	57°01'35"N 135°20'W	ADJ	NOM
306	мыс mys	Подсопочный Podsopočnyj	3	Kap	Choro	Podsopochni Point	52°05'N 174°57'W	ADJ	NOM
307	мыс mys	Покатый Pokatyj	3	Kap	Choro	Pokati	57°55'50"N 152°50'50"W	ADJ	NOM
308	скала skala	Поливная Polivnaja	3	Fels	Oro	Polivnoi Rock	57°10'30"N 134°15'W	ADJ	NOM
309	полуостров poluostrov	Полка Polka	3	Halbinsel	Choro		58°13'50"N 136°42'30"W	N	NOM

Nr.	Benennungsmotivation			Anmerkung
	Motivklasse	Motivgruppe	Semantik/Etymologie	
292	Sonstig	Nautik	'Kurs, Peilung, Peilwinkel'	abgeleitet vom Kap *mys Pelenga*
293	Sonstig	Nautik	'Kurs, Peilung, Peilwinkel'	
294	Sonstig	Nautik	'Gebirgspass-'	
295	Sonstig	Nautik	'Gebirgspass-'	abgeleitet von der Meeresstraße *Pereval'nyj proliv*
296	Sonstig	Sonstig	'Transport, Transfer'	
297	Sonstig	Sonstig	'Transport, Transfer'	
298	Deskriptiv	Geo-Klassifikator	'Isthmus'	
299	Zoonym	Vogel	'Art der Eiderenten'	
300	Deskriptiv	Landschaft	'sandig'	
301	Sonstig	Nautik	'Wende-'	
302	Sonstig	Nautik	'Wende-'	
303	Sonstig	Sonstig	'gefallen, verloren'	
304	Deskriptiv	Landschaft	'Zerschmetterungs-/Zerstörungs-'	
305	Sonstig	Nautik	'auf dem Weg liegend'	
306	Deskriptiv	Lage	'unter dem Hügelgipfel liegend'	
307	Deskriptiv	Form	'abdächig'	Orth (764): ursprünglicher Name *mys Pokatogo Utesu* 'Kap des abdächigen Felsens'
308	Sonstig	Nautik	'berieselnd, bewässernd'	
309	Sonstig	Nautik	'Schelf, Bank'	

Nr.	Klassifikator	Modifikator	Quelle	Geo-Objekt ontolog.	Geo-Objekt Klasse	Alternative Namen	Geografische Koordinaten	Modifikator Wortart	Modifikator Kasus
310	скала skala	Полка Polka	3	Fels	Oro		58°13'45"N 136°43'10"W	N	NOM
311	озеро ozero	Половина Polovina	3	Binnen-see	Hydro		57°09'30"N 170°11'30"W	N	NOM
312	мели meli	Половина Polovina	3	Untiefen	Hydro		57°09'30"N 170°11'30"W	N	NOM
313	лежбище ležbišče	Половина Polovina	3	Brut-kolonie	Choro		57°09'45"N 170°10'30"W	N	NOM
314	холм cholm	Половина Polovina	3	Hügel	Oro		57°11'N 170°11'30"W	N	NOM
315	остров ostrov	Поперечный Poperečnyj	3	Insel	Choro	Poperechnoi	55°05'N 161°34'W	ADJ	NOM
316	остров ostrov	Попова Popova	2	Insel	Choro	Поповский	55°20'N 160°25'W	N$_{\text{ANTH}}$	GEN
317	пролив proliv	Попова Popova	2	Meeres-straße	Hydro		55°18'N 160°32'W	N$_{\text{ANTH}}$	GEN
318	ручей ručej	Попович Popovič	3	Bach	Hydro	Popovitch	63°55'N 148°50'W	N	NOM
319	бухта buchta	Портовая Portovaja	3	Bucht	Hydro	Partov	53°12'25"N 168°19'W	ADJ	NOM
320	мыс mys	Последний Poslednij	3	Kap	Choro	Posledni	58°03'30"N 154°45'25"W	ADJ	NOM
321	мыс mys	Потайников Potajnikov	3	Kap	Choro	Potainikof	52°22'30"N 174°20'W	N	GEN
322	мыс mys	Правый Pravyj	2	Kap	Choro		57°13'N 152°40'W	ADJ	NOM
323	острова ostrova	Прибылова Pribylova	2	Inseln	Choro		57°10'N 170°00'W	N$_{\text{ANTH}}$	GEN
324	мыс mys	Пролив Proliv	3	Kap	Choro	Prolewy	56°50'10"N 132°56'20"W	N	NOM
325	скалы skaly	Пролив Proliv	3	Felsen	Oro	Prolewy	56°59'30"N 132°57'W	N	NOM
326	мыс mys	Промысла Promysla	3	Kap	Choro	Promisla	57°09'N 135°30'W	N	GEN

Nr.	Benennungsmotivation			Anmerkung
	Motivklasse	Motivgruppe	Semantik/Etymologie	
310	Sonstig	Nautik	'Schelf, Bank'	
311	Deskriptiv	Lage	'Hälfte'	
312	Deskriptiv	Lage	'Hälfte'	
313	Deskriptiv	Lage	'Hälfte'	abgeleitet vom Hügel *cholm Polovina*
314	Deskriptiv	Lage	'Hälfte'	
315	Deskriptiv	Form	'querlaufend'	
316	Anthroponym		Popov (n/i)	auf der Karte von Teben'kov & Pierce (1981: map XXIV) als *Поповский* bezeichnet
317	Anthroponym		Popov (n/i)	
318	Sonstig	Sonstig	entweder Appellativum 'Sohn des Priesters' oder Nachname	
319	Deskriptiv	Geo-Klassifikator	'Hafen-'	
320	Deskriptiv	Lage	'letzter'	
321	Sonstig	Nautik	*potainik*: PL.GEN 'Unterwasserstein, über dem sich keine Wellen bilden' (pomorischer Dialektismus)	bei Orth (774) falsche Etymologie: 'hidden place'
322	Deskriptiv	Lage	'rechter'	
323	Anthroponym	Seemann mit Alaska-Bezug	Pribylov, Gavriil (Gerasim) Loginovič (?–1796), RAK Seemann	
324	Deskriptiv	Geo-Klassifikator	'Meerenge, Meeresstraße'	
325	Deskriptiv	Geo-Klassifikator	'Meerenge, Meeresstraße'	
326	Sonstig	Sonstig	'Gewerbe', vgl. *promyšlenniki* in Russisch-Amerika	bei Orth (778) falsche Etymologie: *promysel Božij* 'göttliche Fügung'

Nr.	Klassifikator	Modifikator	Quelle	Geo-Objekt ontolog.	Klasse	Alternative Namen	Geografische Koordinaten	Modifikator Wortart	Kasus
327	остров ostrov	Прохода Prochoda	3	Insel	Choro		57°54'40"N 152°30'20"W	N	GEN
328	мыс mys	Прохода Prochoda	3	Kap	Choro		51°54'05"N 178°30'15"O	N	GEN
329	остров ostrov	Птичий Ptičij	2	Insel	Choro		54°46'N 159°40'W	ADJ	NOM
330	остров ostrov	Пустой Pustoj	3	Insel	Choro		53°23'55"N 167°49'35"W	ADJ	NOM
331	залив zaliv	Раков Rakov	3	Bucht	Hydro	Rakof	56°45'N 135°12'W	N	GEN
332	залив zaliv	Раковый Rakovyj	3	Bucht	Hydro	Rokovoi	56°36'N 134°58'W	ADJ	NOM
333	бухта buchta	Редут Redut	3	Bucht	Hydro		60°35'N 152°05'W	N	NOM
334	река reka	Редут Redut	3	Fluss	Hydro		60°22'N 152°19'W	N	NOM
335	мыс mys	Редут Redut	3	Kap	Choro		60°17'15"N 152°25'W	N	NOM
336	вулкан vulkan	Редут Redut	3	Vulkan	Oro	Сопка Редутская	60°29'15"N 152°44'30"W	N	NOM
337	вулкан vulkan	Речной Rečnoj	3	Vulkan	Oro	Recheshnoi	53°09'15"N 168°32'W	ADJ	NOM
338	остров ostrov	Решимости Rešimosti	3	Insel	Choro	Reshimosti	57°02'44"N 135°21'52"W	N	GEN
339	мыс mys	Рожнова Rožnova	2	Kap	Choro		55°59'N 160°50'W	N$_{ANTH}$	GEN
340	мыс mys	Романова Romanova	2	Kap	Choro		63°15'N 162°50'W	N$_{ANTH}$	GEN
341	мыс mys	Рукавицы Rukavicy	3	Kap	Choro	Rukavitsie	54°37'50"N 164°03'W	N	NOM
342	горы gory	Румянцева Rumjanceva	2	Berge	Oro	Romanzof	69°00'N 145°00'W	N$_{ANTH}$	GEN
343	мыс mys	Румянцева Rumjanceva	2	Kap	Choro		61°52'N 166°17'W	N$_{ANTH}$	GEN
344	пролив proliv	Рюрик Rjurik	2	Meeresstraße	Hydro		54°20'N 165°00'W	N$_{ANTH}$	NOM

Nr.	Benennungsmotivation			Anmerkung
	Motivklasse	Motivgruppe	Semantik/Etymologie	
327	Sonstig	Nautik	'Durchgang'	
328	Sonstig	Nautik	'Durchgang'	
329	Zoonym	Vogel	'Vogel-'	
330	Deskriptiv	Landschaft	'kahl, leer'	
331	Zoonym	Meerestier	'Krebs: PL'	
332	Zoonym	Meerestier	'Krebs-'	
333	Deskriptiv	Geo-Klassifikator	'Redoute'	
334	Deskriptiv	Geo-Klassifikator	'Redoute'	abgeleitet vom Vulkan *vulkan Redut*
335	Deskriptiv	Geo-Klassifikator	'Redoute'	abgeleitet von der Bucht *buchta Redut*
336	Deskriptiv	Geo-Klassifikator	'Redoute'	
337	Deskriptiv	Geo-Klassifikator	'Fluss-'	
338	Ergonym	Schiffsname	'Entschlossenheit'	
339	Anthroponym		Rožnov (n/i)	
340	Anthroponym		Romanov (n/i)	
341	Sonstig	Sonstig	'Handschuhe, Fäustlinge'	
342	Anthroponym	Staatsmann	Rumjancev, Nikolaj Petrovič (1754–1826), Staatsmann	
343	Anthroponym	Staatsmann	Rumjancev, Nikolaj Petrovič (1754–1826), Staatsmann	
344	Ergonym	Schiffsname	Schiff ben. nach Rjurik, Gründer der Kiewer Rus	

Nr.	Klassifikator	Modifikator	Quelle	Geo-Objekt ontolog.	Klasse	Alternative Namen	Geografische Koordinaten	Modifikator Wortart	Kasus
345	банка banka	Саламатова Salamatova	2	Bank	Choro		51°59'N 177°14'W	N$_{\text{ANTH}}$	GEN
346	залив zaliv	Сарана Sarana	3	Bucht	Hydro		52°52'30"N 173°17'30"O	N	NOM
347	мыс mys	Сарычева Saryčeva	2	Kap	Choro		54°36'N 164°56'W	N$_{\text{ANTH}}$	GEN
348	остров ostrov	Сарычева Saryčeva	2	Insel	Choro		66°15'N 166°00'W	N$_{\text{ANTH}}$	GEN
349	пролив proliv	Сарычева Saryčeva	2	Meeresstraße	Hydro		60°35'N 172°50'W	N$_{\text{ANTH}}$	GEN
350	остров ostrov	Св. Авраамия Sv. Avraamija	2	Insel	Choro		52°55'N 172°55'O	N$_{\text{TITEL}}$+ N$_{\text{ANTH}}$	GEN+ GEN
351	остров ostrov	Св. Георгия Sv. Georgija	2	Insel	Choro		56°35'N 169°30'W	N$_{\text{TITEL}}$+ N$_{\text{ANTH}}$	GEN+ GEN
352	мыс mys	Св. Гермогена Sv. Germogena	2	Kap	Choro		58°15'N 151°48'W	N$_{\text{TITEL}}$+ N$_{\text{ANTH}}$	GEN+ GEN
353	гора gora	Св. Ильи Sv. Il'i	2	Berg	Oro		60°20'N 141°00'W	N$_{\text{TITEL}}$+ N$_{\text{ANTH}}$	GEN+ GEN
354	мыс mys	Св. Ильи Sv. Il'i	2	Kap	Choro		59°50'N 144°35'W	N$_{\text{TITEL}}$+ N$_{\text{ANTH}}$	GEN+ GEN
355	хребет chrebet	Св. Ильи Sv. Il'i	2	Gebirgszug	Oro		60°30'N 140°00'W	N$_{\text{TITEL}}$+ N$_{\text{ANTH}}$	GEN+ GEN
356	остров ostrov	Св. Лаврентия Sv. Lavrentija	2	Insel	Choro		63°25'N 170°20'W	N$_{\text{TITEL}}$+ N$_{\text{ANTH}}$	GEN+ GEN
357	остров ostrov	Св. Маркиана Sv. Markiana	2	Insel	Choro	Amchitka	52°00'N 177°32'W	N$_{\text{TITEL}}$+ N$_{\text{ANTH}}$	GEN+ GEN
358	остров ostrov	Св. Матвея Sv. Matveja	2	Insel	Choro		60°25'N 172°40'W	N$_{\text{TITEL}}$+ N$_{\text{ANTH}}$	GEN+ GEN
359	бухта buchta	Св. Михаила Sv. Michaila	2	Bucht	Hydro	Tebenkov Bay	63°30'N 162°05'W	N$_{\text{TITEL}}$+ N$_{\text{ANTH}}$	GEN+ GEN
360	остров ostrov	Св. Павла Sv. Pavla	2	Insel	Choro	St. Paul	57°08'N 170°01'W	N$_{\text{TITEL}}$+ N$_{\text{ANTH}}$	GEN+ GEN
361	гавань gavan'	Св. Павла Sv. Pavla	2	Hafen	Hydro		57°47'N 152°20'W	N$_{\text{TITEL}}$+ N$_{\text{ANTH}}$	GEN+ GEN

Nr.	Benennungsmotivation			Anmerkung
	Motivklasse	Motivgruppe	Semantik/Etymologie	
345	Anthroponym	Seemann mit Alaska-Bezug	Salamatov (Vorname unbekannt) (?–?), RAK Seemann	
346	Phytonym		'auf Kamtschatka verbreitete Lilienart'	
347	Anthroponym	Seemann mit Alaska-Bezug	Saryčev, Gavriil Andreevič (1763–1831), KRM Offizier, Geodät, Admiral	
348	Anthroponym	Seemann mit Alaska-Bezug	Saryčev, Gavriil Andreevič (1763–1831), KRM Offizier, Geodät, Admiral	
349	Anthroponym	Seemann mit Alaska-Bezug	Saryčev, Gavriil Andreevič (1763–1831), KRM Offizier, Geodät, Admiral	
350	Anthroponym	Heiliger	Hl. Abraham	
351	Ergonym	Schiffsname	Schiff ben. nach dem Hl. Georg (Св. Георгий Победоносец)	
352	Anthroponym	Heiliger	Hl. Hermogenus	
353	Anthroponym	Heiliger	Hl. Elija	
354	Anthroponym	Heiliger	Hl. Elija	
355	Anthroponym	Heiliger	Hl. Elija	
356	Anthroponym	Heiliger	Hl. Laurentius	
357	Anthroponym	Heiliger	Hl. Martianus	
358	Anthroponym	Heiliger	Hl. Matthaeus	
359	Anthroponym	Heiliger	Hl. Michael	Orth (827): ursprünglich *zaliv Teben'kova* (vgl. Nr.231); der Name wurde von USC&GS geändert
360	Ergonym	Schiffsname	Schiff ben. nach dem Hl. Paul	Orth (828): ursprünglich *ostrov Sv. Petra i Pavla*
361	Ergonym	Schiffsname	Schiff ben. nach dem Hl. Paul	

Nr.	Klassifikator	Modifikator	Quelle	Geo-Objekt ontolog.	Geo-Objekt Klasse	Alternative Namen	Geografische Koordinaten	Modifikator Wortart	Modifikator Kasus
362	мыс / mys	Св. Стефана / Sv. Stefana	2	Kap	Choro		51°55'N 177°10'W	N_TITEL+ N_ANTH	GEN+ GEN
363	островок / ostrovok	Светляк / Svetljak	3	kleine Insel	Choro	Svitlak	57°38'N 152°21'20"W	N	NOM
364	бухта / buchta	Свечникова / Svečnikova	2	Bucht	Hydro		52°03'N 173°23'W	N_ANTH	GEN
365	мыс / mys	Свидания / Svidanija	3	Kap	Choro	Swedania	55°28'45"N 160°31'30"W	N	GEN
366	бухта / buchta	Селезнева / Selezneva	2	Bucht	Hydro	Duck Bay	58°07'N 152°29'W	N_ANTH	GEN
367	река / reka	Селение / Selenie	3	Fluss	Hydro	Salonie	57°41'55"N 152°33'25"W	N	NOM
368	селение / selenie	Селение / Selenie	3	Siedlung	Oiko	Pavlof, Pavlovskoje	55°29'30"N 161°28'W	N	NOM
369	озеро / ozero	Сельдевое / Sel'devoe	3	Binnensee	Hydro	Seldevoe	59°20'30"N 151°35'30"W	ADJ	NOM
370	залив / zaliv	Сельдевой / Sel'devoj	2	Bucht	Hydro		59°30'N 151°40'W	ADJ	NOM
371	бухта / buchta	Семенова / Semenova	2	Bucht	Hydro	Simeonoff Harbour	54°54'N 159°16'W	N_ANTH	GEN
372	остров / ostrov	Семенова / Semenova	2	Insel	Choro		54°55'N 159°15'W	N_ANTH	GEN
373	остров / ostrov	Семисопочный / Semisopočnyj	2, 3	Insel	Choro		51°57'N 179°37'W	ADJ	NOM
374	мыс / mys	Сенявина / Senjavina	2	Kap	Choro		56°24'N 160°03'W	N_ANTH	GEN
375	бухта / buchta	Сергеевская / Sergeevskaja	2	Bucht	Hydro		52°01'N 175°00'W	ADJ_ANTH	NOM
376	мыс / mys	Середка / Seredka	3	Kap	Choro		54°10'N 165°28'W	N	NOM
377	мыс / mys	Сивучий / Sivučij	2	Kap	Choro	Lutke, Cape	54°23'N 164°39'W	ADJ	NOM
378	бухта / buchta	Слава России / Slava Rossii	1,2	Bucht	Hydro		51°47'N 178°02'W	N+N	NOM+ GEN

Nr.	Benennungsmotivation			Anmerkung
	Motivklasse	Motivgruppe	Semantik/Etymologie	
362	Anthroponym	Heiliger	Hl. Stephanus	
363	Zoonym		'Leuchtkäfer, Glühwurm'	
364	Anthroponym		Svečnikov (n/i)	
365	Sonstig	Sonstig	'Treffen, Wiedersehen'	
366	Anthroponym		Seleznev (n/i)	TOP wurde bei der Umbenennung als appellativisch motiviert (*selezen'* 'Enterich') falsch interpretiert und als *Duck Bay* ins Englische übersetzt
367	Deskriptiv	Geo-Klassifikator	'Siedlung'	bei Orth (832) falsche Etymologie: 'Salon'
368	Deskriptiv	Geo-Klassifikator	'Siedlung'	
369	Zoonym	Meerestier	'Hering-'	
370	Zoonym	Meerestier	'Hering-'	
371	Anthroponym		Semenov (n/i)	
372	Anthroponym		Semenov (n/i)	
373	Deskriptiv	Landschaft	'sieben Hügelgipfel-'	
374	Ergonym	Schiffsname	Schiff ben. nach Senjavin, Dmitrij Nikolaevič (1763–1831), KRM Admiral	
375	Anthroponym		Nachname Sergeev (n/i) oder Vorname Sergej (n/i)	
376	Deskriptiv	Lage	'Mitte'	
377	Zoonym	Meerestier	'Art von Seelöwen'	
378	Ergonym	Schiffsname	'Ehre/Ruhm Russlands'	

Nr.	Klassifikator	Modifikator	Quelle	Geo-Objekt		Alternative Namen	Geografische Koordinaten	Modifikator	
				ontolog.	Klasse			Wortart	Kasus
379	скала skala	Собака Sobaka	3	Fels	Oro	Sobaka	51°48'40''N 177°20'15''O	N	NOM
380	мыс mys	Солома Soloma	3	Kap	Choro	Soloma	57°51'30''N 136°03'3''W	N	NOM
381	остров ostrov	Соседний Sosednij	3	Insel	Choro	Sasedni	57°03'N 135°23'W	ADJ	NOM
382	бухта buchta	Спиридонова Spiridonova	2	Bucht	Hydro		57°37'N 153°45'W	N_ANTH	GEN
383	мыс mys	Средний Srednij	3	Kap	Choro	Seredni	52°02'48''N 177°38'35''O	ADJ	NOM
384	бухта buchta	Средняя Srednjaja	3	Bucht	Hydro	Seredni	52°03'40''N 177°38'40''O	ADJ	NOM
385	лежбище ležbišče	Старая Артель Staraja Artel'	3	Brutkolonie	Choro	Staraya Artil	56°36'10''N 169°37'30''W	ADJ+N	NOM+ NOM
386	река reka	Старички Starički	3	Fluss	Hydro	Stariski	49°53'N 151°48'W	N	NOM
387	мель mel'	Старичков Staričkov	3	Untiefe	Hydro		52°12'30''N 174°30'15''W	N	GEN
388	мыс mys	Старичков Staričkov	3	Kap	Choro		59°53'N 151°48'W	N	GEN
389	бухта buchta	Старая Гавань Staraja Gavan'	1	Bucht	Hydro	Дровяная, Driftwood Bay	52°56'N 168°45'W	ADJ+N	NOM+ NOM
390	селение selenie	Старое Селение Staroe Selenie	1	Siedlung	Oiko		61°37'N 161°45'W	ADJ+N	NOM+ NOM
391	залив zaliv	Старый Залив Staryj Zaliv	3	Bucht	Hydro	Starrigavan Bay	57°08'N 135°22'30''W	ADJ+N	NOM+ NOM
392	бухта buchta	Стеллера Stellera	2	Bucht	Hydro		52°59'N 172°56'O	N_ANTH	GEN
393	залив zaliv	Степового Stepovogo	2	Bucht	Hydro	Залив Захарова	55°40'N 160°00'W	N_ANTH	GEN
394	мыс mys	Строганова Stroganova	2	Kap	Choro		56°50'N 158°50'W	N_ANTH	Gen
395	мыс mys	Струя Struja	3	Kap	Choro	Struya	57°23'N 135°39'45''W	N	NOM

Nr.	Benennungsmotivation			Anmerkung
	Motivklasse	Motivgruppe	Semantik/Etymologie	
379	Zoonym	Landtier	'Hund'	Orth (895): benannt 1937 von U.S. Navy Hydrog. Office
380	Sonstig	Sonstig	'Stroh'	Orth (896): benannt 1928 von USC&GS
381	Deskriptiv	Lage	'angrenzend, benachbart'	
382	Anthroponym		Spiridonov (n/i)	
383	Deskriptiv	Lage	'Mittel-'	
384	Deskriptiv	Lage	'Mittel-'	
385	Sonstig	Sonstig	'altes Artel/Genossenschaft'	abgeleitet von der Siedlung *Staraja Artel'*
386	Zoonym	Vogel	'Art von Silberalk'	bei Orth (914) falsche Etymologie: *staričok* 'alter Mann: Dim'
387	Zoonym	Vogel	'Art von Silberalk'	bei Orth (914) falsche Etymologie: *staričok* 'alter Mann: Dim'
388	Zoonym	Vogel	'Art von Silberalk'	bei Orth (914) falsche Etymologie: *staričok* 'alter Mann: Dim'
389	Deskriptiv	Geo-Klassifikator	'alter Hafen'	
390	Deskriptiv	Geo-Klassifikator	'alte Siedlung'	
391	Deskriptiv	Geo-Klassifikator	'alte Bucht'	
392	Anthroponym	Naturforscher mit Alaska-Bezug	Georg Wilhelm Steller (Stöller) (1709–1746), dt. Naturforscher, Arzt, Mitglied der Bering-Expedition	
393	Anthroponym		Stepovoj (n/i)	
394	Anthroponym	Staatsmann	Stroganov, Grigorij Aleksandrovič (1770–1857), Staatsmann	
395	Sonstig	Sonstig	'Sog, Strahl'	Orth (923): benannt 1930 von USC&GS

Nr.	Klassifikator	Modifikator	Quelle	Geo-Objekt		Alternative Namen	Geografische Koordinaten	Modifikator	
				ontolog.	Klasse			Wortart	Kasus
396	залив zaliv	Сухой Suchoj	3	Bucht	Hydro	Sukhoi	56°57'N 154°21'W	ADJ	NOM
397	лагуна laguna	Сухая Suchaja	3	Lagune	Hydro	Sukhoi	56°57'N 154°18'W	ADJ	NOM
398	группа островов gruppa ostrovov	Сухой Suchoj	3	Inselgruppe	Choro	Sukoi Islets	56°53'30"N 132°55'25''W	ADJ	NOM
399	пролив proliv	Сухой Suchoj	3	Meeresstraße	Hydro	Sukoi Inlet, Hayward's Straits	57°14'N 135°36'W	ADJ	NOM
400	залив zaliv	Сухой Suchoj	3	Bucht	Hydro	Dry Bay	58°52'N 153°16'W	ADJ	NOM
401	остров ostrov	Сушильный Sušil'nyj	3	Insel	Choro	Sushilnoi	54°53'10''N 161°51'W	ADJ	NOM
402	остров ostrov	Сушильня Sušil'nja	3	Insel	Choro	Sushilna	57°50'N 136°22'40''W	N	NOM
403	мыс mys	Сырой Syroj	3	Kap	Choro	Siroi	57°25'N 135°35'W	ADJ	NOM
404	мыс mys	Тальник Tal'nik	3	Kap	Choro	Talneek, Talnika	57°53'30''N 152°49'W	N	NOM
405	мыс mys	Тебенькова Teben'kova	2	Kap	Choro		54°00'N 166°53'W	N$_{ANTH}$	GEN
406	мыс mys	Толстой Tolstoj	2	Kap	Choro		63°35'N 161°00'W	ADJ	NOM
407	мыс mys	Толстый Tolstyj	2	Kap	Choro	Tolstoi Cape	58°24'N 152°05'W	ADJ	NOM
408	нас. пункт nas. punkt	Толстый Tolstyj	3	Siedlung	Oiko	Tolstoi	63°21'10"N 157°04'10"W	ADJ	NOM
409	мыс mys	Толстый Tolstyj	3	Kap	Choro	Cape Tolstoi	55°22'N 161°30'W	ADJ	NOM
410	мыс mys	Толстый Tolstyj	3	Kap	Choro	Broad Cape, Cape Burunoff, Cape Tolstoi	56°59'N 135°23'W	ADJ	NOM
411	мыс mys	Толстый Tolstyj	3	Kap	Choro	Kovurof Point	52°07'00"N 174°54'15"W	ADJ	NOM

Nr.	Benennungsmotivation			Anmerkung
	Motivklasse	Motivgruppe	Semantik/Etymologie	
396	Sonstig	Nautik	'trocken'	
397	Sonstig	Nautik	'trocken'	
398	Sonstig	Nautik	'trocken'	
399	Sonstig	Nautik	'trocken'	
400	Sonstig	Nautik	'trocken'	
401	Sonstig	Nautik	'Darre/Trockner-'	
402	Sonstig	Nautik	'Darre/Trockner-'	
403	Deskriptiv	Sonstig	'feucht'	
404	Phytonym		'Weidengebüsch'	
405	Anthroponym	Seemann mit Alaska-Bezug, Gouverneur	Teben'kov, Michail Dmitrievič (1802–1872), KRM Offizier, Geodät, 9. Gouverneur von Russisch-Amerika	
406	Deskriptiv	Form	'dick'	
407	Deskriptiv	Form	'dick'	
408	Deskriptiv	Form	'dick'	
409	Deskriptiv	Form	'dick'	
410	Deskriptiv	Form	'dick'	
411	Deskriptiv	Form	'dick'	

Nr.	Klassifikator	Modifikator	Quelle	Geo-Objekt		Alternative Namen	Geografische Koordinaten	Modifikator	
				ontolog.	Klasse			Wortart	Kasus
412	мыс *mys*	Толстый *Tolstyj*	3	Kap	Choro	Tolstoi Point, Broad Point	55°40'10"N 132°23'10"W	ADJ	NOM
413	мыс *mys*	Толстый *Tolstyj*	3	Kap	Choro	Kagalogh, Vostochnoi, Tolstoi Point	56°35'40"N 169°28'00"W	ADJ	NOM
414	мыс *mys*	Толстый *Tolstyj*	3	Kap	Choro	Tolstoi Point	57°08'15"N 170°17'30"W	ADJ	NOM
415	мыс *mys*	Толстый *Tolstyj*	3	Kap	Choro	Tolstie, Tolstoi Cape	58°23'45"N 152°07'30"W	ADJ	NOM
416	мыс *mys*	Толстый *Tolstyj*	3	Kap	Choro		63°37'30"N 161°00'50"W	ADJ	NOM
417	мыс *mys*	Толстый *Tolstyj*	3	Kap	Choro	Cape Nome, Mys Sredniy, Mys Tolstoy	64°26'N 165°00'W	ADJ	NOM
418	мыс *mys*	Тонкий *Tonkij*	2	Kap	Choro		57°25'N 152°14'W	ADJ	NOM
419	мыс *mys*	Тонкий *Tonkij*	3	Kap	Choro	Tonki, Tonkie Cape	58°21'N 151°59'W	ADJ	NOM
420	мыс *mys*	Тонкий *Tonkij*	3	Kap	Choro	Narrow Cape, Unga Spit	55°24'30"N 160°43'30"W	ADJ	NOM
421	полуостров *poluostrov*	Тонкий *Tonkij*	3	Halb- insel	Choro	Tonki Cape Peninsula	58°15'N 152°00'W	ADJ	NOM
422	залив *zaliv*	Тонкий *Tonkij*	3	Bucht	Hydro	Tonki	58°20'N 152°04'W	ADJ	NOM
423	мыс *mys*	Точильный *Točil'nyj*	3	Kap	Choro	Tachilni	53°56'N 162°52'30"W	ADJ	NOM
424	мыс *mys*	Трава *Trava*	3	Kap	Choro		53°26'15"N 167°01'50"W	N	NOM
425	полуостров *poluostrov*	Туман *Tuman*	3	Halb- insel	Choro		n/a n/a	N	NOM
426	мыс *mys*	Туман *Tuman*	3	Kap	Choro		51°58'55"N 179°28'05"O	N	NOM
427	остров *ostrov*	Туманный *Tumannyj*	2	Insel	Choro	Чирикова	55°50'N 155°40'W	ADJ	NOM
428	деревня *derevnja*	Угловая *Uglovaja*	3	Dorf	Oiko	Ouglovaia	61°53'N 162°05'W	ADJ	NOM

Nr.	Benennungsmotivation			Anmerkung
	Motivklasse	Motivgruppe	Semantik/Etymologie	
412	Deskriptiv	Form	'dick'	
413	Deskriptiv	Form	'dick'	
414	Deskriptiv	Form	'dick'	
415	Deskriptiv	Form	'dick'	
416	Deskriptiv	Form	'dick'	
417	Deskriptiv	Form	'dick'	
418	Deskriptiv	Form	'dünn'	
419	Deskriptiv	Form	'dünn'	
420	Deskriptiv	Form	'dünn'	
421	Deskriptiv	Form	'dünn'	
422	Deskriptiv	Form	'dünn'	
423	Deskriptiv	Landschaft	'Schleif(stein)-'	
424	Phytonym		'Gras'	Orth (982): benannt 1937 von USC&GS
425	Sonstig	Nautik	'Nebel'	
426	Sonstig	Nautik	'Nebel'	
427	Sonstig	Nautik	'neblig'	
428	Deskriptiv	Lage	'Eck-'	

Nr.	Klassifikator	Modifikator	Quelle	Geo-Objekt ontolog. Klasse		Alternative Namen	Geografische Koordinaten	Modifikator Wortart	Kasus
429	залив zaliv	Угольный Ugol'nyj	2	Bucht	Hydro		59°42'N 151°21'W	ADJ	NOM
430	мыс mys	Угольный Ugol'nyj	2	Kap	Choro		59°40'N 151°20'W	ADJ	NOM
431	деревня derevnja	Узенькие Uzen'kie	3	Dorf	Oiko	Ouzinkie	57°55'30''N 152°29'50''W	ADJ	NOM
432	мыс mys	Узенький Uzen'kij	3	Kap	Choro	Uzinki	57°55'N 152°31'W	ADJ	NOM
433	остров ostrov	Узкий Uzkij	3	Insel	Choro	Uski	57°46'50''N 152°24'35''W	ADJ	NOM
434	мыс mys	Узкости Uzkosti	3	Kap	Choro		57°55'40''N 152°48'50''W	N	GEN
435	мыс mys	Улитка Ulitka	3	Kap	Choro		55°33'45''N 133°43'35''W	N	NOM
436	залив zaliv	Улитка Ulitka	3	Bucht	Hydro		55°33'35''N 133°43'W	N	NOM
437	залив zaliv	Урила Urila	3	Bucht	Hydro	Urilia	54°55'N 164°18'W	N	GEN
438	остров ostrov	Урилов Urilov	3	Insel	Choro	Urilof	56°47'15''N 135°28'05''W	N	GEN
439	мыс mys	Устье Ust'e	3	Kap	Choro	Ustia	58°02'20''N 153°21'45''W	N	NOM
440	банка banka	Устюгова Ustjugova	2	Bank	Choro		58°15'N 158°40'W	N$_{ANTH}$	GEN
441	мыс mys	Утес Utes	3	Kap	Choro		52°10'15''N 174°08'15''W	N	NOM
442	островок ostrovok	Утесистый Utesistyj	3	kleine Insel	Choro	Utesistoi	57°37'30''N 152°22'W	ADJ	NOM
443	остров ostrov	Худобина Chudobina	2	Insel	Choro		56°00'N 161°00'W	N$_{ANTH}$	GEN
444	острова ostrova	Худякова Chudjakova	2	Inseln	Choro		55°20'N 162°54'W	N$_{ANTH}$	GEN
445	скала skala	Царицы Caricy	3	Fels	Oro	Tsaritsa Rock	57°01'18''N 135°19'25''W	N	GEN
446	острова ostrova	Чаячьи Čajač'i	3	Inseln	Choro	Chaichei	57°04'30''N 135°27'30''W	ADJ	NOM

Nr.	Benennungsmotivation			Anmerkung
	Motivklasse	Motivgruppe	Semantik/Etymologie	
429	Deskriptiv	Landschaft	'Kohle-'	
430	Deskriptiv	Landschaft	'Kohle-'	
431	Deskriptiv	Form	'eng: Diminutiv'	abgeleitet vom Kap *mys Uzen'kij*
432	Deskriptiv	Form	'eng: Diminutiv'	
433	Deskriptiv	Form	'eng'	
434	Deskriptiv	Form	'Enge' (hier: 'Enge in Meeresstraße')	
435	Zoonym	Landtier	'Schnecke'	Orth (1006): benannt 1923 von USC&GS
436	Zoonym	Landtier	'Schnecke'	abgeleitet vom Kap *mys Ulitka*
437	Zoonym	Vogel	'Meerscharbe'	
438	Zoonym	Vogel	'Meerscharbe:PL'	
439	Deskriptiv	Geo-Klassifikator	'Einmündung'	
440	Anthroponym	Seemann mit Alaska-Bezug	Ustjugov, Andrej (?–1825), Geodät, RAK Beamter	
441	Deskriptiv	Geo-Klassifikator	'Felsenklippe'	
442	Deskriptiv	Landschaft	'felsenklippenartig'	
443	Anthroponym	Seemann mit Alaska-Bezug	Chudobin, Andrej Vikulovič (1797–1829), KRM Offizier	
444	Anthroponym	Seemann mit Alaska-Bezug	Chudjakov, Osip (?–?), KRM Offizier, Geodät	
445	Ergonym	Schiffsname	'Zarin'	Orth (987): Schiff *Carica* zerschellte am gen. Fels
446	Zoonym	Vogel	'Möwen-'	

Nr.	Klassifikator	Modifikator	Quelle	Geo-Objekt		Alternative Namen	Geografische Koordinaten	Modifikator	
				ontolog.	Klasse			Wortart	Kasus
447	остров ostrov	Чаячий Čajačij	3	Insel	Choro	Gull Island	58°36'N 152°38'30"W	ADJ	NOM
448	цепочка островов серочка ostrovov	Чаячьи Čajač'i	3	Insel-kette	Choro	Baby Islands, Seagull Islands	53°59'30"N 166°04'W	ADJ	NOM
449	мыс mys	Чаячий Čajačij	3	Kap	Choro	Chiachi	57°58'10"N 152°50'50"W	ADJ	NOM
450	бухта buchta	Часовня Časovnja	3	Bucht	Hydro	Chasovina	57°54'N 152°20'50''W	N	NOM
451	гора gora	Черная Černaja	2	Berg	Oro		56°35'N 158°47'W	ADJ	NOM
452	остров ostrov	Чернобурый Černoburyj	3	Insel	Choro	Chernabura, Nunik	54°47'N 159°33'W	ADJ	NOM
453	остров ostrov	Чернобурый Černoburyj	3	Insel	Choro	Cherni	54°38'N 162°22'W	ADJ	NOM
454	бухта buchta	Черновская Černovskaja	2	Bucht	Hydro		53°25'N 167°32'W	ADJ$_{\text{ANTH}}$	NOM
455	село selo	Черновское Černovskoe	1	Dorf	Oiko	Иккалга, Chernofski	53°24'N 167°33'W	ADJ$_{\text{ANTH}}$	NOM
456	мыс mys	Чирикова Čirikova	2	Kap	Choro		65°15'N 175°55'W	N$_{\text{ANTH}}$	GEN
457	остров ostrov	Чирикова Čirikova	2	Insel	Choro	Туманный	55°50'N 155°40'W	N$_{\text{ANTH}}$	GEN
458	бухта buchta	Чичагова Čičagova	2	Bucht	Hydro		55°39'N 160°14'W	N$_{\text{ANTH}}$	GEN
459	мыс mys	Чичагова Čičagova	2	Kap	Choro		58°20'N 157°30'W	N$_{\text{ANTH}}$	GEN
460	остров ostrov	Чичагова Čičagova	2	Insel	Choro		57°50'N 135°40'W	N$_{\text{ANTH}}$	GEN
461	гавань gavan'	Чичагова Čičagova	2	Hafen	Hydro		52°46'N 173°18'W	N$_{\text{ANTH}}$	GEN
462	остров ostrov	Шапка Šapka	3	Insel	Choro		55°53'10'N 159°07'W	N	NOM

Nr.	Benennungsmotivation			Anmerkung
	Motivklasse	Motivgruppe	Semantik/Etymologie	
447	Zoonym	Vogel	'Möwen-'	
448	Zoonym	Vogel	'Möwen-'	
449	Zoonym	Vogel	'Möwen-'	
450	Sonstig	Religiös	'Kapelle'	
451	Deskriptiv	Farbe	'schwarz'	
452	Deskriptiv	Farbe	'schwarzbraun'	
453	Deskriptiv	Farbe	'schwarzbraun'	
454	Anthroponym	Seemann mit Alaska-Bezug	Černov, Ivan (?–?), RAK Seemann	
455	Anthroponym	Seemann mit Alaska-Bezug	Černov, Ivan (?–?), RAK Seemann	abgeleitet von der Bucht *buchta Černovskaja*
456	Anthroponym	Seemann mit Alaska-Bezug	Čirikov, Aleksej Il'ič (1703–1748), KRM Kapitän	
457	Anthroponym	Seemann mit Alaska-Bezug	Čirikov, Aleksej Il'ič (1703–1748), KRM Kapitän	
458	Anthroponym	Seemann mit Alaska-Bezug	Čičagov, Vasilij Jakovlevič (1726–1809), KRM Offizier, Admiral, Polarforscher	
459	Anthroponym	Seemann mit Alaska-Bezug	Čičagov, Vasilij Jakovlevič (1726–1809), KRM Offizier, Admiral, Polarforscher	
460	Anthroponym	Seemann mit Alaska-Bezug	Čičagov, Vasilij Jakovlevič (1726–1809), KRM Offizier, Admiral, Polarforscher	
461	Anthroponym	Seemann mit Alaska-Bezug	Čičagov, Vasilij Jakovlevič (1726–1809), KRM Offizier, Admiral, Polarforscher	
462	Sonstig	Sonstig	'Mütze'	Orth (860): benannt 1891 von USC&GS

Nr.	Klassifikator	Modifikator	Quelle	Geo-Objekt		Alternative Namen	Geografische Koordinaten	Modifikator	
				ontolog.	Klasse			Wortart	Kasus
463	бухта buchta	Шелихова Šelichova	2	Bucht	Hydro		57°10'N 135°40'W	N$_{ANTH}$	GEN
464	пролив proliv	Шелихова Šelichova	2	Meeresstraße	Hydro		57°30'N 155°00'W	N$_{ANTH}$	GEN
465	озеро ozero	Шелихова Šelichova	2	Binnensee	Hydro	Kukoklek	59°10'N 155°25'W	N$_{ANTH}$	GEN
466	мыс mys	Шишкова Šiškova	2	Kap	Choro	Cave Point	54°47'N 164°37'W	N$_{ANTH}$	GEN
467	нас. пункт nas. punkt	Шишмарев Šišmarev	2	Siedlung	Oiko		66°10'N 166°10'W	N$_{ANTH\,H}$	NOM
468	бухта buchta	Шишмарева Šišmareva	2	Bucht	Hydro		66°10'N 165°55'W	N$_{ANTH}$	GEN
469	банка banka	Шумагина Šumagina	2	Bank	Choro		54°40'N 159°30'W	N$_{ANTH}$	GEN
470	острова ostrova	Шумагина Šumagina	2	Inseln	Choro	Shumagin Islands, Unga	55°00'N 160°00'W	N$_{ANTH}$	GEN
471	мыс mys	Эспенберга Ėspenberga	2	Kap	Choro		66°32'N 163°42'W	N$_{ANTH}$	GEN
472	пролив proliv	Этолина Ėtolina	2	Meeresstraße	Hydro		60°20'N 165°10'W	N$_{ANTH}$	GEN
473	мыс mys	Этолина Ėtolina	2	Kap	Choro	Khromchenko Cape	60°25'N 166°10'W	N$_{ANTH}$	GEN
474	бухта buchta	Эшшольца Ėššol'ca	2	Bucht	Hydro		66°20'N 161°35'W	N$_{ANTH}$	GEN
475	мыс mys	Южный Južnyj	2	Kap	Choro		56°45'N 154°09'W	ADJ	NOM
476	остров ostrov	Якобия Jakobija	2	Insel	Choro		58°00'N 136°25'W	N$_{ANTH}$	GEN
477	остров ostrov	Якова Jakova	2	Insel	Choro	Jacob Island	55°45'N 159°22'W	N$_{ANTH}$	GEN

Nr.	Benennungsmotivation			Anmerkung
	Motivklasse	Motivgruppe	Semantik/Etymologie	
463	Anthroponym	Seemann mit Alaska-Bezug, Kaufmann	Šelichov, Grigorij Ivanovič (1747–1795), Kaufmann, Seefahrer, RAK Gründer	
464	Anthroponym	Seemann mit Alaska-Bezug, Kaufmann	Šelichov, Grigorij Ivanovič (1747–1795), Kaufmann, Seefahrer, RAK Gründer	
465	Anthroponym	Seemann mit Alaska-Bezug, Kaufmann	Šelichov, Grigorij Ivanovič (1747–1795), Kaufmann, Seefahrer, RAK Gründer	
466	Anthroponym	Seemann ohne Alaska-Bezug	Šiškov, Aleksandr Semenovič (1754–1841), KRM Admiral, Staatsmann	
467	Anthroponym	Seemann mit Alaska-Bezug	Šišmarev, Gleb Semenovič (1781–1835), KRM Offizier, Admiral	abgeleitet (1900) von *buchta Šišmareva*
468	Anthroponym	Seemann mit Alaska-Bezug	Šišmarev, Gleb Semenovič (1781–1835), KRM Offizier, Admiral	
469	Anthroponym	Seemann mit Alaska-Bezug	Šumagin, Nikita (?–?), KRM Matrose	Orth (871): benannt 1888 von USBF
470	Anthroponym	Seemann mit Alaska-Bezug	Šumagin, Nikita (?–?), KRM Matrose	
471	Anthroponym	Naturforscher mit Alaska-Bezug	Karl Espenberg (1761–1822), deutschbaltischer Arzt, Forscher, Mitglied der Krusenstern-Expedition	
472	Anthroponym	Seemann mit Alaska-Bezug, Gouverneur	Ètolin, Adol'f Karlovič (1799–1876), KRM Offizier, Admiral, 8. Gouverneur von Russisch-Amerika	
473	Anthroponym	Seemann mit Alaska-Bezug, Gouverneur	Ètolin, Adol'f Karlovič (1799–1876), KRM Offizier, Admiral, 8. Gouverneur von Russisch-Amerika	
474	Anthroponym	Naturforscher mit Alaska-Bezug	Eššolc, Iogann Fridrich aka Johann Friedrich Eschscholtz (1793–1831), deutschrussischer Naturforscher, Mitglied der Kotzebu-Expeditionen	
475	Deskriptiv	Himmelsrichtung	'Süd-'	
476	Anthroponym	Staatsmann	Jakobi, Ivan Varfolomeevič (1726–1803), Gouverneur vom Verwaltungsgebiet Irkutsk	
477	Anthroponym	Heiliger	Hl. Jakob	

Nr.	Klassifikator	Modifikator	Quelle	Geo-Objekt		Alternative Namen	Geografische Koordinaten	Modifikator	
				ontolog.	Klasse			Wortart	Kasus
478	мыс *mys*	*Якорный* *Jakornyj*	2	Kap	Choro	Anchor Point	59°51'N 151°54'W	ADJ	NOM
479	залив *zaliv*	*Янтарный* *Jantarnyj*	3	Bucht	Hydro	Amber Bay, Baie d'Ambre Jaune	56°48'N 157°07'W	ADJ	NOM
480	река *reka*	*Янтарная* *Jantarnaja*	3	Fluss	Hydro	Yantarni Creek	56°52'N 157°11'W	ADJ	NOM

Nr.	Benennungsmotivation			Anmerkung
	Motivklasse	Motivgruppe	Semantik/Etymologie	
478	Sonstig	Nautik	'Anker-'	
479	Deskriptiv	Landschaft	'Bernstein-'	
480	Deskriptiv	Landschaft	'Bernstein-'	abgeleitet von der Bucht *zaliv Jantarnyj*

Zusätzlich herangezogene Internetquellen

KolTop-Nr. **Internetquelle <01.03.2018>**

25	http://www.navy.su/persons/02/belkov.htm
32	http://alaska-heritage.clan.su/index/0-279
61	a) https://geonames.usgs.gov/apex/f?p=gnispq:3:0::NO::P3_FID:1415840
	b) http://www.vostlit.info/Texts/Dokumenty/Reisen/XIX/1800-1820/Issl_russ_tich_ok_XIX/221-240/232.phtml?id=4324
135	http://www.navy.su/persons/10/in_ignatev.htm
137	http://flot.com/publications/books/shelf/alexeevohotsk/8.htm?print=Y; http://www.navy.su/persons/09/zaykov.htm
164	http://www.msun.ru/ru/news/id-2646
168	https://traditio.wiki/w/index.php?oldid=509659
172	http://ru.wikipedia.org/?oldid=87958187
181	http://ru.wikipedia.org/?oldid=89804188
197	http://ru.wikipedia.org/?oldid=90992049
202	http://www.randewy.ru/karta/kartaL.html
222	http://ru.wikipedia.org/?oldid=89388697
228	https://profilib.com/chtenie/103380/vadim-burlak-russkaya-amerika-62.php
245	https://forum.sevastopol.info/viewtopic.php?t=948424&start=50
252	http://ru.wikipedia.org/?oldid=83945891
275	http://www.randewy.ru/karta/kartaO.html
279	http://www.randewy.ru/karta/kartaO.html
280	http://www.randewy.ru/karta/kartaO.html
288	http://www.randewy.ru/karta/kartaP.html
289	http://pankov.narod.ru/sergeypankov.htm
344	http://www.randewy.ru/karta/kartaR.html
345	http://www.randewy.ru/karta/kartaS.html
360	http://www.randewy.ru/karta/kartaS.html
361	http://www.randewy.ru/karta/kartaS.html
440	http://www.npacific.ru/np/library/encicl/20/0006.htm
443	http://www.randewy.ru/karta/kartaH.html
444	http://www.randewy.ru/karta/kartaH.html
445	https://profilib.com/chtenie/103380/vadim-burlak-russkaya-amerika-62.php
454	http://www.randewy.ru/karta/kartaCH.html
455	http://www.randewy.ru/karta/kartaCH.html
466	http://www.randewy.ru/karta/kartaSH.html

Sandra Herling
Französische und spanische Kolonialtoponyme – ein kontrastiver Vergleich zur Karibikinsel Hispaniola

Zusammenfassung: Der vorliegende Beitrag beschäftigt sich mit französischen und spanischen Kolonialtoponymen auf der Karibikinsel Hispaniola. Dieses Gebiet eignet sich für eine kontrastive Perspektive insofern, als dass beide Kolonialmächte im Zeitraum vom Ende des 17. bis Anfang des 19. Jahrhunderts im Kontakt zueinander standen. Vor diesem Hintergrund werden sowohl Gemeinsamkeiten als auch Unterschiede auf struktureller und benennungsmotivischer Ebene herausgearbeitet. Aufgrund der Tatsache, dass französische und spanische Kolonisatoren geografisch in unmittelbarer Nähe zueinander standen, wird der Frage nachgegangen, ob und inwiefern dieser Kontakt auf die toponymische Benennungspraxis Einfluss ausüben konnte. Die Datengrundlage stellt koloniales Kartenmaterial aus dem 18. Jahrhundert dar, auf dessen Basis ein Inventar zu spanischen und französischen Kolonialtoponymen erstellt wurde.

Schlagwörter: Karibik, vergleichende Toponomastik, französische Kolonialtoponyme, spanische Kolonialtoponyme, Kolonialtoponyme im Sprachkontakt

1 Einleitung

In einem Zeitraum von fünf Jahrhunderten konnte sich das spanische wie auch das französische Kolonialreich über verschiedene Kontinente wie Amerika, Afrika und Asien expandieren. Im Wettlauf um die Inbesitznahme kolonialen Raumes kam es oftmals dazu, dass beide Länder dieselben Gebiete – zum Teil mit einem zeitlichen Abstand – für sich beanspruchten. Als exemplarische Beispiele seien zum einen das Mississippi-Gebiet genannt, das zunächst Mitte des 16. Jahrhunderts von Hernando de Soto für das spanische Königshaus entdeckt wurde, im 17. Jahrhundert jedoch auch das Interesse Frankreichs auf sich zog. Zum anderen die Karibikinsel Hispaniola, deren westlicher Teil Ende des 17. Jahrhunderts von Spanien an Frankreich abgetreten wurde.

Sandra Herling, Romanisches Seminar, Universität Siegen, Adolf-Reichwein-Str. 2, 57076 Siegen. E-Mail: herling@romanistik.uni-siegen.de

Auch wenn der Kolonialismus primär als militärisches, politisches und ökonomisches Phänomen erscheint, so weist Louis-Jean Calvet (2002 [1974]: 79) darauf hin, dass eben auch sekundäre, d. h. kulturelle bzw. sprachliche Faktoren zur dessen Entstehung und Aufrechterhaltung beitragen. Daraus resultiert auch ein onomastisches Faktum, denn im Kolonisierungsprozess und somit in der Machtkonsolidierung spielt insbesondere die Benennung des angeeigneten Raumes eine wichtige Rolle. Diesbezüglich bemerkt Louis-Jean Calvet: „Tout commence par la nomination" (Calvet 2002 [1974]: 80).

Vor diesem Hintergrund setzt sich der vorliegende Beitrag zum Ziel, die toponymische Benennungspraxis im Kontext der spanischen und französischen Kolonisierung zu untersuchen. Im Mittelpunkt des Interesses soll Hispaniola stehen, eine Karibikinsel, auf der sich gegenwärtig die beiden Staaten Haiti und die Dominikanische Republik befinden. Dieses Gebiet eignet sich insofern, als dass sich hier beide Kolonialmächte zu unterschiedlichen Zeitpunkten etablieren konnten. Aus toponomastischer Perspektive können in diesem Zusammenhang folgende Fragestellungen interessant sein: Inwiefern lassen sich Unterschiede und auch Gemeinsamkeiten in der französischen und spanischen Benennungspraxis geografisch benachbarter Kolonien beobachten? Welche Unterschiede gibt es auf struktureller Ebene und in Bezug auf die Benennungsmotivik? Aufgrund der Tatsache, dass die spanische Krone bereits seit dem 15. Jahrhundert die Karibikinsel für sich in Anspruch genommen und im 17. Jahrhundert den westlichen Teil an Frankreich abgetreten hat, bietet es sich an, der Frage nachzugehen, ob die französischen Kolonialherren die bereits bestehenden spanischen Toponyme – zumindest im westlichen Territorium – in ihrem kolonialen Benennungsakt übernommen haben. Mit anderen Worten: Inwiefern wird die toponymische Praxis einer Kolonialmacht im Kontakt mit einer anderen beeinflusst?

Ein Blick auf die aktuelle Forschungslage der Romanistik verdeutlicht, dass das Thema der kolonialen Toponymie bezogen auf den karibischen Raum eher wenig Berücksichtigung gefunden hat. Eine kontrastive Studie zu spanischen und französischen Kolonialtoponymen in der Karibik fehlt bisher. Was die spanischen Toponyme in der Karibik zur Entdeckungszeit anbelangt, so kann auf zwei Arbeiten zurückgegriffen werden: Zum einen beschäftigt sich Val Julián (2011) in ihrer Arbeit auch (aber nicht ausschließlich) mit den ersten seitens der spanischen Eroberer vergebenen Ortsnamen in der Karibik, zum anderen widmet sich Gužauskytė (2014) auf kulturwissenschaftlicher und diskursanalytischer Ebene der Benennungspraxis von Christoph Kolumbus. In Bezug auf die französischen Kolonialtoponyme liegt eine umfassendere Arbeit vor: In der etymologisch orientierten Studie von Jean Baptiste Romain (1960) rücken Mikrotoponyme im nördlichen Teil Haitis, wie Namen von Zuckerrohr- oder Kaffeeplantagen, in den Mittelpunkt. Außerdem gibt die Publikation von Delmond Bebet aus dem Jahre 1933 in der *Revue d'Histoire des Colonies* einen Einblick zu Toponymen auf Martinique. Darüber hinaus liegen Aufsätze vor, die eher marginal auf die in der Kolonialzeit entstandene Toponymie hinweisen. Zu erwähnen ist beispielsweise die Publikation von Huyghues-Belrose (2008) zu Martinique. Vor dem Hintergrund der Forschungslage kann ohne Zweifel eine Reihe von Desiderata formuliert werden, die hier nur angedeutet werden können. Beispielsweise stehen eine umfassende Aufarbeitung der einzelnen Inseln sowie eine kontrastive oder auch diachrone Studie noch aus.

Als Datengrundlage für die Erforschung kolonialer Toponyme in der Karibik eignen sich verschiedene Quellen: Sowohl zeitgenössische Reise- bzw. Entdeckerberichte als auch koloniales Kartenmaterial können herangezogen werden. Kolonialatlanten, die z. B. eine Auflistung der Toponyme in Form eines Indexes beinhalten, stehen zwar für das französische Kolonialreich zur Verfügung (z. B. Pollacchi 1929), bilden aber den Stand der Kolonisierung zu Anfang des 20. Jahrhunderts ab. Mit anderen Worten: Kolonialgebiete wie z. B. Mauritius, die Seychellen und einige karibische Inseln, die zu dieser Zeit entweder unabhängig oder in der Macht anderer Kolonialherren standen, werden folglich nicht in den Atlanten abgebildet.

Für die nachfolgende Analyse fiel die Wahl – wie weiter unten noch näher vorgestellt wird – auf Karten des 18. Jahrhunderts. Die hier benannten geografischen Objekte sind u. a. Siedlungen, Gewässer (Flüsse, Teiche), Berge, Küstenabschnitte (z. B. Buchten, Landspitzen, Felsen) und der Küste vorgelagerte Inseln. Auf Grundlage der inventarisierten Daten soll in erster Linie eine kontrastive Perspektive eingenommen werden.

Zunächst soll jedoch ein kurzer Überblick zur Kolonial- bzw. Entdeckungsgeschichte der Karibik und insbesondere der Insel Hispaniola gegeben werden, um somit die historisch-politischen Rahmenbedingungen zu skizzieren.

2 Die Anfänge der Kolonialgeschichte Frankreichs und Spaniens in der Karibik – eine historische Skizze

Am 3. August 1492 verließ Christoph Columbus mit den Schiffen Pinta, Niña und Santa María und einer 90-köpfigen Besatzung den Hafen von Palos, bis er schließlich zwei Monate später in der Nacht vom 11. auf den 12. Oktober Land sichtete (vgl. Reinhard 2016: 99; Gewecke 2006: 31). „Dem Landgang folgte die Inbesitznahme" (Gewecke 2006: 31) für die spanische Krone und schließlich auch der Benennungsakt: Columbus nannte die Insel, die wahrscheinlich mit der heutigen Watlings-Insel oder mit Samana Cay (Bahamas) (vgl. Reinhard 2016: 99) gleichgesetzt werden kann, *Isla de San Salvador*. Im Laufe des Monats Oktober nahm Christoph Columbus weitere Inseln für die spanische Krone in Besitz. Als Beispiele für die Benennungspraxis Columbus seien diese ersten kolonialen Inselnamen erwähnt: *Santa María de la Concepción* (heute: Rum Cay, Bahamas), *Fernandina* (heute: Long Island, Bahamas), *Isabela* (heute: Crooked Island, Bahamas), *Islas Arenas* (heute: Ragged Island, Bahamas) und schließlich *Juana* (Kuba) (Bedeni 1992: 401; Gewecke 2006: 31). Da Columbus davon überzeugt war, sein eigentliches Reiseziel erreicht zu haben, nämlich sich auf dem asiatischen Festland zu befinden, entschloss er sich zunächst dazu, länger auf Kuba zu verweilen, bis er schließlich auf seiner Weiterfahrt am 6. Dezember 1492 die Antilleninsel Hispaniola erreichte. Jedoch erlitt bei der Erkundung des Nordens der Insel sein Schiff Santa María am 25. Dezember 1492 Schiffbruch (vgl. Gewecke 2006: 35). Die Überreste wurden als Baumaterial für die Errichtung eines Forts verwendet, das Columbus „in Erinnerung an den Weihnachtstag ‚La Navidad'" (Gewecke 2006: 36) nannte. Nur noch mit einem Schiff ausgerüstet, musste Columbus einen Teil seiner Mannschaft dort zurücklassen. Am 16. Januar 1493 trat er die Rückreise nach Spanien an. Bereits im September des gleichen Jahres brach Columbus zur zweiten Reise auf, die bis 1496 dauerte. Neben dem nördlichen Teil der Kleinen Antillen wurde Puerto Rico, die südliche Küste Kubas, Haitis und Jamaika erkundet. Die an Weihnachten 1492 errichtete Siedlung *Navidad* war mittlerweile aufgrund konfliktreicher Auseinandersetzungen zwischen Spaniern und Einheimischen zerstört worden (vgl. Reinhard 2016: 100). Die erste dauerhafte Siedlung stellt die heutige Hauptstadt der Dominikanischen Republik, Santo Domingo, dar. Mit ihrer Gründung im Jahre 1496 wurde zugleich die „älteste noch bestehende europäische Stadt in der neuen Welt gegründet" (Reinhard 2016: 100). Auf Columbus nachfolgenden Reisen (1498–1500 und 1502–1504) wurden Trinidad sowie die Küste von Honduras bis Panama entdeckt (vgl. Gewecke 2006: 136f.).

Im Verlauf des 16. Jahrhunderts verlagerte sich jedoch das Interesse der spanischen Krone von der Karibik auf das amerikanische Festland: Juan Ponce de León umsegelte 1513 die Küsten Floridas (Reinhard 2016: 107). Eine weitere Erschließung nordamerikanischer Gebiete vom Mississippi-Gebiet bis in den Südwesten erfolgte durch Coronado (1540–1542) und de Soto (1539–1542). Die Eroberung Mexikos (1519–1521) unter der Führung von Hernán Cortés sicherte schließlich die Herrschaft der Spanier in Mesoamerika (vgl. Karte in Reinhard 2016: 299).

Nach Spanien (und Portugal) war Frankreich nun das dritte Land der Romania, das die Intention verfolgte, außereuropäische Länder zu entdecken und in Besitz zu nehmen. Der Beginn der französischen Kolonialzeit stellte die Erkundungsfahrt von Jacques Cartier dar, der am 20. April 1534 von Saint-Malo in See stach und nach zwanzig Tagen die Küste Neufundlands erreichte. Mit der Gründung eines Handelskontors unter Führung von Samuel Champlain im Jahre 1608 gelang schließlich eine dauerhafte Siedlung im heutigen Kanada. Die kolonialen Bestrebungen seitens der französischen Krone konzentrierten sich im 16. bzw. 17. Jahrhundert nicht nur auf Nordamerika (neben Kanada sind diesbezüglich auch die Expansionsversuche im Mississippi-Gebiet zu erwähnen).[1] Des Weiteren versuchte die französische Krone Teile des südamerikanischen Kontinents zu erobern. Im Jahre 1612 gelang es Daniel de la Touche den Grundstein für die spätere Kolonie *France équinoxiale* (heutiges Französisch-Guyana) zu legen (vgl. Valode 2008: 30). Neben Nord- und Südamerika stand auch die Karibik im Mittelpunkt. Der normannische Seefahrer Pierre Belain d'Esnambuc errichtete 1625 eine Handelskompanie auf der Insel Saint-Christophe (heutiges Saint Kitts und Nevis). Das Unternehmen war erfolglos, da die Spanier ihre Vormachtstellung zu verteidigen wussten und die französische Niederlassung attackierten. Ausgehend von Saint-Christophe nahm Belain d'Esnambuc im Jahre 1635 die Inseln Martinique, Guadeloupe, Sainte-Lucie, Sainte-Croix, Dominica, Saint-Barthélemy, Saint-Martin, sowie Grenada, Tobago und Marie-Galante für die französische Krone ein.

Die französische Präsenz auf Hispaniola war eng mit der Seeräuberei verbunden. Im Jahre 1630 ließen sich Piraten bzw. Bukaniere[2] auf der im Nordwesten vorgelagerten Insel Tortuga nieder: „Tortuga war ein idealer, leicht zu verteidigender Piratenstützpunkt. Die Küste war im Norden steil und von der Brandung des Atlantiks umtost, ansonsten mit zahllosen Untiefen und dichten Mangrovenwäldern versehen" (Bohn 2003: 41). Unter der Führung des vertriebenen Hugenotten Jean le Vasseur entstand auf Tortuga eine Festung, in die

---

1 Im Jahre 1682 beanspruchte Robert René Cavelier de La Salle dieses Territorium für die französische Krone. Das Choronym *Louisiana* erinnert an die damalige Ehrerbietung gegenüber König Louis (vgl. Valode 2008: 50; Gainot 2015: 37f.).

2 Geflohene Hugenotten ließen sich wie auch andere sozial marginalisierte Gruppen vorwiegend auf von Spaniern verlassenen oder wenig besiedelten Inseln nieder. Von der einheimischen Bevölkerung übernahmen sie die Art und Weise Fleisch zu räuchern. Die indigene Bezeichnung *bucan* für dieses Verfahren übertrug sich auf die Europäer, die mit diesem geräucherten Fleisch handelten (vgl. Bohn 2003: 39f.).

sich bis zu 800 Bukaniere zurückziehen konnten (vgl. Bohn 2003: 41). Im Jahre 1640 ließen sich schließlich weitere Piraten, so genannte *flibustiers*, unter dem Schutz von Richelieu nieder. Bis 1660 gelang es ihnen, die noch dort ansässigen Spanier endgültig zu vertreiben (vgl. Gainot 2015: 20). Die Insel Tortuga entwickelte sich bis Mitte des 17. Jahrhunderts zum Hauptort der Piraterie (vgl. Bohn 2003: 43). Zu erwähnen ist, dass zur Stärkung der Gruppenkohäsion sogar ein Bund namens *Les Frères de la Côte* gegründet wurde (vgl. Bohn 2003: 42). Ab 1670 wurde auch das Festland von Hispaniola seitens der Piraten besiedelt – insbesondere der Norden um Port-de-Paix (vgl. Gainot 2015: 20). Zeitgleich versuchte der Bukanier Bertrand d'Ogeron, der 1665 offiziell zum Gouverneur von Tortuga ernannt wurde, Siedler aus Frankreich zu gewinnen. Um die Besiedlung der zukünftigen Kolonie zu stärken, wurde die offizielle Erlaubnis ausgesprochen, Sklaven zu kaufen.

Entscheidend für den weiteren historischen Verlauf war die Tatsache, dass Spanien im 17. Jahrhundert immer mehr seine Hegemonialstellung in der Karibik verlor. Im Madrider Friedensvertrag von 1670 musste die spanische Krone Jamaika an England abtreten. Es folgte der Friedensvertrag von Rijswijk im Jahre 1697, der Frankreich den westlichen Teil von Hispaniola (vgl. Gewecke 2007: 17) (von nun an Saint-Domingue bezeichnet) zusprach. Saint-Domingue etablierte sich im Laufe des 18. Jahrhunderts zu einer der wirtschaftlich stärksten Regionen des französischen Kolonialreiches (Casali & Cadet 2015: 48). Dies ist im Kontext der Entwicklung von der Siedlungskolonie zur Herrschafts- oder Ausbeutungskolonie zu sehen, die zunehmend auf einer monokulturell orientierten Plantagenwirtschaft wie Zuckerrohr basierte (vgl. Gewecke 2007: 17). Damit verbunden war der massive Import von Arbeitskräften bzw. Sklaven. Waren es beispielsweise 1670 ca. 600 Sklaven auf Saint-Domingue, belief sich die Anzahl der Sklaven im Jahre 1730 bereits auf ca. 94.300 (vgl. Casali & Cadet 2015: 51). Die Auswirkungen der Französischen Revolution waren jedoch auch auf Saint-Domingue zu spüren. 1791 kam es zu einem Sklavenaufstand unter der Führung von François-Dominique Toussaint-Louverture. 1794 wurde schließlich die Sklaverei abgeschafft. Im Jahre 1804 wurde der unabhängige Staat Haiti ausgerufen. Der östliche Teil Hispaniolas, Santo Domingo genannt, blieb allerdings weiterhin unter spanischer Herrschaft. Die ersten Jahrzehnte des 19. Jahrhunderts waren von der Besetzung Santo Domingos durch haitianische Truppen gekennzeichnet. Nach der erneuten Invasion im Jahre 1861 kehrten die Bewohner Santo Domingos zwar vorerst wieder zur spanischen Herrschaft zurück, erklärten aber vier Jahre später ihre Unabhängigkeit und der Staat Dominikanische Republik konstituierte sich (vgl. Gewecke 2007: 22).

3 Untersuchungsmaterial

Wie im vorhergehenden Kapitel kurz dargestellt wurde, währte die französische Kolonialzeit auf Hispaniola insgesamt 107 Jahre, während sich die spanische Herrschaft über mehrere Jahrhunderte von 1492 bis 1865 erstreckte. Ziel des vorliegenden Beitrags ist in erster Linie eine kontrastive Analyse der toponymischen Benennungspraxis beider Kolonialmächte. Demzufolge eignet sich das 18. Jahrhundert als zeitlicher Schwerpunkt, einem Jahrhundert, in dem Spanien und Frankreich gleichzeitig die Insel Hispaniola als Teil ihres Kolonialreiches besaßen.

Als Datengrundlage kann sowohl für das französische als auch für das spanische Korpus auf koloniales Kartenmaterial zurückgegriffen werden. Wirft man einen Blick auf die kartografische Geschichte Hispaniolas, so lässt sich die erste gezeichnete Karte des neu eroberten Gebietes auf das Jahr 1493 datieren. Sie bildet einen Teil des Nordens ab und stammt aus der Feder von Christoph Columbus. 1509 stellte Andrés de Morales auf seiner Karte die gesamte Insel mit Siedlungsnamen dar. Die geografische Dokumentation Hispaniolas im 17. Jahrhundert ist – in der Gesamtbetrachtung – vor allem durch niederländische, aber auch französische Kartografen erfasst worden, deren Kartenmaterial nur zum Teil die jeweiligen spanischen Toponyme berücksichtigen (vgl. Chez Checo 2008).

Für das 18. Jahrhundert liegen verschiedene französischsprachige Kolonialkarten vor, die als Datengrundlage berücksichtigt werden können: Zunächst stellt eine Karte von 1700, deren Urheber auf der Karte selbst nicht namentlich erwähnt wird, die französischen Toponyme der drei Jahre zuvor erworbenen Kolonie Saint-Domingue dar. Im Jahre 1725 widmete sich schließlich der königliche Geograf Guillaume Deslisle dem französischen Teil Hispaniolas. Aus dem Jahre 1764 kann schließlich das kartografische Werk von Jacques-Nicolas Bellin herangezogen werden. Bellin wurde 1741 als erster *ingénieur-géographe du roi pour la marine* ernannt (vgl. Petto 2007: 88ff., 184).

Einen Blick auf einen späteren Zeitpunkt der kolonialtoponymischen Situation bietet die *Carte générale de la partie française de Saint-Domingue* von Claude Fallize aus dem Jahre 1794. Bezüglich des Autors können jedoch nur spärliche Informationen gewonnen werden. Fest steht, dass er als Marineingenieur tätig war und mit der Kartierung der Kolonie Saint-Domingue beauftragt wurde.

Ergänzend werden noch zwei weitere Karten hinzugezogen, die die Kolonialtoponymie der beiden der Küste Hispaniolas vorgelagerten Inseln Gonave und Tortuga veranschaulichen. Das Kartenmaterial zu Gonave stammt aus dem Jahre 1788 und wurde von Lieudé de Sepmanville, einem französischen Kartografen, erstellt. Im Fall Tortugas steht die im Jahre 1667 gezeichnete Karte von

François Blondel zur Verfügung. Zu ergänzen ist, dass es zwar eine Karte aus dem hier fokussierten 18. Jahrhundert gibt, diese jedoch keine toponymischen Veränderungen zur Karte von Blondel aufweist.

Für die Inventarisierung spanischer Kolonialtoponyme gestaltet sich die Datenbasis problematischer, denn es sind nur wenige spanische Karten für das 18. Jahrhundert zugänglich bzw. angefertigt worden. Eine spezifische Karte zur vorgelagerten Insel Saona konnte ebenfalls nicht ermittelt werden.

Insgesamt konnten drei spanische Karten herangezogen werden: Zum einen eine Karte aus dem Jahre 1700, deren Autor jedoch unbekannt ist. Zum anderen eine Karte aus der Feder von Juan Vicente Mejía, einem Mitglied der königlichen Navigationsschule in Cádiz (Real Escuela de Navegación de Cádiz) und schließlich die von Juan López angefertigte Karte *Carta plana de la isla de Santo Domingo llamada tambien Española* aus dem Jahre 1784. Juan López (1765–1830) stammt aus einer traditionsreichen spanischen Kartografenfamilie. Nach seinem Studium der Mathematik in Spanien ließ er sich in Paris und London zum Kartografen ausbilden. In Zusammenarbeit mit seinem Vater Tomás López fertigte er zahlreiche Karten zu Spanien, aber auch zu außereuropäischen Regionen wie z. B. Südamerika an. Einen Höhepunkt in seiner beruflichen Laufbahn stellte die Ernennung zum Leiter des *Gabinete Geográfico de Madrid* im Jahre 1799 dar (vgl. Hernando Rica 2008).

Neben der kontrastiven Analyse soll auch der Frage nachgegangen werden, inwiefern die spanischen Toponyme in der toponymischen Praxis der französischen Kolonisatoren eine Rolle gespielt haben. Mit anderen Worten: Werden bestehende spanische Toponyme in der französischen Kolonialzeit übernommen und wenn ja, in welcher Form vollzieht sich die Aufnahme? Findet eine Modifikation, d. h. eine strukturelle Anpassung statt oder gegebenenfalls eine Übersetzung der verschiedenen Bestandteile? Um zumindest einen tendenziellen Einblick zu bekommen, werden für diese Fragestellungen die Toponyme der bereits vorgestellten Karten aus den Jahren 1493 und 1509 berücksichtigt. Darüber hinaus soll eine kartografische Aufzeichnung aus dem Jahre 1639 ausgewertet werden; einem Zeitraum bevor die ersten französischen Kolonialversuche ihren Anfang nahmen. Autor der Karte war der niederländische Kartograf Joan Vinckeboons (1617–1670), der u. a. am *Atlas Major* von Joan Blaeu mitwirkte.

Um den Kontrast bzw. die Besonderheiten mancher Aspekte besser hervorheben zu können, werden Kolonialtoponyme weiterer Inseln wie Martinique, Guadeloupe, Puerto Rico und Kuba mitberücksichtigt. Das französische Kartenmaterial stammt aus der Feder von Jacques-Nicolas Bellin (1764). Die Karte zu Puerto Rico fertigte Tomás López im Jahre 1791 an. Für Kuba konnte die kartografische Darstellung von Don Camillo Alabern aus der Mitte des 19. Jahrhunderts herangezogen werden.

Abschließend sei ergänzt, dass die vorliegenden Karten online entweder bei der *Bibliothèque Nationale de France*, der *Biblioteca Digital Hispánica* oder bei der US-amerikanischen *Library of Congress* einsehbar sind.

4 Kontrastive Analyse der spanischen und französischen Kolonialtoponyme

4.1 Französische Kolonialtoponyme auf Hispaniola (Saint-Domingue)

4.1.1 Struktur

Das auf Grundlage des oben genannten Kartenmaterials erstellte Inventar umfasst Namen von Siedlungen, Bergen, Ebenen, Teichen, Flüssen sowie Namen von größeren administrativen Einheiten (d. h. Einteilung der Kolonie in *Quartiers*). Aufgrund der Tatsache, dass es sich um eine Insel handelt, die zur Kolonialzeit ausschließlich auf dem Seeweg zu erreichen bzw. zu erobern war, liegt es auf der Hand, dass insbesondere geografische Objekte maritimer Art wie Häfen, Küsten, Buchten, Landspitzen, Felsen, Höhlen, Kaps, Riffe und vorgelagerte Inseln benannt wurden.[3]

---

[3] Gammeltoft (2016) lenkt die Aufmerksamkeit auf die Erforschung von Inselnamen, die nicht nur sprachhistorische, sondern auch in Bezug auf die Kolonialtoponomastik wertvolle Ergebnisse liefern können: „Islands have a tendency to be first to be named by the first people to settle, or just set eyes on, them. This means that islands are usually among the first localities to be named, in both monolingual, multilingual, and language change areas. Thus, island names provide valuable evidence not only of language historical developments, they also allow us to get a glimpse of earlier migration patterns, the mental history of our naming ancestors, and later in history how far-flung islands became entangled in the geopolitical power struggles of colonial nations hungry for new territories to rule and administer." (Gammeltoft 2016: 126). Interessant insbesondere für die Kolonialtoponomastik erscheint der hier angesprochene geopolitische Aspekt zu sein. Die Eroberung von Inseln spielte insbesondere aus strategischen Gründen häufig eine Schlüsselrolle für die jeweilige Kolonialmacht. Es wäre dementsprechend lohnenswert, die Benennung von Inseln in der Kolonialzeit zu untersuchen und somit eventuell spezifische Benennungsmuster dieser toponymischen Kategorie herauszuarbeiten und sie mit anderen Kolonialtoponymen zu vergleichen. Gammeltoft hält bezüglich der Benennung der kolonisierten Inseln folgende Tendenz fest: „In this battle for new lands, islands were often

Was die Struktur der französischen Toponyme anbelangt, so können sowohl einfache Konstruktionen bestehend aus einer Komponente als auch komplexe Konstruktionen beobachtet werden. Insgesamt lassen sich auf der Basis des Gesamtinventars, das 390 (types) Toponyme umfasst, fünf verschiedene Typen von Bildungsmustern differenzieren, die im Folgenden beschrieben werden sollen:

- **Typ A**: Simplex
  Beispiel: *Aquin* (Siedlung)[4]

Typ A umfasst Toponyme, die eine einfache Struktur aufweisen, d. h. synchron aus einer Komponente bestehen – wie auch die folgenden Beispiele demonstrieren: *Bahaya* (Siedlung), *Marmelade* (Siedlung), *Limonade* (Siedlung), *Jérémie* (Siedlung), *Limbé* (Siedlung). Auffällig ist darüber hinaus, dass es sich in der Regel um Siedlungsnamen handelt.

Das zweite zu beobachtende Konstruktionsmuster stellt auf morphosyntaktischer Ebene eine Nominalphrase dar, bestehend aus einem bestimmten Artikel, der in Genus und Numerus mit dem nachfolgenden Substantiv bzw. Appellativ kongruiert:

- **Typ B**: Artikel + Nomen
  Beispiel: *Le Borgne* (Oikonym): [{*Le*}$_{ART}$ {*Borgne*}$_{NOM/APP}$]$_{TOP}$/*Le*$_{ART}$ 'der' , *Borgne*$_{NOM/APP}$ 'Einäugiger'

Weitere Beispiele sind *Le Fond* (Oikonym), *Le Cap* (Oikonym), *Les Côteaux* (Oikonym). Was die Referenz auf Geo-Objekte anbelangt, so lassen sich – ähnlich wie bei Typ A – mehrheitlich Siedlungen feststellen. Eine Ausnahme bildet hingegen der Flussname *La Trouble*.

Mit Typ C liegt eine Konstruktion mit nominalem Kern vor. Dieser wird durch ein weiteres Element, ein im Numerus und Genus kongruentes Adjektiv, näher spezifiziert:

- **Typ C**: Nomen + Adjektiv
  Beispiel: *Étang Saumâtre* (Teich): [{*Étang*}$_{NOM/APP}$ {*Saumâtre*}$_{ADJ}$]$_{TOP}$/*Étang*$_{NOM/APP}$ 'Teich', *Saumâtre*$_{ADJ}$ 'brackig'

---

given names with potent cultural and national associations, owing to their strategic importance not only as potential sources of income and goods but also as bridgeheads for further explorations and land claiming." (Gammeltoft 2016: 130). Abschließend sei darauf hingewiesen, dass Nübling et al. (2015: 212) bemerken, dass Inselnamen bisher wenig Berücksichtigung in der onomastischen Forschung gefunden haben.

4 In Klammern wird das jeweilige benannte geografische Objekt angegeben.

Die Stellung des Adjektivs innerhalb der onymischen Konstruktion – wie das oben angeführte Beispiel zeigt – folgt den Regeln der französischen Sprache (des 18. Jahrhunderts). Beispielsweise werden Dimensionsadjektive wie *petit/petite*, *grand/grande* oder *gros/grosse* dem jeweiligen Nomen vorangestellt, während Farbadjektive nachgestellt werden. Als exemplarische Beispiele für Typ C seien die folgenden genannt: *Petite Baie* (Bucht), *Grande Rivière* (Siedlung), *Gros Ilet* (Insel), *Gros Morne* (Berg), *Grosse Caye* (Insel), *Rivière Blanche* (Fluss), *Rivière Rouge* (Fluss), *Montagne Noire* (Berg).

Interessant ist nun, dass hauptsächlich geografische Objekte wie Flüsse, Inseln, Landspitzen, Buchten, Berge oder Gewässer mittels dieses Konstruktionsmusters benannt wurden. Diese Tatsache spiegelt sich schließlich auch in der Semantik des Nomens wider. Wir finden in der Regel Appellative wie *Baye* 'Bucht' oder *Montagne* 'Berg', die auf das jeweilige zu bezeichnende geografische Objekt referieren. Auch im folgenden Bildungsmuster lassen sich ähnliche semantische Strukturen erkennen. Doch zunächst zur morphologischen Struktur:

– **Typ D**: Nomen + Nomen
  Beispiel: *Pointe Paradis* (Landspitze): [{Pointe}$_{NOM}$ {Paradis}$_{NOM}$]$_{TOP}$

Es handelt sich hierbei um eine asyndetische Konstruktion, d. h. ein Nomen steht in Juxtaposition mit einem anderen Nomen ohne grammatische Bindeglieder. Im Falle des linken nominalen Elementes handelt es sich – wie bei Typ C – um ein Appellativ, das ein geografisches Objekt bezeichnet wie z. B. *Islet* 'kleine Insel', *Trou* 'Höhle (Küstenfelsen)', *Rivière* 'Fluss', während die zweite Stelle entweder durch ein weiteres Appellativ wie z. B. *Islet Carénage* 'Dock', *Trou Forban* ‚Freibeuter' oder durch einen Eigennamen wie z. B. *Cap Raymond*, *Trou Constantin*, *Pointe Antoine* besetzt wird.

Typ E stellt schließlich ein mehrgliedriges Konstruktionsmuster bestehend aus einem Nomen, einem grammatischen Bindeglied (Präposition und/oder Artikel) und einem weiteren nominalen Element dar:

– **Typ E** Nomen + Präposition/Artikel + Nomen
  Beispiel: *Rivière de la Pierre* (Fluss): [{Rivière}$_{NOM}$ {de la}$_{PRÄP/ART}$ {Pierre}$_{NOM}$]$_{TOP}$/ *Rivière*$_{NOM}$ 'Fluss', *de la*$_{PRÄP/ART}$ 'des', *Pierre*$_{NOM}$ 'Stein'

Zur Verdeutlichung dieses Phänomens seien weitere Beispiele wie *Rivière du Trou* (Fluss), *Ance aux Flamans* (kleine Bucht) und *Bonnet à l'Evêque* (Berg) genannt.

Werden zusätzlich semantische Aspekte in die Betrachtung einbezogen, so fällt auf, dass es sich im Falle des links stehenden Nomens sehr häufig um ein Appellativ handelt, das auf eine geografische Entität referiert (wie z. B. *rivière* 'Fluss' oder *ance* 'kleine Bucht') und von Stolz & Warnke (2015: 138) treffend als

„Geoklassifikator" bezeichnet wird. Folgende Beispiele sollen diese toponymische Praxis auf Hispaniola illustrieren: *Ance à la Raye*, *Ance du Mouillage*, *Ance à Perle*, *Rivière de la Caille*, *Rivière des Nègres*. Eine quantitative Auswertung zeigt deutlich, dass Konstruktionen mit einem Klassifikator von hoher Relevanz sind: Innerhalb der Kategorie Typ E weisen bis auf fünf Ausnahmen wie *Bec à Marsouin* (Küstenabschnitt), *Bonnet à l'Evêque* (Berg), *Etron de Porc* (Insel), *Tête de Chien* (Felsen), *Cul de Sac* (Siedlung) alle Toponyme einen Geoklassifikator auf. Darüber hinaus spielen Geoklassifikatoren – wie bereits erwähnt wurde – auch in den beiden vorherigen Kategorien eine quantitativ signifikante Rolle: In Bezug auf Typ C sind es 33 der insgesamt 36 Toponyme, die ein klassifikatorisches Element aufweisen. Toponyme des Typs D besitzen ausschließlich einen Geoklassifikator. Bereits der quantitative Tatbestand deutet darauf hin, dass es lohnenswert ist, sich näher mit diesem Phänomen auseinanderzusetzen:

Nach Sichtung des französischen Datenmaterials konnten insgesamt 26 Klassifikatoren (*types*) identifiziert werden: *Ance/Anse*[5] 'kleine Bucht', *Bande* 'Küstenabschnitt', *Baye/Baie* 'Bucht', *Cap* 'Kap', *Côtes* 'Küsten', *Caye* 'flache, sandige Insel', *Étang* 'Teich', *Fort* 'Festung', *Ile/Isle* 'Insel', *Ilets* 'kleine Inseln', *Montagne* 'Berg', *Môle* 'Hafenmole', *Morne* 'Felsen auf Inseln oder Felsen in Küstennähe', *Piton* 'Bergspitze', *Plaine* 'Ebene', *Pointe* 'Landspitze', *Port* 'Hafen', *Quartier* 'Viertel', *Ressif/Rescif* 'Riff', *Rivière* 'Fluss', *Roche* 'Felsen', *Savanne* 'Savanne', *Tapion* 'weißer Fleck auf Küstenfelsen', *Trou* 'Höhle (in einem Küstenfelsen)', *Terre* 'Erde, Land', *Ville* 'Stadt'. Einige dieser Klassifikatoren stellen in mehrfacher Hinsicht Besonderheiten dar, die im Folgenden näher beschrieben werden sollen.

Etymologisch interessant sind die Klassifikatoren *Morne* und *Caye*, denn beide sind im Kontext der Kolonialzeit in den europäisch-französischen Wortschatz aufgenommen worden. Als schriftlichen Erstbeleg für *morne* kann der Reisebericht *Relation de l'establissement des François depuis l'an 1635 dans l'Isle de la Martinique* über den Aufenthalt von Jacques Bouton auf der Antilleninsel Martinique genannt werden. Jedoch bleibt die eigentliche etymologische Herkunft von *morne* unsicher. Eine mögliche Basis könnte spanisch *morro* 'Felsen, Hügel' sein. Fest steht, dass *morne* auf eine Relieferhebung in Form eines Berges oder eines Hügels auf einer Insel oder in einem Küstengebiet referiert (vgl. TLFi, Eintrag zu *morne*). Interessant ist jedoch folgender sprachhistorischer Hinweis: „Mot du créole des Antilles qui s'est répandu ensuite aux créoles de la Réunion, d'Haïti et de la Martinique" (TLFi, Eintrag zu *morne*). Demzufolge hat sich das Lexem vom Kreolfranzösischen in der Karibik auch auf andere koloni-

---

5 Als onymisches Bestandteil wird der Klassifikator mit Großschreibung dargestellt.

sierte Gebiete wie die Insel La Réunion im Indischen Ozean übertragen. Ein Blick in einen französischen Kolonialatlas zeigt, dass *morne* als Geoklassifikator durchaus im französischen Kolonialreich verbreitet war – wie z. B. in Französisch-Guyana (*Morne Isolé*), auf dem ostafrikanischen Festland (*Morne Noir*) oder auch als einfache Form wie z. B. auf dem subantarktischen Archipel der Kerguelen (*Morne*) (vgl. Pollacchi 1929: 302). Ergänzend sei auf die 8. Auflage des Akademiewörterbuchs (1932) hingewiesen, in dem die exklusive Verwendung von *morne* in den Kolonien erwähnt wird: „MORNE. n. m. Nom qu l'on donne, dans les anciennes colonies françaises, à une Petite montagne" (Académie, Eintrag zu *morne*).

Die Liste ließe sich ohne Zweifel erweitern, jedoch sollen die Beispiele genügen, um aufzuzeigen, dass es sich hier um einen spezifischen Geoklassifikator handelt, der vermutlich ausschließlich in Kolonialgebieten vorkommt. Im europäischen Mutterland lässt sich zumindest kein Beleg für *morne* finden – dieser Befund konnte als Ergebnis einer stichprobenartigen Überprüfung zeitgenössischen Kartenmaterials des 17. Jahrhunderts, aber auch der gegenwärtigen Toponymie Frankreichs (vgl. http://www.francetopo.fr/; Karte von Tassin) festgehalten werden.

Die Besonderheit des Klassifikators *Caye* liegt in der Verwendung auf eine beschränkte geografische Region, nämlich der Karibik. Es handelt sich hierbei um eine Bezeichnung für eine flache sandige Insel in der Karibik, die häufig aus Korallenablagerungen entstanden ist. In gegenwärtigen Wörterbüchern des Französischen ist das Lexem *caye* jedoch nicht mehr verzeichnet. Fündig wird man im *Dictionnaire de la langue française* von Littré aus dem 19. Jahrhundert. Dort wurde *cayes* in der Pluralform lemmatisiert und mit der folgenden Bedeutung angegeben: „*Terme de géographie*. Dans la mer des Antilles, îles basses, rochers, bancs formés de vase, de corail et de madrépores" (Littré; Eintrag zu *cayes*). Daraus könnte die Schlussfolgerung gezogen werden, dass der Erstbeleg von *caye* auch wieder im karibischen Raum zu suchen ist. Eine mögliche Bestätigung liefert das Wörterbuch der *Real Academia Española* zu dem Eintrag *cayo*. Etymologisch wird hier auf die arawakische Sprachfamilie hingewiesen (vgl. DLE, Eintrag zu *cayo*). Demzufolge könnte Spanisch als Vermittlersprache fungiert haben. Zu ergänzen ist, dass dieser Geoklassifikator nicht nur auf dem Gebiet von Saint-Domingue, sondern auch in weiteren Regionen der Karibik vorzufinden ist wie z. B. *Caye Mitan* (Insel bei Martinique) (vgl. Pollacchi 1929: 288).

Eine weitere Besonderheit stellt *Ance/Anse* dar. Es handelt sich hierbei um eine geografische Bezeichnung für eine kleine Bucht („petite baie" vgl. TLFi). Im Französischen weist das Appellativ *anse* auch die Bedeutung 'Henkel' auf. Sprachhistorisch betrachtet liegt somit ein metaphorischer Prozess vor, bei dem offensichtlich die Form der Bucht ausschlaggebend war (vgl. TLFi, Eintrag zu *anse*). Die Besonderheit von *anse* ist allerdings nicht etymologischer Natur, sondern in der kolonialen Benennungspraxis verankert: *Anse* als geografischer Klassifikator ist – wie auch *morne* – vermutlich ausschließlich in kolonisierten Gebieten vorzufinden[6] – zumindest scheint es im Mutterland Frankreich in der maritimen Toponymie keinen Beleg zu geben (vgl. http://www.francetopo.fr/ oder zeitgenössische Karte von Tassin). Wir finden *anse* nicht nur in den ehemaligen Kolonien der Karibik wie z. B. auf der Insel Guadeloupe (*Anse Longue*), sondern auch in weiteren französischen Kolonialgebieten wie z. B. *L'Anse* (La Réunion) (vgl. Pollacchi 1929: 283). In diesem Kontext sei auch auf den Klassifikator *Rivière* hingewiesen. Die Besonderheit hierbei besteht eben auch in der Tatsache, dass *Rivière* nur im kolonisierten Raum als toponymische Komponente verwendet wurde. Hydronyme in Frankreich führen keinen zusätzlichen geografischen Klassifikator mit sich wie z. B. *Le Doubs*, *La Drôme*, *Seine*, *Rhône* (vgl. http://www.francetopo.fr/ oder zeitgenössische Karte von Tassin). Weitere koloniale Beispiele sind *Rivière Piton* (La Réunion) oder *Rivière Noire* (Guadeloupe) (vgl. Pollacchi 1929: 307).

Im Falle des Klassifikators *Tapion* handelt es sich um einen fachsprachlichen Archaismus. Im *Dictionnaire de Marine* von Jean-Baptiste-Philibert Willaumez (1831: 540) heißt es wie folgt:

> TAPION, s.m. On donne ce nom à des taches ou marques blanches, qui paraissent à une certaine hauteur dans les rochers ou les mornes donnant sur la mer: étant au large, un bâtiment les prend souvent pour des voiles sous terre près de la côte.

Interessant ist das Lexem *tapion* nicht nur aus sprachhistorischen Gründen, sondern auch aufgrund der Tatsache, dass *tapion* als Klassifikator bezüglich der Kolonie Saint-Domingue nur einmal belegt werden konnte und somit ein Hapax präsentiert: *Tapion de la Couane*.

Festgehalten werden kann, dass einerseits Klassifikatoren wie *Morne* und *Caye* ihren etymologischen Ursprung im kolonialen Kontext verankert haben und andererseits Klassifikatoren wie *Rivière* und *Anse/Ance*, aber auch *Morne* und *Caye*, die (vermutlich) nur als Komponente bei französischen Kolonialtoponymen vorkommen.

---

6 Diese Beobachtung stützt sich auf französisches Kartenmaterial des 17. Jahrhunderts, das insbesondere maritime Bereiche darstellt wie z. B. die *Carte générale de toutes les costes de France*. Auch in der toponomastischen Fachliteratur zu Frankreich (z. B. Gendron 2008) findet *Anse* als onymisches Element keine Erwähnung.

Des Weiteren gilt es zwischen zwei Kategorien von Geoklassifikatoren zu unterscheiden. Einerseits lassen sich Klassifikatoren wie *Rivière, Cap, Anse/ Ance, Baye/Baie* etc. beobachten, die tatsächlich einen Fluss, ein Kap, eine Bucht etc. bezeichnen, andererseits lassen sich Geoklassifikatoren feststellen, die nur in einer meronymischen Relation zu dem bezeichneten geografischen Objekt stehen. Im Falle von *Port au Prince, Port de Paix, Ance à Veau* handelt es sich um Siedlungen, die sich an einem Hafen oder an einer Bucht gelegen, etabliert haben. Das Phänomen der *indirekten* Geoklassifikatoren ist jedoch nur ein marginales Phänomen und betrifft lediglich nur elf Toponyme des Gesamtinventars.

Auffällig ist auch das Vorkommen der Klassifikatoren. So weisen Anoikonyme in der Regel ein Appellativ auf, das das jeweilige geografische Objekt bezeichnet. Im Gegensatz dazu spielen Geoklassifikatoren bei der Benennung von Oikonymen in der Kolonie Saint-Domingue keine Rolle. Lediglich ein Beleg weist den Klassifikator *Ville* auf: *Ville du Port du Dauphin*. In diesem Fall muss jedoch erwähnt werden, dass nur auf der Karte von Bellin (1764) dieses Toponym erscheint. Auf anderen Karten erscheint *Port du Dauphin*.

Kommen wir nun zurück zur Bildungsstruktur Typ E [Nomen + grammatisches Bindeglied + Nomen]. Die links stehende nominale Stelle kann entweder durch einen Geoklassifikator oder – quantitativ eher selten vertreten – durch ein anderes Appellativ besetzt sein, das mittels grammatischer Morpheme (Präposition, Artikel) mit einem weiteren nominalen Element verbunden wird. Dieses hier allgemein bezeichnete weitere Element gilt es zu spezifizieren: Die Funktion besteht ähnlich wie in einem Determinativkompositum in der näheren Bestimmung eines anderen Elements. Auf die vorliegenden Toponyme übertragen, könnte man von einem onymischen Determinans bzw. einem onymischen Modifikator sprechen, der das jeweilige linksstehende Nomen innerhalb der eigenen Kategorie weiter spezifiziert und identifiziert. Beispielsweise weisen die für die Kolonie Saint-Domingue inventarisierten Flussnamen in der Regel den Geoklassifikator *Rivière* auf. Zusätzlich werden sie innerhalb dieser geografischen Kategorie durch die zweite Komponente identifizierbar – wie die folgenden Beispiele demonstrieren: *Rivière du Trou, Rivière du Borgne, Rivière du Capitan* etc.

Die determinierende Komponente geht entweder auf ein Appellativ wie z. B. *Montagne des Orangers* 'Orangenbäume', *Rivière des Citronniers* 'Zitronenbäume', *Pointe du Vent* 'Wind', *Ile de la Tortue* 'Schildkröte', *Plaine du Nord* 'Norden', *Ance à la Raye* 'Rochen', *Ance du Mouillage* 'Ankerplatz' oder auf einen Eigennamen zurück. Diesbezüglich können Anthroponyme wie z. B. *Pointe à Pascal, Cap de Louise, Islet à Joseph* und auch Toponyme wie z. B. *Baye d'Aquin, Rivière de Jacmel* belegt werden. Im Falle der Toponyme handelt es sich ausschließlich um den Namen der jeweiligen Siedlung, die sich in der Nähe befindet. So referiert die toponymische Komponente *Aquin* in dem Buchtennamen *Baye d'Aquin* auf die in der Nähe gelegene Siedlung *Aquin*. Teilweise lassen sich Clusterbildungen beobachten, d. h. basierend auf einem Siedlungsnamen (z. B. *Jean Rabel*) werden verschiedene geografische Objekte benannt wie eine kleine Bucht *Ance de Jean Rabel*, eine Landzunge *Pointe de Jean Rabel* und schließlich ein Fluss *Rivière de Jean Rabel*.

Hinsichtlich der internen Struktur des Typs E ist außerdem zu bemerken, dass manchen Toponymen ein weiteres attribuierendes Element vorangestellt wird. Es handelt sich ausschließlich um die beiden Dimensionsadjektive *grand* und *petit*, wie die folgenden Beispiele zeigen: *Grande Rivière de Jérémie, Grande Baye de Jacmel, Petite Ance du Corail*. Es handelt sich jedoch um ein minoritäres Phänomen, das insgesamt bei sechs Toponymen dieser Kategorie festgestellt werden konnte.

Quantitativ betrachtet kann – wie weiter unten noch ausführlicher erläutert wird – festgehalten werden, dass die überwiegende Mehrheit der Kolonialtoponyme dem Bildungsmuster Typ E folgen. Aus diesem Faktum kann jedoch nicht die Schlussfolgerung gezogen werden, dass es sich um eine spezifische koloniale Konstruktion handelt. Löfström & Schnabel-Le Corre (2010: 299) bemerken, dass generell Toponyme, die mehrgliedrig sind, eben dieses Konstruktionsmuster, also [Nomen + grammatisches Bindeglied + Nomen als Modifikator] aufweisen. Es scheint folglich ein allgemein frequentes Phänomen zu sein: „La structure des toponymes complexes à construction prépositionnelle avec le constituant déterminant introduit par une préposition est un cas fréquent en toponymie." Vor dem Hintergrund der bisherigen Betrachtungen zu Typ E kann vorerst konstatiert werden, dass koloniale Besonderheiten weniger im Konstruktionstyp liegen, sondern eher in der Verwendung einzelner geografischer Klassifikatoren als toponymischer Bestandteil – wie bereits weiter oben dargestellt wurde.

Hinsichtlich der Struktur kann noch ein weiteres – wenn auch nur marginales Phänomen – beobachtet werden. Toponyme, die den Bildungsmustern D und E zugeordnet worden sind, zeichnen sich dadurch aus, dass der Klassifikator jeweils links steht und dem modifizierenden Element vorangeht wie z. B. *Pointe Paradis* oder *Rivière du Trou*. Dies spiegelt im Grunde die gängige Abfolge von Determinativkomposita (syndetisch oder asyndetisch gebildet) im Französischen wider. Jedoch lassen sich insgesamt vier Toponyme bzw. Hydronyme im vorliegenden Inventar identifizieren, bei denen diese Reihenfolge umgekehrt ist und somit dem romanischen Prinzip entgegenläuft: Der Klassifikator folgt auf das modifizierende Element: *Goave Rivière, Goyacoui Rivière, Macouba Rivière, Magouac Rivière*. Geografisch betrachtet liegen die Flüsse in unmittelbarer Nähe beieinander, woraus die Schlussfolgerung gezogen werden könnte, dass es sich hier um eine analoge Benennung handeln könnte. Fest steht jedoch, dass die rechtsköpfige Stellung nur diese vier Hydronyme betrifft und somit auch keine quantitative Relevanz darstellt. Interessant ist hingegen die sprachliche Kombination, denn wie das Beispiel *Macouba Rivière* zeigt, handelt es sich um eine sprachlich heterogene Form, wobei ein Bestandteil aus einer indigenen Sprache stammt (und eine Fischart bezeichnet) (vgl. Huyghues-Belrose 2008) und der andere Teil auf der Sprache der Kolonialmacht basiert. Dieser Befund leitet über zu einem weiteren Analyseaspekt, nämlich die Betrachtung der sprachlichen Herkunft kolonialer Toponyme.

4.1.2 Kombinationen der Sprachen in Toponymen

Im Falle Hispaniolas handelt es sich um ein vorkolonial besiedeltes Gebiet. Es kann folglich davon ausgegangen werden, dass indigene Toponyme durchaus Eingang in den kolonialen Benennungsprozess gefunden haben. Für die französischen Kolonisatoren kam nun auch der Aspekt hinzu, dass der ab 1697 kolonisierte Teil der Insel zuvor in Besitz einer anderen europäischen Kolonialmacht war. Infolgedessen könnte es sich um spanische Übernahmen handeln – wie noch weiter unten kurz beleuchtet wird.

In der Gesamtbetrachtung zeigt sich, dass Exonyme[7] eindeutig dominieren, denn ca. 85,1 % der Toponyme auf Saint-Domingue sind ausschließlich französischsprachig. Als exemplarische Beispiele seien *Rivière Creuse* (Fluss), *Rivière Dormante* (Fluss), *Grand Lagon* (Lagune), *Étang Doux* (Gewässer), *Fort Dauphin* (Siedlung), *Ilet de Sable* (Insel), *Pointe à la Seringue* (Landspitze), *Ance de la Fontaine* (Bucht) aufgeführt.

Der Kontakt zwischen den beiden Kolonialsprachen Französisch und Spanisch wird in drei Beispielen von gemischten Exonymen offensichtlich: Es handelt sich hierbei um Anoikonyme an der südwestlichen und nördlichen Küste Hispaniolas: *Cap de Tiburon* (Kap), *Rivière de Tiburon* (Fluss) und *Baye de Caracol* (Bucht). Der jeweilige Klassifikator ist französisch, während die Modifikatoren aus der spanischen Sprache mit der Bedeutung 'Hai' (*tiburón*) und 'Schnecke' (*caracol*) stammen.

Des Weiteren lässt sich auch die Klasse der Hybride identifizieren, wobei zwischen verschiedenen Hybridisierungsformen phonologischer, morphologi-

---

7 Zu den Definitionen der nachfolgenden Termini Exonyme, gemischte Exonyme, Endonyme und Hybride siehe Stolz & Warnke in diesem Band.

scher oder semantischer Natur unterschieden werden kann (siehe Stolz & Warnke in diesem Band). In Bezug auf die Kolonialtoponyme Hispaniolas soll an dieser Stelle ausschließlich morphologische Hybride Berücksichtigung finden, die aus quantitativer Sicht ca. 12,6 % des Gesamtinventars ausmachen. Ein Beispiel hierzu stellt das Toponym *Baye d'Aquin*. In der vorliegenden mehrgliedrigen Konstruktion wird ein Bestandteil, in diesem Fall der Klassifikator (*Baye*) sowie das grammatische Bindeglied (die elidierte Präposition *d'*) aus dem Französischen mit einem Bestandteil, dem rechtsköpfigen Modifikator (*Aquin*) aus einer indigenen Sprache kombiniert: Weitere Beispiele sind:

> *Baye de Miragoane* (Bucht): [{*Baye de*}$_{französisch}$ {*Miragoane*}$_{indigen}$]$_{TOP}$
> *Rivière de l'Artibonite* (Fluss): [{*Rivière de l'*}$_{französisch}$ {Artibonite}$_{indigen}$]$_{TOP}$
> *Petit Goave* (Siedlung): [{Petit}$_{französisch}$ {Goave}$_{indigen}$]$_{TOP}$

Schließlich gibt es noch eine weitere Form, die in kolonialem Kartenmaterial zu beobachten ist: Endonyme, d. h. Toponyme, die aus einer Sprache der Kolonisierten stammen. Bezüglich des Quellenmaterials zu Saint-Domingue lassen sich insgesamt nur ca. 2,3 % endonymische Kolonialtoponyme belegen. Als Beispiele seien *Léogane* (Siedlung), *Bahaya* (Siedlung), *Limbé* (Siedlung) und *Ounamithe* (Siedlung) genannt. Auffällig ist, dass es sich ausschließlich um Siedlungsnamen handelt. Ein Blick auf Karten des 17. Jahrhunderts (beispielsweise Vinckeboons 1639), als sich die gesamte Insel noch unter spanischer Herrschaft befand, zeigt, dass einige Siedlungen seitens der Spanier nicht umbenannt worden sind, sondern den jeweiligen präkolonialen Namen weiter führen. Teilweise fand eine Hispanisierung und dementsprechend eine Französisierung statt, die sich sowohl in der Graphie als auch in morphologischen Aspekten widerspiegeln. Die nachstehende Tabelle soll dieses Phänomen verdeutlichen (zu den indigenen Toponymen vgl. Milbin 2007: 7):

Tabelle 1: Umbenennungen.

Indigen	Spanisches Kolonialtoponym	Französisches Kolonialtoponym
Abaca	Isla Vaca	Ile à Vache
Dan Aria	Cabo Doña María	Cap Dame Marie
Kahaya	Alcahay	Arcahaye
Yaquimel	Yaquimo	Jacqmel
Yaguana	Yaguana	Léogane

Eindrucksvoll sind die ersten beiden Beispiele. Es kommt hier aufgrund der für die spanischen Kolonisatoren nicht transparenten indigenen Namen zu einer phonologischen bzw. semantischen Fehlinterpretation (zu diesem Phänomen siehe Stolz & Warnke in diesem Band). Die phonetische Ähnlichkeit von *Abaca* führte zu span. *Vaca* ('Kuh'), analog dazu lässt sich die Entwicklung von *Dan Aria* > span. *Doña María* erklären. Unter französischer Kolonialherrschaft fand folglich kein neuer exonymischer Prozess statt, d. h. der erworbene koloniale Raum wurde nicht mittels eigenem Sprachmaterial benannt. Es erfolgte eine Übertragung des spanischen Ausgangsmaterials in das französische Toponomastikon – wie auch das nächste Beispiel zeigt: Das Toponym *Yaquimo* ähnelt in seiner Struktur dem männlichen Anthroponym *Jacquimo*, von daher verwundert es nicht, das entsprechende französische Allonym *Jacqmel* auf der Kolonialkarte von Saint-Domingue vorzufinden. Dieses Vorgehen ist allerdings nicht nur auf Hispaniola beschränkt, sondern lässt sich auch in anderen Regionen der Karibik beobachten, die von beiden Kolonialmächten beansprucht worden sind. Als Beleg hierzu soll die Toponymie Trinidads dienen: Als Frankreich im 17. Jahrhundert für kurze Zeit die Insel in Besitz nahm, wurden bereits bestehende spanische Ortsnamen ins Französische übertragen: span. *Punta Gorda* > frz. *Pointe Gourde*, span. *Punta de Piedra* > frz. *Pointe à Pierre*, span. *Río Grande* > frz. *Grande Rivière* (Thompson 1959: 139).

Es kann folglich festgehalten werden, dass in der Benennungspraxis französischer Kolonialherren von zuvor europäisch kolonisierten Gebieten verschiedene Prozesse wirksam wurden: Semantisch transparente Toponyme werden in der Regel übertragen, wie die folgende Übersicht verdeutlicht:

Tabelle 2: Übertragung semantisch transparenter Toponyme.

Spanisches Toponym	Französisches Toponym
Río Caymanes	Rivière Caymans
Río Salado	Rivière Salée
Punta Palmistas	Pointe Palmistes
Isla Tortuga	Ile de Tortue

Handelt es sich um ein Toponym auf Basis eines Anthroponyms, so wird das entsprechende Allonym verwendet:

Tabelle 3: Übertragung von Anthroponymen.

Spanisches Toponym	Französisches Toponym
Cabo de San Nicolas	Cap Saint Nicolas
Puerto San Marco	Saint Marc

Schließlich kommt es vor, dass Toponyme phonetisch-graphematisch an das französische System angepasst werden. Dies trifft beispielsweise auf die weiter oben genannten Beispiele *Léogane* und *Arcahaye* zu. In der Regel handelt es sich hier um nicht-transparente Toponyme, deren etymologischer Ursprung in einer indigenen Sprache liegt:

Tabelle 4: Phonetisch-graphematische Anpassungen.

Spanisches Toponym	Französisches Toponym
Hatibonico	Rivière de l'Artibonite
Guanabo	Ile Gonaïves
Caimit	Caymite

Darüber hinaus können Fälle beobachtet werden, bei denen spanische Toponyme keine Berücksichtigung im Benennungsprozess der französischen Kolonisatoren gefunden haben: Beispielsweise tauchen *Puerto Escondido* oder *Boca de Hamaca* nicht mehr auf französischen Kolonialkarten auf. Aufgrund der Tatsache, dass die Geschichte vieler Gebiete durch einen Wechsel von Kolonisatoren gekennzeichnet ist, lohnt es sich ohne Zweifel, dem europäisch-kolonialen Sprachkontakt in der Toponymie mehr Aufmerksamkeit zu widmen. Die Aufgabe weiterer Arbeiten könnte darin bestehen, der Frage nachzugehen, wie eine Kolonialmacht mit bestehenden Toponymen eines anderen Kolonisators umgeht und welche systemlinguistischen Adaptionsprozesse schließlich stattfinden.

Kommen wir nun zum französischen Kolonialtoponomastikon der Insel Hispaniola zurück. Neben der Struktur und dem Aspekt, aus welchen Sprachen die einzelnen Bestandteile stammen, kann abschließend ein Blick auf die Benennungsmotivik geworfen werden. Im Mittelpunkt der nachfolgenden Betrachtungen sollen hierbei exonymische Toponyme stehen.

4.1.3 Benennungsmotivik

Die Motivation für die Vergabe von den weiter oben besprochenen Geoklassifikatoren ist insofern offensichtlich, als dass das jeweilige zu benennende geografische Objekt eine auslösende Rolle bei der Namenprägung gewesen ist (vgl. Stolz & Warnke 2015: 145). So erklärt es sich von selbst, warum Flüsse den rekurrenten Klassifikator *Rivière* als eine Komponente aufweisen. Es stellt sich nun die Frage, welche Motivik den Modifikatoren in mehrgliedrigen Determinativtoponymen (Typ E), in asyndetischen Konstruktionen (Typ D), oder den adjektivischen wie auch nominalen Elementen in weiteren Konstruktionen (Typ A–C) zugrundeliegt.

Das von Stolz et al. (2016) beschriebene prototypische exonymische Bildungsmuster bestehend aus einem Klassifikator und einem Anthroponym kann auch im vorliegenden Korpus bestätigt werden. Dabei weist die anthroponymische Konstituente eine einfache Struktur auf, d. h. sie besteht aus einem einzelnen Namen oder weist eine gewisse Komplexität in Form der Kombination eines Ruf- und Familiennamens auf:
- männliche Rufnamen: *Cap Raymond* (Kap), *Trou Constantin* (Höhle), *Pointe à Pascal* (Landspitze), *Pointe Antoine* (Landspitze), *Islet à Joseph* (Insel), *Plaine à Jacob* (Ebene), *Jérémie* (Siedlung)
- weiblicher Rufnamen: *Cap Louise* (Kap)
- Familiennamen: *Trou Bordet* (Höhle), *Quartier Morin* (Verwaltungsviertel)
- Hagionyme: *Saint Marc* (Siedlung), *Saint Louis* (Siedlung), *Saint Nicolas* (Siedlung), *Rivière des Bas St. Anne* (Fluss)
- Ruf- und Familiennamen: *Jean Rabel* (Siedlung), *Ilet à Pierre Joseph* (Insel), *Trou Jean Roger* (Höhle).

Anhand der Beispiele fallen mehrere Aspekte auf: Aus genderonomastischer Perspektive ist zunächst die überwiegende Mehrheit männlicher Anthroponyme zu bemerken. Lediglich zwei weibliche Namen (*Louise* und *St. Anne*) fanden Eingang auf die Landkarte des französischen Kolonialbesitzes. Zudem ist bemerkenswert, dass ein direkter namentlicher Bezug zur französischen Krone fehlt. Beispielsweise taucht der Name des damaligen Königs Louis XV (1710–1774) oder seines Vorgängers Louis XIV nicht in Form eines Toponyms auf – ein Befund, der im Gegensatz zu anderen kolonisierten Gebieten Frankreichs steht. In der Kolonie Nouvelle-France treten uns z. B. die Kolonialtoponyme *Louisbourg* oder *Fort Louis* entgegen (vgl. Stolz et al. 2016: 304). Die Beispiele ließen sich fortsetzen. Allerdings referieren zwei Toponyme zumindest in Form von Appellativen auf das französische Königshaus: *Fort Dauphin* ('Kronprinz, Thronfolger') und *Port au Prince* ('Prinz').

Grundsätzlich kann zwischen zwei Kategorien der Benennungsmotivik unterschieden werden: Deskriptive und nicht-deskriptive Toponyme (vgl. Hough 2016). Letztere spielen insbesondere im Zeitalter der Entdeckungen eine bedeutende Rolle und werden häufig auch als kommemorative Namen bezeichnet (vgl. Hough 2016: 92). Ausschlaggebend für die Namenprägung sind historisch relevante Personen – seien es dynastische Vertreter oder Personen, die im Prozess der Entdeckung und Eroberung involviert waren (vgl. Hough 2016: 92). Die oben aufgeführten Toponyme zeigen, dass Namen der Kolonisten bzw. Siedler in Saint-Domingue eine wichtige Rolle gespielt haben: Beispielsweise geht der Siedlungsname *Jérémie* zurück auf einen französischen Fischer, der sich in der entsprechenden Gegend niedergelassen hat (vgl. Ardouin 1832: 131). Das Toponym *Quartier Morin* basiert auf dem Familiennamen des Kolonisten Charles Morin (vgl. Romain 1960: 185). Auch im Falle der anderen Toponyme mit anthroponymischer Komponente kann davon ausgegangen werden – obwohl keine sicheren historischen Belege festgestellt werden konnten – dass es sich um Nachbenennungen französischer Kolonisten handeln könnte.

Die Gruppe der nicht-deskriptiven Namen umfassen auch Namen von Orten, die außerhalb eines Gebietes bereits existieren und in einem neu besiedelten Gebiet wieder vergeben werden (vgl. Hough 2016: 92). Oftmals wird dieser toponymische Transfer durch ein Adjektiv mit der Bedeutung 'neu' markiert wie z. B. *Nouvelle France* oder *Nouveau-Brunswick.* Im Korpus zu Saint-Domingue konnten insgesamt drei Belege einer toponymischen Nachbenennung festgestellt werden – jedoch ohne den Zusatz „neu". Im Falle Hispaniolas kann einerseits ein internes Benennungsmotiv festgestellt werden, d. h. ein Toponym des eigentlichen Herkunftslandes wird in ein kolonisiertes Gebiet transferiert. Dies liegt bei dem Siedlungsnamen *Mirebalais* vor, der in Bezug zur gleichnamigen Region im Südwesten Frankreichs steht. Andererseits ist ein externes Benennungsmotiv zu erkennen. In diesem Kontext bezieht sich die Benennung auf Toponyme außerhalb des kolonialen Mutterlandes. Auf der Insel Tortuga lassen sich zwei Beispiele hierzu finden: *Pointe du Portugal* und *Anse de Portugal.*

Hinsichtlich der nicht-deskriptiven Namen kann auch der Typus „incident names" (Hough 2016: 92) gefasst werden. Gemeint sind Namen, die auf ein bestimmtes Ereignis referieren. Beispielsweise reflektiert der Ortsname *Nice* in Frankreich den Sieg der Griechen über die Ligurer; das Toponym *Santa Barbara* (USA) greift die Ankunft der spanischen Entdecker am Tag der Heiligen Barbara auf (vgl. Hough 2016: 92). Ein ähnliches Benennungsmotiv liegt bei *Saint Nicolas* vor. Jedoch haben – wie weiter oben bereits erwähnt worden ist – die Spanier den ersten Benennungsakt vollzogen. Nichtsdestotrotz spiegelt dieses Toponym den Typus der *incident names* sehr gut wieder. Ausschlaggebend war die Ankunft an der Küste am Tag des Heiligen Nikolaus, am 6.12.1492 (vgl. Gužauskytė 2014: 172).

Als weitere *incident names* können auch folgende Toponyme zur Diskussion gestellt werden: *Rivière Espagnole* ('spanisch'), *Rivière des Nègres* ('Neger'),[8] *Islet aux Anglais* ('Engländer'), *Ance aux Flamans* ('Flamen'). Der Ereignischarakter dieser Toponyme liegt ohne Zweifel im kolonialen Kontext. Einerseits wird auf andere Kolonialmächte wie Spanier, Engländer und Flamen bzw. Niederländer Bezug genommen, die durchaus als Konkurrenten Frankreichs in der Karibik auftraten (wie weiter oben in Kapitel 2 angesprochen). Andererseits verweist das Toponym *Rivière des Nègres* auf die Rolle der Kolonisierten.

Die überwiegende Mehrheit der französischen Kolonialtoponyme Hispaniolas lässt sich allerdings der Kategorie der deskriptiven Namen zuordnen. Dieser beschreibende Charakter manifestiert sich hinsichtlich der französischen Kolonialtoponyme sowohl in geomorphologischen, maritimen Aspekten als auch in den vorkommenden Tier- und Pflanzenarten. Zu differenzieren sind folgende „Motivgruppen" (Nübling et al. 2015: 211):

– Geomorphologische Gegebenheiten (z. B. Bodenbeschaffenheit, Farbe des Gesteins, Umgebung): *Cap Rouge*[9] ('rot'), *Morne Rouge* ('rot'), *Montagne Noire* ('schwarz'), *Pointe Blanche* ('weiß'), *Ance Gros Gravois* ('grobe Kieselsteine'), *Baye de la Grande Pierre* ('großer Stein'), *Ilet de Sable* ('Sand'), *Pointe des Etroits* ('Enge'), *Pointe Percée* ('durchlöchert'), *Isle à l'Eau* ('Wasser'), *Trou Vazeux* ('schlammig'). Teilweise werden geomorphologische Merkmale metaphorisiert: *Bonnet à l'Evêque* (Berg, 'Bischofsmütze'), *Tête de Chien* (Felsen, 'Hundskopf'), *Pointe de la Seringue* (Landspitze, 'Spritze'), *Bec de Marsouin* (Felsen, 'Tümmlerschnauze').

– Bezüglich der Gewässernamen kann zwischen interner und externer Motivation[10] unterschieden werden: interne Motivationen wie Eigenschaften des Wassers (Farbe, Temperatur, Geschmack, Bewegung): *Rivière Rouge* ('rot'),

---

[8] Die beiden Gewässernamen *Rivière Espagnole* und *Rivière des Nègres* können auch – wie weiter unten dargestellt wird – in die Kategorie externe Motivation (als historische Sachverhalte) eingeordnet werden (vgl. Definition siehe Nübling et al. 2015: 230).

[9] Da sich die Geoklassifikatoren aufgrund ihrer Semantik selbst erklären – und weitere oben ausführlicher besprochen worden sind, erfolgt an dieser Stelle nur die Angabe des Modifikators. Falls ein Toponym keinen Klassifikator besitzt – wird das bezeichnete Geo-Objekt angegeben.

[10] Zur Unterscheidung von interner und externer Motivation bei Gewässernamen siehe Nübling et al. (2015: 230).

Rivière Blanche ('weiß'), *Étang doux* ('süß'), *Étang saumâtre* ('brackig, salzig'), *Rivière de la Barre* ('Brandung'), *Rivière Dormante* ('schlafend' als Metapher für die Wasserbewegung); externe Motivationen wie Umgebung (Flora, Fauna, Gelände), Gestalt des Wasserlaufs, Eigenschaft des Flussbetts: *Rivière des Roseaux* ('Schilf'), *Rivière des Bananiers* ('Bananenbäume'), *Rivière des Citronniers* ('Zitronenbäume'), *Rivière de la Caille* ('Wachtel'), *Rivière Creuse* ('ausgehöhlt').

- Fauna: *Anse à la Raye* ('Rochen'), *Baye Tortue* ('Schildkröte'), *Baye de Lamantin* ('Seekuh'), *Ance à Perle* ('Perle'), *Ance à Cochon* ('Schwein'), *Ance à Veau* ('Kalb'), *Pointe des Aigrettes* ('Silberreiher'), *Baye Moustique* ('Stechmücke').
- Flora: *Caye d'Orange* ('Orange'), *Pointe des Lataniers* ('Fächerpalme').
- Maritimer Kontext: *Trou Forban* ('Bukanier, Pirat'), *Ance du Mouillage* ('Ankerplatz'), *Ance à Canot* ('Boot'), *Baye de l'Accul* ('kleine Bucht als Stellplatz für Boote'), *Rivière de la Barre* ('Brandung, Ruder').
- Kulturelle Objekte: *Port à l'Ecu* ('Taler'), *Pointe des Salines* ('Salinen'), *Ance de la Fontaine* ('Brunnen').
- Himmelsrichtungen: *Bande du Nord* ('Norden'), *Pointe du Nordest* ('Nordosten').
- Emotionale Empfindungen (eventuell auf den Kontext der Entdeckungen bezogen): *Pointe Paradis* ('Paradies').
- Sonstige (interpretierbar als metaphorische Übertragung einer eventuellen geomorphologischen, allgemein naturbedingten Besonderheit oder als eine direkte Bezugnahme auf eine psychische bzw. physiologische menschliche Eigenschaft): *Rescif de la Folle* ('die Verrückte'), *Cap à Fous* ('die Verrückten'), *Baye du Borgne* ('Einäugiger'), *Ance de Guigne à Gauche* ('Schielender' oder 'zwielichtige Gestalt'). Ergänzend sei erwähnt, dass es sich bei *Guigne à Gauche* um ein Element aus dem Argot, gesprochen in der Umgebung von Paris handelt (vgl. Delvaux 1867: 14)

In den nachfolgenden Darstellungen soll der Schwerpunkt nun auf dem Vergleich mit den spanischen Kolonialtoponymen liegen. Analog zum französischen Inventar werden sowohl strukturelle Aspekte (Konstruktionstypen), die sprachliche Herkunft der Toponyme als auch die Benennungsmotivik in die Untersuchung eingebunden.[11]

---

11 Aufgrund der Tatsache, dass einige Aspekte wie z. B. das Thema der Geoklassifikatoren relativ ausführlich behandelt worden sind, kann in Bezug auf die spanischen Toponyme dementsprechend auf Ausführlichkeit verzichtet werden und sich auf die wesentlichen kontrastiven Aspekte konzentriert werden.

4.2 Der Vergleich mit spanischen Kolonialtoponymen auf Hispaniola (Santo Domingo)

4.2.1 Struktur

Die Auswertung des vorliegenden spanischen Kartenmaterials aus dem 18. Jahrhundert zeigt, dass sowohl besiedelte als auch unbesiedelte geografische Objekte im kolonialen Benennungsprozess berücksichtigt wurden. Analog zum französischen Teil Hispaniolas nehmen insbesondere an der Küste verortete Entitäten wie Landspitzen, Felsen, kleine unbewohnte vorgelagerte Inseln etc. eine relevante Rolle in der Benennung des kolonialen Raumes ein. Das Verhältnis zwischen Oikonymen und Anoikonymen ist dementsprechend asymmetrisch. Von den insgesamt 337 inventarisierten spanischen Toponymen beläuft sich die Anzahl der Siedlungsnamen auf 9,8 % des Gesamtinventars.

Hinsichtlich der Struktur gibt es zwischen französischen und spanischen Benennungspraktiken keine auffälligen Divergenzen. Alle im vorangehenden Kapitel beschriebenen Bildungsmuster lassen sich auch im spanischen Inventar belegen. Zur Illustration seien im Folgenden die verschiedenen Kategorien mit Beispielen aufgeführt:

– **Typ A**: Simplex
  Beispiele: *Naranjo* (Fluss), *San Lorenzo* (Siedlung), *Dajabón* (Siedlung)
– **Typ B**: Artikel + Nomen (Appellativ oder Eigenname)
  Beispiele:
  El Hermitano (Bucht): [{*El*}$_{ART}$ {*Hermitano*}$_{NOM/APP}$]$_{TOP}$/*El*$_{ART}$ 'der', *Hermitano*$_{NOM/APP}$ 'Einsiedlerkrebs'
  La Porquera (Bucht): [{*La*}$_{ART}$ {*Porquera*}$_{NOM/APP}$]$_{TOP}$/*La*$_{ART}$ 'die', *Porquera*$_{NOM/APP}$ 'Schweinehirtin'
  La Ysabela (Siedlung): [{*La*}$_{ART}$ {*Ysabela*}$_{\text{weiblicher Rufname}}$]$_{TOP}$
  Im Unterschied zu den französischen Namen taucht ein Anthroponym in diesem Bildungsmuster auf. Ergänzend sei angemerkt, dass es sich allerdings um das einzige Beispiel dieser Art handelt. In den restlichen Fällen kann das Nomen als Appellativ identifiziert werden.
– **Typ C**: Nomen (Appellativ) + Adjektiv
  Beispiele:
  Cabo Falso (Kap): [{*Cabo*}$_{NOM/APP}$ {*falso*}$_{ADJ}$]$_{TOP}$/*Cabo*$_{NOM/APP}$ 'Kap', *falso*$_{ADJ}$ 'falsch'
  Punta Española (Landspitze): [{*Punta*}$_{NOM/APP}$ {*Española*}$_{ADJ}$]$_{TOP}$/*Punta*$_{NOM/APP}$ 'Landspitze', *Española*$_{ADJ}$ 'spanisch'
  Río Descubierto (Fluss): [{*Río*}$_{NOM/APP}$ {*descubierto*}$_{ADJ}$]$_{TOP}$/*Río*$_{NOM/APP}$ 'Fluss', *descubierto*$_{ADJ}$ 'entdeckt'

Arroyo Frío (Bach): [{*Arroyo*}_NOM/APP {*Frío*}_ADJ]_TOP/*Arroyo*_NOM/APP 'Bach', *Frío*_ADJ 'kalt'
Barranco chico (Schlucht): [{*Barranco*}_NOM/APP {*chico* }_ADJ]_TOP/*Barranco*_NOM/APP 'Schlucht', *chico*_ADJ 'klein'
Im Falle des nominalen Bestandteils handelt es sich um einen geografischen Klassifikator – analog zum französischen Inventar.

- **Typ D**: Nomen (Appellativ) + Nomen (Appellativ oder Eigenname)
  Beispiele:
  Cabo Cabrón (Kap): [{*Cabo*}_NOM/APP {*Cabrón*}_NOM/APP]_TOP/*Cabo*_NOM/APP 'Kap', *Cabrón*_NOM/APP 'Ziegenbock'
  Río Almirante (Fluss): [{*Río*}_NOM/APP {*Almirante*}_NOM/APP]_TOP/*Río*_NOM/APP 'Fluss', *Almirante*_NOM/APP 'Admiral'
  Arroyo Limón (Bach): [{*Arroyo*}_NOM/APP {*Limón*}_NOM/APP]_TOP/*Arroyo*_NOM/APP 'Bach', *Limón*_NOM/APP 'Zitrone'
  Puerto Caballo (Hafen): [{*Puerto*}_NOM/APP {*Caballo*}_NOM/APP]_TOP/*Puerto*_NOM/APP 'Hafen', *Caballo*_NOM/APP 'Pferd'
  Cabo Jeremias (Kap): [{*Cabo*}_NOM/APP {*Jeremias*}_männlicher Rufname]_TOP

- **Typ E**: Nomen (Appellativ) + Präposition/Artikel + Nomen (Appellativ oder Eigenname)
  Beispiele:
  Bahía de Perlas (Bucht): [{*Bahía*}_NOM/APP {*de*}_PRÄP/ART {*Perlas*}_NOM/APP]_TOP/*Bahía*_NOM/APP 'Bucht', *de*_PRÄP/ART 'der', *Perlas*_NOM/APP 'Perlen'
  Cabo del Engaño (Kap): [{*Cabo*}_NOM/APP {*del*}_PRÄP/ART {*Engaño*}_NOM/APP]_TOP/*Cabo*_NOM/APP 'Kap', *del*_PRÄP/ART 'der' *Engaño*_NOM/APP 'Täuschung'
  Estero de Ratón (Sumpf): [{*Estero*}_NOM/APP {*de*}_PRÄP {*Ratón*}_NOM/APP]_TOP/*Estero*_NOM/APP 'Sumpf', *de*_PRÄP 'der', *Ratón*_NOM/APP 'Maus'
  Loma del Peligro (Hügel): [{*Loma*}_NOM/APP {*del*}_PRÄP/ART {*Peligro*}_NOM/APP]_TOP/*Loma*_NOM/APP 'Hügel', *del*_PRÄP/ART 'der', *Peligro*_NOM/APP 'Gefahr'
  Río de San Marcos (Fluss): [{*Río*}_NOM/APP {*de*}_PRÄP {*San Marcos*}_männliches Hagionym]_TOP/*Río*_NOM/APP 'Fluss', *de*_PRÄP 'des', *San Marcos*_männliches Hagionym

Eine Parallele zwischen französischen und spanischen Kolonialtoponymen ist die Tatsache, dass beide Kolonisatoren Geoklassifikatoren zur Bildung von Toponymen verwenden. Das spanische Inventar bietet 26 verschiedene Geoklassifikatoren: *Agujero* 'Loch in einem Felsen', *Arroyo* 'Bach', *Bahía* 'Bucht', *Barranco* 'Schlucht', *Boca* 'Flussmündung', *Cabo* 'Kap', *Caleta* 'kleine Bucht', *Cayo* 'flache sandige Insel', *Ensenada* 'kleine Bucht', *Estero* 'Sumpf' (lateinamerikanisches Spanisch auch: 'Bach'), *Isla/Ysla* 'Insel', *Laguna* 'Lagune', *Lago* 'See', *Loma* 'Hügel', *Montaña* 'Berg, Gebirge', *Monte* 'Berg', *Península* 'Halbinsel', *Playa* 'Strand', *Pico* 'Gipfel', *Puerto* 'Hafen', *Punta* 'Landspitze', *Río* 'Fluss', *Roca* 'Felsen', *Savana* 'Savanne', *Sierra* 'Gebirgskette, Kamm', *Valle* 'Tal'. Bereits vor dem Hintergrund der Klassifikatoren wird deutlich, dass auf spanischer Seite einigen Geo-Objekten eine größere Bedeutung zugesprochen wurde, als dies auf französischer Seite der Fall war. Beispielsweise wurden unter französischer Herrschaft keine Täler benannt. Auf spanischer Seite begegnen uns allerdings verschiedene Talnamen mit dem Klassifikator *Valle* wie z. B. *Valle Constanza, Valle de San Juan, Valle de Baní*. Gleiches gilt für Strände (z. B. *Playa de Andres*) und Schluchten wie z. B. *Barranco chico* oder *Barranco Grande*. Des Weiteren schien die Größe eines Flusses keine Rolle für französische Kolonisatoren gespielt zu haben. Es wäre durchaus möglich gewesen, zwischen *ruisseau* ('Bach') und *rivière* ('Fluss') zu unterscheiden – so wie es auf spanischer Seite praktiziert worden ist: beispielsweise *Arroyo de Perdernales* (*arroyo* = 'Bach') gegenüber *Río Capitán* (*río* = 'Fluss'). Im Gegensatz dazu haben französische Kolonisatoren andere Benennungspräferenzen gezeigt, was insbesondere bei dem Klassifikator *Morne* zum Ausdruck kommt. Bei beiden ist zu beobachten, dass Siedlungen mehrheitlich ohne Geoklassifikator auskommen. Es lassen sich – bis auf das einzige französische Beispiel *Ville du Port Dauphin* – keine weiteren spezifischen Klassifikatoren für Oikonyme feststellen. Es scheint – zumindest für Hispaniola – der Fall vorzuliegen, dass Geoklassifikatoren in erster Linie bei Anoikonymen vorkommen (zu Aspekten der unterschiedlichen Behandlung von Anoikonymen und Oikonymen im kolonialen Benennungsprozess siehe Stolz & Warnke 2017).

Eine weitere Gemeinsamkeit liegt in der geografisch restriktiven Verwendung des Klassifikators *Cayo* bzw. frz. *Caye*. Während dieser Klassifikator beispielsweise in den Daten zur spanischen Kolonie Spanisch-Sahara nicht auftaucht (vgl. Stolz & Warnke in diesem Band), wird man auf Kolonialkarten anderer karibischer Inseln fündig: An der westlichen Küste Puerto Ricos liegen die Inseln *Cayos de Anton Rodrigues* (Karte von López 1791) und im Norden Kubas befindet sich *Cayo Romano* (Karte von Don Camillo Alabern 1850). Im Gegensatz zu Frankreich lässt sich – zumindest auf Grundlage der vorliegenden Daten – keine weitere Besonderheit feststellen. Klassifikatoren wie *Río* oder *Arroyo* werden auch in Spanien verwendet (vgl. *Instituto Geográfico Nacional*).

Schließlich ist auffällig, dass sowohl auf spanischer als auch auf französischer Seite ausschließlich exonymische Geoklassifikatoren anzutreffen sind. Interessant ist in diesem Zusammenhang, dass andere spanische Kolonialgebiete durchaus endonymische Klassifikatoren aufweisen – wie es in Spanisch-Sahara der Fall war (siehe Stolz & Warnke in diesem Band). Mögliche Gründe hierfür könnten in dem jeweiligen politischen bzw. militärischen Interesse liegen oder auch in der Diachronie verankert sein. Es gilt in weiterführenden Arbeiten zu überprüfen, ob beispielsweise mögliche Benennungstendenzen zu einer bestimmten Zeit präferiert wurden.

4.2.2 Benennungsmotivik

In Bezug auf die Benennungsmotivik lassen sich im spanischen Korpus sowohl deskriptive als auch nicht-deskriptive Namen feststellen. Belegt werden können ebenfalls Toponyme mit einem anthroponymischen Bestandteil.
- Hagionyme: *San Carlos, San Fernando de Montechristi, San Geronimo, San Joseph, San Juan de la Maguana, San Lorenzo, Santa Rosa, Santo Domingo* (Siedlungen), *Puerto Santiago, Valle de San Juan* (Tal), *Ysla de Santa Catalina* (Insel).
- männliche Rufnamen: *Cabo Jeremias* (Kap), *Cabo Rafael* (Kap)
- weibliche Rufnamen: *Valle de Constanza* (Tal), *Punta de la Isabela* (Landspitze), *La Ysabela* (Siedlung), *Río de la Ysabela* (Fluss), *Bahía de Juliana* (Bucht), *Punta de la Magdalena* (Spitze)
- Ruf- und Familiennamen: *Sierra de Martín García* (Gebirgskette), *Arroyo de Juan de Vera* (Bach)

Der Unterschied zur Kolonialmacht Frankreich manifestiert sich allerdings in anderen Aspekten: Einerseits in der Quantität der Hagionyme, denn im französischen Teil Hispaniolas kommen nur vier verschiedene Hagionyme vor, wobei es sich bei zwei Fällen um französische Allonyme handelt (*St. Marc* und *St. Nicolas*). Andererseits wird auf spanischer Seite mittels dreier Toponyme (*La Ysabela, Punta de la Isabela, Río de la Ysabela*) direkter Bezug auf die Königin Isabella I. von Kastilien (1451–1504) genommen. Ergänzend sei angemerkt, dass insbesondere die Themenbereiche Religion und Dynastie bei den ersten spanischen Kolonialtoponymen eine signifikante Rolle spielten. Wie bereits weiter oben erwähnt nannte Christoph Columbus die ersten von ihm entdeckten Gebiete bzw. Inseln *Isla de San Salvador* (14.10.1492), *Isla de Santa María de la Concepción* (15.10.1492), *Isla Fernandina* (15.10.1492), *Isla Isabela* (19.10.1492) (Gužauskytė 2014: 170). Es wird folglich zuerst die göttliche Ebene und chronologisch später die oberste irdische Instanz bzw. die Dynastie – in den vorliegenden Fällen das Königspaar Isabella und Ferdinando – gewürdigt.

In der Kategorie der bereits angesprochenen kommemorativen Namen kann als weiteres Beispiel *Santo Domingo* angeführt werden. *Santo Domingo* bezeichnet nicht nur die im Südosten gelegene Siedlung (und heutige Hauptstadt der Dominikanischen Republik), sondern auch den gesamten spanischen Teil der Insel in der Kolonialzeit (bei frz. *Saint-Domingue* liegt wieder eine Übernahme bzw. ein Allonym vor).¹² Dem Toponym liegt der Rufname des Vaters von Columbus, nämlich Domingo, zugrunde (vgl. Gužauskytė 2014: 187). Hinzu kommt eine Hagionymisierung durch den Zusatz des Titels *Santo*.

Darüber hinaus lassen sich mehrere Ereignisnamen identifizieren, die im Kontext der Kolonisierung zu verorten sind. Es werden politische Rivalen wie z. B. *Bahía Escocesa* ('schottisch'), *Puerto de los Ingleses* ('Engländer'), *Cabo Francés* ('französisch'); der Akt des Entdeckens: *Río descubierto* ('entdeckt') oder auch die eigene Kolonialmacht berücksichtigt: *Punta Española* ('spanisch'). Schließlich nimmt auch die Bezeichnung der gesamten Antilleninsel, nämlich Hispaniola Bezug auf Spanien. Columbus nannte sie am 9.12.1492 *Isla Española* (vgl. Gužauskytė 2014: 172).

Als toponymische Nachbenennung einer spanischen Stadt (Santiago de Compostela) kann die hybride Form *Azua de Compostela* genannt werden sowie der Name der im Süden vorgelagerten Insel *La Mona*. Vermutlich ließ sich Columbus durch die Erwähnung des Namens in den Schriften antiker Autoren wie z. B. Plinius inspirieren (vgl. Gužauskytė 2014: 172).

Was die weiteren Benennungsmotive der deskriptiven Kolonialtoponyme anbelangt, so kann als Resultat festgehalten werden, dass sie nicht wesentlich von französischen abweichen. Sowohl geomorphologische als auch Gegebenheiten der Fauna und Flora etc. haben als Motivationsbasis zur Benennung des entdeckten Raumes fungiert – wie die folgende Übersicht exemplarischer Beispiele illustriert:
– Geomorphologische Begebenheiten (z. B. Farbe und Form des Gesteins, Bodenbeschaffenheit, Umgebung, Größe, Bodenschätze): *Punta Rucia* ('grau'), *Sierra Prieta* ('eng, schwarz'), *Estero Colorado* ('farbig'), *Montaña Redonda* ('abgerundet, rund'), *Barranco Chico* ('klein'), *Barranco Grande* ('groß'), *Savana Larga* ('weit'), *Estero Hondo* ('tief'), *Isla de Arena* ('Sand'), *Punta Gorda* ('dick, breit'), *Cabo de la Roca* ('Felsen'), *Savana de la Mar* ('Meer'), *Puerto de Plata* ('Silber'), *Monte de Plata* ('Silber').
– Verwendung von Metaphern aufgrund (möglicher) geomorphologischer Merkmale: *La Caldera* (Bucht, 'Kessel'), *Cabo Cabrón* ('Ziegenbock'), *Punta Espada*¹³ ('Schwert'), *Punta de las Flechas* ('Pfeile'), *Obispo Gran* (Berg, 'großer Bischof').

---

12 Zu erwähnen ist, dass die Stadt Santo Domingo zunächst *Ysabella Nueva* genannt wurde und später ein Namenwechsel zu Santo Domingo erfolgte (vgl. Gužauskytė 2014: 184).
13 Das Appellativ *espada* bedeutet im Spanischen auch 'Schwertfisch'. Das Toponym könnte auch auf die vorkommende Tierart referieren.

- Gewässernamen: interne Motivationen wie Eigenschaften des Wassers (Farbe, Temperatur, Geschmack, Geruch, Wassermenge): *Arroyo Blanco* ('weiß'), *Arroyo Verde* ('grün'), *Arroyo Frío* ('kalt'), *Río Frío* ('kalt'), *Río Salado* ('salzig'), *Agua hediondo* (Fluss, 'übelriechendes Wasser'), *Río Desmedio* ('übermäßig'). Externe Motivationen wie Umgebung (Fauna, Flora, Gelände), Gestalt des Wasserlaufs, Eigenschaft des Flussbetts oder des Ufers, Besitzer oder andere Personen: *Arroyo de Perdernales* ('Feuersteine'), *Arroyo hondo* ('tief'), *Río Cuevas* ('Höhlen'), *Río de los Escollos* ('Klippen'), *Río Naranjo* ('Orangenbaum'), *Río de Todo Mundo* ('die ganze Welt'), *Río Almirante* ('Admiral'), *Río Capitán* ('Kapitän').
- Fauna: *El Hermitano* (Bucht, 'Einsiedlerkrebs'), *Punta del Manatí* ('Seekuh'), *Estero del Ratón* ('Maus'), *Bahía de Perlas* ('Perlen'), *Puerto Caballo* ('Pferd'), *Ysla de Cabras* ('Ziegen').
- Flora: *Bahía de Manzanillo* ('Manzanillobaum'), *Punta de la Palmilla* ('kleine Palme'), *Punta Algorroba* ('Johannisbrotbaum').
- Maritimer Kontext: *La Vela* (Siedlung, 'Segel'), *Punta de Valandras* ('Kutter'), *Laguna de la Pesquería* ('Fischerei').
- Himmelsrichtungen: *Ensenada del Norte* ('Norden').
- Kulturelle Objekte: *La Atalaya* (Siedlung, 'Wachturm'), *La Salina* (Bucht, 'Saline').
- Emotionale Empfindungen (eventuell auf den Kontext der Entdeckungen bezogen): *Cabo del Engaño* ('Betrug, Täuschung'), *Loma del Peligro* ('Gefahr').

Abschließend sei auf einen weiteren Aspekt hingewiesen, den es jedoch auf Grundlage einer größeren und geografisch umfassenderen Datenmenge zu verifizieren gilt. Ein Blick auf andere Karibikinseln zeigt, dass bestimmte Typen von deskriptiven und nicht-deskriptiven Namen in unterschiedlichen Gebieten erneut auftauchen. Beispielsweise findet sich das Motiv der rivalisierenden Kolonialmächte auch auf Kuba wieder: *Punta del Inglés* oder *Cabo Francés* (Karte von Don Camillo Alabern 1850). Diese rekurrente Benennungsmethode kann parallel in den französischen Kolonien beobachtet werden: Die Motivik der Fauna und Flora beispielsweise begegnet uns auch auf der Insel Guadeloupe – insbesondere die Seekuh als nicht heimische Tierart Europas: *Baye de Lamentin* oder der Bananenstrauch: *Rivière des Bananiers* sowie die Perle als weiteres Benennungsmotiv: *Ance de la Perle* (Karte Guadeloupe von Bellin 1764). Sowohl auf Martinique als auch auf Guadeloupe finden sich Toponyme mit Bezug auf die Kolonisierten: *Pointe à Negre* und *Pointe des Negres*.

4.2.3 Auffällige Unterschiede in der quantitativen Verteilung

Vor dem Hintergrund der bisherigen Darstellungen kann zunächst resümierend festgehalten werden, dass sich französische und spanische Kolonialtoponyme weder bezüglich der Struktur noch hinsichtlich der Benennungsmotivik wesentlich voneinander unterscheiden. Die Diskrepanzen offenbaren sich allerdings in der quantitativen Analyse. Im Mittelpunkt soll zunächst die prozentuale Verteilung der Strukturtypen stehen:

Tabelle 5: Quantitative Verteilung der Strukturtypen.

	Französisch	Spanisch
Typ A (Simplex)	5,9 % (23)	16,9 % (57)
Typ B (Art+N)	2,3 % (9)	5,3 % (18)
Typ C (N+Adj)	9,2 % (36)	7,7 % (26)
Typ D (N+N)	11,1 % (43)	31, 3 % (105)
Typ E (N+Präp/Art+N)	71,5 % (279)	38,8 % (131)

Auffällig sind insbesondere die Werte für Typ A, D und E. Die Diskrepanz bei Typ A lässt sich einfach durch die Tatsache erklären, dass überwiegend Siedlungsnamen unter diese Kategorie fallen und auf spanischer Seite mehr Städte und Siedlungen entstanden sind.

Das für französische Kolonialtoponyme mit Abstand häufigste syndetische Bildungsmuster (Typ E) erreicht zwar auf spanischer Seite auch den Höchstwert – jedoch relativiert sich diese Aussage wieder, wenn man sich die Differenz von lediglich 7,5 % zwischen Typ D und E vor Augen hält. Es stellt sich die Frage, warum dieser Befund vorliegt – vor allem vor dem Hintergrund, dass es sich um zwei romanische Sprachen handelt, die bei Determinativkomposita eher eine syndetische als eine asyndetische Bildung bevorzugen. Eine mögliche Erklärung könnte in der sprachlichen Kombination liegen. Bei den spanischen Toponymen des Typs D handelt es sich bei ca. 47,5 % um Hybride wie z. B. *Río Nigua*. Im Vergleich dazu beläuft sich die Anzahl auf französischer Seite auf lediglich ein hybrides Toponym in dieser Kategorie. Die restlichen Hybride des französischen Inventars sind bei Typ E zu beobachten. Daraus könnte die Schlussfolgerung gezogen werden, dass spanische Kolonisatoren mit präkolonialem, indigenem Material grammatisch anders umgehen. Es wurde weit häufiger eine asyndetische Juxtaposition gewählt – wobei der linksköpfige Geoklassifikator ausschließlich aus dem Spanischen stammt. Im Gegensatz dazu werden in der französischen Benennungspraxis indigene Namenbestandteile in eine für die französische Sprache eher übliche präpositionale Konstruktion integriert. In diesem Zusammenhang ist auch ein Blick auf die quantitative Verteilung von Endonymen, Exonymen und Hybride in Bezug auf das Gesamtinventar sehr aufschlussreich:

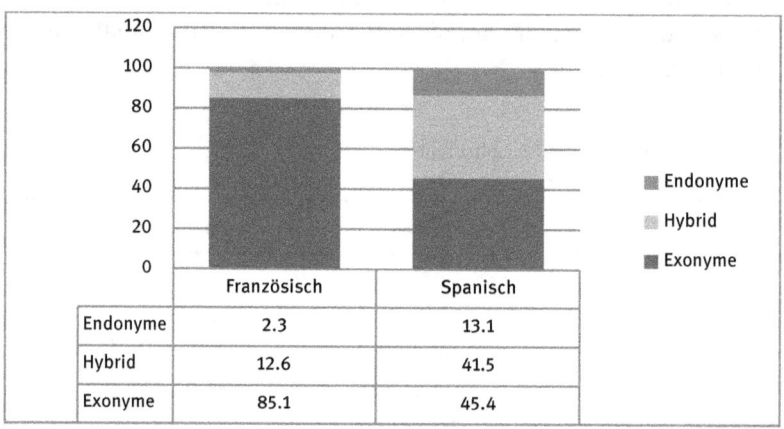

Abbildung 1: Quantitative Verteilung von Endonymen, Exonymen und Hybriden.

Wie den prozentualen Angaben entnommen werden kann, liegt der Anteil der Exonyme auf französischer Seite deutlich höher. Im spanischen Teil der Kolonie sind hingegen hybride Kombinationen quantitativ weitaus mehr vertreten als in Saint-Domingue. Somit bieten die spanischen Kolonialtoponyme ein ähnliches Bild wie Stolz & Warnke (in diesem Band) es für den belgischen und deutschen Kolonialismus formuliert haben. Die Übernahme von endonymischen Toponymen geschieht ebenfalls häufiger seitens der spanischen Kolonisatoren. Die quantitative Auswertung macht mit anderen Worten deutlich, dass Spanier im Prozess kolonialer Raumaneignung eine höhere Anzahl präkolonialer Toponyme berücksichtigt haben und mit diesem toponymischen Material auch strukturell anders umgegangen sind (siehe Typ D). Dies steht im Gegensatz zur französischen Kolonialmacht. Vergleicht man diesen Befund mit anderen französischen Kolonien, so fällt noch ein weiterer Aspekt auf: Als Vergleichsorte könnten die Inseln Guadeloupe und Martinique herangezogen werden. Beide wurden zwar von Christoph Columbus im 15. Jahrhundert entdeckt, jedoch fand eine intensive spanische Kolonisierung nicht statt. Als die französische Krone im Jahre 1635 beide Inseln in Besitz nahm, war die toponymische Ausgangssituation folglich eine andere als auf Hispaniola. Dies spiegelt sich auch in der sprachlichen Basis der Toponyme wieder. Während sich auf Guadeloupe vier hybride Toponyme belegen lassen (z. B. *Isle a Goyave*), finden sich auf Martinique ausschließlich Exonyme. Ergänzend sei angefügt, dass Endonyme inexistent sind. Interessant ist in diesem Kontext eine Karte von Martinique aus dem 17. Jahrhundert.[14] Der östliche Teil der Insel bekam den Namen *Demeure des Sauvages*,[15] während der westliche Teil *Demeure des François* genannt wurde. Relevant ist jedoch, dass auch im östlichen Teil weder ein hybrides noch ein endonymisches Toponym zu finden ist.

Vor dem Hintergrund dieses Ergebnisses kann vorerst die Schlussfolgerung gezogen werden, dass die im Falle Saint-Domingue relativ hohe Anzahl indigenen Namenmaterials auf den Kontakt mit der spanischen Benennungspraxis zurückzuführen ist. Die Hypothese, dass die französische Kolonialmacht anderen Tendenzen in der Namenvergabe folgt, wenn ein unmittelbarer Kontakt zu einer weiteren Kolonialmacht besteht, müsste jedoch anhand weiterer Studien überprüft werden.

Die Frage, warum französische Kolonisatoren vermehrt auf exonymische Toponyme zurückgegriffen haben – zumindest in Bezug auf karibische Inseln – könnte einerseits mit politischen Faktoren wie der Art der Kolonisation und der damit verbundenen Besiedlungsintention in Zusammenhang stehen. Ein weiterer Faktor könnte in der Diachronie verankert sein. Darüber hinaus könnten im Falle Frankreichs auch sprachenpolitische bzw. sprachideologische Faktoren eine relevante Rolle gespielt haben.

5 Fazit

In der Gesamtbetrachtung können folgende Aspekte hervorgehoben werden: Französische und spanische Kolonialtoponyme zeigen hinsichtlich der Konstruktionsmuster (Typ A–E) keine auffälligen Divergenzen. Der für andere Kolonialtoponomastika festgestellte Prototyp der mehrgliedrigen Determinativkomposita mit einem appellativischen Element als Geoklassifikator (vgl. Stolz & Warnke 2015: 137) kann auch im vorliegenden Inventar zu Hispaniola bestätigt werden. In Bezug auf die Klassifikatoren konnten insbesondere auf französischer Seite einige Besonderheiten gezeigt werden: *Morne*, *Caye*, *Anse* und *Rivière* sind zum Teil während der Kolonialzeit aus indigenen Kontaktsprachen

---

14 Der Autor wird nicht namentlich benannt und zeitlich wird die Karte auf das 17. Jahrhundert datiert.
15 Nebenbei bemerkt sind auch manche zusätzlichen Beschreibungen auf den Karten wie z. B. „Lieu où les Caraïbes font leurs assemblées" interessant.

entlehnt worden und fanden somit Eingang in die toponymische Praxis. Außerdem ist ihre Verwendung auf Kolonialgebiete beschränkt. Ähnliches gilt für spanisch *Cayo*.

Hinsichtlich der Benennungsmotive weisen französische und spanische Kolonialtoponyme – wie auch in anderen Kolonialismen festgestellt werden kann (Stolz & Warnke in diesem Band) – deanthroponymische Bildungen auf wie z. B. *Santo Domingo*. Ein weiteres gemeinsames Benennungsmotiv ist in der Kategorie der nicht-deskriptiven Namen der Bezug zum kolonialen Kontext, der sich in den Toponymen *Puerto de los Ingleses* oder *Rivière des Nègres* manifestiert. In diesem Kontext ist auffällig, dass einige Motive in anderen Kolonialgebieten wiederkehren (z. B. *Baye Lamentin*, *Pointe des Nègres*, *Punta del Inglés*).

Ein deutlicher Unterschied zwischen dem französischen und spanischen Inventar besteht ohne Zweifel auf der quantitativen Ebene. Auffällig ist auf spanischer Seite der relativ hohe prozentuale Wert bei asyndetischen Bildungen. Dies könnte mit dem hohen Vorkommen präkolonialen Namenmaterials in Verbindung stehen. Genau in diesem Punkt unterscheiden sich die beiden Kolonialismen erheblich voneinander. Insbesondere die Anzahl der Endonyme und der Hybride verdeutlicht den unterschiedlichen Umgang beider Kolonialmächte mit indigenen Toponymen. Die Tatsache, dass im Vergleich zu Martinique und Guadeloupe der Anteil der Endonyme und Hybride in Saint-Domingue höher liegt, könnte auf Kontakteinfluss der spanischen Kolonie zurückgehen. Es würden sich vor diesem Hintergrund weitere Arbeiten aus kontrastiver Perspektive als lohnenswert erweisen. Sowohl in Nordamerika, aber auch Westafrika (z. B. Marokko) standen Frankreich und Spanien als Kolonialmächte in Kontakt zueinander.

Abkürzungen

ADJ	Adjektiv
APP	Appelativum
ART	Artikel
N	Nomen
NOM	Nominativ
PRÄP	Präposition
TOP	Toponym

Literaturverzeichnis

Ardouin, Beaubrun. 1832. *Géographie de l'île d'Haïti: précédée du précis et de la date des événemens les plus remarquables de son histoire*. Port-au-Prince.
Bedeni, Silvio A. 1992. *The Christopher Columbus encyclopedia*. Vol. 1. *Exploration, history*. New York: Simon & Schuster.
Bohn, Robert. 2003. *Die Piraten*. München: Beck.
Calvet, Louis-Jean. 2002 [1974]. *Linguistique et colonialisme. Petit traité de glottophagie*. Paris: Payot.
Casali, Dimitri & Nicolas Cadet. 2015. *L'empire colonial français*. Paris: Gründ.
Chez Checo, José. 2008. *Imágenes insulares. Cartografía histórica dominicana*. Santo Domingo: Popular.
Delmond Bebet, Stanislas. 1933. Les noms de lieux à la Martinique. *Revue d'Histoire des Colonies* 96. 293–306.
Delvaux, Alfred. 1867. *Dictionnaire de la langue verte: argots parisiens comparés*. Paris: Société des Gens de Lettres.
Gainot, Bernard. 2015. *L'empire colonial français de Richelieu à Napoléon*. Paris: Colin.
Gammeltoft, Peder. 2016. Island names. In Carole Hough (ed.), *The Oxford handbook of names and naming*, 125–134. Oxford: Oxford University Press.
Gendron, Stéphane. 2008. *L'origine des noms de lieux en France. Essai de toponymie*. Paris: Éditions Errance.
Gewecke, Frauke. 2006. *Christoph Columbus. Leben. Werk. Wirkung*. Frankfurt am Main: Suhrkamp.
Gewecke, Frauke. 2007. *Die Karibik: zur Geschichte, Politik und Kultur einer Region*. Frankfurt am Main: Vervuert.
Gužauskytė, Evelina. 2014. *Christopher Columbus's naming in the diarios of the four voyages (1492–1504). A discourse of negotiation*. Toronto: University of Toronto Press.
Hernando Rica, Agustín. 2008. *El geógrafo Juan López (1765–1825) y el comercio de mapas en España*. Madrid: Consejo Superior de Investigaciones Científicas.
Hough, Carole. 2016. Settlement names. In Carole Hough (ed.), *The Oxford handbook of names and naming*, 87–103. Oxford: Oxford University Press.
Huyghues-Belrose, Vincent. 2008. Le nom des lieux à la Martinique: un patrimoine identitaire menacé. In Valérie Angeon & Pascal Saffache (eds.), *Petits territoires insulaires et développement durable*, https://etudescaribeennes.revues.org/3433 [aufgerufen am 3.4.2017].
Instituto Geográfico Nacional, http://www.ign.es/web/ign/portal [aufgerufen am 6.7.2017]
Löfström, Jonas & Betina Schnabel-Le Corre. 2010. Comment analyser et comparer les toponymes de différentes langues dans une perspective synchronique. *La Nouvelle Revue d'Onomastique* 52. 291–318.
Milbin, Daniel. 2007. Noms géographiques des zones d'Haïti. https://unstats.un.org/unsd/geoinfo/UNGEGN/docs/9th-uncsgn-docs/crp/9th_UNCSGN_e-conf-98-crp-36.pdf [aufgerufen am 12.2.2017]
Nübling, Damaris, Fabian Fahlbusch & Rita Heuser. 2015. *Eine Einführung in die Onomastik*. Tübingen: Narr.
Petto, Christine Marie. 2007. *When France was king of cartography. The patronage and production of maps in Early Modern France*. Lanham u.a.: Lexington.

Pollacchi, Paul. 1929. *Atlas colonial Français – colonies, protectorats et pays sous mandat*. Paris: L'Illustration.
Reinhard, Wolfgang. 2016. *Die Unterwerfung der Welt. Globalgeschichte der europäischen Expansion 1415–2015*. München: Beck.
Romain, Jean Baptiste. 1960. *Noms de lieux d'époque coloniale en Haïti. Essai sur la toponymie du nord à l'usage des étudiants*. Port-au-Prince: Imprimerie de l'État.
Stolz, Thomas & Ingo H. Warnke. 2015. Aspekte der kolonialen und postkolonialen Toponymie unter besonderer Berücksichtigung des deutschen Kolonialismus. In Daniel Schmidt-Brücken, Susanne Schuster, Thomas Stolz, Ingo H. Warnke & Marina Wienberg (eds.), *Koloniallinguistik – Sprache in kolonialen Kontexten*, 107–176. Berlin: De Gruyter.
Stolz, Thomas, Ingo H. Warnke & Nataliya Levkovych. 2016. Colonial place names in a comparative perspective. *Beiträge zur Namenforschung* 51. 279–355.
Stolz, Thomas & Ingo H. Warnke. 2017. Anoikonyme und Oikonyme im Kontext der vergleichenden Kolonialtoponomastik. In Axel Dunker, Thomas Stolz & Ingo H. Warnke (eds.), *Benennungspraktiken in Prozessen kolonialer Raumaneignung*, 205–229. Berlin & Boston: De Gruyter.
Stolz, Thomas & Ingo H. Warnke. in diesem Band. System- und diskurslinguistische Einblicke in die vergleichende Kolonialtoponomastik. Eine gemeinsame Einführung.
Thompson, Robert W. 1959. Pre-British place-names in Trinidad. *De West-Indische Gids* 2(4). 137–165.
Val Julián, Carmen. 2011. *La realidad y el deseo. Toponymie du découvreur en Amérique espagnole (1492–1520)*. Lyon: ENS Éditions.
Valode, Philippe. 2008. *Les grands explorateurs français de Jacques Cartier à nos jours*. Paris: l'Archipel.
Willaumez, Jean-Baptiste-Philibert. 1831. *Dictionnaire de marine. Avec huit planches*. Paris: Bachelier.

Wörterbücher

Académie, Dictionnaire de l'Académie française. http://atilf.atilf.fr/dendien/scripts/generic/cherche.exe?11;s=902451630.
Tlfi, Trésor de la langue française informatisé. http://atilf.atilf.fr/.
Littré, Dictionnaire de la langue française. https://www.littre.org/definition/cayes.
DLE, Diccionario de la lengua española. http://dle.rae.es/?id=82f1fxV.

Koloniales Kartenmaterial

Bellin, Jacques-Nicolas. 1764. Carte de l'isle de Saint-Domingue dressée au Depost des Cartes et Plans de la Marine. http://gallica.bnf.fr/ark:/12148/btv1b59726483.r=saint%20domingue?rk=21459;2.
Bellin, Jacques-Nicolas. 1764. La Partie Françoise de l'isle de Saint Domingue. http://gallica.bnf.fr/ark:/12148/btv1b85962559/f1.item.r=saint%20domingue%20bellin.zoom.
Bellin, Jacques-Nicolas. 1764. Partie occidentale de l'isle de la Guadeloupe appelée la Basse Terre. http://gallica.bnf.fr/ark:/12148/btv1b8596325h/f1.item.r= Gouadeloupe%20bellin.zoom.

Bellin, Jacques-Nicolas. 1764. Partie orientale de l'isle de la Guadeloupe appelée la Grande-Terre. http://gallica.bnf.fr/ark:/12148/btv1b8596328r.r=bellin%20guadeloupe?rk= 64378;0

Bellin, Jacques-Nicolas. 1764. *Isle de la Martinique*. http://gallica.bnf.fr/ark:/12148/btv1b8596344v/f1.item.r=bellin%20Martinique.zoom.

Blondel, François. 1667. *L'Isle de La Tortue*. http://gallica.bnf.fr/ark:/12148/btv1b53103354h.r=ile%20tortue?rk=42918;4

Delisle, Guillaume. 1725. Carte de l'isle de Saint Domingue. http://gallica.bnf.fr/ark:/12148/btv1b59726379/f2.item.r=Saint%20Domingue.zoom.

Don Camillo Alabern. 1850. *Antillas españolas*. http://cartotecadigital.icgc.cat/cdm/singleitem/collection/america/id/493/rec/8.

Fallize, Claude. 1794. Carte générale de la partie française de Saint-Domingue. http://gallica.bnf.fr/ark:/12148/btv1b530301511/f1.item.r=partie%20francaise%20saint%20domingue.zoom.

López, Juan. 1784. Carta plana de la isla de Santo Domingo llamanda tambien Española. http://gallica.bnf.fr/ark:/12148/btv1b53098559r/f1.item.r=La%20Isla%20Espanola.zoom.

López, Tomás. 1791. Mapa topográfico de la Isla de San Juan de Puerto Rico, y la de Bieque, con la división de sus partidos. http://bdh-rd.bne.es/viewer.vm?id=0000036046.

Sepmanville, Lieudé de. 1788. Carte de la Gonave, dressée sur les opérations géométriques faites en 1787 sous l'administration de M. le Comte de La Luzerne, gouverneur général des Îles sous le Vent, et publiée sous son ministère par ordre du Roi en 1788, / par M. de Lieudé de Sepmanville; gravé par Croisey. http://gallica.bnf.fr/ark:/12148/btv1b53103380z/f1.item.r=Gonave#.

Tassin, Christophe. 1634. Carte générale de toutes les costes de France. http://gallica.bnf.fr/ark:/12148/btv1b85932702.r=france?rk=321890;0.

Vicente Mejía, Juan. 1755. Plano de la Ysla de Santo Domingo, parte de Cuba, Jamaica y otras Islas contiguas a ellas, del seno mexicano. https://www.loc.gov/resource/g4930.ct000120/.

Vinckeboons, Joan. 1639. ohne Titel. https://www.loc.gov/item/2003623402/.

o. A. 1700. *Carte de l'Isle Saint Domingue*. http://gallica.bnf.fr/ark:/12148/btv1b5972633n.r=saint%20domingue?rk=107296;4.

o. A. 1700. Plano de la ciudad de Sto. Domingo y su río. https://www.loc.gov/resource/g4930.ct000121/.

o.A. 1700. Isle de la Tortue. http://gallica.bnf.fr/ark:/12148/btv1b531035671.r=Ile%20tortue?rk=64378;0.

Marivic Lesho, Eeva Sippola
Toponyms in Manila and Cavite, Philippines

Abstract: This article examines place names in two Tagalog-speaking Philippine regions, the metropolitan area of Manila and the province of Cavite. The toponyms of the Spanish, American, and independent Philippine periods are compared, based on a sample from historical and contemporary sources including maps, articles, and geographical surveys. The place names include Tagalog endonyms related to local environmental features, religious and anthroponymic commemorative Spanish exonyms, and hybrid forms that combine Tagalog, Spanish, and/or English etymology. More recently, geo-classifiers from English are often found in hybrid forms. The results show that place-naming practices in Metro Manila and Cavite have shifted over time due to the contact between Tagalog, Spanish, and English in the region, and they reflect political and ideological stances.

Keywords: Tagalog, Spanish, English, toponyms, Manila, Cavite

1 Introduction

This article studies place names in Tagalog regions of the metropolitan area of Manila and the province of Cavite in the Philippines. The Philippines were part of the Spanish empire from the 1500s to the late 1800s when, after the Philippine independence movement and the Spanish-American War, the islands fell under American control in 1898. The United States governed the islands until the country's independence in 1946. These changes in local, colonial, and administrative powers provide a fascinating opportunity to compare place names from a historical perspective. In light of this background, our aim is to discover patterns and principles that govern place-naming practices in this area throughout different historical periods. So far, only a few linguistic studies about place-naming practices in this region have been done (e.g., Medina 1992, Quilis & Casado-Fresnillo 2008, Tormo Sanz & Salazar 1968), and this opening

---

Marivic Lesho, University of Bremen, Universitäts-Boulevard 13, 28359 Bremen, Germany.
E-mail: lesho@uni-bremen.de
Eeva Sippola, University of Helsinki, PL 24, 00014 Helsinki, Finland.
E-mail: eeva.sippola@helsinki.fi

https://doi.org/10.1515/9783110608618-008

thus provides new data for the study of the linguistic influences of colonialism in the Philippines.

The patterns and principles of place-naming can reveal interesting generalizations about discursive and ideological practices in different historical periods (Stolz & Warnke 2016: 31–32). Therefore, in addition to offering an overview of the toponyms and related practices in the Manila and Cavite regions, a second aim of this paper is to investigate whether different historical periods differ or present similarities.

We have chosen to focus our analysis on Metro Manila and the province of Cavite, as these areas were central trading locations in pre-colonial times, and they have remained important administrative, military, and trading centers since the colonial period. For example, Manila was the administrative and religious center of the Spanish and American colonial presence, and the Acapulco-Manila galleons docked in the port of Cavite. Furthermore, the Cavite province was the cradle of the Philippine Revolution in the late 19th century, and the American military had a strong presence in the Manila Bay region. Today, Manila and Cavite are the most densely populated areas in the Philippines. The place-naming practices in the region reflect these historical developments and thus provide a wealth of interesting data for our study.

In this article, we use a comparative framework provided in the recent focus on colonial and postcolonial toponomastics (Stolz & Warnke 2016, in press), which also brings together the different articles in this volume. The toponyms of the precolonial, Spanish, American, and independent Philippine period are compared, based on a sample from historical and contemporary sources including maps, articles, and geographical surveys.

This paper is structured as follows. In Section 2, we provide information on the historical background of the Manila and Cavite regions. In Section 3, some methodological principles and the materials used in the comparative analysis are presented, while the analysis in Section 4 gives an overview of the results and, more specifically, focuses on a number of selected categories that are central to our argument. Section 5 concludes the paper.

2 Historical background

Metro Manila is situated on the eastern shore of Manila Bay, in a low-lying area with a number of rivers draining into the sea and connecting the city to other regions. The most notable of these is the Pasig River, which cuts through the city and flows between Manila Bay and Laguna de Bay. The province of Cavite is located on the southern shore of the bay. Like Manila, its coastal areas are low-lying plains with a number of rivers flowing into the sea. The southern and western parts of the province, however, are mountainous. The fortified islands at the entrance of Manila Bay, such as Corregidor, are also part of Cavite province, falling under the administration of Cavite City.

When the Spanish first came to Manila and Cavite in 1571, the area was inhabited mainly by Tagalog speakers. However, pre-colonial Manila and the neighboring settlement of Tondo had Muslim rulers tied to the Malay sultanates, particularly in Brunei, and there was also trade with the Chinese (mainly Hokkien speakers) and others throughout the region (Reed 1978). Manila had approximately 2,000 inhabitants during the late precolonial era (Doeppers 1972: 771), but in the region, as throughout the Philippines, most settlements consisted of small clusters of families (a unit known as the *barangay*) situated along waterways or on the coast (Borromeo 1974: 15, Scott 2004: 5). Cavite was sparsely populated, with the exception of some larger settlements in coastal areas like present-day Bacoor and Kawit (Borromeo 1974:22).

Given the relatively large settlements and active trade already established along the coast of Manila Bay, the region became the center of the Spanish government in the Philippines. Colonial Manila was originally the walled city of Intramuros, which was surrounded by several *arrabales* 'suburbs', such as Tondo, Binondo, and Dilao, which provided labor, trade, goods, and extra settlement space for the capital (Reed 1978). On the nearby Cavite peninsula, Cavite Puerto was established as a provincial capital because it was the main harbor for the Manila galleon trade. In the rest of Cavite province, indigenous people were resettled into more compact *poblaciones* 'towns' to facilitate tax collection and evangelization (Doeppers 1972, Borromeo 1974: 29–35, Medina 2001: 44–46). The original towns founded during the early colonial period were generally in areas where there were already larger native settlements, such as Kawit and Silang (Medina 2001: 45). During the 1700s, more towns were founded as they split off from friar haciendas or other larger towns, such as Imus and Naic. Nearly half of the Cavite towns, however, were actually founded toward the end of the Spanish colonial period (e.g., Caridad, Ternate, and Amadeo), either as offshoots of neighboring settlements or as buffers to protect rural areas against *tulisanismo* 'banditry' (Medina 2001: 47–49).

After the Philippine Revolution (1896–1898) and the Spanish-American War (1898), Spain ceded control of the Philippines to the United States. The Americans held official control of the islands until Philippine independence in 1946, but they maintained a military presence there for decades afterward, and English became a co-official language of the country (along with Filipino).[1] This post-Spanish period saw the founding of new towns in Cavite, such as Trece Martires and Tagaytay, and name changes for others, such as General Trias (previously San Francisco de Malabon) and Cavite City (previously the three separate towns of Cavite Puerto, San Roque, and Caridad). Manila also greatly expanded during this time, going from approximately 190,000 people at the end of the Spanish period (Doeppers 1972: 788–789) to 1.78 million in the city proper today, and 12.88 million in the greater metropolitan area (Philippine Statistics Authority 2016). The region of Metro Manila was officially established in 1975, and today it includes sixteen cities and one municipality. It extends as far as Caloocan, Quezon City, and Valenzuela to the north, Marikina and Pasig to the east, and Las Piñas and Muntinlupa to the south.

3 Methods

Toponym research in the Philippines can be traced back to the work of missionaries in the Hispanic tradition, who produced grammars and dictionaries with references to local place names and their meanings (Medina 1992: 48). Later, both U.S. and Filipino historians collected toponyms in their research. However, Medina (1992: 50) mentions the lack of toponymic bibliographies and systematic collections of historical maps as challenges for studying place names, in addition to the lack of scientific studies on the naming practices, leading to the use of folk etymologies as explanations. Most data on toponyms have to be collected from individual historical works with a focus on folklore, historical and geographical information, or missionary grammars and descriptions. Despite Medina's (1992, 2001) efforts to study toponyms as a part of documenting local history, the situation has not changed until now.

Tormo Sanz & Salazar (1968) and Quilis & Casado-Fresnillo (2008) describe Hispanic names in the Philippines and shed light on the early motivations and practices on colonial place-naming in the region, which started with the islands and coastal regions, and with time, moved towards the interior. As a consequence, regions with a heavier colonial presence and higher population density

---

[1] Filipino (formerly called Pilipino) is a standardized register originally based on Tagalog. According to the 1987 constitution, Filipino and English are co-official languages, and Spanish (along with Arabic) is a voluntary language, meaning that it is no longer required in the education system or other official contexts (Gonzalez 1998).

have a higher number of Spanish names, while isolated areas have more autochthonous names (Quilis & Casado-Fresnillo 2008: 538, 540). At the level of the archipelago, the large islands have autochthonous names, with the exception of Negros (Quilis & Casado-Fresnillo 2008: 536). As Tormo Sanz & Salazar (1968: 2098–2102) noted, the Spanish tended to maintain indigenous toponyms at the beginning of the colonial period, even though they had difficulty with the phonology of Philippine languages, as reflected in spelling inconsistencies in chronicles written by early explorers (e.g., Manila appears as *Maniolas*, *Mainillas*, and *Manilas* in various sources). After the initial phase of the colonial period, however, more Spanish names were used, sometimes blended with Tagalog forms (Tormo Sanz & Salazar 1968: 2102–2106).

Quilis & Casado-Fresnillo (2008) cover names relating to political geography (provinces, settlements, street names, etc.) based on the *Roadmap of the Philippines* (1995) and give percentages about the number of Hispanic names, but they do not specify the exact number of toponyms analyzed. Street names have the highest number of Hispanic names, (46.8 %) and the numbers decrease when moving towards larger units, such as settlements (28.3 %) and provinces (18.4 %) (Quilis & Casado-Fresnillo 2008: 538). They report that in Cavite, 56 % (n = 25) of the town names are of Spanish origin (Quilis & Casado-Fresnillo 2008: 541). In general, systematic linguistic studies from a cross-linguistic perspective on place-naming practices in Cavite province or Manila do not yet exist. Our study aims to partly fill this lacuna of research.

The material for this paper consists of a sample from historical and contemporary sources, including maps and geographical surveys. The availability of historical sources with information on Philippine geography is relatively good. In recent decades, the Spanish National Library has made an effort to digitalize colonial and other historical publications and documents, including maps, which can be accessed through the library's digital collections. Similarly, the University of Alcalá hosts the Spanish Ancient Cartography e-Library, which provides a wealth of sources for those interested in exploring maps from the Spanish colonial period.

The earliest source in our sample is a Spanish map from 1734, and the latest maps were produced by the National Mapping and Resource Information Authority of the Philippines (NAMRIA) in the 1990s and early 2000s. In addition, place names were collected from geographical surveys, such as the *Diccionario geográfico-estadístico-histórico de las islas Filipinas* (Buzeta & Bravo 1850) and *Historia geográfica, geológica y estadística de Filipinas* (Cavada y Mendez de Vigo 1876). Table 1 gives an overview of the maps used in the sample.

Table 1: Maps of the Cavite province and Manila in the sample.

Title	Publication year	Total number of examples	Area of focus	Authors (publishing authority)
Carta hydrographica y chorographica de las Yslas Filipinas	1734	26	Manila and Cavite	Murillo & Bagay (Spanish)
Plano de la ciudad y plaza de Manila	1766	36	Manila	Zermeño (Spanish)
Plano del puerto de Cavite con sus ensenadas de Cañacao y Bacoor y parte de la bahía de Manila hasta Parañaque	1874	20	Cavite and Manila Bay	Riudavets & Villavicencio (Spanish)
Carta General del Archipiélago Filipino…	1875	10	Manila and Cavite	Montero y Gay et al. (Spanish)
A Chart of the Great Bay of Manilla and Harbour of Cavita	1789	30	Manila and Cavite	Nicholson & Gilbert (British)
Plano de la Ciudad de Manila Capital de las Yslas Filipinas Siendo…	1819	38	Manila	Herrera (Spanish)
Carta Esférica del Estrecho de Sn. Bernardino, é islas adyacentes	1856	9	Manila Bay	Bernacci, Espejo, Gangoiti, Noguera, Roca de Torre (Spanish)
City of Manila. Philippine Islands	1920	53	Manila	Bach (American)
Manila, Philippines 7172 II	1995	16	Central Metro Manila	NAMRIA (Filipino)
Region IV, Cavite, Mendez, sheet 3129	1993/2005	32	Southern Cavite	NAMRIA (Filipino)
Region IV, Cavite, Cavite City, sheet 3129	2001a/2005	35	Northern Cavite	NAMRIA (Filipino)
Maragondon, Philippines, sheet 7171 IV	2001b/2005	52	Maragondon and Manila Bay islands	NAMRIA (Filipino)
National Capital Region, Metro Manila, Muntinlupa City, sheet 3229-IV	2001c/2002	3	Southern Metro Manila	NAMRIA (Filipino)

Table 1: (continued)

National Capital Region, Quezon City, sheet 3230-III	2001d	30	Northern/Eastern Metro Manila	NAMRIA (Filipino)

The principles governing the data collection were the focus on the two regions and the availability of material in digital form. After localizing the main sources, these were examined and processed, and the place names were manually coded into an index. All the geographical names in the maps forming our sample were collected and indexed following the categories in Stolz & Warnke (this volume). This source type yielded over 350 place names and other indications, such as names of forts and gates, from the maps. Due to the fact that the authors of these maps were cartographers working for the colonial or national authorities and for marine purposes, salient categories of geo-objects in these maps included oikonyms (settlement names, i.e. districts, cities, towns, etc.) as well as islands, from the category of choronyms (referring to larger geographical units). Many names are repeated in different sources, sometimes with slight modifications of the orthography, or creating hybrid forms mixing elements from several languages (see 4.3).

Other source types were selected to complement the core materials. As these included several place names also from other parts of the Philippines, we narrowed down the data collection to the above-mentioned categories of settlement names and islands for more detailed analysis in section four.

4 Analysis

Settlement names in our corpus show a relatively even distribution of patterns. A little less than one-third of the settlement names are Tagalog endonyms, one-third are Spanish exonyms, and the remainder are hybrid forms. Although there was a large Chinese and Chinese-Filipino mestizo presence in colonial Manila and Cavite (Gealogo 2005, 2011), Hokkien had almost no influence on how places were named.

Many endonyms describe natural features of the area, and probably arose during history without a clear date of naming, but these were often adapted by the Spanish colonial administrators. With regard to the Spanish exonyms, it is clear that the denominators were colonial agents, and the number of names that have prevailed until today shows that the local population adapted these naming practices to a large extent. The English/American exonyms are of a different character, mainly adding geo-classifiers to already existing names. The hybrid settlement names show three patterns: Tagalog-Spanish, e.g. San Pedro Macati, where the first part of the name comes from a Spanish saint and the latter is a Tagalog adjective referring to a low tide or ebb; Tagalog-English, e.g. the later name of Makati City, referring to the same area; and even Spanish-English naming patterns, such as Quezon City, which combines a Spanish family name with the English denominator *city*.

Compared to the settlement names, the number of exonyms in the category of islands is higher: about two-thirds of the island names are Spanish exonyms, such as Caballo 'horse', Corregidor 'magistrate', El Fraile 'the friar', and La Monja 'the nun'. However, these names can be combined in hybrid forms with Tagalog *pulo* 'island', as in Pulo Caballo, or with English descriptives, as in Caballo Island or Corregidor Island.

Regarding the number and type of structural features, we must treat endonyms and exonyms separately, due to the typological nature of the languages in question. Tagalog is an Austronesian, Philippine language with slight morphological inflection and affixation. In Tagalog endonyms, both one-unit and multi-morpheme names occur, both being descriptive of the characteristics of the place. In the multi-unit names, the use of the adjectival prefix *ma-*, indicating an abundance of something, is quite common. For example, Maragondon (< Tag. *madagundong* 'full of noise') refers to the substantial noise produced by the local river as it flows through the rocks. In contemporary official names, possessive constructions with the linker *ng* are common, as in *Lungsod ng Malabon* 'City of Malabon'.

In exonyms, several patterns occur as well. As a Romance language, Spanish makes use of articles and modifiers in the noun phrase that can be both pre- and postposed. Multi-unit structures include combinations of articles and nouns, such as Las Piñas 'the pineapples' or La Estanzuela 'the estate'; possessive *de*-constructions, such as Barrio de Dilao (< Sp. *barrio de* 'neighborhood of', Tag. *dilaw* 'yellow') or San Juan del Monte 'St. John of the Mountain'; or complex names, such as General Trias (a military title and last name) or Trece Martires City ('Thirteen Martyrs City'). In religious names, such as Santa Cruz, San Juan, or San Roque, the binary structure typical of colonial place names (Stolz & Warnke 2015, 2016: 37) is evident. Adjectival constructions, such as Cavite Viejo 'old Cavite', also occur. In hybrid forms with Spanish, the matrix is the Spanish phrase, where Tagalog (or other) elements are included. In the hybrid forms with English elements, English descriptors or geo-classifiers are generally postposed to the Tagalog or Spanish part of the name, as in Caballo

Island or Cavite City, although possessive *of*-constructions also occur, e.g. City of Caloocan or City of Taguig.

4.1 Tagalog endonyms

Place names in Tagalog and other Philippine languages often refer to plants or other natural objects that are common in the area (Medina 1992: 56). For example, the name Manila or Maynila refers to the presence of either mangrove shrubs or indigo plants (< Tag. *may nila(d)* 'there are nila plants'). Quiapo, a district of Manila, is a hispanicized spelling of *kiyapo* 'tropical duckweed'. According to Medina (2001: 52), the Cavite town of Masilao (now Amadeo) was named after the bright red flowers of the *dapdap* 'coral tree' (from Tag. *silaw* 'glare', *masilaw* 'dazzling').

Another common Tagalog pattern is to name places after salient geographic features. Examples of this pattern include the towns of Silang 'mountain pass', Imus 'cape, headland', Bacoor 'highland, plateau', and Tagaytay 'ridge'. The word *malabon* 'having many silt deposits' was also used in the names of two towns in Cavite: Santa Cruz de Malabon (now Tanza) and San Francisco de Malabon (now General Trias). Malabon is also the name of one of the cities in Metro Manila; it is located at the mouth of the Tullahan River, where there would have been many silt deposits, although there is a common folk etymology that the name comes from *malabong* 'having many bamboo shoots'.

4.2 Spanish exonyms

According to Tormo Sanz & Salazar (1968) and Quesada & Casado-Fresnillo (2008: 534–544), colonial Spanish names for Filipino provinces, towns, and districts tend to refer to religion, places in Spain or elsewhere, important historical or political figures, or given names. Given names are also often religious in nature, as in Latin America (Val Julián 2011: 74–78). Most of these types occur in Manila and Cavite as well. Examples of places with religious names include the Ermita 'hermitage' and Santa Cruz 'holy cross' districts of Manila and the towns of San Roque and Rosario 'rosary' in Cavite. During the late colonial era, some newly established Cavite towns were named in honor of Spanish political figures, such as Dasmariñas (referring to Gómez Pérez Dasmariñas, the seventh governor-general of the Philippines), Amadeo (King Amadeo I, who reigned from 1870 to 1873), and Alfonso (King Alfonso XII, who reigned from 1874 to 1885). In the case of Amadeo and Alfonso, older Tagalog settlement names were replaced (Masilao 'dazzling' and Alas-as 'pandan, screwpine', respectively). Another town founded during the 19th century, Carmona, shares its name with a town in southern Spain. In addition to the patterns observed by Quesada & Casado-Fresnillo (2008), there were occasionally colonial Spanish names that described the function or environment of the town, as in the case of Salinas 'salt flats, saltworks' (now Rosario) and Tierra Alta 'high ground' (now Noveleta).

After the end of the Spanish era, some towns were given names that are of Spanish origin but honor Filipino national heroes. For example, in 1914, San Francisco de Malabon was renamed General Trias, after local hero Mariano Trías, who was an active figure in the Philippine Revolution and in the post-Spanish government. Similarly, Trece Martires 'Thirteen Martyrs', founded in 1954, was named in honor of a group of men who were executed in 1896 for conspiring against the Spanish in Cavite Puerto. Another Cavite town seems to still be in the process of negotiating its postcolonial name. Bailén, which shares a name with another town in southern Spain, was changed to General Emilio Aguinaldo in honor of the first Philippine president after his death in 1964. However, the town's name was changed back to Bailén in 2012, although it is not yet fully official.

4.3 Hybrid place names

Names like San Francisco de Malabon (now General Trias) and San Pedro Macati (now Makati) reflect the mixing of Spanish and Tagalog forms that occurred during the colonial era. In these two examples, the toponyms combine Catholic saint names with descriptive Tagalog names. Another type of hispanicized form involves the changing of Tagalog names to conform to Spanish phonology. For example, according to Medina (1992: 56), the Manila district of Malate "should rightly have been called Maalat" (< Tag. *maalat* [maʔalat] 'salty'), but the Spanish would have had difficulty pronouncing the intervocalic glottal stop and the syllable-final /t/.

American influence on hybrid toponyms in the region is mainly found in the form of geo-classifiers such as *city, municipality, island,* and *river* (e.g., City of Makati or Makati City, Municipality of Noveleta, Corregidor Island, and Pasig River). However, these official terms also co-exist with their equivalents in Filipino, such as *lungsod* 'city', *bayan* 'municipality', *isla* 'island' (< Sp. *isla*), and *ilog* 'river' (e.g., Lungsod ng Makati, Bayan ng Noveleta, Isla ng Corregidor, and Ilog Pasig). The use of these geo-classifiers has led to hybrid forms with both Spanish and Tagalog, as in Caballo Island (< Sp. *caballo* 'horse') and Municipality of Silang (< Tag. *silang* 'mountain pass').

The sample includes only one example of a toponym related to Hokkien. One tip of the Cavite City peninsula is known today as Sangley Point, a hybrid Hokkien-English name, which is a translation of the earlier Spanish-Hokkien form Punta (de) Sangley. During the Spanish era, *sangley* referred to Chinese people, particularly traders, living in the Philippines. The origins of this term are not entirely clear, but it appears to derive from Hokkien *siang^5 lai^5* 'constantly coming' or *sing^1 -li^2* 'trade' (Klöter 2011: 9).

4.4 English exonyms

At the broad geographical level, American influence on toponyms in the region has not been very strong. As mentioned above, it is mainly found in the form of geo-classifiers in hybrid forms. In addition to these, the American militarization of Manila and Cavite City has had some slight influence on toponyms in the region. For example, the islands of Corregidor, Caballo, Carabao, and El Fraile were also designated as Fort Mills, Fort Frank, Fort Hughes, and Fort Drum, respectively. Aside from these fort names and the geo-classifiers, however, English toponyms are more commonly found at levels below town or district (e.g., *barangay* 'neighborhood' names like Greenhills in San Juan and Fairview in Quezon City, or business names). Spanish and Tagalog place names are still far more frequent.

4.5 Name changes

Several of the examples presented above show that renaming and combining elements from new languages with existing names has been quite common in the Manila and Cavite regions. The practical and symbolic value of place-naming practices is shown in these changes (see also Stolz & Warnke 2016: 33–35). In addition, it is not surprising that naming practices reflect other linguistic practices in the multilingual environment, where people use several languages in their daily communication, and borrowing and code-switching are frequent.

The multiple names of the municipality of Ternate, which is located at the mouth of the Maragondon River at the entrance to Manila Bay, is a case in point. During the Spanish era, Ternate was known by the descriptive name Barra de Maragondon 'sandbar/river mouth of Maragondon'. It was an outlying *barrio* 'neighborhood' of the town of Maragondon and an enclave where people spoke a variety of Chabacano, a Philippine-Spanish creole. The barrio was established as a separate town in the mid-1800s. It was renamed Ternate during the early

1900s as a reference to the ancestors of the Chabacano-speaking population, who descended from a group of soldiers who were relocated from the Moluccan island of Ternate to the Manila Bay region during the late 1600s. Today, the municipality is officially called Bayan ng Ternate in Filipino, but the local government also uses both Municipalidad de Barra and Municipality of Ternate on their website (http://www.ternate.cavite.gov.ph). The inhabitants of the town call it Ternate in Filipino/Tagalog and English, Bahra or Barra (from Barra de Maragondon) in Chabacano, and also often refer to a third name, Wawa (< Tag. 'river mouth, delta'), which was used earlier by the local Tagalog-speaking population.

Another example of the shifting of names is related to the towns now known as Cavite City and Kawit. The Tagalog word *kawit* means 'hook', and the place name refers to the shape of the peninsula where Cavite City is located. This peninsula was also known simply as Tangway (< Tag. 'peninsula') in the precolonial era (Borromeo 1974: 29). The Spanish changed the name of the mainland settlement of Kawit to Cavite, which conforms better to Spanish phonology, and then began referring to it as Cavite Viejo 'old Cavite' after they established the town of Cavite Puerto (or Puerto de Cavite 'port of Cavite') on the peninsula.

The names then changed again after the Spanish era. Cavite Viejo opted to revert to its original Tagalog name, Kawit, in 1907. Not coincidentally, the town also sees itself as the birthplace of Philippine independence. Cavite City residents are equally proud of the important roles their ancestors played in the revolution. However, after Cavite Puerto, San Roque, and Caridad were united in 1903, the name Cavite was retained because the peninsula was the most hispanicized area of the province, and another variety of Chabacano was widely spoken in all three former towns.

5 Concluding remarks

In summary, the patterns and principles that govern place-naming practices in Manila and Cavite show both maintenance of local names and renaming according to colonial customs in rather equal measure. Structurally speaking, both single- and multi-unit names occur in all languages present.

Place-naming practices in Metro Manila and Cavite have shifted over time due to the contact between Tagalog, Spanish, and English in the region. Filipinos originally tended to name places based on natural characteristics of the local environment, but the Spanish introduced the practices of giving settlements religious names or honoring important people. After the Spanish period, Filipinos retained many of these names and practices; however, emphasizing their freedom from Spain, they also chose to revert to older Tagalog names in some cases or to honor Filipino heroes in others. English influence, in contrast, is mostly seen in how military zones and administrative units like forts, municipalities, and cities are labeled, reflecting its status as the dominant language of the Philippine government and the main purpose of the American colonization there. Hokkien was historically also present in the region, but there is almost no trace of it in the place names.

These shifts in naming practices correspond to the different stages of the development of the Philippines from precolonial times to present, as identity in Manila and Cavite has gradually shifted from local to national in response to ideological changes introduced by two colonial forces and eventual independence. As the examples in this paper have shown, this process is not complete. Settlement names in the Philippines are continuing to undergo slight changes, for example by reverting to older names or using Filipino settlement labels alongside English ones, as place identity continues to develop during the postcolonial era.

Acknowledgments: We would like to thank Thomas Stolz and Ingo Warnke for their encouragement and comments in writing this paper. We are also grateful to Aziza Nawazir and Christoph Wolf for helping us to collect and organize the data.

References

Bach, John. 1920. *City of Manila, Philippine Islands*. Manila: Bureau of Commerce and Industry. http://www.loc.gov/resource/g8064m.ct003077 (11 November 2015).

Bernacci, Juan, J. Espejo, Juan de Gangoiti, Juan Noguera & Federico Roca de Torres. 1856. Carta Esférica del Estrecho de Sn. Bernardino, é islas adyacentes que comprehende desde la entrada del Pto. de Palapa en la Isla de Samar hasta la Bahia de Manila, y desde la Latitud de nº 18' hasta 14º26'N H. 194 construida en la Direccion de Hidrografia segun las Operaciones practicadas en 1792 y 1793 por los Oficiales y Pilotos de las Corvetas del Rey Descubierta y Atrevida, por las que ejecutó en 1804 el Capitan de Fragata de la Real Armada D. Juan Bernacci, con las nuevamente hechas en los años 1840 al 1843 ... presentada á S. M. por el Exmo. Sr. D. Mariano Roca de Togores, Marqués de Molins y Ministro de Marina ; J. Espejo la delineó ; Jn. Noguera la grabó ; Juan de Gangoiti la letra. Madrid: Dirección de Hidrografía. http://bdh.bne.es/bnesearch/detalle/bdh0000070265 (1 June 2016).

Borromeo, Soledad Masangkay. 1974. El Cadiz filipino: Colonial Cavite, 1571–1896. Berkeley: University of California, Berkeley dissertation.

Buzeta, Manuel & Felipe Bravo. 1850. *Diccionario geográfico, estadístico, histórico de las islas Filipinas*. Madrid: José C. de la Peña.

Cavada y Mendez de Vigo, Agustin de la. 1876. *Historia geográfica, geológica y estadística de Filipinas*. Manila: Imp. de Ramirez y Giraudier.

Doeppers, Daniel F. 1972. The development of Philippine cities before 1900. *The Journal of Asian Studies* 31(4). 769–792.

Gealogo, Francis A. 2005. Population history of Cavite during the nineteenth century. *The Journal of History* 51(1). 308–339.

Gealogo, Francis A. 2011. Counting people: Nineteenth-century population history of four Manila arrabales using the Planes de Almas. *Philippine Studies* 59(3). 399–423.

Gonzalez, Andrew. 1998. The language planning situation in the Philippines. *Journal of Multilingual and Multicultural Development* 19(5). 487–525.

Herrera, Francisco Xavier de. 1819. *Plano de la Ciudad de Manila Capital de las Yslas Filipinas Siendo su Situación Geográfica en la Latitud Septentrional de 14º y 36' y la Longitud Oriental de 127º y 15' respecto a Cadiz y su diferencia de Meridiano contada por el Oeste de 15 horas y 31' minutos la Circunferencia 4166 Varas... Por el Deposito Topografico de Manila Año de 1819*. Manila: Depósito Topográfico. http://bdh.bne.es/bnesearch/detalle/bdh0000023418 (1 June 2016).

Klöter, Henning. 2011. *The language of the Sangleys: A Chinese vernacular in missionary sources of the seventeenth century*. Leiden: Brill.

Medina, Isagani R. 1992. Problems concerning place name research in the Philippines. *The Journal of History* 36/37(1/2). 47–57.

Medina, Isagani R. 2001. Growth of towns and parishes in Cavite, 1571–1880. In Isagani R. Medina & Mirana R. Medina (eds.), *Ang Kabite sa gunita: Essays on Cavite and the Philippine Revolution*, 43–55. Quezon City: University of the Philippines Press.

Montero y Gay, Claudio, Juan Noguera, E. Fungairiño, Juan de Gangoiti & P. Serra. 1875. *Carta General del Archipiélago Filipino (en dos hojas) H. 59 60 Levantada Principalmente por la Comisión Hidrográfica al mando del Capitan de navío D. Claudio Montero y Gay hasta el año 1870 con adiciones hasta 1875; J. Noguera la construyó ; P. Serra gº el contorno,*

E. Fungairiño la topografía ; J. de Gangoiti gº la letra. Madrid: Dirección de Hidrografía. http://bdh.bne.es/bnesearch/detalle/bdh0000016066 (1 June 2016).

Murillo, Pedro Velarde & Nicolás de la Cruz Bagay. 1734. *Carta hydrographica y chorographica de las Yslas Filipinas*. Manila: n.p. http://www.loc.gov/resource/g8060.ct003137 (23 November 2015).

National Mapping and Resource Information Authority (NAMRIA). 1993 (reprinted 2005). *Region IV, Cavite, Mendez*, sheet 3129. Makati: Department of Environment and Natural Resources. www.namria.gov.ph/3129-IIMendez.html (1 December 2015).

National Mapping and Resource Information Authority (NAMRIA). 1995. *Manila, Philippines*, sheet 7172 II. Makati: Department of Environment and Natural Resources. http://www.namria.gov.ph/7172-IIManila.html (1 December 2015).

National Mapping and Resource Information Authority (NAMRIA). 2001a (reprinted 2005). *Region IV, Cavite*, sheet 3129. Makati: Department of Environment and Natural Resources. http://www.namria.gov.ph/3129-ICaviteCity.html (1 December 2015).

National Mapping and Resource Information Authority (NAMRIA). 2001b (reprinted 2005). *Maragondon, Philippines*, sheet 7171 IV. Makati: Department of Environment and Natural Resources. http://www.namria.gov.ph/7171-IVMaragondon.html (1 December 2015).

National Mapping and Resource Information Authority (NAMRIA). 2001c (reprinted 2002). *National Capital Region, Muntinlupa City*, sheet 3229-IV. Makati: Department of Environment and Natural Resources. http://www.namria.gov.ph/3229-IVMuntinlupaCity.html (2 June 2017).

National Mapping and Resource Information Authority (NAMRIA). 2001d. *National Capital Region, Quezon City*, sheet 3230-III. Makati: Department of Environment and Natural Resources. http://www.namria.gov.ph/3230-IIIQuezonCity.html (2 June 2017).

Nicholson, William & William Gilbert. 1789. *A Chart of the Great Bay of Manilla and Harbour of Cavita: describing all the Islands, Rivers, Bays, Rocks, Sands & Dangerous Shoals ... Surveyed and Drawn whit great Accuracy by Wm. Nichelson Master of his Majesty's Ship Elizabeth at the taking of Manilla*. London: Published according to Act of Parliament by Willm. Gilbert. http://bdh.bne.es/bnesearch/detalle/bdh0000130734 (1 June 2016).

Philippine Statistics Authority. 2016. Population of the National Capital Region (based on the 2015 Census of Population). https://psa.gov.ph/content/population-national-capital-region-based-2015-census-population-0 (26 May 2017).

Quilis, Antonio & Celia Casado-Fresnillo. 2008. *La lengua española en Filipinas: historia, situación actual, el chabacano, antología de textos*. Madrid: Consejo Superior de Investigaciones Científicas.

Reed, Robert R. 1978. *Colonial Manila: The context of Hispanic urbanism and process of morphogenesis*. Berkeley and Los Angeles: University of California Press.

Riudavets, José & Manuel Villavicencio. 1874. Plano del puerto de Cavite con sus ensenadas de Cañacao y Bacoor y parte de la bahía de Manila hasta Parañaque H. 655 levantado en 1872 por la Comisión Hidrográfica de Filipinas al mando del teniente de navío de 1ª clase D. Manuel Villavicencio ; J. Riudavets lo grabó. Madrid: Dirección de Hidrografía. http://bdh.bne.es/bnesearch/detalle/bdh0000054540 (1 June 2016).

Roadmap of the Philippines. 1995. Manila: The National Book Store.

Scott, William Henry. 2004. *Barangay: Sixteenth century Philippine culture and society*. Quezon City: Ateneo de Manila University Press.

Stolz, Thomas & Ingo H. Warnke. 2015. Aspekte der kolonialen und postkolonialen Toponymie unter besonderer Berücksichtigung des deutschen Kolonialismus. In Daniel Schmidt-

Brücken, Susanne Schuster, Thomas Stolz, Ingo H. Warnke & Marina Wienberg (eds.), *Koloniallinguistik. Sprache in kolonialen Kontexten*, 107–176. Berlin: De Gruyter.
Stolz, Thomas & Ingo H. Warnke. 2016. When places change their names and when they do not. Selected aspects of colonial and postcolonial toponymy in former French and Spanish colonies in West Africa – the cases of Saint Louis (Senegal) and the Western Sahara. *International Journal of the Sociology of Language* 239. 29–56.
Stolz, Thomas & Ingo H. Warnke. in press. Comparative colonial toponomastics. Evidence from German and Dutch colonial placenames. In Rita Heuser & Mirjam Schmuck (eds.), *Stiefkinder der Onomastik*. Berlin: De Gruyter.
Stolz, Thomas & Ingo H. Warnke. this volume. System- und diskurslinguistische Einblicke in die vergleichende Kolonialtoponomastik. Eine gemeinsame Einführung.
Tormo Sanz, Leandro & Milagros Salazar. 1968. Datos sobre la toponimia en Filipinas. In Antonio Quilis, Ramón B. Carril & Margarita Cantarero (eds.), *XI Congreso International de Lingüística y Filología Románicas: Actas*, vol 4, 2097–2108. Madrid: CSIC.
Val Julián, Carmen. 2011. La realidad y el deseo. Toponymie du découvreur en Amérique espagnol. In Julien Roger, Marie-Linda Ortega & Marina Mestre-Zaragoza (eds.), La realidad y el deseo. Toponymie du découvreur en Amérique espagnol. Carmen Val Julián, 25–144. Lyon: ENS Éditions.
Zermeño, Juan Martín. 1766. Plano de la ciudad y plaza de Manila, capital de la isla de Luzón, con el proyecto para la mejor defensa que propuso a S.M. el Teniente General don Juan Martin Zermeño.
http://bdh.bne.es/bnesearch/detalle/bdh0000018613 (1 June 2016).

Hitomi Otsuka
Toponomastik im Kontext des japanischen Kolonialismus

Zusammenfassung: Dieser Beitrag gibt einen Überblick über die japanischen Kolonialtoponyme in Mikronesien, die aus kolonialzeitlichem Kartenmaterial aus dem Jahr 1932 stammen. Dabei wird auf formale und funktionale Aspekte der Toponyme detailliert eingegangen; es stellt sich heraus, dass in den japanischen Kolonialtoponymen keine Machtsymbole des Kolonisators zum Ausdruck kommen. Das Benennungssystem der japanischen Kolonialtoponyme geht vielmehr – wie die heutige Nomenklatur – grundsätzlich auf Geofaktoren zurück. Die vorliegende Untersuchung ist von grundlegender Bedeutung und kann als Ausgangspunkt für die Durchführung weiterer Untersuchungen im Rahmen der vergleichenden Kolonialtoponomastik dienen.

要旨：本研究では、1932年の植民地時代の地図資料を元に当時のミクロネシアにおける日本語の地名について形式的及び機能的な側面から考察している。植民地時代に命名された日本語地名においては西洋のように植民の権力を象徴するものはなく、今日の命名法と同じく基本的に地形の特徴から地名が作られていることがわかった。

Schlagwörter: japanische Kolonialtoponyme, japanischer Kolonialismus, Mikronesien, Benennungsmotiv, Assimilationspolitik

1 Einleitung

Die japanische Kolonialzeit erstreckte sich über einen Zeitraum von etwa 60 Jahren. Sie begann nach dem Ersten Japanisch-Chinesischen Krieg im Jahre 1885 mit dem Vertrag von *Shimonoseki*, der die japanische Herrschaft über Taiwan beinhaltete. Im Jahr 1905 erlangte Japan nach dem Russisch-Japanischen Krieg Süd-Sachalin (jp: Minamikarafuto) und Guāndōng, welches als Pachtgebiet zu Russland gehörte. Fünf Jahre später vollzog das kaiserliche Japan die Annexion Koreas. Im Jahr 1919 ging die Herrschaft im ehemals deutschen Mikronesien in ein japanisches Mandatsgebiet über; 1933 wurde die Mandschurei vom

Hitomi Otsuka, Universität Augsburg, Sprachenzentrum, Universitätsstr. 2, 86135 Augsburg.
E-Mail: hitomi.otsuka@sz.uni-augsburg.de

https://doi.org/10.1515/9783110608618-009

kaiserlichen Japan eingenommen. Fast zugleich mit dem Ausbruch des Zweiten Weltkriegs versuchte das Japanische Kaiserreich, seine Besatzungszone in Südostasien, soweit diese unter europäischer Herrschaft standen, auszudehnen, um eine sogenannte *Großostasiatische Wohlstandssphäre* (Miwa 1981: 222ff.) einzurichten.[1] Die Kolonialherrschaft war auch hier mit einer Sprachenpolitik verbunden, wobei sich jedoch für Japan und die japanische Sprache ein Sonderweg feststellen lässt. Zu der Zeit herrschte eine Assimilationsideologie, die besagt, dass nur die Standardsprache, also das (Hoch-)Japanische vom Nationalgeist beseelt ist (Morioka 2005: 341). Das Gelingen der Assimilationspolitik hing somit maßgeblich vom Beherrschungsgrad der japanischen Sprache im jeweiligen unter japanischer Herrschaft stehenden Volk ab. Das Erlernen der japanischen Sprache war also der kürzeste und ideale Weg zum Erwerb der japanischen Mentalität, also „Japaner" zu werden (Inoue & Ninomiya 1997: 119).

Die Umbenennung von Ortsnamen spielte somit im Rahmen der Sprachen- bzw. Assimilationspolitik keine entscheidende Rolle. Es wurde Wert auf den umfassenden Spracherwerb des Japanischen vom Individuum bis zum ganzen Volk gelegt, während sich die Bedeutung einzelner Sprachphänomene wie das der Ortsbezeichnungen relativierte.

Wie bereits in der Einleitung von Stolz & Warnke (in diesem Band) angesprochen, manifestieren sich die sprachlichen Realisierungsformen im europäischen und japanischen Kolonialismus sehr unterschiedlich. Während im Bereich des europäischen Kolonialismus deanthroponymische Namengebung einen hohen Anteil ausmacht, lief im japanischen Kolonialismus ein anderer Prozess ab, der sozusagen in der sprachlichen Natur liegt, denn das Japanische ist die einzige Kolonialsprache, die keine indoeuropäischen Wurzeln hat, sondern genetisch isoliert ist. Von daher ist es von großem Interesse, zu erforschen, nach welchem System die Namengebung innerhalb des japanischen Kolonialismus erfolgte und wie sie sich vom europäischen, aber auch etwa vom heutigen japanischen Benennungssystem unterscheiden lässt. Es stellt sich hier die grundsätzliche Frage, ob sich überhaupt koloniale Prägungen anhand der japanischen Namengebung erkennen lassen. Was diese anbelangt, ist das hier behandelte Themengebiet noch ein Desiderat. Diese Pionierarbeit soll daher dazu beitragen, die bestehende Forschungslücke empirisch füllen zu helfen.

Von der Umbenennung der Toponyme waren nicht alle oben genannten Kolonialgebiete betroffen, sondern nur Taiwan, Süd-Sachalin, Guāndōng, Korea, die Mandschurei sowie die Südseeinseln. Diesbezüglich war von Bedeutung, dass die japanische Herrschaft vor und nach dem Ausbruch des Zweiten Welt-

---

1 Zur japanischen Kolonialpolitik siehe Yui (2000) und Kawanishi (2016).

krieges von zwei unterschiedlichen Motiven geprägt war, obwohl in beiden Perioden Assimilationspolitik betrieben wurde.[2] Die vorliegende Arbeit befasst sich mit Toponymen im Kontext des japanischen Kolonialismus, zunächst aber unter besonderer Berücksichtigung Mikronesiens. Dabei sollen die Phänomene näher betrachtet und formell sowie funktional deskriptiv erfasst werden. Die Begrifflichkeit sowie die Festlegungen bei den Analysen folgen den entsprechenden Ausführungen in der Einleitung (Stolz & Warnke in diesem Band).

2 Methodisches Vorgehen

Das Datenkorpus besteht aus kolonialzeitlichem Kartenmaterial, das im Rahmen des Zensus in Mikronesien aus dem Jahr 1932 (南洋群島島勢調査書 *Nanyoguntotoseichosasho*)[3] erstellt wurde. Es handelt sich dabei um eine von Hand skizzierte topographische Karte einzelner Inselgruppen oder Inseln mit japanischer Beschriftung.[4] Das heutige Mikronesien setzt sich aus acht Staaten zusammen: Föderierte Staaten von Mikronesien, Guam, Kiribati, Marshallinseln, Nauru, Nördliche Marianen und Palau sowie Wake. Die Aufteilung auf der Karte beruht jedoch auf den sechs damaligen japanischen Verwaltungsbezirken: Chuuk, Ponape, Yap, Saipan und Palau sowie Jaluit.

Sie umfasst insgesamt die folgenden 78 Inseln:
- Föderierte Staaten von Mikronesien – 35
    Chuuk: Chuuk, Namonuito Atoll, Enderby, Shuk, Hall-Murilo, H-Nomwin, Nomoi-Ettal, N-Satawan, N-Lukunor, N-Losap, N-Namoluk
    Ponape: Ponape, Kosae, Pakin Atoll, Ant Atoll, Orouluk Atoll, Ngatik, Nkuoro, Greenwich, Pingelap, Mokil, Enewetak, Uzeran
    Yap: Yap, Woleai Atoll, Ifalik Atoll, Eauripik Atoll, Ulithi Atoll, Elato Atoll, Namtikk Atoll, Satawal, Olimarao Atoll, Fuchorappu Atoll, Sorol Atoll, Ngulu Atoll

---

2 Es sind in Südostasien Einzel-/Sonderfälle festzustellen: z. B. wurde Singapur als *Shonanto* (沼南島 'Sumpf-Süden-Insel') bezeichnet. Dort gab es eine Verwaltungsorganisation unter der japanischen Militärregierung.
3 National Diet Library, unter: http://dl.ndl.go.jp/info:ndljp/pid/1448521 (aufgerufen am 06.10.2017).
4 Die Quellenlage bezüglich der Ortsnamen in japanischen Kolonialgebieten ist im Allgemeinen sehr dürftig. Was Mikronesien anbelangt, gibt es zwar noch eine weitere Landkarte von 1943, die jedoch nicht detailliert genug ist.

- Nördliche Marianen – 14
  Saipan: Saipan, Tinian, Agiguan, Rota, Farallon de Medinilla, Anatahan, Sarigan, Guguan, Aramagan, Pagan, Agrigan, Asuncion, Maug, Farallon de Pajaros

- Republik Palau – 1
  Palau: Palau

- Marshallinseln – 28
  Jaluit: Jaluit, Kili, Mili, Arno, Majuro, Aur, Maloelap, Erikub, Wotje, Likiep, Ailuk, Bokak, Utrik, Bikar, Ebon, Namorik, Ailinglapalap, Namu, Kwajalein, Erip, Ujae, Lae, Mejit, Rongelap, Ailinginae, Bikini, Wotho, Rongerik

Da diese Quellen, wie bereits erwähnt, von Hand gezeichnet sind und nur in digitaler Form zur Verfügung stehen, gibt es eine Reihe von Fällen, bei denen die Schriftzeichen schwer zu entziffern sind. Was die Quellenlagen grundsätzlich betrifft, sind noch keine Ortsnamenverzeichnisse vorhanden, sodass das erste Verfahren analog durchgeführt werden muss, nämlich die Zusammenstellung eines transliterierten Gesamtverzeichnisses in Mikronesien. Es sind insgesamt 1693 Kolonialtoponyme auf der Karte verzeichnet.

3 Nomenklatur

Die Benennung von Toponymen erfolgt in Japan grundsätzlich durch (1) die geographische Beschaffenheit bzw. die natürlichen Gegebenheiten der räumlichen Umgebung oder durch (2) den kulturellen Kontext. Eine weitere Möglichkeit ist die Namengebung aufgrund (3) eines ethnologischen Hintergrunds (Moguš 2009).

(1) Geographische Beschaffenheit
   a. 薬樹山 *yaku ju-san*   [Nihonhakugaku kurabu 2007: 243]
      [{*yakuju*$_{APP}$}$_{MOD}$ - {*san*$_{APP}$}$_{KLASS}$]$_{TOP}$ (Oronym, Ōsaka) = *yakuju* 'Heilmittel, Baum' + *san* 'Berg'
   b. 赤坂 *aka-saka*   [Nihonhakugaku kurabu 2007: 162]
      [{*aka*$_{ADJ}$}$_{MOD}$- {*saka*$_{APP}$}$_{KLASS}$]$_{TOP}$ (Choronym, Tōkyō) = *aka* 'rot' + *saka* 'Steigung'

(2) Kultureller Kontext
　　　 七宝町 *shippō-chō*　　　　　　[Nihonhakugaku kurabu 2007: 52]
　　　 [[{*shippo*APP}MOD-[{*cho*APP}KLASS]TOP (Choronym, Aichi) = *shippo* 'Cloisonné' + *cho* 'Stadt'

Beispiel (1a) zeigt das Geo-Objekt, das auf einen Berg referiert. Die Benennung ist also auf eine geographische Gegebenheit zurückzuführen: Es wachsen auf dem dortigen Berg viele Heilkräuter. Die Konstruktion umfasst zwei Bestandteile, die in einem hierarchischen Verhältnis zueinanderstehen. Die Anordnung der Konstituenten ist rechtsköpfig. *aka-saka* in Beispiel (1b) wurde so benannt, da früher auf dem ansteigenden Weg viele *akane* ('Färberröten') wuchsen. *shippo-cho* in (2) ist ein Beispiel für die Benennung aus dem kulturellen Kontext. Da die Stadt für Closionné bekannt ist, wurde sie danach benannt. Die dritte große Art der Namengebung bezieht sich auf bestimmte ethnologische Voraussetzungen. So gibt es z. B. auf Hokkaidō oder in der Tōhoku-Region in Nordjapan viele Ortsnamen, die ihren Ursprung in der Sprache der Ainu[5] haben.

(3) Ethnologischer Kontext
　　a.　 札幌[6] *sap-poro*
　　　　i)　[{*sat*ADJ}MOD{*horo*ADJ}MOD]TOP (Choronym, Hokkaidō) = *sat* 'trocken' + *horo* 'groß'
　　　　ii)　[{*sat*ADJ}MOD{*horo*ADJ}MOD{*betsu*APP}KLASS]TOP = *sat* 'trocken' + *horo* 'groß' + *betsu* 'Fluss'
　　b.　 室蘭[7] *muro-ran*
　　　　[{*mo*ADJ}MOD{*ruran*APP}KLASS]TOP (Hokkaidō) = *mo* 'klein' + *ruran* 'Steigung'

An Beispiel (3a) ist ersichtlich, dass die beiden Bestandteile des Ortsnamens aus zwei Modifikatoren bestehen. Angeblich hieß der Ort *sapporo-betsu* in (ii), wobei im Laufe der Zeit der Klassifikator wie in (i) verlorenging. Beispiel (3b) verweist auf einen kleinen ansteigenden Weg. Es ist hierbei zu beachten, dass die phonemische Orthographie in der Ainu-Sprache nicht mit den chinesischen Schriftzeichen übereinstimmt: die Lautstruktur des Klassifikators wird nämlich abgebrochen und die Initialsilbe *ru* ist dem ersten Bestandteil zugewiesen, was als Ideogramm leicht zur einer anderen Interpretation führen kann. Das Benen-

---

5 Die Ainu sind Ureinwohner Nordjapans (Tōhoku, Hokkaidō). Daher gehen 80 % der dortigen Ortsnamen auf die Ainu-Sprache zurück.
6 Hokkaido Government, unter: http://www.pref.hokkaido.lg.jp/ks/ass/new_timeilist.htm (aufgerufen am 06.10.2017).
7 Hokkaido Government, unter: http://www.pref.hokkaido.lg.jp/ks/ass/new_timeilist.htm (aufgerufen am 06.10.2017).

nungssystem spiegelt im Ainu-Volk grundsätzlich ein Verhältnis zur Natur sowie dessen Lebensbedingungen wider. So kommen etwa *pet* 'Fluss' oder *sawa* 'Moor' häufig in den Ortsnamen vor.

Das historische Siedlungsgebiet der Ainu befand sich außer auf ganz Hokkaidō auch auf der Insel Süd-Sachalin und auf den Kurilen-Inseln sowie in der Tōhoku-Region Nordjapans (Haarmann 2002: 35). Daher findet man viele Ortsnamen mit Ainu-Herkunft. So beruht z. B. die japanische Bezeichnung „karafuto (*kamuy kar put ya mosir; karaputo*)" für Sachalin ebenfalls auf der Ainu-Sprache und verweist in diesem Fall auf eine von Gott geschaffene Meerenge. Weitere Beispiele aus Süd-Sachalin sind in (4) aufgeführt.

(4) a. 恵須取町 *esutoru-chō* [Nishimura 1994: 370]
[{*esutoru*APP}MOD{*cho*APP}KLASS]TOP (Choronym, Süd-Sachalin) = *esutoru* 'Spitze einer Landzunge' + *cho* 'Stadt'
b. 珍内町 *chinnai-chō* [Nishimura 1994: 360f.]
[{*chinnai*APP}MOD{*cho*APP}KLASS]TOP (Choronym, Süd-Sachalin) = *chinnai* 'Kanal' + *cho* 'Stadt'

Die toponymische Konstruktion ist wie im Japanischen rechtsköpfig und besteht aus einem Appellativum und einem Klassifikator.

In der vorliegenden Arbeit werden diese Ainu-Fälle allerdings nicht weiter untersucht; vielmehr soll dies in einem Folgeprojekt vertieft werden. Es wäre in diesem Zusammenhang auch ein interessanter Aspekt, Phänomene der japanischen Namengebung und solche der Ainu-Sprache zu vergleichen, da die beiden Sprachen nicht nur genetisch isoliert, sondern auch typologisch unterschiedlich sind.

4 Japanische Kolonialtoponyme in Mikronesien

4.1 Formaler Aspekt

In folgendem Abschnitt wird auf die Ergebnisse der Datenerhebung zu Mikronesien eingegangen. Die Auswertung bezieht sich, wie bereits in Abschnitt 2 erwähnt, auf ein Datenkorpus von insgesamt 1692 Kolonialtoponymen von 78 Inseln (siehe Appendix).

Tabelle 1: Anzahl von Endonymen und Exonymen sowie Hybriden in Mikronesien.

		Endonyme	Exonyme	Hybride	Insgesamt
Chuuk		106	72	210	388
Ponape	Föderierte Staaten von Mikronesien	87	0	122	209
Yap		106	0	112	218
Jaluit	Marshallinseln	7	0	742	751
Saipan	Nördliche Marianen	42	2	28	72
Palau	Palau	0	0	54	54
		348	74	1271	1692

Tabelle 1 veranschaulicht die Verteilung der Klassen von Kolonialtoponymen entsprechend den Inseln, auf denen sich ein japanischer Verwaltungsbezirk befand.[8] Auffallend ist hierbei, dass Hybride auf allen o. g. Inseln bzw. Inselgruppen vorkommen und als die mit Abstand am häufigsten auftretende Konstruktionsklasse erkennbar sind. Darauf folgt die endogene Konstruktion mit 20,5 %. Das quantitative Verhältnis von Endonymen zu Hybriden ist je nach Insel unterschiedlich; so beträgt das Verhältnis zwischen Endonymen und Hybriden auf Chuuk 1:2, während es auf Yap fast ausgeglichen ist. Auf Jaluit liegt die Proportion wiederum mit 0,9 % zu 99 % weit auseinander. Auf Saipan hingegen werden Endonyme stärker bevorzugt als Hybride. Betrachten wir die Klasse von Exonymen, so ist augenfällig, dass sie nur auf Chuuk sowie auf Saipan vorkommen, wobei für Saipan nur zwei Belege vorliegen, auf die in Abschnitt 5 noch detailliert eingegangen wird. Auf Ponape, Yap und Jaluit sowie Palau ist keine exogene Konstruktion zu finden. Es wäre hierbei interessant genauer zu hinterfragen, worauf die Verteilung der Konstruktionsklassen von Kolonialtoponymen zurückzuführen ist. Eine mögliche Überlegung wäre, dass sie davon abhängig ist, wie intensiv die Japanisierung in Mikronesien durchgeführt worden ist und wie wichtig die Funktion des Verwaltungsgebiets war.[9] Man könnte annehmen, dass in Gebieten, in denen der japanische Einfluss

---

8 Mikronesien ist in sechs Verwaltungsbezirke untergeteilt. Hauptverwaltungssitz – Nanyo genannt – in der Palau-Inselgruppe war Koror. Die weiteren Verwaltungsbezirke waren auf Saipan, Yap, Palau, Truk, Ponape und Jaluit.
9 Es ist auch von großem Interesse, Kolonialtoponyme auf Guam zu untersuchen. Guam war erst von 1941–1944 unter japanischer Herrschaft. Selbst der Inselname Guam war ja umbenannt in 大宮島 *daikyū-tō* ('Insel, wo sich großartige Götter befinden'). Die Hauptstadt wurde in 明石 *akashi* umbenannt. Das Benennungsmotiv ist unklar.

geringer war, mehr Hybride sowie Exogene auftreten. Ob diese Beobachtung zutrifft, soll im künftigen Projekt beantwortet werden.

Die Beispiele unter (5) stellen zwei exogene Konstruktionen dar. Das Konstruktionsmuster besteht aus einem Modifikatoren und einem Klassifikator, was dem Typ C nach Stolz & Warnke (in diesem Band) entspricht:

$$[\{\text{MODIFIKATOR}\}_{\text{EXOGEN}} + \{\text{KLASSIFIKATOR}\}_{\text{EXOGEN}}]_{\text{TOP}}.$$

(5) Exonyme
火曜島 *kayo-jima* (heutige Bezeichnung: Fana Panges Insel)
[{*kayo*$_{\text{APP}}$}$_{\text{MOD}}${*jima*$_{\text{APP}}$}$_{\text{KLASS}}$]$_{\text{TOP}}$ (Choronym, Chuuk) = *kayo* 'Dienstag' + *jima* 'Insel'

Beide Bestandteile der Konstruktion in (5) sind exogen. Ein exogenes Appellativum *kayo* ('Dienstag') wird mit einem exogenen Klassifikator *shima* ('Insel') kombiniert.

Hybrid-Konstruktionen können durch die Beispiele in (6) veranschaulicht werden.

(6) Hybride
 a. アジジェーン島 *ajijen-to* (heutige Bezeichnung: Ajejen Insel)
 [{*ajijeen*$_{\text{APP}}$}$_{\text{MOD}}${*to*$_{\text{APP}}$}$_{\text{KLASS}}$]$_{\text{TOP}}$ (Choronym, Jaluit Atoll) = *ajijeen* 'Ajejen' + *to* 'Insel'
 b. タッポーチョー山 *tappocho-san* (heutige Bezeichnung: Mt. Tapochau)
 [{*tappocho*$_{\text{APP}}$}$_{\text{MOD}}${*san*$_{\text{APP}}$}$_{\text{KLASS}}$]$_{\text{TOP}}$ (Oronym, Saipan) = *tappocho* 'Tapochau' + *san* 'Berg'
 c. 北ガラパン *kita-garapan* (heutige Bezeichnung: Nordgarapan)
 [{*kita*$_{\text{APP}}$}$_{\text{ATTR}}${*garapan*$_{\text{APP}}$}$_{\text{APP}}$]$_{\text{TOP}}$ (Choronym, Saipan) = *kita* 'Nord' + *garapan* 'Garapan'

Bei Hybriden handelt es sich im japanischen Kolonialtoponomastikon um eine Konstruktion aus endogenem Modifikator und exogenem Klassifikator nach folgendem Schema:

$$[\{\text{MODIFIKATOR}\}_{\text{ENDOGEN}} + \{\text{KLASSIFIKATOR}\}_{\text{EXOGEN}}]_{\text{TOP}}$$

Ein endogener Klassifikator wird durch einen exogenen Klassifikatoren ersetzt. Laut Stolz & Warnke (2017: 208) entstammen alle Klassifikatoren den Sprachen der Kolonisatoren. Bei den japanischen Kolonialtoponymen ist dies ebenfalls gegeben.

99 % der Belege von den Jaluit-Inseln weisen beispielsweise Hybrid-Konstruktionen auf; sie sind alle nach dem o. a. Muster gebildet. *ajijen-to* in (6a) besteht aus einem endogenen Modifikator *ajejen*, der phonetisch ins Japanische

übertragen worden ist; der exogene, also japanische Klassifikator -to, wurde angehängt. Bei (6b) handelt es sich um ein Oronym, bei dem ebenfalls ein endogener Modifikator und ein exogener Klassifikator zusammengesetzt sind. Beispiel (6c) stellt ein anderes Konstruktionsschema dar, in dem eine exogene Bezeichnung der Himmelsrichtung dem endogenen Modifikatoren vorangestellt wird:

[{ATTRIBUT}EXOGEN + {MODIFIKATOR}ENDOGEN (+ {KLASSIFIKATOR}EXOGEN)]TOP

kita-garapan in (6c) enthält keinen Klassifikator, so ist das Schema ohne Klassifikator [{ATTRIBUT}EXOGEN + {MODIFIKATOR}ENDOGEN]TOP angemessen. In meinem Korpus gibt es nur zwei Belege für eine Konstruktion mit der Bezeichnung einer Himmelsrichtung. Ein Beleg ist bereits in (6c) dargestellt, ein zweiter ist 南ガラパン *minami-garapan*, [{*minami*APP}ATTR{*garapan*APP}APP]TOP (Choronym, Saipan) = *minami* 'Süd' + *garapan* 'Garapan'. Diese Art der Bildung von Kolonialtoponymen kommt also marginal vor.

4.2 Funktionaler Aspekt

Im vorherigen Abschnitt wurden die Kolonialtoponyme aus formaler Sicht betrachtet. Nun soll hier auf den funktionalen Aspekt näher eingegangen werden, und zwar hinsichtlich der Benennungsmotive, die der Wahl von Kolonialtoponymen zugrunde liegen. D.h. ich werde hier die Erstglieder der Determinativkomposita sowie die Zweitglieder, also die Determinanten, in der Regel Geoklassifikatoren oder Funktionsklassifikatoren, wodurch das Benennungsmotiv transparent wird, eingehender betrachten: *shima* 'Insel', *misaki* 'Spitze', *hikōjō* 'Flughafen', *-wan* 'Hafen', *-san* 'Berg', *sansaro* 'Drei-Wege-Kreuzung'. In diesem Zusammenhang werden hier hauptsächlich die exogenen Belege analysiert.

Wie bereits in Tabelle 1 angegeben, treten Exonyme nur in Toponymen auf Chuuk und Saipan auf. Zunächst werden in (7) zwei exogene Konstruktionen aus Saipan angeführt:

(7) a. 月見島 *tsukimi-jima* (heutige Bezeichnung: Isleta Maigo Fahang/Bird Island)

[{*tsukimi*APP}MOD{*jima*APP}KLASS]TOP (Choronym, Saipan) = *tsukimi* 'Mondschau' + *jima* 'Insel'

b. 軍艦島 *gunkan-jima* (heutige Bezeichnung: Mañagaha)

[{*gunkan*APP}MOD{*jima*APP}KLASS]TOP (Choronym, Saipan) = *gunkan* 'Kriegsschiff' + *jima* 'Insel'

Die Insel Isleta Maigo Fahang war für die japanische Kolonie ein beliebter Ort, um den Mond zu betrachten. Daher wurde die Insel in *tsukimi-jima* (7a) umbenannt, was sich aus *tsukimi* 'Mondschau' und *jima* 'Insel' zusammensetzt. Die in Beispiel (7b), *gunkan-jima*, dargestellte Konstruktion ist in heutigen japanischen Ortsnamen ebenfalls vorhanden, so z. B. auf der seit 1974 unbewohnten Insel von Nagasaki in der Kyushu-Region. Der Ort heißt offiziell *hashima*; *gunkan-jima* ist somit eine lokale Bezeichnung. Diese Bezeichnung entstand aufgrund der Ähnlichkeit der Inselform mit einem japanischen Kriegsschiff (Nihon Rito Center 2004: 848), wohingegen bei der Umbenennung auf Saipan ein eher funktionaler Aspekt eine Rolle gespielt hat. Die Insel fungierte als militärische Festung.

Betrachtet man die Kolonialtoponyme auf Chuuk, so gibt es dort insgesamt 72 Exonyme (siehe Tabelle 1), und es lassen sich 13 Benennungsmotive unterscheiden, die ich im Folgenden aufführe:

(8) a. [N$_{\text{Zwölf Erdzweige}}$ - N$_{\text{geographisch}}$]$_{\text{toponym}}$
申島 *saru-jima* (heutige Bezeichnung: Pisinun)
[{*saru*$_{\text{APP}}$}$_{\text{MOD}}${*jima*$_{\text{APP}}$}$_{\text{KLASS}}$]$_{\text{TOP}}$ (Choronym, Chuuk) = *saru* 'Affen' + *shima* 'Insel'

Das Erstglied ist benannt nach dem alten chinesischen Nummerierungssystem der Zwölf Erdzweige. *Saru* ('Affe') ist einer davon; es gibt also noch weitere elf Exonyme, die danach umbenannt wurden (siehe Tabelle 2). Das Benennungsmotiv der Zwölf Erdzweige erweckt zunächst einen ungewöhnlichen Eindruck, da das Motiv in den japanischen Toponymen zu erkennen ist. Es gibt allerdings auch in Japan Toponyme, die aus demselben Motiv entstanden sind: 辰巳町 *tatsumi-cho* (Ishikawa-Präfektur, Kanazawa) 'Drachen-Schlangen-Block' ('Süd-Osten'); 寅新田 *tora-shinden* (Aichi-Präfektur, Nagoya) 'Tiger-neu urbargemachtes-Reisfeld'.[10] Ursprünglich bestand der Ortsname nur aus einem Logogramm der Zwölf Erdzweige und aus einem Klassifikator. Im Laufe der Zeit wurde es jedoch mit einem anderen Bestandteil zusammengesetzt; deswegen ist die Herkunft des Namens schwer zurückzuverfolgen. Die Kolonialtoponyme mit dem Motiv der Zwölf Erdzweige auf Chuuk scheinen nicht zufällig vergeben worden zu sein, da sie sich am nordöstlichen und östlichen äußeren Rand vom Barriereriff konzentrieren.

(8) b. [N$_{\text{familienname}}$ - N$_{\text{geographisch}}$]$_{\text{toponym}}$
内田島 *uchida-jima* (heutige Bezeichnung: Pisinun)
[{*uchida*$_{\text{APP}}$}$_{\text{MOD}}${*jima*$_{\text{APP}}$}$_{\text{KLASS}}$]$_{\text{TOP}}$ (Choronym, Chuuk) = *uchida* + *jima* 'Insel'

---

10 Online Ortsnamenlexikon, unter: http://chimei.jitenon.jp/ (aufgerufen am 04.10.2017).

Familiennamen kommen als Benennungsmotiv in japanischen Kolonialtoponymen nicht häufig vor und sind somit keine systematische Bestandteil der Namengebung. Solcher Art gebildete Toponyme, vor allem auf Hokkaidō, gehören oft zu den ursprünglichen Siedlernamen oder zu den Namen des Feudalherren: so ist z. B. der Ortsname *niki-chō* 'Familienname Niki-Block' (yōichi-gun) nach dem Siedler Niki benannt. Für Chuuk gibt es zwar fünf Belege mit dem Motiv von Familiennamen, jedoch lässt sich schwer feststellen, warum die jeweiligen Personen für die Umbenennung gewählt wurden. Ursprünglich entstanden japanische Familiennamen aus Ortsnamen oder natürlichen bzw. landschaftlichen Gegebenheiten. Insofern wäre zu vermuten, dass dieses Motiv auch mit der Natur zu tun hat. Es ließ sich jedoch keine solche Verbindung ausfindig machen. Der Ortsname *uchida-jima* existierte tatsächlich als Familienname und er bezieht sich auf einen Kapitän zur See namens Uchida, wobei dieser wohl für die südwestlichen Inselgebiete zuständig war.[11] Ob diese Person etwas von historischer Bedeutung geleistet hat, sodass ihr Name für die Umbenennung einer Insel gewählt wurde, ist nicht feststellbar.

(8) c. [N$_{geographische\ Beschaffenheit}$ - N$_{geographisch}$]$_{toponym}$
江ノ島 *eno-shima* (heutige Bezeichnung: Eot)
[{*eno*$_{APP}$}$_{MOD}$ {*shima*$_{APP}$}$_{KLASS}$]$_{TOP}$ (Choronym, Chuuk) = *eno* 'Bucht' + *shima* 'Insel'

In Japan gibt es einen Ort mit demselben Namen. Bezüglich der Namensherkunft gibt es unterschiedliche Meinungen. Eine akzeptierte Erklärung besagt, dass der Name Bezug auf die natürlichen Gegebenheiten dort nimmt.

(8) d. [N$_{geschirr}$ - N$_{geographisch}$]$_{toponym}$
皿島 *sara-jima* (heutige Bezeichnung: Sanat)
[{*sara*$_{APP}$}$_{MOD}$ {*jima*$_{APP}$}$_{KLASS}$]$_{TOP}$ (Choronym, Chuuk) = *sara* 'Teller' + *jima* 'Insel'

Bei (8d) handelt es sich um einen Einzelfall. Es ist unklar, warum dieses Motiv gewählt wurde.

(8) e. [N$_{geschlecht}$ - N$_{geographisch}$]$_{toponym}$
女島 *onna-jima* (heutige Bezeichnung: Onaram)
[{*onna*$_{APP}$}$_{MOD}$ {*jima*$_{APP}$}$_{KLASS}$]$_{TOP}$ (Choronym, Chuuk) = *onna* 'Frau' + *jima* 'Insel'

---

[11] National Institute for Defense Studies, unter: http://www.nids.mod.go.jp/military_archives/pdf/catalog/n2.pdf (aufgerufen am 06.10.2017).

Die Onaram-Insel liegt östlich von der *fuyu-jima* 'Winter-Insel' (heutige Bezeichnung: Uman). Dort sind Inseln mit Verwandtschaftsbezeichnungen vermehrt verbreitet.

(8) f. [N_himmelsrichtung - N_geographisch]_toponym
南島 *minami-jima* (heutige Bezeichnung: Ochonuk)
[{*minami*_APP}_MOD{*jima*_APP}_KLASS]_TOP (Choronym, Chuuk) = *minami* 'Süd' + *jima* 'Insel'

In (8f) handelt es sich um das Benennungsmotiv der Himmelsrichtungen. Die drei Haupthimmelsrichtungen Norden, Süden und Westen wurden als Motiv verwendet. Für die Himmelsrichtung Osten wurde kein Beleg gefunden.

(8) g. [N_insekt - N_geographisch]_toponym
蛍島 *hotaru-jima* (heutige Bezeichnung: Fono Mu)
[{*hotaru*_APP}_MOD{*jima*_APP}_KLASS]_TOP (Choronym, Chuuk) = *hotaru* 'Leuchtkäfer' + *jima* 'Insel'

(8g) ist der einzige Fall, bei dem ein Insekt für das Benennungsmotiv gewählt wurde. Auf Fono Mu soll es einen Lebensraum für Leuchtkäfer geben, gleichzeitig ist es ein beliebter Ort für dessen Beobachtung. In Japan gibt es Ortsnamen, in denen der Name *hotaru* aus demselben Grund vorkommt.

(8) h. [N_jahreszeiten - N_geographisch]_toponym
春島 *haru-jima* (heutige Bezeichnung: Weno)
[{*haru*_APP}_MOD{*jima*_APP}_KLASS]_TOP (Choronym, Chuuk) = *haru* 'Frühling' + *jima* 'Insel'

Insgesamt vier Inseln, die zu den Namoneas-Inseln gehören, weisen die Jahreszeiten als Benennungsmotiv auf. Die Frühlingsinsel und die Sommerinsel (heute: Tonoas) fungierten während der japanischen Herrschaft als ein Zentrum der Besatzungsmacht[12]. Dort gab es z. B. einen Flughafen.

(8) i. [N_pflanze - N_geographisch]_toponym
楓島 *kaede-jima* (heutige Bezeichnung: Parem)
[{*kaede*_APP}_MOD{*jima*_APP}_KLASS]_TOP (Choronym, Chuuk) = *kaede* 'Ahorn' + *jima* 'Insel'

---

[12] The Sasakawa Pacific Island Nations Fund, unter https://www.spf.org/yashinomi/pacific/international/matsushima02.html (aufgerufen am 06.10.2017).

Das Benennungsmotiv „Pflanze" wie in (8i) scheint beliebt gewesen sein. Unter den insgesamt 17 Belegen im Korpus tritt dieses Motiv am häufigsten auf. Das Motiv wird auch in japanischen Ortsnamen verwendet.

(8) j. [N_verwandtschaftsbezeichnung - N_geographisch]_toponym
嫁島 yome-jima (heutige Bezeichnung: Ouso)
[{yome_APP}_MOD{jima_APP}_KLASS]_TOP (Choronym, Chuuk) = yome 'Braut' + jima 'Insel'

In (8j) haben wir es mit Verwandtschaftsbeziehungen als Benennungsmotiv zu tun, wobei nicht alle Verwandtschaftsbezeichnungen beteiligt sind: in meinem Korpus kommen nur ane-jima ('Große-Schwester-Insel'), imōto-jima ('Kleine-Schwester-Insel'), muko-jima ('Bräutigaminsel'), otōto-jima ('Kleiner-Bruder-Insel') vor. Das gleiche Benennungssystem haben die Ogasawara-Inseln, die im Pazifik liegen, etwa 1000 km südöstlich von der japanischen Hauptinsel entfernt. Die Inselgruppe besteht aus etwa 30 Inseln, deren Name Verwandtschaftsbeziehungen wiedergeben: chichi-jima ('Vater-Insel'), haha-jima ('Mutter-Insel'), ani-jima ('Großer-Bruder-Insel'), otōto-jima ('Kleiner-Bruder-Insel'), ane-jima ('Große-Schwester-Insel'), muko-jima ('Bräutigaminsel'), yome-jima ('Brautinsel') und sogar nakōdo-jima ('Heiratsvermittler-Insel'). Die Herkunft der Namen ließ sich allerdings noch nicht ermitteln. Das Benennungsmotiv von Verwandtschaftsbezeichnungen könnte künftig ein interessantes Forschungsvorhaben werden, da dieses Phänomen möglicherweise universal aufzutreten scheint.

(8) k. [N_vogel - N_geographisch]_toponym
雀島 suzume-jima
[{suzume_APP}_MOD{jima_APP}_KLASS]_TOP (Choronym, Chuuk) = suzume 'Spatz' + jima 'Insel'

(8) l. [N_wetter - N_geographisch]_toponym
雪島 yuki-jima (heutige Bezeichnung: Fourup)
[{yuki_APP}_MOD{jima_APP}_KLASS]_TOP (Choronym, Chuuk) = yuki 'Schnee' + jima 'Insel'

Bei (8k) und (8l) handelt es sich um Einzelfälle.

(8) m. [N_wochentage - N_geographisch]_toponym
月曜島 getsuyo-jima (heutige Bezeichnung: Udot)
[{getsuyo_APP}_MOD{jima_APP}_KLASS]_TOP (Choronym, Chuuk) = getsuyo 'Montag' + jima 'Insel'

Insgesamt sieben Inseln mit dem Benennungsmotiv von Wochentagen gehören zu den Faichuk-Inseln, die aus sieben relativ großen Inseln und weiteren kleineren Inseln bestehen. Es ist unklar, warum die Wochentage als Motiv gewählt wurden. Es gibt keine Entsprechung bei den heutigen japanischen Toponymen.

Tabelle 2: Benennungsmotive.

	Motive	Belege
1	Zwölf Erdzweige	*Hitsuji-jima* 'Schafsinsel', *I-shima* 'Wildschweininsel', *Mi-shima* 'Schlangeninsel', *Ne-jima* 'Mausinsel', *Tatsu-jima* 'Dracheninsel', *Tora-jima* 'Tigerinsel', *Tori-jima* 'Hahninsel', *Uma-jima* 'Pferdeinsel', *U-jima* 'Haseninsel', *Ushi-jima* 'Ochseninsel', *Inu-jima* 'Hundeinsel'
2	Familienname	*Masu-jima, Minamoto-jima, Oda-jima, Uchida-jima, Uji-jima*
3	Geographische Beschaffenheit	*Eno-shima* 'Buchtinsel', *Seto-shima* 'Insel der Meerenge', *Shirotae-jima* 'Weiße Insel', *Takasago-shima* 'Hügeliger Sandboden-Insel', *Futago-jima* 'Zwillinge-Insel', *Kasuga-jima* 'Insel des Frühlingssonnenscheines', *Hoshi-jima* 'Sterninsel'
4	Geschirr	*Sara-jima* 'Tellerinsel'
5	Geschlecht	*Otoko-jima* 'Männerinsel', *Onna-jima* 'Fraueninsel'
6	Himmelsrichtung	*Kita-shima* 'Nordinsel', *Minami-shima* 'Südinsel', *Nishi-jima* 'Westinsel'
7	Insekt	*Hotaru-jima* 'Leuchtkäferinsel'
8	Jahreszeit	*Haru-jima* 'Frühlingsinsel', *Natsu-shima* 'Sommerinsel', *Aki-shima* 'Herbstinsel', *Fuyu-jima* 'Winterinsel'
9	Pflanze	*Bara-jima* 'Roseninsel', *Fuji-shima* 'japanischer Blauregen-Insel', *Fuyo-jima* 'Hibiscus mutabilis-Insel', *Susuki-jima* 'Chinaschilf-Insel', *Hana-jima* 'Blumeninsel', *Kaede-jima* 'Ahorninsel', *Kaido-jima* 'Zierapfelbaum-Insel', *Kiku-jima* 'Chrysantheminsel', *Momo-jima* 'Pfirsischinsel', *Osakura-jima* 'Wildkirscheinsel', *Sakura-jima* 'Kirschblüteninsel', *Suisen-jima* 'Narzisseninsel', *Takeshima* 'Bambusinsel', *Tsubaki-jima* 'Kamelieninsel', *Yanagi-jima* 'Weideinsel', *Tachibana-jima* 'Wilde Mandarine-Insel'
10	Verwandtschaftsbeziehung	*Ane-jima* 'Große-Schwester-Insel', *Imoto-jima* 'Kleine-Schwester-Insel', *Muko-jima* 'Bräutigaminsel', *Ototo-jima* 'Kleiner-Bruder-Insel'
11	Vogel	*Suzume-jima* 'Spatzeninsel'
12	Wetter	*Yuki-shima* 'Schneeinsel'
13	Wochentage	*Nichiyo-jima* 'Sonntagsinsel', *Getsuyo-jima* 'Montagsinsel', *Kayo-jima* 'Dienstagsinsel', *Suiyo-jima* 'Mittwochsinsel', *Mokuyo-jima* 'Donnerstagsinsel', *Kinyo-jima* 'Freitagsinsel', *Doyo-jima* 'Samstagsinsel'

Aus diesen Beispielen wird ersichtlich, dass sie alle auf unterschiedliche Benennungsmotive zurückgehen. Im Gegensatz zur europäischen anthroponymischen Namengebung sind im japanischen Benennungssystem fast keine Bezeichnungen festzustellen, die Charakteristika von Kolonisatoren zum Ausdruck bringen.

5 Zusammenfassung

Die Studie zur japanischen Kolonialtoponymie führt zu einer besonderen Erkenntnis: es stellt sich heraus, dass die Benennung von Kolonialtoponymen nicht auf einer eigenständigen Systematik beruht, wie das im europäischen Kolonialismus der Fall zu sein scheint. Vielmehr handelt es sich um eine Art von Zufallsbildung. Damit ist gemeint, dass in den Toponymen keine politische Ideologie oder kein Machtsymbol des Kolonisators ausgedrückt wird. Stattdessen handelt es sich bei der Namengebung im Japanischen um Wahrnehmung und Erkennen, was heißt: der Name soll leicht interpretierbar und vorstellbar sein. Man weiß also, worauf die Benennung oder Umbenennung zurückzuführen ist. Die meisten Benennungsmotive im Japanischen beziehen sich somit auf Geofaktoren wie Wetter, Vogel, Pflanze, Jahreszeit, Insekt, Himmelsrichtung oder geographische Beschaffenheit. Danach werden auch die heutigen japanischen Toponyme gebildet.

Das Ziel des vorliegenden Beitrags ist eine deskriptive Darstellung des Phänomens der Kolonialtoponyme während der japanischen Herrschaft in Mikronesien. Die Analyse konzentriert sich daher auf qualitative Aspekte. Die Untersuchung bzw. das bisherige Ergebnis kann als Grundlage für die Durchführung weiterer Analysen dienen und Herangehensweisen aus verschiedenen Blickwinkeln anregen. Dies ermöglicht es dann, ein umfassenderes Verständnis für das Wesentliche der Kolonialtoponyme bezogen auf die japanische Herrschaft zu gewinnen. Als weitere Konsequenz dieser Arbeit wäre es darüber hinaus von Nutzen, die Erforschung der ehemals unter japanischer Herrschaft stehenden Kolonialgebiete zu erweitern. Weitere Untersuchungen zu diesem Themenfeld werden sicherlich noch neue Fragestellungen und Erkenntnisse generieren können.

Abkürzungen

ADJ	Adjektiv
APP	Appellativum
ATTR	Attribut
BG	Berg
BT	Bucht
BZ	Bezirk
En	Endonym
EÜ	einfache Übertragung
Ex	Exonym
FH	Flughafen
HA	Hafen
Hy	Hybrid
IN	Insel
K	Kap
KLASS	Klassifikator
MOD	Modifikator
O	Ort
ONK	Ortsnamenklasse
TOP	(Kolonial-)Toponym
TWJ	Three-Way-Junction

Literaturverzeichnis

Haarmann, Harald. 2002. *Kleines Lexikon der Sprachen*. München: C.H. Beck.

Inoue, Keiko & Tamie Ninomiya. 1997. *Language policy in Colonials (1910–1945)*, Part I-(2): *Language policy in Korea*, 117–127. Nagasaki Junshin Catholic University. NII-Electronic Library Service.

Kawanishi, Kosuke. 2016. *Daitoakyoeiken – Teikokunihon no Nanpotaiken*. [Großostasiatische Wohlstandssphäre – Das japanische Kaiserreich in der Südsee]. Tokyo: Kodansha.

Miwa, Kimitada. 1981. Tōashinchitsujosengen to Daitōakyōeken kōsō no danzetsu [Manifest für Neue Ordnung in Ostasien und Planbruch von Großostasiatischer Wohlstandssphäre]. In Kimitada Miwa (ed.), *Saiko: Taiheyōsensō zenya* [Erneute Überlegung: Der Vorabend des Krieges im pazifischen Ozean], 222–226. Soseki.

Moguš, Ivana. 2009. *Nihon no Chimei – Nihon no Chimei to sono Yurai* [Japanische Ortsnamen – Japanische Ortsnamen und deren Herkunft]. Gunma: Gunma University International Center.

Morioka, Junko. 2015. Japanese language education under the Japanese mandatory administration in PALAU and its influence – Research based on listening comprehension tests administered to Palauans who received the Japanese language education. *Yamaguchi Koji sensei taishokukinenshu* [Beiträge zur Festschrift für Herrn Koji Yamaguchi], 331–397 Kyoto: Ritsumeikan University, The Department of Law.

Nihonhakugaku kurabu. 2007. *Nihon no Chimei no igaina Yurai* [Unerwartete Herkunft japanischer Ortsnamen]. Tokyo: PHP-Institut.
Nihon Rito Center (Center for Research and Promotion of Japanese Islands). 2004. *Nihon no Shima gaido Shimadas*. Tokyo: Nihon Rito Center.
Nishimura, Iwao. 1994. *Minamikarafuto: Gaiyo, Chimeikai, Shijitsu* [Süd-Karafuto: Überblick, Ortsnamen, historische Tatsache]. Sapporo: Kyogyokumiai kosokuinsatsu Center.
Stolz, Thomas & Ingo H. Warnke. 2017. Anoikonyme und Oikonyme im Kontext der vergleichenden Kolonialtoponomastik. In Thomas Stolz, Ingo H. Warnke & Axel Dunker (eds.), *Benennungspraktiken in Prozessen kolonialer Raumaneignung*, 205–229. Berlin & New York: De Gruyter.
Stolz, Thomas & Ingo H. Warnke. in diesem Band. System- und diskurslinguistische Einblicke in die vergleichende Kolonialtoponomastik. Eine gemeinsame Einführung.
Yui, Masaomi. 2000. *Dainipponteikoku no Jidai – Nihon no Rekishi (8)* („Zeit des Großjapanischen Kaiserreiches – Japanische Geschichte (8)"). Tokyo: Iwanami.

Appendix

Tabelle 3: Chuuk.

Nr.	Transkription	Ortsname original	Übersetzt	Ex/En/Hy	ONK	Geografische Koordinaten	Lage im Kolonialgebiet	Benennungsmotiv	Struktur	Heutige Bezeichnung
1	Abison-tō	アビソン島	–	Hy	IN	5° 30′N, 153° 70′	Satawan (Nomoi Island)	–	[Y-Xgeo]tpn	
2	Abun	アブン	–	En	BZ	25-28°N, 150-155° E	Truckinseln	EÜ	–	
3	Achigenkeba-shima	アチゲンケバ島	–	Hy	IN	25-28°N, 150-155° E	Truckinseln	–	[Y-Xgeo]tpn	
4	Aferan-tō	アフェラン島	–	Hy	IN	5° 30′N, 153° 70′	Satawan (Nomoi Island)	–	[Y-Xgeo]tpn	Afarene
5	Agenenban-shima	アゲネンバン島	–	Hy	IN	25-28°N, 150-155° E	Truckinseln	–	[Y-Xgeo]tpn	Anengenipuan
6	Aioi-shima	相生島	Aioi-Insel	Ex	IN	25-28°N, 150-155° E	Truckinseln	jap.Ortsname	[Xort-Xgeo]tpn	Onnang Insel
7	Akishima	秋島	Herbstinsel	Ex	IN	25-28°N, 150-155° E	Truckinseln	Jahreszeiten	[Xjz-Xgeo]tpn	Fefan
8	Amachiyan	アマチヤン	–	En	BZ	25-28°N, 150-155° E	Truckinseln	EÜ	–	
9	Amasu-tō	アマス島	–	Hy	IN	5° 9229′N, 153° 1169′	Ameas	–	[Y-Xgeo]tpn	Ameas

Toponomastik im Kontext des japanischen Kolonialismus — 351

Nr.	Transkription	Ortsname original	Übersetzt	Ex/En/Hy	ONK	Geografische Koordinaten	Lage im Kolonialgebiet	Benennungsmotiv	Struktur	Heutige Bezeichnung
10	Amopenikku-tō	アモペニック島	–	Hy	IN	6° 53′ N, 152° 42′ O	Losap Atoll	–	[Y-Xgeo]tpn	
11	Amutorido-to	アムトリード島	–	Hy	IN	08°46′10″N 150°18′47″E	Namonuito Atoll	–	[Y-Xgeo]tpn	
12	Anegachiku-tō	アネガチク島	–	Hy	IN	5° 30′N, 153° 70′	Satawan (Nomoi Island)	–	[Y-Xgeo]tpn	Alengarik
13	Anegaiso-tō	アネガイン島	–	Hy	IN	5° 55′ N, 153° 34′ O	Etal (Nomoi Island)	–	[Y-Xgeo]tpn	
14	Aneganmarisu-tō	アネガンマリス島	–	Hy	IN	5° 55′ N, 153° 34′ O	Etal (Nomoi Island)	–	[Y-Xgeo]tpn	
15	Aneganmesenaku-tō	アネガンメセナク島	–	Hy	IN	5° 30′ N, 153° 70′	Satawan (Nomoi Island)	–	[Y-Xgeo]tpn	
16	Aneganmo-tō	アネガンモ島	–	Hy	IN	5° 55′ N, 153° 34′ O	Etal (Nomoi Island)	–	[Y-Xgeo]tpn	
17	Aneganyōmei-tō	アネガンヨーメイ島	–	Hy	IN	5° 30′ N, 153° 70′	Satawan (Nomoi Island)	–	[Y-Xgeo]tpn	
18	Anegapuin-tō	アネガプイン島	–	Hy	IN	5° 30′ N, 153° 70′	Satawan (Nomoi Island)	–	[Y-Xgeo]tpn	
19	Ane-shima	姉島	Gr. Schwester-Insel	Ex	IN	25-28′ N, 150-155′ E	Truckinseln	Verwandtschaftsbezeichnung	[Xvb-Xgeo]tpn	
20	Anirikeru-tō	アネリケル島	–	Hy	IN	6° 53′ N, 152° 42′ O	Losap Atoll	–	[Y-Xgeo]tpn	Fanat
21	Aragau-tō	アラガウ島	–	Hy	IN	5°31′N, 153°46′O	Lukunor (Nomoi Island)	–	[Y-Xgeo]tpn	

Nr.	Transkription	Ortsname original	Übersetzt	Ex/En/Hy	ONK	Geografische Koordinaten	Lage im Kolonialgebiet	Benennungsmotiv	Struktur	Heutige Bezeichnung
22	Arakakepu-tō	アラカケプ島	–	Hy	IN	6° 53' N, 152° 42' O	Losap Atoll	–	[Y-Xgeo]tpn	
23	Aranfuseru-tō	アランフセル島	–	Hy	IN	6° 53' N, 152° 42' O	Losap Atoll	–	[Y-Xgeo]tpn	
24	Aranfuwanu-tō	アランフワヌ島	–	Hy	IN	5° 30'N, 153° 70'	Satawan (Nomoi Island)	–	[Y-Xgeo]tpn	
25	Aransoueru-tō	アランソウエル島	–	Hy	IN	6° 53' N, 152° 42' O	Losap Atoll	–	[Y-Xgeo]tpn	
26	Aran-tō	アラン島	–	Hy	IN	6° 53' N, 152° 42' O	Losap Atoll	–	[Y-Xgeo]tpn	
27	Ara-shoson-tō	アラ ショソン島	–	Hy	IN	6° 53' N, 152° 42' O	Losap Atoll	–	[Y-Xgeo]tpn	
28	Āre-tō	アーレ島	–	Hy	IN	50°29'45''S, 166°17'44	Enderby	–	[Y-Xgeo]tpn	
29	Ariyāru-tō	アリヤール島	–	Hy	IN	5° 30'N, 153° 70'	Satawan (Nomoi Island)	–	[Y-Xgeo]tpn	
30	Āru-tō	アール島	–	Hy	IN	8°40'N, 152°11'O	Hall Inseln	–	[Y-Xgeo]tpn	
31	Atsushimoei-tō	アツシモエイ島	–	Hy	IN	6° 53' N, 152° 42' O	Losap Atoll	–	[Y-Xgeo]tpn	
32	Aun	アウン	–	En	BZ	25-28'N, 150-155' E	Truckinseln	EÜ	–	
33	Āwa-tō	アーワ島	–	Hy	IN	5° 55' N, 153° 34' O	Etal (Nomoi Island)	–	[Y-Xgeo]tpn	

Toponomastik im Kontext des japanischen Kolonialismus — 353

Nr.	Transkription	Ortsname original	Übersetzt	Ex/En/Hy	ONK	Geografische Koordinaten	Lage im Kolonialgebiet	Benennungsmotiv	Struktur	Heutige Bezeichnung
34	Bara-shima	薔薇島	Roseninsel	Ex	IN	25-28°N, 150-155° E	Truckinseln	Pflanze	[Xpfl-Xgeo]tpn	Faneno
35	Beniyasere	ベニヤセレ	–	En	BZ	7° 30′ N, 152° O	Truckinseln	EÜ	–	
36	Bijinipai-tō	ビジニパイ島	–	Hy	IN	08°46′03″N 150°19′02″E	Namonuito Atoll	–	[Y-Xgeo]tpn	
37	Bisea-shima	ビセア島	–	Hy	IN	25-28°N, 150-155° E	Truckinseln	–	[Y-Xgeo]tpn	Piseno
38	Bishinferite-shou	ビシンフェリテ礁	–	Hy	IN	25-28°N, 150-155° E	Truckinseln	–	[Y-Xgeo]tpn	Wonno
39	Bishinun	ビシヌン島	–	Hy	IN	25-28°N, 150-155° E	Truckinseln	–	[Y-Xgeo]tpn	
40	Boukozou	ボウコゾウ	–	En	BZ	25-28°N, 150-155° E	Truckinseln	EÜ	–	Paata
41	Chien-tō	チェン島	–	Hy	IN	5° 55′ N, 153° 34′ O	Etal (Nomoi Island)	–	[Y-Xgeo]tpn	
42	Chinmaruwaru-tō	チンマルワル島	–	Hy	IN	6° 53′ N, 152° 42′ O	Losap Atoll	–	[Y-Xgeo]tpn	
43	Chiyarairai-tō	チヤライライ島	–	Hy	IN	5° 30′N, 153° 70′	Satawan (Nomoi Island)	–	[Y-Xgeo]tpn	
44	Chiyoufuwaru-tō	チヨウフワル島	–	Hy	IN	5° 30′N, 153° 70′	Satawan (Nomoi Island)	–	[Y-Xgeo]tpn	

Nr.	Transkription	Ortsname original	Übersetzt	Ex/En/Hy	ONK	Geografische Koordinaten	Lage im Kolonialgebiet	Benennungsmotiv	Struktur	Heutige Bezeichnung
45	Chiyourapu-tō	チヨウラプ島	–	Hy	IN	5° 30'N, 153° 70'	Satawan (Nomoi Island)	–	[Y-Xgeo]tpn	
46	Choron	チョロン	–	En	BZ	25-28°N, 150-155° E	Truckinseln	–	–	
47	Chūnaren-tō	チューナレン島	–	Hy	IN	50°29'45"S, 166°17'44"	Enderby	–	[Y-Xgeo]tpn	
48	Doyo-shima	土曜島	Samstags-insel	Ex	IN	25-28°N, 150-155° E	Truckinseln	Wochentage	[Xwoc-Xgeo]tpn	Onamue
49	Ebizushi-shima	エビーズシ島	–	Hy	IN	25-28°N, 150-155° E	Truckinseln	–	[Y-Xgeo]tpn	
50	Enegeppu-tō	エネゲップ島	–	Hy	IN	5° 30'N, 153° 70'	Satawan (Nomoi Island)	–	[Y-Xgeo]tpn	
51	Eno-shima	江ノ島	Buchtinsel	Ex	IN	25-28°N, 150-155° E	Truckinseln	geografische Beschaffenheit	[Xgeo-Xgeo]tpn	Eot Insel
52	Epin	エピン	–	En	BZ	25-28°N, 150-155° E	Truckinseln	EÜ	–	
53	Eragerappu-tō	エラゲラップ島	–	Hy	IN	50°29'45"S, 166°17'44"	Enderby	–	[Y-Xgeo]tpn	
54	Erifuireru-shima	エリフイレル島	–	Hy	IN	25-28°N, 150-155° E	Truckinseln	–	[Y-Xgeo]tpn	

Toponomastik im Kontext des japanischen Kolonialismus — 355

Nr.	Transkription	Ortsname original	Übersetzt	Ex/En/Hy	ONK	Geografische Koordinaten	Lage im Kolonialgebiet	Benennungsmotiv	Struktur	Heutige Bezeichnung
55	Erimappu-tō	エリマップ島	–	Hy	IN	8°40'N, 152°11'O	Hall Inseln	–	[Y-Xgeo]tpn	–
56	Eriniasu-tō	エリニアス島	–	Hy	IN	8°40'N, 152°11'O	Hall Inseln	–	[Y-Xgeo]tpn	Elinies Insel
57	Erin-tō	エリン島	–	Hy	IN	8°32'N, 151°46'	Nomwin Atoll	–	[Y-Xgeo]tpn	Elin Insel
58	Erirūku-tō	エリルーク島	–	Hy	IN	8°40'N, 152°11'O	Hall Inseln	–	[Y-Xgeo]tpn	Eliluk Insel
59	Etāru-tō	エタール島	–	Hy	IN	5° 55'N, 153° 34'O	Etal (Nomoi Island)	–	[Y-Xgeo]tpn	Etal
60	Etsutekin	エツテキン島	–	Hy	IN	25-28°N, 150-155° E	Truckinseln	–	[Y-Xgeo]tpn	Etskin
61	Ettenmokumoku-shima	エッテンモクモク島	–	Hy	IN	25-28°N, 150-155° E	Truckinseln	–	[Y-Xgeo]tpn	Ette Mokumok
62	Ettesshicchi	エッテシッチ島	–	Hy	IN	25-28°N, 150-155° E	Truckinseln	–	[Y-Xgeo]tpn	
63	Euen	エウエン	–	En	BZ	25-28°N, 150-155° E	Truckinseln	EÜ	–	
64	Ewaru-tō	エワル島	–	Hy	IN	5° 30'N, 153° 70'	Satawan (Nomoi Island)	–	[Y-Xgeo]tpn	

Nr.	Transkription	Ortsname original	Übersetzt	Ex/En/Hy	ONK	Geografische Koordinaten	Lage im Kolonialgebiet	Benennungsmotiv	Struktur	Heutige Bezeichnung
65	Fanano-tō	ファナノ島	–	Hy	IN	8°40'N, 152°11'O	Hall Inseln	–	[Y-Xgeo]tpn	Fananu Insel
66	Fanānuen	ファナーヌエン島	–	Hy	IN	25-28°N, 150-155° E	Truckinseln	–	[Y-Xgeo]tpn	
67	Fanānu-tō	ファナーヌ島	–	Hy	IN	8°32' N, 151°46'	Nomwin Atoll	–	[Y-Xgeo]tpn	Fananu Insel
68	Fanashitsu-shima	ファナシツ島	–	Hy	IN	25-28°N, 150-155° E	Truckinseln	–	[Y-Xgeo]tpn	
69	Fenamou-tō	フェナーモウ島	–	Hy	IN	5°31'N, 153°46'O	Lukunor (Nomoi Island)	–	[Y-Xgeo]tpn	Fanamau
70	Fererikku-jima	フェレリック島	–	Hy	IN	25-28°N, 150-155° E	Truckinseln	–	[Y-Xgeo]tpn	
71	Fōgen	フォーゲン	–	En	BZ	25-28°N, 150-155° E	Truckinseln	EÜ	–	
72	Foronūku-jima	フォロヌーク島	–	Hy	IN	25-28°N, 150-155° E	Truckinseln	–	[Y-Xgeo]tpn	Fononuk
73	Fuanuanbutsu-tō	フアヌアンブツ島	–	Hy	IN	5° 30'N, 153° 70'	Satawan (Nomoi Island)	–	[Y-Xgeo]tpn	Fanuanpue
74	Fuanuhanaeku-tō	フアヌハンアエク島	–	Hy	IN	5° 30'N, 153° 70'	Satawan (Nomoi Island)	–	[Y-Xgeo]tpn	

Nr.	Transkription	Ortsname original	Übersetzt	Ex/En/Hy	ONK	Geografische Koordinaten	Lage im Kolonialgebiet	Benennungsmotiv	Struktur	Heutige Bezeichnung
75	Fuason	フアソン	–	En	BZ	25-28'N, 150-155° E	Truckinseln	EÜ	–	
76	Fuason	フアソン	–	En	BZ	25-28'N, 150-155° E	Truckinseln	EÜ	–	Fason
77	Fuaukachiyau	フアウカチヤウ	–	En	BZ	25-28'N, 150-155° E	Truckinseln	EÜ	–	
78	Fuechiya-tō	フエチヤ島	–	Hy	IN	5° 30'N, 153° 70'	Satawan (Nomoi Island)	–	[Y-Xgeo]tpn	
79	Fuein	フエイン	–	En	BZ	25-28'N, 150-155° E	Truckinseln	EÜ	–	
80	Fuenafuo-tō	フエナフオ島	–	Hy	IN	5°31'N, 153°46'O	Lukunor (Nomoi Island)	–	[Y-Xgeo]tpn	
81	Fuenupnibin	フエヌオニビン島	–	Hy	IN	25-28'N, 150-155° E	Truckinseln	–	[Y-Xgeo]tpn	
82	Fuji-shima	藤島	Japanischer Blauregen-Insel	Ex	IN	25-28'N, 150-155° E	Truckinseln	Pflanze	[Xpfl-Xgeo]tpn	
83	Fukeniyon-shima	フケニヨン島	–	Hy	IN	25-28'N, 150-155° E	Truckinseln	–	[Y-Xgeo]tpn	
84	Funajikku-tō	フナジック島	–	Hy	IN	50°29'45"S, 166°17'44"	Enderby	–	[Y-Xgeo]tpn	

Nr.	Transkription	Ortsname original	Übersetzt	Ex/En/Hy	ONK	Geografische Koordinaten	Lage im Kolonialgebiet	Benennungsmotiv	Struktur	Heutige Bezeichnung
85	Funuou	フヌオウ島	–	Hy	IN	25-28°N, 150-155° E	Truckinseln	–	[Y-Xgeo]tpn	–
86	Fuonomo	フオノモ	–	En	BZ	25-28°N, 150-155° E	Truckinseln	EÜ	–	Fanomo
87	Fuotsuruofuon-tō	フオツルオフオン島	–	Hy	IN	5° 30'N, 153° 70'	Satawan (Nomoi Island)	–	[Y-Xgeo]tpn	–
88	Fuouba	フオウバ	–	En	BZ	25-28°N, 150-155° E	Truckinseln	EÜ	–	–
89	Fuoupu	フオウプ	–	En	BZ	25-28°N, 150-155° E	Truckinseln	EÜ	–	Foupo
90	Furonyappu-tō	フロンヤップ島	–	Hy	IN	5° 30'N, 153° 70'	Satawan (Nomoi Island)	–	[Y-Xgeo]tpn	–
91	Futago-shima	二子島	Zwillings-insel	Ex	IN	25-28°N, 150-155° E	Truckinseln	geografische Beschaffenheit	[Xgeo-Xgeo]tpn	Achach
92	Futsutsukatsu-tō	フツツカツ島	–	Hy	IN	5° 30'N, 153° 70'	Satawan (Nomoi Island)	–	[Y-Xgeo]tpn	Faitaku
93	Futsuuben-tō	フツウベン島	–	Hy	IN	5° 30'N, 153° 70'	Satawan (Nomoi Island)	–	[Y-Xgeo]tpn	–
94	Fuwanowaisano-tō	フワノワイサノ島	–	Hy	IN	5°31'N, 153°46'O	Lukunor (Nomoi Island)	–	[Y-Xgeo]tpn	–

Toponomastik im Kontext des japanischen Kolonialismus — 359

Nr.	Transkription	Ortsname original	Übersetzt	Ex/En/Hy	ONK	Geografische Koordinaten	Lage im Kolonialgebiet	Benennungsmotiv	Struktur	Heutige Bezeichnung
95	Fuwanuwanmen-tō	フワヌワンメン島	–	Hy	IN	5° 55′ N, 153° 34′ O	Etal (Nomoi Island)	–	[Y-Xgeo]tpn	
96	Fuwanuwanuin-tō	フワヌワンウイン島	–	Hy	IN	6° 53′ N, 152° 42′ O	Losap Atoll	–	[Y-Xgeo]tpn	
97	Fuwanuwanumoumu-tō	フワヌワンウモウム島	–	Hy	IN	5° 55′ N, 153° 34′ O	Etal (Nomoi Island)	–	[Y-Xgeo]tpn	
98	Fuwara	フワラ	–	En	BZ	25-28°N, 150-155° E	Truckinseln	EÜ	–	
99	Fuwasoppu	フワソップ	–	En	BZ	25-28°N, 150-155° E	Truckinseln	EÜ	–	
100	Fuwauchan-tō	フワウチャン島	–	Hy	IN	5° 30′N, 153° 70′	Satawan (Nomoi Island)	–	[Y-Xgeo]tpn	
101	Fuwauchiyan-tō	フワウチヤン島	–	Hy	IN	5° 30′N, 153° 70′	Satawan (Nomoi Island)	–	[Y-Xgeo]tpn	
102	Fuwauchiyanwaru-tō	フワウチヤンワル島	–	Hy	IN	5° 30′N, 153° 70′	Satawan (Nomoi Island)	–	[Y-Xgeo]tpn	
103	Fuwaui-tō	フワウイ島	–	Hy	IN	5° 30′N, 153° 70′	Satawan (Nomoi Island)	–	[Y-Xgeo]tpn	
104	Fuwaupukaru-tō	フワウプカル島	–	Hy	IN	5° 30′N, 153° 70′	Satawan (Nomoi Island)	–	[Y-Xgeo]tpn	

Nr.	Transkription	Ortsname original	Übersetzt	Ex/En/Hy	ONK	Geografische Koordinaten	Lage im Kolonialgebiet	Benennungsmotiv	Struktur	Heutige Bezeichnung
105	Fuwaurarei-tō	フワウラレイ島	–	Hy	IN	5° 30'N, 153° 70'	Satawan (Nomoi Island)	–	[Y-Xgeo]tpn	Totiw Insel
106	Fuyo-shima	芙蓉島	*Hibiscus mutabilis*-Insel	Ex	IN	25-28°N, 150-155° E	Truckinseln	Pflanze	[Xpfl-Xgeo]tpn	Uman
107	Fuyu	冬島	Winterinsel	Ex	IN	25-28°N, 150-155° E	Truckinseln	Jahreszeiten	[Xjz-Xgeo]tpn	Fanurmot
108	Itsuku-shima	厳島	Itsukushima-Insel	Ex	IN	25-28°N, 150-155° E	Truckinseln	Jap. Ortsname	[Xort-Xgeo]tpn	Udot Insel
109	Getsuyo-shima	月曜島	Montagsinsel	Ex	IN	25-28°N, 150-155° E	Truckinseln	Wochentage	[Xwoc-Xgeo]tpn	Tsis Insel
110	Susuki-shima	薄島	Chinaschilf-Insel	Ex	IN	25-28°N, 150-155° E	Truckinseln	Pflanze	[Xpfl-Xgeo]tpn	Pones
111	Hana-shima	花島	Blumeninsel	Ex	IN	25-28°N, 150-155° E	Truckinseln	Pflanze	[Xpfl-Xgeo]tpn	Weno
112	Haru-shima	春島	Frühlingsinsel	Ex	IN	7° 30'N, 152° O	Truckinseln	Jahreszeiten	[Xjz-Xgeo]tpn	
113	Hira-shima, Taira-jima	平島	Hira-Insel (Flache Insel)	Ex	IN	7°N, 152° E	Truckinseln	Familienname/ geografische Beschaffenheit	[Xfam-Xgeo]tpn	

Nr.	Transkription	Ortsname original	Übersetzt	Ex/En/Hy	ONK	Geografische Koordinaten	Lage im Kolonialgebiet	Benennungsmotiv	Struktur	Heutige Bezeichnung
114	Hitsuji-shima	未島	Schafsinsel	Ex	IN	25-28°N, 150-155° E	Truckinseln	Ch. Erdzweige	[Xerd-Xgeo]tpn	Anangenimon
115	Hotaru	蛍島	Leuchtkäferinsel	Ex	IN	25-28°N, 150-155° E	Truckinseln	Insekt	[XIns-Xgeo]tpn	Fono Mu
116	Ichiamaru	イチアマル	–	En	BZ	25-28°N, 150-155° E	Truckinseln	EÜ	–	Nukaf
117	Ieku-tō	イエク島	–	Hy	IN	6° 53' N, 152° 42' O	Losap Atoll	–	[Y-Xgeo]tpn	
118	Iguppu-tō	イグップ島	–	Hy	IN	8°32' N, 151°46'	Nomwin Atoll	–	[Y-Xgeo]tpn	Igup Insel
119	Imoto-shima	妹島	Kleine-Schwester-Insel	Ex	IN	25-28°N, 150-155° E	Truckinseln	Verwandtschaftsbezeichnung	[Xvb-Xgeo]tpn	Fonow
120	Ipinukku	イピヌック	–	En	BZ	7° 30' N, 152° O	Truckinseln	EÜ	–	
121	Ipisu-tō	イビス島	–	Hy	IN	6° 53' N, 152° 42' O	Losap Atoll	–	[Y-Xgeo]tpn	
122	Irasu	イラス	–	En	BZ	7° 30' N, 152° O	Truckinseln	EÜ	–	
123	I-shima	亥島	Wildschweininsel	Ex	IN	25-28°N, 150-155° E	Truckinseln	Ch. Erdzweige	[Xerd-Xgeo]tpn	Apaitota

Nr.	Transkription	Ortsname original	Übersetzt	Ex/En/Hy	ONK	Geografische Koordinaten	Lage im Kolonialgebiet	Benennungsmotiv	Struktur	Heutige Bezeichnung
124	Jonan-shima	女男島	Frau-Mann-Insel	Ex	IN	25-28°N, 150-155°E	Truckinseln	Geschlecht	[Xgesch-Xgeo]tpn	
125	Kaede-shima	楓島	Ahorninsel	Ex	IN	25-28°N, 150-155°E	Truckinseln	Pflanze	[Xpfl-Xgeo]tpn	Parem
126	Kaido-jima	海棠島	Zierapfelbaum-Insel	Ex	IN	25-28°N, 150-155°E	Truckinseln	Pflanze	[Xpfl-Xgeo]tpn	Pisiras
127	Kasuga-shima	春日島	Insel des Frühlingssonnenscheines	Ex	IN	25-28°N, 150-155°E	Truckinseln	geografische Beschaffenheit	[Xgeo-Xgeo]tpn	Fanemoch
128	Kayo-shima	火曜島	Dienstagsinsel	Ex	IN	25-28°N, 150-155°E	Truckinseln	Wochentage	[Xwoc-Xgeo]tpn	Fana Panges Insel
129	Kiku-shima	菊島	Chrysanthemeninsel	Ex	IN	25-28°N, 150-155°E	Truckinseln	Pflanze	[Xpfl-Xgeo]tpn	
130	Kinyo-shima	金曜島	Freitagsinsel	Ex	IN	25-28°N, 150-155°E	Truckinseln	Wochentage	[Xwoc-Xgeo]tpn	Polle
131	Kita-shima	北島	Nordinsel	Ex	IN	25-28°N, 150-155°E	Truckinseln	Himmelsrichtung	[Xhim-Xgeo]tpn	Pis
132	Kukku	クック	–	En	BZ	25-28°N, 150-155°E	Truckinseln	EÜ	–	

Nr.	Transkription	Ortsname original	Übersetzt	Ex/En/Hy	ONK	Geografische Koordinaten	Lage im Kolonialgebiet	Benennungsmotiv	Struktur	Heutige Bezeichnung
133	Kukku-tō	クック島	–	Hy	IN	5° 30'N, 153° 70'	Satawan (Nomoi Island)	–	[Y-Xgeo]tpn	Kutu
134	Kūmogu-shima	クーモグ島	–	Hy	IN	25-28°N, 150-155° E	Truckinseln	–	[Y-Xgeo]tpn	Ruo
135	Kunu-shima	クヌ島	–	Hy	IN	25-28°N, 150-155° E	Truckinseln	–	[Y-Xgeo]tpn	Fouichen
136	Kurumu-tō	クルム島	–	Hy	IN	5°31'N, 153°46'O	Lukunor (Nomoi Island)	–	[Y-Xgeo]tpn	Kurum
137	Māgerurappu-tō	マーゲルラップ島	–	Hy	IN	08°59'27"N 150°07'22"E	Namonuito Atoll	–	[Y-Xgeo]tpn	Magur
138	Māgerurikku-tō	マーゲルリック島	–	Hy	IN	08°57'24"N 150°03'53"E	Namonuito Atoll	–	[Y-Xgeo]tpn	
139	Māgesukuou-tō	マーゲスクオウ島	–	Hy	IN	5° 30'N, 153° 70'	Satawan (Nomoi Island)	–	[Y-Xgeo]tpn	
140	Māgesukuron-tō	マーゲスクロン島	–	Hy	IN	5° 30'N, 153° 70'	Satawan (Nomoi Island)	–	[Y-Xgeo]tpn	
141	Man	マン	–	En	BZ	7° 30' N, 152° O	Truckinseln	EÜ	–	
142	Maraiyo	マライヨ	–	En	BZ	25-28°N, 150-155° E	Truckinseln	EÜ	–	Malaio

Nr.	Transkription	Ortsname original	Übersetzt	Ex/En/Hy	ONK	Geografische Koordinaten	Lage im Kolonialgebiet	Benennungsmotiv	Struktur	Heutige Bezeichnung
143	Mariyon-tō	マリヨン島	–	Hy	IN	5° 30′N, 153° 70′	Satawan (Nomoi Island)	–	[Y-Xgeo]tpn	Mariong
144	Marudeu	マルデウ	–	En	BZ	25-28°N, 150-155° E	Truckinseln	EÜ	–	
145	Marukun	マルクン	–	En	BZ	25-28°N, 150-155° E	Truckinseln	EÜ	–	
146	Marukun	マルクン	–	En	BZ	25-28°N, 150-155° E	Truckinseln	EÜ	–	
147	Masu-shima	増島	Masu-Insel (Vermehrungsinsel)	Ex	IN	25-28°N, 150-155° E	Truckinseln	Familienname	[Xfam-Xgeo]tpn	Meseong
148	Maudopu-tō	マウドプ島	–	Hy	IN	5° 30′N, 153° 70′	Satawan (Nomoi Island)	–	[Y-Xgeo]tpn	
149	Maunou-tō	マウノウ島	–	Hy	IN	5° 30′N, 153° 70′	Satawan (Nomoi Island)	–	[Y-Xgeo]tpn	
150	Meanmoku-tō	メアンモク島	–	Hy	IN	5° 30′N, 153° 70′	Satawan (Nomoi Island)	–	[Y-Xgeo]tpn	
151	Mechideu	メチデウ	–	En	BZ	7° 30′ N, 152° O	Truckinseln	EÜ	–	
152	Merapuin-tō	メラプイン島	–	Hy	IN	5° 30′N, 153° 70′	Satawan (Nomoi Island)	–	[Y-Xgeo]tpn	

Nr.	Transkription	Ortsname original	Übersetzt	Ex/En/Hy	ONK	Geografische Koordinaten	Lage im Kolonialgebiet	Benennungsmotiv	Struktur	Heutige Bezeichnung
153	Mesa	メサ	–	En	BZ	25-28°N, 150-155° E	Truckinseln	EÜ	–	
154	Meseira	メセイラ	–	En	BZ	25-28°N, 150-155° E	Truckinseln	EÜ	–	
155	Meseniko	メセニコ	–	En	BZ	25-28°N, 150-155° E	Truckinseln	EÜ	–	
156	Mesēran	メセーラン	–	En	BZ	25-28°N, 150-155° E	Truckinseln	EÜ	–	
157	Meyagafu-tō	メヤガフ島	–	Hy	IN	5° 30'N, 153° 70'	Satawan (Nomoi Island)	–	[Y-Xgeo]tpn	
158	Minami	南島	Südinsel	Ex	IN	25-28°N, 150-155° E	Truckinseln	Himmelsrichtung	[Xhim-Xgeo]tpn	Ochonuk
159	Minamoto-shima	源島	Ursprungs- insel	Ex	IN	25-28°N, 150-155° E	Truckinseln	Familienname	[Xgeo-Xgeo]tpn	
160	Mi-shima	巳島	Schlangen- insel	Ex	IN	25-28°N, 150-155° E	Truckinseln	Ch. Erdzweige	[Xerd-Xgeo]tpn	
161	Moen	モエン	–	En	BZ	25-28°N, 150-155° E	Truckinseln	EÜ	–	
162	Mokuyo-shima	木曜島	Donnerstags- insel	Ex	IN	25-28°N, 150-155° E	Truckinseln	Wochentage	[Xwoc-Xgeo]tpn	Pata

Nr.	Transkription	Ortsname original	Übersetzt	Ex/En/Hy	ONK	Geografische Koordinaten	Lage im Kolonialgebiet	Benennungsmotiv	Struktur	Heutige Bezeichnung
163	Momo-shima	桃島	Pfirsichinsel	Ex	IN	25-28°N, 150-155° E	Truckinseln	Pflanze	[Xpfl-Xgeo]tpn	
164	Moron	モロン	–	En	BZ	25-28°N, 150-155° E	Truckinseln	EÜ	–	
165	Morooi	モロオイ	–	En	BZ	25-28°N, 150-155° E	Truckinseln	EÜ	–	
166	Morowe	モロヴェ	–	En	BZ	25-28°N, 150-155° E	Truckinseln	EÜ	–	
167	Mōson	モーソン	–	En	BZ	25-28°N, 150-155° E	Truckinseln	EÜ	–	
168	Mōtsu-tō	モーツ島	–	Hy	IN	5° 30'N, 153° 70'	Satawan (Nomoi Island)	–	[Y-Xgeo]tpn	Moch
169	Mudekon	ムデコン島	–	Hy	IN	25-28°N, 150-155° E	Truckinseln	–	[Y-Xgeo]tpn	
170	Muko-shima	婿島	Bräutigaminsel	Ex	IN	25-28°N, 150-155° E	Truckinseln	Verwandtschaftsbezeichnung	[Xvb-Xgeo]tpn	Fanannon
171	Munien	ムニエン	–	En	BZ	25-28°N, 150-155° E	Truckinseln	EÜ	–	
172	Muriro-tō	ムリロ島	–	Hy	IN	8°40'N, 152°11'O	Hall Inseln	–	[Y-Xgeo]tpn	Murilo Insel

Nr.	Transkription	Ortsname original	Übersetzt	Ex/En/Hy	ONK	Geografische Koordinaten	Lage im Kolonialgebiet	Benennungsmotiv	Struktur	Heutige Bezeichnung
173	Namorokku-tō	ナモロック島	–	Hy	IN	5° 9229'N, 153° 1169'	Namoluk (Nomoi-Ettal)	–	[Y-Xgeo]tpn	Namoroku
174	Namurusu-tō	ナムルス島	–	Hy	IN	8°40'N, 152°11'O	Hall Inseln	–	[Y-Xgeo]tpn	Numurus Insel
175	Naori-tō	ナオリ島	–	Hy	IN	08°45'11"N 150°19'46"E	Namonuito Atoll	–	[Y-Xgeo]tpn	
176	inu-shima	戌島	Hundeinsel	Ex	IN	25-28°N, 150-155° E	Truckinseln	Ch. Erdzweige	[Xerd-Xgeo]tpn	Engenenimo
177	Natsu-shima	夏島	Sommerinsel	Ex	IN	25-28°N, 150-155° E	Truckinseln	Jahreszeiten	[Xjz-Xgeo]tpn	Tonoas
178	Nattsu	ナッツ島	–	Hy	IN	25-28°N, 150-155° E	Truckinseln	–	[Y-Xgeo]tpn	
179	Neboko	ネボコ	–	En	BZ	7° 30'N, 152° O	Truckinseln	EÜ	–	
180	Nēbon	ネーボン	–	En	BZ	25-28°N, 150-155° E	Truckinseln	EÜ	–	
181	Neborōn	ネボローン	–	En	BZ	25-28°N, 150-155° E	Truckinseln	EÜ	–	
182	Nēchappu	ネーチャップ	–	En	BZ	25-28°N, 150-155° E	Truckinseln	EÜ	–	Nechap

Nr.	Transkription	Ortsname original	Übersetzt	Ex/En/Hy	ONK	Geografische Koordinaten	Lage im Kolonialgebiet	Benennungsmotiv	Struktur	Heutige Bezeichnung
183	Neichacha	ネイチャチャ	–	En	BZ	25-28°N, 150-155° E	Truckinseln	EÜ	–	
184	Neiromu	ネイロム	–	En	BZ	25-28°N, 150-155° E	Truckinseln	EÜ	–	
185	Nēkinimu	ネーキニム	–	En	BZ	25-28°N, 150-155° E	Truckinseln	EÜ	–	
186	Nēman	ネーマン	–	En	BZ	7° 30′ N, 152° O	Truckinseln	EÜ	–	
187	Nemasun-tō	ネマスン島	–	Hy	IN	5° 30′N, 153° 70′	Satawan (Nomoi Island)	–	[Y-Xgeo]tpn	Lemasul
188	Nesamo	ネサモ	–	En	BZ	25-28°N, 150-155° E	Truckinseln	EÜ	–	
189	Ne-shima	子島	Mausinsel	Ex	IN	25-28°N, 150-155° E	Truckinseln	Ch. Erdzweige	[Xerd-Xgeo]tpn	Ushi
190	Nētau-tō	ネータウ島	–	Hy	IN	5° 30′N, 153° 70′	Satawan (Nomoi Island)	–	[Y-Xgeo]tpn	
191	Nēton	ネートン	–	En	BZ	25-28°N, 150-155° E	Truckinseln	EÜ	–	
192	Nēue	ネーウエ	–	En	BZ	7° 30′ N, 152° O	Truckinseln	EÜ	–	Neiwe

Nr.	Transkription	Ortsname original	Übersetzt	Ex/En/Hy	ONK	Geografische Koordinaten	Lage im Kolonialgebiet	Benennungsmotiv	Struktur	Heutige Bezeichnung
193	Nichiyo-shima	日曜島	Sonntagsinsel	Ex	IN	25-28°N, 150-155° E	Truckinseln	Wochentage	[Xwoc-Xgeo]tpn	Ramanum
194	Nishi-shima	西島	Westinsel	Ex	IN	25-28°N, 150-155° E	Truckinseln	Himmelsrichtung	[Xhim-Xgeo]tpn	
195	Nomuen-tō	ノムエン島	–	Hy	IN	8°32′ N, 151°46′	Nomwin Atoll	–	[Y-Xgeo]tpn	Nomwin
196	Nuefuotsu-tō	ヌエフオツ島	–	Hy	IN	5° 55′ N, 153° 34′ O	Etal (Nomoi Island)	–	[Y-Xgeo]tpn	
197	Nūkafu	ヌーカフ	–	En	BZ	25-28°N, 150-155° E	Truckinseln	EÜ	–	
198	Nūkan	ヌーカン	–	En	BZ	25-28°N, 150-155° E	Truckinseln	EÜ	–	
199	Nukateppu	ヌクカテップ	–	En	BZ	25-28°N, 150-155° E	Truckinseln	EÜ	–	
200	Nukunufuo	ヌクヌフオ	–	En	BZ	25-28°N, 150-155° E	Truckinseln	EÜ	–	Nuknufow
201	Nūkuparu-tō	ヌークパル島	–	Hy	IN	5° 30′N, 153° 70′	Satawan (Nomoi Island)	–	[Y-Xgeo]tpn	
202	Nukura	ヌクラ	–	En	BZ	25-28°N, 150-155° E	Truckinseln	EÜ	–	

Nr.	Transkription	Ortsname original	Übersetzt	Ex/En/Hy	ONK	Geografische Koordinaten	Lage im Kolonialgebiet	Benennungsmotiv	Struktur	Heutige Bezeichnung
203	Nuukan	ヌウカン	–	En	BZ	25-28°N, 150-155° E	Truckinseln	EÜ	–	Nukan
204	Nuukan	ヌウカン	–	En	BZ	25-28°N, 150-155° E	Truckinseln	EÜ	–	
205	Nuukarappu	ヌウカラップ	–	En	BZ	7° 30'N, 152° O	Truckinseln	EÜ	–	
206	Oda-shima	小田島	Oda-Insel	Ex	IN	25-28°N, 150-155° E	Truckinseln	Familienname	[Xfam-Xgeo]tpn	
207	Oimarēn-tō	オイマレーン島	–	Hy	IN	8°32'N, 151°46'	Nomwin Atoll	–	[Y-Xgeo]tpn	
208	Oitā-tō	オイター島	–	Hy	IN	5° 30'N, 153° 70'	Satawan (Nomoi Island)	–	[Y-Xgeo]tpn	
209	Onafu-to	オナフ島	–	Hy	IN	25-28°N, 150-155° E	Truckinseln	–	[Y-Xgeo]tpn	Onaf
210	Onaran-tō	オナラン島	–	Hy	IN	5° 30'N, 153° 70'	Satawan (Nomoi Island)	–	[Y-Xgeo]tpn	
211	Oneoppu-tō	オネオップ島	–	Hy	IN	5°31'N, 153°46'O	Lukunor (Nomoi Island)	–	[Y-Xgeo]tpn	
212	Oninekukisu-tō	オニネクキス島	–	Hy	IN	5° 30'N, 153° 70'	Satawan (Nomoi Island)	–	[Y-Xgeo]tpn	

Nr.	Transkription	Ortsname original	Übersetzt	Ex/En/Hy	ONK	Geografische Koordinaten	Lage im Kolonialgebiet	Benennungsmotiv	Struktur	Heutige Bezeichnung
213	Onineku-tō	オニネク島	–	Hy	IN	5° 30′N, 153° 70′	Satawan (Nomoi Island)	–	[Y-Xgeo]tpn	Oninuk
214	Onnna-shima	女島	Fraueninsel	Ex	IN	25-28°N, 150-155° E	Truckinseln	Geschlecht	[Xgesch-Xgeo]tpn	Onaram
215	Onobuku-tō	オノブク島	–	Hy	IN	5° 30′N, 153° 70′	Satawan (Nomoi Island)	–	[Y-Xgeo]tpn	
216	Onogotsu	オノゴツ	–	En	BZ	25-28°N, 150-155° E	Truckinseln	EÜ	–	
217	Onó-tō	オノー島	–	Hy	IN	08°47′52″N 150°16′58″E	Namonuito Atoll	–	[Y-Xgeo]tpn	
218	Onpeipei	オンペイペイ	–	En	BZ	25-28°N, 150-155° E	Truckinseln	EÜ	–	Wonpiepi
219	Onupura-tō	オヌプラ島	–	Hy	IN	5° 30′N, 153° 70′	Satawan (Nomoi Island)	–	[Y-Xgeo]tpn	Onupuku
220	Oorippu	オーリッブ	–	En	BZ	25-28°N, 150-155° E	Truckinseln	EÜ	–	Wonip
221	Ootorippu	オートリッブ	–	En	BZ	25-28°N, 150-155° E	Truckinseln	EÜ	–	Wonip
222	Orei	オレイ	–	En	BZ	25-28°N, 150-155° E	Truckinseln	EÜ	–	Wonei

Nr.	Transkription	Ortsname original	Übersetzt	Ex/En/Hy	ONK	Geografische Koordinaten	Lage im Kolonialgebiet	Benennungsmotiv	Struktur	Heutige Bezeichnung
223	Ōrin-tō	オーリン島	–	Hy	IN	5° 30'N, 153° 70'	Satawan (Nomoi Island)	–	[Y-Xgeo]tpn	Orin
224	Orōru-tō	オロール島	–	Hy	IN	08°35'22"N 149°39'37"E	Namonuito Atoll	–	[Y-Xgeo]tpn	Ononun
225	Ōru-tō	オール島	–	Hy	IN	6° 53' N, 152° 42' O	Losap Atoll	–	[Y-Xgeo]tpn	–
226	Osakura-shima	小櫻島	Wildkirsch-insel	Ex	IN	25-28°N, 150-155° E	Truckinseln	Pflanze	[Xpfl-Xgeo]tpn	PiisPanewu
227	Otoko-shima	男島	Männer-insel	Ex	IN	25-28°N, 150-155° E	Truckinseln	Geschlecht	[Xgesch-Xgeo]tpn	–
228	Ototo-shima	弟島	Kleiner-Bruder-Insel	Ex	IN	25-28°N, 150-155° E	Truckinseln	Verwandtschafts-bezeichnung	[Xvb-Xgeo]tpn	Ow Insel
229	Pāku	パーク	–	En	BZ	25-28°N, 150-155° E	Truckinseln	EÜ	–	–
230	Paran-tō	パラン島	–	Hy	IN	5° 55' N, 153° 34' O	Etal (Nomoi Island)	–	[Y-Xgeo]tpn	Parang
231	Pearukku	ペエアルック	–	En	BZ	25-28°N, 150-155° E	Truckinseln	EÜ	–	–
232	Pēgen	ペーゲン	–	En	BZ	25-28°N, 150-155° E	Truckinseln	EÜ	–	–

Nr.	Transkription	Ortsname original	Übersetzt	Ex/En/Hy	ONK	Geografische Koordinaten	Lage im Kolonialgebiet	Benennungsmotiv	Struktur	Heutige Bezeichnung
233	Peniemaru	ベニエマル	–	En	BZ	25-28°N, 150-155° E	Truckinseln	EÜ	–	
234	Peniya	ベニヤ	–	En	BZ	7° 30' N, 152° O	Truckinseln	EÜ	–	
235	Peniya	ベニヤ	–	En	BZ	25-28°N, 150-155° E	Truckinseln	EÜ	–	Penia
236	Peniyoru	ベニヨル	–	En	BZ	25-28°N, 150-155° E	Truckinseln	EÜ	–	
237	Pieishin-tō	ピエイシン島	–	Hy	IN	5°31'N, 153°46'O	Lukunor (Nomoi Island)	–	[Y-Xgeo]tpn	Pieissin
238	Pienaropochi-tō	ピエンアロポチ島	–	Hy	IN	5°31'N, 153°46'O	Lukunor (Nomoi Island)	–	[Y-Xgeo]tpn	
239	Pienkesa-tō	ピエンケサ島	–	Hy	IN	5°31'N, 153°46'O	Lukunor (Nomoi Island)	–	[Y-Xgeo]tpn	Pienkesse
240	Pienman-tō	ピエンマン島	–	Hy	IN	5°31'N, 153°46'O	Lukunor (Nomoi Island)	–	[Y-Xgeo]tpn	Pianemae
241	Pienmoe-tō	ピエンモエ島	–	Hy	IN	5°31'N, 153°46'O	Lukunor (Nomoi Island)	–	[Y-Xgeo]tpn	
242	Pienmon-tō	ピエンモン島	–	Hy	IN	5°31'N, 153°46'O	Lukunor (Nomoi Island)	–	[Y-Xgeo]tpn	Pienemon

Nr.	Transkription	Ortsname original	Übersetzt	Ex/En/Hy	ONK	Geografische Koordinaten	Lage im Kolonialgebiet	Benennungsmotiv	Struktur	Heutige Bezeichnung
243	Pienrēchacha-tō	ピエンレーチャチャ島	–	Hy	IN	5°31'N, 153°46'O	Lukunor (Nomoi Island)	–	[Y-Xgeo]tpn	Pien
244	Pienrishoppu-tō	ピエンリショップ島	–	Hy	IN	5° 30'N, 153° 70'	Satawan (Nomoi Island)	–	[Y-Xgeo]tpn	
245	Pien-tō	ピエン島	–	Hy	IN	5° 55' N, 153° 34' O	Etal (Nomoi Island)	–	[Y-Xgeo]tpn	
246	Pien-tō	ピエン島	–	Hy	IN	5° 30'N, 153° 70'	Satawan (Nomoi Island)	–	[Y-Xgeo]tpn	Pien
247	Pierauru-tō	ピエラウル島	–	Hy	IN	8°32' N, 151°46'	Nomwin Atoll	–	[Y-Xgeo]tpn	
248	Pierimaru-tō	ピエリマール島	–	Hy	IN	08°36'50"N 150°22'38"E	Namonuito Atoll	–	[Y-Xgeo]tpn	
249	Pieriotto-tō	ピエリオット島	–	Hy	IN	08°37'15"N 150°22'16"E	Namonuito Atoll	–	[Y-Xgeo]tpn	
250	Pijira-tō	ピジーラ島	–	Hy	IN	8°40'N, 152°11'O	Hall Inseln	–	[Y-Xgeo]tpn	Besela
251	Pijira-tō	ピジーラ島	–	Hy	IN	8°32' N, 151°46'	Nomwin Atoll	–	[Y-Xgeo]tpn	Pisira Insel
252	Pike-tō	ピケ島	–	Hy	IN	5° 30'N, 153° 70'	Satawan (Nomoi Island)	–	[Y-Xgeo]tpn	Pike

Toponomastik im Kontext des japanischen Kolonialismus — 375

Nr.	Transkription	Ortsname original	Übersetzt	Ex/En/Hy	ONK	Geografische Koordinaten	Lage im Kolonialgebiet	Benennungsmotiv	Struktur	Heutige Bezeichnung
253	Pikin-tō	ピキン島	–	Hy	IN	5°31'N, 153°46'O	Lukunor (Nomoi Island)	–	[Y-Xgeo]tpn	Pukin
254	Piminchiyarairai-tō	ピミンチヤライライ島	–	Hy	IN	5° 30'N, 153° 70'	Satawan (Nomoi Island)	–	[Y-Xgeo]tpn	
255	Pisamuue-tō	ピサムウエ島	–	Hy	IN	8°40'N, 152°11'O	Hall Inseln	–	[Y-Xgeo]tpn	Pissamwe Insel
256	Pisesu	ピーセス	–	En	BZ	25-28'N, 150-155' E	Truckinseln	EÜ	–	
257	Pishiefu-tō	ピシエフ島	–	Hy	IN	8°32' N, 151°46'	Nomwin Atoll	–	[Y-Xgeo]tpn	
258	Pishiniappu-shima	ピシニアップ島	–	Hy	IN	25-28'N, 150-155° E	Truckinseln	–	[Y-Xgeo]tpn	
259	Pishinmeanmoku-tō	ピシンメアンモク島	–	Hy	IN	5° 30'N, 153° 70'	Satawan (Nomoi Island)	–	[Y-Xgeo]tpn	
260	Pishinonaran-tō	ピシンオナラン島	–	Hy	IN	5° 30'N, 153° 70'	Satawan (Nomoi Island)	–	[Y-Xgeo]tpn	
261	Pishinūkuparu-tō	ピシヌークパル島	–	Hy	IN	5° 30'N, 153° 70'	Satawan (Nomoi Island)	–	[Y-Xgeo]tpn	
262	Pishirasu-tō	ピシラス島	–	Hy	IN	08°34'55"N 150°24'26"E	Namonuito Atoll	–	[Y-Xgeo]tpn	Pisaris

Nr.	Transkription	Ortsname original	Übersetzt	Ex/En/Hy	ONK	Geografische Koordinaten	Lage im Kolonialgebiet	Benennungsmotiv	Struktur	Heutige Bezeichnung
263	Pishiremōru-tō	ピシレモール島	–	Hy	IN	8°32' N, 151°46'	Nomwin Atoll	–	[Y-Xgeo]tpn	
264	Pishishin-tō	ピシシン島	–	Hy	IN	8°32' N, 151°46'	Nomwin Atoll	–	[Y-Xgeo]tpn	Pissisin Insel
265	Pishiyafu-tō	ピシヤフ島	–	Hy	IN	08°45'43"N 150°19'24"E	Namonuito Atoll	–	[Y-Xgeo]tpn	
266	Pisu-tō	ピス島	–	Hy	IN	5° 30'N, 153° 70'	Satawan (Nomoi Island)	–	[Y-Xgeo]tpn	
267	Pisu-tō	ピース島	–	Hy	IN	5° 55' N, 153° 34' O	Etal (Nomoi Island)	–	[Y-Xgeo]tpn	
268	Pisu-tō	ピース島	–	Hy	IN	5° 30'N, 153° 70'	Satawan (Nomoi Island)	–	[Y-Xgeo]tpn	
269	Pisu-tō	ピス島	–	Hy	IN	6° 53' N, 152° 42' O	Losap Atoll	–	[Y-Xgeo]tpn	Pis
270	Piyafa-tō	ピヤファ島	–	Hy	IN	5°31'N, 153°46'O	Lukunor (Nomoi Island)	–	[Y-Xgeo]tpn	Piasa Insel
271	Piyaikugafuchi-tō	ピヤイクガフチ島	–	Hy	IN	5° 30'N, 153° 70'	Satawan (Nomoi Island)	–	[Y-Xgeo]tpn	
272	Piyairaku-tō	ピヤイラク島	–	Hy	IN	5° 30'N, 153° 70'	Satawan (Nomoi Island)	–	[Y-Xgeo]tpn	

Toponomastik im Kontext des japanischen Kolonialismus —— 377

Nr.	Transkription	Ortsname original	Übersetzt	Ex/En/Hy	ONK	Geografische Koordinaten	Lage im Kolonialgebiet	Benennungsmotiv	Struktur	Heutige Bezeichnung
273	Piyanrinu-tō	ピヤンリンウ島	–	Hy	IN	5° 30'N, 153° 70'	Satawan (Nomoi Island)	–	[Y-Xgeo]tpn	
274	Ponēsu	ポネース島	–	Hy	IN	25-28'N, 150-155° E	Truckinseln	–	[Y-Xgeo]tpn	Fanan
275	Ponnappu-tō	ポンナップ島	–	Hy	IN	50°29'45"S, 166°17'44"	Enderby	–	[Y-Xgeo]tpn	
276	Pononkisu-tō	ポンンキス島	–	Hy	IN	5° 30'N, 153° 70'	Satawan (Nomoi Island)	–	[Y-Xgeo]tpn	
277	Pononrabu-tō	ポンンラブ島	–	Hy	IN	5° 30'N, 153° 70'	Satawan (Nomoi Island)	–	[Y-Xgeo]tpn	
278	Pore	ポレ	–	En	BZ	25-28'N, 150-155° E	Truckinseln	EÜ	–	
279	Poroatto-to	ポロアット島	–	Hy	IN	50°29'45"S, 166°17'44"	Enderby	–	[Y-Xgeo]tpn	
280	Pukuenon	プクエンオン島	–	Hy	IN	25-28'N, 150-155° E	Truckinseln	–	[Y-Xgeo]tpn	
281	Pukunupuu-tō	プクヌプウ島	–	Hy	IN	5° 30'N, 153° 70'	Satawan (Nomoi Island)	–	[Y-Xgeo]tpn	
282	Rara	ララ	–	En	BZ	25-28'N, 150-155° E	Truckinseln	EÜ	–	Roro

Nr.	Transkription	Ortsname original	Übersetzt	Ex/En/Hy	ONK	Geografische Koordinaten	Lage im Kolonialgebiet	Benennungsmotiv	Struktur	Heutige Bezeichnung
283	Rechiyamānu-tō	レチヤマーヌ島	–	Hy	IN	5° 30'N, 153° 70'	Satawan (Nomoi Island)	–	[Y-Xgeo]tpn	
284	Rechiyarechiya-tō	レチヤレチヤ島	–	Hy	IN	6° 53' N, 152° 42' O	Losap Atoll	–	[Y-Xgeo]tpn	
285	Ribosu-tō	リボス島	–	Hy	IN	5° 30'N, 153° 70'	Satawan (Nomoi Island)	–	[Y-Xgeo]tpn	Lipos
286	Rua-tō	ルア島	–	Hy	IN	8°40'N, 152°11'O	Hall Inseln	–	[Y-Xgeo]tpn	Ruo Insel
287	Rūkan-tō	ルーカン島	–	Hy	IN	5° 9229'N, 153° 1169'	Luken	–	[Y-Xgeo]tpn	Luken
288	Rukunōru-tō	ルクノール島	–	Hy	IN	5°31'N, 153°46'O	Lukunor (Nomoi Island)	–	[Y-Xgeo]tpn	Lukunor
289	Rūkuparu-tō	ルークパル島	–	Hy	IN	5° 30'N, 153° 70'	Satawan (Nomoi Island)	–	[Y-Xgeo]tpn	
290	Rukutē-tō	ルクテー島	–	Hy	IN	8°32' N, 151°46'	Nomwin Atoll	–	[Y-Xgeo]tpn	
291	Hoshi-jima	星島	Stern-Insel	Ex	IN	25-28'N, 150-155' E	Truckinseln	geografische Beschaffenheit	[Xgeo-Xgeo]tpn	Oan
292	Saau-tō	サアウ島	–	Hy	IN	50°29'45"S, 166°17'44"	Enderby	–	[Y-Xgeo]tpn	

Nr.	Transkription	Ortsname original	Übersetzt	Ex/En/Hy	ONK	Geografische Koordinaten	Lage im Kolonialgebiet	Benennungsmotiv	Struktur	Heutige Bezeichnung
293	Sabachippu	サバチップ	–	En	BZ	25-28°N, 150-155° E	Truckinseln	EÜ	–	
294	Sabode	サボデ	–	En	BZ	25-28°N, 150-155° E	Truckinseln	EÜ	–	Epin
295	Sabodeu	サボデウ	–	En	BZ	25-28°N, 150-155° E	Truckinseln	EÜ	–	
296	Saboefu-tō	サボエフ島	–	Hy	IN	5° 55' N, 153° 34' O	Etal (Nomoi Island)	–	[Y-Xgeo]tpn	
297	Saboeru	サボエル	–	En	BZ	25-28°N, 150-155° E	Truckinseln	EÜ	–	
298	Sabonō-ru-tō	サボノール島	–	Hy	IN	5°31'N, 153°46'O	Lukunor (Nomoi Island)	–	[Y-Xgeo]tpn	Sopunur
299	Saborau	サボラウ	–	En	BZ	25-28°N, 150-155° E	Truckinseln	EÜ	–	
300	Saboreron	サボレロン	–	En	BZ	25-28°N, 150-155° E	Truckinseln	EÜ	–	
301	Saboron	サボロン	–	En	BZ	25-28°N, 150-155° E	Truckinseln	EÜ	–	
302	Sabota	サボタ	–	En	BZ	25-28°N, 150-155° E	Truckinseln	EÜ	–	Sapota

Nr.	Transkription	Ortsname original	Übersetzt	Ex/En/Hy	ONK	Geografische Koordinaten	Lage im Kolonialgebiet	Benennungsmotiv	Struktur	Heutige Bezeichnung
303	Sabota	サボタ	–	En	BZ	25-28°N, 150-155° E	Truckinseln	EÜ	–	
304	Saboteu	サボテウ	–	En	BZ	25-28°N, 150-155° E	Truckinseln	EÜ	–	
305	Sabou	サボウ	–	En	BZ	25-28°N, 150-155° E	Truckinseln	EÜ	–	Sapou
306	Sabou	サボウ	–	En	BZ	25-28°N, 150-155° E	Truckinseln	EÜ	–	
307	Sabou	サボウ	–	En	BZ	25-28°N, 150-155° E	Truckinseln	EÜ	–	Sapou
308	Sabouku	サボウク	–	En	BZ	7° 30′ N, 152° O	Truckinseln	EÜ	–	Sapuk
309	Sabun	サブン	–	En	BZ	25-28°N, 150-155° E	Truckinseln	EÜ	–	
310	Sakura-shima	櫻島	Kirschblüten-insel	Ex	IN	25-28°N, 150-155° E	Truckinseln	Pflanze	[Xpfl-Xgeo]tpn	Fono
311	Sannuku	サンヌク	–	En	BZ	25-28°N, 150-155° E	Truckinseln	EÜ	–	
312	Sannūku	サンヌーク	–	En	BZ	25-28°N, 150-155° E	Truckinseln	EÜ	–	

Nr.	Transkription	Ortsname original	Übersetzt	Ex/En/Hy	ONK	Geografische Koordinaten	Lage im Kolonialgebiet	Benennungsmotiv	Struktur	Heutige Bezeichnung
313	Sanson-tō	サンソン島	–	Hy	IN	5° 30'N, 153° 70'	Satawan (Nomoi Island)	–	[Y-Xgeo]tpn	
314	Sapuiru-tō	サプイル島	–	Hy	IN	5°31'N, 153°46'O	Lukunor (Nomoi Island)	–	[Y-Xgeo]tpn	Sapwil
315	Sara-shima	皿島	Tellerinsel	Ex	IN	25-28°N, 150-155° E	Truckinseln	Geschirr	[Xges-Xgeo]tpn	Sanat
316	Saru-shima	申島	Affeninsel	Ex	IN	25-28°N, 150-155° E	Truckinseln	Ch. Erdzweige	[Xerd-Xgeo]tpn	Pisinun
317	Satawan-tō	サタワン島	–	Hy	IN	5° 30'N, 153° 70'	Satawan (Nomoi Island)	–	[Y-Xgeo]tpn	Satawan
318	Sauroto-tō	サウロト島	–	Hy	IN	5° 30'N, 153° 70'	Satawan (Nomoi Island)	–	[Y-Xgeo]tpn	
319	Semarabu-tō	セマラブ島	–	Hy	IN	5° 30'N, 153° 70'	Satawan (Nomoi Island)	–	[Y-Xgeo]tpn	
320	Semarabu-tō	ネナン島	–	Hy	IN	5° 30'N, 153° 70'	Satawan (Nomoi Island)	–	[Y-Xgeo]tpn	
321	Setoanerappu-tō	セトアネラップ島	–	Hy	IN	8°32' N, 151°46'	Nomwin Atoll	–	[Y-Xgeo]tpn	Setoanelap Insel
322	Setoanerīsu-tō	セトアネリース島	–	Hy	IN	8°32' N, 151°46'	Nomwin Atoll	–	[Y-Xgeo]tpn	Setoaneris Insel

Nr.	Transkription	Ortsname original	Übersetzt	Ex/En/Hy	ONK	Geografische Koordinaten	Lage im Kolonialgebiet	Benennungsmotiv	Struktur	Heutige Bezeichnung
323	Seto-shima	瀬戸島	Insel der Meerenge	Ex	IN	25-28°N, 150-155° E	Truckinseln	geografische Beschaffenheit	[Xgeo-Xgeo]tpn	
324	Shukku-tō	シュック島	–	Hy	IN	42° N, 149°19 E	Shuk Insel	–	[Y-Xgeo]tpn	
325	Sirotae-shima	白妙島	Weiße Insel (evtl. Bezug zu weißfilzigem Greiskraut)	Ex	IN	25-28°N, 150-155° E	Truckinseln	geografische Beschaffenheit	[Xgeo-Xgeo]tpn	Falos
326	Sobo	ソボ	–	En	BZ	25-28°N, 150-155° E	Truckinseln	EÜ	–	
327	Sofuoru-tō	ソフオル島	–	Hy	IN	6° 53' N, 152° 42' O	Losap Atoll	–	[Y-Xgeo]tpn	
328	Sooeru-shima	ソオエル島	–	Hy	IN	25-28°N, 150-155° E	Truckinseln	–	[Y-Xgeo]tpn	Sopweru
329	Soppu-tō	ソップ島	–	Hy	IN	6° 53' N, 152° 42' O	Losap Atoll	–	[Y-Xgeo]tpn	
330	Sōru-tō	ソール島	–	Hy	IN	8°40'N, 152°11'O	Hall Inseln	–	[Y-Xgeo]tpn	Sol Insel
331	Souraba-tō	ソウラバ島	–	Hy	IN	5° 30'N, 153° 70'	Satawan (Nomoi Island)	–	[Y-Xgeo]tpn	

Nr.	Transkription	Ortsname original	Übersetzt	Ex/En/Hy	ONK	Geografische Koordinaten	Lage im Kolonialgebiet	Benennungsmotiv	Struktur	Heutige Bezeichnung
332	Suisen-shima	水仙島	Narzisseninsel	Ex	IN	25-28° N, 150-155° E	Truckinseln	Pflanze	[Xpfl-Xgeo]tpn	Fanangat
333	Suiyō-shima	水曜島	Mittwochsinsel	Ex	IN	25-28° N, 150-155° E	Truckinseln	Wochentage	[Xwoc-Xgeo]tpn	Tol (Nord), Wonei (Süd)
334	Sumiyoshi-shima	住吉島	Sumiyoshi-Insel	Ex	IN	25-28° N, 150-155° E	Truckinseln	Jap.Ortsname	[Xort-Xgeo]tpn	
335	Suzume-shima	雀島	Spatzeninsel	Ex	IN	25-28° N, 150-155° E	Truckinseln	Vogel	[Xvog-Xgeo]tpn	
336	Tachibana-shima	橘島	Tachibana-Insel	Ex	IN	25-28° N, 150-155° E	Truckinseln	Pflanze	[Xpfl-Xgeo]tpn	
337	Takasago-shima	高砂島	Tagasago-Insel (Hügeliger Sandboden)	Ex	IN	25-28° N, 150-155° E	Truckinseln	geografische Beschaffenheit	[Xgeo-Xgeo]tpn	
338	Take-shima	竹島	Bambusinsel	Ex	IN	25-28° N, 150-155° E	Truckinseln	Pflanze	[Xpfl-Xgeo]tpn	Etten Insel
339	Tamatama-tō	タマタマ島	–	Hy	IN	50°29′45′′S, 166°17′44′′	Enderby	–	[Y-Xgeo]tpn	
340	Tārappu-tō	ターラップ島	–	Hy	IN	6° 53′ N, 152° 42′ O	Losap Atoll	–	[Y-Xgeo]tpn	Talap

Nr.	Transkription	Ortsname original	Übersetzt	Ex/En/Hy	ONK	Geografische Koordinaten	Lage im Kolonialgebiet	Benennungsmotiv	Struktur	Heutige Bezeichnung
341	Tā-tō	ター島	–	Hy	IN	5° 30'N, 153° 70'	Satawan (Nomoi Island)	–	[Y-Xgeo]tpn	Ta
342	Tatsu-shima	辰島	Drachen-insel	Ex	IN	25-28° N, 150-155° E	Truckinseln	Ch. Erdzweige	[Xerd-Xgeo]tpn	Etten Insel
343	Tawankuchi-tō	タワンクチ島	–	Hy	IN	5° 30'N, 153° 70'	Satawan (Nomoi Island)	–	[Y-Xgeo]tpn	
344	Teirebeku-tō	テイレベク島	–	Hy	IN	6° 53' N, 152° 42' O	Losap Atoll	–	[Y-Xgeo]tpn	
345	Teiroku-tō	テイロク島	–	Hy	IN	5° 30'N, 153° 70'	Satawan (Nomoi Island)	–	[Y-Xgeo]tpn	
346	Teweriku-shima	テウェリク島	–	Hy	IN	25-28° N, 150-155° E	Truckinseln	–	[Y-Xgeo]tpn	Tewenik
347	Toā-tō	トアー島	–	Hy	IN	50°29'45"S, 166°17'44"	Enderby	–	[Y-Xgeo]tpn	
348	Toinomu-tō	トイノム島	–	Hy	IN	5° 9229'N, 153° 1169'	Toinom	–	[Y-Xgeo]tpn	Toinom
349	Tonkarei-tō	トンカレイ島	–	Hy	IN	5° 30'N, 153° 70'	Satawan (Nomoi Island)	–	[Y-Xgeo]tpn	
350	Tonmarechi-tō	トンマレチ島	–	Hy	IN	5° 30'N, 153° 70'	Satawan (Nomoi Island)	–	[Y-Xgeo]tpn	

Nr.	Transkription	Ortsname original	Übersetzt	Ex/En/Hy	ONK	Geografische Koordinaten	Lage im Kolonialgebiet	Benennungsmotiv	Struktur	Heutige Bezeichnung
351	Tonnūku	トンヌーク	–	En	BZ	7° 30' N, 152° O	Truckinseln	EÜ	–	
352	Tonnūku	トンヌーク	–	En	BZ	25-28°N, 150-155° E	Truckinseln	EÜ	–	
353	Tora-shima	寅島	Tigerinsel	Ex	IN	25-28°N, 150-155° E	Truckinseln	Ch. Erdzweige	[Xerd-Xgeo]tpn	Fonuchu
354	Tori-shima	酉島	Hahninsel	Ex	IN	25-28°N, 150-155° E	Truckinseln	Ch. Erdzweige	[Xerd-Xgeo]tpn	Engenenimo
355	Torofu	トロフ	–	En	BZ	25-28°N, 150-155° E	Truckinseln	EÜ	–	Tonof
356	Tsubaki-shima	椿島	Kamelien-insel	Ex	IN	25-28°N, 150-155° E	Truckinseln	Pflanze	[Xpfl-Xgeo]tpn	Puwe
357	Tsukueru	ツクエル	–	En	BZ	25-28°N, 150-155° E	Truckinseln	EÜ	–	
358	Tsukuramu	ツクラム	–	En	BZ	25-28°N, 150-155° E	Truckinseln	EÜ	–	
359	Tsun	ツン	–	En	BZ	25-28°N, 150-155° E	Truckinseln	EÜ	–	
360	Ubon	ウボン	–	En	BZ	25-28°N, 150-155° E	Truckinseln	EÜ	–	

Nr.	Transkription	Ortsname original	Übersetzt	Ex/En/Hy	ONK	Geografische Koordinaten	Lage im Kolonialgebiet	Benennungsmotiv	Struktur	Heutige Bezeichnung
361	Ubuin	ウブイン	–	En	BZ	25-28°N, 150-155° E	Truckinseln	EÜ	–	
362	Uchida-shima	内田島	Uchida-Insel	Ex	IN	25-28°N, 150-155° E	Truckinseln	Familienname	[Xfam-Xgeo]tpn	
363	Ueu-tō	ウエウ島	–	Hy	IN	5° 55' N, 153° 34' O	Etal (Nomoi Island)	–	[Y-Xgeo]tpn	
364	Uichappu	ウイチャップ	–	En	BZ	7° 30' N, 152° O	Truckinseln	EÜ	–	
365	Uji-shima	宇治島	Uji-Insel	Ex	IN	25-28°N, 150-155° E	Truckinseln	Familienname	[Xfam-Xgeo]tpn	Wisas
366	Ūmappu-tō	ウーマップ島	–	Hy	IN	5° 9229'N, 153° 1169'	Umap	–	[Y-Xgeo]tpn	Umap
367	Uma-shima	午島	Pferdeinsel	Ex	IN	25-28°N, 150-155° E	Truckinseln	Ch. Erdzweige	[Xerd-Xgeo]tpn	Moch Insel
368	Unon-tō	ウノン島	–	Hy	IN	5° 55' N, 153° 34' O	Etal (Nomoi Island)	–	[Y-Xgeo]tpn	Unon
369	Unupi	ウヌピ	–	En	BZ	25-28°N, 150-155° E	Truckinseln	EÜ	–	
370	Uran-shima	蘭島	Orchidee-Insel	Ex	IN	25-28°N, 150-155° E	Truckinseln	Pflanze	[Xpfl-Xgeo]tpn	

Nr.	Transkription	Ortsname original	Übersetzt	Ex/En/Hy	ONK	Geografische Koordinaten	Lage im Kolonialgebiet	Benennungsmotiv	Struktur	Heutige Bezeichnung
371	Urerisu	ウレリス	–	En	BZ	25-28°N, 150-155° E	Truckinseln	EÜ	–	
372	Urifuei	ウリフエイ	–	En	BZ	25-28°N, 150-155° E	Truckinseln	EÜ	–	
373	Uripisu	ウリビス	–	En	BZ	7° 30' N, 152° O	Truckinseln	EÜ	–	
374	Urishi	ウリシ	–	En	BZ	25-28°N, 150-155° E	Truckinseln	EÜ	–	
375	Urubiru-shima	ウルビル島	–	Hy	IN	25-28°N, 150-155° E	Truckinseln	–	[Y-Xgeo]tpn	
376	Urunna	ウルンナ	–	En	BZ	25-28°N, 150-155° E	Truckinseln	EÜ	–	
377	U-shima	卯島	Haseninsel	Ex	IN	25-28°N, 150-155° E	Truckinseln	Ch. Erdzweige	[Xerd-Xgeo]tpn	Umong
378	Ushi-shima	丑島	Ochseninsel	Ex	IN	25-28°N, 150-155° E	Truckinseln	Ch. Erdzweige	[Xerd-Xgeo]tpn	Eparit
379	Uubuttsu	ウーブッツ島	–	Hy	IN	25-28°N, 150-155° E	Truckinseln	–	[Y-Xgeo]tpn	
380	Wēke-tō	ウェーケ島	–	Hy	IN	5° 55' N, 153° 34' O	Etal (Nomoi Island)	–	[Y-Xgeo]tpn	

Nr.	Transkription	Ortsname original	Übersetzt	Ex/En/Hy	ONK	Geografische Koordinaten	Lage im Kolonialgebiet	Benennungsmotiv	Struktur	Heutige Bezeichnung
381	Wēnen-shima	ウエーネン島	–	Hy	IN	25-28°N, 150-155° E	Truckinseln	–	[Y-Xgeo]tpn	Wenen
382	Wikkuro	ウイックロ	–	En	BZ	25-28°N, 150-155° E	Truckinseln	EÜ	–	
383	Wīyan-shima	ウイーヤン島	–	Hy	IN	25-28°N, 150-155° E	Truckinseln	–	[Y-Xgeo]tpn	Winan
384	Yanagi-shima	柳島	Weideinsel	Ex	IN	25-28°N, 150-155° E	Truckinseln	Pflanze	[Xpfl-Xgeo]tpn	Pisiniap
385	Yani-tō	ヤニン島	–	Hy	IN	6° 53' N, 152° 42' O	Losap Atoll	–	[Y-Xgeo]tpn	
386	Yawata-shima (Hachiman-shima)	八幡島	Yawata-Insel (Hachiman-Insel)	Ex	IN	25-28°N, 150-155° E	Truckinseln	Jap.Ortsname	[Xort-Xgeo]tpn	Uranu
387	Yome-shima	嫁島	Brautinsel	Ex	IN	25-28°N, 150-155° E	Truckinseln	Verwandtschafts-bezeichnung	[Xvb-Xgeo]tpn	Ouso
388	Yuki-shima	雪島	Schneeinsel	Ex	IN	25-28°N, 150-155° E	Truckinseln	Wetter	[Xwet-Xgeo]tpn	Fourup

Quelle: 南洋群島島勢調査書 (Nanyōguntō tōsei chōsasho 'Zensus in Mikronesien') (1930)
http://dl.ndl.go.jp/info:ndljp/pid/1448521 (Die digitale Bibliothek von der Nationale Parlamentsbibliothek)

Tabelle 4: Palau.

Nr.	Transkription	Ortsname original	Übersetzt	Ex/En/Hy	ONK	Geografische Koordinaten	Lage im Kolonialgebiet	Benennungsmotiv	Struktur	Heutige Bezeichnung
1	Aimuru	アイムル	–	Hy	O	7°25'N 134°31'E	Palau	–	–	
2	Aimyon	アイミヨン	–	Hy	O	7°32'24"N 134°31'12"E	Palau	–	–	
3	Airai	アイライ	–	Hy	O	7°22'N 134°33'E	Palau	–	–	Airai
4	Akarappu	アカラップ	–	Hy	O	7°37'00"N 134°38'00E	Palau	–	–	
5	Akōru	アコール	–	Hy	O	7°42'N 134°37'E	Palau	–	–	
6	Amiyonsu	アミヨンス	–	Hy	O	7°20'32"N 134°28'38"E	Palau	–	–	
7	Appokoru	アッポコル	–	Hy	O	7°42'N 134°37'E	Palau	–	–	
8	Arakabesan	アラカベサン	–	Hy	O	7°20'32"N 134°28'38"E	Palau	–	–	
9	Arumasaka	アルマサカ	–	Hy	O	7°36'N 134°33'E	Palau	–	–	

Nr.	Transkription	Ortsname original	Übersetzt	Ex/En/Hy	ONK	Geografische Koordinaten	Lage im Kolonialgebiet	Benennungsmotiv	Struktur	Heutige Bezeichnung
10	Arumatenguru	アルマテンゲル	–	Hy	O	7°32′24″N 134°31′12″E	Palau	–	–	
11	Erugei	エルゲイ	–	Hy	O	7°22′N 134°33′E	Palau	–	–	
12	Gabē	ガベー	–	Hy	O	7°42′N 134°37′E	Palau	–	–	
13	Gabokudu	ガボクツ	–	Hy	O	7°37′00″N 134°38′00E	Palau	–	–	
14	Gaburuku	ガブルク	–	Hy	O	7°29′0″N, 134°36′0″E	Palau	–	–	
15	Gaisan	ガイサン	–	Hy	O	7°37′00″N 134°38′00E	Palau	–	–	
16	Gakippu	ガキップ	–	Hy	O	7°22′N 134°33′E	Palau	–	–	Ngetkib
17	Gakurao	ガクラオ	–	Hy	O	7°37′00″N 134°38′00E	Palau	–	–	
18	Garabao	ガラバオ	–	Hy	O	7°42′N 134°37′E	Palau	–	–	
19	Garaeru	ガラエル	–	Hy	O	7°37′00″N 134°38′00E	Palau	–	–	

Nr.	Transkription	Ortsname original	Übersetzt	Ex/En/Hy	ONK	Geografische Koordinaten	Lage im Kolonialgebiet	Benennungsmotiv	Struktur	Heutige Bezeichnung
20	Garagasoru	ガラガソル	–	Hy	O	7°27'N, 134°35'O	Palau	–	–	–
21	Garamaton	ガラマトン	–	Hy	O	7°42'N 134°37'E	Palau	–	–	–
22	Garasumao	ガラスマオ	–	Hy	O	7°36'N 134°33'E	Palau	–	–	–
23	Garausu	ガラウス	–	Hy	O	7°27'N, 134°35'O	Palau	–	–	–
24	Garēru	ガレール	–	Hy	O	7°42'N 134°37'E	Palau	–	–	–
25	Gareyakoi	ガレヤコイ	–	Hy	O	7°25'N 134°31'E	Palau	–	–	–
26	Garikiai	ガリキアイ	–	Hy	O	7°25'N 134°31'E	Palau	–	–	–
27	Garikkeru	ガライッケル	–	Hy	O	7°27'N, 134°35'O	Palau	–	–	–
28	Garukoru-shima	ガルコル島	–	Hy	IN	7°42'N 134°37'E	Palau	–	[Y-Xgeo]tpn	–
29	Garumurekke	ガルムレッケ	–	Hy	O	7°29'0"N, 134°36'0"E	Palau	–	–	–

Nr.	Transkription	Ortsname original	Übersetzt	Ex/En/Hy	ONK	Geografische Koordinaten	Lage im Kolonialgebiet	Benennungsmotiv	Struktur	Heutige Bezeichnung
30	Gashakan	ガシャカン	–	Hy	O	7°22'N 134°33'E	Palau	–	–	
31	Gasupan	ガスパン	–	Hy	O	7°32'24"N 134°31'12"E	Palau	–	–	
32	Gatsumeru	ガツメル	–	Hy	O	7°42'N 134°37'E	Palau	–	–	
33	Gshōru	ガショール	–	Hy	O	7°27'N, 134°35'O	Palau	–	–	
34	Kaisharu	カイシャル	–	Hy	O	7°27'N, 134°35'O	Palau	–	–	
35	Kamiyanguru	カミヤングル	–	Hy	O	7°25'N 134°31'E	Palau	–	–	
36	Kamusetsu	カムセツ	–	Hy	O	7°32'24"N 134°31'12"E	Palau	–	–	
37	Karakasan	カラカサン	–	Hy	O	7°27'N, 134°35'O	Palau	–	–	Galakasan
38	Karumisukan	カルミスカン	–	Hy	O	7°32'24"N 134°31'12"E	Palau	–	–	
39	Koiguru	コイグル	–	Hy	O	7°22'N 134°33'E	Palau	–	–	

Nr.	Transkription	Ortsname original	Übersetzt	Ex/En/Hy	ONK	Geografische Koordinaten	Lage im Kolonialgebiet	Benennungsmotiv	Struktur	Heutige Bezeichnung
40	Konrei	コンレイ	–	Hy	O	7°42'N 134°37'E	Palau	–	–	–
41	Korōru-shima	コロール島	–	Hy	IN	7°20'32"N 134°28'38"E	Palau	–	[Y-Xgeo]tpn	Koror Insel
42	Maganran	マガンラン	–	Hy	O	7°42'N 134°37'E	Palau	–	–	Mengellang
43	Marakaru-shima	マラカル島	–	Hy	IN	7°20'32"N 134°28'38"E	Palau	–	[Y-Xgeo]tpn	Malakal Insel
44	Marukyoku	マルキョク	–	Hy	O	7°29'0"N, 134°36'0"E	Palau	–	–	Melekeok
45	Mudorumu	ムドルム	–	Hy	O	7°25'N 134°31'E	Palau	–	–	–
46	Ogiwaru	オギワル	–	Hy	O	7°33'N 134°37'E	Palau	–	–	Ngiwal
47	Oragitaoko	オラギタオコ	–	Hy	O	7°22'N 134°33'E	Palau	–	–	–
48	Oyonguru	オヨングル	–	Hy	O	7°42'N 134°37'E	Palau	–	–	–
49	Uriman	ウリマン	–	Hy	O	7°37'00"N 134°38'00E	Palau	–	–	Ulimang

Nr.	Transkription	Ortsname original	Übersetzt	Ex/En/Hy	ONK	Geografische Koordinaten	Lage im Kolonialgebiet	Benennungsmotiv	Struktur	Heutige Bezeichnung
50	Urubosan	ウルボサン	–	Hy	O	7°29'0"N, 134°36'0"E	Palau	–	–	
51	Ururian	ウルリアン	–	Hy	O	7°29'0"N, 134°36'0"E	Palau	–	–	
52	Ururöburu	ウルローブル	–	Hy	O	7°22'N 134°33'E	Palau	–	–	
52	Urusharu	ウルシャル	–	Hy	O	7°22'N 134°33'E	Palau	–	–	
54	Yakōru	ヤーニト	–	Hy	O	7°20'32"N 134°28'38"E	Palau	–	–	

Tabelle 5: Ponape.

Nr.	Transkription	Ortsname original	Übersetzt	Ex/En/Hy	ONK	Geografische Koordinaten	Lage im Kolonialgebiet	Benennungs-motiv	Struktur	Heutige Bezeichnung
1	Aaraanbiru-shima	アアラアンビル島	–	Hy	IN	11°30'0''N, 162°14' O	Eniwetok Atoll	EÜ	[Y-Xgeo]tpn	Alembel
2	Achiiru-shima	アチイル島	–	Hy	IN	6°51'0''N, 158°13'0''E	Ponape (Kitti-Dorf)	EÜ	[Y-Xgeo]tpn	
3	Akāku	アカーク	–	En	O	6°51'0''N, 158°13'0''E	Ponape (Madolenihm-Dorf)	EÜ	–	
4	Aneken-shima	アネケン島	–	Hy	IN	6°51'0''N, 158°13'0''E	Uzeran	EÜ	[Y-Xgeo]tpn	
5	Anepashi	アネパシ	–	En	O	6°51'0''N, 158°13'0''E	Ponape (Madolenihm-Dorf)	EÜ	–	
6	Animanete-shima	アニマネテ島	–	Hy	IN	6°51'0''N, 158°13'0''E	Uzeran	EÜ	[Y-Xgeo]tpn	
7	Aniyaānī-shima	アニヤーニー島	–	Hy	IN	11°30'0''N, 162°14' O	Eniwetok Atoll	EÜ	[Y-Xgeo]tpn	Ananij
8	Aniyarafu-shima	アニヤラフ島	–	Hy	IN	6°51'0''N, 158°13'0''E	Uzeran	EÜ	[Y-Xgeo]tpn	
9	Anpenpaa	アンペンパア	–	En	O	6°51'0''N, 158°13'0''E	Ponape (Kitti-Dorf)	EÜ	–	
10	Anpenpooa	アンペンポーア	–	En	O	6°51'0''N, 158°13'0''E	Ponape (Kitti-Dorf)	EÜ	–	
11	Aomon-shima	アオモン島	–	Hy	IN	11°30' N, 162°14' O	Eniwetok Atoll	EÜ	[Y-Xgeo]tpn	Aomon

Nr.	Transkription	Ortsname original	Übersetzt	Ex/En/Hy	ONK	Geografische Koordinaten	Lage im Kolonialgebiet	Benennungs- motiv	Struktur	Heutige Bezeichnung
12	Arauisho	アラウイショ	–	En	O	6°51'0"N, 158°13'0"E	Ponape (Kitti-Dorf)	EÜ	–	
13	Arōkappu	アローカップ	–	En	O	6°51'0"N, 158°13'0"E	Ponape (Madolenihm-Dorf)	EÜ	–	
14	Aruarui	アルアルイ	–	En	O	6°51'0"N, 158°13'0"E	Ponape (Madolenihm-Dorf)	EÜ	–	
15	Aruke	アルケ	–	En	O	6°51'0"N, 158°13'0"E	Ponape (Netti-Dorf)	EÜ	–	
16	Autarua-shima	アウタルア島	–	Hy	IN	5°47'11"N, 157°9'23"O	Sapwuahfik	EÜ	[Y-Xgeo]tpn	Uataluk
17	Awata	アワタ	–	En	O	6°51'0"N, 158°13'0"E	Ponape (Jokaji-Dorf)	EÜ	–	
18	Bigiian-shima	ビギイアン島	–	Hy	IN	11°30'N, 162°14'O	Eniwetok Atoll	EÜ	[Y-Xgeo]tpn	Biken
19	Bookonārappu-shima	ボーコナーラップ島	–	Hy	IN	11°30'N, 162°14'O	Eniwetok Atoll	EÜ	[Y-Xgeo]tpn	Bokenelab
20	Chapuchikku-shima	チャプチック島	–	Hy	IN	6°51'0"N, 158°13'0"E	Ponape (Jokaji-Dorf)	EÜ	[Y-Xgeo]tpn	Sapwtik
21	Daisu-shima	ダイス島	–	Hy	IN	6°51'0"N, 158°13'0"E	Uzeran	EÜ	[Y-Xgeo]tpn	
22	Djeruppu-shima	ヂェルップ島	–	Hy	IN	5°47'11"N, 157°9'23"O	Sapwuahfik	EÜ	[Y-Xgeo]tpn	Jirup
23	Echienran	エチエンラン	–	En	O	6°51'0"N, 158°13'0"E	Ponape (Madolenihm-Dorf)	EÜ	–	

Nr.	Transkription	Ortsname original	Übersetzt	Ex/En/Hy	ONK	Geografische Koordinaten	Lage im Kolonialgebiet	Benennungs- motiv	Struktur	Heutige Bezeichnung
24	Eiri-shima	エイリ島	–	Hy	IN	11°30′ N, 162°14′ O	Eniwetok Atoll	EÜ	[Y-Xgeo]tpn	Elle
25	Endjabī-shima	エンヂャビー島	–	Hy	IN	11°30′ N, 162°14′ O	Eniwetok Atoll	EÜ	[Y-Xgeo]tpn	Enjebi
26	Eniwatakku-shima	エニワタック島	–	Hy	IN	11°30′ N, 162°14′ O	Eniwetok Atoll	EÜ	[Y-Xgeo]tpn	Enewetak
27	Fumatahachi-shima	フマタハチ島	–	Hy	IN	1° 4′ N, 154° 46′ O	Greenwich Atoll	EÜ	[Y-Xgeo]tpn	Fumatahachi Insel
28	Giriinien-shima	ギリーニエン島	–	Hy	IN	11°30′ N, 162°14′ O	Eniwetok Atoll	EÜ	[Y-Xgeo]tpn	Kiorenen
29	Gitamu	ギタム	–	En	O	6°5′10″N, 158°13′0″E	Ponape (Madolenihm-Dorf)	EÜ	–	–
30	Hare-shima	ハレ島	–	Hy	IN	1° 4′ N, 154° 46′ O	Greenwich Atoll	EÜ	[Y-Xgeo]tpn	Hare Insel
31	Hepepā-shima	ヘペパー島	–	Hy	IN	1° 4′ N, 154° 46′ O	Greenwich Atoll	EÜ	[Y-Xgeo]tpn	Hepepa Insel
32	Hiijiri-shima	ヘイジリ島	–	Hy	IN	11°30′ N, 162°14′ O	Eniwetok Atoll	EÜ	[Y-Xgeo]tpn	Bijire
33	Hokku	ホック	–	En	O	6°5′10″N, 158°13′0″E	Ponape (Kitti-Dorf)	EÜ	–	–
34	Hoorashiyappu	ホーラシヤップ	–	En	O	6°5′10″N, 158°13′0″E	Ponape (Kitti-Dorf)	EÜ	–	–
35	Hōshain	ホーシャイン	–	En	O	6°5′10″N, 158°13′0″E	Ponape (Kitti-Dorf)	EÜ	–	–

Nr.	Transkription	Ortsname original	Übersetzt	Ex/En/Hy	ONK	Geografische Koordinaten	Lage im Kolonialgebiet	Benennungs-motiv	Struktur	Heutige Bezeichnung
36	Ibutata	イブタタ	–	En	O	6°51'0"N, 158°13'0"E	Ponape (Madolenihm-Dorf)	EÜ	–	
37	Igure-shima	イグレ島	–	Hy	IN	11°30' N, 162°14' O	Eniwetok Atoll	EÜ	[Y-Xgeo]tpn	Ikuren
38	Jiebetān-shima	ジェベターン島	–	Hy	IN	11°30' N, 162°14' O	Eniwetok Atoll	EÜ	[Y-Xgeo]tpn	Japtan
39	Jimorairen-shima	ジモライレン島	–	Hy	IN	6°51'0"N, 158°13'0"E	Ponape (Madolenihm-Dorf)	EÜ	[Y-Xgeo]tpn	
40	Kāmaru	カーマル	–	En	O	6°51'0"N, 158°13'0"E	Ponape (Netti-Dorf)	EÜ	–	
41	Kapinibere-shima	カピニベレ島	–	Hy	IN	3° 51' N, 154° 56' O	Nukuoro Atoll	EÜ	[Y-Xgeo]tpn	Gabinivele
42	Kapinne	カピンネ	–	En	O	6°51'0"N, 158°13'0"E	Ponape (Madolenihm-Dorf)	EÜ	–	
43	Kapiroi	カピロイ	–	En	O	6°51'0"N, 158°13'0"E	Ponape (Madolenihm-Dorf)	EÜ	–	
44	Kārappu-shima	カーラップ島	–	Hy	IN	6° 47' N, 157° 58' O	Ant Atoll	EÜ	[Y-Xgeo]tpn	
45	Karo-shima	カロ島	–	Hy	IN	6°51'0"N, 158°13'0"E	Uzeran	EÜ	[Y-Xgeo]tpn	
46	Kausema-shima	カウセマ島	–	Hy	IN	3° 51' N, 154° 56' O	Nukuoro Atoll	EÜ	[Y-Xgeo]tpn	Gausema
47	Kebarachikku-shima	ケバラチック島	–	Hy	IN	6°51'0"N, 158°13'0"E	Ponape (Kitti-Dorf)	EÜ	[Y-Xgeo]tpn	

Toponomastik im Kontext des japanischen Kolonialismus — 399

Nr.	Transkription	Ortsname original	Übersetzt	Ex/En/Hy	ONK	Geografische Koordinaten	Lage im Kolonialgebiet	Benennungs-motiv	Struktur	Heutige Bezeichnung
48	Kebaransu-shima	ケバランス島	–	Hy	IN	6°51'0"N, 158°13'0"E	Ponape (Jokaji-Dorf)	EÜ	[Y-Xgeo]tpn	
49	Keipara-shima	ケイパラ島	–	Hy	IN	6°51'0"N, 158°13'0"E	Ponape (Kitti-Dorf)	EÜ	–	Kehpara Insel
50	Kinakappu	キナカップ	–	En	O	6°51'0"N, 158°13'0"E	Ponape (Madolenihm-Dorf)	EÜ	–	
51	Kiparu	キパル	–	En	O	6°51'0"N, 158°13'0"E	Ponape (Kitti-Dorf)	EÜ	–	
52	Kirinian-shima	キリニアン島	–	Hy	IN	11°30' N, 162°14' O	Eniwetok Atoll	EÜ	[Y-Xgeo]tpn	Kidrinen
52	Koroni	コロニー	–	En	O	6°51'0"N, 158°13'0"E	Ponape (Netti-Dorf)	EÜ	–	Kolonia
54	Kunikku	クニック	–	En	O	6°51'0"N, 158°13'0"E	Ponape (Kitti-Dorf)	EÜ	–	
55	Kurakon-shima	クラコン島	–	Hy	IN	6°51'0"N, 158°13'0"E	Uzeran	EÜ	[Y-Xgeo]tpn	
56	Machiishou	マチイショウ	–	En	O	6°51'0"N, 158°13'0"E	Ponape (Madolenihm-Dorf)	EÜ	–	
57	Machippu	マチップ	–	En	O	6°51'0"N, 158°13'0"E	Ponape (Madolenihm-Dorf)	EÜ	–	
58	Machirō-shima	マチロー島	–	Hy	IN	1° 4' N, 154° 46' O	Greenwich Atoll	EÜ	[Y-Xgeo]tpn	Machiro Insel
59	Mānpeie-shima	マーンペイエ島	–	Hy	IN	6°51'0"N, 158°13'0"E	Ponape (Jokaji-Dorf)	EÜ	[Y-Xgeo]tpn	

Nr.	Transkription	Ortsname original	Übersetzt	Ex/En/Hy	ONK	Geografische Koordinaten	Lage im Kolonialgebiet	Benennungs-motiv	Struktur	Heutige Bezeichnung
60	Mānpeiro-shima	マーンペイロ島	–	Hy	IN	6°51'0"N, 158°13'0"E	Ponape (Jokaji-Dorf)	EÜ	[Y-Xgeo]tpn	
61	Manto	マント	–	En	O	6°51'0"N, 158°13'0"E	Ponape (Kitti-Dorf)	EÜ	–	
62	Manton-shima	マントン島	–	Hy	IN	6° 41'N, 159° 45'O	Mokil Atoll	EÜ	[Y-Xgeo]tpn	Manton
63	Mantopeichi-shima	マントペイチ島	–	Hy	IN	6°51'0"N, 158°13'0"E	Ponape (U-Dorf)	EÜ	[Y-Xgeo]tpn	Mwahd Peidi
64	Mantopeitaku-shima	マントペイタク島	–	Hy	IN	6°51'0"N, 158°13'0"E	Ponape (U-Dorf)	EÜ	[Y-Xgeo]tpn	Mwand Peidak
65	Manto-shima	マント島	–	Hy	IN	7° 4'N, 157° 48'O	Pakin Atoll	EÜ	[Y-Xgeo]tpn	
66	Mantsu-shima	マンツ島	–	Hy	IN	6°51'0"N, 158°13'0"E	Ponape (Jokaji-Dorf)	EÜ	[Y-Xgeo]tpn	
67	Māremu-mura	マーレム村	–	Hy	O	5°19'N, 162°59'E	Kosrae Atoll	EÜ	[Y-Xgeo]tpn	Malem
68	Mateu	マテウ	–	En	O	6°51'0"N, 158°13'0"E	Ponape (Kitti-Dorf)	EÜ	–	
69	Meichikku	メイチック	–	En	O	6°51'0"N, 158°13'0"E	Ponape (Netti-Dorf)	EÜ	–	
70	Mekuren-shima	メクレン島	–	Hy	IN	11°30'N, 162°14'O	Eniwetok Atoll	EÜ	[Y-Xgeo]tpn	Medren
71	Mokīru-shima	モキール島	–	Hy	IN	6° 41'N, 159° 45'O	Mokil Atoll	EÜ	[Y-Xgeo]tpn	Mokil

Toponomastik im Kontext des japanischen Kolonialismus — 401

Nr.	Transkription	Ortsname original	Übersetzt	Ex/En/Hy	ONK	Geografische Koordinaten	Lage im Kolonialgebiet	Benennungs-motiv	Struktur	Heutige Bezeichnung
72	Mokotto	モコット	–	En	O	6°51'0''N, 158°13'0''E	Ponape (Kitti-Dorf)	EÜ	–	
73	Motosui-shima	モトスイ島	–	Hy	IN	3°51'N, 154°56'O	Nukuoro Atoll	EÜ	[Y-Xgeo]tpn	Moduidolo
74	Motsuiroto-shima	モツイロト島	–	Hy	IN	3°51'N, 154°56'O	Nukuoro Atoll	EÜ	[Y-Xgeo]tpn	Moduidua
75	Motsuitō-shima	モツイトー島	–	Hy	IN	3°51'N, 154°56'O	Nukuoro Atoll	EÜ	[Y-Xgeo]tpn	Moduia?
76	Motsuuei-shima	モツウエイ島	–	Hy	IN	3°51'N, 154°56'O	Nukuoro Atoll	EÜ	[Y-Xgeo]tpn	
77	Mui-shima	ムイ島	–	Hy	IN	11°30'N, 162°14'O	Eniwetok Atoll	EÜ	[Y-Xgeo]tpn	Mut
78	Mujinkaarikku-shima	ムジンカアリック島	–	Hy	IN	11°30'N, 162°14'O	Eniwetok Atoll	EÜ	[Y-Xgeo]tpn	Mijikadrek
79	Munisappu-shima	ムニサップ島	–	Hy	IN	6°47'N, 157°58'O	Ant Atoll	EÜ	[Y-Xgeo]tpn	
80	Mutokarappu-shima	ムトカラップ島	–	Hy	IN	6°51'0''N, 158°13'0''E	Ponape (Madolenihm-Dorf)	EÜ	[Y-Xgeo]tpn	Mwudokalap
81	Mutokechikku-shima	ムトケチック島	–	Hy	IN	6°51'0''N, 158°13'0''E	Ponape (Madolenihm-Dorf)	EÜ	[Y-Xgeo]tpn	Mwudoketik
82	Mutokku-shima	ムトック島	–	Hy	IN	6°51'0''N, 158°13'0''E	Ponape (Jokaji-Dorf)	EÜ	[Y-Xgeo]tpn	
83	Mutokku-shima	ムトック島	–	Hy	IN	6°51'0''N, 158°13'0''E	Ponape (Kitti-Dorf)	EÜ	[Y-Xgeo]tpn	Mwudok

Nr.	Transkription	Ortsname original	Übersetzt	Ex/En/Hy	ONK	Geografische Koordinaten	Lage im Kolonialgebiet	Benennungs-motiv	Struktur	Heutige Bezeichnung
84	Mutokoroshi-shima	ムトコロシ島	–	Hy	IN	6°51'0"N, 158°13'0"E	Ponape (Madolenihm-Dorf)	EÜ	[Y-Xgeo]tpn	
85	Nachikku	ナチック	–	En	O	6°51'0"N, 158°13'0"E	Ponape (Jokaji-Dorf)	EÜ	–	
86	Nachikku-shima	ナチック島	–	Hy	IN	5°47'11"N, 157°9'23"O	Sapwuahfik	EÜ	[Y-Xgeo]tpn	Ngatik
87	Nakappu-shima	ナカップ島	–	Hy	IN	6°51'0"N, 158°13'0"E	Ponape (Madolenihm-Dorf)	EÜ	[Y-Xgeo]tpn	Nahkapw
88	Nanbiru	ナンビール	–	En	O	6°51'0"N, 158°13'0"E	Ponape (Netti-Dorf)	EÜ	–	
89	Nanigi-shima	ナニギ島	–	Hy	IN	6°51'0"N, 158°13'0"E	Ponape (Madolenihm-Dorf)	EÜ	[Y-Xgeo]tpn	Nahnnigi Insel
90	Naniōru-shima	ナニオール島	–	Hy	IN	6°51'0"N, 158°13'0"E	Ponape (Madolenihm-Dorf)	EÜ	[Y-Xgeo]tpn	
91	Nankorokku-shima	ナンコロック島	–	Hy	IN	6°51'0"N, 158°13'0"E	Ponape (Madolenihm-Dorf)	EÜ	[Y-Xgeo]tpn	
92	Nanntā?	ナンター井	–	Hy	O	6°51'0"N, 158°13'0"E	Ponape (Netti-Dorf)	EÜ	–	
93	Nanpanī-shima	ナンパニー島	–	Hy	IN	6°51'0"N, 158°13'0"E	Ponape (Kitti-Dorf)	EÜ	[Y-Xgeo]tpn	
94	Nanponmaru	ナンポンマル	–	En	O	6°51'0"N, 158°13'0"E	Ponape (Netti-Dorf)	EÜ	–	
95	Nanponshappu	ナンポンシャップ	–	En	O	6°51'0"N, 158°13'0"E	Ponape (Netti-Dorf)	EÜ	–	

Toponomastik im Kontext des japanischen Kolonialismus — 403

Nr.	Transkription	Ortsname original	Übersetzt	Ex/En/Hy	ONK	Geografische Koordinaten	Lage im Kolonialgebiet	Benennungs-motiv	Struktur	Heutige Bezeichnung
96	Nanpurishima	ナンプリ島	–	Hy	IN	6°51'0"N, 158°13'0"E	Ponape (Matalanim-Dorf)	EÜ	[Y-Xgeo]tpn	Nan Pwil Insel
97	Nanū	ナンウー	–	En	O	6°51'0"N, 158°13'0"E	Ponape (U-Dorf)	EÜ	–	
98	Nanwee	ナンウェー	–	En	O	6°51'0"N, 158°13'0"E	Ponape (Madolenihm-Dorf)	EÜ	–	
99	Nanwee-shima	ナンウェー島	–	Hy	IN	6°51'0"N, 158°13'0"E	Ponape (Madolenihm-Dorf)	EÜ	[Y-Xgeo]tpn	Nanwei
100	Napari-shima	ナパリ島	–	Hy	IN	6°51'0"N, 158°13'0"E	Ponape (Madolenihm-Dorf)	EÜ	[Y-Xgeo]tpn	Nahpali Insel
101	Nā-shima	ナー島	–	Hy	IN	6°51'0"N, 158°13'0"E	Ponape (Madolenihm-Dorf)	EÜ	[Y-Xgeo]tpn	Na Insel
102	Nikarappu-shima	ニカラップ島	–	Hy	IN	7° 4' N, 157° 48' O	Pakin Atoll	EÜ	[Y-Xgeo]tpn	Nikalap
103	Ninshikushiku	ニンシクシク	–	En	O	6°51'0"N, 158°13'0"E	Ponape (Netti-Dorf)	EÜ	–	
104	Nugōru-shima	ヌゴール島	–	Hy	IN	3° 51' N, 154° 56' O	Nukuoro Atoll	EÜ	[Y-Xgeo]tpn	Nkuoro
105	Nunakitt-shima	ヌナキッ島	–	Hy	IN	1° 4' N, 154° 46' O	Greenwich Atoll	EÜ	[Y-Xgeo]tpn	Nunakitsu Insel
106	Oechikku-shima	オエチック島	–	Hy	IN	7° 4' N, 157° 48' O	Pakin Atoll	EÜ	[Y-Xgeo]tpn	
107	Onomokotto	オノモコット	–	En	O	6°51'0"N, 158°13'0"E	Ponape (Kitti-Dorf)	EÜ	–	

Nr.	Transkription	Ortsname original	Übersetzt	Ex/En/Hy	ONK	Geografische Koordinaten	Lage im Kolonialgebiet	Benennungs-motiv	Struktur	Heutige Bezeichnung
108	Oranmon-shima	オランモン島	–	Hy	IN	7° 4′ N, 157° 48′ O	Pakin Atoll	EÜ	[Y-Xgeo]tpn	Olamwin
109	Oraparu	オラパル	–	En	O	6°51′0″N, 158°13′0″E	Ponape (Kitti-Dorf)	EÜ	–	
110	Orauna-shima	オラウナ島	–	Hy	IN	6° 47′ N, 157° 58′ O	Ant Atoll	EÜ	[Y-Xgeo]tpn	Wolauna Insel
111	Ore	オレ	–	En	O	6°51′0″N, 158°13′0″E	Ponape (Kitti-Dorf)	EÜ	–	
112	Oromange-shima	オロマンゲ島	–	Hy	IN	3° 51′ N, 154° 56′ O	Nukuoro Atoll	EÜ	[Y-Xgeo]tpn	Olomanga
113	Ōwa	オーワ	–	En	O	6°51′0″N, 158°13′0″E	Ponape (Madolenihm-Dorf)	EÜ	–	
114	Paina-shima	パイナ島	–	Hy	IN	5°47′11″N, 157°9′23″O	Sapwuahfik	EÜ	[Y-Xgeo]tpn	Peina
115	Painopuri-shima	パイノプリ島	–	Hy	IN	7° 4′ N, 157° 48′ O	Pakin Atoll	EÜ	[Y-Xgeo]tpn	
116	Pānaisu	パーナイス	–	En	O	6°51′0″N, 158°13′0″E	Ponape (Kitti-Dorf)	EÜ	–	
117	Pāran	パーラン	–	En	O	6°51′0″N, 158°13′0″E	Ponape (Kitti-Dorf)	EÜ	–	
118	Pariyaisu	パリヤイス	–	En	O	6°51′0″N, 158°13′0″E	Ponape (Netti-Dorf)	EÜ	–	
119	Parukiaumōru	パルキーアウモール	–	En	O	6°51′0″N, 158°13′0″E	Ponape (Jokaji-Dorf)	EÜ	–	

Toponomastik im Kontext des japanischen Kolonialismus — 405

Nr.	Transkription	Ortsname original	Übersetzt	Ex/En/Hy	ONK	Geografische Koordinaten	Lage im Kolonialgebiet	Benennungs-motiv	Struktur	Heutige Bezeichnung
120	Parukīruākesekku	パルキールアーケセック	–	En	O	6°51'0"N, 158°13'0"E	Ponape (Jokaji-Dorf)	EÜ	–	
121	Parukīruiyoori	パルキールイヨオリ	–	En	O	6°51'0"N, 158°13'0"E	Ponape (Jokaji-Dorf)	EÜ	–	
122	Parukīrunannwē	パルキールナンウェー	–	En	O	6°51'0"N, 158°13'0"E	Ponape (Jokaji-Dorf)	EÜ	–	
123	Parukīruríkie	パルキールリキエ	–	En	O	6°51'0"N, 158°13'0"E	Ponape (Jokaji-Dorf)	EÜ	–	
124	Parukīrutomara	パルキールトマラ	–	En	O	6°51'0"N, 158°13'0"E	Ponape (Jokaji-Dorf)	EÜ	–	
125	Parumu-shima	パルム島	–	Hy	IN	6°51'0"N, 158°13'0"E	Ponape (Jokaji-Dorf)	EÜ	[Y-Xgeo]tpn	Parem Insel
126	Pasa-shima	パサ島	–	Hy	IN	6° 47' N, 157° 58' O	Ant Atoll	EÜ	[Y-Xgeo]tpn	Pasa
127	Pāshi	パーシ	–	En	O	6°51'0"N, 158°13'0"E	Ponape (Kitti-Dorf)	EÜ	–	
128	Pashuishi-shima	パシュイシ島	–	Hy	IN	6°51'0"N, 158°13'0"E	Ponape (Madolenihm-Dorf)	EÜ	[Y-Xgeo]tpn	
129	Payyapairon	パッヤパイロン	–	En	O	6°51'0"N, 158°13'0"E	Ponape (Kitti-Dorf)	EÜ	–	
130	Periko-shima	ペリコ島	–	Hy	IN	6°51'0"N, 158°13'0"E	Ponape (Madolenihm-Dorf)	EÜ	[Y-Xgeo]tpn	Pweliko
131	Pikengaran-shima	ピケンガラン島	–	Hy	IN	5°47'11"N, 157°9'23"O	Sapwuahfik	EÜ	[Y-Xgeo]tpn	Bigen Kelang

Nr.	Transkription	Ortsname original	Übersetzt	Ex/En/Hy	ONK	Geografische Koordinaten	Lage im Kolonialgebiet	Benennungs-motiv	Struktur	Heutige Bezeichnung
132	Pikenkitt-shima	ピケンキッ島	–	Hy	IN	6°5'10"N, 158°13'0"E	Ponape (Madolenihm-Dorf)	EÜ	[Y-Xgeo]tpn	Pikenkid
133	Pikenkorejā-shima	ピケンコレジャー島	–	Hy	IN	5°47'11"N, 157°9'23"O	Sapwuahfik	EÜ	[Y-Xgeo]tpn	Bigen Karakar
134	Pikenmategan-shima	ピケンマテガン島	–	Hy	IN	5°47'11"N, 157°9'23"O	Sapwuahfik	EÜ	[Y-Xgeo]tpn	Piken Mategan
135	Pingerappu	ピンゲラップ	–	En	O	6°5'10"N, 158°13'0"E	Ponape (Jokaji-Dorf)	EÜ	–	
136	Pingerappu-shima	ピンゲラップ島	–	Hy	IN	6°13'N, 160°42'O	Pingelap Atoll	EÜ	[Y-Xgeo]tpn	Pingelap
137	Piyokon-shima	ピヨコン島	–	Hy	IN	6°5'10"N, 158°13'0"E	Uzeran	EÜ	[Y-Xgeo]tpn	
138	Piyoto-shima	ピヨト島	–	Hy	IN	6°5'10"N, 158°13'0"E	Uzeran	EÜ	[Y-Xgeo]tpn	
139	Pokon-shima	ポコン島	–	Hy	IN	11°30'N, 162°14'O	Eniwetok Atoll	EÜ	[Y-Xgeo]tpn	Boken
140	Pokon-shima	ポコン島	–	Hy	IN	6°5'10"N, 158°13'0"E	Uzeran	EÜ	[Y-Xgeo]tpn	
141	Ponachikku-shima	ポナチック島	–	Hy	IN	6°5'10"N, 158°13'0"E	Ponape (Matalanim-Dorf)	EÜ	[Y-Xgeo]tpn	Pohnahtik
142	Pōnauran	ポーナウラン	–	En	O	6°5'10"N, 158°13'0"E	Ponape (Madolenihm-Dorf)	EÜ	–	
143	Potopott	ポトポッ	–	En	O	6°5'10"N, 158°13'0"E	Ponape (Kitti-Dorf)	EÜ	–	

Nr.	Transkription	Ortsname original	Übersetzt	Ex/En/Hy	ONK	Geografische Koordinaten	Lage im Kolonialgebiet	Benennungs-motiv	Struktur	Heutige Bezeichnung
144	Putoi	プトイ	–	En	O	6°51'0"N, 158°13'0"E	Ponape (Kitti-Dorf)	EÜ	–	
145	Raiappu-shima	ライアップ島	–	Hy	IN	6°51'0"N, 158°13'0"E	Ponape (Kitti-Dorf)	EÜ	[Y-Xgeo]tpn	Laiap Insel
146	Rangāru-shima	ランガール島	–	Hy	IN	6°51'0"N, 158°13'0"E	Ponape (Jokaji-Dorf)	EÜ	[Y-Xgeo]tpn	Lenger Insel
147	Reiaku	レイアク	–	En	O	6°51'0"N, 158°13'0"E	Ponape (Madolenihm-Dorf)	EÜ	–	Lehiak
148	Reitaō	レイタオー	–	En	O	6°51'0"N, 158°13'0"E	Ponape (Madolenihm-Dorf)	EÜ	–	
149	Rentsuu	レンツウ	–	En	O	6°51'0"N, 158°13'0"E	Ponape (Kitti-Dorf)	EÜ	–	
150	Rero-mura	レロ村	–	Hy	O	5°19'N, 162°59'E	Kosrae Atoll	EÜ	[Y-Xgeo]tpn	Lelu
151	Ribaion-shima	リバイオン島	–	Hy	IN	11°30' N, 162°14' O	Eniwetok Atoll	EÜ	[Y-Xgeo]tpn	Ribewon
152	Rōi	ローイ	–	En	O	6°51'0"N, 158°13'0"E	Ponape (U-Dorf)	EÜ	–	
153	Ronkichi	ロンキチー	–	En	O	6°51'0"N, 158°13'0"E	Ponape (Kitti-Dorf)	EÜ	–	
154	Rōshi-shima	ローシ島	–	Hy	IN	6°51'0"N, 158°13'0"E	Ponape (Kitti-Dorf)	EÜ	[Y-Xgeo]tpn	Ros Insel
155	Rōtopaa	ロートパア	–	En	O	6°51'0"N, 158°13'0"E	Ponape (Matalanim-Dorf)	EÜ	–	

Nr.	Transkription	Ortsname original	Übersetzt	Ex/En/Hy	ONK	Geografische Koordinaten	Lage im Kolonialgebiet	Benennungs-motiv	Struktur	Heutige Bezeichnung
156	Rōtopōi	ロートポーイ	–	En	O	6°51'0"N, 158°13'0"E	Ponape (Matalanim-Dorf)	EÜ	–	
157	Rouchiggu	ロウチッグ	–	En	O	6°51'0"N, 158°13'0"E	Ponape (Kitti-Dorf)	EÜ	–	
158	Rujōru-shima	ルジョール島	–	Hy	IN	11°30'N, 162°14'O	Eniwetok Atoll	EÜ	[Y-Xgeo]tpn	Lujor
159	Rukapasu	ルカパス	–	En	O	6°51'0"N, 158°13'0"E	Ponape (Netti-Dorf)	EÜ	–	
160	Rukereoru-shima	ルケレオル島	–	Hy	IN	1°4'N, 154°46'O	Greenwich Atoll	EÜ	[Y-Xgeo]tpn	Rugureru Insel
161	Rukoppu	ルコップ	–	En	O	6°51'0"N, 158°13'0"E	Ponape (Madolenihm-Dorf)	EÜ	–	
162	Rukunōru	ルクノール	–	En	O	6°51'0"N, 158°13'0"E	Ponape (Jokaji-Dorf)	EÜ	–	
163	Rūnitto-shima	ルーニット島	–	Hy	IN	11°30'N, 162°14'O	Eniwetok Atoll	EÜ	[Y-Xgeo]tpn	Runit Insel
164	Sapinimatota-shima	サピニマトタ島	–	Hy	IN	3°51'N, 154°56'O	Nukuoro Atoll	EÜ	[Y-Xgeo]tpn	Sabinimadogo
165	Satawan	サタワン	–	En	O	6°51'0"N, 158°13'0"E	Ponape (Jokaji-Dorf)	EÜ	–	
166	Seetau-shima	セエタウ島	–	Hy	IN	1°4'N, 154°46'O	Greenwich Atoll	EÜ	[Y-Xgeo]tpn	Seetau Insel
167	Sentoōgasuchin-shima	セントオーガスチン島	–	Hy	IN	7°32'N, 155°17'O	Orouluk	EÜ	[Y-Xgeo]tpn	

Nr.	Transkription	Ortsname original	Übersetzt	Ex/En/Hy	ONK	Geografische Koordinaten	Lage im Kolonialgebiet	Benennungs- motiv	Struktur	Heutige Bezeichnung
168	Shainowaru	シャイノワル	–	En	O	6°5'10"N, 158°13'0"E	Ponape (Kitti-Dorf)	EÜ	–	
169	Shakara	シャカラ	–	En	O	6°5'10"N, 158°13'0"E	Ponape (Jokaji-Dorf)	EÜ	–	
170	Shakarankauke	シャカランカウケ	–	En	O	6°5'10"N, 158°13'0"E	Ponape (Netti-Dorf)	EÜ	–	
171	Shamoi	シャモイ	–	En	O	6°5'10"N, 158°13'0"E	Ponape (Kitti-Dorf)	EÜ	–	
172	Shapoirokku	シャポイロック	–	En	O	6°5'10"N, 158°13'0"E	Ponape (Madolenihm-Dorf)	EÜ	–	
173	Sharapukku	シャラプック	–	En	O	6°5'10"N, 158°13'0"E	Ponape (Kitti-Dorf)	EÜ	–	
174	Sharataku	シャラタク	–	En	O	6°5'10"N, 158°13'0"E	Ponape (U-Dorf)	EÜ	–	
175	Shiyonkuron	ションクロン	–	En	O	6°5'10"N, 158°13'0"E	Ponape (Kitti-Dorf)	EÜ	–	
176	Shouisho	ショウイショ	–	En	O	6°5'10"N, 158°13'0"E	Ponape (Kitti-Dorf)	EÜ	–	
177	Suchesugudei-shima	スチェスグデイ島	–	Hy	IN	3° 51' N, 154° 56' O	Nukuoro Atoll	EÜ	[Y-Xgeo]tpn	
178	Tā	ター	–	En	O	6°5'10"N, 158°13'0"E	Ponape (Jokaji-Dorf)	EÜ	–	
179	Taarin-shima	タアリン島	–	Hy	IN	1° 4' N, 154° 46' O	Greenwich Atoll	EÜ	[Y-Xgeo]tpn	Taarin Insel

Nr.	Transkription	Ortsname original	Übersetzt	Ex/En/Hy	ONK	Geografische Koordinaten	Lage im Kolonialgebiet	Benennungs-motiv	Struktur	Heutige Bezeichnung
180	Takai-shima	タカイ島	–	Hy	IN	6°13'N, 160°42'O	Pingelap Atoll	EÜ	[Y-Xgeo]tpn	Takai
181	Takaiyuu-shima	タカイユウ島	–	Hy	IN	6°51'0"N, 158°13'0"E	Ponape (U-Dorf)	EÜ	[Y-Xgeo]tpn	Takaieu Insel
182	Takaiyuu-shima	タカイユウ島	–	Hy	IN	6°51'0"N, 158°13'0"E	Ponape (Madolenihm-Dorf)	EÜ	[Y-Xgeo]tpn	
183	Takayachikku-shima	タカヤチック島	–	Hy	IN	6°51'0"N, 158°13'0"E	Ponape (Madolenihm-Dorf)	EÜ	[Y-Xgeo]tpn	Dekehtik Insel
184	Takonran-shima	タコンラン島	–	Hy	IN	3°51'N, 154°56'O	Nukuoro Atoll	EÜ	[Y-Xgeo]tpn	
185	Tamon	タモン	–	En	O	6°51'0"N, 158°13'0"E	Ponape (Madolenihm-Dorf)	EÜ	–	Temwen Insel
186	Tamuroi	タムロイ	–	En	O	6°51'0"N, 158°13'0"E	Ponape (Netti-Dorf)	EÜ	–	
187	Tamuroi	タムロイ	–	En	O	6°51'0"N, 158°13'0"E	Ponape (Madolenihm-Dorf)	EÜ	–	
188	Taonsakku-mura	タオンサック村	–	Hy	O	5°19'N, 162°59'E	Kosrae Atoll	EÜ	[Y-Xgeo]tpn	Tafunsak
189	Tapāku-shima	タパーク島	–	Hy	IN	6°51'0"N, 158°13'0"E	Ponape (U-Dorf)	EÜ	[Y-Xgeo]tpn	Dehpehk Insel
190	Tean	テアン	–	En	O	6°51'0"N, 158°13'0"E	Ponape (Kitti-Dorf)	EÜ	–	
191	Teate	テアテ	–	En	O	6°51'0"N, 158°13'0"E	Ponape (Kitti-Dorf)	EÜ	–	

Nr.	Transkription	Ortsname original	Übersetzt	Ex/En/Hy	ONK	Geografische Koordinaten	Lage im Kolonialgebiet	Benennungs-motiv	Struktur	Heutige Bezeichnung
192	Teate	テアテ	–	En	O	6°51'0"N, 158°13'0"E	Ponape (Madolenihm-Dorf)	EÜ	–	
193	Terenmoroi-shima	テレンモロイ島	–	Hy	IN	6° 47' N, 157° 58' O	Ant Atoll	EÜ	[Y-Xgeo]tpn	
194	Tomorōran	トモローラン	–	En	O	6°51'0"N, 158°13'0"E	Ponape (Kitti-Dorf)	EÜ	–	
195	Tongakerikeri-shima	トンガケリケリ島	–	Hy	IN	3° 51' N, 154° 56' O	Nukuoro Atoll	EÜ	[Y-Xgeo]tpn	Deungagelegele
196	Tonuena-shima	トンウエナ島	–	Hy	IN	7° 4' N, 157° 48' O	Pakin Atoll	EÜ	[Y-Xgeo]tpn	
197	Torakai	トラカイ	–	En	O	6°51'0"N, 158°13'0"E	Ponape (Netti-Dorf)	EÜ	–	
198	Torapairu	トラパイル	–	En	O	6°51'0"N, 158°13'0"E	Ponape (Madolenihm-Dorf)	EÜ	–	
199	Torechikku-shima	トレッチック島	–	Hy	IN	6°51'0"N, 158°13'0"E	Ponape (Kitti-Dorf)	EÜ	[Y-Xgeo]tpn	
200	Toroniyaru	トロニヤル	–	En	O	6°51'0"N, 158°13'0"E	Ponape (Netti-Dorf)	EÜ	–	
201	Tsugeru-shima	ツゲル島	–	Hy	IN	6° 13' N, 160° 42' O	Pingelap Atoll	EÜ	[Y-Xgeo]tpn	
202	Tsuira-shima	ツイラ島	–	Hy	IN	3° 51' N, 154° 56' O	Nukuoro Atoll	EÜ	[Y-Xgeo]tpn	Tuila
203	Uato-shima	ウアト島	–	Hy	IN	5°47'11"N, 157°9'23"O	Sapwuahfik	EÜ	[Y-Xgeo]tpn	Wat

Nr.	Transkription	Ortsname original	Übersetzt	Ex/En/Hy	ONK	Geografische Koordinaten	Lage im Kolonialgebiet	Benennungsmotiv	Struktur	Heutige Bezeichnung
204	Uerū-shima	ウエルー島	–	Hy	IN	1° 4' N, 154° 46' O	Greenwich Atoll	EÜ	[Y-Xgeo]tpn	Ueru Insel
205	Uraku-shima	ウラク島	–	Hy	IN	6° 41' N, 159° 45' O	Mokil Atoll	EÜ	[Y-Xgeo]tpn	Urak
206	Uritai-shima	ウリタイ島	–	Hy	IN	6°51'0"N, 158°13'0"E	Ponape (Madolenihm-Dorf)	EÜ	[Y-Xgeo]tpn	
207	Utsuwa-mura	ウツワ村	–	Hy	O	5°19'N, 162°59'E	Kosrae Atoll	EÜ	[Y-Xgeo]tpn	Utwa
208	Uwaparu	ウワパル	–	En	O	6°51'0"N, 158°13'0"E	Ponape (Madolenihm-Dorf)	EÜ	–	
209	Uzeran-shima	ウゼラン島	–	Hy	IN	6°51'0"N, 158°13'0"E	Uzeran	EÜ	[Y-Xgeo]tpn	

Tabelle 6: Yap.

Nr.	Transkription	Ortsname original	Übersetzt	Ex/En/Hy	ONK	Geografische Koordinaten	Lage im Kolonialgebiet	Benennungs-motiv	Struktur	Heutige Bezeichnung
1	Adeboa	アデボア	–	En	O	9° 32'N, 138° 07'	Yap Island	EÜ	–	
2	Afu	アフ	–	En	O	9° 32'N, 138° 07'	Yap Island	EÜ	–	
3	Agarugarairu-shima	アガルガライル島	–	Hy	IN	7° 22'N, 143° 54'	Woleai Atoll	EÜ	[Y-Xgeo]tpn	
4	Anosu	アノス	–	En	O	9° 32'N, 138° 07'	Yap Island	EÜ	–	
5	Arigeri	アリゲリ	–	En	O	9° 32'N, 138° 07'	Yap Island	EÜ	–	
6	Aroku	アロク	–	En	O	9° 32'N, 138° 07'	Yap Island	EÜ	–	
7	Ateriu	アテリウ	–	En	O	9° 32'N, 138° 07'	Yap Island	EÜ	–	
8	Bachieru	バチエル	–	En	O	9° 32'N, 138° 07'	Yap Island	EÜ	–	
9	Barabatto	バラバット	–	En	O	9° 32'N, 138° 07'	Yap Island	EÜ	–	Belabaat'
10	Bekeran-shima	ベケラン島	–	Hy	IN	10° 00'N, 139° 40'	Ulithi Atoll	EÜ	[Y-Xgeo]tpn	
11	Bierumauru-shima	ビエルマウル島	–	Hy	IN	10° 00'N, 139° 40'	Ulithi Atoll	EÜ	[Y-Xgeo]tpn	

Nr.	Transkription	Ortsname original	Übersetzt	Ex/En/Hy	ONK	Geografische Koordinaten	Lage im Kolonialgebiet	Benennungs-motiv	Struktur	Heutige Bezeichnung
12	Binao	ビナオ	–	En	O	9° 32'N, 138° 07'	Yap Island	EÜ	–	
13	Binau	ビナウ	–	En	O	9° 32'N, 138° 07'	Yap Island	EÜ	–	
14	Bugoru	ブゴル	–	En	O	9° 32'N, 138° 07'	Yap Island	EÜ	–	
15	Buruburu-shima	ブルブル島	–	Hy	IN	10° 00'N, 139° 40'	Ulithi Atoll	EÜ	[Y-Xgeo]tpn	Bulbul
16	Buruoru	ブルオル	–	En	O	9° 32'N, 138° 07'	Yap Island	EÜ	–	
17	Buuku-shima	ブーク島	–	Hy	IN	7°29'N, 146°20'O	Lamotrek Atoll	EÜ	[Y-Xgeo]tpn	Pugue Insel
18	Chamoro	チャモロ	–	En	O	9° 32'N, 138° 07'	Yap Island	EÜ	–	
19	Chiyooru	チョール	–	En	O	9° 32'N, 138° 07'	Yap Island	EÜ	–	
20	Dachagarupe	ダチャガルペ	–	En	O	9° 32'N, 138° 07'	Yap Island	EÜ	–	
21	Debocchi	デボッチ	–	En	O	9° 32'N, 138° 07'	Yap Island	EÜ	–	
22	Dechimoru	デチモル	–	En	O	9° 32'N, 138° 07'	Yap Island	EÜ	–	
23	Deirata	デイラタ	–	En	O	9° 32'N, 138° 07'	Yap Island	EÜ	–	

Toponomastik im Kontext des japanischen Kolonialismus — 415

Nr.	Transkription	Ortsname original	Übersetzt	Ex/En/Hy	ONK	Geografische Koordinaten	Lage im Kolonialgebiet	Benennungs-motiv	Struktur	Heutige Bezeichnung
24	Derikan	デリカン	–	En	O	9° 32'N, 138° 07'	Yap Island	EÜ	–	
25	Dogooru	ドゴール	–	En	O	9° 32'N, 138° 07'	Yap Island	EÜ	–	
26	Domuchoi	ドムチョイ	–	En	O	9° 32'N, 138° 07'	Yap Island	EÜ	–	
27	Dorucha	ドルチャ	–	En	O	9° 32'N, 138° 07'	Yap Island	EÜ	–	
28	Durukan	ヅルカン	–	En	O	9° 32'N, 138° 07'	Yap Island	EÜ	–	
29	Eraato-shima	エラート島	–	Hy	IN	7° 29'N, 146° 09'	Elato Atoll	EÜ	[Y-Xgeo]tpn	Elato Insel
30	Eragarappu-shima	エラガラップ島	–	Hy	IN	7° 15'N, 144° 27'	Ifalik Atoll	EÜ	[Y-Xgeo]tpn	
31	Erangichigichi-shima	エランギチギチ島	–	Hy	IN	06°41'20,0"N, 143°03'36,0"	Eauripik Atoll	EÜ	[Y-Xgeo]tpn	Elangkilek Insel
32	Era-shima	エラ島	–	Hy	IN	7° 15'N, 144° 27'	Ifalik Atoll	EÜ	[Y-Xgeo]tpn	Ella Insel
33	Erematto-shima	エレマット島	–	Hy	IN	10° 00'N, 139° 40'	Ulithi Atoll	EÜ	[Y-Xgeo]tpn	Yaelmat
34	Erepiiku-shima	エレピーク島	–	Hy	IN	10° 00'N, 139° 40'	Ulithi Atoll	EÜ	[Y-Xgeo]tpn	Yaleepiig
35	Eretsuchi	エレツチ	–	En	O	9° 32'N, 138° 07'	Yap Island	EÜ	–	

Nr.	Transkription	Ortsname original	Übersetzt	Ex/En/Hy	ONK	Geografische Koordinaten	Lage im Kolonialgebiet	Benennungs- motiv	Struktur	Heutige Bezeichnung
36	Eriru-shima	エリル島	–	Hy	IN	10° 00'N, 139° 40'	Ulithi Atoll	EÜ	[Y-Xgeo]tpn	Yealiil
37	Eu-shima	エウ島	–	Hy	IN	10° 00'N, 139° 40'	Ulithi Atoll	EÜ	[Y-Xgeo]tpn	Yeew
38	Ewachi-shima	エワチ島	–	Hy	IN	10° 00'N, 139° 40'	Ulithi Atoll	EÜ	[Y-Xgeo]tpn	Yeweech
39	Faitaburu-shima	ファイタブル島	–	Hy	IN	10° 00'N, 139° 40'	Ulithi Atoll	EÜ	[Y-Xgeo]tpn	Feetabol
40	Farairesu-shima	ファライレス島	–	Hy	IN	7° 22'N, 143° 54'	Woleai Atoll	EÜ	[Y-Xgeo]tpn	Farailes
41	Fararisu-shima	ファラリス島	–	Hy	IN	7° 22'N, 143° 54'	Woleai Atoll	EÜ	[Y-Xgeo]tpn	Falaus
42	Farippi-shima	ファリッピ島	–	Hy	IN	7° 42'N, 145° 52' O	Olimarao Atoll	EÜ	[Y-Xgeo]tpn	Falipi
43	Farumaruku-shima	ファルマルク島	–	Hy	IN	7° 22'N, 143° 54'	Woleai Atoll	EÜ	[Y-Xgeo]tpn	Falamalok
44	Fatarai-shima	ファタライ島	–	Hy	IN	10° 00'N, 139° 40'	Ulithi Atoll	EÜ	[Y-Xgeo]tpn	Fadraey
45	Fedoru	フェドル	–	En	O	9° 32'N, 138° 07'	Yap Island	EÜ	–	
46	Fuarifuatsu-shima	ファリフアツ島	–	Hy	IN	8° 08'N, 140° 25'	Sorol Atoll	EÜ	[Y-Xgeo]tpn	
47	Fuarippi-shima	ファリッピ島	–	Hy	IN	7° 29'N, 146° 09'	Elato Atoll	EÜ	[Y-Xgeo]tpn	Falipi Insel

Nr.	Transkription	Ortsname original	Übersetzt	Ex/En/Hy	ONK	Geografische Koordinaten	Lage im Kolonialgebiet	Benennungs-motiv	Struktur	Heutige Bezeichnung
48	Fuchorappu-shima	フチョラップ島	–	Hy	IN		Facholap	EÜ	[Y-Xgeo]tpn	
49	Fuhaisu-shima	フハイス島	–	Hy	IN	10° 00'N, 139° 40'	Ulithi Atoll	EÜ	[Y-Xgeo]tpn	
50	Fura	フラ	–	En	O	9° 32'N, 138° 07'	Yap Island	EÜ	–	
51	Furaijuku-shima	フライジュク島	–	Hy	IN	7° 15'N, 144° 27'	Ifalik Atoll	EÜ	[Y-Xgeo]tpn	Fereadaw
52	Furaisau-shima	フライサウ島	–	Hy	IN	10° 00'N, 139° 40'	Ulithi Atoll	EÜ	[Y-Xgeo]tpn	Falaite
53	Furaite-shima	フライテ島	–	Hy	IN	7°29'N, 146°20'O	Lamotrek Atoll	EÜ	[Y-Xgeo]tpn	Horaizon
54	Furaizefu-shima	フライゼフ島	–	Hy	IN	10° 00'N, 139° 40'	Ulithi Atoll	EÜ	[Y-Xgeo]tpn	Furarappu Insel
55	Furarappu-shima	フララップ島	–	Hy	IN	7° 22'N, 143° 54'	Woleai Atoll	EÜ	[Y-Xgeo]tpn	Furarappu
56	Furarappu-shima	フララップ島	–	Hy	IN	7° 15'N, 144° 27'	Ifalik Atoll	EÜ	[Y-Xgeo]tpn	Falalop
57	Furarappu-shima	フララップ島	–	Hy	IN	10° 00'N, 139° 40'	Ulithi Atoll	EÜ	[Y-Xgeo]tpn	
58	Furorokuriyotsu-shima	フロロクリヨツ島	–	Hy	IN	8° 08'N, 140° 25'	Sorol Atoll	EÜ	[Y-Xgeo]tpn	Faluelegalao
59	Fuwarierugarau-shima	フワリエルガラウ島	–	Hy	IN	7° 22'N, 143° 54'	Woleai Atoll	EÜ	[Y-Xgeo]tpn	

Nr.	Transkription	Ortsname original	Übersetzt	Ex/En/Hy	ONK	Geografische Koordinaten	Lage im Kolonialgebiet	Benennungsmotiv	Struktur	Heutige Bezeichnung
60	Fuwarieruperafu-shima	フワリエルペラフ島	–	Hy	IN	7° 22'N, 143° 54'	Woleai Atoll	EÜ	[Y-Xgeo]tpn	Faluelepalape
61	Fuwariwachiichi-shima	フワリワチイチ島	–	Hy	IN	8° 08'N, 140° 25'	Sorol Atoll	EÜ	[Y-Xgeo]tpn	
62	Fuwaru	フワル	–	En	O	9° 32'N, 138° 07'	Yap Island	EÜ	–	
63	Fuwaruemareyatto-shima	フワルエマレヤット島	–	Hy	IN	7° 22'N, 143° 54'	Woleai Atoll	EÜ	[Y-Xgeo]tpn	Faluelemariete
64	Gaaru	ガール	–	En	O	9° 32'N, 138° 07'	Yap Island	EÜ	–	
65	Gacharao	ガチャラオ	–	En	O	9° 32'N, 138° 07'	Yap Island	EÜ	–	
66	Gaguripi-shima	ガグリピ島	–	Hy	IN	8° 08'N, 140° 25'	Sorol Atoll	EÜ	[Y-Xgeo]tpn	
67	Gakuripi-shima	ガクリピ島	–	Hy	IN	8° 08'N, 140° 25'	Sorol Atoll	EÜ	[Y-Xgeo]tpn	
68	Ganon	ガノン	–	En	O	9° 32'N, 138° 07'	Yap Island	EÜ	–	
69	Garagai	ガラガイ	–	En	O	9° 32'N, 138° 07'	Yap Island	EÜ	–	
70	Garii	ガリー	–	En	O	9° 32'N, 138° 07'	Yap Island	EÜ	–	Ngariy
71	Giedo-shima	ギエド島	–	Hy	IN	8°27'N, 137°29'O	Ngulu Atoll	EÜ	[Y-Xgeo]tpn	

Nr.	Transkription	Ortsname original	Übersetzt	Ex/En/Hy	ONK	Geografische Koordinaten	Lage im Kolonialgebiet	Benennungs-motiv	Struktur	Heutige Bezeichnung
72	Giirappu-shima	ギーラップ島	–	Hy	IN	10° 00'N, 139° 40'	Ulithi Atoll	EÜ	[Y-Xgeo]tpn	Giil'ap
73	Giribesu	ギリベス	–	En	O	9° 32'N, 138° 07'	Yap Island	EÜ	–	
74	Gitamu	ギタム	–	En	O	9° 32'N, 138° 07'	Yap Island	EÜ	–	
75	Gochiyoru	ゴチヨル	–	En	O	9° 32'N, 138° 07'	Yap Island	EÜ	–	
76	Guron	グロン	–	En	O	9° 32'N, 138° 07'	Yap Island	EÜ	–	
77	Gurooru	グロール	–	En	O	9° 32'N, 138° 07'	Yap Island	EÜ	–	
78	Ibocchi	イボッチ	–	En	O	9° 32'N, 138° 07'	Yap Island	EÜ	–	
79	Iin	イイン	–	En	O	9° 32'N, 138° 07'	Yap Island	EÜ	–	
80	Inofu	イノフ	–	En	O	9° 32'N, 138° 07'	Yap Island	EÜ	–	
81	Kachiyabaru	カチヤバル	–	En	O	9° 32'N, 138° 07'	Yap Island	EÜ	–	
82	Kadai	カダイ	–	En	O	9° 32'N, 138° 07'	Yap Island	EÜ	–	
83	Kanifu	カニフ	–	En	O	9° 32'N, 138° 07'	Yap Island	EÜ	–	

Nr.	Transkription	Ortsname original	Übersetzt	Ex/En/Hy	ONK	Geografische Koordinaten	Lage im Kolonialgebiet	Benennungs- motiv	Struktur	Heutige Bezeichnung
84	Kari-shima	カリ島	–	Hy	IN	7° 29'N, 146° 09'	Elato Atoll	EÜ	[Y-Xgeo]tpn	Kari Insel
85	Ken	ケン	–	En	O	9° 32'N, 138° 07'	Yap Island	EÜ	–	
86	Kofu	コフ	–	En	O	9° 32'N, 138° 07'	Yap Island	EÜ	–	
87	Korokku	コロック	–	En	O	9° 32'N, 138° 07'	Yap Island	EÜ	–	
88	Koronii	コロニー	–	En	O	9° 32'N, 138° 07'	Yap Island	EÜ	–	Colonia
89	Maa	マー	–	En	O	9° 32'N, 138° 07'	Yap Island	EÜ	–	
90	Maa	マー	–	En	O	9° 32'N, 138° 07'	Yap Island	EÜ	–	
91	Maashu-shima	マーシュ島	–	Hy	IN	10° 00'N, 139° 40'	Ulithi Atoll	EÜ	[Y-Xgeo]tpn	Maas
92	Maboo	マボー	–	En	O	9° 32'N, 138° 07'	Yap Island	EÜ	–	
93	Madarai	マダライ	–	En	O	9° 32'N, 138° 07'	Yap Island	EÜ	–	
94	Magachiyagiru	マガチヤギル	–	En	O	9° 32'N, 138° 07'	Yap Island	EÜ	–	
95	Magaru	マガル	–	En	O	9° 32'N, 138° 07'	Yap Island	EÜ	–	

Nr.	Transkription	Ortsname original	Übersetzt	Ex/En/Hy	ONK	Geografische Koordinaten	Lage im Kolonialgebiet	Benennungs-motiv	Struktur	Heutige Bezeichnung
96	Maki	マキ	–	En	O	9° 32'N, 138° 07'	Yap Island	EÜ	–	
97	Marai	マライ	–	En	O	9° 32'N, 138° 07'	Yap Island	EÜ	–	
98	Mariyon-shima	マリヨン島	–	Hy	IN	7° 22'N, 143° 54'	Woleai Atoll	EÜ	[Y-Xgeo]tpn	Mariyang
99	Maron	マロン	–	En	O	9° 32'N, 138° 07'	Yap Island	EÜ	–	
100	Maseran-shima	マセラン島	–	Hy	IN	8°27'N, 137°29'O	Ngulu Atoll	EÜ	[Y-Xgeo]tpn	Mazeran Insel
101	Matata-shima	マタタ島	–	Hy	IN	8° 08'N, 140° 25'	Sorol Atoll	EÜ	[Y-Xgeo]tpn	
102	Matto-shima	マット島	–	Hy	IN	7° 22'N, 143° 54'	Woleai Atoll	EÜ	[Y-Xgeo]tpn	
103	Mazecchieru-shima	マゼッチエル島	–	Hy	IN	10° 00'N, 139° 40'	Ulithi Atoll	EÜ	[Y-Xgeo]tpn	Mwachoecchoel
104	Mazecchieru-shima	マゼッチエル島	–	Hy	IN	10° 00'N, 139° 40'	Ulithi Atoll	EÜ	[Y-Xgeo]tpn	Mwachoecchoel lae Itaol
105	Mechieo	メチエオ	–	En	O	9° 32'N, 138° 07'	Yap Island	EÜ	–	
106	Mechiyoru	メチヨル	–	En	O	9° 32'N, 138° 07'	Yap Island	EÜ	–	
107	Mei	メイ	–	En	O	9° 32'N, 138° 07'	Yap Island	EÜ	–	

Nr.	Transkription	Ortsname original	Übersetzt	Ex/En/Hy	ONK	Geografische Koordinaten	Lage im Kolonialgebiet	Benennungs-motiv	Struktur	Heutige Bezeichnung
108	Meruru	メルル	–	En	O	9°32'N, 138°07'	Yap Island	EÜ	–	
109	Modogoshou-shima	モドゴショウ島	–	Hy	IN	7°22'N, 143°54'	Woleai Atoll	EÜ	[Y-Xgeo]tpn	Motegosu
110	Mogumogu-shima	モグモグ島	–	Hy	IN	10°00'N, 139°40'	Ulithi Atoll	EÜ	[Y-Xgeo]tpn	Mogmog
111	Moroai	モロアイ	–	En	O	9°32'N, 138°07'	Yap Island	EÜ	–	
112	Moyagyan-shima	モヤガヤン島	–	Hy	IN	10°00'N, 139°40'	Ulithi Atoll	EÜ	[Y-Xgeo]tpn	Mangeyang
113	Murur	ムルロ	–	En	O	9°32'N, 138°07'	Yap Island	EÜ	–	
114	Mururu	ムルル	–	En	O	9°32'N, 138°07'	Yap Island	EÜ	–	
115	Muyupu	ムユプ	–	En	O	9°32'N, 138°07'	Yap Island	EÜ	–	
116	Neeru	ネール	–	En	O	9°32'N, 138°07'	Yap Island	EÜ	–	
117	Nifu	ニフ	–	En	O	9°32'N, 138°07'	Yap Island	EÜ	–	
118	Nodou-shima	ノドウ島	–	Hy	IN	10°00'N, 139°40'	Ulithi Atoll	EÜ	[Y-Xgeo]tpn	L'odow
119	Nuguuru-shima	ヌグール島	–	Hy	IN	8°27'N, 137°29'O	Ngulu Atoll	EÜ	[Y-Xgeo]tpn	Ngulu Insel

Nr.	Transkription	Ortsname original	Übersetzt	Ex/En/Hy	ONK	Geografische Koordinaten	Lage im Kolonialgebiet	Benennungs-motiv	Struktur	Heutige Bezeichnung
120	Numaru	ヌマル	–	En	O	9° 32'N, 138° 07'	Yap Island	EÜ	–	
121	Numudoru	ヌムドル	–	En	O	9° 32'N, 138° 07'	Yap Island	EÜ	–	
122	Numunumu	ヌムヌム	–	En	O	9° 32'N, 138° 07'	Yap Island	EÜ	–	
123	Ochorappu	オチョラップ	–	En	O	9° 32'N, 138° 07'	Yap Island	EÜ	–	
124	Okao	オカオ	–	En	O	9° 32'N, 138° 07'	Yap Island	EÜ	–	
125	Omin	オミン	–	En	O	9° 32'N, 138° 07'	Yap Island	EÜ	–	
126	Onetsu	オネツ	–	En	O	9° 32'N, 138° 07'	Yap Island	EÜ	–	
127	Oneyan	オネヤン	–	En	O	9° 32'N, 138° 07'	Yap Island	EÜ	–	
128	Oreta-shima	オレタ島	–	Hy	IN	7° 29'N, 146° 09'	Elato Atoll	EÜ	[Y-Xgeo]tpn	Oletel Insel
129	Orimarao-shima	オリマラオ島	–	Hy	IN	7° 42'N, 145° 52' O	Olimarao Atoll	EÜ	[Y-Xgeo]tpn	Olimarao Insel
130	Orira	オリラ	–	En	O	9° 32'N, 138° 07'	Yap Island	EÜ	–	
131	Oroo	オロオ	–	En	O	9° 32'N, 138° 07'	Yap Island	EÜ	–	

Nr.	Transkription	Ortsname original	Übersetzt	Ex/En/Hy	ONK	Geografische Koordinaten	Lage im Kolonialgebiet	Benennungs-motiv	Struktur	Heutige Bezeichnung
132	Ottagai-shima	オッタガイ島	–	Hy	IN	7° 22′N, 143° 54′	Woleai Atoll	EÜ	[Y-Xgeo]tpn	Wottegai
133	Ozoruku-shima	オゾルク島	–	Hy	IN	8°27′N, 137°29′O	Ngulu Atoll	EÜ	[Y-Xgeo]tpn	
134	Parao	パラオ	–	En	O	9° 32′N, 138° 07′	Yap Island	EÜ	–	
135	Paryau-shima	パリヤウ島	–	Hy	IN	7° 22′N, 143° 54′	Woleai Atoll	EÜ	[Y-Xgeo]tpn	Paliau
136	Pegefuasu-shima	ペガフアス島	–	Hy	IN	06°41′24,0″N, 143°03′36,0″	Eauripik Atoll	EÜ	[Y-Xgeo]tpn	Bekefas
137	Peniki	ペニキ	–	En	O	9° 32′N, 138° 07′	Yap Island	EÜ	–	
138	Petogorosu-shima	ペトゴロス島	–	Hy	IN	10° 00′N, 139° 40′	Ulithi Atoll	EÜ	[Y-Xgeo]tpn	Potoangroaas
139	Piecchigu-shima	ピエッチグ島	–	Hy	IN	10° 00′N, 139° 40′	Ulithi Atoll	EÜ	[Y-Xgeo]tpn	
140	Pierosu-shima	ピエロス島	–	Hy	IN	10° 00′N, 139° 40′	Ulithi Atoll	EÜ	[Y-Xgeo]tpn	Piyerroas
141	Pieseru-shima	ピエセル島	–	Hy	IN	8° 08′N, 140° 25′	Sorol Atoll	EÜ	[Y-Xgeo]tpn	
142	Pietan-shima	ピエタン島	–	Hy	IN	8° 08′N, 140° 25′	Sorol Atoll	EÜ	[Y-Xgeo]tpn	
143	Pigefu-shima	ピゲフ島	–	Hy	IN	10° 00′N, 139° 40′	Ulithi Atoll	EÜ	[Y-Xgeo]tpn	Pegeef

Toponomastik im Kontext des japanischen Kolonialismus — 425

Nr.	Transkription	Ortsname original	Übersetzt	Ex/En/Hy	ONK	Geografische Koordinaten	Lage im Kolonialgebiet	Benennungs-motiv	Struktur	Heutige Bezeichnung
144	Pigereoru-shima	ピゲレオル島	–	Hy	IN	8° 08′N, 140° 25′	Sorol Atoll	EÜ	[Y-Xgeo]tpn	Bigeliwol
145	Pigerimoru-shima	ピゲリモル島	–	Hy	IN	8° 08′N, 140° 25′	Sorol Atoll	EÜ	[Y-Xgeo]tpn	Bigelimol
146	Pigewecchi-shima	ピゲウェッチ島	–	Hy	IN	8° 08′N, 140° 25′	Sorol Atoll	EÜ	[Y-Xgeo]tpn	Pegeead
147	Pigeyasu-shima	ピゲヤス島	–	Hy	IN	10° 00′N, 139° 40′	Ulithi Atoll	EÜ	[Y-Xgeo]tpn	Pegeead
148	Pigirooru-shima	ピギロール島	–	Hy	IN	8° 08′N, 140° 25′	Sorol Atoll	EÜ	[Y-Xgeo]tpn	Bigelor
149	Piiku-shima	ピーク島	–	Hy	IN		Facholap	EÜ	[Y-Xgeo]tpn	Piig
150	Pirara-shima	ピララ島	–	Hy	IN	8° 08′N, 140° 25′	Sorol Atoll	EÜ	[Y-Xgeo]tpn	Birara
151	Piyaru-shima	ピヤル島	–	Hy	IN	7° 22′N, 143° 54′	Woleai Atoll	EÜ	[Y-Xgeo]tpn	Pial
152	Pukeruku-shima	プケルク島	–	Hy	IN	10° 00′N, 139° 40′	Ulithi Atoll	EÜ	[Y-Xgeo]tpn	Puglug
153	Pusarufasu-shima	プサルファス島	–	Hy	IN	10° 00′N, 139° 40′	Ulithi Atoll	EÜ	[Y-Xgeo]tpn	
154	Rai	ライ	–	En	O	9° 32′N, 138° 07′	Yap Island	EÜ	–	
155	Rameru	ラメル	–	En	O	9° 32′N, 138° 07′	Yap Island	EÜ	–	

Nr.	Transkription	Ortsname original	Übersetzt	Ex/En/Hy	ONK	Geografische Koordinaten	Lage im Kolonialgebiet	Benennungs-motiv	Struktur	Heutige Bezeichnung
156	Ramu-shima	ラム島	–	Hy	IN	10° 00'N, 139° 40'	Ulithi Atoll	EÜ	[Y-Xgeo]tpn	Laamw
157	Raoru-shima	ラオル島	–	Hy	IN	7° 22'N, 143° 54'	Woleai Atoll	EÜ	[Y-Xgeo]tpn	Raur
158	Raso-shima	ラソ島	–	Hy	IN	8°27'N, 137°29'O	Ngulu Atoll	EÜ	[Y-Xgeo]tpn	
159	Rebinau	レビナウ	–	En	O	9° 32'N, 138° 07'	Yap Island	EÜ	–	
160	Ren	レン	–	En	O	9° 32'N, 138° 07'	Yap Island	EÜ	–	
161	Retsugoru-shima	レツゴル島	–	Hy	IN	8°27'N, 137°29'O	Ngulu Atoll	EÜ	[Y-Xgeo]tpn	Rattgoru Insel
162	Rii	リイ	–	En	O	9° 32'N, 138° 07'	Yap Island	EÜ	–	Ruu
163	Riken	リケン	–	En	O	9° 32'N, 138° 07'	Yap Island	EÜ	–	
164	Rireara-shima	リレアラ島	–	Hy	IN	8° 08'N, 140° 25'	Sorol Atoll	EÜ	[Y-Xgeo]tpn	
165	Rooran-shima	ローラン島	–	Hy	IN	10° 00'N, 139° 40'	Ulithi Atoll	EÜ	[Y-Xgeo]tpn	L'ool'ang
166	Rorubue-shima	ロルブエ島	–	Hy	IN	8° 08'N, 140° 25'	Sorol Atoll	EÜ	[Y-Xgeo]tpn	
167	Roshiyappu-shima	ロシヤップ島	–	Hy	IN	10° 00'N, 139° 40'	Ulithi Atoll	EÜ	[Y-Xgeo]tpn	

Nr.	Transkription	Ortsname original	Übersetzt	Ex/En/Hy	ONK	Geografische Koordinaten	Lage im Kolonialgebiet	Benennungs-motiv	Struktur	Heutige Bezeichnung
168	Ruecchi	ルエッチ	–	En	O	9° 32'N, 138° 07'	Yap Island	EÜ	–	
169	Ruisaka-shima	ルイサカ島	–	Hy	IN	7° 22'N, 143° 54'	Woleai Atoll	EÜ	[Y-Xgeo]tpn	Luisaga
170	Rumo	ルモ	–	En	O	9° 32'N, 138° 07'	Yap Island	EÜ	–	
171	Runuu	ルヌー	–	En	O	9° 32'N, 138° 07'	Yap Island	EÜ	–	
172	Sabesu	サベス	–	En	O	9° 32'N, 138° 07'	Yap Island	EÜ	–	
173	Sariyappu-shima	サリヤップ島	–	Hy	IN	7° 22'N, 143° 54'	Woleai Atoll	EÜ	[Y-Xgeo]tpn	Sileap
174	Satawaru-shima	サタワル島	–	Hy	IN	7°22'49"N, 147°1'58"E	Satawal Island	EÜ	[Y-Xgeo]tpn	Satawal
175	Shidengu-shima	シデング島	–	Hy	IN	06°40'50,8"N, 143°04'55,0"	Eauripik Atoll	EÜ	[Y-Xgeo]tpn	Siteng
176	Sogochigechi-shima	ソゴチゲチ島	–	Hy	IN	10° 00'N, 139° 40'	Ulithi Atoll	EÜ	[Y-Xgeo]tpn	Songoachigchig
177	Sogoroi-shima	ソゴロイ島	–	Hy	IN	10° 00'N, 139° 40'	Ulithi Atoll	EÜ	[Y-Xgeo]tpn	Sohloay
178	Son-shima	ソン島	–	Hy	IN	10° 00'N, 139° 40'	Ulithi Atoll	EÜ	[Y-Xgeo]tpn	Soong
179	Sooru	ソール	–	En	O	9° 32'N, 138° 07'	Yap Island	EÜ	–	

Nr.	Transkription	Ortsname original	Übersetzt	Ex/En/Hy	ONK	Geografische Koordinaten	Lage im Kolonialgebiet	Benennungs-motiv	Struktur	Heutige Bezeichnung
180	Sorooru-shima	ソロール島	–	Hy	IN	8° 08'N, 140° 25'	Sorol Atoll	EÜ	[Y-Xgeo]tpn	Sorol
181	Sororen-shima	ソロレン島	–	Hy	IN	10° 00'N, 139° 40'	Ulithi Atoll	EÜ	[Y-Xgeo]tpn	Dorooleng
182	Taapu	タープ	–	En	O	9° 32'N, 138° 07'	Yap Island	EÜ	–	
183	Taapuyappu-shima	タープヤップ島	–	Hy	IN	8°27'N, 137°29'O	Ngulu Atoll	EÜ	[Y-Xgeo]tpn	
184	Taberan	タベラン	–	En	O	9° 32'N, 138° 07'	Yap Island	EÜ	–	
185	Tabinifui	タビニフイ	–	En	O	9° 32'N, 138° 07'	Yap Island	EÜ	–	
186	Tafugifu	タフギフ	–	En	O	9° 32'N, 138° 07'	Yap Island	EÜ	–	
187	Tafunisu	タフニス	–	En	O	9° 32'N, 138° 07'	Yap Island	EÜ	–	
188	Tagaurappu-shima	タガウラップ島	–	Hy	IN	7° 22'N, 143° 54'	Woleai Atoll	EÜ	[Y-Xgeo]tpn	
189	Takagen	タカゲン	–	En	O	9° 32'N, 138° 07'	Yap Island	EÜ	–	
190	Taragisu	タラギス	–	En	O	9° 32'N, 138° 07'	Yap Island	EÜ	–	
191	Taragoo	タラゴー	–	En	O	9° 32'N, 138° 07'	Yap Island	EÜ	–	

Nr.	Transkription	Ortsname original	Übersetzt	Ex/En/Hy	ONK	Geografische Koordinaten	Lage im Kolonialgebiet	Benennungs-motiv	Struktur	Heutige Bezeichnung
192	Taramatto-shima	タラマット島	–	Hy	IN	7° 22'N, 143° 54'	Woleai Atoll	EÜ	[Y-Xgeo]tpn	Taramat
193	Tarayaza-shima	タラヤザ島	–	Hy	IN	10° 00'N, 139° 40'	Ulithi Atoll	EÜ	[Y-Xgeo]tpn	Teleeadah
194	Teniharu	テニハル	–	En	O	9° 32'N, 138° 07'	Yap Island	EÜ	–	
195	Tomasu-shima	トマス島	–	Hy	IN	7° 29'N, 146° 09'	Elato Atoll	EÜ	[Y-Xgeo]tpn	
196	Torou	トロウ	–	En	O	9° 32'N, 138° 07'	Yap Island	EÜ	–	
197	Touai	トウアイ	–	En	O	9° 32'N, 138° 07'	Yap Island	EÜ	–	
198	Uenifura	ウエニフラ	–	En	O	9° 32'N, 138° 07'	Yap Island	EÜ	–	
199	Ueu-shima	ウエウ島	–	Hy	IN	06°41'58,0"N, 143°01'51,7"	Eauripik Atoll	EÜ	[Y-Xgeo]tpn	Oao Insel
200	Umun	ウムン	–	En	O	9° 32'N, 138° 07'	Yap Island	EÜ	–	
201	Unruru	ウンルル	–	En	O	9° 32'N, 138° 07'	Yap Island	EÜ	–	
202	Uran	ウラン	–	En	O	9° 32'N, 138° 07'	Yap Island	EÜ	–	
203	Uro	ウロ	–	En	O	9° 32'N, 138° 07'	Yap Island	EÜ	–	

Nr.	Transkription	Ortsname original	Übersetzt	Ex/En/Hy	ONK	Geografische Koordinaten	Lage im Kolonialgebiet	Benennungs-motiv	Struktur	Heutige Bezeichnung
204	Uroru-shima	ウロル島	–	Hy	IN	7° 29'N, 146° 09'	Elato Atoll	EÜ	[Y-Xgeo]tpn	
205	Weroi	ヴェロイ	–	En	O	9° 32'N, 138° 07'	Yap Island	EÜ	–	
206	Yagarajiku-shima	ヤガラジク島	–	Hy	IN	7° 22'N, 143° 54'	Woleai Atoll	EÜ	[Y-Xgeo]tpn	Jalanggereil
207	Yakereoru-shima	ヤケレオル島	–	Hy	IN	8° 08'N, 140° 25'	Sorol Atoll	EÜ	[Y-Xgeo]tpn	
208	Yannechiiki-shima	ヤンネチーキ島	–	Hy	IN	8°27'N, 137°29'O	Ngulu Atoll	EÜ	[Y-Xgeo]tpn	Yanneckiki Insel
209	Yaranguchiekku-shima	ヤランクチエック島	–	Hy	IN	8°27'N, 137°29'O	Ngulu Atoll	EÜ	[Y-Xgeo]tpn	
210	Yaranguchieru-shima	ヤランクチエル島	–	Hy	IN	8°27'N, 137°29'O	Ngulu Atoll	EÜ	[Y-Xgeo]tpn	
211	Yareri-shima	ヤレリ島	–	Hy	IN	10° 00'N, 139° 40'	Ulithi Atoll	EÜ	[Y-Xgeo]tpn	Yalel Weeachiich
212	Yareri-shima	ヤレリ島	–	Hy	IN	10° 00'N, 139° 40'	Ulithi Atoll	EÜ	[Y-Xgeo]tpn	Yalel Paelleng
213	Yasooru-shima	ヤソール島	–	Hy	IN	10° 00'N, 139° 40'	Ulithi Atoll	EÜ	[Y-Xgeo]tpn	Asor
214	Yatto-shima	ヤット島	–	Hy	IN		Facholap	EÜ	[Y-Xgeo]tpn	
215	Yau-shima	ヤウ島	–	Hy	IN	10° 00'N, 139° 40'	Ulithi Atoll	EÜ	[Y-Xgeo]tpn	Yaaw

Nr.	Transkription	Ortsname original	Übersetzt	Ex/En/Hy	ONK	Geografische Koordinaten	Lage im Kolonialgebiet	Benennungs- motiv	Struktur	Heutige Bezeichnung
216	Yoorupikku-shima	ヨールピック島	–	Hy	IN	06°40'58,7"N, 143°04'40,2"	Eauripik Atoll	EÜ	[Y-Xgeo]tpn	Eauripik
217	Yooru-shima	ヨール島	–	Hy	IN	10° 00'N, 139° 40'	Ulithi Atoll	EÜ	[Y-Xgeo]tpn	Yaaor
218	Yusurupau-shima	ユスルパウ島	–	Hy	IN	10° 00'N, 139° 40'	Ulithi Atoll	EÜ	[Y-Xgeo]tpn	

Tabelle 7: Marshallinseln.

Nr.	Transkription	Ortsname original	Übersetzt	Ex/En/Hy	ONK	Geografische Koordinaten	Lage im Kolonialgebiet	Benennungs-motiv	Struktur	Heutige Bezeichnung
1	Aburan-tō	アブラン島	–	Hy	IN	9°54′N, 169°8′O	Likiep Atoll	EÜ	[Y-Xgeo]tpn	
2	Adodakka-tō	アドダッカ島	–	Hy	IN	9°54′N, 169°8′O	Likiep Atoll	EÜ	[Y-Xgeo]tpn	
3	Aerepon-tō	アエレポン島	–	Hy	IN	7°05′N 171°42′E	Arno Atoll	EÜ	[Y-Xgeo]tpn	
4	Aeri-shima	アエリ島	–	Hy	IN	06°08′00″N 171°55′00″E	Mili Atoll	EÜ	[Y-Xgeo]tpn	Anil
5	Ae-shima	アエ島	–	Hy	IN	6°0′N, 169°34′O	Jaluit Atoll	EÜ	[Y-Xgeo]tpn	Ae
6	Agatari-tō	アガタリ島	–	Hy	IN	7°05′N 171°42′E	Arno Atoll	EÜ	[Y-Xgeo]tpn	
7	Aguruue-tō	アグルウエ島	–	Hy	IN	10°20′N, 169°56′O	Ailuk Atoll	EÜ	[Y-Xgeo]tpn	Aglue
8	Aichi-tō	アイチ島	–	Hy	IN	9°54′N, 169°8′O	Likiep Atoll	EÜ	[Y-Xgeo]tpn	
9	Aigune-tō	アイグネ島	–	Hy	IN	9°54′N, 169°8′O	Likiep Atoll	EÜ	[Y-Xgeo]tpn	
10	Airukichi-tō	アイルキチ島	–	Hy	IN	11°37′N, 165°24′O	Bikini Atoll	EÜ	[Y-Xgeo]tpn	Airukiraru

Nr.	Transkription	Ortsname original	Übersetzt	Ex/En/Hy	ONK	Geografische Koordinaten	Lage im Kolonialgebiet	Benennungs-motiv	Struktur	Heutige Bezeichnung
11	Airukku-tō	アイルック島	–	Hy	IN	8°45'N, 171°4'O	Maloelap Atoll	EÜ	[Y-Xgeo]tpn	Airik
12	Airukku-tō	アイルック島	–	Hy	IN	10°20'N, 169°56'O	Ailuk Atoll	EÜ	[Y-Xgeo]tpn	Ailuk Insel
13	Airukku-tō	アイルック島	–	Hy	IN	7°31'N, 168°44'O	Ailinglaplap Atoll	EÜ	[Y-Xgeo]tpn	Airuk
14	Aishiritake-tō	アイシリタケ島	–	Hy	IN	7°4'N, 171°16'O	Majuro Atoll	EÜ	[Y-Xgeo]tpn	
15	Ajijēn-shima	アジジェーン島	–	Hy	IN	6°0'N, 169°34'O	Jaluit Atoll	EÜ	[Y-Xgeo]tpn	Ajejen
16	Ajiyore-tō	アジョレ島	–	Hy	IN	7°4'N, 171°16'O	Majuro Atoll	EÜ	[Y-Xgeo]tpn	
17	Ake-Ōshima	アケ大島	–	Hy	IN	9°27'N, 170°1'O	Wotje Atoll	EÜ	[Y-Xgeo]tpn	Akeo
18	Āmo-tō	アーモ島	–	Hy	IN	10°20'N, 169°56'O	Ailuk Atoll	EÜ	[Y-Xgeo]tpn	Amwo
19	Anboru-shima	アンボル島	–	Hy	IN	6°0'N, 169°34'O	Jaluit Atoll	EÜ	[Y-Xgeo]tpn	
20	anbo-to	アンボ島	–	Hy	IN	9°12'N, 167°28'O	Kwajalein Atoll	EÜ	[Y-Xgeo]tpn	
21	Aneru-tō	アネル島	–	Hy	IN	07°59'00"N, 168°10'25"E	Namu Atoll	EÜ	[Y-Xgeo]tpn	

Nr.	Transkription	Ortsname original	Übersetzt	Ex/En/Hy	ONK	Geografische Koordinaten	Lage im Kolonialgebiet	Benennungs-motiv	Struktur	Heutige Bezeichnung
22	Āneru-tō	アーネル島	–	Hy	IN	9°54′ N, 169°8′ O	Likiep Atoll	EÜ	[Y-Xgeo]tpn	
23	Anioripiin-tō	アニオリピイン島	–	Hy	IN	10°6′N, 165°58′O	Wotho Atoll	EÜ	[Y-Xgeo]tpn	
24	Anireppu-tō	アニレッフ島	–	Hy	IN	07°59′00″N, 168°10′25″E	Namu Atoll	EÜ	[Y-Xgeo]tpn	
25	Anirepu-shima	アニレプ島	–	Hy	IN	6°0′N, 169°34′O	Jaluit Atoll	EÜ	[Y-Xgeo]tpn	
26	Anmān-shima	アンマーン島	–	Hy	IN	6°0′N, 169°34′O	Jaluit Atoll	EÜ	[Y-Xgeo]tpn	Aineman
27	Annūrekku-shima	アンヌーレック島	–	Hy	IN	6°0′N, 169°34′O	Jaluit Atoll	EÜ	[Y-Xgeo]tpn	
28	Aōmen-tō	アオーメン島	–	Hy	IN	9°27′ N, 170°1′ O	Wotje Atoll	EÜ	[Y-Xgeo]tpn	
29	Aoomuen-tō	アオムエン島	–	Hy	IN	11°37′N, 165°24′O	Bikini Atoll	EÜ	[Y-Xgeo]tpn	Aomoen
30	Aotore-shima	アオトレ島	–	Hy	IN	06°08′00″N 171°55′00″E	Mili Atoll	EÜ	[Y-Xgeo]tpn	
31	Arabae-shima	アラバエ島	–	Hy	IN	6°0′N, 169°34′O	Jaluit Atoll	EÜ	[Y-Xgeo]tpn	
32	Arenemachēn-tō	アレネマチェーン島	–	Hy	IN	8°45′ N, 171°4′ O	Maloelap Atoll	EÜ	[Y-Xgeo]tpn	

Nr.	Transkription	Ortsname original	Übersetzt	Ex/En/Hy	ONK	Geografische Koordinaten	Lage im Kolonialgebiet	Benennungs-motiv	Struktur	Heutige Bezeichnung
33	Arēshi-tō	アレーシ島	–	Hy	IN	7°31'N, 168°44'O	Ailinglaplap Atoll	EÜ	[Y-Xgeo]tpn	
34	Ariechi-tō	アリエチ島	–	Hy	IN	10°20'N, 169°56'O	Ailuk Atoll	EÜ	[Y-Xgeo]tpn	Aliet
35	Arirokku-tō	アリロック島	–	Hy	IN	10°20'N, 169°56'O	Ailuk Atoll	EÜ	[Y-Xgeo]tpn	Allirik
36	Arubaru-shima	アルバル島	–	Hy	IN	06°08'00''N 171°55'00''E	Mili Atoll	EÜ	[Y-Xgeo]tpn	Arbar
37	aruba-to	アルバ島	–	Hy	IN	9°12'N, 167°28'0	Kwajalein Atoll	EÜ	[Y-Xgeo]tpn	
38	Ārudōjain-tō	アールドージャイン島		Hy	IN	09°08'30''N 170°00'00''E	Erikub Atoll	EÜ	[Y-Xgeo]tpn	
39	Ārudoujūrukku-tō	アールドウジュールック島		Hy	IN	09°08'30''N 170°00'00''E	Erikub Atoll	EÜ	[Y-Xgeo]tpn	
40	Aruen-shima	アルエン島	–	Hy	IN	6°0'N, 169°34'0	Jaluit Atoll	EÜ	[Y-Xgeo]tpn	
41	Arugaren-tō	アルガレン島	–	Hy	IN	8°45' N, 171°4' O	Maloelap Atoll	EÜ	[Y-Xgeo]tpn	
42	Arumeni-tō	アルメニ島	–	Hy	IN	11°17'N 169°37'E	Taka Atoll	EÜ	[Y-Xgeo]tpn	Waatwerik
43	Aruno-tō	アルノ島	–	Hy	IN	7°05'N 171°42'E	Arno Atoll	EÜ	[Y-Xgeo]tpn	Arno

Nr.	Transkription	Ortsname original	Übersetzt	Ex/En/Hy	ONK	Geografische Koordinaten	Lage im Kolonialgebiet	Benennungs-motiv	Struktur	Heutige Bezeichnung
44	Arurappu	アルラップ	–	En	–	6°0'N, 169°34'O	Jaluit Atoll	EÜ	–	
45	Aruzeri-tō	アルゼリ島	–	Hy	IN	8°12'N 171°06'E	Aur Atoll	EÜ	[Y-Xgeo]tpn	
46	Ashikan-tō	アシカン島	–	Hy	IN	9°12'N, 167°28'O	Kwajalein Atoll	EÜ	[Y-Xgeo]tpn	
47	Asumanoru-tō	アスマノル島	–	Hy	IN	7°05'N 171°42'E	Arno Atoll	EÜ	[Y-Xgeo]tpn	Ajmanol
48	Atsuchattakku-tō	アツチャタック島	–	Hy	IN	10°20'N, 169°56'O	Ailuk Atoll	EÜ	[Y-Xgeo]tpn	
49	Atsuchiyakariboku-boku-shima	アツチヤカリボク島	–	Hy	IN	06°08'00''N 171°55'00''E	Mili Atoll	EÜ	[Y-Xgeo]tpn	
50	Atsuchiyakari-karirakake-shima	アツチヤカリカリラカケ島	–	Hy	IN	06°08'00''N 171°55'00''E	Mili Atoll	EÜ	[Y-Xgeo]tpn	
51	Atsukeeran-shima	アツケエラン島	–	Hy	IN	06°08'00''N 171°55'00''E	Mili Atoll	EÜ	[Y-Xgeo]tpn	
52	Atsuraku-tō	アツラク島	–	Hy	IN	7°4'N, 171°16'O	Majuro Atoll	EÜ	[Y-Xgeo]tpn	
53	Atsurien-tō	アツリエン島	–	Hy	IN	10°20'N, 169°56'O	Ailuk Atoll	EÜ	[Y-Xgeo]tpn	
54	Atsurinio-tō	アツリニオ島	–	Hy	IN	10°20'N, 169°56'O	Ailuk Atoll	EÜ	[Y-Xgeo]tpn	

Nr.	Transkription	Ortsname original	Übersetzt	Ex/En/Hy	ONK	Geografische Koordinaten	Lage im Kolonialgebiet	Benennungs-motiv	Struktur	Heutige Bezeichnung
55	Aubata-tō	アウバタ島	–	Hy	IN	9°54′N, 169°8′O	Likiep Atoll	EÜ	[Y-Xgeo]tpn	
56	Aujo-tō	アウジョ島	–	Hy	IN	07°59′00″N, 168°10′25″E	Namu Atoll	EÜ	[Y-Xgeo]tpn	
57	Auru-tō	アウル島	–	Hy	IN	8°12′N 171°06′E	Aur Atoll	EÜ	[Y-Xgeo]tpn	Aur Insel
58	aushi-to	アウシ島	–	Hy	IN	9°12′N, 167°28′O	Kwajalein Atoll	EÜ	[Y-Xgeo]tpn	
59	Āwani-tō	アーワニ島	–	Hy	IN	11°15′14″N, 169°48′00″E	Utrik Atoll	EÜ	[Y-Xgeo]tpn	Aon
60	Azereppu-tō	アゼレップ島	–	Hy	IN	10°20′N, 169°56′O	Ailuk Atoll	EÜ	[Y-Xgeo]tpn	
61	Azerido	アゼリド	–	En	–	5°37′N, 168°7′O	Namorik Atoll	EÜ	[Y-Xgeo]tpn	Ajalto
62	Azerukku-tō	アゼルック島	–	Hy	IN	10°20′N, 169°56′O	Ailuk Atoll	EÜ	[Y-Xgeo]tpn	
63	Azeyan-shima	アゼヤン島	–	Hy	IN	06°08′00″N 171°55′00″E	Mili Atoll	EÜ	[Y-Xgeo]tpn	Ajeeang
64	Badobattsu-tō	バドバッツ島	–	Hy	IN	11°20′N, 167°27′O	Rongerik Atoll	EÜ	[Y-Xgeo]tpn	
65	Baru-shima	バル島	–	Hy	IN	06°08′00″N 171°55′00″E	Mili Atoll	EÜ	[Y-Xgeo]tpn	

Nr.	Transkription	Ortsname original	Übersetzt	Ex/En/Hy	ONK	Geografische Koordinaten	Lage im Kolonialgebiet	Benennungs- motiv	Struktur	Heutige Bezeichnung
66	Bausen-tō	バウセン島	–	Hy	IN	8°12'N, 171°06'E	Aur Atoll	EÜ	[Y-Xgeo]tpn	
67	Bauzen-tō	バウゼン島	–	Hy	IN	10°20'N, 169°56'O	Ailuk Atoll	EÜ	[Y-Xgeo]tpn	
68	Begaku-shima	ベガク島	–	Hy	IN	6°N, 169°34'O	Jaluit Atoll	EÜ	[Y-Xgeo]tpn	
69	Bekejie-shima	ベケジエ島	–	Hy	IN	6°N, 169°34'O	Jaluit Atoll	EÜ	[Y-Xgeo]tpn	
70	Benbatto-shima	ベンバット島	–	Hy	IN	6°N, 169°34'O	Jaluit Atoll	EÜ	[Y-Xgeo]tpn	
71	Berage-tō	ベラゲ島	–	Hy	IN	8°45'N, 171°4'O	Maloelap Atoll	EÜ	[Y-Xgeo]tpn	
72	Beramu-tō	ベラム島	–	Hy	IN	7°31'N, 168°44'O	Ailinglaplap Atoll	EÜ	[Y-Xgeo]tpn	
73	Beruen-shima	ベルエン島	–	Hy	IN	06°08'00"N, 171°55'00"E	Mili Atoll	EÜ	[Y-Xgeo]tpn	
74	Berungan-tō	ベルンガン島	–	Hy	IN	10°20'N, 169°56'O	Ailuk Atoll	EÜ	[Y-Xgeo]tpn	Bererjan
75	Biebe-tō	ビエベ島	–	Hy	IN	9°54'N, 169°8'O	Likiep Atoll	EÜ	[Y-Xgeo]tpn	
76	Bigaretto-tō	ビガレット島	–	Hy	IN	8°12'N, 171°06'E	Aur Atoll	EÜ	[Y-Xgeo]tpn	

Nr.	Transkription	Ortsname original	Übersetzt	Ex/En/Hy	ONK	Geografische Koordinaten	Lage im Kolonialgebiet	Benennungs-motiv	Struktur	Heutige Bezeichnung
77	Bigeetto-tō	ビゲエット島	–	Hy	IN	8°45′ N, 171°4′ O	Maloelap Atoll	EÜ	[Y-Xgeo]tpn	Pigeeatto
78	Bigenarin-tō	ビゲナリン島	–	Hy	IN	11°20′N, 167°27′O	Rongerik Atoll	EÜ	[Y-Xgeo]tpn	
79	Bigenriku-tō	ビゲンリック島	–	Hy	IN	10°20′N, 169°56′O	Ailuk Atoll	EÜ	[Y-Xgeo]tpn	Enenpao
80	Bigen-tō	ビゲン島	–	Hy	IN	10°20′N, 169°56′O	Ailuk Atoll	EÜ	[Y-Xgeo]tpn	Bigen
81	Bigeyappu-tō	ビゲヤップ島	–	Hy	IN	8°12′N, 171°06′E	Aur Atoll	EÜ	[Y-Xgeo]tpn	
82	Bigiganman-tō	ビギガンマン島	–	Hy	IN	8°12′N, 171°06′E	Aur Atoll	EÜ	[Y-Xgeo]tpn	
83	Bikanmao-tō	ビカンマーオ島	–	Hy	IN	7°05′N, 171°42′E	Arno Atoll	EÜ	[Y-Xgeo]tpn	
84	Bikāreji-tō	ビカーレジ島	–	Hy	IN	7°05′N, 171°42′E	Arno Atoll	EÜ	[Y-Xgeo]tpn	Bikarej
85	Bikeji-tō	ビケージ島	–	Hy	IN	9°27′ N, 170°1′ O	Wotje Atoll	EÜ	[Y-Xgeo]tpn	Bikeichi
86	Bikeniaru-tō	ビケニアル島	–	Hy	IN	8°45′ N, 171°4′ O	Maloelap Atoll	EÜ	[Y-Xgeo]tpn	
87	Bikenmanimanichaien-tō	ビケンマニマニチャイエン島	–	Hy	IN	9°54′ N, 169°8′ O	Likiep Atoll	EÜ	[Y-Xgeo]tpn	

Nr.	Transkription	Ortsname original	Übersetzt	Ex/En/Hy	ONK	Geografische Koordinaten	Lage im Kolonialgebiet	Benennungs- motiv	Struktur	Heutige Bezeichnung
88	Bikenmanimani- chairokku-tō	ビケンマニマニチャイロック島	–	Hy	IN	9°54' N, 169°8' O	Likiep Atoll	EÜ	[Y-Xgeo]tpn	
89	Bikēnrikku-tō	ビケーンリック島	–	Hy	IN	8°12'N 171°06'E	Aur Atoll	EÜ	[Y-Xgeo]tpn	
90	Bikēn-tō	ビケーン島	–	Hy	IN	8°12'N 171°06'E	Aur Atoll	EÜ	[Y-Xgeo]tpn	Bigen
91	Bikero-shima	ビケロ島	–	Hy	IN	06°08'00"N 171°55'00"E	Mili Atoll	EÜ	[Y-Xgeo]tpn	
92	Bikinien-shima	ビキニエン島	–	Hy	IN	06°08'00"N 171°55'00"E	Mili Atoll	EÜ	[Y-Xgeo]tpn	
93	Bikin-tō	ビキン島	–	Hy	IN	10°6'N, 165°58'O	Wotho Atoll	EÜ	[Y-Xgeo]tpn	
94	bikiren-to	ビキレン島	–	Hy	IN	9°12'N, 167°28'O	Kwajalein Atoll	EÜ	[Y-Xgeo]tpn	
95	Bikirikichaien-tō	ビキリキチャイエン島	–	Hy	IN	9°54' N, 169°8' O	Likiep Atoll	EÜ	[Y-Xgeo]tpn	
96	Bikōji-tō	ビコージ島	–	Hy	IN	7°05'N 171°42'E	Arno Atoll	EÜ	[Y-Xgeo]tpn	
97	Bikōneri-tō	ビコーネリ島	–	Hy	IN	7°05'N 171°42'E	Arno Atoll	EÜ	[Y-Xgeo]tpn	
98	Bita-tō	ビタ島	–	Hy	IN	10°20'N, 169°56'O	Ailuk Atoll	EÜ	[Y-Xgeo]tpn	

Toponomastik im Kontext des japanischen Kolonialismus —— 441

Nr.	Transkription	Ortsname original	Übersetzt	Ex/En/Hy	ONK	Geografische Koordinaten	Lage im Kolonialgebiet	Benennungs-motiv	Struktur	Heutige Bezeichnung
99	Biyo-tō	ビヨ島	–	Hy	IN	10°20'N, 169°56'O	Ailuk Atoll	EÜ	[Y-Xgeo]tpn	Bio
100	Bogoen-tō	ボゴエン島	–	Hy	IN	8°45'N, 171°4'O	Maloelap Atoll	EÜ	[Y-Xgeo]tpn	
101	Bogoe-tō	ボゴエ島	–	Hy	IN	09°08'30"N 170°00'00"E	Erikub Atoll	EÜ	[Y-Xgeo]tpn	
102	Bogonain-tō	ボゴナイン島	–	Hy	IN	8°12'N 171°06'E	Aur Atoll	EÜ	[Y-Xgeo]tpn	
103	Bogonejiman-tō	ボゴネジマン島	–	Hy	IN	8°12'N 171°06'E	Aur Atoll	EÜ	[Y-Xgeo]tpn	
104	Boikairefuto-shima	ボイカイレフト島	–	Hy	IN	06°08'00"N 171°55'00"E	Mili Atoll	EÜ	[Y-Xgeo]tpn	
105	Bokaetokutoku-tō	ボカエトクトク島	–	Hy	IN	11°37'N, 165°24'O	Bikini Atoll	EÜ	[Y-Xgeo]tpn	Bokaetokutoku
106	Bokamukamutain-tō	ボカムカムタイン島	–	Hy	IN	8°12'N 171°06'E	Aur Atoll	EÜ	[Y-Xgeo]tpn	
107	Bokandarēnae-tō	ボカンダレーナエ島	–	Hy	IN	8°45'N, 171°4'O	Maloelap Atoll	EÜ	[Y-Xgeo]tpn	
108	Bokānichi-tō	ボカーニチ島	–	Hy	IN	8°45'N, 171°4'O	Maloelap Atoll	EÜ	[Y-Xgeo]tpn	
109	Bokanna-tō	ボカンナ島	–	Hy	IN	8°45'N, 171°4'O	Maloelap Atoll	EÜ	[Y-Xgeo]tpn	

Nr.	Transkription	Ortsname original	Übersetzt	Ex/En/Hy	ONK	Geografische Koordinaten	Lage im Kolonialgebiet	Benennungs-motiv	Struktur	Heutige Bezeichnung
110	Bokantāruinaen-tō	ボカンタールイナエン島	–	Hy	IN	7°05'N, 171°42'E	Arno Atoll	EÜ	[Y-Xgeo]tpn	
111	Bokarēji-tō	ボカレージ島	–	Hy	IN	11°20'N, 167°27'O	Rongerik Atoll	EÜ	[Y-Xgeo]tpn	
112	Bokarekozero-tō	ボカレコゼロ島	–	Hy	IN	7°4'N, 171°16'O	Majuro Atoll	EÜ	[Y-Xgeo]tpn	Bokiur
113	Bokēn-shima	ボケン島	–	Hy	IN	6°0'N, 169°34'O	Jaluit Atoll	EÜ	[Y-Xgeo]tpn	
114	Bōken-shima	ボーケン島	–	Hy	IN	6°0'N, 169°34'O	Jaluit Atoll	EÜ	[Y-Xgeo]tpn	
115	boken-to	ボケン島	–	Hy	IN	9°12'N, 167°28'O	Kwajalein Atoll	EÜ	[Y-Xgeo]tpn	Boggenatjen
116	Bōkēn-tō	ボケーン島	–	Hy	IN	7°05'N, 171°42'E	Arno Atoll	EÜ	[Y-Xgeo]tpn	Boken
117	Bokeruchiban-shima	ボケルチバン島	–	Hy	IN	06°08'00"N 171°55'00"E	Mili Atoll	EÜ	[Y-Xgeo]tpn	
118	Boketsuonaru-tō	ボケツオナル島	–	Hy	IN	7°4'N, 171°16'O	Majuro Atoll	EÜ	[Y-Xgeo]tpn	
119	Bokku-tō	ボック島	–	Hy	IN	8°45'N, 171°4'O	Maloelap Atoll	EÜ	[Y-Xgeo]tpn	Bokku
120	Bokku-tō	ボック島	–	Hy	IN	7°31'N, 168°44'O	Ailinglaplap Atoll	EÜ	[Y-Xgeo]tpn	

Nr.	Transkription	Ortsname original	Übersetzt	Ex/En/Hy	ONK	Geografische Koordinaten	Lage im Kolonialgebiet	Benennungs-motiv	Struktur	Heutige Bezeichnung
121	Bokku-tō	ボック島	–	Hy	IN	07°59'00"N, 168°10'25"E	Namu Atoll	EÜ	[Y-Xgeo]tpn	
122	Bokku-tō	ボック島	–	Hy	IN	11°20'N, 167°27'O	Rongerik Atoll	EÜ	[Y-Xgeo]tpn	
123	Bokoen-shima	ボコエン島	–	Hy	IN	6°0'N, 169°34'O	Jaluit Atoll	EÜ	[Y-Xgeo]tpn	
124	Bokomayāku-tō	ボコマヤーク島	–	Hy	IN	7°05'N, 171°42'E	Arno Atoll	EÜ	[Y-Xgeo]tpn	
125	Bokonajibirokku-tō	ボコナジビーロック島	–	Hy	IN	8°45'N, 171°4'O	Maloelap Atoll	EÜ	[Y-Xgeo]tpn	
126	Bokonegan-tō	ボコネガン島	–	Hy	IN	11°37'N, 165°24'O	Bikini Atoll	EÜ	[Y-Xgeo]tpn	
127	Bokoneijōru-tō	ボコネジオール島	–	Hy	IN	8°45'N, 171°4'O	Maloelap Atoll	EÜ	[Y-Xgeo]tpn	
128	Bokonēzen-tō	ボコネーゼン島	–	Hy	IN	11°37'N, 165°24'O	Bikini Atoll	EÜ	[Y-Xgeo]tpn	Bokoneijin
129	Bokonikōwaku-tō	ボコニコーワク島	–	Hy	IN	8°45'N, 171°4'O	Maloelap Atoll	EÜ	[Y-Xgeo]tpn	
130	Bokonkoma-tō	ボコンコマ島	–	Hy	IN	09°08'30"N, 170°00'00"E	Erikub Atoll	EÜ	[Y-Xgeo]tpn	
131	Bokorabeya-tō	ボコラベヤ島	–	Hy	IN	8°45'N, 171°4'O	Maloelap Atoll	EÜ	[Y-Xgeo]tpn	

Nr.	Transkription	Ortsname original	Übersetzt	Ex/En/Hy	ONK	Geografische Koordinaten	Lage im Kolonialgebiet	Benennungs-motiv	Struktur	Heutige Bezeichnung
132	Bokoraburabu-shima	ボコラブラブ島	–	Hy	IN	6°0'N, 169°34'O	Jaluit Atoll	EÜ	[Y-Xgeo]tpn	
133	Bokoraburabu-tō	ボコラブラブ島	–	Hy	IN	9°54'N, 169°8'O	Likiep Atoll	EÜ	[Y-Xgeo]tpn	
134	bokorappu-tp	ボコラップ島	–	Hy	IN	9°12'N, 167°28'O	Kwajalein Atoll	EÜ	[Y-Xgeo]tpn	
135	Bokorebeya-shima	ボコレベヤ島	–	Hy	IN	6°0'N, 169°34'O	Jaluit Atoll	EÜ	[Y-Xgeo]tpn	
136	Bokoriariku-tō	ボコリアリク島	–	Hy	IN	7°05'N, 171°42'E	Arno Atoll	EÜ	[Y-Xgeo]tpn	
137	Bokoriyōmo-tō	ボコリヨーモ島	–	Hy	IN	7°31'N, 168°44'O	Ailinglaplap Atoll	EÜ	[Y-Xgeo]tpn	
138	Bokozezēn-tō	ボコゼゼーン島	–	Hy	IN	8°45'N, 171°4'O	Maloelap Atoll	EÜ	[Y-Xgeo]tpn	
139	Bokubaru-shima	ボクベル島	–	Hy	IN	06°08'00"N 171°55'00"E	Mili Atoll	EÜ	[Y-Xgeo]tpn	
140	Bokubāta-tō	ボクベータ島	–	Hy	IN	11°37'N, 165°24'O	Bikini Atoll	EÜ	[Y-Xgeo]tpn	
141	Bokubāta-tō	ボクベータ島	–	Hy	IN	11°37'N, 165°24'O	Bikini Atoll	EÜ	[Y-Xgeo]tpn	
142	Bokuwaeruritto-tō	ボクウエルリット島	–	Hy	IN	8°45'N, 171°4'O	Maloelap Atoll	EÜ	[Y-Xgeo]tpn	

Nr.	Transkription	Ortsname original	Übersetzt	Ex/En/Hy	ONK	Geografische Koordinaten	Lage im Kolonialgebiet	Benennungs- motiv	Struktur	Heutige Bezeichnung
143	Borushiran-tō	ボルシラン島	–	Hy	IN	7°05'N, 171°42'E	Arno Atoll	EÜ	[Y-Xgeo]tpn	
144	Botsukan-shima	ボツカン島	–	Hy	IN	6°0'N, 169°34'O	Jaluit Atoll	EÜ	[Y-Xgeo]tpn	
145	Botsukan-shima	ボツカン島	–	Hy	IN	6°0'N, 169°34'O	Jaluit Atoll	EÜ	[Y-Xgeo]tpn	
146	Botto-shima	ボット島	–	Hy	IN	6°0'N, 169°34'O	Jaluit Atoll	EÜ	[Y-Xgeo]tpn	
147	Bouen-tō	ボウエン島	–	Hy	IN	7°31'N, 168°44'O	Ailinglaplap Atoll	EÜ	[Y-Xgeo]tpn	
148	Bue-tou	ブエ島	–	Hy	IN	06°08'00''N 171°55'00''E	Mili Atoll	EÜ	[Y-Xgeo]tpn	
149	Buibui-tō	ブイブイ島	–	Hy	IN	8°45'N, 171°4'O	Maloelap Atoll	EÜ	[Y-Xgeo]tpn	Bebi
150	Bukku-tō	ブック島	–	Hy	IN	7°31'N, 168°44'O	Ailinglaplap Atoll	EÜ	[Y-Xgeo]tpn	
151	Buruon-shima	ブルオン島	–	Hy	IN	06°08'00''N 171°55'00''E	Mili Atoll	EÜ	[Y-Xgeo]tpn	
152	Buū-tō	ブ ウ ー 島	–	Hy	IN	9°27'N, 170°1'O	Wotje Atoll	EÜ	[Y-Xgeo]tpn	Bwu
153	chaabeku-to	チャーベク島	–	Hy	IN	9°12'N, 167°28'O	Kwajalein Atoll	EÜ	[Y-Xgeo]tpn	

Nr.	Transkription	Ortsname original	Übersetzt	Ex/En/Hy	ONK	Geografische Koordinaten	Lage im Kolonialgebiet	Benennungs-motiv	Struktur	Heutige Bezeichnung
154	Chabonōru-shima	チャボノール島	–	Hy	IN	06°08'00"N 171°55'00"E	Mili Atoll	EÜ	[Y-Xgeo]tpn	
155	Chabuna-tō	チャブナ島	–	Hy	IN	7°05'N 171°42'E	Arno Atoll	EÜ	[Y-Xgeo]tpn	
156	Chabunōren-shima	チャブノーレン島	–	Hy	IN	6°0'N, 169°34'O	Jaluit Atoll	EÜ	[Y-Xgeo]tpn	Jabnoren
157	Chachibon-shima	チャチボン島	–	Hy	IN	06°08'00"N 171°55'00"E	Mili Atoll	EÜ	[Y-Xgeo]tpn	
158	Chadebidebu-tō	チャデビデブ島	–	Hy	IN	11°20'N, 167°27'O	Rongerik Atoll	EÜ	[Y-Xgeo]tpn	
159	chakaroutsu-to	チャカロウツ島	–	Hy	IN	9°12'N, 167°28'O	Kwajalein Atoll	EÜ	[Y-Xgeo]tpn	
160	Chakaru-shima	チャカル島	–	Hy	IN	06°08'00"N 171°55'00"E	Mili Atoll	EÜ	[Y-Xgeo]tpn	
161	Chappui-tō	チャップイ島	–	Hy	IN	10°20'N, 169°56'O	Ailuk Atoll	EÜ	[Y-Xgeo]tpn	
162	charaagu-to	チャラーグ島	–	Hy	IN	9°12'N, 167°28'O	Kwajalein Atoll	EÜ	[Y-Xgeo]tpn	
163	Charukuri-tō	チャルクリ島	–	Hy	IN	7°05'N 171°42'E	Arno Atoll	EÜ	[Y-Xgeo]tpn	
164	Chārutōneshi-tō	チャールトーネシ島	–	Hy	IN	9°54'N, 169°8'O	Likiep Atoll	EÜ	[Y-Xgeo]tpn	

Toponomastik im Kontext des japanischen Kolonialismus — 447

Nr.	Transkription	Ortsname original	Übersetzt	Ex/En/Hy	ONK	Geografische Koordinaten	Lage im Kolonialgebiet	Benennungs-motiv	Struktur	Heutige Bezeichnung
165	Chebideadēde-tō	チェビデアデーデ島	–	Hy	IN	8°45′ N, 171°4′ O	Maloelap Atoll	EÜ	[Y-Xgeo]tpn	
166	Chenenrokku-tō	チェネンロック島	–	Hy	IN	8°45′ N, 171°4′ O	Maloelap Atoll	EÜ	[Y-Xgeo]tpn	
167	Chēn-tō	チェーン島	–	Hy	IN	8°45′ N, 171°4′ O	Maloelap Atoll	EÜ	[Y-Xgeo]tpn	Tian
168	Cheporo-tō	チェポロ島	–	Hy	IN	8°45′ N, 171°4′ O	Maloelap Atoll	EÜ	[Y-Xgeo]tpn	
169	Cherēke-tō	チェレーケ島	–	Hy	IN	11°37′ N, 165°24′ O	Bikini Atoll	EÜ	[Y-Xgeo]tpn	Chieerete
170	Chēre-tō	チェーレ島	–	Hy	IN	8°45′ N, 171°4′ O	Maloelap Atoll	EÜ	[Y-Xgeo]tpn	
171	Cheribon-shima	チェリボン島	–	Hy	IN	06°08′00″N 171°55′00″E	Mili Atoll	EÜ	[Y-Xgeo]tpn	
172	Cherukku-tō	チェルック島	–	Hy	IN	8°45′ N, 171°4′ O	Maloelap Atoll	EÜ	[Y-Xgeo]tpn	
173	Chibein-shima	チベイン島	–	Hy	IN	06°08′00″N 171°55′00″E	Mili Atoll	EÜ	[Y-Xgeo]tpn	Jbein
174	Chibunimen-shima	チブニメン島	–	Hy	IN	06°08′00″N 171°55′00″E	Mili Atoll	EÜ	[Y-Xgeo]tpn	
175	Chiebaru-tō	チェバル島	–	Hy	IN	9°54′ N, 169°8′ O	Likiep Atoll	EÜ	[Y-Xgeo]tpn	Jebal

Nr.	Transkription	Ortsname original	Übersetzt	Ex/En/Hy	ONK	Geografische Koordinaten	Lage im Kolonialgebiet	Benennungs-motiv	Struktur	Heutige Bezeichnung
176	Chiebeku-tō	チエベク島	–	Hy	IN	10°20'N, 169°56'O	Ailuk Atoll	EÜ	[Y-Xgeo]tpn	
177	Chiēbetsu-shima	チエーベツ島	–	Hy	IN	6°0'N, 169°34'O	Jaluit Atoll	EÜ	[Y-Xgeo]tpn	
178	Chiebo-tō	チエぶ島	–	Hy	IN	7°31'N, 168°44'O	Ailinglaplap Atoll	EÜ	[Y-Xgeo]tpn	
179	Chieemo-shima	チエーモ島	–	Hy	IN	6°0'N, 169°34'O	Jaluit Atoll	EÜ	[Y-Xgeo]tpn	
180	Chiemenmen-tō	チエメンメン島	–	Hy	IN	7°05'N, 171°42'E	Arno Atoll	EÜ	[Y-Xgeo]tpn	
181	Chieroonkan-tō	チエロンカン島	–	Hy	IN	10°20'N, 169°56'O	Ailuk Atoll	EÜ	[Y-Xgeo]tpn	
182	Chierukuri-shima	チエルクリ島	–	Hy	IN	6°0'N, 169°34'O	Jaluit Atoll	EÜ	[Y-Xgeo]tpn	
183	chie-to	チエ島	–	Hy	IN	9°12'N, 167°28'O	Kwajalein Atoll	EÜ	[Y-Xgeo]tpn	Jiee
184	Chie-tō	チエ島	–	Hy	IN	7°31'N, 168°44'O	Ailinglaplap Atoll	EÜ	[Y-Xgeo]tpn	Jeh
185	Chinibaru-shima	チニバル島	–	Hy	IN	6°0'N, 169°34'O	Jaluit Atoll	EÜ	[Y-Xgeo]tpn	
186	Chiran-tō	チラン島	–	Hy	IN	7°05'N, 171°42'E	Arno Atoll	EÜ	[Y-Xgeo]tpn	

Nr.	Transkription	Ortsname original	Übersetzt	Ex/En/Hy	ONK	Geografische Koordinaten	Lage im Kolonialgebiet	Benennungs-motiv	Struktur	Heutige Bezeichnung
187	Chire-tō	チレ島	–	Hy	IN	8°12'N 171°06'E	Aur Atoll	EÜ	[Y-Xgeo]tpn	
188	Chiribokobotsukaso-shima	チリボコボツカソ島	–	Hy	IN	6°0'N, 169°34'O	Jaluit Atoll	EÜ	[Y-Xgeo]tpn	
189	Chirochi-tō	チロチ島	–	Hy	IN	4°38'N, 168°43'O	Ebon Atoll	EÜ	[Y-Xgeo]tpn	
190	Chiron-shima	チロン島	–	Hy	IN	6°0'N, 169°34'O	Jaluit Atoll	EÜ	[Y-Xgeo]tpn	
191	Chiyabo	チヤボ	–	Hy	IN	7°05'N 171°42'E	Arno Atoll	EÜ	–	
192	chiyabomuru-to	チヤボムル島	–	Hy	IN	9°12'N, 167°28'0	Kwajalein Atoll	EÜ	[Y-Xgeo]tpn	
193	Chiyaeo-tō	チヤエオ島	–	Hy	IN	10°20'N, 169°56'0	Ailuk Atoll	EÜ	[Y-Xgeo]tpn	
194	Chiyarechi	チヤレチ	–	Hy	IN	7°4' N, 171°16' O	Majuro Atoll	EÜ	[Y-Xgeo]tpn	Daritt
195	Chiyarutueshi-shima	チヤルツェシ島	–	Hy	IN	06°08'00"N 171°55'00"E	Mili Atoll	EÜ	[Y-Xgeo]tpn	
196	Chōren-tō	チョーレン島	–	Hy	IN	9°27' N, 170°1' O	Wotje Atoll	EÜ	[Y-Xgeo]tpn	Jolen
197	Dakaen-tō	ダカエン島	–	Hy	IN	9°54' N, 169°8' O	Likiep Atoll	EÜ	[Y-Xgeo]tpn	

Nr.	Transkription	Ortsname original	Übersetzt	Ex/En/Hy	ONK	Geografische Koordinaten	Lage im Kolonialgebiet	Benennungs-motiv	Struktur	Heutige Bezeichnung
198	Daozen-tō	ダオゼン島	–	Hy	IN	10°20'N, 169°56'O	Ailuk Atoll	EÜ	[Y-Xgeo]tpn	
199	Darēpu-tō	ダレープ島	–	Hy	IN	8°12'N, 171°06'E	Aur Atoll	EÜ	[Y-Xgeo]tpn	
200	Darudoku-tō	ダルドク島	–	Hy	IN	8°45'N, 171°4'O	Maloelap Atoll	EÜ	[Y-Xgeo]tpn	
201	Dāru-tō	ダール島	–	Hy	IN	8°45'N, 171°4'O	Maloelap Atoll	EÜ	[Y-Xgeo]tpn	Tar
202	Degereppu-tō	デゲレップ島	–	Hy	IN	07°59'00"N, 168°10'25"E	Namu Atoll	EÜ	[Y-Xgeo]tpn	
203	Doburu-tō	ドブル島	–	Hy	IN	7°31'N, 168°44'O	Ailinglaplap Atoll	EÜ	[Y-Xgeo]tpn	
204	Dogomaru-tō	ドゴマル島	–	Hy	IN	7°31'N, 168°44'O	Ailinglaplap Atoll	EÜ	[Y-Xgeo]tpn	
205	Doreso-tō	ドレソ島	–	Hy	IN	7°31'N, 168°44'O	Ailinglaplap Atoll	EÜ	[Y-Xgeo]tpn	
206	Doudou-tō	ドウドウ島	–	Hy	IN	7°31'N, 168°44'O	Ailinglaplap Atoll	EÜ	[Y-Xgeo]tpn	
207	Eauriku-tō	エアウリク島	–	Hy	IN	10°20'N, 169°56'O	Ailuk Atoll	EÜ	[Y-Xgeo]tpn	
208	ebaden-to	エバデン島	–	Hy	IN	9°12'N, 167°28'O	Kwajalein Atoll	EÜ	[Y-Xgeo]tpn	

Nr.	Transkription	Ortsname original	Übersetzt	Ex/En/Hy	ONK	Geografische Koordinaten	Lage im Kolonialgebiet	Benennungs-motiv	Struktur	Heutige Bezeichnung
209	Ebijie-tō	エビジエ島	–	Hy	IN	9°12'N, 167°28'O	Kwajalein Atoll	EÜ	[Y-Xgeo]tpn	Ebeye
210	Ebizerikku-tō	エビゼリック島	–	Hy	IN	9°12'N, 167°28'O	Kwajalein Atoll	EÜ	[Y-Xgeo]tpn	
211	Ebon-tō	エボン島	–	Hy	IN	4°38'N, 168°43'O	Ebon Atoll	EÜ	[Y-Xgeo]tpn	Ebon Insel
212	Ebyouuniuni-tō	エビョウウニウニ島	–	Hy	IN	07°59'00''N, 168°10'25''E	Namu Atoll	EÜ	[Y-Xgeo]tpn	
213	ecchiere-to	エッチエレ島	–	Hy	IN	9°12'N, 167°28'O	Kwajalein Atoll	EÜ	[Y-Xgeo]tpn	
214	Ēemu-tō	エーエム島	–	Hy	IN	8°45' N, 171°4' O	Maloelap Atoll	EÜ	[Y-Xgeo]tpn	Eien
215	Ejichi-tō	エジーチ島	–	Hy	IN	8°12'N, 171°06'E	Aur Atoll	EÜ	[Y-Xgeo]tpn	
216	Ejikuwawan-shima	エジクワワン島	–	Hy	IN	06°08'00''N, 171°55'00''E	Mili Atoll	EÜ	[Y-Xgeo]tpn	
217	Ejiyoa-shima	エジョア島	–	Hy	IN	06°08'00''N, 171°55'00''E	Mili Atoll	EÜ	[Y-Xgeo]tpn	
218	ekeyaburo-to	エケヤブロ島	–	Hy	IN	9°12'N, 167°28'O	Kwajalein Atoll	EÜ	[Y-Xgeo]tpn	
219	Emijiwan-tō	エミジワン島	–	Hy	IN	9°54' N, 169°8' O	Likiep Atoll	EÜ	[Y-Xgeo]tpn	

Nr.	Transkription	Ortsname original	Übersetzt	Ex/En/Hy	ONK	Geografische Koordinaten	Lage im Kolonialgebiet	Benennungs-motiv	Struktur	Heutige Bezeichnung
220	Enebāzen-tō	エネバーゼン島	–	Hy	IN	8°12'N, 171°06'E	Aur Atoll	EÜ	[Y-Xgeo]tpn	
221	Eneburen-tō	エネブレン島	–	Hy	IN	8°12'N, 171°06'E	Aur Atoll	EÜ	[Y-Xgeo]tpn	
222	enechiyore-to	エネチヨレ島	–	Hy	IN	9°12'N, 167°28'O	Kwajalein Atoll	EÜ	[Y-Xgeo]tpn	
223	Enegasorōru-tō	エネガソロール島	–	Hy	IN	7°31'N, 168°44'O	Ailinglaplap Atoll	EÜ	[Y-Xgeo]tpn	
224	Enego-tō	エネゴ島	–	Hy	IN	09°08'30"N 170°00'00"E	Erikub Atoll	EÜ	[Y-Xgeo]tpn	
225	Enejo-tō	エネジョ島	–	Hy	IN	7°31'N, 168°44'O	Ailinglaplap Atoll	EÜ	[Y-Xgeo]tpn	
226	Enekairikku-tō	エネカイリック島	–	Hy	IN	8°12'N, 171°06'E	Aur Atoll	EÜ	[Y-Xgeo]tpn	
227	Enekeeichi-tō	エネケエイチ島	–	Hy	IN	9°54'N, 169°8'O	Likiep Atoll	EÜ	[Y-Xgeo]tpn	
228	Enekeeraru-tō	エネケエラル島	–	Hy	IN	9°54'N, 169°8'O	Likiep Atoll	EÜ	[Y-Xgeo]tpn	
229	Enekuge-tō	エネクゲ島	–	Hy	IN	10°20'N, 169°56'O	Ailuk Atoll	EÜ	[Y-Xgeo]tpn	
230	Enekuge-tō	エネクゲ島	–	Hy	IN	10°20'N, 169°56'O	Ailuk Atoll	EÜ	[Y-Xgeo]tpn	

Toponomastik im Kontext des japanischen Kolonialismus — 453

Nr.	Transkription	Ortsname original	Übersetzt	Ex/En/Hy	ONK	Geografische Koordinaten	Lage im Kolonialgebiet	Benennungs-motiv	Struktur	Heutige Bezeichnung
231	enemaato-to	エネマート島	–	Hy	IN	9°12′N, 167°28′O	Kwajalein Atoll	EÜ	[Y-Xgeo]tpn	
232	Enemān-tō	エネマーン島	–	Hy	IN	8°45′N, 171°4′O	Maloelap Atoll	EÜ	[Y-Xgeo]tpn	
233	Enema-tō	エネマ島	–	Hy	IN	9°27′N, 170°1′O	Wotje Atoll	EÜ	[Y-Xgeo]tpn	Ankekejaiik
234	Enemejen-tō	エネメジェン島	–	Hy	IN	8°45′N, 171°4′O	Maloelap Atoll	EÜ	[Y-Xgeo]tpn	
235	Enenaitokku-tō	エネナイトック島	–	Hy	IN	4°38′N, 168°43′O	Ebon Atoll	EÜ	[Y-Xgeo]tpn	Eninaitok
236	Enenekarai-tō	エネネカライ島	–	Hy	IN	10°20′N, 169°56′O	Ailuk Atoll	EÜ	[Y-Xgeo]tpn	
237	Enenenman-tō	エネンマン島	–	Hy	IN	9°54′N, 169°8′O	Likiep Atoll	EÜ	[Y-Xgeo]tpn	
238	Enenmān-tō	エネンマーン島	–	Hy	IN	11°37′N, 165°24′O	Bikini Atoll	EÜ	[Y-Xgeo]tpn	Eninman
239	Enēnomu-tō	エネーノオム島	–	Hy	IN	9°27′N, 170°1′O	Wotje Atoll	EÜ	[Y-Xgeo]tpn	Anenoomu
240	Enenoomu-tō	エネノオム島	–	Hy	IN	10°20′N, 169°56′O	Ailuk Atoll	EÜ	[Y-Xgeo]tpn	
241	Enenregorappu-tō	エネンレゴラップ島	–	Hy	IN	8°45′N, 171°4′O	Maloelap Atoll	EÜ	[Y-Xgeo]tpn	

Nr.	Transkription	Ortsname original	Übersetzt	Ex/En/Hy	ONK	Geografische Koordinaten	Lage im Kolonialgebiet	Benennungs-motiv	Struktur	Heutige Bezeichnung
242	Enenrogorappu-tō	エネンロゴラップ島	–	Hy	IN	9°54′N, 169°8′O	Likiep Atoll	EÜ	[Y-Xgeo]tpn	
243	Enenrokorappu-tō	エネンロコラップ島	–	Hy	IN	7°05′N, 171°42′E	Arno Atoll	EÜ	[Y-Xgeo]tpn	
244	Eneonmān-tō	エネオンマーン島	–	Hy	IN	10°20′N, 169°56′O	Ailuk Atoll	EÜ	[Y-Xgeo]tpn	Eneneman
245	Enepukushyainuku-tō	エネプクシャイヌク島	–	Hy	IN	9°27′N, 170°1′O	Wotje Atoll	EÜ	[Y-Xgeo]tpn	Bikoneangwod
246	Enerikku-tō	エネリック島	–	Hy	IN	8°12′N, 171°06′E	Aur Atoll	EÜ	[Y-Xgeo]tpn	
247	Enerikku-tō	エネリック島	–	Hy	IN	10°20′N, 169°56′O	Ailuk Atoll	EÜ	[Y-Xgeo]tpn	
248	Enerinku-shima	エネリンク島	–	Hy	IN	06°08′00″N 171°55′00″E	Mili Atoll	EÜ	[Y-Xgeo]tpn	
249	Eneroruru-tō	エネロウル島	–	Hy	IN	7°05′N, 171°42′E	Arno Atoll	EÜ	[Y-Xgeo]tpn	
250	Enerubugan-chairukku-tō	エネルブガンチャイルック島	–	Hy	IN	9°54′N, 169°8′O	Likiep Atoll	EÜ	[Y-Xgeo]tpn	
251	Enerūrāron-tō	エネルーラーロン島	–	Hy	IN	7°05′N, 171°42′E	Arno Atoll	EÜ	[Y-Xgeo]tpn	
252	Enetafun-tō	エネタフン島	–	Hy	IN	9°54′N, 169°8′O	Likiep Atoll	EÜ	[Y-Xgeo]tpn	

Toponomastik im Kontext des japanischen Kolonialismus — 455

Nr.	Transkription	Ortsname original	Übersetzt	Ex/En/Hy	ONK	Geografische Koordinaten	Lage im Kolonialgebiet	Benennungs-motiv	Struktur	Heutige Bezeichnung
253	Eneyao-tō	エネヤオ島	–	Hy	IN	10°20'N, 169°56'O	Ailuk Atoll	EÜ	[Y-Xgeo]tpn	
254	Eneya-tō	エネヤ島	–	Hy	IN	8°45'N, 171°4'O	Maloelap Atoll	EÜ	[Y-Xgeo]tpn	Enea
255	Eniairikku-tō	エニアイリック島	–	Hy	IN	7°05'N, 171°42'E	Arno Atoll	EÜ	[Y-Xgeo]tpn	
256	Eniairiku-tō	エニアイリク島	–	Hy	IN	10°6'N, 165°58'O	Wotho Atoll	EÜ	[Y-Xgeo]tpn	
257	Eniaitsutsuku-tō	エニアイツツク島	–	Hy	IN	7°05'N, 171°42'E	Arno Atoll	EÜ	[Y-Xgeo]tpn	Eneaitok
258	Eniakuremike-shima	エニアクレミケ島	–	Hy	IN	6°0'N, 169°34'O	Jaluit Atoll	EÜ	[Y-Xgeo]tpn	
259	Enianin-tō	エニアニン島	–	Hy	IN	9°27'N, 170°1'O	Wotje Atoll	EÜ	[Y-Xgeo]tpn	Aneaul
260	Enianishina-shima	エニアニシナ島	–	Hy	IN	06°08'00"N 171°55'00"E	Mili Atoll	EÜ	[Y-Xgeo]tpn	
261	eniaro-to	エニアロ島	–	Hy	IN	9°12'N, 167°28'O	Kwajalein Atoll	EÜ	[Y-Xgeo]tpn	Eneruo
262	Eniarumichi-tō	エニアルミチ島	–	Hy	IN	9°54'N, 169°8'O	Likiep Atoll	EÜ	[Y-Xgeo]tpn	
263	Eniarumichi-tō	エニアルミチ島	–	Hy	IN	10°20'N, 169°56'O	Ailuk Atoll	EÜ	[Y-Xgeo]tpn	

Nr.	Transkription	Ortsname original	Übersetzt	Ex/En/Hy	ONK	Geografische Koordinaten	Lage im Kolonialgebiet	Benennungs-motiv	Struktur	Heutige Bezeichnung
264	Eniarumichi-tō	エニアルミチ島	–	Hy	IN	4°38'N, 168°43'O	Ebon Atoll	EÜ	[Y-Xgeo]tpn	Enearmij
265	Eniarumiji-tō	エニアルミジ島	–	Hy	IN	9°27' N, 170°1' O	Wotje Atoll	EÜ	[Y-Xgeo]tpn	Anearmej
266	enibin-to	エニビン島	–	Hy	IN	9°12'N, 167°28'O	Kwajalein Atoll	EÜ	[Y-Xgeo]tpn	
267	Enibiro-shima	エニビロ島	–	Hy	IN	6°0'N, 169°34'O	Jaluit Atoll	EÜ	[Y-Xgeo]tpn	
268	Enibun-tō	エニブン島	–	Hy	IN	9°27' N, 170°1' O	Wotje Atoll	EÜ	[Y-Xgeo]tpn	Kejaiing
269	Enibūn-tō	エニブーン島	–	Hy	IN	8°45' N, 171°4' O	Maloelap Atoll	EÜ	[Y-Xgeo]tpn	
270	Enichaburokku-tō	エニチャブロック島	–	Hy	IN	10°20'N, 169°56'O	Ailuk Atoll	EÜ	[Y-Xgeo]tpn	Enijabro
271	Enichiaue-tō	エニチアウエ島	–	Hy	IN	8°45' N, 171°4' O	Maloelap Atoll	EÜ	[Y-Xgeo]tpn	
272	Enichieien-shima	エニチエイエン島	–	Hy	IN	6°0'N, 169°34'O	Jaluit Atoll	EÜ	[Y-Xgeo]tpn	
273	Enieshi-tō	エニエシ島	–	Hy	IN	9°54' N, 169°8' O	Likiep Atoll	EÜ	[Y-Xgeo]tpn	
274	enifumeshi-to	エニフメシ島	–	Hy	IN	9°12'N, 167°28'O	Kwajalein Atoll	EÜ	[Y-Xgeo]tpn	Enubuj

Toponomastik im Kontext des japanischen Kolonialismus —— 457

Nr.	Transkription	Ortsname original	Übersetzt	Ex/En/Hy	ONK	Geografische Koordinaten	Lage im Kolonialgebiet	Benennungs-motiv	Struktur	Heutige Bezeichnung
275	Enije-tō	エニジェ島	–	Hy	IN	10°20'N, 169°56'O	Ailuk Atoll	EÜ	[Y-Xgeo]tpn	Enije
276	Enijirutaku-tō	エニジルタク島	–	Hy	IN	9°27'N, 170°1'O	Wotje Atoll	EÜ	[Y-Xgeo]tpn	Ene Cherutakku
277	Eniju-tō	エニジュ島	–	Hy	IN	7°4'N, 171°16'O	Majuro Atoll	EÜ	[Y-Xgeo]tpn	
278	Enikamokan-tō	エニーカモカン島	–	Hy	IN	9°27'N, 170°1'O	Wotje Atoll	EÜ	[Y-Xgeo]tpn	Anekomkwan
279	enikanrittararu-to	エニカンリッタラル島	–	Hy	IN	9°12'N, 167°28'O	Kwajalein Atoll	EÜ	[Y-Xgeo]tpn	Ennugen-liggelap
280	enikaran-to	エニカラン島	–	Hy	IN	9°12'N, 167°28'O	Kwajalein Atoll	EÜ	[Y-Xgeo]tpn	
281	Enikemu-tō	エニーケム島	–	Hy	IN	9°27'N, 170°1'O	Wotje Atoll	EÜ	[Y-Xgeo]tpn	Anekaamw
282	Enikenō-tō	エニーケノー島	–	Hy	IN	9°27'N, 170°1'O	Wotje Atoll	EÜ	[Y-Xgeo]tpn	Anebing
283	Enikishibaru-tō	エニキシバル島	–	Hy	IN	7°05'N 171°42'E	Arno Atoll	EÜ	[Y-Xgeo]tpn	
284	Enikoen-tō	エニコエン島	–	Hy	IN	4°38'N, 168°43'O	Ebon Atoll	EÜ	[Y-Xgeo]tpn	
285	Enikopure-tō	エニーコプレ島	–	Hy	IN	9°27'N, 170°1'O	Wotje Atoll	EÜ	[Y-Xgeo]tpn	Anekoble

Nr.	Transkription	Ortsname original	Übersetzt	Ex/En/Hy	ONK	Geografische Koordinaten	Lage im Kolonialgebiet	Benennungs-motiv	Struktur	Heutige Bezeichnung
286	Eniko-tō	エニーコ島	–	Hy	IN	7°4′ N, 171°16′ O	Majuro Atoll	EÜ	[Y-Xgeo]tpn	
287	Enikotokoto-tō	エニコトコト島	–	Hy	IN	7°05′N 171°42′E	Arno Atoll	EÜ	[Y-Xgeo]tpn	
288	Enikotokoto-tō	エニコトコト島	–	Hy	IN	7°4′ N, 171°16′ O	Majuro Atoll	EÜ	[Y-Xgeo]tpn	
289	Enīkukkut-tō	エニークッツ島	–	Hy	IN	9°27′N, 170°1′ O	Wotje Atoll	EÜ	[Y-Xgeo]tpn	Anekotkot
290	Eniku-shima	エニク島	–	Hy	IN	06°08′00″N 171°55′00″E	Mili Atoll	EÜ	[Y-Xgeo]tpn	
291	Enīkyo-tō	エニーキョ島	–	Hy	IN	9°27′N, 170°1′ O	Wotje Atoll	EÜ	[Y-Xgeo]tpn	Anekio
292	Enimakiji-tō	エニマキジ島	–	Hy	IN	7°4′ N, 171°16′ O	Majuro Atoll	EÜ	[Y-Xgeo]tpn	
293	Enimanetto-tō	エニマネット島	–	Hy	IN	9°12′N, 167°28′O	Kwajalein Atoll	EÜ	[Y-Xgeo]tpn	
294	Enimanimani-tō	エニーマニマニ島	–	Hy	IN	10°20′N, 169°56′O	Ailuk Atoll	EÜ	[Y-Xgeo]tpn	
295	Eninieku-tō	エニニエク島	–	Hy	IN	07°59′00″N, 168°10′25″E	Namu Atoll	EÜ	[Y-Xgeo]tpn	
296	Eninirikku-tō	エニニリック島	–	Hy	IN	7°05′N 171°42′E	Arno Atoll	EÜ	[Y-Xgeo]tpn	

Nr.	Transkription	Ortsname original	Übersetzt	Ex/En/Hy	ONK	Geografische Koordinaten	Lage im Kolonialgebiet	Benennungs-motiv	Struktur	Heutige Bezeichnung
297	Eniniyaru-shima	エニニヤル島	–	Hy	IN	06°08′00″N 171°55′00″E	Mili Atoll	EÜ	[Y-Xgeo]tpn	
298	Eninōn-tō	エニノーン島	–	Hy	IN	9°54′N, 169°8′O	Likiep Atoll	EÜ	[Y-Xgeo]tpn	
299	Eninorikku-tō	エニノリック島	–	Hy	IN	7°4′N, 171°16′O	Majuro Atoll	EÜ	[Y-Xgeo]tpn	
300	Enīno-tō	エニーノ島	–	Hy	IN	7°05′N 171°42′E	Arno Atoll	EÜ	[Y-Xgeo]tpn	
301	Eninsakku-tō	エニンサック島	–	Hy	IN	7°05′N 171°42′E	Arno Atoll	EÜ	[Y-Xgeo]tpn	
302	Eninureji-tō	エニヌレジ島	–	Hy	IN	7°4′N, 171°16′O	Majuro Atoll	EÜ	[Y-Xgeo]tpn	
303	Eniobegaku-tō	エニオベガク島	–	Hy	IN	10°6′N, 165°58′O	Wotho Atoll	EÜ	[Y-Xgeo]tpn	
304	Enioetaku-tō	エニオエタク島	–	Hy	IN	9°12′N, 167°28′O	Kwajalein Atoll	EÜ	[Y-Xgeo]tpn	Eniwetak
305	Eniparapara-tō	エニパラパラ島	–	Hy	IN	10°6′N, 165°58′O	Wotho Atoll	EÜ	[Y-Xgeo]tpn	
306	Enipero-tō	エニペロ島	–	Hy	IN	9°27′N, 170°1′O	Wotje Atoll	EÜ	[Y-Xgeo]tpn	Aneknno
307	Enipun-tō	エニプン島	–	Hy	IN	9°12′N, 167°28′O	Kwajalein Atoll	EÜ	[Y-Xgeo]tpn	

Nr.	Transkription	Ortsname original	Übersetzt	Ex/En/Hy	ONK	Geografische Koordinaten	Lage im Kolonialgebiet	Benennungsmotiv	Struktur	Heutige Bezeichnung
308	enirabukan-to	エニラブカン島	–	Hy	IN	9°12′N, 167°28′O	Kwajalein Atoll	EÜ	[Y-Xgeo]tpn	Ennylabegan
309	Eniraen-tō	エニラエン島	–	Hy	IN	7°05′N, 171°42′E	Arno Atoll	EÜ	[Y-Xgeo]tpn	
310	Enirijuku-tō	エニーリジュク島	–	Hy	IN	9°27′N, 170°1′O	Wotje Atoll	EÜ	[Y-Xgeo]tpn	Anelijik
311	Enirikku-tō	エニリック島	–	Hy	IN	7°05′N, 171°42′E	Arno Atoll	EÜ	[Y-Xgeo]tpn	Enrik
312	Enirikku-tō	エニリック島	–	Hy	IN	8°45′N, 171°4′O	Maloelap Atoll	EÜ	[Y-Xgeo]tpn	
313	Eniriku-tō	エニリク島	–	Hy	IN	11°37′N, 165°24′O	Bikini Atoll	EÜ	[Y-Xgeo]tpn	Enirik
314	Enirin-tō	エニーリン島	–	Hy	IN	9°27′N, 170°1′O	Wotje Atoll	EÜ	[Y-Xgeo]tpn	Anerein
315	Enirōku-tō	エニローク島	–	Hy	IN	4°38′N, 168°43′O	Ebon Atoll	EÜ	[Y-Xgeo]tpn	Enilok
316	Enirouru-shima	エニロウル島	–	Hy	IN	6°0′N, 169°34′O	Jaluit Atoll	EÜ	[Y-Xgeo]tpn	
317	Enishiyabai-tō	エニシヤバイ島	–	Hy	IN	9°27′N, 170°1′O	Wotje Atoll	EÜ	[Y-Xgeo]tpn	Anejobwa
318	Eniueroru-tō	エニウエロル島	–	Hy	IN	07°59′00″N, 168°10′25″E	Namu Atoll	EÜ	[Y-Xgeo]tpn	

Nr.	Transkription	Ortsname original	Übersetzt	Ex/En/Hy	ONK	Geografische Koordinaten	Lage im Kolonialgebiet	Benennungs-motiv	Struktur	Heutige Bezeichnung
319	Eniuoke-tō	エニウオケ島	–	Hy	IN	9°27'N, 170°1'O	Wotje Atoll	EÜ	[Y-Xgeo]tpn	Enniirou
320	Eniwādo-tō	エニワード島	–	Hy	IN	7°05'N, 171°42'E	Arno Atoll	EÜ	[Y-Xgeo]tpn	Eneweto
321	Eniwai-tō	エニワイ島	–	Hy	IN	7°31'N, 168°44'O	Ailinglaplap Atoll	EÜ	[Y-Xgeo]tpn	
322	Eniwatokku-tō	エニワトック島	–	Hy	IN	11°20'N, 167°27'O	Rongerik Atoll	EÜ	[Y-Xgeo]tpn	
323	Eniyan-tō	エニヤン島	–	Hy	IN	9°27'N, 170°1'O	Wotje Atoll	EÜ	[Y-Xgeo]tpn	Eniiman
324	Eniyapu-tō	エニヤプ島	–	Hy	IN	7°31'N, 168°44'O	Ailinglaplap Atoll	EÜ	[Y-Xgeo]tpn	
325	Eniyāru-tō	エニヤール島	–	Hy	IN	7°05'N, 171°42'E	Arno Atoll	EÜ	[Y-Xgeo]tpn	
326	Eniyawi-tō	エニヤウイ島	–	Hy	IN	9°27'N, 170°1'O	Wotje Atoll	EÜ	[Y-Xgeo]tpn	Bikenkolange
327	Eniyon-tō	エニヨーン島	–	Hy	IN	7°05'N, 171°42'E	Arno Atoll	EÜ	[Y-Xgeo]tpn	
328	Eniyoru-tō	エニヨル島	–	Hy	IN	4°38'N, 168°43'O	Ebon Atoll	EÜ	[Y-Xgeo]tpn	
329	Eniyuku-tō	エニユク島	–	Hy	IN	11°37'N, 165°24'O	Bikini Atoll	EÜ	[Y-Xgeo]tpn	

Nr.	Transkription	Ortsname original	Übersetzt	Ex/En/Hy	ONK	Geografische Koordinaten	Lage im Kolonialgebiet	Benennungs-motiv	Struktur	Heutige Bezeichnung
330	Enizei-tō	エニゼイ島	–	Hy	IN	07°59'00"N, 168°10'25"E	Namu Atoll	EÜ	[Y-Xgeo]tpn	
331	Enizerāru-tō	エニゼラール島	–	Hy	IN	10°20'N, 169°56'O	Ailuk Atoll	EÜ	[Y-Xgeo]tpn	
332	Enizerūdo-tō	エニゼルード島	–	Hy	IN	10°6'N, 165°58'O	Wotho Atoll	EÜ	[Y-Xgeo]tpn	
333	Enizetto	エニゼット	–	Hy	IN	06°08'00"N, 171°55'00"E	Mili Atoll	EÜ	–	Enajet
334	Enizetto-shima	エニゼット島	–	Hy	IN	6°0'N, 169°34'O	Jaluit Atoll	EÜ	[Y-Xgeo]tpn	
335	Enjuan-tō	エンジュアン島	–	Hy	IN	8°45'N, 171°4'O	Maloelap Atoll	EÜ	[Y-Xgeo]tpn	Enijun
336	Enmēji-tō	エンメージ島	–	Hy	IN	4°38'N, 168°43'O	Ebon Atoll	EÜ	[Y-Xgeo]tpn	Emej
337	Ennakku-tō	エンナック島	–	Hy	IN	7°31'N, 168°44'O	Ailinglaplap Atoll	EÜ	[Y-Xgeo]tpn	Ennak
338	Ēnoppu-tō	エーノップ島	–	Hy	IN	8°12'N, 171°06'E	Aur Atoll	EÜ	[Y-Xgeo]tpn	
339	Eonchebi-tō	エオンチェビ島	–	Hy	IN	11°37'N, 165°24'O	Bikini Atoll	EÜ	[Y-Xgeo]tpn	
340	Eonibize-tō	エオニビゼ島	–	Hy	IN	8°45'N, 171°4'O	Maloelap Atoll	EÜ	[Y-Xgeo]tpn	

Toponomastik im Kontext des japanischen Kolonialismus — 463

Nr.	Transkription	Ortsname original	Übersetzt	Ex/En/Hy	ONK	Geografische Koordinaten	Lage im Kolonialgebiet	Benennungs-motiv	Struktur	Heutige Bezeichnung
341	Eo-shima	エオ島	–	Hy	IN	6°0′N, 169°34′O	Jaluit Atoll	EÜ	[Y-Xgeo]tpn	Ewo
342	Eo-tō	エオ島	–	Hy	IN	07°59′00″N, 168°10′25″E	Namu Atoll	EÜ	[Y-Xgeo]tpn	
343	Ereen-shima	エレエン島	–	Hy	IN	06°08′00″N, 171°55′00″E	Mili Atoll	EÜ	[Y-Xgeo]tpn	
344	Ereri-tō	エレリ島	–	Hy	IN	7°31′N, 168°44′O	Ailinglaplap Atoll	EÜ	[Y-Xgeo]tpn	
345	ere-to	エレ島	–	Hy	IN	9°12′N, 167°28′O	Kwajalein Atoll	EÜ	[Y-Xgeo]tpn	Ere
346	Erichien-tō	エリチエン島	–	Hy	IN	9°27′N, 170°1′O	Wotje Atoll	EÜ	[Y-Xgeo]tpn	Adjoken
347	Eripe-tō	エリペ島	–	Hy	IN	8°12′N, 171°06′E	Aur Atoll	EÜ	[Y-Xgeo]tpn	
348	Eririku-shima	エリリク島	–	Hy	IN	06°08′00″N, 171°55′00″E	Mili Atoll	EÜ	[Y-Xgeo]tpn	
349	Eri-shima	エリ島	–	Hy	IN	6°0′N, 169°34′O	Jaluit Atoll	EÜ	[Y-Xgeo]tpn	
350	ero-to	エロ島	–	Hy	IN	9°12′N, 167°28′O	Kwajalein Atoll	EÜ	[Y-Xgeo]tpn	Eru
351	Errakan-tō	エッラカン島	–	Hy	IN	7°4′N, 171°16′O	Majuro Atoll	EÜ	[Y-Xgeo]tpn	

Nr.	Transkription	Ortsname original	Übersetzt	Ex/En/Hy	ONK	Geografische Koordinaten	Lage im Kolonialgebiet	Benennungs-motiv	Struktur	Heutige Bezeichnung
352	erreppu-to	エッレップ島	–	Hy	IN	9°12′N, 167°28′O	Kwajalein Atoll	EÜ	[Y-Xgeo]tpn	
353	Errokku-tō	エッロック島	–	Hy	IN	11°15′14″N, 169°48′00″E	Utrik Atoll	EÜ	[Y-Xgeo]tpn	Allok
354	Errokku-tō	エッロック島	–	Hy	IN	11°17′N 169°37′E	Taka Atoll	EÜ	[Y-Xgeo]tpn	
355	Erubaru-tō	エルバル島	–	Hy	IN	8°45′N, 171°4′O	Maloelap Atoll	EÜ	[Y-Xgeo]tpn	
356	Ēruchiekeen-tō	エールチエケーン島	–	Hy	IN	8°45′N, 171°4′O	Maloelap Atoll	EÜ	[Y-Xgeo]tpn	
357	Erukuppu-tō	エルクップ島	–	Hy	IN	09°08′30″N 170°00′00″E	Erikub Atoll	EÜ	[Y-Xgeo]tpn	
358	Erushiyakāen-tō	エルシヤカーエン島	–	Hy	IN	7°05′N 171°42′E	Arno Atoll	EÜ	[Y-Xgeo]tpn	
359	Erutokku-shima	エルトック島	–	Hy	IN	6°0′N, 169°34′O	Jaluit Atoll	EÜ	[Y-Xgeo]tpn	
360	etsuropu-to	エツロプ島	–	Hy	IN	9°12′N, 167°28′O	Kwajalein Atoll	EÜ	[Y-Xgeo]tpn	
361	Etsurukku-tō	エツルック島	–	Hy	IN	9°27′N, 170°1′O	Wotje Atoll	EÜ	[Y-Xgeo]tpn	Eluk
362	Ezeri-tō	エゼリ島	–	Hy	IN	9°12′N, 167°28′O	Kwajalein Atoll	EÜ	[Y-Xgeo]tpn	

Nr.	Transkription	Ortsname original	Übersetzt	Ex/En/Hy	ONK	Geografische Koordinaten	Lage im Kolonialgebiet	Benennungs-motiv	Struktur	Heutige Bezeichnung
363	Ezeruben-tō	エゼルベン島	–	Hy	IN	8°45′ N, 171°4′ O	Maloelap Atoll	EÜ	[Y-Xgeo]tpn	Egeriben
364	Gēge-tō	ゲーゲ島	–	Hy	IN	9°12′N, 167°28′O	Kwajalein Atoll	EÜ	[Y-Xgeo]tpn	
365	Gejibai-tō	ゲジバイ島	–	Hy	IN	8°45′ N, 171°4′ O	Maloelap Atoll	EÜ	[Y-Xgeo]tpn	Gijibai
366	Gēnren-tō	ゲーンレン島	–	Hy	IN	8°45′ N, 171°4′ O	Maloelap Atoll	EÜ	[Y-Xgeo]tpn	
367	Goso-shima	ゴソ島	–	Hy	IN	6°0′N, 169°34′O	Jaluit Atoll	EÜ	[Y-Xgeo]tpn	
368	Gouro-tō	ゴウロ島	–	Hy	IN	09°08′30″N 170°00′00″E	Erikub Atoll	EÜ	[Y-Xgeo]tpn	
369	Guri-tou	グリ島	–	Hy	IN	06°08′00″N 171°55′00″E	Mili Atoll	EÜ	[Y-Xgeo]tpn	Garu
370	Hikeneyagoku-tō	ヒケネヤゴク島	–	Hy	IN	9°27′ N, 170°1′ O	Wotje Atoll	EÜ	[Y-Xgeo]tpn	Wonmei
371	Hikijin-shima	ヒキジン島	–	Hy	IN	6°0′N, 169°34′O	Jaluit Atoll	EÜ	[Y-Xgeo]tpn	
372	Hokankareppu-tō	ホカンカレップ島	–	Hy	IN	8°45′ N, 171°4′ O	Maloelap Atoll	EÜ	[Y-Xgeo]tpn	
373	Hokkorerān-tō	ホッコレラーン島	–	Hy	IN	7°05′N 171°42′E	Arno Atoll	EÜ	[Y-Xgeo]tpn	

Nr.	Transkription	Ortsname original	Übersetzt	Ex/En/Hy	ONK	Geografische Koordinaten	Lage im Kolonialgebiet	Benennungs-motiv	Struktur	Heutige Bezeichnung
374	Imēji-shima	イメージ島	–	Hy	IN	6°0'N, 169°34'O	Jaluit Atoll	EÜ	[Y-Xgeo]tpn	
375	Imeku-tō	イメク島	–	Hy	IN	9°12'N, 167°28'O	Kwajalein Atoll	EÜ	[Y-Xgeo]tpn	
376	Imuroji-shima	イムロジ島	–	Hy	IN	6°0'N, 169°34'O	Jaluit Atoll	EÜ	[Y-Xgeo]tpn	Inroj
377	Ine	イネ	–	Hy	IN	7°05'N, 171°42'E	Arno Atoll	EÜ	–	Ine
378	Inipin-tō	イニピン島	–	Hy	IN	7°31'N, 168°44'O	Ailinglaplap Atoll	EÜ	[Y-Xgeo]tpn	
379	Irenikan-tō	キレニカン島	–	Hy	IN	8°45'N, 171°4'O	Maloelap Atoll	EÜ	[Y-Xgeo]tpn	
380	Ireren-shima	イレレン島	–	Hy	IN	6°0'N, 169°34'O	Jaluit Atoll	EÜ	[Y-Xgeo]tpn	
381	Irōji-tō	イロージ島	–	Hy	IN	7°4'N, 171°16'O	Majuro Atoll	EÜ	[Y-Xgeo]tpn	
382	Iyo-tō	イヨ島	–	Hy	IN	4°38'N, 168°43'O	Ebon Atoll	EÜ	[Y-Xgeo]tpn	
383	Jaaru-shima	ジャール島	–	Hy	IN	6°0'N, 169°34'O	Jaluit Atoll	EÜ	[Y-Xgeo]tpn	
384	Jabaneuoru-tō	ジャバネウオル島	–	Hy	IN	09°08'30"N 170°00'00"E	Erikub Atoll	EÜ	[Y-Xgeo]tpn	

Nr.	Transkription	Ortsname original	Übersetzt	Ex/En/Hy	ONK	Geografische Koordinaten	Lage im Kolonialgebiet	Benennungs-motiv	Struktur	Heutige Bezeichnung
385	Jabon-tō	ジャボン島	–	Hy	IN	7°31'N, 168°44'O	Ailinglaplap Atoll	EÜ	[Y-Xgeo]tpn	Jabwan
386	Jabōru-shima	ジャボール島	–	Hy	IN	6°0'N, 169°34'O	Jaluit Atoll	EÜ	[Y-Xgeo]tpn	Jabor Insel
387	Jarūchi	ジャルーチ	–	En	–	6°0'N, 169°34'O	Jaluit Atoll	EÜ	–	Jaluit Insel
388	Jōen-tō	ジョーエン島	–	Hy	IN	7°05'N, 171°42'E	Arno Atoll	EÜ	[Y-Xgeo]tpn	
389	Jogan-tō	ジョガン島	–	Hy	IN	09°08'30"N, 170°00'00"E	Erikub Atoll	EÜ	[Y-Xgeo]tpn	
390	Kaben-tō	カベン島	–	Hy	IN	8°45' N, 171°4' O	Maloelap Atoll	EÜ	[Y-Xgeo]tpn	Kaven
391	Kabinoru-tō	カビノル島	–	Hy	IN	9°54' N, 169°8' O	Likiep Atoll	EÜ	[Y-Xgeo]tpn	Kapenor
392	Kacchāuchi-tō	カッチャーウチ島	–	Hy	IN	9°27' N, 170°1' O	Wotje Atoll	EÜ	[Y-Xgeo]tpn	
393	kai-to	カイ島	–	Hy	IN	9°12'N, 167°28'O	Kwajalein Atoll	EÜ	[Y-Xgeo]tpn	
394	Kaizen-tō	カイゼン島	–	Hy	IN	9°27' N, 170°1' O	Wotje Atoll	EÜ	[Y-Xgeo]tpn	Goat
395	Kanōni-tō	カノーニ島	–	Hy	IN	10°20'N, 169°56'O	Ailuk Atoll	EÜ	[Y-Xgeo]tpn	Konoon

Nr.	Transkription	Ortsname original	Übersetzt	Ex/En/Hy	ONK	Geografische Koordinaten	Lage im Kolonialgebiet	Benennungs-motiv	Struktur	Heutige Bezeichnung
396	Kapenberikan-tō	カペンベリカン島	–	Hy	IN	9°54′N, 169°8′O	Likiep Atoll	EÜ	[Y-Xgeo]tpn	
397	Kapenbokku-shima	カペンボック島	–	Hy	IN	6°0′N, 169°34′O	Jaluit Atoll	EÜ	[Y-Xgeo]tpn	
398	Kapen-tō	カペン島	–	Hy	IN	9°27′N, 170°1′O	Wotje Atoll	EÜ	[Y-Xgeo]tpn	Kaben
399	Kapen-tō	カペン島	–	Hy	IN	9°54′N, 169°8′O	Likiep Atoll	EÜ	[Y-Xgeo]tpn	
400	Kapen-tō	カペン島	–	Hy	IN	10°20′N, 169°56′O	Ailuk Atoll	EÜ	[Y-Xgeo]tpn	Kapen
401	Kappen-tō	カッペン島	–	Hy	IN	10°6′N, 165°58′O	Wotho Atoll	EÜ	[Y-Xgeo]tpn	Kabben
402	Kapukku-tō	カプック島	–	Hy	IN	10°20′N, 169°56′O	Ailuk Atoll	EÜ	[Y-Xgeo]tpn	Kabbwok
403	Kararen-tō	カラレン島	–	Hy	IN	7°05′N, 171°42′E	Arno Atoll	EÜ	[Y-Xgeo]tpn	
404	Kararen-tō	カラレン島	–	Hy	IN	7°4′N, 171°16′O	Majuro Atoll	EÜ	[Y-Xgeo]tpn	Calalin
405	Karukā-tō	カルカー島	–	Hy	IN	11°20′N, 167°27′O	Rongerik Atoll	EÜ	[Y-Xgeo]tpn	
406	Katsuteeshi-tō	カツテエシ島	–	Hy	IN	7°31′N, 168°44′O	Ailinglaplap Atoll	EÜ	[Y-Xgeo]tpn	

Nr.	Transkription	Ortsname original	Übersetzt	Ex/En/Hy	ONK	Geografische Koordinaten	Lage im Kolonialgebiet	Benennungs-motiv	Struktur	Heutige Bezeichnung
407	keeko-to	ケーコ島	–	Hy	IN	9°12′N, 167°28′O	Kwajalein Atoll	EÜ	[Y-Xgeo]tpn	
408	Keenaechi-tō	ケエナエチ島	–	Hy	IN	8°45′N, 171°4′O	Maloelap Atoll	EÜ	[Y-Xgeo]tpn	
409	Keishiyaishi-tō	ケイシヤイシ島	–	Hy	IN	9°27′N, 170°1′O	Wotje Atoll	EÜ	[Y-Xgeo]tpn	Anea
410	Kejiboe-tō	ケジボエ島	–	Hy	IN	7°05′N, 171°42′E	Arno Atoll	EÜ	[Y-Xgeo]tpn	
411	Kekeren-tō	ケケレン島	–	Hy	IN	9°54′N, 169°8′O	Likiep Atoll	EÜ	[Y-Xgeo]tpn	
412	Kenman-tō	ケンマン島	–	Hy	IN	7°05′N, 171°42′E	Arno Atoll	EÜ	[Y-Xgeo]tpn	
413	Kēnmokā-tō	ケーンモカー島	–	Hy	IN	8°45′N, 171°4′O	Maloelap Atoll	EÜ	[Y-Xgeo]tpn	
414	Keranmaru-tō	ケランマル島	–	Hy	IN	9°54′N, 169°8′O	Likiep Atoll	EÜ	[Y-Xgeo]tpn	
415	Ke-tō	ケ島	–	Hy	IN	10°20′N, 169°56′O	Ailuk Atoll	EÜ	[Y-Xgeo]tpn	
416	Kē-tō	ケー島	–	Hy	IN	9°27′N, 170°1′O	Wotje Atoll	EÜ	[Y-Xgeo]tpn	Nebdan
417	Kezegan-tō	ケゼガン島	–	Hy	IN	9°54′N, 169°8′O	Likiep Atoll	EÜ	[Y-Xgeo]tpn	

Nr.	Transkription	Ortsname original	Übersetzt	Ex/En/Hy	ONK	Geografische Koordinaten	Lage im Kolonialgebiet	Benennungs-motiv	Struktur	Heutige Bezeichnung
418	kicchinibui-to	キッチニブイ島	–	Hy	IN	9°12'N, 167°28'O	Kwajalein Atoll	EÜ	[Y-Xgeo]tpn	
419	Kicchin-tō	キッチン島	–	Hy	IN	9°54'N, 169°8'O	Likiep Atoll	EÜ	[Y-Xgeo]tpn	
420	Kichinimoku-shima	キチニモック島	–	Hy	IN	6°0'N, 169°34'O	Jaluit Atoll	EÜ	[Y-Xgeo]tpn	
421	Kiijien-shima	キージエン島	–	Hy	IN	6°0'N, 169°34'O	Jaluit Atoll	EÜ	[Y-Xgeo]tpn	
422	Kimajo-tō	キマジョ島	–	Hy	IN	9°27'N, 170°1'O	Wotje Atoll	EÜ	[Y-Xgeo]tpn	Egmedio
423	Kimaru-tō	キマル島	–	Hy	IN	8°45'N, 171°4'O	Maloelap Atoll	EÜ	[Y-Xgeo]tpn	Kumaru
424	Kimeijyo-tō	キメジヨ島	–	Hy	IN	9°27'N, 170°1'O	Wotje Atoll	EÜ	[Y-Xgeo]tpn	Kimejo
425	Kinajiyoso-shima	キナジヨン島	–	Hy	IN	6°0'N, 169°34'O	Jaluit Atoll	EÜ	[Y-Xgeo]tpn	
426	Kinajon	キナジョン	–	Hy	IN	7°05'N 171°42'E	Arno Atoll	EÜ	–	
427	Kirake-tō	キラケ島	–	Hy	IN	7°05'N 171°42'E	Arno Atoll	EÜ	[Y-Xgeo]tpn	Kirage
428	Kiranman-tō	キランマン島	–	Hy	IN	7°05'N 171°42'E	Arno Atoll	EÜ	[Y-Xgeo]tpn	

Toponomastik im Kontext des japanischen Kolonialismus —— 471

Nr.	Transkription	Ortsname original	Übersetzt	Ex/En/Hy	ONK	Geografische Koordinaten	Lage im Kolonialgebiet	Benennungs-motiv	Struktur	Heutige Bezeichnung
429	Kireku-tō	キレク島	–	Hy	IN	7°4'N, 171°16' O	Majuro Atoll	EÜ	[Y-Xgeo]tpn	
430	Kirenekan-tō	キレネカン島	–	Hy	IN	8°45' N, 171°4' O	Maloelap Atoll	EÜ	[Y-Xgeo]tpn	
431	Kirenen-tō	キレンエン島	–	Hy	IN	7°05'N 171°42'E	Arno Atoll	EÜ	[Y-Xgeo]tpn	
432	Kirenen-tō	キレンエン島	–	Hy	IN	7°4' N, 171°16' O	Majuro Atoll	EÜ	[Y-Xgeo]tpn	Ejit
433	Kirenen-tō	キレンエン島	–	Hy	IN	9°12'N, 167°28'O	Kwajalein Atoll	EÜ	[Y-Xgeo]tpn	
434	Kirenikan-tō	キレニカン島	–	Hy	IN	9°27' N, 170°1' O	Wotje Atoll	EÜ	[Y-Xgeo]tpn	Kidenkan
435	Kireniyano-tō	キレニヤノ島	–	Hy	IN	7°05'N 171°42'E	Arno Atoll	EÜ	[Y-Xgeo]tpn	
436	Kireniyan-tō	キレニヤン島	–	Hy	IN	7°05'N 171°42'E	Arno Atoll	EÜ	[Y-Xgeo]tpn	
437	Kirien-tō	キリエン島	–	Hy	IN	7°05'N 171°42'E	Arno Atoll	EÜ	[Y-Xgeo]tpn	
438	Kiri-to	キリー島	–	Hy	IN	5° 37'N, 169° 07'	Kili Insel	EÜ	[Y-Xgeo]tpn	Kili Insel
439	Kiri-tō	キリー島	–	Hy	IN	9°54' N, 169°8' O	Likiep Atoll	EÜ	[Y-Xgeo]tpn	

Nr.	Transkription	Ortsname original	Übersetzt	Ex/En/Hy	ONK	Geografische Koordinaten	Lage im Kolonialgebiet	Benennungs- motiv	Struktur	Heutige Bezeichnung
440	Kiuru-shima	キウル島	–	Hy	IN	6°0′N, 169°34′O	Jaluit Atoll	EÜ	[Y-Xgeo]tpn	
441	kiyo-to	キヨ島	–	Hy	IN	9°12′N, 167°28′O	Kwajalein Atoll	EÜ	[Y-Xgeo]tpn	
442	Kizen-shima	キーゼン島	–	Hy	IN	6°0′N, 169°34′O	Jaluit Atoll	EÜ	[Y-Xgeo]tpn	
443	Kōdi-tō	コーヂ島	–	Hy	IN	9°12′N, 167°28′O	Kwajalein Atoll	EÜ	[Y-Xgeo]tpn	
444	Kōdo-tō	コード島	–	Hy	IN	7°31′N, 168°44′O	Ailinglaplap Atoll	EÜ	[Y-Xgeo]tpn	
445	Koguron-tō	コグロン島	–	Hy	IN	7°4′N, 171°16′O	Majuro Atoll	EÜ	[Y-Xgeo]tpn	Rongrong
446	Komore-tō	コモレ島	–	Hy	IN	9°12′N, 167°28′O	Kwajalein Atoll	EÜ	[Y-Xgeo]tpn	Omelek
447	Konnatokan-shima	コンナトカン島	–	Hy	IN	06°08′00″N 171°55′00″E	Mili Atoll	EÜ	[Y-Xgeo]tpn	(Kinnatkan)
448	Kowakukan-tō	コワクカン島	–	Hy	IN	9°12′N, 167°28′O	Kwajalein Atoll	EÜ	[Y-Xgeo]tpn	
449	Kukichiyakānen-tō	クキチヤカーネン島	–	Hy	IN	9°12′N, 167°28′O	Kwajalein Atoll	EÜ	[Y-Xgeo]tpn	
450	Kumukumurabu-tō	クムクムラブ島	–	Hy	IN	4°38′N, 168°43′O	Ebon Atoll	EÜ	[Y-Xgeo]tpn	Komuko- murapu

Toponomastik im Kontext des japanischen Kolonialismus —— 473

Nr.	Transkription	Ortsname original	Übersetzt	Ex/En/Hy	ONK	Geografische Koordinaten	Lage im Kolonialgebiet	Benennungs-motiv	Struktur	Heutige Bezeichnung
451	kuru-to	クル島	–	Hy	IN	9°12'N, 167°28'O	Kwajalein Atoll	EÜ	[Y-Xgeo]tpn	Kwadack
452	Kuwatokku-tō	クワトック島	–	Hy	IN	9°12'N, 167°28'O	Kwajalein Atoll	EÜ	[Y-Xgeo]tpn	Kwadack
453	kuwazerin-to	クワゼリン島	–	Hy	IN	9°12'N, 167°28'O	Kwajalein Atoll	EÜ	[Y-Xgeo]tpn	Kwajalein Insel
454	maan-to	マーン島	–	Hy	IN	9°12'N, 167°28'O	Kwajalein Atoll	EÜ	[Y-Xgeo]tpn	Mann
455	maesereo-to	マエセレオ島	–	Hy	IN	9°12'N, 167°28'O	Kwajalein Atoll	EÜ	[Y-Xgeo]tpn	
456	Mae-tō	マエ島	–	Hy	IN	07°59'00"N, 168°10'25"E	Namu Atoll	EÜ	[Y-Xgeo]tpn	Mae Insel
457	Magae-shima	マガエ島	–	Hy	IN	6°0'N, 169°34'O	Jaluit Atoll	EÜ	[Y-Xgeo]tpn	Menge
458	Māne-tō	マーネ	–	Hy	IN	4°38'N, 168°43'O	Ebon Atoll	EÜ	–	
459	Manetto-tō	マネット島	–	Hy	IN	9°27'N, 170°1'O	Wotje Atoll	EÜ	[Y-Xgeo]tpn	Bird
460	Maran-tō	マラン島	–	Hy	IN	9°54'N, 169°8'O	Likiep Atoll	EÜ	[Y-Xgeo]tpn	Melang
461	Marenpoen-tō	マレンポエン島	–	Hy	IN	7°05'N 171°42'E	Arno Atoll	EÜ	[Y-Xgeo]tpn	

Nr.	Transkription	Ortsname original	Übersetzt	Ex/En/Hy	ONK	Geografische Koordinaten	Lage im Kolonialgebiet	Benennungs-motiv	Struktur	Heutige Bezeichnung
462	Mareō-tō	マレオー島	–	Hy	IN	7°05'N 171°42'E	Arno Atoll	EÜ	[Y-Xgeo]tpn	
463	Marēppu-tō	マレップ島	–	Hy	IN	10°20'N, 169°56'O	Ailuk Atoll	EÜ	[Y-Xgeo]tpn	Maribw
464	Marēre-tō	マレーレ島	–	Hy	IN	8°12'N 171°06'E	Aur Atoll	EÜ	[Y-Xgeo]tpn	
465	Marēre-tō	マレーレ島	–	Hy	IN	8°45'N, 171°4'O	Maloelap Atoll	EÜ	[Y-Xgeo]tpn	
466	Mareri-tō	マレリ島	–	Hy	IN	7°05'N 171°42'E	Arno Atoll	EÜ	[Y-Xgeo]tpn	
467	marikku-to	マリック島	–	Hy	IN	9°12'N, 167°28'O	Kwajalein Atoll	EÜ	[Y-Xgeo]tpn	
468	Marokku-tō	マロック島	–	Hy	IN	10°20'N, 169°56'O	Ailuk Atoll	EÜ	[Y-Xgeo]tpn	
469	Marumaru-tō	マルマル島	Marumaru-Insel	Hy	IN	5°37'N, 168°7'O	Namorik Atoll	EÜ	[Y-Xgeo]tpn	Matamat
470	Marume-tō	マルメ島	–	Hy	IN	10°20'N, 169°56'O	Ailuk Atoll	EÜ	[Y-Xgeo]tpn	Marme
471	Māseishi-tō	マーセイシ島	–	Hy	IN	9°27'N, 170°1'O	Wotje Atoll	EÜ	[Y-Xgeo]tpn	Mwajaej
472	Mashikin-tō	マシキン島	–	Hy	IN	07°59'00"N, 168°10'25"E	Namu Atoll	EÜ	[Y-Xgeo]tpn	Majkin

Nr.	Transkription	Ortsname original	Übersetzt	Ex/En/Hy	ONK	Geografische Koordinaten	Lage im Kolonialgebiet	Benennungs-motiv	Struktur	Heutige Bezeichnung
473	Matoren	マトレン	–	Hy	IN	7°05'N, 171°42'E	Arno Atoll	EÜ	–	
474	Māto-tō	マート島	–	Hy	IN	9°54'N, 169°8'O	Likiep Atoll	EÜ	[Y-Xgeo]tpn	Mwaat
475	Matsuden-tō	マツデン島	–	Hy	IN	7°31'N, 168°44'O	Ailinglaplap Atoll	EÜ	[Y-Xgeo]tpn	
476	Matsurio-tō	マツリオ島	–	Hy	IN	10°20'N, 169°56'O	Ailuk Atoll	EÜ	[Y-Xgeo]tpn	
477	Matsuritakku-tō	マツリタック島	–	Hy	IN	10°20'N, 169°56'O	Ailuk Atoll	EÜ	[Y-Xgeo]tpn	
478	Matsutēn-tō	マツテーン島	–	Hy	IN	9°54'N, 169°8'O	Likiep Atoll	EÜ	[Y-Xgeo]tpn	
479	Mattamochi-tō	マッタモチ島	–	Hy	IN	07°59'00"N, 168°10'25"E	Namu Atoll	EÜ	[Y-Xgeo]tpn	
480	Māzen-shima	マーゼン島	–	Hy	IN	06°08'00"N, 171°55'00"E	Mili Atoll	EÜ	[Y-Xgeo]tpn	
481	Mecchin-tō	メッチン島	–	Hy	IN	9°27'N, 170°1'O	Wotje Atoll	EÜ	[Y-Xgeo]tpn	Meichen
482	Mediru-tō	メヂル島	–	Hy	IN	7°31'N, 168°44'O	Ailinglaplap Atoll	EÜ	[Y-Xgeo]tpn	Medyil
483	mejatto-to	メジヤット島	–	Hy	IN	9°12'N, 167°28'O	Kwajalein Atoll	EÜ	[Y-Xgeo]tpn	

Nr.	Transkription	Ortsname original	Übersetzt	Ex/En/Hy	ONK	Geografische Koordinaten	Lage im Kolonialgebiet	Benennungs-motiv	Struktur	Heutige Bezeichnung
484	Mejiruin-tō	メジルイン島	–	Hy	IN	10°6'N, 165°58'O	Wotho Atoll	EÜ	[Y-Xgeo]tpn	Medyeron
485	Mejiruirukku-shima	メジルイルック島	–	Hy	IN	6°0'N, 169°34'O	Jaluit Atoll	EÜ	[Y-Xgeo]tpn	
486	Mejiruwanrikku-tō	メジルワンリック島	–	Hy	IN	8°12'N, 171°06'E	Aur Atoll	EÜ	[Y-Xgeo]tpn	
487	Mejiruwan-tō	メジルワン島	–	Hy	IN	8°12'N, 171°06'E	Aur Atoll	EÜ	[Y-Xgeo]tpn	
488	Mejiyae-shima	メジヤエ島	–	Hy	IN	6°0'N, 169°34'O	Jaluit Atoll	EÜ	[Y-Xgeo]tpn	
489	Mejiyatto-shima	メジヤット島	–	Hy	IN	6°0'N, 169°34'O	Jaluit Atoll	EÜ	[Y-Xgeo]tpn	Mejatt
490	Mejuro-tō	メジュロ島	–	Hy	IN	7°4'N, 171°16'O	Majuro Atoll	EÜ	[Y-Xgeo]tpn	Majuro
491	Mekune-tō	メクネ島	–	Hy	IN	9°12'N, 167°28'O	Kwajalein Atoll	EÜ	[Y-Xgeo]tpn	
492	Mekunokue-tō	メクノクエ島	–	Hy	IN	7°05'N, 171°42'E	Arno Atoll	EÜ	[Y-Xgeo]tpn	
493	Mēkun-tō	メークン島	–	Hy	IN	9°27'N, 170°1'O	Wotje Atoll	EÜ	[Y-Xgeo]tpn	
494	Mēterikku-tō	メーテリック島	–	Hy	IN	7°05'N, 171°42'E	Arno Atoll	EÜ	[Y-Xgeo]tpn	

Nr.	Transkription	Ortsname original	Übersetzt	Ex/En/Hy	ONK	Geografische Koordinaten	Lage im Kolonialgebiet	Benennungs-motiv	Struktur	Heutige Bezeichnung
495	Mezechokku-tō	メゼチョック島	–	Hy	IN	7°31'N, 168°44'O	Ailinglaplap Atoll	EÜ	[Y-Xgeo]tpn	Mejajok
496	Mienowa-tō	ミエノワ島	–	Hy	IN	10°20'N, 169°56'O	Ailuk Atoll	EÜ	[Y-Xgeo]tpn	
497	Mire-shima	ミレ島	–	Hy	IN	06°08'00''N 171°55'00''E	Mili Atoll	EÜ	[Y-Xgeo]tpn	Mili Insel
498	mirie-to	ミリエ島	–	Hy	IN	9°12'N, 167°28'0	Kwajalein Atoll	EÜ	[Y-Xgeo]tpn	
499	Miyarakai-shima	ミヤラカイ島	–	Hy	IN	06°08'00''N 171°55'00''E	Mili Atoll	EÜ	[Y-Xgeo]tpn	
500	Mogaru-tō	モガル島	–	Hy	IN	8°45' N, 171°4' O	Maloelap Atoll	EÜ	[Y-Xgeo]tpn	Makaru
501	Mogire-tō	モギレ島	–	Hy	IN	9°54' N, 169°8' O	Likiep Atoll	EÜ	[Y-Xgeo]tpn	
502	moorinkuri-to	モーレンクリ島	–	Hy	IN	9°12'N, 167°28'0	Kwajalein Atoll	EÜ	[Y-Xgeo]tpn	
503	Mumotsuto-tō	ムモット島	–	Hy	IN	8°12'N 171°06'E	Aur Atoll	EÜ	[Y-Xgeo]tpn	
504	Muniyāku-tō	ムニヤーク島	–	Hy	IN	4°38'N, 168°43'0	Ebon Atoll	EÜ	[Y-Xgeo]tpn	Moniak
505	murure-to	ムルレ島	–	Hy	IN	9°12'N, 167°28'0	Kwajalein Atoll	EÜ	[Y-Xgeo]tpn	Burle

Nr.	Transkription	Ortsname original	Übersetzt	Ex/En/Hy	ONK	Geografische Koordinaten	Lage im Kolonialgebiet	Benennungs-motiv	Struktur	Heutige Bezeichnung
506	Mutsutoken-tō	ムツトケン島	–	Hy	IN	10°20′N, 169°56′O	Ailuk Atoll	EÜ	[Y-Xgeo]tpn	
507	Muyanrikku-tō	ムヤンリック島	–	Hy	IN	7°05′N 171°42′E	Arno Atoll	EÜ	[Y-Xgeo]tpn	
508	Muyan-tō	ムヤン島	–	Hy	IN	7°05′N 171°42′E	Arno Atoll	EÜ	[Y-Xgeo]tpn	
509	Naarikiriki-shima	ナーリキリキ島	–	Hy	IN	06°08′00′′N 171°55′00′′E	Mili Atoll	EÜ	[Y-Xgeo]tpn	
510	Nāchāji-tō	ナーチャージ島	–	Hy	IN	7°05′N 171°42′E	Arno Atoll	EÜ	[Y-Xgeo]tpn	
511	Nāen-shima	ナーエン島	–	Hy	IN	6°0′N, 169°34′O	Jaluit Atoll	EÜ	[Y-Xgeo]tpn	
512	Nāgararu-tō	ナーガラル島	–	Hy	IN	7°05′N 171°42′E	Arno Atoll	EÜ	[Y-Xgeo]tpn	
513	Nājiburi-tō	ナージブリ島	–	Hy	IN	9°54′N, 169°8′O	Likiep Atoll	EÜ	[Y-Xgeo]tpn	
514	Nakanishi-shima	ナカニシ島	–	Hy	IN	06°08′00′′N 171°55′00′′E	Mili Atoll	EÜ	[Y-Xgeo]tpn	
515	Namakke-shima	ナマック島	–	Hy	IN	06°08′00′′N 171°55′00′′E	Mili Atoll	EÜ	[Y-Xgeo]tpn	(Namake)
516	Nāmēji-tō	ナーメージ島	–	Hy	IN	7°05′N 171°42′E	Arno Atoll	EÜ	[Y-Xgeo]tpn	

Nr.	Transkription	Ortsname original	Übersetzt	Ex/En/Hy	ONK	Geografische Koordinaten	Lage im Kolonialgebiet	Benennungs-motiv	Struktur	Heutige Bezeichnung
517	Namoēn-shima	ナモエーン島	–	Hy	IN	06°08'00"N, 171°55'00"E	Mili Atoll	EÜ	[Y-Xgeo|tpn	
518	Namoku-shima	ナーモク島	–	Hy	IN	06°08'00"N, 171°55'00"E	Mili Atoll	EÜ	[Y-Xgeo|tpn	(Namo)
519	Namorikku	ナモリック	–	En	–	5°37'N, 168°7'O	Namorik Atoll	EÜ	[Y-Xgeo|tpn	Namorik Insel
520	Namo-tō	ナモ島	–	Hy	IN	07°59'00"N, 168°10'25"E	Namu Atoll	EÜ	[Y-Xgeo|tpn	Namu Insel
521	Namouru-shima	ナモウル島	–	Hy	IN	6°0'N, 169°34'O	Jaluit Atoll	EÜ	[Y-Xgeo|tpn	
522	Namuchiyahake-tō	ナームチヤハケ島	–	Hy	IN	7°05'N, 171°42'E	Arno Atoll	EÜ	[Y-Xgeo|tpn	
523	Namui-tō	ナムイ島	–	Hy	IN	7°05'N, 171°42'E	Arno Atoll	EÜ	[Y-Xgeo|tpn	
524	Namunomu-shima	ナムノム島	–	Hy	IN	6°0'N, 169°34'O	Jaluit Atoll	EÜ	[Y-Xgeo|tpn	
525	Namureso-shima	ナムレソ島	–	Hy	IN	6°0'N, 169°34'O	Jaluit Atoll	EÜ	[Y-Xgeo|tpn	
526	Namu-tō	ナム島	–	Hy	IN	11°37'N, 165°24'O	Bikini Atoll	EÜ	[Y-Xgeo|tpn	Namu
527	Nanchāre-tō	ナンチャーレ島	–	Hy	IN	7°31'N, 168°44'O	Ailinglaplap Atoll	EÜ	[Y-Xgeo|tpn	

Nr.	Transkription	Ortsname original	Übersetzt	Ex/En/Hy	ONK	Geografische Koordinaten	Lage im Kolonialgebiet	Benennungs-motiv	Struktur	Heutige Bezeichnung
528	Nānenre-tō	ナーネンレ島	–	Hy	IN	8°12'N, 171°06'E	Aur Atoll	EÜ	[Y-Xgeo]tpn	
529	Nanikemēji-shima	ナニケメージ島	–	Hy	IN	6°0'N, 169°34'O	Jaluit Atoll	EÜ	[Y-Xgeo]tpn	
530	Nānike-tō	ナーニケ島	–	Hy	IN	7°4'N, 171°16'O	Majuro Atoll	EÜ	[Y-Xgeo]tpn	Eneko
531	Nāningu-tō	ナーニング島	–	Hy	IN	9°27'N, 170°1'O	Wotje Atoll	EÜ	[Y-Xgeo]tpn	Namen
532	Nanishi-shima	ナニシ島	–	Hy	IN	6°0'N, 169°34'O	Jaluit Atoll	EÜ	[Y-Xgeo]tpn	
533	Nantain-shima	ナンタイン島	–	Hy	IN	06°08'00"N 171°55'00"E	Mili Atoll	EÜ	[Y-Xgeo]tpn	
534	Nāochi-tō	ナーオチ島	–	Hy	IN	8°45'N, 171°4'O	Maloelap Atoll	EÜ	[Y-Xgeo]tpn	
535	Naoko-tō	ナオコ島	–	Hy	IN	7°31'N, 168°44'O	Ailinglaplap Atoll	EÜ	[Y-Xgeo]tpn	
536	Nārae-tō	ナーラエ島	–	Hy	IN	7°05'N 171°42'E	Arno Atoll	EÜ	[Y-Xgeo]tpn	
537	Nārappu-tō	ナーラップ島	–	Hy	IN	9°54'N, 169°8'O	Likiep Atoll	EÜ	[Y-Xgeo]tpn	
538	Nārappu-tō	ナーラップ島	–	Hy	IN	7°31'N, 168°44'O	Ailinglaplap Atoll	EÜ	[Y-Xgeo]tpn	

Toponomastik im Kontext des japanischen Kolonialismus —— 481

Nr.	Transkription	Ortsname original	Übersetzt	Ex/En/Hy	ONK	Geografische Koordinaten	Lage im Kolonialgebiet	Benennungs-motiv	Struktur	Heutige Bezeichnung
539	Nārappu-tō	ナーラップ島	–	Hy	IN	07°59'00"N, 168°10'25"E	Namu Atoll	EÜ	[Y-Xgeo]tpn	
540	Nārapu-shima	ナーラブ島	–	Hy	IN	06°08'00"N 171°55'00"E	Mili Atoll	EÜ	[Y-Xgeo]tpn	
541	Nārapu-tō	ナーラブ島	–	Hy	IN	11°15'14"N, 169°48'00"E	Utrik Atoll	EÜ	[Y-Xgeo]tpn	Nalap
542	Narenen-tō	ナレンエン島	–	Hy	IN	7°05N 171°42'E	Arno Atoll	EÜ	[Y-Xgeo]tpn	
543	Nāre-shima	ナーレ島	–	Hy	IN	06°08'00"N 171°55'00"E	Mili Atoll	EÜ	[Y-Xgeo]tpn	(Nara)
544	Nārikku-tō	ナーリック島	–	Hy	IN	9°54'N, 169°8'O	Likiep Atoll	EÜ	[Y-Xgeo]tpn	
545	Narumichi-shima	ナルミチ島	–	Hy	IN	6°0'N, 169°34'O	Jaluit Atoll	EÜ	[Y-Xgeo]tpn	
546	Nāru-tō	ナール島	–	Hy	IN	7°05N 171°42'E	Arno Atoll	EÜ	[Y-Xgeo]tpn	
547	Nataushi-shima	ナタウシ島	–	Hy	IN	6°0'N, 169°34'O	Jaluit Atoll	EÜ	[Y-Xgeo]tpn	
548	Natsupoi-shima	ナツポイ島	–	Hy	IN	6°0'N, 169°34'O	Jaluit Atoll	EÜ	[Y-Xgeo]tpn	
549	Natsuro-tou	ナツロ島	–	Hy	IN	06°08'00"N 171°55'00"E	Mili Atoll	EÜ	[Y-Xgeo]tpn	

Nr.	Transkription	Ortsname original	Übersetzt	Ex/En/Hy	ONK	Geografische Koordinaten	Lage im Kolonialgebiet	Benennungs-motiv	Struktur	Heutige Bezeichnung
550	Nāze-tō	ナーゼ島	–	Hy	IN	11°15'14"N, 169°48'00"E	Utrik Atoll	EÜ	[Y-Xgeo]tpn	
551	Neberen-tō	ネベレン島	–	Hy	IN	9°27'N, 170°1'O	Wotje Atoll	EÜ	[Y-Xgeo]tpn	Ankekejairik
552	neru-to	ネル島	–	Hy	IN	9°12'N, 167°28'O	Kwajalein Atoll	EÜ	[Y-Xgeo]tpn	Nell
553	Nieke-tō	ニーエケ島	–	Hy	IN	7°31'N, 168°44'O	Ailinglaplap Atoll	EÜ	[Y-Xgeo]tpn	
554	niini-to	ニーニ島	–	Hy	IN	9°12'N, 167°28'O	Kwajalein Atoll	EÜ	[Y-Xgeo]tpn	Ninni
555	nimuru-to	ニムル島	–	Hy	IN	9°12'N, 167°28'O	Kwajalein Atoll	EÜ	[Y-Xgeo]tpn	
556	Nipun-tō	ニプン島	–	Hy	IN	9°27'N, 170°1'O	Wotje Atoll	EÜ	[Y-Xgeo]tpn	Nibwung
557	Nireppu-shima	ニーレップ島	–	Hy	IN	6°0'N, 169°34'O	Jaluit Atoll	EÜ	[Y-Xgeo]tpn	
558	Ni-tō	ニー島	–	Hy	IN	10°20'N, 169°56'O	Ailuk Atoll	EÜ	[Y-Xgeo]tpn	
559	Nitsugogotogosobokuboku-shima	ニツトゴトゴツボクボク島	–	Hy	IN	06°08'00"N 171°55'00"E	Mili Atoll	EÜ	[Y-Xgeo]tpn	
560	Nkinnatto-tō	ニーキンナット島	–	Hy	IN	9°27'N, 170°1'O	Wotje Atoll	EÜ	[Y-Xgeo]tpn	Anekinnat

Toponomastik im Kontext des japanischen Kolonialismus — 483

Nr.	Transkription	Ortsname original	Übersetzt	Ex/En/Hy	ONK	Geografische Koordinaten	Lage im Kolonialgebiet	Benennungs-motiv	Struktur	Heutige Bezeichnung
561	Ojiya-tō	オジヤ島	–	Hy	IN	7°4′N, 171°16′O	Majuro Atoll	EÜ	[Y-Xgeo]tpn	
562	Ojiya-tō	オジヤ島	–	Hy	IN	7°31′N, 168°44′O	Ailinglaplap Atoll	EÜ	[Y-Xgeo]tpn	Wotja
563	onemaaku-to	オネマーク島	–	Hy	IN	9°12′N, 167°28′O	Kwajalein Atoll	EÜ	[Y-Xgeo]tpn	Onemak
564	Onemāku-tō	オネマーク島	–	Hy	IN	8°45′N, 171°4′O	Maloelap Atoll	EÜ	[Y-Xgeo]tpn	Onimak
565	Onimiji-tō	オニミジ島	–	Hy	IN	9°27′N, 170°1′O	Wotje Atoll	EÜ	[Y-Xgeo]tpn	Bwodao
566	onooto-to	オノート島	–	Hy	IN	9°12′N, 167°28′O	Kwajalein Atoll	EÜ	[Y-Xgeo]tpn	
567	Ōn-tō	オーン島	–	Hy	IN	8°45′N, 171°4′O	Maloelap Atoll	EÜ	[Y-Xgeo]tpn	
568	Oraru-tō	オラル島	–	Hy	IN	7°31′N, 168°44′O	Ailinglaplap Atoll	EÜ	[Y-Xgeo]tpn	
569	Orena-tō	オレナ島	–	Hy	IN	7°05′N 171°42′E	Arno Atoll	EÜ	[Y-Xgeo]tpn	
570	Ōriku-tō	オーリク島	–	Hy	IN	11°37′N, 165°24′O	Bikini Atoll	EÜ	[Y-Xgeo]tpn	Uorikku
571	Orimēji-tō	オリメージ島	–	Hy	IN	9°27′N, 170°1′O	Wotje Atoll	EÜ	[Y-Xgeo]tpn	Ormed

Nr.	Transkription	Ortsname original	Übersetzt	Ex/En/Hy	ONK	Geografische Koordinaten	Lage im Kolonialgebiet	Benennungsmotiv	Struktur	Heutige Bezeichnung
572	Orotto-tō	オロット島	–	Hy	IN	8°45′ N, 171°4′ O	Maloelap Atoll	EÜ	[Y-Xgeo]tpn	Ollot
573	Orukān-tō	オルカーン島	–	Hy	IN	11°37′N, 165°24′O	Bikini Atoll	EÜ	[Y-Xgeo]tpn	Ourukaen
574	Parao-tō	パラオ島	–	Hy	IN	9°27′ N, 170°1′ O	Wotje Atoll	EÜ	[Y-Xgeo]tpn	Korong
575	pekuramu-to	ペクラム島	–	Hy	IN	9°12′N, 167°28′O	Kwajalein Atoll	EÜ	[Y-Xgeo]tpn	
576	Pigēru-tō	ピゲール島	–	Hy	IN	7°31′N, 168°44′O	Ailinglaplap Atoll	EÜ	[Y-Xgeo]tpn	Bikar
577	pigushineru-to	ピグシネル島	–	Hy	IN	9°12′N, 167°28′O	Kwajalein Atoll	EÜ	[Y-Xgeo]tpn	
578	Pikajara-tō	ピカージャラ島	–	Hy	IN	7°31′N, 168°44′O	Ailinglaplap Atoll	EÜ	[Y-Xgeo]tpn	
579	Pikanōru-tō	ピカノール島	–	Hy	IN	9°27′ N, 170°1′ O	Wotje Atoll	EÜ	[Y-Xgeo]tpn	Bikanol
580	Pikāru-tō	ピカール島	–	Hy	IN	12°14′ N, 170°8′ O	Bikar Atoll	EÜ	[Y-Xgeo]tpn	Bikar
581	Pikatoran-tō	ピカトラン島	–	Hy	IN	9°54′ N, 169°8′ O	Likiep Atoll	EÜ	[Y-Xgeo]tpn	
582	Pikēbaru-tō	ピケーバル島	–	Hy	IN	8°12′N 171°06′E	Aur Atoll	EÜ	[Y-Xgeo]tpn	

Nr.	Transkription	Ortsname original	Übersetzt	Ex/En/Hy	ONK	Geografische Koordinaten	Lage im Kolonialgebiet	Benennungs-motiv	Struktur	Heutige Bezeichnung
583	Pikēji-tō	ピケージ島	–	Hy	IN	9°12'N, 167°28'O	Kwajalein Atoll	EÜ	[Y-Xgeo]tpn	Bigej
584	Pikene-tō	ピケネ島	–	Hy	IN	7°05'N, 171°42'E	Arno Atoll	EÜ	[Y-Xgeo]tpn	
585	Pikenkaraki-tō	ピケンカラキ島	–	Hy	IN	9°27'N, 170°1'O	Wotje Atoll	EÜ	[Y-Xgeo]tpn	Kejairik
586	Pikerapurapu-tō	ピケラプラプ島	–	Hy	IN	8°12'N, 171°06'E	Aur Atoll	EÜ	[Y-Xgeo]tpn	
587	Pikinni-tō	ピキンニ島	–	Hy	IN	11°37'N, 165°24'O	Bikini Atoll	EÜ	[Y-Xgeo]tpn	Bikini Insel
588	Pikire-tō	ピキレ島	–	Hy	IN	4°38'N, 168°43'O	Ebon Atoll	EÜ	[Y-Xgeo]tpn	
589	Pikurakku-tō	ピクラック島	–	Hy	IN	11°15'14"N, 169°48'00"E	Utrik Atoll	EÜ	[Y-Xgeo]tpn	Bikrak
590	Pingerappu-shima	ピンガラップ島	–	Hy	IN	6°0'N, 169°34'O	Jaluit Atoll	EÜ	[Y-Xgeo]tpn	Pinglep
591	Pkku-tō	ポック島	–	Hy	IN	9°27'N, 170°1'O	Wotje Atoll	EÜ	[Y-Xgeo]tpn	Bwkow
592	Pkureushi-tō	ポクレウシ島	–	Hy	IN	9°27'N, 170°1'O	Wotje Atoll	EÜ	[Y-Xgeo]tpn	Bwokwlewij
593	Pokaitokutoku-tō	ポカイトクトク島	–	Hy	IN	7°4'N, 171°16'O	Majuro Atoll	EÜ	[Y-Xgeo]tpn	

Nr.	Transkription	Ortsname original	Übersetzt	Ex/En/Hy	ONK	Geografische Koordinaten	Lage im Kolonialgebiet	Benennungsmotiv	Struktur	Heutige Bezeichnung
594	Pokāku-tō	ポカーク島	–	Hy	IN	14°32'N 169°00'E	Bokak Atoll	EÜ	[Y-Xgeo]tpn	Bokak Insel
595	Pokamuyo-tō	ポカムヨ島	–	Hy	IN	10°20'N, 169°56'O	Ailuk Atoll	EÜ	[Y-Xgeo]tpn	
596	Pokanajibirokku-tō	ポカナジビーロック島	–	Hy	IN	8°45'N, 171°4'O	Maloelap Atoll	EÜ	[Y-Xgeo]tpn	
597	Pokanikēyaru-tō	ポカニケーヤル島	–	Hy	IN	8°45'N, 171°4'O	Maloelap Atoll	EÜ	[Y-Xgeo]tpn	Bogenagak
598	Pokanipi-tō	ポカニピ島	–	Hy	IN	7°05'N 171°42'E	Arno Atoll	EÜ	[Y-Xgeo]tpn	
599	Pokanōde-tō	ポカンオーデ島	–	Hy	IN	8°45'N, 171°4'O	Maloelap Atoll	EÜ	[Y-Xgeo]tpn	
600	Pokarachurikku-tō	ポカラチュリック島	–	Hy	IN	8°45'N, 171°4'O	Maloelap Atoll	EÜ	[Y-Xgeo]tpn	
601	Pokareru-tō	ポカレル島	–	Hy	IN	8°45'N, 171°4'O	Maloelap Atoll	EÜ	[Y-Xgeo]tpn	
602	Pokarijikan-tō	ポカリジカン島	–	Hy	IN	7°05'N 171°42'E	Arno Atoll	EÜ	[Y-Xgeo]tpn	
603	Pokarijiman-shima	ポカリジマン島	–	Hy	IN	6°0'N, 169°34'O	Jaluit Atoll	EÜ	[Y-Xgeo]tpn	
604	Pokarijiman-tō	ポカリジマン島	–	Hy	IN	7°4'N, 171°16'O	Majuro Atoll	EÜ	[Y-Xgeo]tpn	

Toponomastik im Kontext des japanischen Kolonialismus — 487

Nr.	Transkription	Ortsname original	Übersetzt	Ex/En/Hy	ONK	Geografische Koordinaten	Lage im Kolonialgebiet	Benennungs-motiv	Struktur	Heutige Bezeichnung
605	Pokarogouchi-shima	ポカロゴウチ島	–	Hy	IN	6°0'N, 169°34'O	Jaluit Atoll	EÜ	[Y-Xgeo]tpn	
606	Pokatsureze-tō	ポカツレゼ島	–	Hy	IN	8°45'N, 171°4'O	Maloelap Atoll	EÜ	[Y-Xgeo]tpn	
607	Pokkan-tō	ポッカン島	–	Hy	IN	07°59'00"N, 168°10'25"E	Namu Atoll	EÜ	[Y-Xgeo]tpn	
608	Pokkomēshi-tō	ポッコメーシ島	–	Hy	IN	7°31'N, 168°44'O	Ailinglaplap Atoll	EÜ	[Y-Xgeo]tpn	
609	Pokoishiyāpun-tō	ポコイシヤープン島	–	Hy	IN	9°27'N, 170°1'O	Wotje Atoll	EÜ	[Y-Xgeo]tpn	Bwokwajbwung
610	Pokonaaku-shima	ポコナーク島	–	Hy	IN	6°0'N, 169°34'O	Jaluit Atoll	EÜ	[Y-Xgeo]tpn	Bokanake
611	Pokonchēa-tō	ポコンチェーア島	–	Hy	IN	9°54'N, 169°8'O	Likiep Atoll	EÜ	[Y-Xgeo]tpn	
612	Pokonchēch-tō	ポコンチェーチ島	–	Hy	IN	9°54'N, 169°8'O	Likiep Atoll	EÜ	[Y-Xgeo]tpn	
613	Pokonejiniōru-tō	ポコネジニオール島	–	Hy	IN	8°45'N, 171°4'O	Maloelap Atoll	EÜ	[Y-Xgeo]tpn	
614	Pokonikēyaru-shima	ポコニケーヤル島	–	Hy	IN	06°08'00"N, 171°55'00"E	Mili Atoll	EÜ	[Y-Xgeo]tpn	
615	Pokonkarai-tō	ポコンカライ島	–	Hy	IN	7°05'N, 171°42'E	Arno Atoll	EÜ	[Y-Xgeo]tpn	

Nr.	Transkription	Ortsname original	Übersetzt	Ex/En/Hy	ONK	Geografische Koordinaten	Lage im Kolonialgebiet	Benennungs-motiv	Struktur	Heutige Bezeichnung
616	Pokontoāku-tō	ポコントアーク島	–	Hy	IN	11°37'N, 165°24'O	Bikini Atoll	EÜ	[Y-Xgeo]tpn	Bokonfuaaku
617	Pokorankitto-tō	ポコランキット島	–	Hy	IN	9°27' N, 170°1' O	Wotje Atoll	EÜ	[Y-Xgeo]tpn	Akmei
618	pokoran-to	ポコラン島	–	Hy	IN	9°12'N, 167°28'O	Kwajalein Atoll	EÜ	[Y-Xgeo]tpn	
619	Pokoran-tō	ポコラン島	–	Hy	IN	9°54'N, 169°8' O	Likiep Atoll	EÜ	[Y-Xgeo]tpn	
620	Pokoran-tō	ポコラン島	–	Hy	IN	7°31'N, 168°44'O	Ailinglaplap Atoll	EÜ	[Y-Xgeo]tpn	
621	Pokoyan-tō	ポコヤン島	–	Hy	IN	8°45' N, 171°4' O	Maloelap Atoll	EÜ	[Y-Xgeo]tpn	
622	Pokozotsūrakku-shima	ポコゾーラック島	–	Hy	IN	6°0'N, 169°34'O	Jaluit Atoll	EÜ	[Y-Xgeo]tpn	
623	Pokurōruru-tō	ポクロールル島	–	Hy	IN	11°37'N, 165°24'O	Bikini Atoll	EÜ	[Y-Xgeo]tpn	
624	Poneromānu-tō	ポネロマーヌ島	–	Hy	IN	9°27' N, 170°1' O	Wotje Atoll	EÜ	[Y-Xgeo]tpn	Bwokwlom-wanuno
625	Pōshi-tō	ポーシ島	–	Hy	IN	7°31'N, 168°44'O	Ailinglaplap Atoll	EÜ	[Y-Xgeo]tpn	
626	Poyurai-tō	ポユライ島	–	Hy	IN	09°08'30"N 170°00'00"E	Erikub Atoll	EÜ	[Y-Xgeo]tpn	

Nr.	Transkription	Ortsname original	Übersetzt	Ex/En/Hy	ONK	Geografische Koordinaten	Lage im Kolonialgebiet	Benennungs-motiv	Struktur	Heutige Bezeichnung
627	Pugeru-tō	プゲル島	–	Hy	IN	11°37'N, 165°24'O	Bikini Atoll	EÜ	[Y-Xgeo]tpn	
628	Pukuwarikku-tō	プクワリック島	–	Hy	IN	9°27'N, 170°1'O	Wotje Atoll	EÜ	[Y-Xgeo]tpn	Bikootdik
629	Pukuwatto-tō	プクワット島	–	Hy	IN	9°27'N, 170°1'O	Wotje Atoll	EÜ	[Y-Xgeo]tpn	Bikoot
630	Pūreri-tō	プーレリ島	–	Hy	IN	4°38'N, 168°43'O	Ebon Atoll	EÜ	[Y-Xgeo]tpn	
631	Raarabapu-shima	ラーラバプ島	–	Hy	IN	06°08'00"N 171°55'00"E	Mili Atoll	EÜ	[Y-Xgeo]tpn	
632	rabo-to	ラボ島	–	Hy	IN	9°12'N, 167°28'O	Kwajalein Atoll	EÜ	[Y-Xgeo]tpn	Lobon
633	Rabunan-tō	ラブナン島	–	Hy	IN	7°31'N, 168°44'O	Ailinglaplap Atoll	EÜ	[Y-Xgeo]tpn	
634	Ragaen-tō	ラガエン島	–	Hy	IN	7°31'N, 168°44'O	Ailinglaplap Atoll	EÜ	[Y-Xgeo]tpn	
635	Ragaru-tō	ラガル島	–	Hy	IN	7°05'N 171°42'E	Arno Atoll	EÜ	[Y-Xgeo]tpn	Rakaru
636	Ragine-tō	ラギネ島	–	Hy	IN	7°31'N, 168°44'O	Ailinglaplap Atoll	EÜ	[Y-Xgeo]tpn	
637	Ragiraan-shima	ラギラーン島	–	Hy	IN	6°0'N, 169°34'O	Jaluit Atoll	EÜ	[Y-Xgeo]tpn	

Nr.	Transkription	Ortsname original	Übersetzt	Ex/En/Hy	ONK	Geografische Koordinaten	Lage im Kolonialgebiet	Benennungs-motiv	Struktur	Heutige Bezeichnung
638	Rairukku-tō	ライルック島	–	Hy	IN	7°4'N, 171°16'O	Majuro Atoll	EÜ	[Y-Xgeo]tpn	Rairikku
639	Rajiyoronkakku-tō	ラジヨロンカック島	–	Hy	IN	7°05'N 171°42'E	Arno Atoll	EÜ	[Y-Xgeo]tpn	
640	Rāka-tō	ラーカ島	–	Hy	IN	8°45'N, 171°4'O	Maloelap Atoll	EÜ	[Y-Xgeo]tpn	
641	Rakizēru-tō	ラキゼール島	–	Hy	IN	7°05'N 171°42'E	Arno Atoll	EÜ	[Y-Xgeo]tpn	
642	reboe-to	レボエ島	–	Hy	IN	9°12'N, 167°28'O	Kwajalein Atoll	EÜ	[Y-Xgeo]tpn	
643	Reboyuren-shima	レボユレン島	–	Hy	IN	6°0'N, 169°34'O	Jaluit Atoll	EÜ	[Y-Xgeo]tpn	
644	Rebuyōen-tō	レブヨーエン島	–	Hy	IN	7°05'N 171°42'E	Arno Atoll	EÜ	[Y-Xgeo]tpn	
645	Rediron-shima	レヂロン島	–	Hy	IN	6°0'N, 169°34'O	Jaluit Atoll	EÜ	[Y-Xgeo]tpn	
646	Rekezen	レケゼン	–	En	–	6°0'N, 169°34'O	Jaluit Atoll	EÜ	–	
647	Remerimu-tō	レメリム島	–	Hy	IN	7°31'N, 168°44'O	Ailinglaplap Atoll	EÜ	[Y-Xgeo]tpn	
648	Remeru-tō	レメル島	–	Hy	IN	07°59'00"N, 168°10'25"E	Namu Atoll	EÜ	[Y-Xgeo]tpn	

Nr.	Transkription	Ortsname original	Übersetzt	Ex/En/Hy	ONK	Geografische Koordinaten	Lage im Kolonialgebiet	Benennungs-motiv	Struktur	Heutige Bezeichnung
649	Remiroru-tō	レミロル島	–	Hy	IN	4°38'N, 168°43'O	Ebon Atoll	EÜ	[Y-Xgeo]tpn	
650	Repēsen-tō	レペーセン島	–	Hy	IN	7°05'N, 171°42'E	Arno Atoll	EÜ	[Y-Xgeo]tpn	
651	Repezeru-shima	レペゼル島	–	Hy	IN	6°0'N, 169°34'0	Jaluit Atoll	EÜ	[Y-Xgeo]tpn	
652	Repuyooen-shima	レプヨーエン島	–	Hy	IN	06°08'00"N, 171°55'00"E	Mili Atoll	EÜ	[Y-Xgeo]tpn	Dobweoen
653	Rēre-shima	レーレ島	–	Hy	IN	6°0'N, 169°34'0	Jaluit Atoll	EÜ	[Y-Xgeo]tpn	
654	Rēretō	レーレ島	–	Hy	IN	9°54'N, 169°8'O	Likiep Atoll	EÜ	[Y-Xgeo]tpn	
655	Reso-shima	レソ島	–	Hy	IN	6°0'N, 169°34'0	Jaluit Atoll	EÜ	[Y-Xgeo]tpn	
656	Retsuraru	レツラル	–	En	–	6°0'N, 169°34'0	Jaluit Atoll	EÜ	–	
657	rikicchine-to	リキッチネ島	–	Hy	IN	9°12'N, 167°28'0	Kwajalein Atoll	EÜ	[Y-Xgeo]tpn	
658	Rikiechi-shima	リキエチ島	–	Hy	IN	06°08'00"N, 171°55'00"E	Mili Atoll	EÜ	[Y-Xgeo]tpn	
659	Rikiepu-tō	リキエプ島	–	Hy	IN	9°54'N, 169°8'O	Likiep Atoll	EÜ	[Y-Xgeo]tpn	Likiep

Nr.	Transkription	Ortsname original	Übersetzt	Ex/En/Hy	ONK	Geografische Koordinaten	Lage im Kolonialgebiet	Benennungs-motiv	Struktur	Heutige Bezeichnung
660	Rikirikku-tō	リキリック島	–	Hy	IN	7°31'N, 168°44'O	Ailinglaplap Atoll	EÜ	[Y-Xgeo]tpn	
661	Riku-tō	リーク島	–	Hy	IN	4°38'N, 168°43'O	Ebon Atoll	EÜ	[Y-Xgeo]tpn	
662	Riri-tō	リーリ島	–	Hy	IN	9°27'N, 170°1'O	Wotje Atoll	EÜ	[Y-Xgeo]tpn	Didi
663	Riri-tō	リーリ島	–	Hy	IN	9°54'N, 169°8'O	Likiep Atoll	EÜ	[Y-Xgeo]tpn	
664	Roa-tō	ロア島	–	Hy	IN	8°45'N, 171°4'O	Maloelap Atoll	EÜ	[Y-Xgeo]tpn	Loa
665	Robatto-tō	ロバット島	–	Hy	IN	7°05'N, 171°42'E	Arno Atoll	EÜ	[Y-Xgeo]tpn	
666	Robikaire-tō	ロビカイレ島	–	Hy	IN	7°4'N, 171°16'O	Majuro Atoll	EÜ	[Y-Xgeo]tpn	
667	Rōdo-tō	ロード島	–	Hy	IN	9°54'N, 169°8'O	Likiep Atoll	EÜ	[Y-Xgeo]tpn	Lado
668	Rōen-tō	ローエン島	–	Hy	IN	07°59'00"N, 168°10'25"E	Namu Atoll	EÜ	[Y-Xgeo]tpn	Loen Insel
669	Rogane-shima	ロガネ島	–	Hy	IN	6°0'N, 169°34'O	Jaluit Atoll	EÜ	[Y-Xgeo]tpn	
670	Rojikara-tō	ロジカラ島	–	Hy	IN	11°37'N, 165°24'O	Bikini Atoll	EÜ	[Y-Xgeo]tpn	Rochikarai

Nr.	Transkription	Ortsname original	Übersetzt	Ex/En/Hy	ONK	Geografische Koordinaten	Lage im Kolonialgebiet	Benennungs-motiv	Struktur	Heutige Bezeichnung
671	Rōji-tō	ロージ島		Hy	IN	09°08'30"N 170°00'00"E	Erikub Atoll	EÜ	[Y-Xgeo]tpn	
672	Rōmogae-tō	ローモガエ島	–	Hy	IN	7°05'N 171°42'E	Arno Atoll	EÜ	[Y-Xgeo]tpn	
673	Rōmuriku-tō	ロームリク島	–	Hy	IN	11°37'N, 165°24'O	Bikini Atoll	EÜ	[Y-Xgeo]tpn	Romurikku
674	Rongarikku-tō	ロンガリック島	–	Hy	IN	9°54' N, 169°8' O	Likiep Atoll	EÜ	[Y-Xgeo]tpn	
675	Rongerikku-tō	ロンゲリック島	–	Hy	IN	11°20'N, 167°27'O	Rongerik Atoll	EÜ	[Y-Xgeo]tpn	Rongerik
676	Rongorakku-tō	ロンゴラック島	–	Hy	IN	9°54' N, 169°8' O	Likiep Atoll	EÜ	[Y-Xgeo]tpn	
677	Rōue-tō	ローウエ島	–	Hy	IN	9°27' N, 170°1' O	Wotje Atoll	EÜ	[Y-Xgeo]tpn	Rue
678	Rubechichi-shima	ルベチチ島	–	Hy	IN	06°08'00"N 171°55'00"E	Mili Atoll	EÜ	[Y-Xgeo]tpn	
679	Ruereppu-tō	ルエレップ島	–	Hy	IN	07°59'00"N, 168°10'25"E	Namu Atoll	EÜ	[Y-Xgeo]tpn	
680	Rugochi-tō	ルゴチ島	–	Hy	IN	07°59'00"N, 168°10'25"E	Namu Atoll	EÜ	[Y-Xgeo]tpn	Lukoj
681	Rūjirukku-tō	ルージルック島	–	Hy	IN	10°20'N, 169°56'O	Ailuk Atoll	EÜ	[Y-Xgeo]tpn	

Nr.	Transkription	Ortsname original	Übersetzt	Ex/En/Hy	ONK	Geografische Koordinaten	Lage im Kolonialgebiet	Benennungs- motiv	Struktur	Heutige Bezeichnung
682	Rūjuu-tō	ルージュュウ島	–	Hy	IN	10°20′N, 169°56′O	Ailuk Atoll	EÜ	[Y-Xgeo]tpn	
683	Rukochi	ルコチ	–	Hy	IN	7°05′N, 171°42′E	Arno Atoll	EÜ	–	
684	Rukodi-tō	ルコチ島	–	Hy	IN	11°37′N, 165°24′O	Bikini Atoll	EÜ	[Y-Xgeo]tpn	Rukoji
685	Rukonooru-shima	ルコノール島	–	Hy	IN	06°08′00″N, 171°55′00″E	Mili Atoll	EÜ	[Y-Xgeo]tpn	(Lukunor)
686	Rukonōru-tō	ルコノール島	–	Hy	IN	9°54′N, 169°8′O	Likiep Atoll	EÜ	[Y-Xgeo]tpn	Luknor Insel
687	ruootto-to	ルオーット島	–	Hy	IN	9°12′N, 167°28′O	Kwajalein Atoll	EÜ	[Y-Xgeo]tpn	
688	Rūpe	ルーペ	–	Hy	IN	4°38′N, 168°43′O	Ebon Atoll	EÜ	–	
689	Rūpe-tō	ルーペ島	–	Hy	IN	4°38′N, 168°43′O	Ebon Atoll	EÜ	[Y-Xgeo]tpn	Roa
690	Rurinkqno-tō	ルーリンカノ島	–	Hy	IN	7°05′N, 171°42′E	Arno Atoll	EÜ	[Y-Xgeo]tpn	
691	Sagetaishi	サゲタイシ	–	Hy	IN	06°08′00″N, 171°55′00″E	Mili Atoll	EÜ	–	
692	Sebita-tō	セビタ島	–	Hy	IN	10°20′N, 169°56′O	Ailuk Atoll	EÜ	[Y-Xgeo]tpn	

Nr.	Transkription	Ortsname original	Übersetzt	Ex/En/Hy	ONK	Geografische Koordinaten	Lage im Kolonialgebiet	Benennungs-motiv	Struktur	Heutige Bezeichnung
693	Senegai-tō	セネガイ島	–	Hy	IN	9°54′N, 169°8′O	Likiep Atoll	EÜ	[Y-Xgeo]tpn	
694	Sēnimin-tō	セーニミン島	–	Hy	IN	4°38′N, 168°43′O	Ebon Atoll	EÜ	[Y-Xgeo]tpn	
695	Shibookuden-tō	シボオクデン島	–	Hy	IN	8°12′N 171°06′E	Aur Atoll	EÜ	[Y-Xgeo]tpn	
696	Shidee-shima	シデエ島	–	Hy	IN	06°08′00″N 171°55′00″E	Mili Atoll	EÜ	[Y-Xgeo]tpn	
697	Shidoniitaun	シドニータウン	–	En	–	6°0′N, 169°34′O	Jaluit Atoll	EÜ	–	
698	Tabāru-tō	タバール島	–	Hy	IN	8°12′N 171°06′E	Aur Atoll	EÜ	[Y-Xgeo]tpn	Tabal
699	Tabu-tō	タープ島	–	Hy	IN	10°20′N, 169°56′O	Ailuk Atoll	EÜ	[Y-Xgeo]tpn	Tabu
700	Tae-tō	タエ島	–	Hy	IN	7°05′N 171°42′E	Arno Atoll	EÜ	[Y-Xgeo]tpn	
701	Takae-tō	タカエ島	–	Hy	IN	4°38′N, 168°43′O	Ebon Atoll	EÜ	[Y-Xgeo]tpn	Toke
702	Takaiwa-shima	タカイワ島	–	Hy	IN	06°08′00″N 171°55′00″E	Mili Atoll	EÜ	[Y-Xgeo]tpn	(Takowa)
703	Takareppu-tō	タカレップ島	–	Hy	IN	7°05′N 171°42′E	Arno Atoll	EÜ	[Y-Xgeo]tpn	

Nr.	Transkription	Ortsname original	Übersetzt	Ex/En/Hy	ONK	Geografische Koordinaten	Lage im Kolonialgebiet	Benennungs- motiv	Struktur	Heutige Bezeichnung
704	Taka-shima	タカ島	–	Hy	IN	6°0'N, 169°34'O	Jaluit Atoll	EÜ	[Y-Xgeo]tpn	
705	Takeretsufueji-tō	タケレツフエージ島	–	Hy	IN	7°05'N 171°42'E	Arno Atoll	EÜ	[Y-Xgeo]tpn	
706	Take-tō	タケ島	–	Hy	IN	11°17'N 169°37'E	Taka Atoll	EÜ	[Y-Xgeo]tpn	Taka Insel
707	Tamaru-tō	タマル島	–	Hy	IN	9°54'N, 169°8'O	Likiep Atoll	EÜ	[Y-Xgeo]tpn	
708	Taroa-tou	タロア島	–	Hy	IN	8°45'N, 171°4'O	Maloelap Atoll	EÜ	[Y-Xgeo]tpn	Taroa Insel
709	Taruku-shima	タルク島	–	Hy	IN	6°0'N, 169°34'O	Jaluit Atoll	EÜ	[Y-Xgeo]tpn	
710	taruoshi-to	タルオシ島	–	Hy	IN	9°12'N, 167°28'O	Kwajalein Atoll	EÜ	[Y-Xgeo]tpn	Torrutj
711	Tekōru-tō	テコール島	–	Hy	IN	7°05'N 171°42'E	Arno Atoll	EÜ	[Y-Xgeo]tpn	
712	Tenaku-tō	テナク島	–	Hy	IN	7°05'N 171°42'E	Arno Atoll	EÜ	[Y-Xgeo]tpn	
713	Tērappu-tō	テーラップ島	–	Hy	IN	7°4'N, 171°16'O	Majuro Atoll	EÜ	[Y-Xgeo]tpn	Majuro
714	Toagarokku-tō	トアガロック島	–	Hy	IN	10°20'N, 169°56'O	Ailuk Atoll	EÜ	[Y-Xgeo]tpn	Enenpao

Nr.	Transkription	Ortsname original	Übersetzt	Ex/En/Hy	ONK	Geografische Koordinaten	Lage im Kolonialgebiet	Benennungs-motiv	Struktur	Heutige Bezeichnung
715	Toagen-shima	トアゲン島	–	Hy	IN	06°08'00"N, 171°55'00"E	Mili Atoll	EÜ	[Y-Xgeo]tpn	(Tuwaaken)
716	Torēshi-tō	トレーシ島	–	Hy	IN	9°27'N, 170°1'O	Wotje Atoll	EÜ	[Y-Xgeo]tpn	Toleej
717	To-shima	ト島	–	Hy	IN	6°0'N, 169°34'O	Jaluit Atoll	EÜ	[Y-Xgeo]tpn	
718	Tōtōwan-tō	トートーワン島	–	Hy	IN	9°27'N, 170°1'O	Wotje Atoll	EÜ	[Y-Xgeo]tpn	Toton
719	Toure-shima	トウレ島	–	Hy	IN	6°0'N, 169°34'O	Jaluit Atoll	EÜ	[Y-Xgeo]tpn	
720	Tsubuoshi-tō	ツブオシ島	–	Hy	IN	9°12'N, 167°28'O	Kwajalein Atoll	EÜ	[Y-Xgeo]tpn	Tibab
721	Tsuipetsu-tō	ツイペツ島	–	Hy	IN	9°27'N, 170°1'O	Wotje Atoll	EÜ	[Y-Xgeo]tpn	
722	Tsūtsu-tō	ツーツ島	–	Hy	IN	7°05'N, 171°42'E	Arno Atoll	EÜ	[Y-Xgeo]tpn	
723	Ubire-tō	ウビレ島	–	Hy	IN	9°12'N, 167°28'O	Kwajalein Atoll	EÜ	[Y-Xgeo]tpn	
724	Ūe-tō	ウーエ島	–	Hy	IN	9°27'N, 170°1'O	Wotje Atoll	EÜ	[Y-Xgeo]tpn	Uwe
725	ujirukku-to	ウジイルック島	–	Hy	IN	9°12'N, 167°28'O	Kwajalein Atoll	EÜ	[Y-Xgeo]tpn	

Nr.	Transkription	Ortsname original	Übersetzt	Ex/En/Hy	ONK	Geografische Koordinaten	Lage im Kolonialgebiet	Benennungs- motiv	Struktur	Heutige Bezeichnung
726	ujizein-to	ウジゼイン島	–	Hy	IN	9°12′N, 167°28′O	Kwajalein Atoll	EÜ	[Y-Xgeo]pn	Ujajii
727	Ukon-tō	ウコン島	–	Hy	IN	9°27′N, 170°1′O	Wotje Atoll	EÜ	[Y-Xgeo]pn	Ukoon
728	Uneteru-tō	ウネテル島	–	Hy	IN	7°31′N, 168°44′O	Ailinglaplap Atoll	EÜ	[Y-Xgeo]pn	
729	Ureijen-shima	ウレジエン島	–	Hy	IN	6°0′N, 169°34′O	Jaluit Atoll	EÜ	[Y-Xgeo]pn	
730	Urian-tō	ウリアン島	–	Hy	IN	7°05′N, 171°42′E	Arno Atoll	EÜ	[Y-Xgeo]pn	
731	Urika-tō	ウリカ島	–	Hy	IN	7°4′N, 171°16′O	Majuro Atoll	EÜ	[Y-Xgeo]pn	
732	Urika-tō	ウリカ島	–	Hy	IN	10°20′N, 169°56′O	Ailuk Atoll	EÜ	[Y-Xgeo]pn	Uriga
733	Urubata-shima	ウルバタ島	–	Hy	IN	6°0′N, 169°34′O	Jaluit Atoll	EÜ	[Y-Xgeo]pn	
734	Ütoerukku-tō	ウートエルック島	–	Hy	IN	11°17′N, 169°37′E	Taka Atoll	EÜ	[Y-Xgeo]pn	Eluk Insel
735	Ütorokku-tō	ウートロック島	–	Hy	IN	11°15′14″N, 169°48′00″E	Utrik Atoll	EÜ	[Y-Xgeo]pn	Utrik Insel
736	Utsuchie-tō	ウツチエ島	–	Hy	IN	7°05′N, 171°42′E	Arno Atoll	EÜ	[Y-Xgeo]pn	

Toponomastik im Kontext des japanischen Kolonialismus —— 499

Nr.	Transkription	Ortsname original	Übersetzt	Ex/En/Hy	ONK	Geografische Koordinaten	Lage im Kolonialgebiet	Benennungs-motiv	Struktur	Heutige Bezeichnung
737	Waito-shima	ワイト島	–	Hy	IN	06°08'00''N, 171°55'00''E	Mili Atoll	EÜ	[Y-Xgeo]tpn	(Waitojaiing)
738	Wau-shima	ワウ島	–	Hy	IN	06°08'00''N, 171°55'00''E	Mili Atoll	EÜ	[Y-Xgeo]tpn	(Wau)
739	Wētouerukku-tō	ウェートウェルック島	–	Hy	IN	9°27'N, 170°1'O	Wotje Atoll	EÜ	[Y-Xgeo]tpn	Wattwerik
740	Wocche-tō	ウオッチェ島	–	Hy	IN	9°27'N, 170°1'O	Wotje Atoll	EÜ	[Y-Xgeo]tpn	Wotje
741	Wotto-tō	ウオット島	–	Hy	IN	10°6'N, 165°58'O	Wotho Atoll	EÜ	[Y-Xgeo]tpn	Wotho Insel
742	Yatsurīgan-tō	ヤツリーガン島	–	Hy	IN	11°37'N, 165°24'O	Bikini Atoll	EÜ	[Y-Xgeo]tpn	Ariikan
743	Yōmeran-tō	ヨーメラン島	–	Hy	IN	11°37'N, 165°24'O	Bikini Atoll	EÜ	[Y-Xgeo]tpn	Yomyaran
744	Yōmo-tō	ヨーモ島	–	Hy	IN	7°31'N, 168°44'O	Ailinglaplap Atoll	EÜ	[Y-Xgeo]tpn	
745	Yonepize-tō	ヨネピゼ島	–	Hy	IN	8°12'N, 171°06'E	Aur Atoll	EÜ	[Y-Xgeo]tpn	
746	Yōtore-tō	ヨートレ島	–	Hy	IN	9°54'N, 169°8'O	Likiep Atoll	EÜ	[Y-Xgeo]tpn	
747	Younibuchi-tō	ヨウニブチ島	–	Hy	IN	9°27'N, 170°1'O	Wotje Atoll	EÜ	[Y-Xgeo]tpn	Eonibje

Nr.	Transkription	Ortsname original	Übersetzt	Ex/En/Hy	ONK	Geografische Koordinaten	Lage im Kolonialgebiet	Benennungs-motiv	Struktur	Heutige Bezeichnung
748	Zēku-tō	ゼーク島	–	Hy	IN	07°59′00″N, 168°10′25″E	Namu Atoll	EÜ	[Y-Xgeo]tpn	Enemak Insel
749	Zerudoni-tō	ゼルドニ島	–	Hy	IN	09°08′30″N 170°00′00″E	Erikub Atoll	EÜ	[Y-Xgeo]tpn	
750	Ze-tō	ゼ島	–	Hy	IN	7°31′N, 168°44′O	Ailinglaplap Atoll	EÜ	[Y-Xgeo]tpn	Jih
751	Erippu-to	エリップ島	–	Hy	IN	8°19′N 167°25′E	Lib	EÜ	[Y-Xgeo]tpn	

Tabelle 8: Nördliche Marianen.

Nr.	Transkription	Ortsname original	Übersetzt	Ex/En/Hy	ONK	Geografische Koordinaten	Lage im Kolonialgebiet	Benennungsmotiv	Struktur	Heutige Bezeichnung
1	Agigan-Misaki	アギガン岬	Agigan-Spitze	Hy	K	15° 38'N, 143° 58'	Saipan	EÜ	[Y-Xgeo]tpn	Agigan Point
2	Agiguwan-to	アギーグワン島	–	Hy	IN	14°51'13"N, 145°33'34"E	Aguigan/ Aguijan	EÜ	[Y-Xgeo]tpn	Agigan
3	Agigan	アギーガン	–	En	–	15° 38'N, 143° 58'	Saipan	EÜ	–	Agingan
4	Agurigan-shima	アグリガン島	Agrigan Insel	Hy	IN	18° 46'N, 145°40'E	Agrihan Island	EÜ	[Y-Xgeo]tpn	Agrihan Island, Agrigan Island
5	Anatahan-to	アナタハン島	–	Hy	IN	16°21'5"N, 145°40'31"E	Anatahan	EÜ	[Y-Xgeo]tpn	Anatahan
6	Aramagan-shima	アラマガン島	–	Hy	IN	17°36'2"N, 145°50'00"E	Alamagan island	EÜ	[Y-Xgeo]tpn	Alamagan Island
7	Ashigā	アシガー	–	En	–	15°00'N, 145°38'E	Tinian	EÜ	–	Asiga
8	Asssonguson-to	アッソンクソン島	–	Hy	IN	19°41'33"N, 145°24'13"E	Asuncion Island	Benannt von Diego Luis de Sanvitores (Sp. Missionar) (1668)	[Y-Xgeo]tpn	Asuncion Island

Nr.	Transkription	Ortsname original	Übersetzt	Ex/En/Hy	ONK	Geografische Koordinaten	Lage im Kolonialgebiet	Benennungsmotiv	Struktur	Heutige Bezeichnung
9	Asugonno	アスゴンノ	–	En	–	15° 38'N, 143° 58'	Saipan	EÜ	–	Agingan
10	Asuriito	アスリート	–	En	–	15° 38'N, 143° 58'	Saipan	EÜ	–	I Fadang
11	Asuriito-Hikoojoo	アスリート飛行場	Athleten-Flughafen	Hy	FH	15° 38'N, 143° 58'	Saipan	–	[Y-Xgeo]tpn	Saipan International Airport (As Lito)
12	Banaderu	バナデル	–	En	–	15° 38'N, 143° 58'	Saipan	EÜ	–	San Roque
13	Banaderu-Hikoojoo	バナデル飛行場	Banaderu-Flughafen	Hy	FH	15° 38'N, 143° 58'	Saipan	EÜ	[Y-Xgeo]tpn	Banaderu Airport
14	Chaccha	チャッチャ	–	En	–	15° 38'N, 143° 58'	Saipan	EÜ	–	Papago
15	Charankanoa	チャランカノア	–	En	–	15° 38'N, 143° 58'	Saipan	EÜ	–	Chalan Kanoa, Aftena
16	Charankanoa	チャランカノア	–	En	–	15° 38'N, 143° 58'	Saipan	EÜ	–	Chalan Kanoa
17	Charankija	チャランキージャ	–	En	–	15° 38'N, 143° 58'	Saipan	EÜ	–	Chalan Kiya
18	Charanraurau	チャランラウラウ	–	En	–	15° 38'N, 143° 58'	Saipan	EÜ	–	Chalan Laolao
19	Chiyūro	チューロ	–	En	–	15°00'N, 145°38'E	Tinian	EÜ	–	

Toponomastik im Kontext des japanischen Kolonialismus —— 503

Nr.	Transkription	Ortsname original	Übersetzt	Ex/En/Hy	ONK	Geografische Koordinaten	Lage im Kolonialgebiet	Benennungsmotiv	Struktur	Heutige Bezeichnung
20	Dandan	ダンダン	–	En	–	15° 38'N, 143° 58'	Saipan	EÜ	–	Dandan
21	Donnii	ドンニー	–	En	–	15° 38'N, 143° 58'	Saipan	EÜ	–	
22	Fanaganan	ファナガナン	–	En	–	15° 38'N, 143° 58'	Saipan	EÜ	–	Mutcho
23	Garapan-Sansaro	ガラパン三叉路	Garapan-three-way junction	Hy	TWJ	15° 38'N, 143° 58'	Saipan	EÜ	[Y-Xgeo]tpn	Garapan
24	Garorai	ガロライ	–	En	–	15° 38'N, 143° 58'	Saipan	EÜ	–	
25	Gūguwan-shima	グーグワン島	–	Hy	IN	17°18'39"N, 145°50'30"E	Guguan Island	EÜ	[Y-Xgeo]tpn	Guguan
26	Gunkanjima	軍艦島	Kriegsschiffsinsel	Ex	IN	15° 38'N, 143° 58'	Saipan	–	[Xgeo-Xgeo]tpn	Mañagaha
27	Haguman	ハグマン	–	En	–	15° 38'N, 143° 58'	Saipan	EÜ	–	Kagman
28	Haguman-Misaki	ハグマン岬	Kagman-Spitze	Hy	K	15° 38'N, 143° 58'	Saipan	EÜ	[Y-Xgeo]tpn	Kagman Point
29	Haguman-yama	ハグマン山	Kagman-Berg	Hy	BG	15° 38'N, 143° 58'	Saipan	EÜ	[Y-Xgeo]tpn	Mt. Kagman
30	Hanachiruzan	ハナチルザン	–	En	–	15° 38'N, 143° 58'	Saipan	EÜ	–	San Roque

Nr.	Transkription	Ortsname original	Übersetzt	Ex/En/Hy	ONK	Geografische Koordinaten	Lage im Kolonialgebiet	Benennungsmotiv	Struktur	Heutige Bezeichnung
31	Hinashisu	ヒナシス	–	En	–	15° 38'N, 143° 58'	Saipan	EÜ	–	Chalan Kanoa
32	Inaiharaihai	イナイハライハイ	–	En	–	15° 38'N, 143° 58'	Saipan	EÜ	–	Kagman II
33	Kāhī	カーヒー	–	En	–	15°00'N, 145°38'E	Tinian	EÜ	–	
34	Karabera	カラベラ	–	En	–	15° 38'N, 143° 58'	Saipan	EÜ	–	Kalabera
35	Kitagarapan	北ガラパン	Nord–Garapan	Hy	–	15° 38'N, 143° 58'	Saipan	Himmelsrichtung	[Xhim-Ygeo]tpn	(North) Garapan
36	Magishenne-Wan (Raurau-Wan)	マギシェンネ湾(ラウラウ湾)	Laolao-Bucht	Hy	BT	15° 38'N, 143° 58'	Saipan	EÜ	[Y-Xgeo]tpn	Laolao Bay
37	Mappii	マッピー	–	En	–	15° 38'N, 143° 58'	Saipan	EÜ	–	San Roque
38	Mappi-Misaki	マッピ岬	Marpi-Spitze	Hy	K	15° 38'N, 143° 58'	Saipan	EÜ	[Y-Xgeo]tpn	Puntan Sabaneta (Banzai Cliff)
39	Marupo	マルポ	–	En	–	15°00'N, 145°38'E	Tinian	EÜ	–	Marpo
40	Matansha	マタンシャ	–	En	–	15° 38'N, 143° 58'	Saipan	EÜ	–	San Roque
41	Matoisu	マトイス	–	En	–	15° 38'N, 143° 58'	Saipan	EÜ	–	San Roque

Nr.	Transkription	Ortsname original	Übersetzt	Ex/En/Hy	ONK	Geografische Koordinaten	Lage im Kolonialgebiet	Benennungsmotiv	Struktur	Heutige Bezeichnung
42	Medinija-shima	メディニージャ島	–	Hy	IN	16°12'N, 146°3'31"E	Farallon de Medinilla	EÜ	[Y-Xgeo]tpn	Farallon de Medinilla
43	Minamigarapan	南ガラパン	Süd-Garapan	Hy	–	15° 38'N, 143° 58'	Saipan	Himmelsrichtung	[Xhim-Ygeo]tpn	(South) Garapan
44	Mougu-to	モウグ島	–	Hy	IN	20°2'N, 144°14'E	Maug Island	EÜ	[Y-Xgeo]tpn	Maug Island
45	Nafutan	ナフタン	–	En	–	15° 38'N, 143° 58'	Saipan	EÜ	–	Naftan
46	Nafutan-Misaki	ナフタン岬	Naftan-Spitze	Hy	K	15° 38'N, 143° 58'	Saipan	EÜ	[Y-Xgeo]tpn	Naftan Point
47	Obiamu-Misaki	オビアム岬	Obyan-Spitze	Hy	K	15° 38'N, 143° 58'	Saipan	EÜ	[Y-Xgeo]tpn	Obyan Point
48	Obiijan	オビージャン	–	En	–	15° 38'N, 143° 58'	Saipan	EÜ	–	Obyan
49	Oreai	オレアイ	–	En	–	15° 38'N, 143° 58'	Saipan	EÜ	–	Oleai
50	Oreai	オレアイ	–	En	–	15° 38'N, 143° 58'	Saipan	EÜ	–	Oleai
51	Paapako	パーパコ	–	En	–	15° 38'N, 143° 58'	Saipan	EÜ	–	Papago

Nr.	Transkription	Ortsname original	Übersetzt	Ex/En/Hy	ONK	Geografische Koordinaten	Lage im Kolonialgebiet	Benennungsmotiv	Struktur	Heutige Bezeichnung
52	Pakan-shima	パガン島	–	Hy	IN	18°8'N, 145°48'E	Pagan Island	ein aus dem Spanischen abgeleitetes Chamorro-Wort „Irrgläubiger"	[Y-Xgeo]tpn	Pagan Island
53	Pntamuchoo	ポンタムチョー	–	En	–	15°38'N, 143°58'	Saipan	EÜ	–	Mutcho
54	Pontamuchoo-Misaki	ポンタムチョー岬	–	Hy	K	15°38'N, 143°58'	Saipan	EÜ	[Y-Xgeo]tpn	(Mutcho)
55	Pootoriko	ポートリコ	–	En	–	15°38'N, 143°58'	Saipan	EÜ	–	Puerto Rico
56	Raurau	ラウラウ	–	En	–	15°38'N, 143°58'	Saipan	EÜ	–	Laolao
57	Rauraukattan	ラウラウカッタン	–	En	–	15°38'N, 143°58'	Saipan	EÜ	–	Kagman
58	Rauraurijan	ラウラウリージャン	–	En	–	15°38'N, 143°58'	Saipan	EÜ	–	Laulau Bay
59	Rota-tō	ロタ島	–	Hy	IN	14°9'13"N, 145°12'11"E	Rota Island	EÜ	[Y-Xgeo]tpn	Rota
60	Sabanatarohoho	サバナタロホホ	–	En	–	15°38'N, 143°58'	Saipan	EÜ	–	

Toponomastik im Kontext des japanischen Kolonialismus —— 507

Nr.	Transkription	Ortsname original	Übersetzt	Ex/En/Hy	ONK	Geografische Koordinaten	Lage im Kolonialgebiet	Benennungsmotiv	Struktur	Heutige Bezeichnung
61	Sadokutaashi	サドクターシ	–	En	–	15° 38′N, 143° 58′	Saipan	EÜ	–	Puerto Rico
62	Sariguwan-shima	サリグワン島	–	Hy	IN	16° 42′18″N, 145°46′18″E	Sarigan Island	EÜ	[Y-Xgeo]tpn	Sarigan
63	Sonson	ソンソン	–	En	–	15°00′N, 145°38′E	Tinian	EÜ	–	San Jose
64	Tanabako	タナバコ	–	En	–	15° 38′N, 143° 58′	Saipan	EÜ	–	Tanapag
65	Tanabaku-wan	タナバク湾	Tanapag-Hafen	Hy	HA	15° 38′N, 143° 58′	Saipan	EÜ	[Y-Xgeo]tpn	Tanapag Harbor
66	Tappoochoo	タッポーチョー	–	En	–	15° 38′N, 143° 58′	Saipan	EÜ	–	Tapochau
67	Tappoocho-yama (san)	タッポーチョ山	Tapochau-Berg	Hy	BG	15° 38′N, 143° 58′	Saipan	EÜ	[Y-Xgeo]tpn	Mt. Tapochau
68	Tarohoho	タロホホ	–	En	–	15° 38′N, 143° 58′	Saipan	EÜ	–	Talofo
69	Tenian-to	テニアン島	–	Hy	IN	15°00′N, 145°38′E	Tinian	EÜ	[Y-Xgeo]tpn	Tinian
70	Totoramu	トトラム	–	En	–	15° 38′N, 143° 58′	Saipan	EÜ	–	San Viente

Nr.	Transkription	Ortsname original	Übersetzt	Ex/En/Hy	ONK	Geografische Koordinaten	Lage im Kolonialgebiet	Benennungsmotiv	Struktur	Heutige Bezeichnung
71	Tsukimijima	月見島	Mondschau-Insel	Ex	IN	15° 38'N, 143° 58'	Saipan	Berühmter Ort zum Mond betrachten für die japanische Kolonie	[Xgeo-Xgeo]tpn	Isleta Maigo Fahang, Bird Island
72	Urakasu-tō	ウラカス島 (Uracas)	–	Hy	IN	20°32'42"N, 142°53'37"E	Farallon de Pajaros	EÜ	[Y-Xgeo]tpn	Farallon de Pajaros

Autorenregister

Abad, R. P. Isidoro 39
Abraham, Roy Clive 26
Aixelà, Yolanda 45
Aleff, Maria 65, 104, 108, 116, 141, 144, 148, 154
Alexandre, Pierre 15
Anderson, John M. 3, 22, 78, 172
Ardouin, Beaubrun 300

Bach, John 322
Bagay, Nicolás de la Cruz 322
Baguena Corrella, Luís 39
Baker, Marcus 193
Balassa, Constantin 151
Banks, Michael 162f.
Baumann, Oscar 59
Bedeni, Silvio A. 282
Belen'kaja, V. D. 192ff., 197, 205
Bellin, Jacques-Nicolas 285f., 293, 308
Berg, Lawrence D. 2, 17, 47, 56, 165f., 171
Bernacci, Juan 322
Bibang Oyee, Julián 39
Blair, David 168, 179
Blondel, François 286
Bobé, Louis 162
Böhm, Richard 59
Bohn, Robert 283f.
Bolchovitinov, Nikolaj N. 191f.
Borromeo, Soledad Masangkay 319, 328
Bravo, Felipe 321
Brink, Stefan 13
Busse, Beatrix 163
Buzeta, Manuel 321

Cadet, Nicolas 284
Calvet, Louis-Jean 163, 280
Carnero Ruiz, Ismael 25, 39
Casado-Fresnillo, Celia 317, 320f., 325f.
Casali, Dimitri 284
Cavada y Mendez de Vigo, Agustin de la 321
Cavell, Janice 162f.
Champlain, Samuel 283
Chez Checo, José 285
Conrad, Sebastian 96, 119

Cooper, Frederick 96
Corbett, Greville G. 27
Cresswell, Tim 49f.

Dalberg, Vibeke 172
Dallet, Jean-Marie 38
Dalziel, Nigel 30
Debus, Friedhelm 6
Delmond Bebet, Stanislas 281
Delvaux, Alfred 302
Dewein, Barbara 4
Diego Aguirre, José Ramón 44
Doeppers, Daniel F. 319f.
Döschner, Jascha 64, 104
Don Camillo Alabern 287, 305, 308
Drummond, Peter 5, 14
Dumbravă, Constantin 170
Dunford, Martin 118
Dunker, Axel 2, 151, 163
Durov, A. G. 192f., 195
Dürr, Michael 85

Ebert, Verena 3, 6, 65, 95, 98ff., 105, 107f., 111, 117, 126, 141, 144, 148, 153f., 204
Ebner, Timm 101
Eckert, Penelope 50
Ehlers, Otto E. 152
Elden, Stuart 54f.
Engelberg, Stefan 3, 6, 11
Erbar, Ralph 152

Fabricius-Hansen, Cathrine 87
Fallize, Claude 285
Ferrer, Emilio Marín 41
Feuchtwang, Stephan 52
Fitzner, Rudolf 129, 148f., 153
Fleury, George 11
Friedrichsmeyer, Sara 96

Gainot, Bernard 283f.
Gallmann, Peter 82, 87
Gammeltoft, Peder 5, 163, 175, 287f.
Gann, Lewis H. 96
Gary-Prieur, Marie-Noëlle 28

Gealogo, Francis A. 323
Gendron, Stéphane 292
Gewecke, Frauke 282, 284
Gibson, James R. 191
Gilbert, William 322
Gonzalez, Andrew 320
Grimm, Carl von 59
Grotek, Edyta 126
Gulløv, Hans Christian 163
Gureckij, V. 194, 200
Gutiérrez Garitano, Miguel 45
Gužauskytė, Evelina 280, 301, 306f.

Haarmann, Harald 338
Handke, Kwirnya 126
Harnisch, Rüdiger 27
Harweg, Roland 64, 77ff., 84ff., 91, 104
Helander, Kaisa Rautio 164
Helleland, Botolv 51
Herling, Sandra 67
Hernando Rica, Agustín 286
Herrera, Francisco Xavier de 322
Hesse-Wartegg, Ernst von 127f.
Heuser, Rita 126
Hiery, Hermann Joseph 129, 142
Higgins, Anthony K. 162, 164ff., 173f.
Higman, B. W. 6
Hofmann, Michael 129, 144
Honold, Alexander 97f., 100
Hough, Carole 13, 179, 300
Hudson, Brian J. 6
Huyghues-Belrose, Vincent 281, 295

Inoue, Keiko 334
Istomin, Aleksej A. 191

Jürgens, Hanco 96

Kalkhof, Richard 59f.
Kamianets, Wolodymyr 126
Kämper, Heidrun 115
Karim, Nik Safiah 26
Kausch, Oskar 129
Kawanishi, Kosuke 334
Kearns, Robin A. 17
Kleivan, Inge 162
Klosa, Annette 87

Klöter, Henning 327
Kohlheim, Volker 126
Köhnlein, Björn 27
Kojetínová, Martina 126
Kolde, Gottfried 27
Kraemer, Augustin 150ff.
Kretzschmar, Ulrike 97
Küchler Williams, Christiane 151
Kundrus, Birthe 96, 115f.

Langhans, Paul 128
Lauer, Hiltrud 5
Laursen, Dan 163f., 166, 168, 174, 179
Leriche, Albert 38
Leroy, Sarah 14
Lesho, Marivic 67
Levkovych, Nataliya 33, 66, 85
Lindner, Ulrike 96, 98
Liniger-Goumaz, Max 44f.
Löfström, Jonas 294
López, Juan 286, 305
López, Tomás 286

Marques, A. H. de Oliveira 2, 7, 72
Medina, Isagani R. 317, 319f., 325f.
Metzeltin, Miguel 21
Miccoli, Paolo 6, 14, 117f.
Milbin, Daniel 296
Miwa, Kimitada 334
Moguš, Ivana 336
Moisel, Max 80, 127
Møller Kruse, Lisathe 171, 180
Møller, Helle 166
Möller, Lucie A. 6, 15, 23
Montagnon, Pierre 20
Montero y Gay, Claudio 322
Morioka, Junko 334
Mückler, Hermann 6, 126
Mühlhäusler, Peter 126
Murillo, Pedro Velarde 322

Nash, Joshua 20f., 168
Naske, Claus 191f.
Neethling, Bertie 5
Nicholson, William 322
Ninomiya, Tamie 334
Nishimura, Iwao 338

Noailly, Michèle 28
Nübling, Damaris 3f., 13f., 27f., 78ff., 87f., 98, 103f., 106, 108, 131, 134, 166, 173, 197f., 288, 301
Nuttall, Mark 162, 166

Olsen, Carl Christian 163, 166, 170
Onedera, Peter 15f.
Orth, Donald J. 192ff., 200ff., 205
Osterhammel, Jürgen 119
Otsuka, Hitomi 18, 33, 67

Pehle, Heinrich 95
Petrov, Aleksej Ju. 191
Petto, Christine Marie 285
Pierce, Richard A. 196
Poguntke, Peter 98
Pollacchi, Paul 281, 291f.
Postnikov, Aleksej V. 194

Quilis, Antonio 317, 320f.

Ramsay, Hans 151
Randeria, Shalini 96
Reed, Robert R. 319
Reinhard, Wolfgang 282f.
Reuber, Paul 54
Riudavets, José 322
Romain, Jean Baptiste 280, 300

Salazar, Milagros 317, 320f., 325
Samassa, Paul 59
Schmidt-Brücken, Daniel 1, 6f., 12, 47, 56, 58ff., 92, 112, 197
Schnabel-Le Corre, Betina 294
Schnee, Heinrich 106, 108, 113, 132, 136, 146, 149
Schneider, Theophil 59
Schnoor, Christoph 153
Schorr, Alan Edward 193
Schulz, Matthias 3, 6, 65, 95, 98ff., 104f., 107f., 111, 116f., 126, 141, 144, 148, 153, 204
Schürmann, Felix 98
Schuster, Susanne 6, 66
Schwabe, Kurd 150ff.
Scoresby, William 162f.

Scott, William Henry 319
Searle, John R. 83
Seib, Roland 152
Seidin, William 16
Šelechov, Grigorij 191
Sepmanville, Lieudé de 285
Silverstein, Michael 50
Sippola, Eeva 3, 16, 67
Slotnick, Herman E. 191f.
Solf, Wilhelm Heinrich 152f.
Sorensen, Mikkel 163
Speitkamp, Winfried 95, 97, 111
Spitzmüller, Jürgen 3, 51, 146
Spranger, Eduard 115
Sprigade, Paul 80, 127
Steger, Hugo 144f.
Stewart, George R. 179
Stolberg, Doris 19
Stoler, Ann Laura 96
Stolz, Thomas 3ff., 12, 16, 21, 27f., 33, 41f., 63, 78, 85f., 88, 92, 100, 102ff., 114ff., 126f., 129, 134, 141ff., 145, 147, 153, 155, 158, 163, 165, 168ff., 178ff., 182, 190, 196, 199ff., 205, 289, 295, 299, 305, 310f., 318, 323f., 327, 334, 340
Storch, Anne 58, 69
Struck, Wolfgang 96
Struwe, Kamma 23
Švedova, N. J. 209

Tassin, Christophe 291f.
Teben'kov, Mikhail D. 196
Tent, Jan 168, 179
Thomas, Bernd 115
Thompson, Hanne-Ruth 26
Thompson, Robert W. 297
Thornton, Thomas F. 178
Tormo Sanz, Leandro 317, 320f., 325

Val Julián, Carmen 280, 325
Valode, Philippe 283
Van Langendonck, Willy 3, 22, 28, 78, 86, 172
Varšavskij, S. R. 192ff.
Vicente Mejía, Juan 286
Villavicencio, Manuel 322
Vinckeboons, Joan 286, 296
Vinkovetsky, Ilya 192

Vuolteenaho, Jani 2, 47, 56, 165f.

Wainaina, Binyavanga 56f.
Warnke, Ingo H. 3ff., 12, 16, 21, 27, 39, 41f., 47f., 52, 58, 60, 63, 80, 85f., 90, 92, 100, 102ff., 114ff., 126f., 129, 134, 141ff., 145ff., 153, 155, 158, 163, 165, 168ff., 178ff., 182f., 190, 205, 289, 295, 299, 305, 310f., 318, 323f., 327, 334, 340
Weber, Brigitte 6, 17, 32
Wegener, Georg 128
Weidner, Marcus 98

Wendt, Reinhard 52, 151
Werner, Marion 98, 109
Willaumez, Jean-Baptiste-Philibert 292
Wisotzki, Sascha 60

Yermèche, Ouerdia 20
Yui, Masaomi 334

Zakaria, Hashim 15
Zangger, Andreas 118
Zermeño, Juan Martín 322
Zimmermann, Klaus 63

Sprachenregister

Afrikaans 10
Arabisch 20, 320

Belgisch 19, 30ff., 34, 36
Bengali/Bengalisch 24, 26
Berber 20, 38ff.

Chabacano 328
Chamorro 15ff.
Chinesisch 319, 323

Dänisch 9, 24, 26, 29, 163ff., 167, 169ff., 176
Deutsch 3, 9f., 17, 30ff., 80, 92, 129f., 134, 165, 167, 172f., 180, 182, 185
Duala 17f.

Englisch 9f., 14, 16f., 24, 26, 52, 67, 129f., 133, 165, 167, 172, 320, 324, 327f.

Filipino 320, 322f., 326, 328f.
Flämisch 9
Französisch 9, 18, 20, 22, 24f., 32, 38, 164, 167, 172, 279f., 283, 285, 287ff., 294f., 297ff., 301ff., 307, 309f., 312

Grönländisch 166f., 169, 171, 183, 186

Hassaniya 24f., 29, 37ff.
Hokkien 319, 323, 327, 329

Isländisch 166
Italienisch 9, 14, 17, 24, 172, 182

Japanisch 9f., 12, 19, 30ff., 64, 67f., 334f., 338, 340, 342f., 345ff.

Kabylisch 38

Latein 10
Lettisch 9

Malaiisch 15, 24, 26

Nama 24, 29
Niederländisch 10, 15, 19, 36, 165, 167, 172
Norwegisch 10, 167, 172
– Bokmål 10
– Nynorsk 10

Portugiesisch 10, 16, 18, 201

Russisch 10, 12, 33f., 64, 66, 69, 189f., 192ff., 198ff., 204ff., 20ff., 211

Schwedisch 10, 88, 92, 165, 167, 172, 174
Somali 24, 26
Spanisch 10, 38ff., 201, 279f., 285ff., 291, 295, 297f., 302ff., 306, 309ff., 320f., 323ff.
Sranan 16

Tagalog 67, 317, 319ff., 323ff.

Sachregister nebst geografischen Bezeichnungen

Admiralitätsinseln 129
Aguigan 129
Alaska 10, 14, 33, 68, 189ff., 195f., 198ff., 204
Aleutische Inseln 190f., 193
Alexander Archipel 190
Algerien 11ff., 48
Allonym 297, 306f.
Amsterdam 118
Annobón 18, 44
Anoikonym 66, 165f., 174, 197, 293, 295, 303, 305
Antarktis 7, 9f.
Anthroponym 9, 12ff., 22, 25f. 32ff., 37, 42f., 48, 50, 65f., 68, 106f., 131, 134, 136, 138, 140f., 144, 147ff., 153f., 169ff., 173, 190, 194, 198f., 202f., 206, 208f., 293, 297ff., 303, 306, 347
Apia 128, 133, 142f., 145, 153
Appelativum 22, 37, 103, 131, 170, 194, 338, 340
Archangelsk 204
Argentinien 7
Assimilation 334f.
asyndetische Konstruktion 289, 294, 299, 309, 312
Australien 7ff.

Babenhausen 137
Bahamas 282
Belgien 9, 23
Belgisch-Kongo 8, 32f.
Benennungspraktiken 5f., 99f., 102, 112, 114, 117, 149, 153, 303
Bengalen 30
Berlin 65, 97ff., 101, 103, 107, 109, 111ff., 118
Bismarck-Archipel 127, 129, 149
Bonn 100
Brandenburg 9
Bremen 80, 98, 100
Brunei 319

Cavite 67, 317ff.
Chile 7
China 7, 9

Choronym 13, 23, 32f., 38f., 107, 117, 197, 217, 283, 323, 336ff, 340ff.
Cluster 54, 62, 102, 109ff., 116, 118, 294, 319
Curaçao 28

Dänemark 9, 14, 23, 162f., 166, 171, 183
Daressalam 59, 107f., 133, 153
Dekolonisierung 5, 7, 166
Deutsches Reich 6, 60, 98, 101, 105f., 108ff., 112, 116f., 128, 137
Deutschland 4f., 9, 23, 85, 89, 100, 104, 130, 151
Deutsch-Neuguinea 11, 32, 65, 80, 116, 126ff., 136ff., 144ff., 152, 154
Deutsch-Ostafrika 54, 87, 109, 133, 151ff.
Deutsch-Samoa 65, 116, 126, 128ff., 140ff., 144ff., 149f., 152ff.
Deutsch-Südwestafrika 2, 6, 8, 42, 54, 80, 106, 110f., 113f., 146
Diskursfunktion 47ff., 54f., 109f., 142, 155
Diskurslinguistik 46, 51, 55, 61
Dodekanes 7ff.
Dominica 283
Dominikanische Republik 280, 282, 284, 306
Dortmund 82
Dromonym 65, 98, 102, 104f., 107ff., 111ff., 116f., 126
Duala 107f., 133, 143
Düsseldorf 84

Endonym 15f., 19, 21, 24f., 30, 32f., 35f., 60, 62f., 67, 103, 132, 168f., 176, 193, 196, 211, 295f., 305, 310ff., 323ff., 329
Epichartikon 196, 210
Eponym 13, 32, 43, 193ff., 199ff., 209, 211, 217
Erfurt 142
Ergonym 202f.
Essen 102
Eurokolonialismus 10f., 19, 27, 29f., 66, 68, 176, 182, 190
Exonym 13ff., 19, 21ff., 30f., 43f., 46, 66, 103, 140, 168ff., 175, 178, 182, 193, 196, 206, 295, 297ff., 305, 310f., 323ff., 327, 339ff.

Färöer 7
Fernando Poo 44f.
Flexion 170, 174, 324
Frankfurt 98, 147f.
Frankreich 7, 9, 12f., 20, 23, 41, 67, 129, 279ff., 283ff., 291f., 297, 299ff., 305f., 311f.
Französisch-Guyana 283, 291

Ganderkesee 81
Gattungseigennamen 14, 64, 77ff., 91f.
Gattungskonzept 84, 92
Genua 7
Geoklassifikator 48, 67, 103, 167, 175, 290ff., 299, 301f., 304f., 309, 311, 324, 326f. 341
Geo-Objekt 1, 3, 5, 13, 18, 25, 27f., 40ff., 66, 78, 85ff., 104, 106, 110, 135, 139, 170f., 174, 178, 181, 183, 193f., 196ff., 200f., 203f., 217, 288, 301, 305, 323, 337
Gibraltar 7f.
Gonave 285
Grenada 283
Grönland 64, 66, 68, 162f., 165f., 175, 178ff., 182f.
Großbritannien 7, 9, 23, 129
Guadeloupe 283, 286, 292, 308, 310, 312
Guam 15f., 335, 339
Guāndōng 333, 335

Hagionym 201f., 299, 304, 306f.
Haiti 280ff., 284
Hamburg 84, 98
Hannover 98
Hawaii 190, 211
Heilbronn 102
Helgoland 60, 109
Herberthöhe 128, 144, 149
Hispaniola 64, 67, 279ff., 287, 290, 295ff., 300f., 303, 305ff., 310f.
Hispanisierung 16, 45, 296
Hodonym 6, 65, 98, 106, 110f., 113, 126
Hokkaidō 337f., 343
Honduras 282
Hybridbildung 169ff., 182, 195, 295

Hybride 16, 18f., 21, 24f., 30ff., 35ff., 46, 67, 132, 140, 167ff., 170f., 176, 196, 211, 295f., 307, 309ff., 323f., 326f., 339f.

Îles Kerguelen 20, 201
Indien 23
Island 7, 162
Italien 9, 23
Italienisch-Eritrea 14
Italienisch-Ostafrika 14, 165, 175

Jaluit 128f., 335f., 339f.
Jamaika 6, 282, 284
Jap 129, 145
Japan 9f., 333f., 336, 342ff.
Jungferninseln 14

Kaiser-Wilhelmsland 129, 149
Kalifornien 190, 211
Kamerun 6, 17, 32, 107, 133, 143
Kamtschatka 191
Kanada 283
Karibik 9f., 64, 88, 279ff., 290ff., 297, 301
Karolinen 129
Kenia 23, 60
Kiautschou 113, 133, 149
Kiribati 335
Klassifikator 22ff., 35ff., 44, 52ff., 65f., 78, 85f., 88, 91f., 103f., 106, 110, 132, 134ff., 139f., 167, 169ff.
Kodiak 191, 195
Köln 98, 100
Kolonialgeschichte 2, 14, 18, 65, 68, 96f., 99f., 105f., 108, 111, 113, 117, 133, 281
Kolonialismus 1, 4f., 7, 51f., 55f., 60, 63, 100, 105, 111, 116, 118, 134, 280, 318
– belgischer ~ 9, 19, 34, 310
– dänischer ~ 30
– deutscher ~ 19, 27, 34, 52, 60, 64, 69, 80, 92, 310
– französischer ~ 20
– japanischer ~ 19f., 31, 34, 334f.
– kurländischer ~ 9
– niederländischer ~ 19
– russischer ~ 66, 190, 192, 197, 204, 210
– spanischer ~ 18f.
Koloniallinguistik 4, 6, 63, 116

Kolonialrevisionismus 60, 100
Kolonisierung 21, 65, 179f., 191, 280f., 307, 310
Kongo 8f., 23, 31, 107f.
Korea 333, 335
Kuba 282, 286, 305, 308
Kurilen-Inseln 338
Kurland 9
Kusaire 129

La Réunion 18, 20, 291f.
Leipzig 65, 99, 101, 103, 105, 107, 109, 111ff.
Linksköpfigkeit 22, 27, 133, 137, 167, 172f., 181, 183, 206, 309
Lomé 107f., 133, 148

Macao 7
Makrotoponym 13, 98, 107f., 126f., 131, 141ff., 147, 149, 153ff., 166, 196
Malta 7f.
Mandschurei 333, 335
Manila 67, 317ff., 325ff.
Marianen 15f., 129, 335f., 339
Marie-Galante 283
Marokko 312
Marshallinseln 90, 129, 335f., 339
Martinique 281, 283, 286, 290f., 308, 310ff.
Mauretanien 39
Mauritius 281
Metropole 65, 95ff., 102ff., 112ff., 116ff., 126, 133f., 136f., 141f., 145, 147ff., 154, 168, 173, 179, 204f., 210f.
Mikronesien 9, 35, 64, 67f., 129, 333, 335f., 338f., 347
Mikrotoponym 65, 98, 108, 112f., 116, 126ff., 196
Missionare 63, 129, 320
Modifikator 22, 24ff., 35, 37f., 60, 65, 86, 88, 103ff., 113f., 117, 132ff., 144ff., 153f., 169ff., 173ff., 178f., 195f., 198, 203ff., 293ff., 299, 301, 337, 340f.
Monoreferenz 82, 87, 130, 142, 198
München 65, 98f., 101ff., 107, 109, 111, 113ff., 142

Namibia 2, 9
Nauru 129, 335
Neufundland 283
Neu-Hannover 129

Neukaledonien 20, 23
Neu-Lauenburg 129
Neu-Mecklenburg 129, 145
Neu-Pommern 129
Neuseeland 8, 10, 17
Niederlande 10, 23, 28, 129
Niederländische-Antillen 28
Niederländisch-Ostindien 15, 165
Nikobaren 10
Norwegen 7, 10, 162

Oikonym 3, 13, 17, 23, 27ff., 32f., 39, 43, 48, 107f., 111, 117, 134, 197, 199, 206, 288, 293, 295, 303, 305, 323
Onomastik(on) 1f., 4, 6, 57, 61, 80, 98, 126, 192
Oranienburg 102
Oronym 5, 13, 23, 32f., 38, 107, 197ff., 201, 336f., 340f.
Ortsbenennung 5, 12, 50f., 61, 86
Ortsherstellung *siehe* Place-Making
Ortsnamen, koloniale 1f., 6, 50, 59, 62, 64, 66, 80, 85, 90ff., 112, 126, 163ff., 170ff., 179f., 182, 192f., 196, 205, 280, 297, 334ff., 342f.
Osterholz-Scharmbeck 133
Österreich 10
Ozeanien 9f., 15, 126, 129f., 141, 147

Palau 129, 335f., 339
Panama 282
Philippinen 64, 67, 317ff., 325, 327, 329
Place-Making 49, 51f., 54, 61f., 65, 86, 90, 92, 111, 143ff, 147, 149, 154f., 163
place-naming 20, 317f., 320f., 328
Ponape 33, 129, 335, 339
Pondicherry 20
Portugal 10, 283
Praxonym 106f., 108, 111
Pseudohybride 132ff., 137f.
Puerto Rico 282, 286, 305

Rabaul 128, 136
Ralik 129
Ratak 129
Raumaneignung 66, 68, 310
Raumlinguistik 99, 102, 109ff., 118

Raum- und Wissensordnung, koloniale 48ff., 131, 143ff., 155
Rechtsköpfigkeit 22, 103, 132ff., 136ff., 167, 172, 206f., 295f., 337f.
Rio Muni 44f.
Rota 129, 336
Ruk 129
Russisch-Amerika 190f., 193f., 197f., 200ff.
Russland 10, 191, 202, 211, 333

Sachalin 333, 335, 338
Saint Kitts 283
Saint-Barthélemy 88, 283
Saint-Domingue 284f., 287, 291ff., 295ff., 300, 310ff.
Sainte-Croix 283
Sainte-Lucie 283
Saint-Martin 283
Saipan 129, 335f., 339ff.
Salomon-Inseln 129
Samoa 11, 107, 127, 129, 133f., 140f., 148ff.
Santiago de Compostela 307
Santo Domingo 282, 284, 286, 303, 306f.
Saona 286
Savaii 129
Schwäbisch-Hall 137
Schweden 10
Seychellen 281
Sibirien 191
Singapur 335
social meaning 3, 50, 61, 144, 151
Spanien 10, 23, 67, 279, 281ff., 305, 307, 312
Spanisch-Guinea 18, 35f., 38f., 41ff.
Spanisch-Sahara 18, 35ff., 305
Spitzbergen (Svaldbard) 7
Sprachkontakt 15f., 18, 67, 182, 298
Stettin 127, 142
Stockholm 84

Straßennamen 65, 97ff., 107, 109f., 113, 115, 117, 126, 130, 132, 136f., 143, 153
Stuttgart 98
Südafrika 8, 10
Südwestafrika 23
Sumatra 15, 23
Suriname 16
syndetische Konstruktion 294, 309

Taiwan 333, 335
Tansania 57f.
Tinian 129
Tobago 283
Togo 32f., 133, 148
Tortuga 283, 285, 300
Trinidad 282, 297
Tsingtau 107, 113, 127, 133, 151, 153

Umbenennung 5f., 12, 18, 50, 65ff., 97f., 117, 148, 170, 192, 194, 211, 296, 334, 342f., 347
Upolu 129, 149f.
Urbanonym 126, 128, 134f., 139f., 145
USA 10, 14, 129, 192f., 195, 211, 300, 317, 319

Venedig 7
Versailler Vertrag 60, 100f., 113, 115, 129
Völklingen 102

Wake 335
Weimarer Republik 95, 115
West-Sahara 23
Windhuk 106, 108, 111, 114
Wuppertal 102

Yap 335f., 339

Zanzibar/Sansibar 56ff., 68f., 107f.
Zypern 7f.

www.ingramcontent.com/pod-product-compliance
Lightning Source LLC
Chambersburg PA
CBHW050523300426
44113CB00012B/1936